济南市志

1986～2010

JI NAN SHI ZHI

济南市史志编纂委员会 编

方志出版社
Publishing House of Local Records

图书在版编目（CIP）数据

济南市志：1986～2010.4 / 济南市史志编纂委员会编 .-- 北京：方志出版社，2016.11
ISBN 978-7-5144-2186-6

Ⅰ.①济… Ⅱ.①济… Ⅲ.①济南—地方志—1986～2010 Ⅳ.①K295.21

中国版本图书馆CIP数据核字（2016）第281180号

济南市志（1986～2010） 4

编　　者：济南市史志编纂委员会
责任编辑：李志瑜
出 版 人：翼祥德
出 版 者：方志出版社
　　　　　地址　北京市朝阳区潘家园东里9号（国家方志馆4层）
　　　　　邮编　100021
　　　　　网址　http：//www.fzph.org
发　　行：方志出版社发行中心
　　　　　电话（010）67110500
经　　销：各地新华书店
排　　版：山东宣艺文化传播有限公司
印　　刷：济南黄氏印务有限公司
开　　本：889×1194　　1/16
印　　张：29.5
字　　数：759千字
版　　次：2016年11月第1版　　2016年11月第1次印刷
印　　数：0001～2500册

ISBN 978-7-5144-2186-6　　定价：580.00元

凡　例

一、本志以马克思列宁主义、毛泽东思想、邓小平理论、“三个代表”重要思想、科学发展观为指导，深入贯彻习近平总书记系列重要讲话精神，坚持辩证唯物主义和历史唯物主义立场、观点和方法，依据国务院《地方志工作条例》和《山东省地方史志工作条例》，全面客观记述济南市自然、政治、经济、文化和社会的历史与现状，努力做到思想性、资料性、科学性的统一，力求突出时代特色、地方特点。

二、本志为《济南市志(1840～1985)》的续志，上限为1986年，下限为2010年，部分内容适当上溯或下延。

三、体裁，以志为主，述、记、传、图、表、录辅之；结构为卷、篇、章、节体，部分节下设目和子目。图片使用与文字同步，力求图文并茂，扩大信息量，增强可读性。

四、区域范围，一般为2010年济南市行政区域；部分内容为当时行政区域。

五、纪年，一般采用公元纪年，视情括注历史纪年。部分贯通古今的内容，民国以前采用历史纪年，视情括注公元纪年；民国以来采用公元纪年。

六、行文采用语体文、记述体。除引用原文外，均以第三人称记述；文风力求严谨朴实，语言力求简洁流畅。涉及组织机构、会议、文件、职务、地名、称谓，采用当时的名称；历史地名视情括注今称。

七、数字、标点符号使用，遵循国家标准《出版物上数字用法》《标点符号用法》的规定；计量单位，遵循《中华人民共和国法定计量单位》的规定，个别地方保留“亩”“公斤”“马力”等计量单位。

八、入志资料以撰稿单位提供为主；同时参考相关图书、报刊资料。统计数据，一般采用统计部门的数据；统计部门未有的，采用事业主管部门的数据。

九、注释。文字简短的注释在文内括注，文字较长的注释采用脚注。记述有争议的事物，一般以一说为主，他说附于脚注。

十、人物。遵循“生不立传”原则，排列以卒年为序。立传人物为在本行政区域有重大影响者，以及本籍人物在外地有重大影响者。部分内容适当设人物表和人物名录。

济南市史志编纂委员会

（2016年11月～ ）

名誉主任　王文涛

主　　任　王忠林

顾　　问　张福山　朱文兴

第一副主任　巩宪群

副 主 任　李胜利　任建新　陈　荣　刘　民　韩振国　崔春荣

岳绍红　王宏志　王拥华　尹清忠　翟旭东

委　　员　李会宝　蒋向波　陈东生　吕建涛　史同伟　孙法星

孙竹兮　倪志纯　刘　浩　王玉玲　贾　杰　朱传东

于晓奎　郭志强　孙建新　马军远　高宝继　孙元文

济南市志

（1986～2010）

第四册

主　　编　翟旭东

副 主 编　綦延辉　杜加臣　朱佩峰　郭建群

总　　纂　丁爱军

副 总 纂　庞新华　高长海　亓远程

编　　辑（按姓名笔画为序）

丁爱军　刁文菁　王　炜　王　洋　王　群　王海峰

代戈红　孙　广　别玉金　张　阳　宋高峰　张超强

李国宇　陈　蕾　范金鹏　庞新华　宣　涛　夏　兵

高江娜　景国富　董殿勋　路玉增

编　　校　马晓飞　安宝坪

济南市史志办公室组成人员

（以到职先后为序）

党组书记	庄虔贵*	王历历*	李吉祥*	翟旭东		
主　　任	庄虔贵*	袁淑玲*	李吉祥*	翟旭东		
副 主 任	王历历*	李明亮*	朱佩峰*	綦延辉	杜加臣	
巡 视 员	朱佩峰*					
副巡视员	郭建群					
工作人员	王鲁宁*	杨薇薇*	郭德芳*	于香萍*	夏　兵	高江娜
	高进录*	宣　涛	王　炜	郭建群*	杜加臣*	李国宇
	董殿勋	刘兴亮*	刁文菁	路玉增	宋高峰	陈　蕾
	丁爱军	庞新华	张　阳	景国富	代戈红	孙　广
	王　洋	张超强	王　群	胡健美*	祁忠举*	王海峰
	别玉金	范金鹏				

注：名单所列组成人员为 2005 年 9 月以来的情况。“*”表示离任。

目　录

第五卷　金　融

第一篇　综　述

第二篇　货　币

第一章　货币发行……7
　第一节　人民币发行……7
　第二节　纪念币发行……7
　第三节　电子货币……8
第二章　现金管理与反假货币……10
　第一节　现金管理……10
　第二节　反假货币……10
第三章　金银管理……11
　第一节　金银市场管理……11
　第二节　金银收兑与配售管理……12
第四章　外　汇……12
　第一节　外汇管理制度……12
　第二节　外汇利率……13

第三篇　存款　贷款

第一章　存　款……20
　第一节　企业存款……20
　第二节　财政存款……21
　第三节　机关团体存款……21
　第四节　储蓄存款……22
　第五节　农业存款……24
　第六节　其他存款……24
　第七节　存款准备金……24
第二章　贷　款……28
　第一节　短期贷款……28
　第二节　中长期贷款……35

第四篇　证券　期货　保险

第一章　证　券……45
　第一节　证券发行……45
　第二节　证券交易……50
第二章　期　货……53

第一节 期货品种……………………………53
第二节 期货交易……………………………54
第三章 保 险……………………………56
第一节 财产保险……………………………56
第二节 人身保险……………………………58

第五篇 金融管理

第一章 支付结算……………………………62
第一节 票据支付结算……………………………62
第二节 电子支付结算……………………………62
第二章 账户管理与反洗钱……………………………63
第一节 账户管理……………………………63
第二节 反洗钱……………………………65

第六篇 金融机构

第一章 金融行政机构……………………………66
第一节 中国人民银行济南分行营业管理部……………………………66
第二节 中国人民银行济南市分行………66
第二章 金融监管机构……………………………67
第一节 中国银行业监督管理委员会山东监管局……………………………67
第二节 中国证券监督管理委员会山东监管局……………………………67
第三节 中国保险监督管理委员会山东监管局……………………………68
第四节 国家外汇管理局山东省分局(国家外汇管理局济南分局)……68
第三章 金融协调服务机构……………………………69
第一节 山东省金融工作办公室…………69
第二节 济南市政府金融工作办公室……69
第四章 银行业金融机构……………………………69
第一节 政策性银行……………………………69
第二节 国有商业银行……………………………70
第三节 股份制商业银行……………………………80
第四节 城市商业银行……………………………83
第五节 外资银行……………………………84
第六节 农村中小金融机构……………………………84
第七节 其他金融机构……………………………85
第五章 证券经营机构……………………………87
第一节 齐鲁证券有限公司……………………………87
第二节 天同证券有限责任公司…………88
第三节 外地证券公司驻济南营业部……88
第六章 期货经营机构……………………………90
第一节 济南本地期货经营机构…………90
第二节 异地期货公司驻济南经营机构……………………………93
第七章 保险业金融机构……………………………94
第一节 中资保险公司……………………………94
第二节 外资与合资保险公司………97
第三节 保险中介公司………………98
第八章 新兴金融类金融机构……………99
第一节 山东省城市商业银行合作联盟有限公司……………………………99
第二节 小额贷款公司……………………………100
第三节 融资性担保公司……………………………101
第四节 股权投资企业……………………………101
第五节 典当行……………………………102

第六卷　商贸　旅游

第一篇　综　述

第二篇　商贸业

第一章　国内贸易体制改革……………………109
第二章　市场建设……………………………124
　第一节　商贸基础设施建设……………124
　第二节　重点商贸工程…………………129
第三章　批　发………………………………130
　第一节　概　述…………………………130
　第二节　科技市场………………………134
　第三节　茶叶市场………………………135
　第四节　服装鞋帽市场…………………136
　第五节　家居建材市场…………………137
　第六节　工业消费品综合市场…………140
　第七节　果蔬市场………………………141
　第八节　水产品市场……………………143
　第九节　五金材料市场…………………143
第四章　零　售………………………………144
　第一节　概　述…………………………144
　第二节　传统零售业……………………145
　第三节　超　市…………………………147
　第四节　专业店…………………………151
第五章　集　市………………………………153
　第一节　交易与管理……………………153
　第二节　集贸市场建设…………………162
第六章　机　构………………………………165
　第一节　济南市政府财贸办公室………165
　第二节　济南市第一商业局……………166
　第三节　济南市第二商业局……………166
　第四节　济南市对外贸易局……………166
　第五节　济南市物资局…………………166
　第六节　济南市贸易服务局……………166
　第七节　济南市人民政府口岸办公室
　　　　　……………………………………166
　第八节　济南市中小企业局……………167
　第九节　济南市外商投资企业
　　　　　管理办公室………………………167
　第十节　济南市对外经济贸易
　　　　　委员会……………………………167
　第十一节　济南市对外贸易经济
　　　　　　合作局…………………………167
　第十二节　济南市商务局………………167

第三篇　物资专营

第一章　石　油……………………………168
　第一节　石油销售…………………………168
　第二节　石油设施和网点建设…………169
　第三节　石油经营管理……………………172
第二章　烟　草……………………………173
　第一节　卷烟经营…………………………173
　第二节　卷烟储运…………………………179
　第三节　专卖管理…………………………180
第三章　盐　业……………………………184
　第一节　食盐销售…………………………184
　第二节　盐政管理…………………………185
第四章　机　构……………………………188
　第一节　济南市石油公司…………………188
　第二节　济南市烟草专卖局(公司)……188
　第三节　济南市盐务局(盐业公司)……189

第四篇　商品流通

第一章　日用工业品…………………………190
　第一节　市场供应…………………………190
　第二节　市场管理…………………………193
第二章　副食品………………………………197
　第一节　副食品销售………………………197
　第二节　市场管理…………………………200
第三章　医药商业……………………………203
　第一节　医药商业改革……………………203
　第二节　医药商品经营……………………206

第五篇　粮油商业

第一章　体制改革……………………………212
　第一节　购销体制改革……………………212
　第二节　财务体制改革……………………214
　第三节　粮食企业改革……………………216
第二章　粮油购销……………………………218
　第一节　粮油收购…………………………218
　第二节　粮油销售…………………………225
　第三节　粮油调运…………………………231
　第四节　粮油经营市场……………………233
第三章　粮油价格……………………………236
　第一节　收购价格…………………………236
　第二节　销售价格…………………………238
　第三节　调拨价格…………………………240
第四章　粮油调控……………………………241
　第一节　粮油储备…………………………241
　第二节　粮油仓库…………………………242
　第三节　粮油保管…………………………245
　第四节　调控制度…………………………246
第五章　机　构………………………………247
　第一节　管理机构…………………………247
　第二节　市直国有粮食企业………………248

第六篇　供销合作商业

第一章　供销体制改革………………………253
　第一节　管理体制改革……………………253
　第二节　企业改革…………………………254

第二章　农业生产资料经营……255
第一节　经营机构……255
第二节　供应与销售……256
第三章　果品经营……259
第一节　经营机构……259
第二节　经营状况……260
第三节　储存加工……262
第四章　生活资料经营……262
第一节　土产杂品经营……262
第二节　烟花爆竹经营……264
第三节　日用消费品经营……264
第五章　再生资源经营……264
第一节　经营机构……264
第二节　经营管理……265
第六章　机　构……266
第一节　市级机构……266
第二节　县(市)区机构……267

第七篇　服务业

第一章　居民服务业……268
第一节　美容美发业……268
第二节　沐浴业……269
第三节　洗染业……271
第四节　摄影扩印业……273
第五节　其他居民服务业……274
第二章　住宿餐饮业……278
第一节　住宿业……278
第二节　餐饮业……280
第三章　物流会展业……290
第一节　现代物流业……290
第二节　会展业……294
第四章　济南中华老字号选介……298

第八篇　对外经贸

第一章　体制改革……307
第一节　管理体制改革……307
第二节　外贸企业改革……308
第二章　对外贸易与对外经济技术合作……313
第一节　对外贸易……313
第二节　对外经济技术合作……320
第三章　利用外资……327
第一节　招商引资……330
第二节　实际利用外资……334
第三节　外商投资企业……336

第九篇　旅　游

第一章　旅游规划……343
第一节　济南市旅游资源开发利用规划……343
第二节　济南市旅游风景资源开发利用规划……343
第三节　济南市旅游业发展总体规划……344
第四节　济南市旅游业“十一五”发展规划……344
第五节　济南市旅游产业“十二五”发展规划……344

第二章　公　园……………………………345
第一节　市级公园……………………………345
第二节　县(市)区公园…………………………363
第三节　专类公园……………………………371
第三章　风景名胜区…………………………385
第一节　大明湖风景名胜区…………………385
第二节　千佛山风景名胜区…………………395
第三节　龙洞风景名胜区……………………405
第四节　红叶谷生态文化旅游区……………405
第五节　英雄山风景名胜区…………………407
第六节　灵岩寺风景名胜区…………………408
第七节　五峰山风景名胜区…………………413
第八节　四门塔风景名胜区…………………414
第九节　黄河风景区…………………………415
第四章　风景名胜点…………………………418
第一节　市区风景名胜点……………………418
第二节　章丘市风景名胜点…………………428
第三节　平阴县风景名胜点…………………431
第四节　济阳县风景名胜点…………………433
第五节　商河县风景名胜点…………………434
第五章　景　胜………………………………435
第一节　济南老八景…………………………435
第二节　泉城新八景…………………………437
第三节　其他景胜……………………………439
第六章　旅游服务……………………………442
第一节　旅行社………………………………442
第二节　旅游宾馆饭店………………………450
第七章　旅游管理……………………………457
第一节　管理机构……………………………457
第二节　旅游法规……………………………457
第三节　行业管理……………………………458

第五卷

金　融

JIN RONG

单位审稿、撰稿人员名单

济南市人民政府金融工作办公室

审稿人：王 毅

（说明：本卷内容来源于《济南金融志》）

第一篇 综 述

1986～2010年，随着金融体制改革的深入，济南市金融机构逐步增多，存贷款余额增长迅速，金融服务与监管不断完善，区域金融中心逐步建成，有力支持了济南经济社会的发展。

金融组织体系日趋完善。1986 年，全市共有银行 4 家。1994 年，济南市首家股份制商业银行——中信银行济南分行成立；1996 年，首家城市商业银行——齐鲁银行成立；2009 年，首家外资银行——汇丰银行济南分行成立。至 2010 年，全市共有银行 28 家、资产管理公司 3 家、信托投资公司 2 家、财务公司 1 家、证券公司 29 家、保险公司 60 家、期货经营机构 24 家、小额贷款公司 6 家、融资性担保公司 4 家、典当行 19 家、上市公司 26 家。

金融业务总量增长迅速。1986 年，全市货币回笼 4.41 亿元，外汇调剂成交额 2771.4 万美元，各项存款余额 42.48 亿元，贷款余额 42.56 亿元。1995 年，随着金融体制向市场化过渡，金融秩序进一步改善；银行存款大幅上升，工业贷款明显增加；全年各项存款余额 438 亿元，各项贷款余额 337.3 亿元，其中工业贷款 105 亿元；全年银行现金收入 627.7 亿元，现金支出 596 亿元；货币回笼 32.7 亿元。2000 年后，银行卡、中间业务、电子银行等许多新兴业务先后出现，银行业开始涉足投融资、消费贷款、外汇买卖等领域。2000 年，全市各项存款余额 1275 亿元，各项贷款余额 1069.3 亿元；金融机构现金收入 2295.6 亿元，现金支出 2191.4 亿元；货币净回笼 106 亿元。2005 年，全市各项存款余额 3483.3 亿元，贷款余额 3259.9 亿元，其中短期工业贷款 445.9 亿元；金融机构现金收入 4716.3 亿元，现金支出 4630.4 亿元；货币净回笼 98.3 亿元。至 2010 年，全市各项存款余额 7601.9 亿元，各项贷款余额 7035 亿元；金融机构现金收入 7402.9 亿元，现金支出 7282.2 亿元；银行卡消费大幅增长，本外币消费金额 836.2 亿元；全年金融业增加值 288.3 亿元。

金融市场逐步建立。证券市场。20 世纪 80 年代始，国家逐步放开资本市场，金融机构代理发行国家、地方和企业债券、国库券等。1987 年，济南市共发行各种债券 17318 万元；建设银行在济南开办全省首家证券交易厅；企业开始发行内部股票。90 年代中后期，《中华人民共和国公司法》《中华人民共和国证券法》先后实施，资本市场的证券发行、公司股票上市进行规范市场准入、健全法规体系、规范发展阶段。2000 年，有价证券交易成交额 1994.1 亿元，比上年增长 1.8 倍。2005 年，有价证券交易成交额 1800.6 亿元，降低 23.3%，其中股票交易额 258.5 亿元，降低 58.4%。至 2010 年，济南市有证券交易公司 2 家，外地驻济南营业部 25 家；国债交易量 98.7 亿元，增长 57.8%，股票基金交易成效总量 7865.7 亿元，增长 6.5%。期货市场。20 世纪 90 年代初，期货市场在国内重建时期经历两次清理整顿。济南期货品种主要以绿豆、红小豆等农产品为主。2001 ～ 2007 年，经过治理整顿后的期货市场进入依法规范发展阶段，现货规模相对较大、上市时间较长的期货品种交易趋于活跃，包括大豆、铜、小麦、豆粕等；新上市品种玉米、燃料油、棉花等一度吸引大量客户关注。2010 年，沪深 300 指数期货推出，济南期货市场进入商品、金融产品并重时期，期货市场交易规模进入高速增长阶段。保险市场。1986 年，济南市保险种类主要有财产险、农业险、人身险 3 大类，承保额 146.29 亿元，保险业务收入 2608 万元，保险业务支出 687 万元。1995 年，保险业务进一步扩大。全市各类财产保险承保总额 685 亿元；企事业参保户 1.11 万户，家庭财产参保户 109.1 万户，参加人身保险者 157.9 万人。2000 年，保险业稳定发展。全年各类保险承保额 2168.6 亿元，保险业务收入 12.5 亿元。2006 年后，外资保险公司进驻济南市场。至 2010 年，保险种类有企业财产险、养老金险等 9 大类，承保额 16802 亿元，业务收入 122.3 亿元，业务支出 43.85 亿元。

金融监管服务水平不断提高。2003 年后，山东银监局、证监局、保监局、济南市金融办公室先后成立，落实信贷政策，改进金融服务，维护金融安全。2006 年，“济南票据清分系统”上线运行，逐步建成以“支付结算、票据清分、征信管理、钞票处理、财税库行联网”为主要内容的“金融高速公路”工程。至 2010 年，济南市本票业务量居全省首位，电子商业汇票业务量位居全省前列。

2009 年 6 月 9 日，由济南市人民政府主办、中国人民银行济南分行营业管理部和市政府金融办承办的 2009 年济南市工业项目银企合作签约仪式在济南舜耕山庄举行

1995 ～ 2009 年济南市资本形成总额表

表5-1-1 单位：万元

指标 \ 年份	1995	1996	1997	1998	1999	2000	2001	2002
固定资产形成总额	1163317	15116566	2010478	2549689	3124201	3691228	4062879	4616635
第一产业	57916	95808	124422	107628	153154	186417	223528	275190
第二产业	465904	585622	794801	691661	645743	760279	827562	1104611
工业	456670	565447	754098	607965	578342	703442	764856	1022790
采掘业	16131	15616	32480	25965	24217	27352	31695	7677
制造业	397399	503691	690396	527300	435784	432056	546505	790399
电力、煤气及水的生产和供应业	43140	46140	31222	54700	118341	244034	186656	224714
建筑业	9234	20175	40703	83696	67401	56837	62706	81821
第三产业	639497	835136	1091255	1750400	2325304	2744532	3011789	3236834
交通运输、仓储及邮电通信业	137206	276277	238577	480501	614563	796565	756915	818874
批发和零售贸易、餐饮业	93101	102750	119343	138682	188926	197572	306701	207692
金融保险业	14549	18120	32700	147138	99313	110496	131165	64961
房地产业	165296	155904	190676	244250	405415	1057729	677438	947491
其他行业	509959	528762	229345	739829	1017087	582170	1139570	1197816
存贷增加	737160	853226	453891	304232	349458	290053	120952	392222

续表 5-1-1-1

指标 \ 年份	1995	1996	1997	1998	1999	2000	2001	2002
第一产业	337023	130047	–11518	75455	23782	19568	4896	5635
第二产业	123562	388964	322810	173101	221221	123450	78610	148202
工业	77580	310978	273503	44806	–101087	–168834	29074	87880
建筑业	45982	77986	49307	128295	322308	292284	49074	60322
第三产业	279575	334215	142599	55676	104455	147035	37446	238385
交通运输、仓储及邮电通信业	–1535	3275	–1084	2727	8160	–1056	–1968	0
批发和零售贸易、餐饮业	159644	277372	92922	53547	–54924	–101529	–3911	61717
其他行业	118466	53568	50761	–598	151219	249620	249620	176668

续表 5-1-1-2

指标 \ 年份	2003	2004	2005	2006	2007	2008	2009
固定资产形成总额	5265192	6792015	8909940	10480163	11919841	14720855	16969266
第一产业	292000	372500	382800	327016	433464	553248	607018
第二产业	1750422	2671700	3620496	3812905	3950868	4543234	5334995
工业	1611000	2605100	3552746	—	—	—	—
采掘业	9680	44600	62452	77911	72722	40095	45928
制造业	1424029	2315900	3145144	3053703	3401816	3874471	4620433
电力、煤气及水的生产和供应业	177291	244600	315150	594722	392245	427502	542211
建筑业	139422	66600	97750	86569	84085	201166	126423
第三产业	3222770	3747815	4906644	6340242	7535509	9624373	11027253
交通运输、仓储及邮电通信业	690314	779315	1044155	1418611	1294251	2057459	2195766
批发和零售贸易、餐饮业	226255	256400	358474	492785	674585	744244	832370
金融保险业	20575	19800	25501	22136	15469	8003	19702
房地产业	1084578	1287700	1648214	2098059	3180596	4057122	5338801
其他行业	1201048	1404600	1830300	2308651	2370608	2757545	2640614
存贷增加	358926	809187	1263960	783782	941735	1057881	521219
第一产业	26409	60065	121860	128302	132706	–9954	–25482
第二产业	280015	717143	948218	478300	471976	700529	471180
工 业	283339	577328	725421	250900	408969	391441	266899
建筑业	–3324	139814	222797	227400	63006	309088	204281
第三产业	52502	31979	193881	177180	337053	367306	75521
交通运输、仓储及邮电通信业	–1505	–300	100	–558	12595	–42000	–139799
批发和零售贸易、餐饮业	54942	32279	193781	177738	324458	409306	129900
其他行业	–935	0	0	0	0	0	85420

说明：按当年价格计算

2010年济南市资本形成总额表

表5-1-2　　　　单位：万元

资本形成总额	20557304
一、固定资产形成总额	19676184
住 宅	3371426
非住宅建筑物	8044139
机器和设备	3514184
土地改良支出	33947
矿藏勘探费	12574
计算机软件	1700000
其 他	2999914
二、存贷增加	881120
农林牧渔业	-17214
工 业	719146
建筑业	86940
交通运输、仓储和邮政业	13755
批发和零售业	-26384
住宿和餐饮业	1216
房地产业	103661
其他服务业	0

第二篇 货 币

第一章 货币发行

第一节 人民币发行

1987年4月27日起，中国人民银行陆续发行第四套人民币。第四套人民币主币有1元、2元、5元、10元、50元和100元6种，辅币有1角、2角和5角3种，主辅币共9种。第四套人民币共14种纸币，采取“一次公布，分次发行”办法。1987年4月27日，首先发行50元券和5角券。1988年5月10日，发行100元、2元、1元和2角纸币。1988年9月22日，发行10元、5元、1角纸币。1992年6月1日起，发行第四套人民币1元、5角、1角硬币。为提高人民币防伪能力，1992年8月20日，在全国发行1990年版50元、100元纸币。为便利市场流通，1995年3月1日和1997年4月1日，在全国发行1990年版和1996年版1元纸币。1996年4月10日，发行1990年版2元纸币。

1999年10月1日，中国人民银行陆续发行第五套人民币。第五套人民币共8种面额，即100元、50元、20元、10元、5元、1元、5角、1角。增加20元面额，取消2元面额。第五套人民币采取“一次公布，分次发行”的方式。1999年10月1日，首先发行100元纸币。2000年10月16日，发行20元纸币、1元和1角硬币。2001年9月1日，发行50元、10元纸币。2002年11月18日，发行5元纸币、5角硬币。2004年7月30日，发行1元纸币。为提高第五套人民币的印刷工艺和防伪技术水平，2005年8月31日，发行第五套人民币2005年版100元、50元、20元、10元、5元纸币和不锈钢材质1角硬币。

第二节 纪念币发行

中国人民银行从1984年发行第一套普通纪念币至2011年，共发行84套99枚，总发行量约11.16亿枚。

其他套纪念币也是为纪念一些重大事件、杰出人物、名胜古迹等而发行，包括内蒙古自治区成立40周年、第六届全国运动会、宁夏回族自治区成立30周年、中国人民银行成立40周年、广西壮族自治区成立30周年、中华人民共和国成立40周年、第十一届亚洲运动会、中国共产党成立70周年、宋庆龄诞辰100周年、毛泽东诞辰100周年、希望工程实施5周年、中国抗日战争和世界反法西斯战争胜利50周年、联合国成立50周年、中国珍稀野生动物——华南虎、中华人民共和国香港特别行政区成立、世界文化遗产——万里长城、第二十九届奥林匹克运动会、上海世界博览会等等。

贵金属纪念币自1979年中国人民银行发行

第一套金银纪念币——中华人民共和国成立30周年纪念金币至2010年，累计发售10余个系列、1700多个品种的金银纪念币。题材有重大政治历史事件、杰出历史人物、大熊猫及珍稀动物、十二生肖、中国古典文学名著、古代科技发明发现、中国传统文化、中国名画名家、宗教艺术、体育运动等。其中第一套金币共4枚，各含黄金1/2盎司，成色91.6%，面额400元，直径27毫米，发行量70000万(套)。第一枚铂币是1987年中国人民银行发行的熊猫1盎司纪念铂币，面额100元，直径32毫米，含铂金1盎司，成色99.95%。第一枚钯币是1989年发行的熊猫1盎司纪念钯币。

第三节 电子货币

2009年，中国人民银行《关于〈电子货币发行与清算办法〉的起草说明》首次正式提出电子货币。根据存储介质不同，电子货币分为卡基电子货币和网基电子货币。

在电子货币的使用中形成三方参与主体：发行机构、持币人和特约商户。发行机构收取预付资金并向购买者发出等值金额的电子货币；同时与商户之间达成协议，商户接收持币人使用电子货币支付自己销售的产品或服务。在电子货币发行流通过程中，发行机构通过收取持币人手续费、特约商户交易佣金以及享有预付资金收益的方式获取利润；持币人通过电子货币消费获得支付便捷以及享受特约商户折扣优惠；特约商户通过该项业务获得品牌推广、增加销售等回报。

卡基电子货币，尤其是不记名卡，通常具有支付金额上限，主要用于居民个人小额交易。至2010年，在济南流通的卡基电子货币中，使用人群较广的是两张卡片，由山东鲁商一卡通支付有限公司发行的山东一卡通和由山东高速信联支付有限公司发行的信联卡。

济南居民所使用的网基电子货币没有太多地域特点。依靠互联网和移动通信的发展，在全国范围内使用较广的各种网基电子货币在济南都有或多或少的应用，例如支付宝(中国)网络技术有限公司(以支付宝产品为例)以及财付通支付科技有限公司(以微信支付为例)所发行的支付产品在济南都有一定的市场。

2010年济南市电子货币发行公司表

表5-2-1

公司名称	业务覆盖范围	业务类型	住 所(营业场所)
山东高速信联支付有限公司	全国、北京市、天津市、河北省、山西省、山东省	互联网支付(全国)、预付卡发行与受理(北京市、天津市、河北省、山西省、山东省)	济南市高新区新宇路750号10号楼6-201
山东运达电子商务有限公司	山东省	银行卡收单	济南市高新区舜华路1号齐鲁软件园4号楼(创业广场F座)二层B209室
易通支付有限公司	全国	互联网支付、银行卡收单	济南市高新区舜华东路666号金智源日资IT工业园A1楼1楼111室
山东鲁商一卡通支付有限公司	山东省	预付卡发行与受理	济南市高新区舜华东路666号金智源日资IT工业园A1楼3楼
山东省电子商务综合运营管理有限公司	全国	互联网支付	济南市高新区舜华路1号创业广场2号楼

2010年济南市电子货币发行公司分支机构表

表5-2-2

总公司名称	分公司名称	分公司营业场所	公司法人所在地	业务许可类型
银联商务有限公司	银联商务有限公司山东分公司	济南市历下区千佛山东二路19号	上海	互联网支付、预付卡受理、银行卡收单
通联支付网络服务股份有限公司	通联支付网络服务股份有限公司山东分公司	济南市市中区经十路21398号二楼西侧	上海	互联网支付、固定电话支付、预付卡受理、银行卡收单
渤海易生商务服务有限公司	渤海易生商务服务有限公司山东分公司	济南市历下区泺源大街68号玉泉森信大酒店	天津	互联网支付、预付卡发行与受理
裕福网络科技有限公司	裕福网络科技有限公司山东分公司	济南市市中区魏家庄万达广场写字楼C座1208室	北京	互联网支付、预付卡发行与受理
拉卡拉支付有限公司	拉卡拉支付有限公司山东分公司	济南市历下区山大路47号数码港大厦3-706室	北京	银行卡收单
资和信电子支付有限公司	资和信电子支付有限公司山东分公司	济南市市中区泺源大街229号金龙中心主楼16层D	北京	互联网支付、预付卡发行与受理
北京通融通信息技术有限公司	北京通融通信息技术有限公司济南分公司	济南市历下区山师东路13号A座综合楼底层商场1-16号	北京	互联网支付、移动电话支付、银行卡收单
上海富友支付有限公司	上海富友支付服务有限公司山东分公司	济南市历下区燕子山小区东路2号208室	上海	互联网支付、银行卡收单
上海汇付数据服务有限公司	上海汇付数据服务有限公司济南分公司	济南市市中区经四路5号万达广场7号写字楼1单元906室	上海	互联网支付、银行卡收单、移动电话支付、固定电话支付
上海盛付通电子商务有限公司	上海盛付通电子商务有限公司山东分公司	济南市历城区山大路126号508室	上海	银行卡收单
开联通网络技术服务有限公司	开联通网络技术服务有限公司山东分公司	济南市历下区趵突泉北路1号开元广场A403	北京	互联网支付、预付卡发行与受理
上海卡友信息服务有限公司	上海卡友信息服务有限公司山东分公司	济南市市中区魏家庄万达广场写字楼B座1111室	上海	银行卡收单
北京随行付信息技术有限公司	北京随行付信息技术有限公司山东分公司	济南市市中区魏家庄万达广场写字楼C座403室	北京	银行卡收单
快钱支付清算信息有限公司	快钱支付清算信息有限公司山东分公司	济南市市中区济微路79号	上海	互联网支付、预付卡受理、银行卡收单、移动电话支付、固定电话支付
北京海科融通信息技术有限公司	北京海科融通信息技术有限公司山东分公司	济南市天桥区北园大街548号嘉汇环球广场B座9层917	北京	银行卡收单
杉德电子商务服务有限公司	杉德电子商务服务有限公司山东分公司	济南市历城区花园路101号海蔚广场办公写字塔楼5-2109室	上海	银行卡收单

第二章 现金管理与反假货币

第一节 现金管理

1986年，济南市共有5家人民币发行库。其中，中心支库1家(中国人民银行济南市中心支库)，县支库4家(章丘县支库、平阴县支库、历城区支库及长清县支库)。

1988年下半年，济南市货币投放增势较猛，增发各种工资性补贴约1亿元，增加投放农副产品提价款1.81亿元。行政和企业管理费支出居高不下，7～8月份储蓄滑坡，消费基金膨胀，货币回笼任务艰巨。根据国务院和中国人民银行总行下达的现金管理条例和实施细则，人民银行济南市分行2次发出紧急通知，明确规定：把货币回笼任务分解落实到各家银行；实行行长负责制；充实现金管理队伍，加强现金管理检查工作；组织各金融机构严格按照8月份工资基数监督；元旦工资一律不得提前支付；各单位库存现金，除节日上班者，留足零星开支备用金外，其余一律送存银行；12月26日起，除正常工资、奖金支出外，严格控制现金支付。

1990年，增设济阳县支库、商河县支库。

2005年5月9日，济南钞票处理中心举行开业典礼

1991年后，全国出现货币大回笼势头。由于发行库小，库容有限，辖内发行库超负荷运转，涨库矛盾十分突出。为保障现金供应，中国人民银行济南市分行对辖区库房情况进行摸底，分类排队，根据库房条件，库存量大小，统筹安排，统一调度，把所需发行基金及早摆放到中心支库或县支库，保障了旺季现金供应。

1995年，现金继续呈现回笼势头。主要原因是商品与服务业回笼现金能力增强，工资性支出增幅下降，农副产品收购支出增幅明显下降。1996年，现金供应呈现春节前大投放、春节后大回笼趋势，现金投放的旺季比以往提前，回笼量大幅度增加。

2000年，济南辖区县支库全部撤销，仅保留济南市中心支库。

2006年，济南市中心支库设立崮山库点，新建库房面积390平方米，面向全省16个地市办理发行基金调拨业务。全年共办理业务1972笔、2061亿元、4777吨。

2009年，现金物流智能化管理系统在济南市中心支库上线运行，发行基金管理实现了网上跟踪、实时监测，工作效率和风险防控能力进一步提高。

2010年，累计为金融机构办理发行基金出入库业务1860笔、7.4万件、金额642.3亿元。

第二节 反假货币

1987年第四套大额人民币发行后，伪造、贩卖、使用假人民币犯罪活动猖獗。1991年，中国人民银行济南市分行联合公安、工商、海关等职能部门开展反假币工作。

1994 年 9 月，最高人民法院发布《关于办理伪造国家货币、贩运伪造的国家货币、走私伪造的国家货币犯罪案件具体应用法律的若干问题的解释》，为惩治伪造、贩运、走私及使用假币的犯罪提供法律依据。1999 年 6 月，开展“反假币宣传周活动”。

2000 年 5 月 1 日，《中华人民共和国人民币管理条例》实施。5 月 20 日，中国人民银行济南分行营业管理部在全市范围内开展以宣传反假人民币常识和第五套人民币知识为主题的大型宣传活动。

2001 年，中国人民银行济南市分行营业管理部组织辖区 14 家金融机构出纳人员举办“反假货币及《人民币管理条例》培训班”4 期。

2004 年，中国人民银行济南市分行营业管理部推行金融机构反假货币工作人员持证上岗制度。2006 年，在辖区内的 1397 个行政村成立由农村信用社信贷员组成的农村反假币宣传小分队。

2005 年 11 月 12 日，济南市反假币宣传活动

2009 ～ 2010 年，在辖区内开展以“树银行形象、迎和谐全运”为主题的反假货币宣传月活动。济南市公安机关破获假币案件 3 起。

第三章　金银管理

第一节　金银市场管理

1985 年，人民银行济南市分行、工商银行历下区办事处设立黄金饰品公司和齐鲁金店，制造和销售金银饰品。当年销售黄金饰品 7.28 万克，银饰品销量较少。1988 年下半年，受“抢购风”和储蓄滑坡影响，金饰品成为抢手货，黄金饰品公司、齐鲁金店出现排队求购现象。为了扩大回笼货币，银行采取以金饰品鼓励储蓄的办法，全年售出金饰品 2641 件，计 1.17 万克。同年，向在济南举行的全国城市运动会售出金饰品 1.79 万件，计 7.73 万克。

由于全国各地对金饰品的买卖掌管松紧不一，商业市场的金银饰品成色不等，真假混杂，流入渠道不同，金银市场管理难度增加。同时，社会上出现私自买卖、加工金银首饰的违法活动，市人行会同市工商局发出《关于取缔金银违法活动》的通知，但未达预期效果。济南市金银饰品市场，除大部分交易仍在黄金饰品公司、齐鲁金店进行外，许多商店已经形成不同规模的经营专柜。有的单位还打出“代验金银成色”的招牌收费服务，金银市场管理急需加强整顿。

1992 年，济南市按照国家金融政策和《金银管理条例》，加强金银管理。加强使用单位的定额管理，每个使用单位按期编报年度计划，每月报生产计划、金银使用数量、产品消耗定额。支持军工产品、替代进口产品、出口创汇产品用金银；加强金银市场管理，新批准 5 家金饰品零售店；年末，全市金饰品商店 27 家。建立经营黄金饰品单位档案，处理经营管理不善和商品价格执行不严单位 5 家。

1994年，市人民银行根据国务院办公厅《关于加强黄金产品管理的通知》精神，对黄金饰品的进货渠道、经销、价格调整等提出意见，统一协调经营活动。配合工商、公安、海关等部门对全市经营金饰品单位和社会上非法经营加工金银饰品的个体户进行检查和清理，保障消费者权益。年末，经市人民银行批准经营黄金饰品商店37家。

1995年，济南市人民银行落实山东省人民银行《加强黄金饰品管理暂行规定》，严格审核金银加工企业用金银指标，重点向经济效益好的企业倾斜。完善用户单位档案管理，根据企业生产情况统筹安排，调剂余缺，保证企业使用金银需要。成立全省首家黄金珠宝首饰协会，统一协调全市饰品经营单位的经销活动，全市金银市场秩序明显好转。

1999年，全市经营金银饰品单位46家。2000年，金银管理体制改革，市人民银行取消金银市场管理。

第二节 金银收兑与配售管理

1986年，中国人民银行济南市分行在配售中除严格审查、控制用量、组织回收三废(废渣、废水、废料)外，协助企业采取节约措施。

1993年，济南市人民银行共配售黄金6500克、白银2624千克，均控制在省批指标内。全年共收购黄金2148克、白银49千克。

1997年，落实金银生产计划，执行金银消耗定额，合理配售。全年收兑金银316千克，配售金银6000余千克。

2000年，根据国家金银管理体制改革要求，中国人民银行发行库不再收购配售白银，取消白银统购统配的管理体制。

2002年，上海黄金交易所成立，50余年的黄金统购统配管理体制结束。

第四章 外 汇

第一节 外汇管理制度

1987年，国家实行银行外汇业务交叉经营。

1994年1月1日起，深化外汇体制改革，实行汇率并轨和银行结售汇制度，取消外汇留成和上缴制度，人民币在经常项目下可有条件兑换。3月，中国人民银行制定《结汇、售汇及付汇管理暂行办法》。4月1日，中行山东省分行实行银行结汇、售汇制。根据中国人民银行《结汇、售汇及付汇管理暂行办法》和《外汇账户管理暂行办法》规定，撤销外汇额度账户和外汇兑换券账户，为创汇企业开立外汇账户。对原外汇额度进行配汇；将外商投资企业账户内的外汇券兑换成自由外汇继续使用，将其他单位的外汇券折算成美元结汇。对按照新政策不得开立现汇账户的，只准支出、不准存入，账户余额用完后关闭账户。

1996年4月1日，《中华人民共和国外汇管理条例》实施。7月1日，中行山东省分行根据《中国人民银行关于对外商投资企业实行银行结售汇的公告》和省外汇局《山东省外商投资企业实行银行结售汇工作实施方案》规定，启动对外商投资企业的结售汇工作。

1997年10月，中国人民银行公布《境内外汇账户管理规定》，明确下列经常项目外汇可以开立外汇账户保留外汇：经营境外承包工程、向境外提供劳务、技术合作的境内机构，在其业务项目进行过程中发生的业务往来外汇；从事代理对外或者境外业务的境内机构代收代付的外汇；境内机构暂收待付或者暂收待结项下的外汇，包括境外汇入的投标保证金、履约保证金、先收后支的转口贸易收汇、邮电部门办理国际汇兑业务的外汇汇兑款、铁路部门办理境外保价运输业务收取的外汇、海关收取的外汇保证金、抵押金等；经交通部批准从事国际海洋运输业务的远洋运输公司，经外经贸部批准从事国际货运的外运公司和租船公司的业务往来外汇；保险机构受理外汇保险、需向境外分保以及尚未结算的保费；根据协议规定需用于境外支付的境外捐赠、资助或者援助的外汇；免税品公司经营免税品业务收入的外汇；有进出口经营权的企业从事大型机电产品出口项目，该项目总金额和执行期达到规定标准的，或者国际招标项目过程中收到的预付款及进度款；国际旅行社收取的、国外旅游机构预付的、在外汇局核定保留比例内的外汇；外商投资企业在外汇局核定的最高金额以内的经常项目项下外汇；境内机构用于偿付境内外外汇债务利息及费用的外汇；驻华机构由境外汇入的外汇经费；个人及来华人员经常项目项下收入的外汇；境内机构经外汇局批准允许保留的经常项目项下的其他外汇。

第二节 外汇利率

一、外汇利率市场化改革

1987年5月，中国人民银行《关于外汇存贷款利率管理的规定》实施：在经营外汇业务金融机构集中的地区，由当地人民银行牵头，成立经营外汇业务金融机构的同业公会，由公会根据国家外汇管理规定和金融政策制定并协调该地区各金融机构的外汇存贷款利率；对于经营外汇业务金融机构不集中的地区，其外汇存贷款利率仍参照中国银行的现行利率执行。

1991年3月，中国银行总行公布《中国银行外汇利率管理办法》，明确中国银行总行外汇利率制定和调整的四项原则：有利于吸收外汇资金；有利于促进企业加强经济核算，改善经营管理，提高资金使用效益；有利于为国创汇，增加外汇资金积累，充实国家外汇储备；体现区别对待政策，即个人和单位有别，国内和国外有别，同业和其他行业有别，重点和一般有别，期限长短有别。9月，人民银行决定：今后凡中国银行对外币存贷款利率进行调整，都将“调整表”通过其辖属分行转送当地人民银行，由人民银行分行通知办理外币存、贷款的金融机构并组织执行。

1993年11月，中国银行总行转发人民银行《关于加强外汇利率管理的几项规定》，明确中国人民银行是外币利率管理的主管机关，统一行使外币利率管理权；中国人民银行授权中国银行公布的各种外币存、贷款利率为法定利率，各金融机构必须严格执行，不得擅自变动。鉴于外币利率水平普遍偏低，国内外汇资金供求矛盾比较突出的情况，允许各金融机构在法定利率的基础上对各种外币存款利率可按最高上浮5%、贷款利率可按最高上浮10%幅度浮动，各地浮动幅度由当地人民银行分行统一掌握。

2000年9月21日，人民银行进行外币利率管理体制改革，放开外币贷款利率。各种外币贷款利率及其计结息方式由金融机构根据国际金融市场利率的变动情况以及资金成本、风险差异等因素自行确定；大额外币存款[300万(含300万)以上美元或等值其他外币]利率由金融机构与客户协商确定，报当地人民银行备案；小额外币存款(300万以下美元或等值其他外币)利率由银行业协会统一制定，各金融机构统一执行。

2001年2月7日，人民银行就外币管理问题作出规定：“以后如遇外币利率调整，由地方人民银行征求中国银行业协会的意见，提出方案报国务院批准后，由中国人民银行对外公布。”

2003年7月2日，中国人民银行决定，今后只公布美元、欧元、港币和日元小额存款利率。英镑、瑞士法郎、加拿大元等外币小额存款利率，改由各商业银行确定并公布。11 月 20 日起，人民银行决定对外币小额存款(300 万美元以下)利率实行上限管理，商业银行可根据国际金融市场利率变化自主确定下浮水平。

2004 年 11 月 18 日起，人民银行不再公布美元、欧元、日元、港币 2 年期小额外币存款利率，改由商业银行自行确定并公布。

二、外币存款利率

1986 年，中行山东省分行开办外币(丙种)存款，存款分类、利率档次设置、货币种类与甲乙种外币存款相同，存款利率按中国银行总行公布的个人外币存款利率计息。8 月 24 日，中行山东省分行根据中国银行总行规定对国际信托投资公司和“三资”企业外汇存款增设 7 天通知存款和一个月定期存款 2 个利率档次。

1991 年 3 月，中国银行总行制定《中国银行外汇利率管理办法》，明确外汇存款利率：以货币划分，设有美元、英镑、德国马克、法国法郎、日元、港元、加拿大元、荷兰盾、瑞士法郎、比利时法郎 10 种货币的存款利率。对外公布的有美元、英镑、德国马克、法国法郎、日元、港元 6 种货币的存款利率。以存款对象划分，设有个人、国内企事业单位、外商投资企业及国内金融机构的存款利率。以存款期限划分，设有活期、定期、定活两便和通知存款利率。定期存款又分为一个月、三个月、六个月、一年、二年等利率档次。12 月，中国银行总行决定增设金融机构外币活期存款利率，利率水平略高于个人和单位外汇活期存款利率。同时对 7 天通知存款利率根据活期存款变化，做相应调整；取消外资企业和金融机构二年期定期存款利率档次；根据国际利率市场变化，对外币活期存款利率做适时调整。

1992 年 11 月，统一个人与单位外币定期存款水平；增加 7 天通知存款和一个月定期存款档次，两档存款由外商投资企业和国内金融机构扩大到所有单位及个人。

1993 年 3 月 1 日，中国银行总行修订《中国银行外币存款章程》：甲种外币定期存款增设七天和一个月档次，品种增加通知存款和协定存款两种，存款对象由外资企业和国内金融机构扩大到所有企业、机构、团体和个人；乙种外汇定期存款存期增设一个月档次。新章程规定“经存款银行同意”可开立加拿大元、荷兰盾、瑞士法郎、比利时法郎以及澳大利亚元存款账户。中国银行总行制定“外币存款临时利率表”，公布 7 天通知存款和一个月定期存款利率。3 月，中行山东省分行制定《外币协定存款实施细则》规定：协定存款存期一个月以上，利率可在挂牌公告的同档次利率基础上加 0.25 ～ 0.5 个百分点。4 月 17 日，中行山东省分行根据中国银行总行规定，丙种外币存款增设 7 天通知存款和一个月定期存款(7 天通知存款也适用于乙种外币存款)，与甲种存款执行同一利率。12 月起，中行山东省分行根据省人行规定，对个人存款折合 2 万美元以下(不含 2 万美元)及单位存款折合 50 万美元以下(不含 50 万美元)的存款一律执行中国银行公布的法定利率，不上浮。对新存入的较大数额(个人存款折合 2 万美元以上、单位存款折合 50 万美元以上)的定期存款，在法定利率基础上统一上浮 0.25 个百分点。

1999 年 1 月 1 日起，中行山东省分行根据中国银行总行《关于做好欧元存贷款利率有关准备工作的通知》要求，只对外公布欧元存贷款利率，不再单独对外公布法国法郎、德国马克、荷兰盾和比利时法郎 4 种货币的利率。5 月 1 日，中行山东省分行根据省人行《关于统一外币存贷款利率上浮制度的通知》规定，各项外币存款利率控制在法定利率基础上上浮 5% 执行；对较大数额的定期存款(个人存款折合 2 万美元以上、单位存款折合 50 万美元以上)，其利率按在法定利率基础上最高上浮 0.5 个百分点掌握。针对日元、瑞士法郎存款本身利率水平较低的情况，中行山东省分行规定：对日元、瑞士法郎2种货币的较大数额定期存款，可按上浮一定幅度(如10%或20%)来掌握，不必一律上浮0.5个百分点。

2000年9月21日，中国人民银行放开大额外币存款利率，不定期制定并公布“中国银行外汇存、贷款利率表”，作为各分行及相关业务部门客户报价时的起点，各分行根据客户不同情况，在此利率基础上与客户进一步谈判，原则上以±0.0625%作为一个基本单位浮动。同时，中国银行总行根据各地区情况，将一级分行和直属分行划分为4类，试行外币存款利率差别授权管理，通过利率杠杆引导外币存款业务发展。新“中国银行外汇存、贷款利率表”中的存款利率包括：活期存款、通知存款、小额存款、大额存款和金融机构存款5部分；其中：活期存款、通知存款、小额存款利率由中国银行业协会制订，各行严格执行、不得上下浮动。货币包括：美元、英镑、欧元、日元、港币、加拿大元、瑞士法郎7种。

2001年7月20日，人民银行放开大额外币存款和通知存款利率。对美元、欧元、英镑和港币的大额活期和通知存款利率制定采用LIBOR/HIBOR浮点方式(每天浮动)；对大额通知存款采用LIBOR/HIBOR浮点方式作为新的利率授权方式，即各分行在中国银行总行授权水平下可根据客户具体情况灵活报价。11月12日起，中国银行总行、中行山东省分行首次采用“LIBOR/HIBOR＋授权点”方式确定、调整外币贷款及大额存款的利率授权，并通过NOIES发至辖区内机构利率专用信箱。中行山东省分行每日从REUIERS系统获取“LIBOR/HIBOR”的基本授权数值下发全辖机构，辖内机构按“LIBOR/HIBOR＋授权点”对客户报价，存款报价仍采用固定利率值。

2002年2月1日，外汇存款利率授权分类由4类调整为3类，中行山东省分行划为一类行。2003年12月1日，中国银行总行根据人民银行外币小额存款利率上限管理规定，下调小额港币存款(2300万港元)利率，解决存款利率与市场利率倒挂的问题。2004年1月19日，中国银行总行再次下调港币小额存款利率，并针对港币市场利率很低、无法按照LIBOR减点方式调整利率授权的情况，规定港币大额存款利率均按港币小额存款利率执行。

2005年12月，中行山东省分行对大额外汇存款利率授权进行调整，美元、英镑、欧元和港币大额活期存款按照统一执行“中国银行外汇存、贷款利率表”“金融机构”项下相应的活期存款利率。同时调整美元、英镑、欧元、港币大额7天通知存款授权。对金融机构客户的外币大额存款，分(支)行、中行山东省分行业务部门可以在上述授权权限内自主报价。对超过本行(部门)权限的，应先通过中行山东省分行金融机构报中国银行总行审批。

2008年1月2日，放宽各档次大额美元、欧元、港币定期存款利率授权；取消对大额外币存款利率授权的分类，执行统一存款利率授权标准。

2008年8月1日起，中行山东省分行开办大额外币储蓄定期存款，存期为1个月、3个月、6个月、1年、2年5档。大额外币储蓄存款利率授权标准：各营业机构办理大额外币定期存款时，存款利率以“中国银行外汇存、贷款利率表”公布的大额存款利率为上限。如表中大额利率较同档次小额利率低，可参照小额利率为上限的标准。如客户需求超过“中国银行外汇存、贷款利率表”中大额利率上限，各一级分行外币大额储蓄存款利率报价以LIBOR/HIBOR为利率基准，以“中国银行外币大额储蓄存款利率授权表”中加减点为上限，与客户进行商谈，在其利率上限内由一级分行自主定价。

三、外汇贷款利率

1986年8月，中行山东省分行停办外汇特种贷款。1988年5月，中行山东省分行转发中国银行总行《关于实行外汇流动资金贷款利率的通知》，国家增拨 6.5 亿美元短期周转贷款实行流动资金贷款利率，同时取消“贷款期限在一年以内可使用的固定利率”。

1991 年 3 月，中国银行总行制定《中国银行外汇利率管理办法》，明确外汇贷款利率现有一般贷款利率、优惠贷款利率、贴息贷款利率和特优贷款利率等。外汇贷款利率：以货币划分，设有美元、英镑、德国马克、法国法郎、日元、港元 6 种货币的贷款利率；以贷款对象划分，设有国内企事业单位、外商投资企业、国内金融机构贷款利率；以贷款性质划分，设有流动资金和固定资产贷款利率。以利率变动期限划分，设有一年固定利率，一个月、三个月、六个月的浮动利率。1993 年 6 月，中行山东省分行外汇贷款利率浮动幅度由 5% 调整为 20%。11 月，在法定贷款利率基础上可上浮 10%。

1997 年 9 月，停止办理外汇优惠利率贷款。

1998 年，中国银行总行下发《关于外汇贷款计结息等有关问题的通知》规定，外汇贷款利率不再以性质划分，将外汇贷款利率表中“流动资金贷款利率”档次名称改为“一年以内(含一年)固定利率”，合同期限在一年或一年以内的短期贷款可使用该利率档次。

1999 年 1 月 1 日起，中行山东省分行根据中国银行总行《关于做好欧元存贷款利率有关准备工作的通知》要求，增加欧元贷款利率，不再对外公布法国法郎、德国马克、荷兰盾和比利时法郎 4 种货币利率。

2000 年 9 月 21 日，人民银行放开外币贷款利率后，中国银行总行根据国际市场利率变化，不定期制定并公布“中国银行外汇存、贷款利率表”，作为各分行及相关业务部门客户报价时的起点。下发“中国银行外汇存、贷款利率表（00002）”，要求各行以此为基准对 9 月 21 日前发放的外汇贷款利率进行调整。同时，中国银行总行根据各地区情况，将一级分行和直属分行划分为 5 类，试行外汇贷款利率差别授权，通过利率杠杆引导外汇贷款业务发展。

2001 年 11 月 12 日起，中国银行总行首次采用“LIBOR/HIBOR ＋授权点”方式确定、调整外币贷款利率授权，并通过 NOIES 发至辖内机构利率专用信箱。2002 年 2 月 1 日，中国银行总行将外汇贷款利率授权分类由 5 类调整为 4 类，中行山东省分行划为 3 类行。

2003 年 7 月 17 日起，中国银行总行设置“透支利率”，取消原“国内金融机构外商投资企业透支利率”。10 月 8 日起，中行山东省分行为控制外汇贷款投放、减少借差，决定提高外汇贷款利率水平：对于信用评级为 AAA ～ A 级客户发放的贷款，执行利率为在现行授权利率基础上加 100 个基本点；对于信用评级为 BBB ～ B 级和未评级客户发放的贷款，执行利率为在现行授权利率基础上加 200 个基本点；对于信用评级为 CCC 级及以下级别客户发放的贷款，执行利率为在现行授权利率基础上加 300 个基本点。为配合上述规定实施，中行山东省分行原则上不再对分支行进行外汇贷款利率超授权审批。11 月，中国银行总行决定按照风险、成本和效益匹配的原则对传统的“三贷”业务的利率管理规程及报价办法进行改革：即在过去收取上游筹资成本、手续费的基础上，开始按照市场原则加收风险溢价利差，对客户报价采取三者合一的报价方式，明确手续费、溢价风险利差的测算标准和办法。

2004 年 2 月 20 日起，中国银行总行决定在外币贷款利率授权表中增加贷款期限因素。将贷款期限分为三年以内(不含三年)、三年至五年以内(不含五年)、五年至十年以内(不含十年)和十年以上(含十年)4 个档次，不同期限的贷款利率授权水平不相等。调整后的利率授权表通过利率管理专用信箱下发中行山东省分行。

2005 年 6 月 28 日起，中行山东省分行根据中国银行总行规定，增加“一年以内(含一年)”期限档次的外汇贷款利率授权，同时调整原授权期限划分标准。调整后的外汇贷款利率授权期限为一年以内(含一年)、一年至三年(含三年)、三年至五年(含五年)、五年至十年(含十年)和十年以上。信用级别及担保方式分类不变。此次调整授权的目的是提高对短期贷款业务(包括贸易融资)的利率报价竞争力，促进业务发展。12月，中行山东省分行根据中国银行总行外汇存贷款授权级别的调整，配合业务发展的区域重点战略实施，决定对外汇存贷款利率授权等级进行调整，明确外汇存贷款一类地区为中行山东省分行本部、各直属支行、济南、烟台；外汇存贷款二类地区为日照、潍坊、济宁、临沂、东营、泰安、淄博、威海；外汇存贷款三类地区为枣庄、聊城、德州、菏泽、滨州、莱芜。调整全额存单或保证金质押贷款授权，对于全额存单或保证金质押的外汇贷款，视为对 AAA ～ A 级客户的质押放款，执行相应的利率授权。

2007 年 7 月，中行山东省分行制定《存贷款利率定价管理细则》，明确外汇贷款按照合同期内利率是否调整分为固定利率贷款和浮动利率贷款。规定对 1 年期以上贷款采用固定利率的，须逐笔经中行山东省分行计财部报中国银行总行批准备案。贷款重新定价日与利率浮动周期必须相符，即贷款的合同利率约定按 n 个月的 LIBOR/HIBOR 加点的，则下一次浮动日必须是在第一次提款日的 n 个月后。中行山东省分行外汇贷款利率授权地区分类管理由三类改为两类(二、三类合并)。

2008 年 7 月，中行山东省分行制定《本外币存贷款利率超授权审批实施细则》，明确贷款利率超授权业务的基本原则：申请利率超授权贷款企业的付息率应达到 100%；除因筹建、新建项目造成未评级或评级水平较低之外，申请优惠利率贷款企业的信用评级原则上应在 BB 级(含 BB 级)以上，上年利润水平不能为负数。

四、外汇内部资金利率

1987 年起，中国银行总行开始对总分行间外汇资金往来利率实行按季调整。确定当年四季度总分行间外汇资金往来年利率为美元 7.8750%、英镑 9.0000%、马克 4.9370%、法郎 8.1875%、日元 4.9375%、港币 6.6250%。1988 年，中国银行总行明确总分行间外汇资金往来存欠每季度的计算期间均自上季末月 21 日起至本季末月 20 日止。

1987 ～ 1998 年中国银行外汇资金往来利率调整情况汇总表

表5-2-3　　单位：年利率%

日 期	美 元	英 镑	德国马克	法国法郎	日 元	港 币
1987 年 4 月	7.8750	9.0000	4.9370	8.1875	4.9375	6.6250
1988 年 1 月	8.3438	9.3438	4.4063	9.3438	4.6875	4.5000
1989 年 1 月	10.2500	12.9375	6.4375	9.1875	4.6250	9.1250
1990 年 1 月	—	—	—	—	—	—
1991 年 1 月	6.8750	11.5625	8.6250	9.4375	7.0000	8.0000
1991 年 4 月	5.5829	10.7925	8.8771	9.2183	6.4486	7.8712
1993 年 1 月	3.1250	5.5000	7.3125	9.2500	3.1250	4.7500
1994 年 1 月	4.1250	5.2500	5.3125	5.6875	1.8125	3.9375
1995 年 1 月	6.7500	7.4375	5.5000	6.7125	2.3750	7.0000
1996 年 1 月	5.3125	6.1250	3.2500	4.6875	1.2188	5.1250
1996 年 3 月	5.8750	6.1250	3.7500	4.0000	1.2188	5.8750
1998 年 1 月	6.0625	7.4375	4.1875	4.1250	0.7969	10.4500

说明：该利率中国银行总行每季度调整一次，本表原则每年选录一季度数据，数据缺失的以相近数据替代

1989年3月，中国银行总行制定《中国银行总行向分行开展国内短期外汇资金融通业务的规定》，设定短期融通资金期限：一个月、二个月、三个月3档，利率按LIBOR利率水平加1%～16%确定。

1993年7月，中国银行总行制定《关于办理国内短期资金拆借外汇资金业务的管理规定》，明确拆借资金仅限美元一种货币，规定中国银行总行拆借给分行的资金利率为LIBOR加1%～4%；分行向客户拆出资金利率不能低于同期中国银行外汇贷款利率水平。12月，中行山东省分行建立外币存款准备金制度，根据人民银行和中国银行总行的规定，外币存款准备金不计息。

1999～2003年中国银行外汇资金往来利率调整情况汇总表

表5-2-4　　单位：年利率%

日　期	美　元	英　镑	欧　元	日　元	港　币
1999年1月1日	5.5000	5.6875	3.2500	0.6670	6.6250
1999年12月21日	6.3313	6.4363	3.8200	0.1613	6.3862
2000年12月21日	5.9407	5.3242	4.4835	0.4484	5.4363
2001年12月17日	1.8200	3.8600	3.1900	0.0300	1.7700
2002年12月31日	1.2400	3.9000	2.7400	0.2000	1.1300
2003年12月31日	1.0600	4.0300	2.1200	0.0200	0.0300

说明：该利率中国银行总行从2000年起随国际资金市场利率调整，本表每年选录一季度起始数据，数据缺失的以相近数据替代

2002年4月，中国银行总行为加快外币联行利率对市场水平变化的反应速度，准确核算各行和中国银行总行有关部门的业绩，决定将外币联行利率由现行的盯住某一期限的市场利率调整的方式改为每星期定期调整公布。8月8日起，以市场利率为基础制定内部资金分期限利率，对外汇内部资金利率实行“一日一价”的公布方式。在一般情况下，英镑、欧元和日元的联行利率按当日最新的3个月LIBID水平制定，美元和港币的联行利率按隔夜LIBID/HIBID水平制定。美元和港币的定期上存利率期限设1个月、3个月、6个月、9个月和1年等5个档次，利率原则上按当日最新同期限LIBID（或HIBID）水平制定。

2003年9月27日起，中国银行总行上调美元、港币定期上存利率水平，增加美元、港币两年期定期上存档次，利率水平分别参考对应期限美国国债收益率和香港政府公债收益率确定。

2004年8月2日起，中国银行总行决定开办分行向中国银行总行外汇定期借款业务，结束借差行通过联行占用外汇资金（6月末全国22家借差行，共占用美元联行余额152亿美元）的历史。中国银行总行制定《总分行间外币资金往来管理暂行规定》，明确开办美元和港币上存和借款，实行存款计息、透支罚息的管理原则。上存与借款的期限分别为7天、14天、1个月、3个月、6个月、9个月、1年和2年等8个档次，并保留外汇联行活期上存，透支罚息。

2006年5月8日起，中国银行总行为使总分行间内部资金转移定价（FIP）和产品线FIP机制保持一致，决定将总分行间美元、港币1年及以内期限的上存利率（含活期）、借款利率均按照同期限LIBOR/HIBOR确定；2年上存利率、借款利率均按照2年期掉期市场利率确定。

2007年10月10日起，中国银行总行对总分行间现汇资金往来整体净下借的行实行LIBOR加25BP的专项下借利率管理。

2008年2月1日起，美元、港币透支利率FTP定价机制调整为隔夜LIBOR/HIBOR加400BP。

1998～2010年济南市外币存款表

表5-2-5　　单位：万美元

年 份	各项存款	企事业单位存款	储蓄存款
1998	40687	18929	18086
1999	56778	30066	23689
2000	73018	32402	33335
2001	60763	19193	39084
2002	68572	22395	43424
2003	67242	16463	42133
2004	57236	14739	36117
2005	54661	15687	32503
2006	50720	13493	29977
2007	57240	24742	24817
2008	57282	23215	27077
2009	86999	52665	29419
2010	138135	72931	27163

1998～2010年济南市外币贷款表

表5-2-6　　单位：万美元

年 份	各项贷款	短期贷款	中长期贷款	境外贷款
1998	84637	28893	33193	—
1999	97600	33547	29693	—
2000	77214	23735	24372	—
2001	54893	26888	12822	—
2002	77637	34159	12025	—
2003	90222	43122	12121	—
2004	90910	26343	36978	—
2005	93658	26321	50107	—
2006	73469	15779	39507	—
2007	115268	38446	50248	—
2008	87083	7178	49736	—
2009	731869	21378	673898	—
2010	1080959	46056	119386	873359

第三篇　存款　贷款

1986年，济南市各项存款余额42.48亿元，贷款余额42.56亿元。2000年后，随着金融体制改革的深入和电子技术的广泛应用，银行卡、中间业务、电子银行等许多新兴业务先后出现，银行业也开始涉足投融资、消费贷款、外汇买卖等业务领域。至2010年年底，济南市金融机构(含外资金融机构)人民币各项存款余额7510.44亿元，比1986年增长近176.8倍；贷款余额6319.09亿元，比1986年增长135.84倍。

第一章　存　款

第一节 企业存款

1986年，企业存款余额19.37亿元。1987年，由于过渡性资金大量增加，如省棉麻公司接收商业部下拨棉花加价款、储备棉利息、棉花保管费2.77亿元，企业存款增加较快，年末存款余额25.25亿元。1988年，全市企业存款余额27.96亿元。企业存款增幅缓慢，部分原因是各银行紧缩银根，严控规模，清收到期、逾期款项。1989年，全市企业存款余额29.34亿元，是1986年后增幅最小的一年。主要原因是受紧缩银根影响，企业间歇资金大量减少。1990年，全市企业存款余额38.85亿元，是1986年后增幅最高的一年。主要增长因素为全市经济向好；驻济南单位集中收缴临时性资金增加；财政集中下拨各种补贴款及年末财政退库款；年末贷款集中投放，形成部分派生存款。

1991～1995年，贯彻国家“控制总量、调整结构、强化管理、适时调节、提高效益”的货币信贷政策，各银行利用多种市场营销手段，企业存款逐年增加，分别为48亿元、61.87亿元、72.82亿元、107.97亿元、165.76亿元。

1996年，采取“抓龙头、抓大户、抓重点行业”措施，建立完善企业资金联络制度，运用电子技术开展代收代付业务，企业存款总量继续增加。年末，全市企业存款余额224.17亿元。1997年，在住房基金、统筹保险、社会福利和各项社会公益性收费等领域，运用电子技术，与社保、交通、教育、公安等部门签订代理服务协议，扩大存款来源。年末，全市企业存款余额293.04亿元。

1998年，受东南亚金融危机影响，工业生产不景气，企业存款起伏波动大，增长缓慢。年末，全市企业存款余额321.1亿元。

1999年，国家为扩大内需采取一系列宏观调控措施，经济形势回暖，企业经营状况逐步好转，销售收入增加，服务性行业经营收入增多；基础设施投入增加，相应带动了公路、港口、通讯等相关行业银行存款增加。年末，全市企业存款余额404.7亿元。2000年，企业存款继续快速增长，年末企业存款余额490.2亿元。

2001～2004年，全市企业存款继续增长，但增势放缓，分别为530.8亿元、704.1亿元、874.32亿元、992.86亿元。

2005年，企业存款增长乏力，年末存款余额1106.69亿元。主要原因是投资持续较快增长，企业支付货款较多；部分行业产品市场发生变化，产成品资金和应收账款两项资金占用增加；人民币汇率形成机制改革效应逐步显现，出口企业换汇成本增加，企业主动性库存增加；能源、原材料价格持续高位运行，占压企业流动资金增加。

2006～2007年，宏观经济整体高增长、低通胀，全市国民经济保持着快速协调发展，消费需求较旺，企业利润大幅增长。全市企业存款余额分别为1333.04亿元、1567.19亿元。

2008年，受国际金融危机冲击，国内外经济金融形势发生急剧变化，中国人民银行货币政策取向进行了适时调整，货币政策转为适当宽松。企业存款增长较快，年末余额1936.17亿元。2009年，在积极财政政策和适度宽松货币政策作用下，国内需求增长较快，企业利润逐步增加。年末，企业存款余额2669.78亿元。

2010年，国民经济平稳较快发展，经济结构继续改善，企业经济效益增速远高于上年同期。企业存款保持较快增长，但增幅放缓，年末余额2955.27亿元，是1986年的152.6倍。

第二节　财政存款

1986年，全市财政存款余额4.45亿元；1990年，增长到10.09亿元。

1994年，实行“分税制”财政体制改革。中国人民银行修订《国家金库条例实施细则》《专业银行办理国库业务管理办法》《中央级行政事业单位经费限额拨款管理办法》《国库会计核算规范化标准》等制度。济南市加强国库资金管理，疏通税款入库渠道，保证财政资金及时入库。年末，财政存款余额5.84亿元。

1996年，国务院下发《关于加强预算外资金管理的通知》，全市集中清理预算外资金，查处私设小金库、转移或挤占财政资金现象。1999年，人民银行系统机构改革，调整国库分支库，强化国库监管，加强对乡镇国库管理。2000年税款、国债发行增加，财政存款增长幅度较大，年末存款余额9.52亿元。

2001年1月9日，中国人民银行发布《商业银行、信用社代理国库业务管理办法》。2002年始，进行国库单一账户改革试点工作。2003年1月1日始，启动国库存款计息。这一政策结束了中国财政国库存款不计息的历史，有利于财政存款的增加。2004年，济南市财政存款余额31.66亿元；2005年为35.03亿元。

2006年，中国人民银行与财政部联合印发《中央国库现金管理暂行办法》《中央国库现金管理商业银行定期存款业务操作规程》，标志着国库现金管理正式启动，也标志着中国国库现金管理进入市场化运作的新时期。

2010年，济南市财政存款余额245.83亿元，是1986年的55.24倍。

第三节　机关团体存款

1986年，济南市机关团体存款余额7.9亿元。1988年，为增加商业银行资金实力，将人民银行资金来源的机关团体存款和财政预算外存款，改为商业银行的资金来源。1990年，济南市机关团体存款余额11.95亿元。

1991年，开展“质量、品种、效益年”活动，开辟财源，增收节支，机关团体存款增加到16亿元。1992年，根据《国家预算管理条例》规定，国家预算由单式预算改为复式预算编制。

1996年，国务院下发《关于加强预算外资金管理的规定》，重点清理机关团体、企事业单位私设“小金库”和转移挤占挪用财政资金问题，机关团体存款有所减少。年末，全市机关团体存款余额10.27亿元。

1998年，改革人民银行管理体制和信贷管理体制，将机关团体存款和财政预算外存款划归商业银行。2000年后，推行行政事业单位工资统一发放和粮食、建设单位资金集中支付工作，带动了机关团体存款的增加。2002年，全市金融机构机关团体存款余额140.38亿元；2006年余额338.02亿元。

2010年，济南市机关团体存款余额999.96亿元，是1986年的126.58倍。

第四节 储蓄存款

1986年，全市城乡储蓄存款余额10.57亿元。1987年，全市新增储蓄所57个，吸储范围扩大；同时举办有奖储蓄，吸收社会节余资金；全市城乡储蓄存款余额18.9亿元。

1988年，储蓄所、柜台实行承包责任制，调动了储蓄人员积极性；全市新增储蓄网点104个；职工居民货币收入增长，储源扩大。储蓄存款保持较高增长速度，年底，城镇储蓄存款余额25.32亿元。1989年，开展计算机“联网”“通存通兑”“代发工资”等各种业务，推动了储蓄存款的稳定增长；居民增收、外地居民到济南工作、增设网点等因素导致储源持续增加。年底，储蓄存款余额34.17亿元。1990年，工资性收入以及居民其他营业、劳务等收入增加，导致储源持续扩大且趋向多样化；社会经济秩序明显好转，特别是物价稳定，居民消费心理趋于稳定，倾向储蓄。年底，储蓄存款余额51.08亿元。

1991年12月始，不再办理保值储蓄业务。3年期以上储蓄存款仍给予保值，但保值贴补率为零时不再按月公布贴补率。储蓄代办费由4‰降为2‰。年末，城乡居民储蓄存款余额为64.74亿元。1992年，受全市农业秋季粮食减产农民收入增加缓慢，经济过热引起的集资热、证券热，以及住房、医疗等制度改革的影响，储蓄存款增长速度减缓。年底，全市城乡居民储蓄存款余额79.5亿元。

1993年3月1日，国务院颁布《储蓄管理条例》，中国人民银行决定从7月11日起再次开办保值储蓄业务。各金融机构发展新兴业务，提高揽储能力，克服直接融资造成储蓄存款分流的影响，稳定了储蓄存款的增长。年末，全市城乡居民储蓄存款余额104.32亿元。

1994年2月，中国人民银行下发《小额抵押贷款办法》，加快银行储蓄业务向综合性、多功能的转变；各银行增加储蓄品种，开办养老储蓄、通知储蓄、自动转存储蓄以及各种礼仪卡储蓄等。随着国民经济稳定增长和金融秩序的好转，1994年、1995年城乡居民储蓄存款增长幅度较大。1995年年底，济南市金融机构城乡居民储蓄存款余额222.06亿元，两年年增长率均超过40%。

1996年4月1日起，对3年期以上定期储蓄存款，不再实行保值；5月1日降低存贷款利率。随着停办新的保值储蓄和存款利率下调，储蓄存款增长明显减缓。年底，全市城乡居民储蓄存款余额288.6亿元。1997年10月，人民银行再次降低存贷款利率，储蓄存款增速逐步放慢。年底全市城乡居民储蓄存款余额320.24亿元。

1998年，物价继续回落，GDP稳定增长，国民经济实现“软着陆”，虽然又连续3次降低存贷款利率，一年期储蓄存款利率降至3.78%，但同期物价水平回落更快，储蓄的实际利率不降反升，年底储蓄存款余额369.46亿元。

1999年，济南市金融机构城乡居民储蓄存款经历了一季度短暂的高速增长后，在降息和开征储蓄存款利息税等宏观经济政策的调控下，从二季度开始增长速度放慢。年底，全市城乡居民储蓄存款余额为412.7亿元。2000年，济南市储蓄存款增长速度继续放慢，年底全市储蓄存款余额463.04亿元，增速与上年基本持平。主要原因是，1998年后，国家分流储蓄存款的政策操作力度不断加大。同年3月20日国务院令，决定对个人存款账户实行实名制度，部分公款私存的储蓄存款转入对公存款账户，加之国家继续降低存贷款利率，开征储蓄存款利息税、实施假日经济等扩大内需政策，居民对储蓄存款的预期收益降低，投资多元化意识增强，参与股市投资热情高涨；居民用于保险、教育、医疗、国债和彩票等方面的支出也明显增加。

2001年，济南市继续实施扩大内需、促进发展系列经济政策，国民经济呈现稳定发展态势，物价平稳，居民收入增加。各级金融机构执行稳健的货币政策，适度扩大货币供给，增加信贷投放。招商银行、福建兴业银行、中国民生银行、上海浦东发展银行和深圳发展银行先后在济南市设立分支机构，推动了全市金融业竞争与发展。股市分流储蓄存款势头减弱，住房、医疗和教育体制改革，未来支出不确定因素增多和投资渠道狭窄等因素的影响，济南市储蓄存款保持了较高增长速度。年底余额534.64亿元。

2002年，城乡居民收入增势提高，支撑了居民消费升级前的货币积累和各种预防性储蓄的增加，城乡居民储蓄存款快速增长。年底，济南市储蓄存款余额643.86亿元，同比增长20.43%。主要原因是国家连续两年增加公务员工资，企业扭亏增盈，居民收入增加；股市持续走低，许多股民为规避风险，将资金退出股市转入储蓄存款；个体私营经济发展活跃，部分个体私营业主将个人储蓄存款账户当作结算账户使用，增加了一部分储蓄存款；随着住房、医疗制度改革的不断深入，居民未来支出具有较大的不确定性，预防性储蓄动机不断增强。搞好理财配套服务，建立规模较高的个人理财网点，以综合账户为依托，发展复合型、多功能个人金融产品；开办节日定活两便、个人网上银行和外汇买卖业务；发展中间业务；加强电子化建设，银行卡联网工作取得较大进展。

2002年3月，济南市银行行长(经理)联席会议在山东省工商银行营业部召开

2003年，受邮政储蓄转存款利率政策下调影响，下半年邮政储蓄增势明显减缓，年底济南市城乡居民储蓄存款余额758.35亿元，增速比上年回落2.65个百分点。2004年1月～10月，物价持续上涨，实际利率水平下降，居民储蓄意识有所减弱，投资国债、基金增多；企业集资和民间借贷重新活跃，加剧了储蓄存款的分流。10月，人民银行上调存贷款利率后，储蓄存款稳定性逐步改善，加息后2个月定期储蓄存款增加29.49亿元。年底，全市城乡居民储蓄存款870.55亿元。

2005～2006年，储蓄存款增长较快，分别为1024.42亿元、1182.57亿元。

2007年，物价上涨幅度加大，实际利率水平进一步下降，削弱了居民的储蓄意识；股市火爆分流了大量储蓄存款。年底，全市储蓄存款余额1266.66亿元。2008年，由于资本市场的急剧下挫、基金净值缩水、理财产品收益率下降，居民投资热情受到打压，资金回流储蓄，成为储蓄存款增长的重要因素；国家加大对房地产的调控力度，住房需求日趋增长，一定程度上促进了储蓄存款的快速增长。年底，全市储蓄存款余额1588.53亿元，其中定期存款比例75.87%。2009年，资本市场持续大跌，股市资金的回流促使储蓄存款继续保持较快增长。年末，全市储蓄存款余额1911.5亿元。

2010年，国务院印发《关于调整住房供应结构稳定住房价格的意见》《关于坚决遏制部分城市房价过快上涨的通知》等房地产调控政策，股市交易萎缩，第三方存管客户资金也陆续回流银行，给各商业银行吸收储蓄存款提供了机遇。年底，全市储蓄存款余额2187.7亿元，是1986年的152.56倍。

第五节 农业存款

1986年，济南市农业存款余额3.28亿元。1987年，存款余额2.09亿元，是省批计划额的7.38倍，存款增加主要原因是年终信用社转存款。

1988年，各银行储蓄所、柜台实行承包责任制，调动储蓄人员的收储积极性。农民货币收入增长，储源扩大，储蓄存款保持较高的增长速度。年底，存款余额2.4亿元。1989年，专业银行完善储蓄承包措施，改善服务质量，开展计算机“联网”“通存通兑”“代发工资”等各种业务，推动农业存款的稳定增长，储源持续增加。年底，存款余额2.46亿元。1990年，济南市农业生产特别是棉花生产严重受灾，但在农业贷款大量投入的情况下，全年农业生产总值仍完成38亿元，比上年增长5.6%。在农民增收以及贷款派生等有利因素影响下，年底存款余额3.14亿元。

1991年，人民银行继续执行优先支持农业的信贷政策，重点支持巩固和完善农村家庭联产承包责任制，积极扶持乡镇企业的发展和建立健全农村社会化服务体系。1992年，全市农业存款余额5.78亿元。

1993年，试办协定存款和通知存款等种类，为农业存款增长开辟新领域；争取农口资金归农业银行开户管理，增加农业存款；加强现金管理，消除资金在银行体外循环，加快现金归行；开展代收代付业务，增加资金来源。1995年，全市农业存款余额7.23亿元。

1998年，人民银行取消对国有商业银行贷款限额控制，实行“计划指导、自求平衡、比例管理、间接调控”信贷管理体制。农业银行加强对公存款的管理。2000年，全市农业存款余额15.98亿元。

2001年，中共中央、国务院坚持把解决“三农”问题放在突出位置，制定一系列政策措施，加强农业和农村基础设施建设，推进农业和农村经济结构调整，推动了农村经济的良性发展。

2006年1月1日，《中华人民共和国农业税条例》废止。一系列解决“三农”问题的重要举措，促进了农村经济的全面发展，为农业存款增加奠定基础。

2010年，全市金融机构农业存款余额13.96亿元，是1986年的4.26倍。

第六节 其他存款

1990年，济南市信托存款余额5.54亿元，之后信托投资公司几经整顿撤并，商业银行的信托业务逐步停办。

2002年年末，信托存款余额6.1亿元，2003年起信托存款余额持续为0。2011年，信托存款指标统计取消。

委托存款是金融机构受委托办理委托贷款基金、存款与委托贷款的差额。至2010年年末，全市委托存款余额45.35亿元。

其他存款主要包括应解汇款、临时存款、结算保证金、保险公司往来收方余额、待结算财政款项等存款，1998年，机关团体存款也归入其他存款统计。经过历次金融统计项目调整，至2010年，其他存款主要为保险公司和机关团体存款，年末余额2062亿元。

第七节 存款准备金

1984年，存款准备金制度建立。企业存款

20%，农村存款25%，储蓄存款40%。1985年，法定存款准备金率统一调整为10%。1987年，为紧缩银根，抑制通货膨胀，上调为12%。1988年9月，上调为13%。

1998年3月21日，中国人民银行改革存款准备金制度，将原来各金融机构在中国人民银行的准备金存款和备付金存款两个账户合并，称为准备金存款账户；法定存款准备金率从13%下调至8%，超额准备金及超额准备金率由各金融机构自行决定。1999年11月，下调至6%。

2003年9月，中国人民银行提高存款准备金率至7%。

2004年4月25日，实行差别存款准备金率制度。即：农业发展银行(简称农发行)、国有商业银行、股份制商业银行、城市商业银行、农村商业银行、农村合作银行、信托投资公司、财务公司、金融租赁公司和有关外资金融机构的存款准备金率由7%上调至7.5%；农村信用社和城市信用社仍执行6%。

2006年7月5日，上调存款类金融机构人民币存款准备金率至8%。农村信用社(含农村合作银行)存款准备金率暂不上调。8月15日，存款类金融机构人民币存款准备金率上调至8.5%；原执行低于7%存款准备金率的农村合作银行，11月5日起调至7.5%。农村信用社存款准备金率保持不变。11月15日起，农发行、国有商业银行、股份制商业银行、城市商业银行、农村商业银行、财务公司、金融租赁公司和有关外资金融机构的存款准备金率调至9%；农村合作银行的存款准备金率调至8%；农村信用社的存款准备金率由6%上调至6.5%。

2007年1月15日起，农发行、国有商业银行、股份制商业银行、城市商业银行、农村商业银行、财务公司、金融租赁公司和有关外资金融机构的存款准备金率调至9.5%；农村合作银行、农村信用社存款准备金率分别为8.5%、7%。2月25日，分别调至10%、9%和7.5%。12月25日，分别调至14.5%、13.5%和12%。

2008年1月25日起，农发行、国有商业银行、股份制商业银行、城市商业银行、农村商业银行、财务公司、金融租赁公司和有关外资金融机构的存款准备金率调至15%；农村合作银行、农村信用社的存款准备金率分别执行14%和12.5%的存款准备金率；被确定为A类社的农村信用社低0.5个百分点，执行12%的存款准备金率。12月25日起，国有商业银行、交通银行、邮政储蓄银行执行15.5%的存款准备金率；农发行、其他股份制商业银行、城市商业银行、农村商业银行、金融租赁公司和有关外资金融机构的存款准备金率调至13.5%；财务公司存款准备金率，下调至11%；农村合作银行、农村信用社的存款准备金率均执行11%；被确定为A类社的农村信用社执行10%的存款准备金率。

2010年1月18日起，国有商业银行、交通银行、邮政储蓄银行执行16%的存款准备金率；农发行、其他股份制商业银行、城市商业银行、农村商业银行、金融租赁公司和有关外资金融机构的存款准备金率调至14%；财务公司、农村合作银行、农村信用社的存款准备金率不变，仍为11%；被确定为A类社的农村信用社仍执行10%。12月20日起，国有商业银行执行19%；交通银行、邮政储蓄银行执行18.5%；招商银行、民生银行执行17%；农发行、其他股份制商业银行、城市商业银行、农村商业银行、金融租赁公司和有关外资金融机构的存款准备金率调至16.5%；财务公司执行13.5%；农村合作银行执行13%；农村信用社执行12.5%，村镇银行存款准备金率比照当地信用社执行；A类社执行11.5%。

1986～2010年济南市金融机构存款情况表

表5-3-1　　　　　　　　　　　　　　　　　　　　　　　单位：万元

指标 年份	各项存款							
		企业存款	财政存款	储蓄存款	农业存款	委托存款	其他存款	
								机关团体存款
1986	424834	193746	44524	105685	32786	—	—	78973
1987	610213	252504	57331	189002	20947	—	—	20947
1988	707077	279631	49084	253211	23990	—	—	73992
1989	844019	293377	64172	341724	24624	—	—	62413
1990	1183926	388526	100855	510766	31352	96983	—	119479
1991	1239255	480216	108692	647411	39238	114736	—	159518
1992	1809089	618738	91265	794993	57763	107309	—	158295
1993	2272709	728178	87642	1043173	56802	171135	—	149238
1994	2980743	1079669	58386	1550343	53091	66636	83105	53091
1995	4380128	1657569	-8421	2220567	72266	69480	98491	98491
1996	5553210	2241652	-43006	2886028	83080	106761	102731	102731
1997	6335661	2930381	-2707	3202401	82218	2444	—	106732
1998	8459573	3211022	55781	3694563	97169	846096	517804	99583
1999	10612995	4047223	50992	4126970	143651	1244097	868945	143661
2000	12749583	4901976	95172	4630411	159775	1588244	1263413	570443
2001	14575268	5307918	138822	5346413	148106	1610400	1950075	852407
2002	20172260	7040664	137662	6438616	263573	2621742	3608365	1403751
2003	24494782	8743183	149086	7583475	266548	2406014	5346476	1832249
2004	29912736	9928558	316563	8705457	357324	3130639	7474195	2642156
2005	34833377	11066895	350341	10244200	381138	2974372	9816431	2988977
2006	40246200	13330436	457750	11825655	408852	4148015	10075492	3380187
2007	40624330	15671853	707887	12666590	390623	197879	10989498	3613659
2008	50368119	19361698	945824	15885280	461851	332869	13380596	4060318
2009	63632994	26697798	1702669	19115340	534932	611740	14970507	4304937
2010	75104412	29552743	2458263	21876758	139644	453536	20623468	9979582

1985～2010年存款基准利率调整表

表5-3-2　　　　　　　　　　　　　　　　　　单位：%

调整时间	活期存款	定期存款利率					
		三个月	半年	一年	二年	三年	五年
1985年4月1日	2.88	—	5.4	6.84	—	7.92	8.28
1985年8月1日	2.88	—	6.12	7.2	—	8.28	9.36
1988年9月1日	2.88	—	6.48	8.64	9.18	9.72	10.8
1989年2月1日	2.88	7.56	9	11.34	12.24	13.14	14.94
1990年4月15日	2.88	6.3	7.74	10.08	10.98	11.88	13.68
1990年8月21日	2.16	4.32	6.48	8.64	9.36	10.08	11.52
1991年4月21日	1.8	3.24	5.4	7.56	7.92	8.28	9
1993年5月15日	2.16	4.86	7.2	9.18	9.9	10.8	12.06
1993年7月11日	3.15	6.66	9	10.98	11.7	12.24	13.86
1996年5月1日	2.97	4.86	7.2	9.18	9.9	10.8	12.06
1996年8月23日	1.98	3.33	5.4	7.47	7.92	8.28	9
1997年10月23日	1.71	2.88	4.14	5.67	5.94	6.21	6.66
1998年3月25日	1.71	2.88	4.14	5.22	5.58	6.21	6.66
1998年7月1日	1.44	2.79	3.96	4.77	4.86	4.95	5.22
1998年12月7日	1.44	2.79	3.33	3.78	3.96	4.14	4.5
1999年6月10日	0.99	1.98	2.16	2.25	2.43	2.7	2.88
2002年2月21日	0.72	1.71	1.89	1.98	2.25	2.52	2.79
2004年10月29日	0.72	1.71	2.07	2.25	2.7	3.24	3.6
2006年8月19日	0.72	1.8	2.25	2.52	3.06	3.69	4.14
2007年3月18日	0.72	1.98	2.43	2.79	3.33	3.96	4.41
2007年5月19日	0.72	2.07	2.61	3.06	3.69	4.41	4.95
2007年7月21日	0.81	2.34	2.88	3.33	3.96	4.68	5.22
2007年8月22日	0.81	2.61	3.15	3.6	4.23	4.95	5.49
2007年9月15日	0.81	2.88	3.42	3.87	4.5	5.22	5.76
2007年12月21日	0.72	3.33	3.78	4.14	4.68	5.4	5.85
2008年10月9日	0.72	3.15	3.51	3.87	4.41	5.13	5.58
2008年10月30日	0.72	2.88	3.24	3.6	4.14	4.77	5.13
2008年11月27日	0.36	1.98	2.25	2.52	3.06	3.6	3.87
2008年12月23日	0.36	1.71	1.98	2.25	2.79	3.33	3.6
2010年10月20日	0.36	1.91	2.2	2.5	3.25	3.85	4.2
2010年12月26日	0.36	2.25	2.5	2.75	3.55	4.15	4.55

第二章 贷 款

第一节 短期贷款

一、工业贷款

1986年，济南市实现工业总产值86.93亿元，高于全国、全省平均增速。工业贷款余额20.75亿元。1987年，全市银行合理调整贷款结构，推进经济结构进一步优化。在工业贷款投向、投量方面，把贷款结构的调整和保优限劣结合起来，促进产品结构调整。年底，全市工业贷款余额24.05亿元。1988年，全市工业总产值完成138.05亿元。生产的持续高速增长，产生了巨大的信贷需求。年底，工业贷款余额28.88亿元。1989年，调整贷款增量，优化贷款存量，贯彻“保证重点、压缩一般”的政策，工业贷款大幅度增长。年底，工业贷款余额37.16亿元。

1990年，中国人民银行两次调低贷款利率；年底，全市工业贷款余额49.86亿元。1991年，各家国有专业银行，中国人民银行印发《关于进一步加强流动资金贷款管理的通知》。济南市工商银行排列出辖区内工业产品“畅、平、滞”状况清单以及限制和禁止生产的产品清单，作为优先支持、从紧贷款和停止贷款的依据。同时重点支持国有大中型企业生产，以推动企业技术进步为宗旨，发挥科技开发、小额技术贷款、集体设备贷款的作用，适度增加工业专项贷款的投入。同年，按照国务院指示，各级银行协助企业清理“三角债”，对积极清理欠款、合理运筹资金的企业，银行优先给予贷款支持；凡清欠不积极、有意占用其他企业资金的，银行在贷款上严格加以限制。年底，工业贷款余额57.39亿元。

1994年，中国人民银行总行集中基础货币管理权，专业银行总行集中系统内资金调度权，基层银行自主调节资金的能力显著减弱，新增贷款的80%是由上级银行的专项贷款形成的，资金的横向融通受到严格限制。年底，工业贷款余额84.17亿元。1995年，全市金融机构坚持“效益性、安全性、流动性”原则，改变按行政区划配置信贷资金的传统做法，坚持按效益原则自主选择贷款项目，把贷款投向产品有市场、经济效益好、符合国家产业政策的行业和企业。改进和完善“压贷挂钩”“挖贷挂钩”等政策，帮助企业扭亏增盈、限产促销、清仓压库。清理各种被挤占挪用的贷款，提高信贷资产质量，优化贷款结构。贷款重点投向支柱产业、重点行业、重点企业和拳头产品，包括电力、交通、邮电、钢铁、煤炭、石油等基础行业以及农药、化肥等支农企业。在贷款管理上，进一步划分省行与地市分行贷款审批管理权限，开展企业信用评级，对新增贷款进行风险评估，推行担保贷款，对担保手续不完备的贷款进行补办，贷后稽核制度初步得以建立。同年，全市工业贷款余额104.95亿元，较年初增加20.39亿元。

1996年，短期贷款实行多存多贷政策，工业贷款年底余额125.62亿元，比年初增加20.67亿元。1997年，银行不良贷款上升，特别是国有商业银行不良贷款数额大、比例高，且呈上升趋势。同时，贷款本息难以收回，欠息总额居高不下。社会上乱集资、乱担保现象抬头。各金融机构加强金融债权管理。年底，全市工业贷款余额168.09亿元。1998年，各项贷款投放均匀。年底，济南市金融机构人民币各项贷款余额679.77亿元，比年初增加160.59亿元，同比多增34.17亿元，是1986年后济南市历年贷款增长量最多的一年。全年工业贷款增加4.89亿元，加上中期流动资金贷款年内增加额6.41亿元，大部分投放于大中型工业企业。年底，工业贷款余额172.98亿元。1999年，加大贷款投放力度。年底，工业贷款余额191.62亿元。

2000年，贷款投向出现集中趋势，电力、电信、交通、石油四大行业贷款比重明显上升。年底，全市工业贷款余额156.95亿元。2001年，贷款向重点产业和大型企业集中。工业贷款余额214.78亿元，较年初增加57.83亿元。

2002年，信贷管理体制改革，除继续支持传统领域信贷项目外，更加注重对新市场和新业务的开发和投入。贷款出现支持民营经济、支持高科技企业特别是信息技术企业发展等新特点。金融信贷资源机构配置，不再以企业规模、所有制为依据，而是以企业是否有效益、有市场、有订单为主要依据。同年，在人民银行长期监测的350户企业中，276户盈利企业短期贷款同比增长19.6%，货币资金余额同比增长32.7%，货币资金占用系数为14%，同比提高2个百分点；69户亏损企业短期贷款同比下降4.7%，信贷资金流向效益好、有市场和有发展潜力的优质企业，从效益差、缺乏市场竞争力和发展潜力的劣势企业退出明显加快。年底，全市金融机构工业贷款余额237.18亿元，比年初增加22.4亿元。

2004年年底，工业贷款余额411.65亿元，较年初增加81.41亿元，增长24.65%，高于全部贷款增速10.31个百分点。2005年，以控制信贷风险为核心，以提高信贷资产质量为目标，推进信贷管理长效机制建设。工业贷款余额445.87亿元。

2006年，为控制经济过热、防范通胀风险，中国人民银行两次加息、三次上调存款准备金率。年底，工业贷款余额529.8亿元。2007年，针对银行体系流动性偏多、货币信贷扩张压力较大、价格涨幅上升的形势，货币政策逐步从“稳健”转为“从紧”。中国人民银行10次上调存款准备金率共5.5个百分点，6次上调金融机构人民币存贷款基准利率。年底，工业贷款余额603.36亿元。

2008年9月，根据保持经济平稳较快增长的需要，实行适度宽松的货币政策。年末，全市工业贷款余额685.2亿元。2009年，执行适度宽松货币政策，抓住重点产业振兴规划实施和济南市举办全运会的有利契机，贷款投放取得重大突破和显著成效，各项贷款新增1584.18亿元，达5700.86亿元，创历史最高水平；其中，工业贷款余额660.6亿元，是1986年的31.84倍。

2010年，人民银行统计制度调整，工业贷款指标不再统计。

二、商业贷款

1986年，济南市商业贷款余额13.26亿元。

1987年，商业贷款适度增长，促进了商品流通进一步扩大。年底，商业贷款余额15.17亿元。新增贷款主要投向网点增加而产生的新客户，支持企业合理充实库存，支持外贸收购资金的需要等。1988年，商业贷款增长较快。年末，全市商业贷款余额20.04亿元，较年初增加4.87亿元，增长32.1%。主要投向农副产品收购、外贸收购、市场农副产品和日用工业消费品的供应。1989年，新增贷款1.41亿元，重点支持粮棉油菜等农副产品收购和调入的资金需要；新增生产资料专营贷款0.57亿元，支持生资系统购进农药、化肥等农用物资。年末，全市商业贷款余额22.88亿元，满足商品流转需要。

1991年，全市商业贷款平稳增长，工商银行重点支持国营商业购销增长，促进市场复苏和流通发展；农业银行商业贷款以做好农副产品收购资金供应为中心，开拓农村市场，支持农村商业企业扩大购销，帮助供销社开拓经营，扭亏增盈；中国银行商业贷款支持外贸企业完成进出口任务，保证适销对路、换汇成本低、经济效益好的出口商品收购资金需要。年底，全市商业贷款余额 36.34 亿元。1992 年，在优先确保粮油收购、储备资金需求和发放商品流转贷款的同时，各银行均划出一部分专项资金，支持加快流通、通信、饮食和服务业的设施建设，以增强城乡社会化服务体系的功能。商业贷款开始由单一支持商品购销活动，扩展到支持网点开发、科技开发、加工、旅游、装修等领域。年底，全市商业贷款余额 43.99 亿元，占各项贷款新增额的 27.23％。1993 年，各金融机构重点支持第三产业重点行业发展。国务院和人民银行对农副产品收购资金供应体制做出相应调整：主要农副产品收购资金实行专户管理；由人民银行系统分级调控为主，变为以专业银行分级调控为主；实行各总行向人民银行总行统借统还和“先贷后报、先垫后补、分清责任、事后算账、按期归还、违章处罚”的原则和办法。年底，全市商业贷款较年初增加 7.47 亿元。1994 年，按照政策性金融与商业性金融分离的原则，各国有银行完成政策性金融业务的划转和分账经营与管理。新增贷款向规模经营且有影响力的大中型零售企业倾斜；支持商业企业集团规模经营和连锁店的发展建设，走批零结合，总经销、总代理的路子；及时发放商业网点设施贷款，重点支持发展大商业、大流通。在坚持贷款安全性、流动性和盈利性前提下，适当向非国有商业和城乡个体私营商业企业增放贷款。年末，全市商业贷款较年初增加 5.78 亿元。1995 年，金融机构商业信贷除继续支持商业企业扩大商品购销，优先保证粮棉油等农副产品收购资金需要，继续加大对外经外贸企业的支持外，对商业网点、商业基础设施建设所需资金也给予适当贷款支持，支持以商贸、科技、信息为龙头，集生产、销售、贸易为一体的集团公司的发展。年底，全市商业贷款余额 71.17 亿元。

1997 年，市(地)、县级农业发展银行分行设立，本着“既重供应，更重管理”的原则，以“库贷挂钩”管理为核心，强化收购资金供应和管理。年底，全市商业贷款余额 119.84 亿元。1998 年，商业流通企业体制改革。人民银行会同中国农业发展银行、中国农业银行、中国工商银行联合下发《关于粮油附营企业占用信贷资金划转及清算的通知》，明确粮棉油附营业务信贷资金划转的范围、方法和时间。农业银行、工商银行完成划转任务。

1999 年，发展个人消费贷款、汽车消费贷款、个人住房信贷等。年底，全市商业贷款余额 147.78 亿元，比年初增加 20.57 亿元。2000 年，国有商业银行陆续开办住房、助学、汽车、农机具、美满家庭、家居装修、大额耐用消费品、教育助学、旅游度假、小额质押、综合消费等消费贷款业务，加大对教育、科技、文化、新闻、医疗以及合资、民营、私营企业等领域的贷款投入，形成较完整的消费贷款产品体系。

2001 年，济南市各商业银行加大对商业企业支持力度，商业贷款发展迅速。对国家储备粮和保护价范围的粮食收购，及时发放贷款；对地方储备和地方政府用于宏观调控的粮食收购和调销，在落实风险补偿资金的前提下予以支持；对企业经营非保护价粮油，在“购得进、销得出、不亏损”前提下，按照“以销定贷，以效定贷”原则发放贷款。2002 年，防范贷款风险，继续实行“全年计划、分段实施、跟踪监测、适时调整”的信贷计划管理办法。2003 年，加强对民营和中小企业贷款支持；加大对外经外贸贷款投放。年底，全市商业贷款余额 181.44 亿元。2004 年，全省粮食市场放开，中国银监会先后批准农业发展银行开办粮食加工企业收购资金贷款、粮棉油产业化龙头企业贷款和其他粮食企业贷款等一系列商业性信贷业务。2006 年始，为保护农民利益和种粮积极性，国家在主产区对小麦实行最低收购价政策。年底，商业贷款余额 168.36 亿元。2007 年，商业贷款余额 185.96 亿元。2008 年，商业贷款余额 130.88 亿元。商业贷款减少原因是农业发展银行收回部分贷款的同时，核销部分政策性贷款。

2009年，农业发展银行在确保最低收购价等政策性粮食收购资金需要的基础上，重点支持“战略性客户和黄金客户”“大型央企和省属粮食贸易经营企业”“产权清晰、体制健全、机制灵活、规模化经营的地方国有粮食购销企业”的市场性收购。年底，商业贷款余额133.4亿元，是1986年的10.06倍。

2010年始，人民银行统计制度调整，商业贷款指标不再统计。

三、建筑业贷款

1986年，济南市建筑业贷款余额1.76亿元。

1989年，山东省建设银行根据中国建设银行总行制定的《中国人民建设银行建筑企业流动资金贷款管理试行办法》，制定全省实施细则，规定建筑企业各项流动资金贷款，必须贯彻“支持重点，兼顾一般，扶优限劣，注重经济效益”原则，优先支持中央和地方国营企业以及承担重点项目建设的资金需要。年底，全市建筑企业流动资金贷款余额2.46亿元。

1991年，贷款投放实施“全年亮底、按季控制、按月考核、适时调节”的调控措施，对流动资金贷款分月和分季度监测和考核。1993年，推行贷款抵押担保制度，对已发放的贷款补办抵押担保手续。1994年，建设银行改革流动资金贷款管理体制，将多个部门管理的流动资金贷款归口到新成立的信贷二部管理。建筑业流动资金贷款进一步向承担国家重点工程的施工企业和对外承包工程的企业倾斜。1995年，建设银行在财政职能移交和政策性业务分离后，严格按照国家产业政策把握贷款投向，集中运用部分流动资金贷款，重点支持国家重点行业中经济效益好、市场潜力大的大中型骨干企业和承担国家重点建设项目的建筑施工企业的资金需求。配合和支持房改工作，加大用于居民住宅建设贷款的投入。年底，全市建筑业流动资金贷款余额3.74亿元，较“七五”期末增长38%。

1996～2000年，建设银行济南市分行加大信贷倾斜力度，集中资金保重点，扩大县级支行新增贷款规模。建筑业流动资金新增贷款主要用于承担国家和省、市确定的能源、交通、电力、通信、铁路等基础建设建筑安装企业的资金需求。2000年年底，全市建筑业贷款余额11.62亿元，比“八五”期末增加7.88亿元，增长3.1倍。

2001～2005年，济南市累计完成城建投资850亿元，是“九五”期间的2.2倍。2005年年底，济南市建筑业贷款余额35.85亿元，比“九五”期末增加24.23亿元，增长3.08倍。

2006～2009年，根据《济南市建筑业“十一五”发展规划》，金融机构建筑业流动资金贷款继续向承担国家和省、市重点建设项目的建筑施工企业倾斜，除国有商业银行外，股份制商业银行、城市商业银行等金融机构建筑业流动资金贷款也有所增加。2009年年底，建筑业流动资金贷款余额42.1亿元，是1986年的23.92倍。

2010年始，人民银行统计制度调整，建筑业贷款指标不再统计。

四、农业贷款

1986年，济南市农业贷款余额1.64亿元。

1987～1990年，农业贷款重点支持粮食生产、农用科学技术、兴建农田水利设施、农机具配套、开发荒山、肉蛋奶等养殖业、“菜篮子”工程建设和抗旱资金需要。

1988年，农业贷款投向优先支持粮棉油生产以及肉、蛋、奶、林、果等副食品基地建设，促进全市农业生产稳定增长；开发荒山133.33余公顷，为促进农业生产的发展增添后劲。年末，农业贷款余额2.24亿元。

1991～1995年，济南市持续增加农业贷款投入，支持高效农业、创汇农业和“菜篮子”工程，支持农民发展庭院经济、多种经营和工副业项目；扶持化肥、农药和农机骨干企业，扶持经济欠发达地区经济发展。1995年年底，农业贷款余额8.1亿元，较1990年增加5.85亿元。

1996～2000年，农业贷款重点支持利用和发展自然资源优势、地理位置优势的项目和粮棉油等农副产品生产基地建设，支持化肥、农膜、农药、农机等支农工业的发展和农业生产资料的储备供销，支持农田水利基本建设和农业科技开发；支持"两高一优"、科技型、"节水灌溉"等农业生产项目及个体私营经济，并对产权明晰、有市场、有效益、讲信用的乡镇农产品加工企业，提供短期流动资金贷款。在贷款方式上，农村信用社设立信贷专柜，开办小额农户贷款业务等新的贷款品种，推广农户贷款证、联产联保等便民措施，部分地方试行评定信用村、信用户活动。在贷款额度、利率上浮等方面给予农民优惠。年底，全市农业贷款余额23.17亿元，比"八五"期末增长2.86倍。

2001年后，按照"十五"时期计划提出的"巩固和加强农业基础地位，千方百计增加农民收入"的要求，各级金融机构加大对农村经济的信贷支持。人民银行制定《对农村信用社贷款管理实施细则》，将大部分再贷款管理权限下放给县支行。农村信用社继续完善联保贷款、贷款上柜台和客户经理等便民贷款和信贷营销制度，开展信用村、信用户评定工作，加大农户信用证的核发力度，较好地解决了农民贷款难的问题。

2002～2005年，人民银行继续利用支农再贷款，引导农村信用社加强对农业贷款的投放力度。农业银行加大对农业产业化龙头企业的贷款规模；农村信用社落实关于农业结构调整和增加农民收入的各项政策，开展以"评定信用村(户)、争创信用乡镇"为主要内容的农村信用工程建设，进一步方便农民贷款。2005年12月，十届全国人大常委会第十九次会议决定，自2006年1月1日起废止《农业税条例》，一系列解决"三农"问题的重要举措，促进了农村经济的全面发展，也引导了金融机构对农业贷款的支持力度。2005年年底，全市金融机构农业贷款余额79.3亿元，比"九五"期末增加56.13亿元，增长3.42倍。

2006～2009年，济南市金融机构加大涉农贷款投放力度；同时，充分运用再贷款、再贴现等政策，加大对农业贷款的支持力度，农业贷款规模呈现平稳较快增长。2009年年底，全市金融机构农业贷款余额144.5亿元，比"十五"期末增加65.2亿元，增长82.22%；是1986年的88.1倍。

2010年始，人民银行统计制度调整，农业贷款指标不再统计。

五、乡镇企业贷款

1986年，全市乡镇企业贷款余额1.04亿元。

1987年，全市乡镇企业贷款余额3.68亿元。贷款投向方面，优先支持产品适销、经济效益好的轻纺、化工以及食品加工企业，优先支持新产品开发和星火计划项目，优先支持出口创汇产品生产。

1989～1990年，随着"治理、整顿"方针的贯彻执行，济南市经济发展过热的势头初步得到控制，各银行落实"控制总量，调整结构，保证重点，压缩一般，适时调节"的货币、信贷政策，乡镇企业贷款得到有效控制。1990年年底余额9.9亿元。

1991年，全市金融机构贯彻执行国务院《关于严格控制企业继续生产积压产品的通知》，扶持乡镇企业发展和建立健全农村社会化服务体系。帮助企业压缩产成品资金占用，提高资金使用效益，调整贷款结构，运用点贷和切块相结合的办法，对重点企业和产品进行倾斜，积极支持出口创汇企业，支持"贸工农"联合出口基地建设，支持乡镇企业进行技术改造、技术革新，开发新产品。

1993～1995年，适应乡镇企业发展形势，增加信贷投入。把发展乡镇企业与小城镇建设结合起来，集中资金支持小城镇建设项目。1995年年底，全市乡镇企业贷款余额18.41亿元，比“七五”计划增长85.58%。

1996年，金融机构乡镇企业贷款重点支持符合国家产业政策、环保政策、产品适销对路、经济效益好的资源开发以及农副产品加工企业和项目。

1997～1999年，在农村金融初步形成政策性金融、商业性金融和合作金融分工协作、各有侧重的新格局下，农业银行、农村信用社发挥农村金融主导和主力军作用，扶持乡镇企业发展，贷款重点支持有市场、有效益的乡镇企业，支持贸工农一体化发展，支持农副产品精深加工。2000年，人民银行济南分行结合辖区经济、金融实际，制定《货币信贷政策指导意见》《关于金融机构与信用担保机构协作的指导意见》，推动金融机构对中小企业的信贷支持。年底，乡镇企业贷款余额36.73亿元，比“八五”期末增长99.51%。

2001～2004年，随着国有商业银行经营机制的转换和信贷“大行业、大企业”“抓大放小”等策略的实施，农业银行组建农业信贷部门，承担全市农业专项信贷业务。

2005～2009年，随着农业产业化、农村经济市场化和农村城市化进程的加快，乡镇企业贷款主要面向农产品加工业、流通业和产业化龙头企业，为多样化的农村经济实体提供信贷服务，促进主导产业链的形成。同时，支持个体民营经济和产品适销对路、效益高、信用好的中小企业的发展。乡镇企业贷款规模保持高位波动。2009年年底，全市乡镇企业贷款余额为56.77亿元，是1986年的54.59倍。

2010年始，人民银行统计制度调整，乡镇企业贷款指标不再统计。

六、“三资”企业贷款

20世纪80年代中期，中国银行开办“三资”企业外汇贷款。但由于“三资”企业不规范，外商多用设备、产品等实物投资，“三资”企业贷款风险较大，加之金融机构对“三资”企业人民币贷款业务开办的时间较晚，且数量有限，在金融统计中未做单独统计。1994年，全国银行会计科目调整，增加“三资”企业贷款项目。年底，济南市“三资”企业贷款余额7.86亿元。

1995年后，《中华人民共和国中外合作经营企业法实施细则》《关于对外商举办投资性公司的暂行规定》《关于设立外商投资广告企业的若干规定》《指导外商投资方向暂行规定》《外商投资产业指导目录》等一系列对外商投资企业管理的法规陆续实施。经国务院批准，人民银行于1996年6月20日发布公告，自7月1日起，对外商投资企业实行银行结售汇制，加强对外商投资企业的外汇管理。1996年，全市金融机构对“三资”企业贷款余额11.09亿元。1997年，国家外汇管理局对外商投资企业实行年检制度，金融机构对外商投资企业贷款的投放进一步扩大。同年，余额为13.12亿元，同比增加2.03亿元，增长18.3%。1998年余额为12.4亿元，比年初减少0.71亿元，下降5.45%。

1999年，济南市金融机构落实人民银行与外经贸部、国家计委、国家经贸委联合发布的《关于当前进一步鼓励外商投资的意见》、人民银行发布的《关于改进外汇担保项下人民币贷款管理的通知》及《中外合资、合作经营企业中方股东股本融资贷款管理办法》，对外商投资企业的人民币贷款，在外汇担保方式上和贷款用途上提供更多的融资选择，加大对外商投资企业的信贷投入。年底，全市“三资”企业贷款余额19.98亿元，比年初增加7.58亿元，增长61.07%。

2000年，中国宏观经济呈现“零通胀、高增长”的良好态势。为扩大利用外资，增强中外合资、合作经营企业中方投资人融资能力，人民银行制定下发《中外合资、合作经营企业中方投资人新增资本贷款管理办法》，允许境内中资商业银行对合资、合作经营企业进行不良资产的剥离划转。年底，全市“三资”企业贷款余额20.97亿元。

2001年，人民银行印发《关于办理出口退税账户托管贷款业务的通知》，要求金融机构支持资信状况好、有还款来源的外贸出口企业，扩大对出口企业的贷款利率浮动范围，运用多种信贷方式支持高新技术产品出口，允许商业银行在对出口企业出口退税账户进行托管的前提下，以出口退税应收款作为还款保证，向出口企业发放短期流动资金贷款，以解决出口企业资金周转困难。

2002年后，银行信贷结构和贷款客户结构进行较大调整，“三资”企业贷款变化较大。年底全市“三资”企业贷款余额26.39亿元，仅比年初增加1.09亿元。2003年、2004年“三资”企业贷款继续减少。2004年年底，全市“三资”企业贷款余额17.33亿元，比年初减少6.09亿元。

2005年，全市“三资”企业贷款有所回升，年底余额19.66亿元，较年初增加2.33亿元，但新增贷款主要投向异地“三资”企业。

2006年，三资及民营企业发展迅速，上半年货币政策较为宽松，“三资”企业贷款大幅增长，年底贷款余额44.5亿元，较年初增加24.84亿元。下半年，受紧缩政策和中央控制固定资产投资政策的合力作用影响，“三资”企业贷款出现持续滑落。2009年年末，全市“三资”企业贷款余额39.19亿元。

2010年始，人民银行统计制度调整，“三资”企业贷款指标不再统计。

七、私营及个体贷款

1986年，济南市私营及个体企业贷款余额仅为36万元。1990年年底，全市个体工商业贷款余额1300万元。

1991～1995年，多种经济成分进一步发展。个体工商业户、私营企业的信贷需求不断增加。受个体、私营经济业户规模小、分散、信用度低、担保难等因素的制约，贷款总量一直缓慢增长。1995年，全市个体工商业贷款余额3600万元，只占全部贷款余额的0.11%。

1996～1997年，个体、私营经济进一步发展，贷款需求进一步增强。各金融机构按照国家宏观经济政策和产业政策，通过信贷手段不断支持个体、私营经济的发展。特别是在国有商业银行深化经营机制改革的过程中，强化对产品有市场、有销路、经营效益好、信誉高的企业支持的信贷原则，不断弱化和打破所有制界限，采取“以贷引存”“以贷稳存”等措施，办理“大额存单抵押贷款”“个人小额抵押贷款”等业务。建立农村信用社省辖电子汇兑系统，解决中小企业和个体、私营经济担保难、结算难、贷款难等困难。

1998年，贯彻人民银行《关于进一步改善对中小企业金融服务的意见》，加强对中小企业、个体、私营企业发展的支持力度，改进对中小企业信贷投入方式，配合有关部门，创办中小企业信用担保机构和基金，全市金融机构对中小企业、个体私营企业贷款业务有较大发展。年底，全市私营企业及个体工商业贷款余额11.1亿元。

1999～2000年，人民银行制定一系列旨在扩大金融机构信贷投放面、投放量以及激励社会经济公众增加需求和投资的政策，鼓励商业银行对信誉好、有市场、有效益、科技型的中小企业发放信用贷款，满足中小企业周转快、额度小的贷款需求，促进非公有制经济发展。人民银行济南市分行在总行授权的范围内对有关政策进行细化，制定《货币信贷政策指导意见》。要求各银行金融机构加大对产权明晰、有效益的中小企业和个体所有制私营经济的支持力度，特别是对技术含量高、潜在市场大的中小企业，给予贷款支持。要求城市商业银行和城市信用社将人民银行增加的经营性再贷款，专门用于支持中小企业和个体私营经济的发展。推动辖内中小企业，高新技术企业信用担保体系的建立。2000年年底，私营企业及个体工商业贷款余额7500万元。

2002年6月,《中华人民共和国中小企业促进法》颁布。济南市金融机构加大对民营企业的信贷投入。年底,全市私营个体工商业贷款余额2.79亿元。

2003～2005年,济南市金融机构继续贯彻国家支持中小企业和民营经济发展政策,继续加大信贷支持力度。2005年2月,国务院印发《关于鼓励支持和引导个体私营等非公有制经济发展的若干意见》,放宽非公有制经济市场准入,加大对非公有制经济的财税金融支持。年底,全市私营企业及个体工商业贷款余额12.72亿元,比"九五"期末增长15.96倍。

2006～2009年,人民银行济南市分行引导金融机构加大对中小微企业的贷款投放力度,扩大服务范围,提供金融产品和服务。2009年年底,全市金融机构私营企业及个体工商业贷款余额66.12亿元,是1986年的1.8万倍。

2010年始,人民银行统计制度调整,私营企业及个体工商业贷款指标不再统计。

第二节 中长期贷款

一、基本建设贷款

1985年,国家预算对基本建设投资改财政拨款为银行贷款,主要由建设银行经办。1987年后,工商银行、农业银行、交通银行济南市分行陆续开办基本建设贷款,但数量很少。

1989年,济南市各金融机构落实"控制总量,调整结构,保证重点,压缩一般,适时调节"的货币、信贷政策。1990年,基本建设贷款余额7.75亿元,重点支持国家计划内交通、能源、原材料等基础工业建设项目的资金需要。其中,重汽公司"斯太尔"生产线增加贷款0.63亿元,涤纶工程增加贷款1.05亿元,北郊热电站增加贷款0.2亿元。

1991年,对基本建设贷款项目,各银行集中一部分资金调剂使用,人民银行也适当集中一部分资金统一使用,并允许专业银行通过发行金融债券或代理财政、企业发行债券,筹集资金,用于支持国家重点建设项目的资金需要。建设银行济南市分行坚持重点项目贷款优先安排,资金优先供应,并组织力量对重点、大中型项目进行投资落实。工商银行济南市分行基本建设贷款,重点支持高技术、高创汇、高附加值和能源、交通、原材料等短线产品项目。年底,全市基本建设贷款余额9.37亿元,比年初增加1.62亿元。

20世纪80年代末中国建设银行山东省分行支持建设的济青高速公路

1992年,人民银行对固定资产贷款仍实行指令性计划管理,未经批准不得突破计划规模。要求固定资产贷款优先支持国家计划安排项目,各银行必须严格审查项目,根据国家产业政策和信贷原则进行评估后择优发放。建设银行济南市分行建立重点项目联系制度,先后对电力、煤炭、石油、港口、建材等16个大中型项目建设和生产情况进行专题调查。为济青公路、京九铁路、济南机场、济南客运站等设立专门机构,开展资金供应、概预算审查、招标投标、结算、咨询等全方位服务。年底,全市金融机构基本建设贷款余额11.92亿元。

1993年上半年,投资需求膨胀,财政金融紧张,资金供应短缺,货币投放过多,乱集资、乱拆借导致金融秩序混乱。人民银行对固定资产贷款实行严格计划规模管理，要求各行不得超规模发放固定资产贷款。新增加固定资产贷款，主要用于续建项目，不准用于国家计划外项目，不准填补地方自筹资金缺口。严禁用银行信贷资金搞投资、炒卖房地产和股票，严禁用流动资金搞固定资产投资。6月后，贯彻中共中央《关于当前经济情况和加强宏观调控的意见》和全国金融工作会议精神，建设银行济南市分行在工作中坚持“三压两保一条龙”方法，全力压拆借，压一般性贷款，压逾期贷款；集中有限资金保铁路，保重点建设，实行省、市地经办行一条龙服务，确保规模资金及时到位，保证重点项目的资金供应。工商银行调整信贷管理机构，贯彻执行固定资产贷款“控制总量、优化结构、面向市场、转换机制、提高效益”的信贷政策，改善对重点项目和大企业集团固定资产贷款管理方式和方法，新增贷款的80%用于重点项目资金需要。同年，农业银行为加强固定资产贷款管理，印发《中国农业银行农业贷款项目管理规程》，对固定资产贷款中项目选择与审查、项目评估、项目审批与贷款发放做出具体规定。

1995年，国家对固定资产贷款继续实行计划管理。建设银行制定《中国人民建设银行固定资产贷款办法(试行)》，对基本建设贷款与技术改造贷款的借款申请，贷款的受理、审批与承诺，借款合同的签订与担保，贷款的支用与监督，借款的偿还等做出具体规定，进一步规范基本建设贷款的管理。贷款投向相对集中，资金运作水平提高，新增的25.7亿元固定资产贷款中用于国家重点建设项目的占72.46%，资金到位率100%。同时代理国家开发银行80%的项目贷款业务。工商银行济南市分行加强固定资产贷款管理，按照《中国工商银行固定资产贷款风险管理实施细则》要求，建立固定资产贷款风险预警系统。年底，全市金融机构基本建设贷款余额14.67亿元，同比增长4.57%，是“七五”期末的1.89倍。

1996年，把符合《中华人民共和国环境保护法》和《建设项目环境保护管理办法》的规定和要求，作为对新建项目是否贷款的必要条件之一，达不到要求的一律不准贷款。工商银行济南市分行成立固定资产信贷处，制定《中国工商银行济南市分行关于积极参与重大项目建设的实施意见》，信贷人员直接参与重大建设项目全过程管理。改革传统固定资产贷款组成，首次在省重点项目中试点，把铺底流动资金打入总投资，为项目及早投产、达产提供条件。年底，全市金融机构基本建设贷款余额16.22亿元。1998年，金融机构在坚持项目法人制度和资本金制度，改进和完善固定资产贷款项目审查和评估基础上，贯彻人民银行《关于加快落实基础设施建设贷款有关问题的通知》等加大信贷投入的政策。建设银行济南市分行与国家开发银行签订委托贷款协议，改变委托贷款方式，贷款自主发放，贷款资金委托建设银行办理结算并协助监管和收回本息。全市金融机构对基础设施贷款力度明显加大，全年新增中长期贷款4.7亿元。年底，全市金融机构基本建设贷款余额24.08亿元。1999年，国家开发银行济南分行成立，筹措引导社会资金，加大对济南市重点建设项目的资金投入。年底，全市基本建设贷款余额42.53亿元，较上年增加18.45亿元，增长76.7%。

2000年，中国经济运行呈现“零通胀，高增长”的良好态势。人民银行继续落实国债项目配套贷款投放和增加基础设施、农村电网建设的资金投入。配合国家产业政策的实施，发布《关于对落后的生产能力、工艺流程、产品和重复建设项目限制或禁止贷款的通知》，与国家计委联合下发《农村电网建设与改造工程电费收益权质押贷款管理办法》，以解决农村电网贷款担保问题。国家开发银行济南分行贯彻中央扩大内需的宏观经济政策，配合开发银行总行加快评审计划新项目的评审进度，87.6%的贷款用于公路、电力、铁路、城建等四大行业。年底，全市金融机构基本建设贷款余额79.14亿元，比“八五”期末增长4.39倍。2001年，全年增加基本建设贷款15.78亿元，年底余额29.82亿元。建设银行济南市分行当年对基本建设贷款进行结构性调整，增加基本建设贷款20.97亿元，年底余额49.37亿元，居济南市各商业银行之首。年底，全市金融机构基本建设贷款余额120.57亿元。2003年，人民银行济南分行运用金融公共网络信息平台，保持贷款投放的连续性和稳定性，引导金融机构加快基本建设贷款和技改贷款的投放。年底，全市基本建设贷款余额612.16亿元。2004年，控制过热行业贷款投放，适当压缩固定资产投资贷款投入，增加对煤电油运等经济发展薄弱环节的信贷支持。年底，全市基本建设贷款余额664.53亿元。

2005年，国务院下发《促进产业结构调整暂行规定》，要求加强能源、交通、水利和信息等基础设施建设，积极发展先进制造业，加快发展高新技术产业，大力发展循环经济，优化产业组织结构，调整区域产业布局。国家发改委预警钢铁、电解铝、铁合金、焦炭、电石、汽车、铜冶炼7个行业产能过剩，水泥、电力、煤炭、纺织4个行业潜在产能过剩，并颁发《产业结构调整指导目录(2005年本)》，列出国家鼓励、限制和淘汰的产业目录。人民银行济南市分行拟订《济南市开发性金融“十一五”规划》，列入全省“十一五”重点专项规划目录。年底，全市金融机构基本建设贷款余额779.54亿元。

2006年后，根据《济南市“十一五”市政基础设施建设规划》，济南市按照“一城两区”中心城布局，配套建设市政基础设施，积极向东西两翼拓展城市发展空间，城市基础设施建设实现重大突破，基本建设贷款保持平稳增长。2008年年底，全市金融机构基本建设贷款余额突破1000亿元，达1058.86亿元。

2009年，驻济南金融机构抓住济南市举办全运会、园博会等机遇，加大对小清河改造、大明湖扩建、快速公交、重点道路建设等重大城建项目、环境整治项目和政府“民心”工程、“惠民”工程的资金支持力度。年底，基本建设贷款余额1826.03亿元，比“十五”期末增长1.34倍。

2010年始，人民银行统计制度调整，基本建设贷款指标不再统计。

二、技术改造贷款

1986～1990年，济南市技术改造贷款由建设银行一家办理，发展到建设银行、工商银行、中国银行、农业银行、交通银行多家办理。1990年年底，贷款余额7.31亿元。

1991年，决定增加企业技术改造投入。人民银行济南市分行贯彻国家增加技术改造贷款的政策，要求银行金融机构，改变固定资产贷款使用过于分散问题，根据需要试办“银团贷款”，向重点行业、重点项目倾斜。同年，工商银行济南市分行制定《技术改造贷款管理规程》，下发《中国工商银行济南市分行担保业务管理暂行办法》，提出技术改造贷款重点支持高技术、高创汇、高附加值和能源、交通、原材料等短线产品。年底，全市技术改造贷款余额9.37亿元。

1992年，国务院颁布《全民所有制工业企业转换经营机制条例》，集中一批专项贷款用于国家重大结构调整项目。年底，全市金融机构技改贷款余额9.32亿元。1993年，上半年由于经济高速增长和固定资产投资规模过大，技术改造贷款投入增长不快。下半年为保证国家和省重点技改项目资金的需要，市人民银行增加部分再贷款。年底，全市技术改造贷款余额11.98亿元。1994年，工商银行济南市分行推行风险管理，适当集中贷款审批权，集中资金支持一批大的技术改造项目。建设银行济南市分行主要承担技术改造专项贷款任务。年底，全市技术改造贷款余额16.09亿元，同比增长34.31%。

1995年，为抑制通货膨胀，国家严格控制固定资产投资新开工项目。人民银行济南市分行要求各商业银行技术改造贷款，继续加大对国家和省重点技改项目和收尾工程项目的支持，在规模上优先安排，保证资金及时足额到位。特别要围绕实施名牌产品战略，集中技改资金，保重点产品的技改项目，提高济南市产品的更新换代和在国内外市场的竞争能力。工商银行从严控制新开工项目，按照国家产业政策和信贷政策，把握贷款投向，集中资金支持重点技改项目，按照《中国工商银行固定资产贷款风险管理实施细则》，建立技术改造贷款风险预警制度，完善贷款风险管理。新增贷款 90% 支持济南市支柱产业、重点企业的发展。农业银行和有关部门组织安排“星火计划”、节水灌溉、乡镇供水等专项贷款项目，支持科技农业、生态农业、立体农业等新技术、新成果的推广，支持新产品、新技术的开发运用，支持在国内有影响的科技示范项目和示范区，贷款向规模型、效益型、科技型、外向型企业倾斜。年底，全市金融机构技术改造贷款余额 20.47 亿元，比“七五”期末增长 1.8 倍。

1996 年，人民银行发布《进一步改进对国有大中型企业金融服务的通知》，公布 10 条具体措施，要求各商业银行增加技术改造贷款的投入，支持企业技术进步与创新。工商银行济南市分行成立固定资产信贷部，实行对外“二合一”(对外参与国际咨询公司的评估)、对内“三合一”(总行和一、二级分行三级共同评估，一次完成)评估运行方式，按“院士制”管理模式组建评估专家委员会，初步建立评估信息数据库。年底，全市技术改造贷款余额 30.14 亿元，较年初增长 47.24%。1997 年，国家从严控制固定资产贷款。工商银行济南市分行执行《中国工商银行固定资产贷款评估办法》，完善“主评估人”制度和评估专家委员会制度，全年共评估项目 33 个，90% 投向“双加”和省重点技改项目。受亚洲金融危机影响，同年技术改造贷款规模有所减少。年底，全市金融机构技改贷款余额 28.13 亿元，同比降低 8.68%。1999 年，国家对重复建设、严重污染、浪费资源的项目严禁发放贷款。工商银行济南市分行正确处理支持经济发展和防范贷款风险的关系，组织、评审和上报

2010 年，济南市“打造现代产业体系”银企合作暨信贷政策发布会

600 亿元国债项目。

2000 年，济南市财政贴息贷款中，用于降低能耗、提高质量、增加产品品种等“内涵性”投资增长 74.40%。技改贷款余额 45.5 亿元。

2001 ～ 2005 年，国债项目及大型基础设施投资项目陆续完成，部分上市公司从资本市场筹资后资金充裕，为减少利息支出，济南市固定资产投资增速减缓，导致商业银行中长期贷款市场空间变窄。加之贷款核销以及抵贷资产科目调整等的影响，全市技术改造贷款增长缓慢。2005 年年底，全市金融机构技术改造贷款余额 40.08 亿元。

2006 ～ 2007 年，各商业银行技术改造贷款除继续支持重点和大企业的技术改造外，加大对中小企业技术进步扶持力度。工商银行济南市分行参与省政府组织的 1000 家成长型中小企业计划，中小企业贷款实现持续增长。农业银行拓展广电、信息、传媒等新兴行业和造纸、纺织、化工、机械等优势传统行业。

2008 年后，受全球金融危机冲击，企业技改再投资意愿下降，金融机构发放的技术改造贷款随之减少。2009 年年底，全市技术改造贷款余额 17.85 亿元，接近于“八五”期末的水平。

2010 年始，人民银行统计制度调整，技术改造贷款指标不再统计。

三、其他中长期贷款

1992 年，经人民银行批准，建设银行增设

“建贷项目储备贷款”科目。

1995年，济南市金融机构其他中长期贷款余额8.04亿元，其中国有独资商业银行余额4.34亿元。为配合粮食流通体制改革，国务院将农业发展银行承担的除农副产品收购和储备业务以外的贷款，划转有关专业银行管理。1999年年底，农业银行济南分行其他中长期贷款余额54.16亿元，较“八五”期末增长5.74倍。

2001年后，住房消费贷款、个人汽车、助学贷款等其他中长期消费贷款发展迅速。年底，全市金融机构其他中长期贷款余额157.05亿元，比上年增长27.23%。其中，个人中长期消费贷款余额29.65亿元，比年初增加11.18亿元。2002年，工商银行济南市分行开办个人二手房贷款和个人住房转按揭贷款业务。建设银行推出个人二手房贷款，按揭、抵押组合贷款，转按揭个人住房贷款等新的个贷品种，制定《按揭楼盘承接审批办法》，为客户提供代填合同，代理法律服务，现场办理保险，代理抵押登记，代办保险，代办房产评估，统一收费，统一档案保管的“一条龙”服务。全市金融机构其他中长期贷款都有较大增长。2003年年底，全市金融机构其他中长期贷款余额303.61亿元，较上年末增加84.12亿元。其中，个人中长期消费贷款余额105.96亿元，较上年末增加48.48亿元。2004年，建设银行济南市分行完成济南土地储备中心和中铁十四局的综合授信工作。年底，全市金融机构其他中长期贷款余额426.35亿元。其中，个人中长期消费贷款余额为155.22亿元。

2005年，工商银行济南市分行执行《消费信贷业务操作管理规定》《防范和控制假按揭贷款风险的规定》《消费信贷贷后管理中心管理办法》等管理规定，按照前后台分离的消费信贷业务经营管理模式，统一消费信贷业务操作流程，防范和控制业务风险，加强合作机构及按揭项目的准入和管理，实行双人见客谈话制度，强化贷款营销。年底，全市金融机构其他中长期贷款余额590.96亿元。其中，个人中长期消费贷款余额168.03亿元，比年初增加12.81亿元。

2006年，建设银行山东分行加快房地产金融超市建设，实现超市职能由“交易”型向“销售”型转变，牵头组织全省“乐得家”个人住房团购活动，制定推行《关于实行个人住房贷款楼盘差别化营销和准入审批的实施意见》，在风险可控的前提下适当简化优质个人客户收入证明的审验流程。开展重点客户的评级及授信工作，梳理存量房地产信贷业务，制订《集中清理个人住房贷款档案工作实施方案》，规范公积金贷款核算程序。

2007～2009年，各商业银行严格控制贷款条件，加强个人消费贷款管理，促进中长期贷款健康平稳增长，特别是随着住房制度改革的进一步深入，个人住房贷款出现快速扩张。2009年年底，其他中长期贷款余额1681.09亿元，较“十五”期末增长1.84倍。其中，个人中长期消费贷款余额368.82亿元，较“十五”期末增长1.19倍。

2010年始，人民银行统计制度调整，其他中长期贷款指标不再统计。

四、票据融资

1986年4月16日，中国人民银行、中国工商银行公布《中国人民银行、中国工商银行商业汇票承兑、贴现暂行办法》《银行结算办法》《银行结算会计核算手续》，中国人民银行颁布《中国人民银行再贴现办法》，将商业汇票作为企业货款结算的一种工具，对商业汇票的结算、承兑贴现、再贴现的处理程序及会计核算手续做出明确规定，启动票据业务开展。中国农业银行、交通银行也先后印发《商业汇票承兑、贴现办法》，开始在济南、青岛等少数大中城市推行商业汇票的承兑、贴现与再贴现业务，但业务规模较小，发展速度缓慢。1991年9月，针对商业汇票业务推行中存在的问题，中国人民银行总行颁发《关于加强商业汇票管理的通知》。

同年，工商银行、农业银行、交通银行3家总行为整顿承兑汇票管理，相继明令暂停此项业务。据此，济南市工商银行、农业银行暂时停办部分市分行试办的少量票据承兑、贴现业务。人民银行再贴现也基本停止办理。1992年3月，工商银行济南市分行下发《关于在省内系统恢复使用银行承兑汇票的通知》，恢复办理银行承兑汇票业务。

1993年5月21日，中国人民银行发布《商业汇票办法》，统一规定商业汇票按其承兑人不同，分为商业承兑汇票和银行承兑汇票。在银行开立账户的法人之间根据购销合同进行的商品交易，可使用商业承兑汇票；国有企业、股份制企业、集体所有制工业企业、供销合作社以及“三资”企业之间根据购销合同进行的商品交易，可使用银行承兑汇票。办法还对商业承兑汇票和银行承兑汇票签发人的资格条件、责任和义务，商业承兑汇票的格式、期限、到期兑付以及追索权等做出相应规定。单位签发商业汇票，使用人民银行统一印制的商业承兑汇票和银行承兑汇票。人民银行要求各金融机构规范票据业务行为，加快联行清算制度改革，建立以人民银行为枢纽的清算中心，拓展商业汇票业务，逐步实现结算工具票据化。

1994年10月，工商银行济南市分行下发《关于印发济南市工商银行再贴现、转贴现业务会计处理手续的通知》，规范开展再贴现、转贴现业务，票据业务有了进一步发展。贴现及再贴现的对象主要集中在冶金、电力、铁道、煤炭、化工五大行业和棉花、烟叶、食糖、生猪四大品种上。

1996年1月1日，《中华人民共和国票据法》颁布。5月，《济南市工商银行对市地银行办理转贴现业务的规定》下发，规范对市地分行转贴现业务的管理，开始对市地分行办理票据转贴现业务。票据承兑、贴现对象除对冶金、电力、铁道、煤炭、化工五大行业和棉花、烟叶、食糖、生猪四大产品重点支持外，范围扩大到对产品有销路、效益好的国有大中型企业和其他畅销商品进行贴现票据的再贴现。但银行承兑汇票在流通使用中不规范的问题仍然比较突出。如一些企业向银行申请签发承兑汇票不以真实商品交易为基础；银行在办理承兑汇票时，对企业经营活动审查不严，开出一些非商品交易的承兑汇票，为一些单位非法融资提供了条件；部分银行办理承兑汇票时超出企业的承受能力，造成票据到期企业不能按期承付，银行垫付资金率高等。1996年3月，工商银行济南市分行制定《济南市工商银行票据贴现管理办法》，对市地分行继续办理转贴现业务，全市商业票据业务在规范的基础上得到较快发展。

1997年，全市商业票据市场在规范中稳步发展，商业汇票这一传统的货币市场工具，逐步为市场主体所认识。企业收到商业汇票后，往往不先贴现，而是尽可能地背书转让用于支付。在一些大中型企业中，商业汇票已成为主要的货款结算方式和短期资金融通手段。济南市各商业银行实行承兑授权管理和总量控制，实行承兑业务集中管理，取消了县支行和城市基层机构的承兑资格，完善承兑业务手续，实行承兑抵押和保证金制度。商业汇票业务在开办初期存在的一些商业银行基层行超量承兑的现象得到根本扭转。

1998年1月1日，中国人民银行实行新的信贷资金管理体制，取消对国有商业银行贷款限额的控制，实行“计划指导，自求平衡，比例管理，间接调控”，更多地运用再贴现、再贷款、公开市场业务等间接货币政策工具调节基础货币，发展票据市场成为金融宏观调控的当务之急。6月，人民银行下发《关于加强商业汇票管理促进商业汇票发展的通知》，全市票据承兑、贴现业务进一步发展。1999年，中国人民银行转变金融宏观调控方式，发展票据市场，对再贴现政策做出较大的调整，各商业银行支持企业在商品交易中使用商业汇票。要求商业银行选择并重点支持一批资信情况好、产供销关系稳定的企业签发使用商业承兑汇票，支持企业扩大票据融资。中央银行则统管再贴现，适当增加基础货币投放，支持商业银行扩大票据业务；加快发展以中心城市为依托的区域性票据市场，对部分省会城市和副省级城市中心支行单独安排、下达再贴现限额。要求各商业银行扩大对中心城市分支行的票据承兑、贴现授信额度，并授权其开办商业承兑汇票贴现业务。要求各商业银行推动商业银行之间和金融机构之间的票据流通转让，促进区域性票据市场的形成。扩大再贴现范围，规定对符合国家产业政策的各类所有制企业，以真实的商品交易、劳务交易为基础，签发的商业汇票经过金融机构贴现后，均可按照规定的条件办理再贴现，并简化和改进再贴现业务操作方式。济南市票据业务发展迅速。票据交易主体增加，金融机构和企业参与面扩大；票据交易种类和交易方式增加，商业承兑汇票取得较大突破；票据流通的地域扩大，票据专业化和集约经营的程度有所提高，票据市场的作用增强。同年，工商银行济南市分行票据承兑中心成立，初步形成以济南为中心的区域性票据市场。

2000年，中国人民银行济南分行由过去扩大再贴现总量，转向引导增加贴现和票据承兑量，重点放在票据的流通和票据品种的开拓上；运作方向由推动扩张和普遍发展转向严格管理和重点扶持，侧重区域性票据市场建设、推动信贷资产结构的调整；操作范围由国有商业银行为主转向扶持中小金融机构，目标定位于解决头寸资金市场化和短期资金票据化上。在试点基础上，鼓励商业银行对商业承兑汇票办理贴现。引导符合国家产业政策、效益好、信誉高的企业，在商品和劳务交易过程中使用商业汇票，促进社会信用环境的好转。商业承兑汇票及贴现、再贴现业务获得长足进展。以济南市为依托的区域票据市场得到发展，省内其他市地对重点企业的贴现票据无法满足时，可直接到中国人民银行济南分行营管部办理，并优先办理省行间的转贴现票据。2000年，人民银行济南分行营管部累计发放再贴现贷款52亿元。

2001年，中国人民银行济南分行为防范票据风险，下发《关于流入济南市假银行承兑汇票有关情况及严防风险的紧急通知》和《关于假承兑汇票报告、通报制度》，补充完善《银行承兑汇票再贴现管理实施细则》和《商业承兑汇票再贴现管理暂行办法》，引导商业银行以真实的商品、劳务交易合同和增值税发票为基础，结合产业结构调整，优化信贷结构调整等，扩大银行承兑汇票、贴现、转贴现业务。年底，票据融资余额47.61亿元，较年初增加20.8亿元，同比多增13.18亿元。

2002年，全市金融机构发展网上票据鉴证业务，提高票据查询效率。国有商业银行采取互相代理方式，符合条件的城乡信用社被批准开办签发银行承兑汇票业务，生产企业从银行融资方式由单一的贷款转向贷款与票据并重。年底，济南市金融机构签发承兑汇票余额142.79亿元，比上年增加77.56亿元，同比多增60.85亿元，全年承兑增加额占贷款增加额的比重17.57%。

2003年，中国人民银行济南市分行制定《规范发展商业承兑汇票业务指引》。规范票据行为，推进票据电子化，探索建立票据统一托管体系；引导辖区内金融机构加入"中国票据网"，扩大票据交易范围。工商银行济南市分行探索出"以省行票据中心为龙头，全市统一调度，统一利率，根据市场行情随机应变"的管理模式。股份制商业银行和一些法人金融机构开始将业务范围拓展到省内外其他地区。外地金融机构到济南开展票据业务。在转贴现市场上，选择异地金融机构办理转贴现成为各银行通常做法。

2004年，中国人民银行济南分行根据重新修订《再贴现管理办法》，再贴现向法人金融机构倾斜，向背书次数多的票据和商业承兑汇票倾斜；对票据承兑后立即贴现的，以及对异地企业的贴现票据不予办理再贴现，对产品积压行业的企业签发和持有的票据严格办理再贴现。加强对贴现票据贸易真实性的审查，对大额票据的再贴现规定查验增值税发票的原件，以杜绝融资性票据承兑的贴现。年底，全市贴现及买断式转贴现余额223.07亿元，比年初下降49.89亿元。

2006年后，部分银行连续减持票据资产。2007年年底，票据贴现余额较年初减少161.95亿元。

2009年，受国际金融危机冲击，国家采取积极的货币政策和财政政策，在“四万亿”刺激下，金融机构各项贷款迅速膨胀，票据贴现出现连续较快增长。年底，全市票据融资余额443.4亿元。

2010年，中国人民银行多次上调存款准备金率，货币政策持续收紧。年底，票据融资余额220.2亿元。

五、个人贷款及透支

1990年前，没有开办消费贷款，人民银行、专业银行、交通银行、城乡信用社开办过一些带有消费贷款性质的“个人小额贷款”“社员生活贷款”“对个人购买商品房贷款”“住宅储蓄贷款”业务。

1994年，中国人民银行制定《个人定期储蓄存款单小额抵押贷款办法》，各商业银行陆续制定《个人定期储蓄存单小额抵押贷款实施细则》，开办个人定期储蓄存单小额抵押贷款。贷款只限于未到期的整存整取、存本取息、大额可转让定期存单等储蓄存单，凡是所有权有争议、挂失、失效或依法止付的存单不得作为抵押品；小额抵押贷款期限均不得超过抵押存单的到期日；贷款额度起点为1000元，每笔贷款不超过抵押存单面额的80%，贷款最高限额不超过10万元。

1997年，中国工商银行印发《中国工商银行个人住房担保贷款管理试行办法》。济南市工商银行始开展个人住房担保贷款业务。1998年，中国人民银行制定《个人住房贷款管理办法》《关于汽车消费贷款有关问题的通知》。济南市金融机构开办个人消费信贷业务、住房金融业务。1999年起，所有中资商业银行开办消费贷款业务。

2000年，人民银行济南市分行先后制定《关于省内普通高等学校国家助学贷款贴息有关规定的通知》《关于推进旅游消费贷款工作的通知》，推出“家长贷款”的助学贷款新品种。开办助学贷款、个人旅游贷款、个人综合消费贷款、个人小额信用贷款、个人大额耐用消费品贷款等。农业银行济南市分行开办住房、汽车、农机具、耐用消费品等消费贷款业务。中国银行济南市分行开办个人商铺消费贷款和个人小额信用消费贷款业务。建设银行济南市分行简化贷款手续，开办“客户贷款、商家付息”的购物消费贷款、个人旅游贷款、个人小额信用贷款等；在个人住房贷款发放上，率先成立按揭事务中心，为住房贷款客户提供“一站式、七统一”服务。其他商业银行、城市商业银行、城乡信用社开办消费信贷业务。农村信用社重点开办“家长贷款”的教育助学贷款、修建房屋贷款、兼有生产和消费功能的大件商品贷款。年底，济南市金融机构消费贷款余额24.21亿元，其中个人住房消费贷款14.28亿元。

2001年，为规范消费信贷业务，中国人民银行总行下发《关于规范个人住房贷款管理有关问题的通知》《关于严禁发放无指定用途个人消费贷款的通知》。济南市各商业银行建立健全风险监测、预警、控制、退出机制等措施，整合归并消费信贷业务品种。以个人住房金融为主的金融超市也陆续出现，促进个人住房信贷业务的快速发展。年底，全市消费贷款余额37.32亿元，比年初增加13.11亿元，增长54.15%，占各项贷款新增额的比重为5.89%。其中住房贷款余额26.92亿元，比年初增加12.64亿元；汽车消费贷款余额3.08亿元，比年初增加9100万元。

2004年后，济南市各商业银行完善个人消费贷款操作流程，严格控制贷款条件，加强个人消费贷款管理。2009 年，受宏观经济政策及房地产市场高速膨胀等因素影响，济南市房地产市场持续火爆，个人购房贷款一路飙升，月度增量屡创历史同期新高。年底，全市消费贷款余额 437.16 亿元，较 2000 年年末增长 17.06 倍，较 2005 年年末增长 1.4 倍。其中，住房贷款余额 313.71 亿元，分别较 2000 年年末和 2005 年年末增长 21.97 倍和 2.25 倍。2010 年，为控制房价持续上涨，国家采取限购、限贷、加息、加准等系列紧缩政策。济南市住房消费市场呈现持续小幅震荡持平状态。

2010 年始，人民银行对各项贷款统计科目进行全面调整，涉及个人的贷款统归为个人贷款及透支，分别归于短期及中长期贷款项下。

1986～2010 年济南市金融机构贷款情况表

表5-3-3　　　　单位：万元

年 份	各项贷款	短期贷款	工业贷款	商业贷款	建筑贷款	农业贷款	乡镇企业	三资企业	私营及个体企业	其他短期	消费贷款	中长期贷款
1986	465178	402132	207497	132628	17648	16439	10433	—	36	8220	—	48094
1987	595644	430559	240507	151747	20246	23655	36768	—	96	17963	—	69407
1988	745411	563303	288846	200441	23883	22358	49691	—	442	34882	—	92218
1989	911771	683112	371620	228853	24616	15259	57515	—	508	46699	—	110506
1990	1254252	938484	498600	312275	27083	22515	99231	—	1295	51224	—	155404
1991	1498333	1089296	573940	363351	30212	58728	120667	—	1783	88536	—	202304
1992	1779370	125110	636220	439876	31412	76058	145382	—	2220	132979	—	236506
1993	2120716	1430165	709031	514542	34537	86327	169907	—	2148	180356	—	257109
1994	2566513	1888083	841660	572381	37871	142565	142565	78587	2717	103213	—	392233
1995	3372572	2393065	1049532	711706	37424	80984	184064	96013	3609	220783	—	437061
1996	3927636	2836368	1256216	858088	50599	112679	228297	110903	3704	215882	—	560012
1997	5191798	4170813	1680881	1198441	86902	151580	260158	131177	8828	652846	—	603287
1998	6797691	4457784	1729774	1272062	105684	198066	314220	124028	11090	702860	—	667345
1999	8775447	4993668	1916184	1477794	118337	194399	359827	199778	6081	721268	—	1374754
2000	10693125	5273091	1569520	1366809	116210	231734	367287	209688	7530	1404313	—	2313650
2001	12919861	6533227	2147804	1685348	131914	339048	404846	252858	9061	1562348	343228	3239564
2002	20879676	8556553	2371821	1807164	321501	501329	424804	263928	27943	2838063	680919	7548664
2003	24750830	10280238	3302319	1814361	352120	667095	467655	234205	36765	3405718	1223229	9489614
2004	28299437	10945040	4116453	1736343	206356	754736	489837	173294	71103	3396918	1709573	11211968
2005	32598556	12404878	4458738	1735458	358480	792962	553521	196593	127164	4181962	1818922	14105791
2006	37884207	14170954	5298106	1683615	337886	901110	535356	445096	198128	4771656	2029968	15523386
2007	36782656	16186986	6033582	1859612	353190	1084401	574934	425810	294444	5561014	2558551	18058456
2008	41166758	17620378	6852023	1308788	352064	1201711	567713	400740	387801	6549538	3013689	19718048
2009	57008584	17293302	6605994	1334334	420999	1444952	567742	391855	661225	5866200	4371617	35249681
2010	63190943	18986113	—	—	—	—	—	—	—	—	—	40936632

1985～2010年贷款基准利率调整表

表5-3-4 单位：%

调整时间	六个月(含)	一年(含)	一至三年(含)	三至五年(含)	五年以上
1985年8月1日	7.92	7.92	8.64	9.36	10.08
1988年9月1日	9.00	9.00	9.90	10.80	13.32
1989年2月1日	11.34	11.34	12.78	14.40	19.26
1990年4月15日	11.34	11.34	12.78	14.40	19.26
1990年8月21日	8.64	9.36	10.08	10.80	11.16
1991年4月21日	8.10	8.64	9.00	9.54	9.72
1993年5月15日	8.82	9.36	10.80	12.06	12.24
1993年7月11日	9.00	10.98	12.24	13.86	14.04
1995年1月1日	9.00	10.98	12.96	14.58	14.76
1995年7月1日	10.08	12.06	13.50	15.12	15.30
1996年5月1日	9.72	10.98	13.14	14.94	15.12
1996年8月23日	9.18	10.08	10.98	11.70	12.42
1997年10月23日	7.65	8.64	9.36	9.90	10.53
1998年3月25日	7.02	7.92	9.00	9.72	10.35
1998年7月1日	6.57	6.93	7.11	7.65	8.01
1998年12月7日	6.12	6.39	6.66	7.20	7.56
1999年6月10日	5.58	5.85	5.94	6.03	6.21
2002年2月21日	5.04	5.31	5.49	5.58	5.76
2004年10月29日	5.22	5.58	5.76	5.82	6.12
2006年4月28日	5.40	5.85	6.03	6.12	6.39
2006年8月19日	5.58	6.12	6.30	6.48	6.84
2007年3月18日	5.67	6.39	6.57	6.75	7.11
2007年5月19日	5.85	6.57	6.75	6.93	7.20
2007年7月21日	6.03	6.84	7.02	7.20	7.38
2007年8月22日	6.21	7.02	7.20	7.38	7.56
2007年9月15日	6.48	7.29	7.47	7.65	7.83
2007年12月21日	6.57	7.47	7.56	7.74	7.83
2008年9月16日	6.21	7.20	7.29	7.56	7.74
2008年10月8日	6.12	6.93	7.02	7.29	7.47
2008年10月30日	6.03	6.66	6.75	7.02	7.20
2008年11月27日	5.04	5.58	5.67	5.94	6.12
2008年12月23日	4.86	5.31	5.40	5.76	5.94
2010年10月20日	5.10	5.56	5.60	5.96	6.14
2010年12月26日	5.35	5.81	5.85	6.22	6.40

第四篇　证券　期货　保险

1987年，济南市共发行各种债券17318万元；建设银行在济南开办全省首家证券交易厅；企业开始发行内部股票。90年代中后期，《中华人民共和国公司法》《中华人民共和国证券法》先后实施，资本市场的证券发行、公司股票上市进入规范市场准入、健全法规体系、规范发展阶段。至2010年，驻济南证券公司29家，证券营业部42家(含外地驻济南营业部25家)；国债交易量98.7亿元，股票基金交易成交总量7865.7亿元。

20世纪90年代初，济南期货品种主要以绿豆、红小豆等农产品为主。2001～2007年，期货市场进入依法规范发展阶段，现货规模相对较大、上市时间较长的期货品种交易趋于活跃，包括大豆、铜、小麦、豆粕等；新上市品种玉米、燃料油、棉花等一度吸引大量客户关注。2010年，沪深300指数期货推出，济南期货市场进入商品、金融产品并重时期，期货市场交易规模进入高速增长阶段。

1986年，济南市保险种类主要有财产险、农业险、人身险3大类，承保额146.29亿元，保险业务收入2608万元，保险业务支出687万元。2000年后，保险业快速发展。至2010年，保险种类有企业财产险、养老金险等9大类，承保额16802亿元，业务收入122.3亿元，业务支出43.85亿元。

第一章　证　券

第一节 证券发行

一、国债发行

济南市发行的国债主要有国库券、国家重点建设债券、财政债券、国家建设债券、保值公债、特种国债、特种定向债券、专项国债。

国库券 1981年在济南市开始发行。1986年、1987年发行的国库券，期限5年，单位购买年息6%，个人购买年息10%。1988年国库券期限改为3年。1989年国库券不再对单位发行，个人认购年息提高为14%。1990国库券发行期改为6月10日至11月30日，其他与上年同。1995年始，国库券改称为无记名国债、凭证式国债、记账式国债。

国家重点建设债券 1987年，财政部发行唯一一批国家重点建设债券。该债券期限3年，平价发行，单位购买年利率6%，个人购买年利率10.5%，到期一次性还本付息。该种国债于1995年全部还清本息。

国家建设债券 1988年4月发行过一次该种债券，期限2年，平价发行，年利率9.5%，期满付息，期前不兑付，逾期不另计息。济南市至

1999年全部还清本息。

财政债券 财政债券的发行对象为金融机构，以向认购单位分配任务的方式平价发售。该债券可以记名，可以挂失。国家于1988年、1990年、1991年、1992年、1993年5个年度发行。

保值公债 1989年，国家发行过一次保值公债，期限3年，年利率随人民银行规定的3年定期储蓄存款利率加保值贴补率，外加一个百分点。

特种国债 由国库券派生而来，其区别是国库券只对居民个人发行，而对单位团体发行的国库券则称为特种国债，其性质与国库券一样。国家仅在1989年、1990年、1991年3个年度发行。

特种定向债券 主要用于偿还以前所发国债本息。期限一般5年，到期一次性还本付息。

专项国债 1998年财政部面向工、农、中、建4家国有商业银行定向发行，规模1000亿元、年利率5.5%的10年期附息国债，专项用于国民经济和社会发展急需的基础设施建设。该国债逐年付息，到期偿还本金和最后一年利息。

二、企业债券发行

济南市发行的企业债券主要有地方企业债券、国家投资债券、企业短期融资券等。此外，还有面向企业内部发行的债券。

地方企业债券 是全民所有制工商企业以及股份有限公司、有限责任公司等企业发行的债券。

国家投资债券 是为支持国家重点建设由财政部担保而发行的债券。1991年、1992年，中国建设银行和中国工商银行发行两期国家投资债券，期限3年，年利率10%，后未再发行。

企业短期融资券 面向社会公开发行的企业债券，是为缓和企业在银根紧缩后流动资金的供求矛盾而由企业发行的一种短期债券。

企业内部债券 随着经济体制改革的深入，济南不少企业纷纷向内部职工集资，发行内部债券。1993年后，随着债券市场的规范和发展，济南市停止发行企业内部债券。

三、债券发行情况

1988年，济南发行债券3.2亿元。

1989年，济南发行国库券3973.32万元，保值公债9856万元，基本建设债券3910万元。经市人民银行批准，为“涤纶工程”发行地方债券3000万元。全年共审批和补办短期融资债券2599.21万元(含章丘、长清、平阴3县和历城区。下同)；补办集资券8023.7万元，其中，风险抵押金2927.22万元；企业内部债券3789.57万元。1990年，济南全年发行国库券9186.13万元，财政债券2915万元，特种国债3285.42万元，金融债券4300万元。引导企业面向社会直接融资，全年发行债券1.91亿元；其中，用于弥补企业流动资金的短期融资债券1.19亿元，用于地方重点企业续建项目的固定资产债券7200万元。

1991年，济南国库券发行由摊派改为市场发行，全年金融机构发行国库券9625万元；129家企业发行债券2.9亿元，比上年增长2倍，其中市重点建设项目济南涤纶工程、纸浆厂、北郊热电厂发行3年期债券6500万元；国营大中型企业发行一年期融资债券1.8亿元。1992年，市人民银行共批准260家企业发行各类债券，金额7.05亿元，比上年增长1.4倍。其中长期企业债券1.3亿元，短期企业融资债券3.51亿元，企业内部集资债券2.24亿元。1993年，208家企业经市人民银行批准发行短期融资债券，累计金额3.81亿元，其中企业内部债券1.5亿元，短期融资债券2.32亿元。1994年，140家企业经市人民银行批准发行短期融资债券，累计金额2.37亿元。1995年，累计审查批准80家企业发行债券1.72亿元，其中，地方企业债券2家共2000万元；短期融资债券78家，金额1.52亿元。

2005年，中国重汽、济南钢铁、山东黄金3家企业集团获得人民银行核准发行短期融资券48.8亿元，占全省已核准短期融资券发行额度的43.3%。2007年，全市有8家企业累计发行短期融资券151.1亿元，其中新批准4家企业发行短期融资券额度93.3亿元，新发行短期融资券70亿元。2008年，济南发行短期融资券103.3亿元。

2010年，在全国银行间债券市场公开发行济南第一个国资系统中小企业集合票据10亿元，推荐发行和承销济南企业短期融资券、中期票据和中小企业集合票据125亿元。山东黄金发行中期票据融资12亿元；山东高速发行短期融资券融资15亿元；中国重汽发行短期融资券融资17亿元；华电国际发行短期融资券融资20亿元；山水水泥发行优先票据融资40亿元，发行中期票据融资9亿元。

四、股票发行

企业股票大致分为两大类：一种是企业内部职工出资入股的企业内部股票；另一种为企业公开发行的股票(简称企业股票)。企业公开发行的股票有A股、B股、H股、N股等。

1991年5月10日，全省第一家股份制金融机构——济南市城市信用社联社成立。该社是由全市15家城市信用社入股资金1440万元组成的股份制企业。

1992年，济南房地产综合开发股份有限公司、济南玉泉股份有限公司、济南人民商场股份有限公司、济南百货大楼股份有限公司、济南金钟电子衡器股份有限公司、济南涤纶再生切片股份有限公司、济南兴华股份有限公司、山东金泰集团股份有限公司、济南平阴商场股份有限公司、济南永宁制药股份有限公司先后成立并发行股票或股权证，股本金总额9.85亿元，其中国家股6.6亿元，占67%；公有法人股1.9亿元，占19.3%；内部职工个人股1.35亿元，占13.7%。加上溢价发行部分，共募集资金7亿元。

1993年，全市股份有限公司21家，股本金总额12亿元，其中新增股本6亿元。加上溢价发行部分，筹集资金14亿元，吸收外地资金3.5亿元，外资400万美元。济南啤酒厂、济南华联等7家企业改建股份公司后定向募集股份2.2亿股，金额3.8亿元。7月24日至8月20日青岛啤酒股份有限公司A股股票采用无限量发售认购表方式在济南、青岛发售，发行1亿股，每股发行价6.38元，这是全国第一次采取无限量发售方式发行股票。8月27日，青岛啤酒A股股票在上海证券交易所(以下简称上交所)挂牌上市。“青岛青啤”股票在济南发售预约登记表35876661张，中签登记有效申请表22417张，募集股金1.43亿元。同年12月6日，济南轻骑A股采用存金转股款方式发行股票并在上交所上市；共售出“济南轻骑”A股股票定期定额特殊储蓄存单65483份，金额2.2亿元。

1994年，济南批准成立股份有限公司12家，分别是济南黄河石化、济南第一百货、山东建设机械公司、济南英亚(集团)、济南石化(集团)、山东快信(集团)、济南志宏铜材、济南平鞍钢铁、山东大舜塑料、济南长虹(集团)、济南玛钢、济南元首针织股份有限公司。总股本金4.5亿元，新增股本金2.28亿元。至年底，全市股份有限公司共有34家。股本金总额17.1亿元，新增股本金8.5亿元，筹集资金17.2亿元，吸收外地资金6亿多元。同年1月3日，济南百货大楼股份有限公司发行的A股股票在上海证券交易所上市(2006年年底，公司由山东天业房地产开发集团重组，并于2007年5月28日股票更名为“天业股份”)。3月8日，济南大观园股份有限公司股权证在山东企业产权交易所(简称鲁产权)上柜交易。5月6日，山东渤海集团股份有限公司(原济南渤海贸易公司)2970万股个人股股票在上交所上市。公司于2003年4月16日由山东省商业集团重组，同年12月29日公司变更为“银座集团股份有限公司”，股票简称银座股份。

1995年3月，济南圣泉集团股份有限公司股权证在鲁产权上柜交易，流通股338万股。1996年7月至12月，山东胜利股份有限公司、济南柴油机股份有限公司、鲁银实业集团股份有限公司3家企业发行股票并上市。1997年，济南轻骑B股股票发行。永宁、玉泉、三联金三杯、鲁信国际、英亚5家募集公司股权证分别在鲁产权和青证交上柜交易，流通股5378.21万股，全市上柜公司7家，股本金总额2.1亿元。1999年，山东小鸭A股股票9月上网发行，11月在深圳证券交易所(以下简称深交所)上市流通，融资3.38亿元(2003年12月18日中国重汽集团济南卡车股份公司重组小鸭电器，公司股票名称变更为“中国重汽”)。济南区域内共有10家公司的11只股票在海内外上市，其中A股9只，B股1只，H股1只，累计直接融资57.51亿元。

至2000年3月31日，济南永宁、玉泉、大观、圣泉、三联金三杯、鲁信国际和英亚等7家分别在鲁产权和青证交挂牌的企业全部摘牌。挂牌企业的流通股，区别不同情况，按照单独或重组上市、与上市公司或拟上市公司吸收合并、收购或回购、长期持股分红等办法处理。同年，济南区域内先后有山东浪潮A股、中鲁渔业B股、山东航空B股等3家企业股票上市，共有13家企业的14只股票发行上市，企业上市总数居全省各地市第一。上市企业涉及电子、航空、渔业、家电、商贸、生物制药、摩托车等多个行业和领域。上市股票的种类有A股、B股、H股，共募集资金69亿元。

2001年7月，山东金泰A股股票在上交所上市。2002年6月，山东高速发行股票并上市。注册资本金48.11亿元。2003年8月，山东黄金发行股票并上市。流通股本金14.3亿元。2004年6月，济南钢铁发行股票并上市。向社会公开发行普通股2.2亿股(公司于2008年10月24日向社会公开增发普通股3.8亿股，于2008年11月12日在上海证券交易所上市。公司总股本金31.2亿股)。2005年2月，华电国际发行股票并上市。总股本60.21亿股，其中H股14.31亿股，占总股本的23.77%；内资股(A)45.9亿股，占总股本的76.23%。

2006年，济南市市属5家上市公司股份总数15.96亿股。其中，国家股5.73亿股，占股份总数的35.89%；国有法人股和社会法人股1.97亿股，占12.31%；流通股8.2684亿股，占51.8%。共募集资金23.25亿元，其中，中国重汽、银座股份、山东金泰3家公司完成股改，济南百货和济南轻骑2家公司进入股改程序。

2007年3月2日，东港安全印刷股份有限公司股票深圳证券交易所挂牌上市。公开发行股票2800万股，筹集资金2.88亿元。东港股份是资本市场股票全流通后济南第一家上市公司。继东港之后，济南企业上市进程加快。11月28日，中国重汽(香港)有限公司在香港联交所上市，成为中国制造业首只在香港上市的红筹股。公司发行股票7.02亿股，募集资金99.5亿港元。至2007年年底，济南区域内有20家上市公司，其中，境内上市公司17家，境外上市公司3家(浪潮国际、中国重汽、华电国际H在香港上市)。22只股票中，A股16只、H股3只、B股3只。

2008年，济南区域内先后有5家企业上市，首发融资额35.6亿元；2家公司实施再融资39.7亿元。融资总额75.36亿元，华熙生物科技1月3日在香港联交所挂牌上市，募集资金7800万港元。九阳股份5月28日在深交所挂牌上市，募集资金15.1亿元；山水水泥7月4日在香港联交所挂牌上市，募集资金16.84亿港元；法因数控9月5日在深交所挂牌上市，募集资金3.2亿元；普联软件9月9日在美国纳斯达克交易所挂牌上市，募集资金840万美元；至年底，全市共有上市公司25家，其中境内上市公司19家，境外上市公司6家(华电国际为A+H)；共有

26只股票，其中A股17只，B股3只(轻骑B、山航B、中鲁B)，H股5只(华电国际、浪潮国际、重汽香港、中国山水、华熙生物科技)，美国纳斯达克1只。公司股票首发融资和再融资累计超过300亿元。

2009年6月5日，中润集团借壳暂停的*ST东泰上市。浪潮国际、中国重汽、华电国际、山东高速、银座股份等上市公司通过实施定向增发、发行融资票据等形式实现再融资164.84亿元。上市公司数量和融资总额均居全省第一位。25家上市公司总市值2114.83亿元。

2010年，积成电子股份有限公司在深圳证券交易所挂牌上市，成为济南市本土成长起来的第一家上市软件企业。山东高速发行短期融资券10亿元，银座股份定向增发12.13亿元，东港股份增发3.63亿元，重汽香港发行企业债券融资27亿元。全年新增融资额58.26亿元。至年底，全市区域内上市公司27家；股票27只，其中A股18只、B股3只、香港联交所5只、美国纳斯达克1只，累计融资总额495.91亿元。上市公司总市值2480亿元。有5家公司市值超过50亿元(中润投资87.15亿元、银座股份73.1亿元、ST轻骑61.82亿元、山航B61.2亿元港币、石油济柴56.28亿元)，8家公司市值过百亿元(山东黄金750.06亿元、重汽香港231.92亿港币、华电国际220.73亿元、山水水泥168.96亿港币、山东高速157.1亿元、中国重汽115.9亿元、九阳股份114.68亿元、济南钢铁110.8亿元)。

2010年济南市上市公司统计表

表5-4-1

公司名称	行业类别	上市时间	上市交易所名称
中润资源投资股份有限公司	制造业	1993年3月12日	深圳证券交易所
济南轻骑摩托车股份有限公司	制造业	1993年12月6日(A股) 1997年6月17日(B股)	上海证券交易所
山东天业恒基股份有限公司	制造业	1994年1月3日	上海证券交易所
银座集团股份有限公司	服务业	1994年5月6日	上海证券交易所
三联商社股份有限公司	服务业	1996年4月18日	上海证券交易所
山东胜利股份有限公司	制造业	1996年7月3日	深圳证券交易所
济南柴油机股份有限公司	制造业	1996年10月22日	深圳证券交易所
鲁银投资集团股份有限公司	服务业	1996年12月25日	上海证券交易所
山东高速路桥集团股份有限公司	制造业	1997年6月9日， 2012年12月(借壳上市)	深圳证券交易所
中国重汽集团济南卡车股份有限公司	制造业	1999年11月25日	深圳证券交易所
浪潮电子信息产业股份有限公司	服务业	2000年6月8日	深圳证券交易所
山东航空股份有限公司	服务业	2000年7月24日	深圳证券交易所
山东省中鲁远洋渔业股份有限公司	服务业	2000年9月12日	深圳证券交易所
山东金泰集团股份有限公司	制造业	2001年7月23日	上海证券交易所
山东高速股份有限公司	制造业	2002年3月18日	上海证券交易所
山东黄金矿业股份有限公司	制造业	2003年8月28日	上海证券交易所
山东钢铁股份有限公司	制造业	2004年6月29日	上海证券交易所
华电国际电力股份有限公司	服务业	2005年2月3日(A股) 1998年12月10日(H股)	上海、香港证券交易所

续表5-4-1

公司名称	行业类别	上市时间	上市交易所名称
东港股份有限公司	制造业	2007 年 3 月 2 日	深圳证券交易所
中国重汽(香港)有限公司	制造业	2007 年 11 月 28 日	香港证券交易所
华熙生物科技有限公司	制造业	2008 年 1 月 3 日	香港证券交易所
九阳股份有限公司	制造业	2008 年 5 月 28 日	深圳证券交易所
中国山水水泥集团有限公司	制造业	2008 年 7 月 4 日	香港证券交易所
浪潮国际有限公司	服务业	2008 年 8 月 29 日(转板)	香港证券交易所
山东法因数控机械股份有限公司	制造业	2008 年 9 月 5 日	深圳证券交易所
普联软件股份有限公司	服务业	2008 年 9 月 9 日	纳斯达克
积成电子股份有限公司	服务业	2010 年 1 月 22 日	深圳证券交易所

第二节 证券交易

一、债券交易

1988年，全市成交国库券等有价证券16种，计 3916 万元。1989 年，国库券交易额 506.78 万元。

1990 年，全年上市证券有 1982 ～ 1984 年度、1987 ～ 1989 年度国库券，1989 年度保值公债和大额转让定期存单。全年累计成交各种证券 9545.45 万元。其中，国库券交易额 9220.85 万元，占全部交易额的 96.6%；保值公债交易额 169.68 万元；地方企业债券交易额 122.53 万元；其他债券交易额 32.39 万元。各种证券交易日均 38 万元。

1991 年，各类证券累计成交额 3.8 亿元，比上年增长近 3 倍；其中，买入 2.59 亿元，卖出 1.21 亿元。在各种证券交易中，以国库券交易最为活跃，全年成交 3.18 亿元，占证券交易总额的 83.8 %，增长 2.5 倍；保值公债交易额 l027.3 万元，占交易额的 2.7 %；地方企业债券交易额 5121.7 万元，占交易额的 13.5 %。全年日均交易额 105.5 万元，比上年增长 3 倍。各类证券库存由 1990 年年底的 2172.7 万元，增至 1.59 亿元，增长 6.3 倍。1992 年，全市证券累计成交额 5.08 亿元，交易量比上年增长 33.88 %。突出特点是企业短期融资债券进入流通，打破了过去仅有国债交易的局面，形成了长、中、短期债券交易并存的格局。

1993 年，济南新批准证券交易点 8 处，全市证券交易网点 63 处。年底，各类证券累计成交额 1456.91 万元(不含股票)，其中买入 765.75 万元，卖出 691.16 万元。

1994 年，年内新批准 4 处证券交易代办点，全市证券交易网点增至 67 处。

1995 年，审查批准 80 家企业发行债券，全年累计融通资金 35 亿元。

1997 年，债券市场形成。

2000 年，全市有价证券交易成交额 1994 亿元。至 2010 年，成交额增至 9620 亿元。

二、股票交易

1988 年 6 月，省工商银行信托公司在济南开办证券营业部，建立证券柜台交易点，开始办理股票代销与代购业务，并逐步放开交易价格，实行随行就市。

1990 年、1991 年上海、深圳证券交易所先后成立，实现无形席位为主、有形席位为辅的集中竞价交易模式。1994 年，全市股票累计成交 29.72 亿元。

1996 年，辖区内有证券经营机构 16 家，居全省之首，其中省级机构7家，外地证券公司在济南设立的分支机构7家，市级机构2家。证券从业人员近5000人。证券交易规模不断扩大，全市证券投资者发展到20万人，日均交易量3亿元左右。1997年6月，济南轻骑2.3亿股B股股票发行。B股交易采用美元计价，实行二级经纪人制度。

2005年，济南有证券公司2家(天同证券有限责任公司、齐鲁证券有限公司)，证券营业部31个，营业部总资产34.1亿元，净资产21.6亿元，投资者开户数54.18万户，有价证券累计交易额1806.5亿元，其中股票交易额258.54亿元。2006年，济南区域内有证券营业部32家。证券公司A股交易量1160.40亿元，B股交易量4.14亿元，基金交易量58.49亿元，合计1222.93亿元。

2009年，全市新增两家证券营业部。至年底，全市共有证券公司26家，证券营业部41家，期货经营机构9家。全市证券交易量9934亿元，同比增长95%；其中，股票基金交易量9037亿元，增长123%。

2010年，驻济南证券公司29家、证券营业分支机构42家。全市股票基金交易成交总量7865.7亿元。

附：山东企业产权交易所

1993年5月，为深化企业改革，推进股份制试点，加快企业经营机制转换，经山东省政府同意，山东省经济体制改革委员会批准，由山东省股份制发展服务中心、山东证券公司等11家机构以股份制形式发起创办山东企业产权交易所(简称鲁产权)。1994年3月8日开业。当日参加首批交易的有济南大观园股份有限公司、鲁南制药股份有限公司、济宁电化股份有限公司的产权证。电脑集中交易系统耗资300万元，交易峰值300笔/秒，可容纳1000个交易席位。至1994年年底，鲁产权拥有会员42家，流通总股本3亿多股，累计成交7500余万元，在册股民10余万人；省内除滨州、菏泽两地外，各市地均有一家或一家以上的券商机构与其联网，基本形成全省性的企业产权转让网络。

1995年，先后有50多家非上市股份有限公司的股权申请在鲁产权转让。1996年12月，鲁产权指数350点，最高日成交额5000万元。

1997年，鲁产权与中国证券交易系统有限公司联网，业务辐射至北京、大连等省市。1997年后，由于许多股份公司股权证发行时间已超过3年，纷纷要求进行挂牌转让试点，有29家企业的股权证加盟鲁产权挂牌；挂牌企业总数50家，开户投资者人数突破40万。其间，济南市圣泉、永宁、玉泉、三联金三杯、鲁信国际分别在鲁产权上柜挂牌。在全国资本市场日趋统一、开放的形势下，鲁产权业务受政策及证券市场行情的影响，常处于起伏态势。1996年8月，有13家企业挂牌交易，日均成交额不足10万元，指数最高100点，最低只有70点。1997年7月，新挂牌企业37家，日均成交额3000万元，最高时为5800万元，指数最高为350点。1997年11月日均成交额1300万元左右，指数在240～280点之间波动。1997年，全国金融工作会议后，预期要关闭地方性股权转让市场，导致行情急剧下滑。同年11月26日，鲁产权指数跌至168点。至1998年上半年，鲁产权交易网点有52个(包括省外1个)，挂牌企业50家，总股本35.12亿股(其中流通股本13.88亿股)，流通总市值20亿元，开户股东38.7万户。1998年下半年，国家清理整顿场外非法股票交易市场，鲁产权在清理之列。经过清理整顿，2000年8月，山东省政府向中国证监会提交全省清理整顿检查验收报告，拟将鲁产权改组为证券营业部。2001年1月，鲁产权并入山东省齐鲁证券经纪有限公司。

1998～2010年济南市证券交易情况表

表5-4-2

指 标	单 位	1998	1999	2000	2001	2002	2003
有价证券交易成交额	万元	5396230	7164329	19940617	14737035	5437440	20522461
国债	万元	395108	224713	3354440	5380750	986216	6182797
代发行	万元	171609	182065	163589	334014	381497	5692042
代兑付	万元	223499	42648	58171	136751	241363	303325
自营	万元	—	—	3132680	4909985	363356	187430
国家级地方建设债券	万元	52522	78060	—	—	171998	530627
代发行	万元	50500	71984	—	—	63172	127585
代兑付	万元	2022	176	—	—	41036	0
自营	万元	—	5900	—	—	67790	403042
股票	万元	4196939	5777353	12356727	9003604	3701052	6385058
代理交易	万元	4133913	5677256	11657093	8556454	3682382	6341241
# 上海	万元	2076135	3004419	7049579	6610025	2245210	4345913
深圳	万元	1471261	2672837	4607514	1946429	1437172	1995328
自营交易	万元	63026	100097	699634	447150	18670	43817
# 上海	万元	10984	10929	296477	134941	13673	26290
深圳	万元	52040	89168	403157	312209	4997	17527
其他	万元	751661	1084203	422945	352681	578174	7423979

续表5-4-2-1

指 标	单 位	2004	2005	2006	2007	2008	2009	2010
有价证券交易成交额	万元	23491504	18064910	28556629	77469403	73685849	101703400	96207372
国债	万元	1249337	799451	858844	781190	642807	625607	987459
代发行	万元	277921	289337	362658	307438	219317	192486	283061
代兑付	万元	299670	370487	413791	415315	327041	213732	199373
自营	万元	671746	139627	82395	58437	175588	219389	505025
国家级地方建设债券	万元	521515	1974739	2420100	712407	2247287	3676137	8820871
代发行	万元	312000	822863	223300	506664	2110907	2122204	3799633
代兑付	万元	500	10225	0	4520	213	594	350
自营	万元	209015	1141651	187100	201223	136167	1553339	5020888
股票	万元	6210661	2585401	8573716	58518346	41197009	73851188	76201983
代理交易	万元	6199245	2580924	8569336	56659032	40134190	72224703	74296174
# 上海	万元	4282864	1765556	6277299	37790056	28679184	44378275	43280617
深圳	万元	1916381	815368	2992037	19829803	12090071	23797168	31015557
自营交易	万元	11416	4477	4379	898487	427754	1626485	1905809
# 上海	万元	8725	2849	4379	638029	266207	1044854	1450587

续表5-4-2-2

指 标	单 位	2004	2005	2006	2007	2008	2009	2010
深圳	万元	2691	1628	0	260458	113962	58631	455222
其他	万元	15509991	12705319	16703970	17457460	29598746	23550468	10197059

第二章 期 货

第一节 期货品种

1990年，期货经营机构与期货交易在济南重现。期货品种以农产品为主，工业品有铜、铝。

至2010年，期货交易品种主要有农产品、工业品和金融期货。

1993～2010年济南市期货主要交易品种表

表5-4-3

年 份	主要期货交易品种
1993	铜、铝、胶合板、绿豆、天然橡胶、玉米、大豆、豆粕、小麦、糙米
1994	铜、铝、胶合板、绿豆、天然橡胶、玉米、大豆、豆粕、小麦、糙米、高粱、棕榈油
1995	铜、铝、胶合板、绿豆、天然橡胶、玉米、大豆、豆粕、小麦、糙米、高粱、棕榈油、咖啡、啤酒大麦、线材
1996	铜、铝、胶合板、绿豆、天然橡胶、玉米、大豆、豆粕、小麦、糙米、高粱、棕榈油、咖啡、啤酒大麦、红小豆
1997	铜、铝、胶合板、绿豆、天然橡胶、玉米、大豆、豆粕、小麦、糙米、高粱、棕榈油、咖啡
1998	铜、铝、胶合板、绿豆、天然橡胶、玉米、大豆、小麦、籼米、花生仁
1999	铜、铝、天然橡胶、大豆、小麦、籼米、绿豆
2000	铜、铝、天然橡胶、大豆、小麦、豆粕、绿豆
2001	铜、铝、天然橡胶、大豆、小麦、豆粕、绿豆
2002	铜、铝、天然橡胶、大豆、黄大豆一号、小麦、豆粕
2003	铜、铝、天然橡胶、大豆、黄大豆一号、小麦、豆粕、强麦
2004	铜、铝、天然橡胶、黄大豆一号、小麦、豆粕、强麦、一号棉、黄大豆二号、燃料油、玉米
2005	铜、铝、天然橡胶、黄大豆一号、小麦、豆粕、强麦、一号棉、黄大豆二号、燃料油、玉米
2006	铜、铝、天然橡胶、黄大豆一号、小麦、豆粕、强麦、一号棉、黄大豆二号、燃料油、玉米、白糖、豆油、PTA
2007	铜、铝、天然橡胶、黄大豆一号、小麦、豆粕、强麦、一号棉、黄大豆二号、燃料油、玉米、白糖、豆油、PTA、锌、菜籽油、LLDPE、棕榈油
2008	铜、铝、天然橡胶、黄大豆一号、小麦、豆粕、强麦、一号棉、黄大豆二号、燃料油、玉米、白糖、豆油、PTA、锌、菜籽油、LLDPE、棕榈油、黄金
2009	铜、铝、天然橡胶、黄大豆一号、小麦、豆粕、强麦、一号棉、黄大豆二号、燃料油、玉米、白糖、豆油、PTA、锌、菜籽油、LLDPE、棕榈油、黄金、螺纹钢、线材、早籼稻、PVC
2010	铜、铝、天然橡胶、黄大豆一号、小麦、豆粕、强麦、一号棉、黄大豆二号、燃料油、玉米、白糖、豆油、PTA、锌、菜籽油、LLDPE、棕榈油、黄金、螺纹钢、线材、早籼稻、PVC、股指期货

第二节 期货交易

济南市期货交易大致经历以下三个发展阶段。

一、1993～2000年期货交易

(一)齐鲁金属交易所期货交易 1994年，由省体改委、省物资集团总公司及省金属材料总公司等联合出资筹建的会员制齐鲁金属交易所先后推出每手10吨、直径为6.5毫米的线材期货合约与每手100张的胶合板期货合约交易。以上两个品种期货合约的推出吸引40多家会员单位(主要是物资系统内企业)入市交易，并成为当时济南唯一推出过“自行设计”标准化期货合约的期货经营机构；但未被列入国家试点交易所。1995年4月转制组建齐鲁期货经纪有限公司，两个品种的“自行设计”合约交易被终止。

(二)兼营机构期货交易 山东省金属材料总公司 上海金属交易所的会员，主要代理该交易所上市的铜、铝等标准化合约交易。1995年，代理交易金额36.8亿元，其中占比最大的电解铜1号成交金额32.96亿元，没有自营业务。

山东省物资集团总公司 1994年2月开始从事期货交易，上海商品交易所、郑州商品交易所、海南中商期货交易所、成都联合交易所会员。主要代理胶合板、绿豆、橡胶、棕榈油等品种的期货交易。1995年1月～8月，总成交金额109亿元，代理业务占总交易额的85%。

山东省粮食贸易公司 为郑州商品交易所、沈阳商品交易所会员。主要代理交易绿豆、小麦、玉米、大豆、啤酒大麦等期货品种。1995年1月～8月，总成交金额10亿元，代理业务占总交易额80%。1995年下半年，取消自营业务。

山东省粮食批发市场 1993年5月成为郑州商品交易所首批会员，1994年4月开始接受客户(主要为粮食系统内企业)委托，代理交易郑商所小麦、绿豆及后期上市的花生仁期货交易。至1995年4月，开通郑州商品交易所首家异地同步交易系统时，共计代理116个客户交易，虽交易量不大，但业务发展较为稳妥。1997年，取得大连商品交易所会员资格并开始代理大豆等品种交易。1998年，通过接受股权转让组建山东金穗期货经纪有限公司。

山东泰龙实业公司 北京商品交易所会员。主要代理玉米、小麦、大豆、红小豆、绿豆、胶合板等品种的交易。1995年1月～8月，成交金额199.6亿元，全部为代理交易额，没有自营业务。1998年停业。

(三)专业期货经纪公司期货交易 华易期货 1993年3月成立，是济南最早的期货经营机构。成立初期主要代理客户交易芝加哥期货交易所的农产品期货及香港期货交易所的恒生指数期货。1996年12月，净资产1012.14万元，客户保证金余额307.5万元，累计代理交易17564手，全年实现利润3万元。1999年，华易期货(包括其实质上的分支机构——日照证券交易中心期货部)因非法从事境外期货交易，停业清盘。

金鹏期货 1993年11月成立。1994年5月，开始代理客户进行外盘期货交易，但规模很小、时间较短、品种数据不详。同年8月，停止外盘交易，转为国内期货代理。

中慧期货 1996年8月成立。1997年12月，公司资产总额2788万元，净资产1029万元；客户保证金余额1709万元；全年代理交易额60亿元，亏损31.5万元。1998年8月，山东中慧期货经纪有限公司因擅自设立的北京营业部涉嫌违法经营及非法集资诈骗而停业。

泉鑫期货 1995年5月成立，主要代理海南中商期货交易所的天然橡胶及棕榈油交易。1997年12月，泉鑫期货资产总额1697万元，净资产924万元；客户保证金余额198万元；全年代理交易额57.8亿元，亏损281万元。1999年，公司继续出现较大亏损。2000年，代理交易大连商

品交易所大豆，全年成交241794手，代理交易金额57.21亿元；代理上海期货交易所铜，全年成交44043手，代理交易金额41.8亿元；代理上海期货交易所铝，全年成交3062手，代理交易金额2.52亿元；代理郑州商品交易所小麦7302手，成交金额1.02亿元；代理大连商品交易所豆粕1200手，成交金额2270万元；代理上海期货交易所天然橡胶247手，成交金额1077万元。

齐鲁期货　1995年4月成立。1997年12月，资产总额3955万元，净资产379万元；客户保证金余额3327万元；全年代理交易额96亿元，盈亏基本平衡。1998年8月，齐鲁期货因历史遗留法律纠纷，烟台市中级人民法院对其执行诉讼保全，冻结齐鲁期货大连商品交易所、北京商品交易所的席位费。同时，因齐鲁期货未通过1997年度期货经纪机构年检，客户挤提保证金一度使公司经营陷入困境，经股东帮助渡过难关。1998年12月，资产总额1651万元，净资产193万元；客户保证金余额708万元，公司出现严重亏损。1999年12月，资产总额4724万元，净资产3737万元；客户保证金余额693万元，公司略有盈利。2000年12月，齐鲁期货资产总额5911万元，净资产2557万元；客户保证金余额2075万元，公司继续处于亏损状态。2000年，代理交易的期货品种有：大连商品交易所大豆，全年成交479708手，代理交易金额104.3亿元；郑州商品交易所小麦，全年成交145266手，代理交易金额21.04亿元；上海期货交易所铜和大连商品交易所豆粕，全年分别成交16423手和80429手，代理交易金额分别为15.63亿元和14.53亿元；郑州商品交易所绿豆11566手，成交金额1.42亿元；上海期货交易所铝、天然橡胶4156手和959手，成交金额分别为3.48亿元和4349万元。2007年4月，齐鲁期货停业。

金穗期货　1998年11月成立。1999年9月，山东金穗期货经纪有限公司引入山东鲁能投资公司作为公司新的控股股东，并更名为鲁能金穗期货经纪有限公司。1999年，公司出现较大亏损。2000年12月，资产总额6009万元，净资产3000万元。2000年，公司代理成交的主要期货品种有大连商品交易所大豆，全年成交277220手，代理交易金额62.4亿元；其次是郑州商品交易所小麦，全年成交58631手，代理交易金额7.77亿元；上海期货交易所天然橡胶和铜，全年分别成交8084手和2066手，代理交易金额分别为3.66亿元和2.11亿元。

二、2001～2007年期货交易

泉鑫期货　2001年12月，总资产5411万元，净资产1812万元，营业收入311万元，全年收支基本平衡。全年泉鑫期货代理交易量最大的期货品种是大连商品交易所大豆，全年成交562252手，代理成交金额119亿元；上海期货交易所铜，全年成交88106手，代理交易金额68.79亿元；上海期货交易所铝，全年成交10025手，代理交易金额6.79亿元；郑州商品交易所小麦10240手，成交金额1.3亿元；大连商品交易所豆粕76手，成交金额132万元；上海期货交易所天然橡胶15手，成交金额61万元。2006年，齐鲁证券有限公司及山东新矿投资控股集团分别以货币向泉鑫期货注资2975.21万元与1666万元，成为公司第一、第二大股东。泉鑫期货注册资本金提高到5000万元，初步解决了公司净资产严重不足、抗风险能力弱的问题。2007年2月，泉鑫期货更名为鲁证期货经纪有限公司。7月，公司注册资本金增至2亿元。

三隆期货　由民营资本投资，1992年兼营介入期货业务。1995年成立，总部设于威海。同年，成为12家全国首届期货经纪业联席会执行主席单位之一。1997年，代理期货交易量居全国第一位，交易额占山东全省期货交易总额的56%。2001年，迁入济南，当年实现期货代理交易金额257.73亿元。主要代理交易期货品种有大连商品交易所大豆，成交726598手，代理交易金额153.6亿元；上海期货交易所铜，成交94728手，代理交易金额76.9亿元；郑州商品交易所小麦，成交144970手，代理交易金额18.17亿元；上海期货交易所铝，成交11321手，成交金额8.16亿元；大连商品交易所豆粕，成交4395手，成交金额7243万元；上海期货交易所的天然橡胶，成交486手，成交金额1830万元。三隆期货客户交易保证金被股东大量挪用。10月，三隆期货被山东证监局最终核实存在4250万元的保证金缺口，被监管进入风险处置状态，在督促、协调股东筹措资金弥补保证金缺口后，2007年4月，完成绝大部分客户保证金的清退。5月，将“休眠”客户的剩余保证金转由增资重组的山东泉鑫期货经纪有限公司协议代管，三隆期货停业。

鲁能金穗期货 2001年6月，由鲁能信息港负责设计安装的鲁能金穗期货的网上交易系统试开通并投入使用。至年底，鲁能金穗期货客户量628家，全年代理成交金额505亿元。2001年，鲁能金穗期货成交额在全国187家期货公司中综合排名第12位。全年代理交易量最大的期货品种是大连商品交易所大豆，成交1920137手，代理交易金额403.3亿元；郑州商品交易所小麦，成交762535手，代理交易金额94.62亿元；上海期货交易所天然橡胶和铜，分别成交7965手和6256手，代理交易金额分别为3.07亿元和4.97亿元；大连商品交易所豆粕，成交2437手，成交金额4013万元；上海期货交易所铝，成交73手，成交金额506万元。2007年，鲁能金穗期货代理交易规模延续良好的增长态势，公司全年实现代理交易量1165万手，排名全国第17位；代理交易额7765亿元，排名第13位，连续七年保持全省第一。

三、2008～2010年期货交易

鲁证期货 2008年，鲁证期货实现代理交易量2120.53万手，代理交易额10035.71亿元。2010年，为股指期货上市“风险管控元年”，鲁证期货重点突破股指期货，稳步做大商品规模，持续优化客户结构，业绩持续快速增长。全年实现代理交易量5765.44万手，较上年增长43.05%；代理交易额6.19万亿元，较上年增长183.50%。

鲁能金穗期货 2008年，鲁能金穗期货注册资本金由3000万元提升至1.05亿元，全年代理成交量1461万手，成交金额1.06万亿元；实现营业收入6265万元，利润总额1273万元。2009年，成交量2246.72万手，成交金额1.7万亿元。特别是客户保证金年末余额7.13亿元，同比增长98.86%，是公司成立后客户保证金余额最高的一年。2010年2月，鲁能金穗期货注册资本金提高至2亿元，英大国际信托有限责任公司成为鲁能金穗期货经纪有限公司第一大股东。9月，鲁能金穗期货经纪有限公司由济南迁至北京。

第三章 保 险

第一节 财产保险

1986年，人保济南市分公司落实总公司与中国工商银行联合签发的《关于使用专项贷款购买外汇进口设备物资有关保险问题的通知》，开展涉外企业财产保险(以下简称企财险)、机械设备损坏险、安装工程险等业务。1987年5月，

省政府批转省财政厅、省经委和人保山东省分公司《关于山东省地方企业单位全部实行财产保险的报告》，济南市粮食、邮电、煤炭等系统的基层单位陆续参加保险。8月26日，济南市发生历史上罕见特大水灾，660家投保企业和12783户投保家庭受灾，人保济南市分公司分别支付赔款6532.5万元和209.9万元。同年，人保山东省分公司在济南等地的“三资”企业试办雇主责任保险。

1988～1989年，代办机动车辆续保和新增机动车辆保险工作。1989年7月，中国人民保险公司修改企财险条款，鼓励企业按账面原值加成投保或按重置价值投保。人保济南市分公司及各县(区)支公司采取灵活收费方式，对资金紧张的企业，在保单上注明保费分季、半年交纳，大中型企业和困难户按月定期交纳，以缓解资金紧张矛盾。对账外资产、专项资产、低值易耗品、代他人保管财产及租赁财产等进行摸底，列出明细区别情况承保；将盗窃保险范围从国营商业、供销企业扩大到大集体以上工业企业的流动资产；对企业固定资产推行加成承保，合理确定流动资产保额。8月19日，公司国外业务部为济南市最大外资投资项目——济南涤纶工程，承保安装工程险，保险金额3.55亿美元。同年，国家紧缩银根，银行压缩信贷规模，企业资金短缺，普遍存在交保费难问题，特别是大中型企业和经济效益不佳的企业有投保要求，但因资金紧张，无法投保或按期续保。济南市各银行协助解决企业交保费难问题；全市大中型企业中，除铁路、邮电、煤炭、石化等行业外，其余企业全部投保。

1991年，山东省将保险业列为发展第三产业的重点行业之一。济南市企财险，继续采用系统行业统保或依靠行政手段推动的方式。作为农业保险(简称农险)，济南市从棉花生产发展基金中为每亩投保棉田出资0.5元，县(区)从吨棉差价款中再出资0.5元，解决农民想投保棉花而交费难的问题。在农村，人保济南市分公司开办农用变压器保险，承保对象为乡(镇)、村或个人使用的符合电业管理部门安全技术规定的农用变压器，费率按保额6‰计算。同年，开办国内航运险业务，新增投保家财险户数37万余户。1993年5月，太平洋保险公司分支机构落户济南市，保险市场出现竞争，保险业务发展速度明显加快。开展承保业务，推动企业投保机损险、盗窃险、产品责任险、产品质量保证险。开办加油站、液化气站综合保险(费率为1‰)和个体工商户财产保险；试办水管爆裂责任特约保险、技术交易保证保险。同年，代办拖拉机保险业务。

1994年，保险经营外部环境发生变化。企业资金状况紧缺，无力投保。人保济南市分公司重点开展国有、集体、私营企业的企财险，发展附加保险和特约保险业务，控制、限制亏损险种业务发展。开办企财险附加第三者责任保险、出租汽车治安保险、路面划损保险、企财险附加营业中断保险、水管爆裂责任特约保险等附加险种。根据《水管爆裂责任特约保险条款》，单项责任费率由0.1‰调整为1‰。对机损险采取统保费率为8‰，选择投保费率为10‰。对乡(镇)企业、事故率高、机器设备陈旧的企业不办理机损险业务。同年，太保济南代理处企财险保费收入628万元；货运险业务增长17%。开办新增固定资产在建项目建筑安装工程保险。

1996年，济南市各财险公司使用中国人民银行批准的《财产保险基本险条款》《财产保险综合险条款》和附加保险条款及费率，原企财险条款及费率废止。同年，开展铁路“保价”补充保险和站至仓保险业务。1997年1月，太保济南分公司与山东日照发电有限公司签订日照电力工程保险合同，保险金额6.35亿美元，保费收入424.98万美元。同年，中保济南市分公司开办合资企业雇主责任保险。

1998年1月1日起，济南市新开办的家财险业务停止附加地震责任。12月，中保财险济南市分公司承保齐鲁石化公司大型反应设备公路货运险，总价值1.8亿元。同年，试办长途电话费意外损失保险。2000年，开办个体非公有制企财险。进出口货运险保费收入1347.3万元，增长159%。

2001年，济南市各财险公司执行新颁布的企财险基本保险、综合保险附加条款，开办机动车保险、旅游责任保险。2002年，人保济南市分公司承保山东省电力集团总公司和济南钢铁总厂的预约货运险，保费收入250万元。开办医疗机构执业责任保险、执业律师职业责任保险、保险经纪从业人员职业责任保险、保险评估从业人员职业责任保险、注册会计师职业责任保险、航空运输货物保险、航空旅客行李保险等。

2004年，随着社会经济环境的发展变化，大企业集团普遍采取招标投保方式，保险费率下降。铁路实施保价运输，财险业务发展空间缩小。各财险公司开办企财险附加保险，发展高新产业和民营经济财险业务，对老业务的新增资产及时纳入保险范围。开办公众责任保险附加车辆装卸责任保险、出租人责任保险、电梯责任保险、广告及装饰装置责任保险、停车场责任保险、建筑物改动责任保险、客人财产责任保险、游泳池责任保险、交叉责任保险、锅炉爆炸责任保险、户外广告媒体公众责任保险、公共营业场所火灾责任保险、第三者综合责任保险(涉外)、商场责任保险、酒店宾馆责任保险、运动训练场所责任保险、旅游景区责任保险、演出责任保险等。

2005年6月30日，人保财险济南市分公司向社会各界做出理赔承诺：凡在本公司投保家庭自用机动车、非营业用机动车、营业用机动车损失险后发生的出险原因清楚、责任明确、不涉及第三方赔偿、每次定损金额在5000元以下的保险事故，全面履行“理赔无忧——车险快捷服务承诺”。开办个人抵押贷款房屋综合保险、我爱我家保险超市、温馨家园、新世纪系列及家财轻松保等家财险组合险种，在保障责任和保额上可供客户自由选择，满足客户的不同需求。

2007年1月19日，济南市机动车保险服务大厅及其各延伸服务网点开业，全市新机动车承保秩序及承保经济效益明显好转，节约承保成本25%。7月18日，济南市遭遇历史罕见特大水灾；7月19日，人保财险济南市分公司向济南市人民商场、济南市建联中药有限公司、泉城广场电力设备分别预付赔款15万元、10万元和60万元；至10月1日，共赔付8617万元。10月，中华财险济南中心支公司开始承保能繁母猪保险，为济南市最早承保能繁母猪保险试点单位。同年，山东省安监局和山东保监局联合发出通知，开展安全生产责任保险试点。2008年，承保118家企业安全生产责任险，风险保障金额9.11亿元。5月11日，《济南市机动车轻微交通事故快速处理办法(试行)》实施，先后建立服务大厅4个。至年底，共受理轻微机动车交通事故案件15400起，定损机动车30799辆。10月1日，济南市在全省率先实行机动车辆保险“见费出单”制度。7月1日，济南市财险公司率先试行赔款支付管理暂行办法(赔款直赔)。

2010年，商河县被列入全国农业保险(粮棉)示范县。平安财险济南公司率先实行“e化机动车险”经营方式，实现“网上承保、网上核损、网上定价、网上理赔”等服务保障方式。全市保险承保额11975亿元，保险业务收入35.88亿元，理赔支出12.82亿元。

第二节 人身保险

1986～1987年，人保山东省分公司在济南试办母婴安康保险、独生子女两全保险。其间，济南市发生历史上罕见特大水灾，参保33人伤亡，赔付1.2万元。1989年，全市500个企事业单位独生子女投保两全险。

1990年，人保济南市分公司开办村干部、民办教师、农村电工、电影放映员、计划生育聘用人员养老保险。1991年7月，开办金融系统职员意外保险并进行农民社会养老保险制度改革试点。

1993年9月，承保住宿旅客人身平安险，取代旅客安全险。12月，根据国家旅游总局《国内旅游者旅游期间统一实行国内旅游意外保险》规定，济南市各保险公司承保国内旅游者意外险。同年，人保济南市分公司试保附加疾病医疗险，按比例负担疾病门诊医疗费，费率24‰，最高保额5000元。1995年，各保险公司试办以居民个人交费为主、具有生存给付和死亡给付双重保障的险种，多属于限期交费两全性终身寿险。济南市总工会与人保济南市分公司联合推出劳动模范、先进生产(工作)者人身特约保险，劳模达到约定年龄可领取补充养老保险金。人保山东省分公司制订《终身安康保险条款》，作为人保首批佣金类个人寿险业务，在济南等地进行营销员销售试点。

1996年1月至2月，中保人寿济南市分公司开办家庭幸福定额保单。新华保险济南中心支公司在业内率先采用“保额分红”方式，在此基础上形成分红产品体系。1997年，太平洋保险济南分公司承保出国人员意外险、金融职工意外险、老年人出行意外伤害险、航空意外险、旅游人身安全险及其他相关险种。1998年3月1日，《中华人民共和国建筑法》实施，承保建筑工人意外险。1999年10月，中国人寿济南市分公司承保职工团体补充医疗险，每人最高保额15万元。

2000年，国务院颁布《关于完善城镇社会保障体系的试点方案》，济南市保险公司相继推出一批团体年金保险险种。2001年10月，中国人寿济南市分公司委托铁路部门代理销售乘客意外伤害保险，每张保险凭证保险费2元。平安保险济南分公司承保平安学生一年定期寿险、平安附加学生意外伤害医疗险和平安附加学生幼儿住院医疗险。

2002年5月，建设部在全国推行建筑意外伤害保险制度，济南市保险公司开办建筑工人意外伤害保险。2003年1月1日起，开办短期健康保险和意外伤害保险。4月21日，平安人寿济南分公司向小汤山医院赠送330万元保险“爱心包”。2004年3月20日，中国人寿济南市分公司与济南铁路局续签团体年金保险1.95亿元。为2004年亚洲杯足球赛济南赛区组委会工作人员(包括官员、安保人员和志愿者3000余人)和前来观看比赛的所有观众(20余万人)承保人身意外伤害险。为济南市公安局9300名公安干警办理总保额13.95亿元。

2005年，各保险公司开办万能寿险，主要险种有：太平洋寿险金诚利两全保险、平安人寿平安智盈人生终身人寿保险、中国人寿国寿瑞安两全保险、长城人寿长城金富利终身人寿保险、泰康人寿泰康放心理财财富终身人寿保险、新华保险得意理财万能人寿保险。新华人寿济南分公司开办团体人身意外伤害保险，保费收入1200多万元。中国人寿济南市分公司率先走进农村，商河县玉皇庙镇瓦东村人身险投保率60%，成为山东保险第一村。至2008年，太平洋寿险济南中心支公司意外伤害保险规模由2000万元增长至4000万元。10月，海康人寿山东分公司向济南团市委2万名青年志愿者赠送每人价值2000元的公共交通意外伤害保险。

2009年1月，中国人寿济南市分公司与济南市老龄委启动“银龄安康工程”，旨在推广实施“老年人意外伤害组合保险”。3月，平安人寿济南分公司首次提出“信守合约、找理由赔”的概念与服务承诺，对所有投保平安人寿客户，在合约范围内遵循“客户有利原则”，主动帮助客户寻找赔付事实及依据。至年底，全市保险承保额4827亿元，保险业务收入86.5亿元，理赔支出30.95亿元。2010年，全市人身保险承保额4538亿元。

1996～2010年济南市保险业务情况表

表5-4-4

指　标	1996	1997	1998	1999	2000	2001	2002	2003	2004	2005	2006	2007	2008	2009	2010
承保额(亿元)	1118.3	1534.0	1721.0	1973.2	2168.6	2238.9	3234.0	3810.0	5115.6	5295.1	10218	7148	11499	12279	16802
企业财产险	590.0	761.0	564.0	707.0	792.0	596.0	1317.0	1446.0	1785.7	1774.0	2179	2568	4782	4869	6398
家庭财产险	16.0	4.0	37.0	11.9	15.5	114.5	288.0	89.0	26.0	95.0	63	54	56	395	103
运输工具及责任险	85.0	126.0	124.0	143.8	254.3	233.8	163.0	295.0	398.8	606.0	901	1160	2180	1018	3970
货物运输险	44.0	74.0	96.0	48.5	166.1	255.0	204.0	154.0	184.0	137.0	189	323	393	312	308
养老金险	1.4	15.9	5.0	19.1	39.2	10.3	6.0	9.0	18.1	17.0	446	207	201	204	289
人身意外伤害险	104.3	117.6	439.0	666.6	765.7	573.5	819.0	1472.0	1409.6	1546.1	5133	1894	2704	3753	3606
简易人身险	2.0	3.0	36.0	6.0	3.0	20.0	39.0	19.0	20.5	100.0	756	390	205	263	932
农业险	—	—	—	1.0	—	—	—	—	—	2.0	0	1	7	12	6
其他险	275.6	412.5	420	369.3	132.8	435.8	398.0	326.0	1273.0	1018.0	551	551	971	1453	1190
保险业务收入(万元)	65641	113242	99391	106553	124982	167426	211173	347126	392000	415338	534510	643028	954859	962732	1223791
企业财产险	7114	10303	12225	12189	15570	13768	13527	12488	13605	15158	14070	14124	17377	19839	28325
家庭财产险	863	1102	569	681	931	2898	2411	1170	2274	1003	996	94	-99	355	518
运输工具责任险	21497	25896	26647	30587	35275	34750	31738	38113	54271	74800	97827	116049	135857	176404	214039
货物运输险	1582	2909	2791	1941	3333	3411	3516	2537	3013	5062	2649	2850	3037	2203	2528
养老金险	9830	18572	25283	27906	25973	17065	32639	79773	99347	159568	257369	369985	596613	539484	711571
人身意外伤害险	1742	2121	2618	3505	6400	3637	3943	7099	7917	9587	14438	20843	29404	24306	28168
简易人身险	56	155	3457	3558	333.	13452	32257	27461	29550	24856	24639	21964	41891	50879	125275
农业险	48	82	123	50	4	2	—	13	10	85	26	723	1011	2638	1527
其他险	22909	52102	25678	26136	34166	78443	91142	178472	182012	125219	122496	96396	129768	146624	111840
保险业务支出(万元)	20320	59444	51742	63848	59618	55004	52428	91505	101350	141353	232243	319360	412034	463258	437708
企业财产险	5192	5483	5689	5195	5169	6091	6631	6031	7407	8269	6479	8946	13500	7479	8233

续表5－4－4

指 标	1996	1997	1998	1999	2000	2001	2002	2003	2004	2005	2006	2007	2008	2009	2010
家庭财产险	301	233	220	132	91	113	591	94	178	538	154	218	226	110	166
运输工具及责任险	11438	16041	17416	18636	20417	20258	19865	24152	36253	44098	60283	74916	77489	87941	90236
货物运输险	671	673	626	1754	1007	945	659	910	1320	937	705	991	4730	1539	1572
养老金险	46	999	1068	18005	4660	2394	2119	5797	13009	17476	127038	188311	264799	286265	239710
人身意外伤害险	812	1361	1091	2359	3658	1209	736	1337	1786	2721	3525	5986	8147	11695	9270
简易人身险	5	208	919	7102	6595	909	1627	2122	875	14267	4299	8679	11601	36486	60523
农业险	10	29	10	22	2	8	—	4	10	15	10	979	1010	2498	683
其他险	1844	34417	24703	10643	18019	23077	20200	51058	40513	53032	29750	7148	30532	29245	27315

第五篇　金融管理

第一章　支付结算

第一节 票据支付结算

1986 年年初，济南市异地结算方式有托收承付、委托收款、汇兑、信用证、省内县外限额支票、票汇和特种票汇结算 7 种；同城和县内结算方式有存折、支票、托收无承付、委收付款、定额转账支票、特种汇票、委托收款、托收承付、农村委托付款和保付支票结算 10 种。

1988 年 8 月，银行结算改革，推广银行汇票、商业汇票、银行本票、支票及信用卡，废止托收承付、国内信用证、付款委托书、保付支票、信用证、省内限额结算 6 种结算方式。

1989 年 4 月 1 日，《银行结算办法》实施，确定银行汇票、商业汇票、银行本票、支票、汇兑、委托收款结算方式。1990 年，恢复异地托收承付结算方式。

1996 年 1 月 1 日，《中华人民共和国票据法》实施。1997 年，《支付结算办法》及《支付结算办法会计核算手续》实施，确立以本票、汇票、支票、信用卡、汇兑、托收承付、委托收款为主体的支付结算工具。济南市制定印发《支票结算操作规定》和《同城特约委托收款结算规定》。

2003 年 8 月 1 日，驻济南银行业金融机构开办银行本票结算业务，通过同城票据交换系统实现银行本票兑付，标志着济南市“三票一卡”(汇票、支票、本票、信用卡)结算方式全面开办，在全省属于首例。2009 年起，通过小额支付系统办理银行本票兑付。

2009 年，济南市开办电子商业汇票业务。

第二节 电子支付结算

1985 年，全国联行往来系统在济南市上线运行，办理人民银行系统内资金调拨和专业银行通过人民银行的款项汇划业务。

1991 年 9 月，全国电子联行系统在济南市上线运行。该系统以卫星通信技术、通过电子计算机网络系统进行异地资金划拨，划拨时间由 1～2 周缩短为 1～2 天。1992 年 6 月，取消省辖往来，通过全国联行往来进行结算。

1998 年，电子联行“天地对接”系统在济南市上线运行，入网金融机构直接收发电子联行往来账，异地联行款项在几分钟内即可入账抵用。

1999 年，山东特约联行汇兑清算系统上线，实现地方商业银行、农村信用社等金融机构在全省范围内进行资金汇划。

2003 年 4 月 21 日，大额支付系统在济南市上线运行。该系统采用逐笔实时方式处理支付

2006年，中国人民银行济南分行营业管理部现代化金融服务系统新闻发布会召开

业务，全额清算资金，处理规定金额起点以上的跨行贷记、紧急跨行贷记等多种支付业务，首次实现支付业务实时到账。

2006年4月24日，小额支付系统在济南市上线运行。该系统批量发送支付指令，轧差净额清算资金，实现7×24小时连续运行，能支撑多种支付工具使用，可处理规定金额以下的普通借贷记、实时借贷记、定期借贷记等多种业务，满足多样化的支付清算需求。

2007年6月，山东特约联行汇兑清算系统撤销。6月25日，全国支票影像交换系统在济南市成功上线运行。该系统运用影像技术将实物支票转换为影像信息，以影像信息的传输代替纸质支票传递，实现支票在全国范围内兑付。

2008年4月28日，境内外币支付系统在济南市上线运行，相继开通港币、英镑、欧元、日元等币种支付业务，为境内银行业金融机构办理境内跨行外币支付业务提供安全、高效平台，为外汇管理制度允许的境内特定交易项目通过外币计价结算建立快捷的支付渠道。

2009年10月28日，电子商业汇票系统在济南市上线运行。该系统依托网络和计算机技术，接收、存储、转发电子商业汇票数据电文，是提供与电子商业汇票货币给付、资金清算行为相关服务并提供纸质商业汇票登记、查询和商业汇票(含纸质、电子商业汇票)公开报价服务的综合性业务处理平台，标志中国商业汇票逐步开始电子化。11月28日，集中代收付中心从淄博迁至济南。

2010年8月30日，网上支付跨行清算系统在济南市上线运行。该系统通过逐笔发送业务指令、实时轧差、定时清算的方式，实现网上跨行支付业务的实时到账。至年底，济南市各银行电子结算方式有银行卡、ATM机和POS机。

第二章　账户管理与反洗钱

第一节 账户管理

1986年，济南市账户管理规定：凡有工商管理部门签发的营业执照，实行独立核算的各种经济性质的企业、承包单位、个体工商户、农业承包户、专业户均可在银行或信用社开立账户，并办理结算。个体工商户与国营、集体企业交易往来，需要使用支票结算的，有人担保即可使用支票。为服务经济联合改组，对改组的分厂，确有必要也可以在银行开户。对外地客商到济南市办厂、办店，凡经济南市工商行政管理部门登记发给营业执照，当地无主管部门审批的，可凭原所在地政府或主管部门的介绍信办理开户手续。对持临时营业执照的个体户要求开立账户的，一般可开立存折户。

1989年,《山东省账户管理暂行规定》实施,将单位结算账户分为基本账户、专用账户及辅助账户。10月1日起,人民银行济南市分行对基本账户以及因需要在其他银行贷款开立的辅助账户进行核准。

1993年,《关于在账户管理工作中实施查验全国统一代码证书的通知》规定:凡开立基本账户或一般账户的机关团体和企事业单位,在规定的限期内持技术监督部门颁发的代码证书和开户许可到开户银行办理代码登记手续。12月,人民银行济南市分行开发的账户信息管理系统上线,济南市核准类存量账户信息全部录入该系统。

1994年,新《银行账户管理办法》实施。该办法将结算账户分为基本存款账户、一般存款账户、专用存款账户及临时存款账户,并规定存款人在银行开立基本存款账户,实行由人民银行当地分支机构核发开户许可证制度,银行为存款人开立或撤销账户,须向人民银行分支机构申报。

1996年10月,账户信息管理系统进行升级,由商业银行将其开立的账户录入系统商业银行端,拷贝软盘报送人民银行,人民银行济南市分行及县(市)支行将软盘账户数据拷入系统人民银行端。

1999年,人民银行总行《关于加强支付结算管理,保障银行和客户资金安全的通知》要求,办理汇款、签发银行汇票、签发支票委托银行主动付款以及购买空白票据凭证时,需采用客户预留密码、结算证或IC卡方式对客户身份的真实性进行确认。济南市主要采用结算证方式。

2000年4月1日,《个人存款账户实名制规定》实施,确立个人存款账户真实性要求。

2002年10月起,济南市结算证与IC卡同时使用。随着技术手段的不断发展,预留密码方式成为确定客户身份真实性的主要方式,结算证和IC卡使用逐渐减少。

2003年9月1日,《人民币银行结算账户管理办法》实施。该办法将银行结算账户划分为单位银行结算账户和个人银行结算账户,并将单位银行结算账户按用途分为基本存款账户、一般存款账户、专用存款账户、临时存款账户。该办法取消1994年《银行账户管理办法》中允许开立一个以上基本存款账户的例外性规定,明确规定任何单位在任何情况下都只能开立一个基本存款账户,开立其他单位银行结算账户必须以基本存款账户的开立为前提。该办法规定存款人开立基本存款账户、临时存款账户(因注册验资需要开立的临时存款账户除外)和预算单位开立专用存款账户实行核准制度,经人民银行核准后由开户银行核发开户登记证。8月17日,《人民币银行结算账户管理办法》正式实施前,中国人民银行总行下发通知,暂不发放开户登记证,新开立需核准的银行结算账户由人民银行核发开户核准通知书。

2004年10月25日,人民银行济南分行开发的人民币银行结算账户管理信息系统在济南市正式上线运行,实现济南市银行结算账户开立、变更、撤销等业务的全程自动化同步处理,确保账户管理质量。2005年4月停止运行。

2005年1月31日,《人民币银行结算账户管理办法实施细则》正式实施,规定将开户登记证改为开户许可证,由人民银行核发。4月25日,人民银行总行开发的人民币银行结算账户管理系统在济南市上线运行,账户开立、变更、撤销以及核准、备案等全程电子化,并利用网络技术实现账户信息集中管理和账户管理数据库信息共享,建立起全国范围内的预警监控系统,提高银行业金融机构办理账户业务及人民银行行政许可的效率。

2007年6月20日,联网核查公民身份信息系统在济南市上线运行,银行业金融机构可通过该系统对办理金融业务的公民身份信息进行核实,为银行业金融机构核实公民身份信息、落实金融业务实名制要求提供可靠手段。

第二节 反洗钱

2003年1月，中国人民银行发布《金融机构反洗钱规定》《人民币大额和可疑支付交易报告管理办法》《金融机构大额和可疑外汇资金交易报告管理办法》，初步建立起反洗钱监管的基本制度。12月，十届全国人大常委会第六次会议修订《中华人民共和国中国人民银行法》颁布。

2006年10月，《中华人民共和国反洗钱法》颁布，自2007年1月1日起施行，正式以法律形式明确人民银行及金融机构的反洗钱职责。11月，中国人民银行发布《金融机构反洗钱规定》，自2007年1月1日起施行。规定明确中国人民银行是国务院反洗钱行政主管部门，依法对金融机构的反洗钱工作进行监督管理。中国人民银行发布《金融机构大额交易和可疑交易报告管理办法》，自2007年3月1日起施行。进一步完善反洗钱监管法规体系。11月，济南市银行业金融机构在泉城广场开展《中华人民共和国反洗钱法》集中宣传活动，全市20家银行机构400余名工作人员参加。12月，人民银行济南分行营业管理部反洗钱科成立，反洗钱监管职能由保卫部门移交至会计部门。

2007年6月，中国人民银行发布《金融机构报告涉嫌恐怖融资的可疑交易管理办法》；中国人民银行、中国银行业监督管理委员会、中国证券业监督管理委员会、中国保险业监督管理委员会联合发布《金融机构客户身份识别和客户身份资料及交易记录保存管理办法》，建立“一法四令”反洗钱法规制度基本框架。6～7月，中国人民银行发布《反洗钱现场检查管理办法(试行)》《反洗钱非现场监管办法(试行)》，中国人民银行济南分行营业管理部依据该办法对辖内金融机构开展反洗钱现场检查、非现场监管工作。

2007年10月，组织召开济南市支付结算暨反洗钱工作会议，市公安局、经侦支队以及济南市11家县(市、区)经侦大队负责人，济南市19家银行业金融机构会计、反洗钱部门负责人等60余人参加会议。同月，印发《中国人民银行济南分行营业管理部 济南市公安局反洗钱工作合作实施办法》，反洗钱合作机制建立。

2008年2月，根据《山东省金融机构反洗钱工作自律评估办法(试行)》，首次开展对济南市27家金融机构反洗钱业务的自律评估工作，之后每年开展一次，评估结果在辖区内通报。

2009年1月，根据《中国人民银行关于进一步加强金融机构反洗钱工作的通知》要求，指导督促辖内金融机构如期完成客户风险等级划分工作。6月，在“6·26”国际禁毒日组织金融机构开展反洗钱集中宣传日活动。7月，按照《中国人民银行济南分行反洗钱重点可疑交易报告管理办法(暂行)》的要求，规范辖内金融机构重点可疑交易的分析报告工作，及时发现洗钱案件线索，预防和遏制洗钱犯罪。8月，按照人民银行总行部署，结合第十一届全运会特点，组织辖区内金融机构，开展“护航2009”反恐融资专项行动。9月，中国人民银行印发《银行卡组织和资金清算中心反洗钱和反恐怖融资指引》。12月，济南市开展金融机构反洗钱人员业务能力测试，全市42家金融机构的84名工作人员参加测试。

2010年3月，济南市工商局、公安局、财政局、人民银行济南分行营业管理部和市金融办在全市联合开展“企业登记代理违法违规行为专项整治”活动。济南市工商局借助人民银行济南分行营业管理部移交的可疑交易线索及时开展延伸调查，共查实涉嫌“两虚一逃”(指公司虚报注册资本、股东虚假出资和股东抽逃出资)案件20余起。10月，反洗钱监管交互平台在济南市上线运行，实现反洗钱非现场监管报表数据的网上报备、汇总、统一管理。12月，与济南海关缉私分局举行《打击洗钱及走私犯罪合作联动实施办法》会签仪式，反洗钱合作机制建立。

第六篇　金融机构

第一章　金融行政机构

第一节 中国人民银行济南分行营业管理部

1998年12月15日，中国人民银行济南市分行更名为中国人民银行济南分行营业管理部，内设办公室、货币信贷统计处、金融机构监管处、合作金融机构监管处、会计国库处、支付科技处、人事教育处、货币金银处、保卫处、营业室、纪委、宣传部、群工部、后勤服务分中心。营业管理部机关有人员237人。下辖历城区、长清县、章丘市、平阴县、济阳县、商河县6个支行。

2001年2月，撤销历城区支行，人员并入中国人民银行济南分行营业管理部。2003年3月，撤销长清区支行，人员并入中国人民银行济南分行营业管理部。

至2010年年底，中国人民银行济南分行营业管理部有在职员工363人，其中，部机关260人，辖区县支行103人。设办公室(党委办公室)、货币信贷统计处、会计国库处、科技处、货币金银处、人事处(党委组织部)、保卫处、纪检监察办公室、宣传群工部、营业室、后勤服务中心11个处室，直属事业单位1个——济南银行电子结算中心，代管单位1个——济南钞票处理中心。地址：市中区经七路382号。

第二节 中国人民银行济南市分行

1984年11月1日，中国人民银行济南市支行更名为中国人民银行济南市分行。1988年年末，下设历城、长清、章丘、平阴4个区县支行。

1990年1月1日，济阳、商河两县的金融业务划归中国人民银行济南市分行管理。

1998年12月15日，中国人民银行济南市分行更名为中国人民银行济南分行营业管理部，下辖历城区、长清县、章丘市、平阴县、济阳县、商河县6个支行。

2003年，中国人民银行济南分行金库营业楼获得鲁班奖

第二章　金融监管机构

第一节　中国银行业监督管理委员会山东监管局

2003年7月8日，中国银行业监督管理委员会下发《关于成立银监局筹备组的通知》，之后，中国银行业监督管理委员会山东监管局(简称山东银监局)筹备组成立。9月30日，山东银监局筹备组与中国人民银行济南分行签订人员划转与财务划分协议。10月11日，山东银监局挂牌成立。履行对山东省境内(不含青岛)有关银行业金融机构的统一监管职责。

山东银监局从中国人民银行济南分行划转187人，其中，局级干部4人，处级干部44人，科级干部88人，本科以上学历占79%。12月26日～30日，全省15个地市银监分局陆续成立。各县(市)派出机构建成92个县(市)监管办事处。

2005年，山东银监局系统有干部职工1095人，下设16个部门，分别是办公室(党委办公室)、政策法规处、国有银行监管一处、国有银行监管二处、股份制银行监管处、城市商业银行监管处、政策性银行监管处、邮政储蓄及金融资产管理公司监管处、非银行金融机构监管处、合作金融机构监管处、统计信息处、财务会计处、监察室(纪委)、人事处(党委组织部)、机关党委(党委宣传部)、后勤服务中心(行政管理处)。

2010年年底，山东银监局系统有干部职工1130人，下设18个部门，分别为办公室(党委办公室)、政策法规处、国有银行监管一处、国有银行监管二处、股份制银行监管处、恒丰银行监管处、农村中小金融机构监管一处、农村中小金融机构监管二处、城市商业银行监管处、政策性银行和邮政储蓄机构监管处、非银行金融机构监管处、信息科技监管处、统计信息处、财务会计处、监察室(纪委)、人事处(党委组织部)、机关党委(党委宣传部)、后勤服务中心(行政管理处)。地址：市中区经二路146号。

第二节　中国证券监督管理委员会山东监管局

1996年10月，山东省证券管理办公室(简称省证管办)成立。

1998年8月，地方证券监管部门实行由中国证监会垂直领导的管理体制，中国证监会在济南、天津等9个中心城市设立派出机构。

1999年6月18日，中国证监会设立济南证券监管办公室(简称济南证管办)，下辖合肥、郑州、青岛证券监管特派员办事处，7月，济南证管办正式运行。

2000年9月，中国证监会济南稽查局(简称济南稽查局)成立，与济南证管办为一套机构、两块牌子，人事、行政、财务等与济南证管办一体，局长由济南证管办主任兼任。

2002年12月，济南证管办调整内设机构及职责。内设机构为党委(纪检监察、行政)办公室、上市公司监管处、机构监管处、期货监管处、案件调查处、案件审理执行处、综合处。

2003年2月，济南证管办调整济南稽查局内设机构及职责。案件调查处改为案件调查一处，案件审理执行处改为案件调查二处。

2004年2月，中国证监会驻各省、自治区、直辖市、计划单列市的派出机构统一更名。济南证管办更名为中国证券监督管理委员会山东监管局(简称山东证监局),济南稽查局名称不变。山东证监局同年3月1日正式运行。4月,中国证监会核定山东证监局人员编制66名,其中处级及以下职务干部61名;增设上市公司监管二处;综合处更名为办公室;案件调查一处、案件调查二处分别更名为稽查一处、稽查二处。内设机构为办公室、上市公司监管一处、上市公司监管二处、机构监管处、期货监管处、稽查一处、稽查二处、党委办公室。

2008年6月,山东证监局增设信息调研处,党委办公室更名为党务工作办公室。山东证监局内设机构调整为9个,分别是办公室、上市公司监管一处、上市公司监管二处、机构监管处、期货监管处、稽查一处、稽查二处、信息调研处、党务工作办公室(纪检监察室)。

至2010年,山东证监局在编人员88人,内设10个处室,包括办公室(党务工作办公室)、纪检监察办公室两个综合处室,公司监管一处、公司监管二处、机构监管处、稽查处、法制工作处、会计监管处、投资者保护工作处、综合业务监管处等8个业务处室。地址:市中区经七路86号证券大厦13楼。

第三节 中国保险监督管理委员会山东监管局

2000年7月7日,中国保险监督管理委员会济南保险监管办公室筹备组成立。

2000年9月12日,济南保监办挂牌成立,行使山东省行政辖区保险业监管职责,下设综合处、稽核检查处、机构管理处3个职能处室。

2004年2月6日,济南保监办更名为中国保险监督管理委员会山东监管局,设办公室(党委办公室)、财产保险监管处、人身保险监管处、保险中介监管处、统计研究处、人事教育处(党委组织部、党委宣传群工处、纪检监察处)6个职能处室。

2010年6月12日,中国保险监督管理委员会山东监管局烟台监管分局成立。是山东省首家、全国第二家市级保险监管机构。年底,山东保监局设立办公室(党委办公室)、法制处、财产保险监管处、人身保险监管处、保险中介监管处、统计研究处、稽查处、人事教育处(党委组织部、党委宣传群工处)、监察处(纪委办公室)9个职能处室和烟台分局1个市级保险监管机构,在编91人。地址:历下区经十东路1号。

第四节 国家外汇管理局山东省分局(国家外汇管理局济南分局)

1979年,国家外汇管理局山东省分局成立,与中国银行青岛分行一个机构两个牌子,行使国家外汇管理和外汇经营职能。1984年12月,国家外汇管理局山东省分局与中国银行青岛支行分设,在人行山东省分行领导下行使外汇管理职能。

1993～1995年,随着对外开放的扩大,全省县级支局不断增加,大部分县(市)都设有外汇管理支局。

1999年,外汇管理机构进行重大改革,在人行跨省设立的分行所在地城市设立国家外汇管理分局,直接管理所在省、市外汇管理工作(含分行营业管理部的外汇业务),同时负责对辖区内外汇管理工作的协调与督办。国家外汇管理局山东省分局改为国家外汇管理局济南分局,负责山东省境内外汇管理工作,同时负责河南省境内外汇管理工作的协调和督办,接办原国家外汇管理局济南市分局的外汇管理业务,中国人民银行济南分行营业部不设外汇管理部门。山东省境内设市地支局16个,县级支局95个。2001年,人行、国家外汇管理局下文对外汇管理机构进行调整,各省、直辖市、副省级城市设立国家外汇管理分局,国家外汇管理局济南分局改为山东省分局。山东省分局不再承担协调和督办河南省境内的外汇管理工作。至2012年，国家外汇管理局山东省分局设外汇综合处、国际收支处、经常项目管理处、资本项目管理处和外汇检查处5个职能处室，下辖淄博、枣庄、东营、烟台、潍坊、济宁、泰安、威海、日照、莱芜、德州、临沂、聊城、滨州、菏泽15个市中心支局及章丘、平阴、济阳、商河4个济南市县支局。地址：市中区经七路382号。

第三章　金融协调服务机构

第一节 山东省金融工作办公室

2005年，山东省金融工作办公室成立，为省政府直属正厅级办事机构，协调、服务和监管全省金融行业的发展。

至2010年，内设综合处(挂人事处牌子)、政策法规处(挂研究室牌子)、银行处、证券与资本市场处、保险与担保处、金融稳定处6个处室。地址：历下区省府前街1号。

第二节 济南市政府金融工作办公室

2004年9月，济南市政府金融办公室成立，为市政府直属正局级办事机构。2009年12月，改称济南市人民政府金融工作办公室，为市政府正局级工作机构，增加对地方金融机构监管的职责。2010年，内设综合处(挂组织人事处牌子)、政策法规处、银行处、资本市场处、保险与担保处5个处室。

第四章　银行业金融机构

第一节 政策性银行

一、国家开发银行山东省分行

1999年3月16日，经中国人民银行批准，国家开发银行济南分行成立，4月1日正式挂牌，位于济南市经七路85号。2002年12月，经中国人民银行济南分行批准，迁至济南市马鞍山路2-1号山东大厦。

2003年3月19日，经中国人民银行批准，国家开发银行济南分行更名为国家开发银行山东省分行，4月28日举行更名揭牌仪式，业务范围、管辖范围以及债权债务与原国家开发银行济南分行保持一致。

2006年10月15日，隶属于山东分行的青岛代表处升格为国家开发银行青岛市分行，国家开发银行山东省分行管辖范围变更为除青岛市之外的山东省16个地市，原国家开发银行山东省分行在青岛的有关资产负债及损益划转至国家开发银行青岛市分行。

2009年1月，国家开发银行山东省分行更名为国家开发银行股份有限公司山东省分行。

2010年12月，国家开发银行股份有限公司山东省分行设办公室(党委办公室、保卫处)、规划发展处、市场与投资处、经营管理处、法律事务办公室、国际合作业务处、风险管理处、评审处、客户一处、客户二处、客户三处(富民业务处)、客户四处、财会处(营运处)、人事处(党委组织部)、纪检监察办公室(审计举报办公室)、信息科技处共16个处室。设临时机构基建办公室。

二、中国农业发展银行山东省分行营业部

1996年10月，中国农业发展银行山东省分行营业部(下称农发行山东省分行营业部)成立，属于二级分行，位于济南市湖山路32号，隶属农发行山东省分行，负责济南市的农业政策性金融业务。其中，部机关是经营管理机构，承担济南市区的业务经营拓展职能和对下管理职能，设6个部室，即：办公室、计划信贷科、财务会计科、人事教育处、稽核监察科、营业室；下辖6个县级支行，即：章丘市支行、历城区支行、长清县支行、济阳县支行、商河县支行、平阴县支行。

1997年10月，经农发行山东省分行批准，农发行山东省分行营业部机关设立办公室、计划信息处、信贷处、财务会计处、稽核处、人事教育处、监察室、保卫处、营业室9个职能部门。

2005年，农发行山东省分行营业部按照上级行要求，进行机构改革。成立客户处作为业务发展前台部门，营业室由支行建制改为营业前台和服务窗口；成立信贷与风险管理处、资金计划处；信息电脑处与财务会计处合并，组建财务信息处；稽核处改为审计处，业务工作由省行统一调配，集中管理，人员日常由农发行山东省分行营业部负责；保卫处并入办公室。改革后机构总数9个，即：办公室、资金计划处、客户处、信贷与风险管理处、财务信息处、人力资源处、内部审核处、监察室、营业室。

2006年，财务信息处分为财务会计部、信息科技部2个部，机构总数成为10个，名称由“处”改为“部”。即：办公室、资金计划部、客户部、信贷与风险管理部、财务会计部、人力资源部、信息科技部、内部审核部、监察室、营业室。2011年，国际业务部从客户部中分离出来，机构成为11个。

2010年年底，农发行山东省分行营业部设机构11个，即：办公室、资金计划部、客户部、国际业务部、信贷与风险管理部、财务会计部、人力资源部、信息科技部、内部审核部、监察室、营业室。6个支行建制未变。有干部职工206人，其中，部机关59人(含高级管理人员4人)，6个支行147人。

第二节 国有商业银行

一、中国工商银行山东省分行营业部

1984年10月18日，中国工商银行济南市分行成立。1985年1月15日，成立章丘县支行、历城县支行、长清县支行、济南市郊区办事处。5月1日，平阴县工商银行划归济南市分行管理。1989年4月21日，济南市分行营业室成立。

1990年1月3日，工商银行济阳、商河县支行因行政区划调整，划归济南市分行。1992年8月，工商银行章丘县支行改称章丘市支行。12月22日，中国人民银行山东省分行批准工商银行济南市高技术产业开发区办事处更名为济南市高技术产业开发区支行。

1994年7月30日，中国人民银行济南市分行批准工商银行济南市分行营业室组建为济南市分行营业部。1995年3月14日，中国人民银行山东省分行批准筹建工商银行济南市经二路支行、济南市南辛支行，并于12月4日开业。

1997年8月29日，中国人民银行山东省

分行批准工商银行济南市分行房地产信贷部改建为趵突泉支行；信用卡业务部改建为朝山街支行。1999 年 4 月 14 日，撤销中国工商银行济南市分行，组建中国工商银行山东省分行营业部，位于济南市经四路 310 号。

2002 年 11 月 7 日，中国人民银行济南分行批准工商银行济南市历下区支行东郊办事处升格为济南市东郊支行，济南市天桥区支行黄台办事处升格为济南市黄台支行。2004 年 6 月 22 日，山东银监局批准工商银行济南市市中区支行八一分理处升格为济南经十一路支行；济南市历下区支行泺源大街分理处升格为济南泺源支行；济南市经二路支行大观园储蓄所升格为济南大观园支行。

2005 年 10 月 26 日，中国银行业监督管理委员会批准中国工商银行山东省分行营业部更名为中国工商银行股份有限公司山东省分行营业部，下设支行名称统一更改为中国工商银行股份有限公司济南 ×× 支行。分行营业部设办公室(内设档案中心)、人力资源部、内控合规部、监察室、法律事务部、保卫部、工会、计划财务部(内设财务中心)、机构业务部、投资银行部、信贷管理部(内设贷后监督检查中心、信贷审查中心)、信贷评估部、公司业务部、住房金融业务部(内设个人住房贷款按揭审批中心)、资产风险管理部(省行特资部济南分部)、个人金融业务部(个人信贷中心)、会计结算部(附设监督中心、业务处理中心)、管理信息部、信息科技部(内设计算机维护中心)、国际业务部(内设个人外汇买卖交易中心)、电子银行部(附设电话银行中心)、后勤服务中心、营业厅(营业机构)，下设市中、历下、天桥、经二路、槐荫、南辛、大观园、趵突泉、东郊、高新、经十一路、泺源、黄台、历城、舜井街、平阴、长清、章丘 18 个支行。人员 4382 人，其中，在岗员工 3596 人，代办员 786 人。

2008 年 12 月 11 日，营业地址由经四路 310 号迁至黑虎泉西路 57 号。2010 年年底，省行营业部辖 19 个一级支行，1 个直属性营业机构，147 个营业网点，有员工 3980 人。

二、中国农业银行山东省分行营业部

1998 年 12 月 18 日，中国农业银行济南市分行与省行 3 个直属经营单位合并，组建省分行营业部。省分行营业部设办公室、储蓄处、市场开发部、信贷一处、信贷二处、专项贷款管理处、计划财务处、会计出纳处、稽核处、监察保卫处、人事教育处、计算机网络管理中心、工会办公室、法律顾问处 14 个部门。

2000 年 2 月，设立国际业务部；设立城市业务指导部，与市场开发部合署办公；设立法规处，同时将法律顾问室撤销；信贷一处、二处撤并为信贷处。2001 年 5 月，调整营业部机构设置及职能界定，设办公室(党委办公室)、计划财务处(下设资金清算中心和现金调拨中心)、公司业务处、机构业务处、个人业务处、房地产信贷处、国际业务部、信贷管理处、风险资产管理处、银行卡部、稽核处、监察室(纪委办公室)、法律事务处、科技处、人事处(党委组织部、工会办公室)、保卫处 16 个部门。2003 年 4 月，成立工会办公室。

2004 年 7 月，风险资产管理处更名为资产风险管理处，设立资产经营部，与资产风险管理处合署办公，重新确定其工作职能。2005 年 8 月，设立个人贷款审查审批中心，由信贷管理处代管。

2006 年 5 月，省行成立派驻济南审计办事处，撤销营业部审计处。2006 年 9 月，法律事务处更名为法律与合规处并调整职能。2008 年 4 月，增设个人贷款经营部，个人贷款审查审批中心划归个人贷款经营部。2008 年 11 月，撤销资产风险管理处及资产经营部，设立资产处置部；设立委托资产处置经营部，作为二级部挂靠资产处置部。

2009 年农业银行股改前，省分行营业部内部机构17个，分别是办公室(党委办公室)、计划财务处(下设资金清算中心和现金调拨中心)、公司业务处、机构业务处、个人业务处、房地产信贷处、国际业务部、信贷管理处(个人贷款审查审批中心)、个人贷款经营部、资产处置部、银行卡部、监察室(纪委办公室)、法律与合规处、科技处、人事处(党委组织部)、保卫处、工会办公室。

2009年7月，省分行营业部进行机构调整，设18个一级部、4个二级部。同年8月，中国农业银行山东省分行营业部变更为中国农业银行股份有限公司山东省分行营业部，简称中国农业银行山东省分行营业部。12月，根据省分行营业部《关于三农金融分部组织机构调整的通知》要求，将三农对公业务部更名为农村产业金融部，三农个人金融部更名为农户金融部，工作职责不变。

2010年7月，省分行营业部成立网点管理领导小组，负责网点规划布局及功能转型中重大事项的决策、协调、组织、推动工作；成立三农信贷部，与信贷管理部实行“两块牌子、一套人马”，负责“三农”和县域信贷业务管理。2011年8月，营业部运营管理部后台中心设4个二级部，分别为监控中心、作业中心、授权中心和现金中心，其他机构设置不变。地址：槐荫区南辛庄街2号。

三、中国银行济南分行

1984年7月，中国银行济南支行升格为中国银行济南分行，为外汇专业银行。1988年年初，中国银行济南分行办公地址迁至济南市黑虎泉西路59号。1998年1月，迁至济南市泺源大街22号。

2004年8月，中国银行完成股份制改革，中国银行济南分行改称为中国银行股份有限公司济南分行。

2010年年底，有员工1887名，28个部门，设支行66家。

2010年中国银行股份有限公司济南分行分支机构一览表

表5-6-1

所属管辖行	机构名称	机构地址
济南分行	中国银行股份有限公司济南分行	历下区泺源大街22号
	中国银行股份有限公司省府前街支行	历下区省府前街东侧红尚坊项目B2-1-102、B2-1-103、B2-1-104号
	中国银行股份有限公司济南经十路支行	历下区经十路16262号，完美大厦西侧一、二层
历下支行	中国银行股份有限公司济南历下支行	历下区山大路201号
	中国银行股份有限公司济南汇东星座支行	历下区文化东路51号，汇东星座西首
	中国银行股份有限公司济南和平路支行	历下区和平路47号
	中国银行股份有限公司济南泺文路支行	历下区泺文路3-2号
	中国银行股份有限公司济南甸新东路支行	历下区解放路30号，济南军区第二招待所A座101号
	中国银行股份有限公司济南历山路支行	历下区历山路173号，历山名郡C1座101号
	中国银行股份有限公司济南燕子山路支行	历下区解放路22号
天桥支行	中国银行股份有限公司济南天桥支行	天桥区北园路三孔桥小区一号楼
	中国银行股份有限公司济南济泺路支行	天桥区济泺路94号
	中国银行股份有限公司济南西苑支行	天桥区无影山中路87号

续表5-6-1-1

所属管辖行	机构名称	机构地址
天桥支行	中国银行股份有限公司济南万盛园支行	天桥区堤口路100号花样年华一楼
	中国银行股份有限公司济南泉星支行	天桥区济泺路130号，泉星小区3区3号楼B5-2-109、B5-2-110号
	中国银行股份有限公司济南无影山中路支行	天桥区无影山路29号
	中国银行股份有限公司济南师范路支行	天桥区师范路50号，济南市第四人民医院一楼
	中国银行股份有限公司济南黄岗路支行	天桥区无影山中路153号，7幢1-107、1-108室
槐荫支行	中国银行股份有限公司济南槐荫支行	槐荫区经七路583号
	中国银行股份有限公司济南南辛支行	槐荫区南辛庄东街1号，嘉馨·现代逸居4号楼1-101，1-102，1-103，1-201，1-202，1-203
	中国银行股份有限公司济南经六路支行	槐荫区经六路，绿地玫瑰坊商铺B-119、B-120、B-121、B-140、B-141房间
	中国银行股份有限公司济南通联花园支行	市中区二七南路14号
	中国银行股份有限公司济南燕山支行	历下区窑头路友谊苑小区A2号楼一层
	中国银行股份有限公司济南伟东新都支行	市中区伟东新都2区5号楼1-106。
市中支行	中国银行股份有限公司济南市中支行	历下区文化西路13号，海辰办公写字楼1楼
	中国银行股份有限公司济南经八路支行	市中区经八路2号（胶济铁路客运专线有限责任公司办公楼一楼）东侧
	中国银行股份有限公司济南英雄山路支行	市中区英雄山路174号，房屋一、二层
	中国银行股份有限公司济南趵突泉支行	市中区经七路83号
	中国银行股份有限公司济南建设路支行	市中区建设路16号
	中国银行股份有限公司济南全福支行	天桥区北园大街47号
	中国银行股份有限公司济南济大路支行	市中区济大路9号
	中国银行股份有限公司济南阳光舜城支行	市中区阳光舜城商业街B12号
历城支行	中国银行股份有限公司济南历城支行	历城区花园路84号
	中国银行股份有限公司济南山大西校支行	历下区文化西路44号，历下区山东大学齐鲁医院儿童医院一楼
	中国银行股份有限公司济南百花公园支行	历城区洪楼南路25号
	中国银行股份有限公司济南花园路支行	历下区历山路49号一楼北厅
	中国银行股份有限公司济南华龙路支行	历城区华龙路1110号三威大厦1号楼101、102、103
	中国银行股份有限公司济南历山北路支行	天桥区历山北路188号黄台家居广场A座-1号
	中国银行股份有限公司济南山大南校支行	历下区千佛山路3号
	中国银行股份有限公司济南洪家楼南路支行	历城区洪家楼南路6号
泉城支行	中国银行股份有限公司济南泉城支行	市中区历阳大街6号
	中国银行股份有限公司济南马鞍山路支行	市中区马鞍山路56-1号
	中国银行股份有限公司济南纬二路支行	市中区纬二路147-2号
	中国银行股份有限公司济南六里山南路支行	市中区英雄山路54号

续表5-6-1-2

所属管辖行	机构名称	机构地址
开元支行	中国银行股份有限公司济南开元支行	历下区山师东路33号
	中国银行股份有限公司济南环山路支行	历下区环山路39号
	中国银行股份有限公司济南浆水泉路支行	历下区浆水泉路11号正大城市花园商业房（105、106、107室）
长清支行	中国银行股份有限公司济南长清支行	长清区灵岩路2419号
	中国银行股份有限公司济南大学科技园支行	长清大学科技园学生商业街1号楼一层
	中国银行股份有限公司济南五峰路支行	长清区长清镇龙泉街(原南环路)小柿子园社区124号
章丘支行	中国银行股份有限公司章丘支行	章丘市明水汇泉路2208号
	中国银行股份有限公司章丘西外环路支行	章丘市明水西外环路9号
	中国银行有限公司章丘山泉路支行	章丘市山泉路1502号
	中国银行股份有限公司章丘唐王山路支行	章丘市唐王山路新世纪状元楼大酒店1楼103、104、105号商业房
平阴支行	中国银行股份有限公司平阴支行	平阴县城榆山路中段
	中国银行股份有限公司平阴榆山路支行	平阴县榆山路9号
济阳支行	中国银行股份有限公司济阳支行	济阳县城经二纬二路53号
	中国银行济阳济北支行	济阳县开元大街133号嘉泽·雅然居4号楼10号、11号营业楼1-2层
	中国银行股份有限公司济南府东支行	历下区泉城路71号政协大厦一、二层
	中国银行股份有限公司济南明湖支行	历下区山大路数码港大厦A座104室
	中国银行股份有限公司济南中大槐树支行	槐荫区经二路692号
	中国银行股份有限公司济南舜耕支行	市中区舜玉路5号
	中国银行股份有限公司济南山大路支行	山大南路29-1号
	中国银行股份有限公司济南解放路支行	历下区解放路112号正大时代广场103号商铺
	中国银行股份有限公司济南北园路支行	北园大街338号豪鲁电子大厦
	中国银行股份有限公司济南阳光新路支行	市中区阳光新路54号
	中国银行股份有限公司济南纬一路支行	市中区魏家庄万达广场豪景苑5号115-119室
	中国银行股份有限公司济南明湖东路支行	明湖东路777号保利大明湖C地块西区底商1-2层
	中国银行股份有限公司济南龙奥支行	历下区龙奥北路1118号，商务中心
高新支行	中国银行股份有限公司济南高新支行(管辖)	高新区舜华路西侧世纪财富中心AB座1-103、205-1号
	中国银行股份有限公司济南工业南路支行	高新区工业南路55号未来城15号楼101-106号
	中国银行股份有限公司济南旅游路支行	历下区旅游路21477号杰正岭寓广场109室
	中国银行股份有限公司济南舜华路支行	高新区舜华路西侧世纪财富中心AB座1-103、205-1号
	中国银行股份有限公司济南市东支行	经十东路国电大厦

四、中国建设银行山东省分行营业部

1984年8月1日，中国建设银行总行批复同意成立中国建设银行山东省分行，位于济南市经四路465号。

1988年11月6日，省分行迁至济南市经四路74号。

2001年，济南市分行并入山东省分行，济南地区各城区支行由省分行直管，省分行设立济南经营管理部。

2004年9月，中国建设银行山东省分行改制为中国建设银行股份有限公司山东省分行。

2010年年底，济南地区的经营机构发展到125个(支行、分理处、储蓄所)。省分行营业部设立综合部、人力资源部、计划财务部、公司业务部、机构业务部、结算业务部、个人金融部、纪检监察部、工会、济南地区风险管理中心、小企业经营中心、个人贷款中心12个一级部(中心)。其中，公司业务部设大客户服务中心、贷后管理中心、票据中心；结算业务部设国际业务中心；个人金融部设私人银行中心、电子银行中心、银行卡中心、网点管理中心，计8个二级中心。

2005年6月19日，建行济南历下支行召开推广何晓工作法经验交流会

2010年中国建设银行股份有限公司山东省分行营业部辖属机构一览表

表5-6-2

机构名称	营业地址
中国建设银行股份有限公司济南长清支行	长清区灵岩路2288号
中国建设银行股份有限公司济南长清支行清河街分理处	长清区五峰路669号
中国建设银行股份有限公司济南长清支行振兴分理处	长清区宾谷街东段(新华书店对面)
中国建设银行股份有限公司济南长清支行大学科技园分理处	长清区公安局大学路派出所一楼
中国建设银行股份有限公司济南高新支行	二环东路3966号
中国建设银行股份有限公司济南新区支行	高新区新宇路北段财富中心A座一楼
中国建设银行股份有限公司济南燕山支行	和平路13-1号
中国建设银行股份有限公司济南文化东路支行	文化东路97号
中国建设银行股份有限公司济南燕东支行	二环东路6867号
中国建设银行股份有限公司济南历下支行盛世花城分理处	高新区国际会展中心东北盛世花苑西侧商业1-101、1-201、1-215号房
中国建设银行股份有限公司济南甸柳新村支行	文化东路29号，七星吉祥大厦A座一楼101室
中国建设银行股份有限公司济南历城支行华龙路分理处	历城区华龙路1619号，2号楼101号房
中国建设银行股份有限公司济南高新支行黄金时代分理处	高新区齐鲁中环路1588号
中国建设银行股份有限公司济南高新支行泉东分理处	解放路20号
中国建设银行股份有限公司济南高新支行山师北路分理处	文化东路88-3号，山东师范大学北门西侧沿街房

续表5-6-2-1

机构名称	营业地址
中国建设银行股份有限公司济南高新支行荣军医院分理处	闵子骞路27号
中国建设银行股份有限公司济南槐荫支行	经十路399号
中国建设银行股份有限公司济南济微路支行	济微公路73-20号
中国建设银行股份有限公司济南槐中支行	道德北街西首
中国建设银行股份有限公司济南槐荫支行阳光100分理处	阳光新路21号，阳光100国际新城4号楼5-101
中国建设银行股份有限公司济南槐荫支行经三纬十路分理处	经三纬十路17号
中国建设银行股份有限公司济南槐荫支行南辛庄分理处	槐荫区南辛庄街233-1号
中国建设银行股份有限公司济南槐荫支行阳光新城分理处	阳光新路24号，怡心苑8号楼B段101室
中国建设银行股份有限公司济南槐荫支行经四纬七路分理处	经四路482号
中国建设银行股份有限公司济南槐荫支行建设路分理处	建设路75号住宅组团公建9-3-101
中国建设银行股份有限公司济南城西支行	张庄路172号
中国建设银行股份有限公司济南经七路支行	经七路386号
中国建设银行股份有限公司济南经七纬二支行	经七路88号
中国建设银行股份有限公司济南翰林支行	经十路65号一楼
中国建设银行股份有限公司济南龙奥支行	历下区海尔绿城全运村F3（百合园18号楼）
中国建设银行股份有限公司济南历城支行	花园路168号融基大厦
中国建设银行股份有限公司济南东郊支行	工业北路42号东邻
中国建设银行股份有限公司济南洪楼支行	花园路90号
中国建设银行股份有限公司济南工业北路支行	工业北路303号
中国建设银行股份有限公司济南历城支行济钢分理处	济钢新村商业大厦一楼
中国建设银行股份有限公司济南历城支行山钢分理处	高新区计算及配套产品研发生产综合楼B7楼山东钢铁集团综合大厦一层
中国建设银行股份有限公司济南兴华支行	历山北路路西中段1-5号
中国建设银行股份有限公司济南历城支行济南数码港大厦分理处	山大路47号，济南数码港大厦
中国建设银行股份有限公司济南天桥支行历山北路分理处	历山北路199号
中国建设银行股份有限公司济南历城支行黄台分理处	历城区工业北路159号
中国建设银行股份有限公司济南历城支行洪楼南路分理处	洪楼南路11-3号
中国建设银行股份有限公司济南洪楼东路支行	华信路6号
中国建设银行股份有限公司济南历城支行炼油厂分理处	济南炼油厂宿舍区内平价商场东邻
中国建设银行股份有限公司济南历下支行山大路分理处	银座数码广场
中国建设银行股份有限公司济南天桥支行北园分理处	北园路292号
中国建设银行股份有限公司济南高新支行山大路分理处	山大南路29-2号山大鲁能科技大厦一楼
中国建设银行股份有限公司济南东城支行	化纤厂路6号
中国建设银行股份有限公司济南历下支行	文化西路51号
中国建设银行股份有限公司济南历山支行	解放路95号

续表5-6-2-2

机构名称	营业地址
中国建设银行股份有限公司济南和平支行	和平路 56 号
中国建设银行股份有限公司济南明湖支行	东关大街 5 号，中泰大厦
中国建设银行股份有限公司济南历下支行能源大厦分理处	经十路 10777 号山东能源大厦一层
中国建设银行股份有限公司济南开元支行	环山路 48 号
中国建设银行股份有限公司济南转山西路支行	转山西路 3 号
中国建设银行股份有限公司济南舜井支行	县西巷 10 号一层
中国建设银行股份有限公司济南历下支行历东分理处	文化东路 24 号文东花园 1 号楼
中国建设银行股份有限公司济南历下支行山东电影机械厂分理处	山大路 242–2 号
中国建设银行股份有限公司济南历下支行山东大学南校区分理处	千佛山路 3 号
中国建设银行股份有限公司济南历下支行趵突泉分理处	文化东路友谊苑小区西侧 B1 楼
中国建设银行股份有限公司济南历下支行青年东路分理处	青年东路 16 号
中国建设银行股份有限公司济南历下支行燕子山西路分理处	市燕子山西路 40 号
中国建设银行股份有限公司济南历下支行省科学院分理处	山师东路省科学院西门南侧
中国建设银行股份有限公司济南历下支行省中医学院分理处	山东省中医药大学外事楼一楼
中国建设银行股份有限公司济南千佛山支行	千佛山东路 2 号
中国建设银行股份有限公司济南历下支行银座分理处	历下区佛山街 11 号
中国建设银行股份有限公司济南南仓支行	历山路 79 号
中国建设银行股份有限公司济南名泉支行	和平路 16–4 号
中国建设银行股份有限公司济南历下支行名士豪庭分理处	历下区经十路 12406 号名士豪庭二区 5 号配套公建楼
中国建设银行股份有限公司济南泉城支行	泺源大街 6 号
中国建设银行股份有限公司济南纬二路支行	纬二路 26 号，鲁能中心大厦一楼
中国建设银行股份有限公司济南市中支行	经四路 76 号
中国建设银行股份有限公司济南大观园支行	济南市经四路 269 号
中国建设银行股份有限公司济南玉函支行	玉函路 7 号
中国建设银行股份有限公司济南市中支行省委二宿舍储蓄所	玉函路 39 号西院中区 20 号楼
中国建设银行股份有限公司济南舜玉支行	济南市市中区舜玉路 5 号
中国建设银行股份有限公司济南新华支行	济南市经十路 127 号
中国建设银行股份有限公司济南市中支行伟东新都分理处	舜耕路伟东新都 2D19 号，公建 1 单元 0102 室
中国建设银行股份有限公司济南汇苑支行	建国小经三路 47 号东邻
中国建设银行股份有限公司济南市中支行二七分理处	英雄山路 37–1 号
中国建设银行股份有限公司济南市中支行经八路分理处	民族大街 9 号院南门旁
中国建设银行股份有限公司济南市中支行六里山分理处	市中区英雄山路 71–6 号
中国建设银行股份有限公司济南市中支行英雄山路分理处	英雄山路 224 号

续表5-6-2-3

机构名称	营业地址
中国建设银行股份有限公司济南市中支行体育中心分理处	民生大街 58 号
中国建设银行股份有限公司济南市中支行 八一立交桥分理处	英雄山路 21-1 号
中国建设银行股份有限公司济南名苑支行	兴济河路 5 号
中国建设银行股份有限公司济南通联花园支行	建设路 88 号
中国建设银行股份有限公司济南历下支行领秀城分理处	二环南路以南 103 省道以东 C2 地块鲁能领秀城邻里服务中心 1 层 1-113、1-114 号房
中国建设银行股份有限公司济南市中支行峰景鉴筑分理处	市中区郎茂山北端路东峰景鉴筑 7-107、7-108 号
中国建设银行股份有限公司济南市中支行吉华大厦分理处	天桥区英贤街 19 号
中国建设银行股份有限公司济南天桥支行少年宫储蓄所	少年路 38 号
中国建设银行股份有限公司济南市中支行经五路分理处	经五路 163 号
中国建设银行股份有限公司济南文苑支行	经十一路 39 号
中国建设银行股份有限公司济南天桥支行	济泺路 127 号
中国建设银行股份有限公司济南交校路支行	交校路 9 号
中国建设银行股份有限公司济南天桥支行明湖分理处	生产路 1 号山东鲁能物资交易中心一楼营业大厅
中国建设银行股份有限公司济南省煤炭局支行	堤口路矿院街南首
中国建设银行股份有限公司济南发祥巷支行	槐荫区经一路 120 号发祥巷小区一区 1 号楼 1-102 号
中国建设银行股份有限公司济南翡翠郡支行	天桥区西工商河 13 号，翡翠郡南区五号楼 4 单元 102-103 号房
中国建设银行股份有限公司济南天桥支行泺口分理处	天桥区济泺路 80 号
中国建设银行股份有限公司济南天桥支行堤口路分理处	堤口路 59 号
中国建设银行股份有限公司济南天桥支行五环花苑分理处	天桥区无影山中路 50 号五环花苑 1 号楼一层
中国建设银行股份有限公司济南师范路支行	济泺路 111 号
中国建设银行股份有限公司济南天桥支行 金色阳光花园分理处	天桥区堤口路 177 号金色阳光花园公建楼 101 室
中国建设银行股份有限公司济南铁道支行	经二路 144 号
中国建设银行股份有限公司济南铁道支行济南站分理处	天桥区车站街 7-1 号
中国建设银行股份有限公司济南济西支行	济兖路 121 号
中国建设银行股份有限公司济南站前广场支行	纬三路 6 号
中国建设银行股份有限公司济南济东支行	高新区舜华路 2000 号怡科产业基地 A 座第一层 C 区
中国建设银行股份有限公司济南珍珠泉支行	共青团路 5-1 号
中国建设银行股份有限公司济南舜耕支行	市中区济大路 8 号
中国建设银行股份有限公司山东省分行营业部	泺源大街 178 号
中国建设银行股份有限公司济南解放路支行	解放路 161 号
中国建设银行股份有限公司济阳支行	济阳县开元大街西首三发舜鑫苑沿街商用楼
中国建设银行股份有限公司济阳支行前进分理处	济阳县新世纪阳光花园 197 号，1 号楼三单元 1-2 层西户

续表5-6-2-4

机构名称	营业地址
中国建设银行股份有限公司平阴支行	平阴县榆山路 53 号
中国建设银行股份有限公司平阴支行老城分理处	平阴县榆山路 26 号
中国建设银行股份有限公司商河支行	商河县鑫源路 13 号
中国建设银行股份有限公司商河商中路支行	商河县商中路财富广场公寓楼
中国建设银行股份有限公司章丘支行	章丘市电力实业总公司大厦西辅楼
中国建设银行股份有限公司章丘支行双山分理处	章丘市双山大街龙昌新座沿街房
中国建设银行股份有限公司章丘支行银星分理处	章丘市埠村办事处镇中大街西首
中国建设银行股份有限公司章丘支行百脉泉分理处	章丘市汇泉路 3 号，广证大厦一层西侧
中国建设银行股份有限公司章丘支行山泉路分理处	章丘市绣水路 43 号，明珠大厦一楼东南角
中国建设银行股份有限公司章丘新城支行	章丘市明水经济开发区羊步岭路西首
中国建设银行股份有限公司章丘眼明泉支行	章丘汇泉路 3309 号

五、交通银行山东省分行

1988 年 8 月 2 日，市政府决定组建交通银行济南支行。1989 年 1 月 21 日运营。1995 年 4 月升格为总行直属分行，2004 年 10 月，交通银行济南分行升格为省级管理分行。

2005 年 9 月，交通银行济南分行变更为交通银行股份有限公司济南分行。

2008 年 12 月，变更为交通银行股份有限公司山东省分行。交通银行股份有限公司山东省分行设办公室、人力资源部、资产负债部、预算财务部、公司机构业务部、国际业务部、资产保全部、个人金融业务部、零售信贷业务部、投资银行部、营运管理部、业务处理中心、授信管理部、风险管理部、审计部、法律合规部、信息技术管理部、电子银行部、监察室、保卫部、工会办、行政部、培训中心等部门。

2010 年开始，山东省分行加快全辖网点布局，建东营、日照、滨州、临沂、聊城、德州、枣庄、菏泽、莱芜 9 家省辖行，实现全省 16 地市(不含青岛)机构的全覆盖。

2010 年交通银行股份有限公司山东省分行济南市经营机构一览表

表5-6-3

网点名称	地　址
交通银行股份有限公司山东省分行营业厅	共青团路 98 号
交通银行股份有限公司济南市中支行	经七路 249 号
交通银行股份有限公司济南天桥支行	堤口路 41 号
交通银行股份有限公司济南历下支行	历下区泉城路 13 号
交通银行股份有限公司济南开发区支行	花园路 107 号
交通银行股份有限公司济南文化东路支行	济南市文化东路 55 号
交通银行股份有限公司济南舜玉花园支行	市中区济大路 7 号
交通银行股份有限公司济南解放桥支行	历山路 80 号
交通银行股份有限公司济南槐荫支行	经十路 497 号

续表5-6-3

网点名称	地 址
交通银行股份有限公司济南无影山支行	天桥区西工商河路 13 号
交通银行股份有限公司济南龙奥支行	龙奥北路 8 号 1 号裙楼 1 层 102、2 层 201、2 层 203
交通银行股份有限公司济南香江花园支行	天桥区小清河北路 13971 号
交通银行股份有限公司济南经三纬八路支行	经三纬八路 57 号
交通银行股份有限公司济南张庄路支行	张庄路 255 号
交通银行股份有限公司济南和平路支行	山大路 191 号
交通银行股份有限公司济南黄台支行	北园大街 34 号
交通银行股份有限公司济南山大南路支行	山大南路 29 号
交通银行股份有限公司济南历城支行	二环东路 1836 号
交通银行股份有限公司济南舜耕支行	伟东新都小区 2 区 5 幢 1 单元 105-205 层
交通银行股份有限公司济南经十路支行	经十西路 27 号实力大厦一层
交通银行股份有限公司济南明湖支行	历下区明湖东路 787 号
交通银行股份有限公司济南东城支行	历下区窑头路 1 号
交通银行股份有限公司章丘支行	章丘市明水大街 141 号明泉花园 3 号楼 011 号
交通银行股份有限公司济南科技支行	高新区崇华路 1587 号
交通银行股份有限公司济南长清支行	经十西路 15579、15587 号

六、中国邮政储蓄银行济南市分行

2007 年 12 月 28 日，中国邮政储蓄银行山东省分行成立，下辖 16 家二级分行，为省内覆盖范围最广、营业网点最多的大型国有金融机构。

2008 年 2 月 29 日，经山东银监局批复核准，中国邮政储蓄银行济南市分行成立。设办公室、人力资源部、财务会计部、审计部、风险管理部、综合业务部、信贷业务部、渠道科技部；6 个一级支行，分别是历城区支行、章丘市支行、长清区支行、济阳县支行、平阴县支行、商河县支行；网点总数为 187 个，其中，一类网点 34 个、二类网点 57 个、代理网点 96 个。

2009 年 1 月，成立公司业务部，综合业务部更名为个人业务部。

2010 年 1 月，设城区支行，5 月成立小企业贷款中心，8 月成立安全保卫部。年底，网点总数 194 个，其中，一类网点 41 个、二类网点 44 个、代理营业机构 109 个，员工人数为 1176 人；41 个一类网点中全功能网点 20 个，多功能网点 15 个，单功能网点 6 个。分行地址：市中区经二路 636 号。

第三节 股份制商业银行

一、中信银行济南分行

成立于 1994 年 5 月，是中信银行总行直属一级分行。至 2010 年，市区有 13 家综合性支

位于泺源大街城市中心的中信广场　（2010 年摄）

行，辖淄博、济宁、东营、临沂4家异地二级分行，有1100多名员工。分行地址：历下区泺源大街150号。

二、中国光大银行济南分行

前身为中国投资银行济南分行，1999年3月18日，中国光大银行整体接收中国投资银行后，成立中国光大银行济南管理部，有6家营业机构，员工86人。2001年4月26日，中国光大银行济南管理部更名为中国光大银行济南分行，5月底取得金融许可证、营业执照、组织机构代码等一系列证章。6月8日，举行成立仪式，开始全面运营。

2003年，中国光大银行济南分行变更为中国光大银行股份有限公司济南分行。

2010年年底，中国光大银行股份有限公司济南分行设办公室、人力资源部、计划财务部、运营管理部、信息科技部、电子银行部、法律合规部、风险管理部、公司业务管理部、贸易金融部、零售业务部、中小企业部、资产保全部、同业票据部、党务监察(安全保卫)部、阳光服务办公室(工会)16个部室，有淄博分行、市中支行等14家营业网点(含分行营业部)。分行地址：市中区经七路85号。

三、华夏银行济南分行

1996年11月30日，华夏银行济南分行开业，是进驻济南的第一家新兴股份制商业银行。设办公室、人事教育处、计划信贷处、会计处和国际业务部。

1997年，成立烟台支行、济南市市中支行、济南市城东支行；1998年，成立济南市市北支行、烟台支行南大街分理处；1999年，成立济南市市南支行、济南市高新支行、济南市和平路支行、烟台支行胜利路分理处、烟台支行西大街分理处；2000年，成立济南市槐荫支行、济南市明湖支行、烟台支行青年路分理处；2001年，成立烟台支行北马路分理处；2002年，成立济南纬二路支行、烟台支行开发区分理处。

2003年，总行购并聊城城市信用社中心社，成立华夏银行聊城支行，下辖聊城柳园支行、聊城东昌支行、聊城建设支行、聊城兴华支行；2004年，成立济南经十路支行。

2012年年底，华夏银行济南分行在烟台、聊城、东营、临沂、潍坊等地建立33家营业机构，依托实体网点和24小时自助银行服务、网络银行等，建立起“立足济南，辐射全省”的网点布局。分行地址：市中区纬二路138号。

四、招商银行济南分行

2000年10月19日成立，是招商银行设在山东的2家省级管辖行之一。至2012年，有6家二级分行、17家同城支行、21家异地支行、67家离行式自助银行，设18个部室，员工1482人，其中，济南地区783人。分行地址：天桥区共青团路7号。

五、上海浦东发展银行济南分行

2001年9月3日成立。设6部1室，员工67名。同年12月，成立山大路支行和市中支行。2002年1月，成立市南支行和泉城支行。2003年6月，成立舜耕支行。2004年6月，成立和平路支行。2005年9月，成立花园支行。2007年12月，成立槐荫支行。

2008年7月，成立第一家异地机构——淄博支行。2008年11月，成立济南市北支行。

2001年9月3日，浦发银行济南分行举行开业仪式

2009年4月，成立开发区支行；9月，成立经十路支行。

2009年12月，成立潍坊分行。2010年3月，成立临沂分行。

2010年1月，迁址到济南市历下区黑虎泉西路139号浦发大厦。

六、兴业银行济南分行

兴业银行济南分行是兴业银行在山东设立的省级管辖行，2001年7月正式开业。至2010年，在济南市区设有8家柜面服务网点(含分行营业部)以及13家离行式自助银行，并已在潍坊、烟台两地开设异地支行。分行地址：市中区经七路86号。

七、中国民生银行济南分行

2001年11月15日，中国民生银行济南分行成立，至2010年年底，设立临沂、潍坊、东营、济宁4家二级分行，19家济南市区支行(含县域支行)，12个行业金融部，1家村镇银行及近百个自助银行网点，员工队伍近千人。分行地址：泺源大街229号。

八、平安银行济南分行

2001年11月28日成立，设19个职能部门，10家分支机构，员工502人。2002年，成立文东支行、解放路支行、市中支行；2003年，成立花园路支行；2007年，成立经十路支行；2008年，成立经七路支行；2009年，成立高新支行。至2010年，基本建成覆盖全市的网点布局。分行地址：历下区经十路13777号中润世纪广场17号楼。

九、恒丰银行济南分行

2004年8月成立，是恒丰银行在注册地域以外设立的首批一级分行之一。设办公室、财务部、营业部、资金部、公司业务部、风控部、稽核部、国际业务部、个人金融部和科技部。

2010年年底，设办公室、行政安保部、计财部、运营管理部、同业票据部、审计部、合规部、信贷资产管理部、信用审查部、中小企业信贷管理部、公司业务管理部、投资银行部、零售银行业务管理部、国际业务部、科技部和营业部。辖东营、济宁、滨州、聊城、德州5个二级分行，1家营业部和泺源、佛山、柳泉、舜华、花园路、槐荫支行、经十路支行7家同城支行。济南区域员工265人。地址：历下区解放路97号。

2004年8月成立的恒丰银行济南分行 （2012年摄）

十、渤海银行济南分行

2008年10月成立，为渤海银行在山东的省级管辖行。

2010年年底，有市场开发部、贸易金融部、金融市场部、中小企业部、公司业务一部、公司业务二部、公司业务三部、个人金融部、财富管理部、财务部、业务营运部、风险管理部、信贷监控部、内控合规部、资讯科技部、机构保卫部、综合人力部；辖分行营业部、解放路支行、市中支行3家济南同城网点，以及渤海银行全国首家二级分行——渤海银行烟台分行。分行地址：历下区解放路62号铁院大厦。

十一、浙商银行济南分行

筹建于2009年，2010年6月试营业，同年8月正式开业。设行长室、办公室(安全保卫部)、业务管理部、授信评审部、合规部(风险管理部)、计划财务部、会计科技部、营业部以及若干营销部门。分行地址：历下区黑虎泉西路185号。

第四节 城市商业银行

一、齐鲁银行

1996年6月，经中国人民银行山东省分行批准，在济南市17家信用社的基础上成立济南城市合作银行，是山东省成立的第一家地方性股份制银行。设13个部门，分别为组织人事处、信贷处、会计处、资金计划处、稽核处、出纳处、政工办、保卫处、办公室、发展研究处、电脑处、筹资处、营业部，有81个分支机构，员工1370人。1997年，济南市商业银行与中创软件工程公司签约创建“济南市商业银行综合业务管理网络系统”，标志着济南市商业银行电子化进程迈出重要一步。

1998年，经中国人民银行山东省分行批准，济南城市合作银行更名为济南市商业银行。同年8月，对部门设置进行调整，由13个减为12个，计划处与信贷处合并成立计划信贷处，保卫处与出纳处合并成立出纳保卫处，行政处与办公室合并为办公室，行政处所属经费、会计与出纳并入会计处，成立会计财务处，人事教育处更名为组织人事处。员工1393人。

1999年，分支机构由81个减至67个，员工1244人。同年，经中国人民银行总行批准，

1996年6月6日，济南城市合作银行正式开业

2002年，济南市商业银行外汇业务开办仪式

济南市商业银行成为公开市场一级交易商，中国人民银行济南分行营业管理部批准齐鲁银行办理承兑业务。

2000年，部门增加至15个，分别为办公室、会计财务处、信贷一处、信贷二处、资金计划处、个人业务处、稽核处、事后监督中心、出纳保卫处、电脑处、政工办、组织人事处、金融监督室、营业部、培训中心，员工1258人。同年，设立33家支行。

2001年，出纳处与保卫处合并为出纳保卫处，分支机构减少为64个，员工1311人。2002年，“齐鲁卡”投入使用，与山东中创软件公司签订科技战略合作伙伴关系，开办外汇业务成为外汇交易中心会员。7月，成立国际业务部。

2003年5月，部门由处室改为部，分支机构减少为63个，员工1445人。6月，成立清收中心。2004年8月1日，电话银行96588正式投入使用，实行24小时人工服务。9月8日，与澳大利亚联邦银行签署战略合作协议。2005年4月，发行齐鲁贵宾卡。

2006年，总行办公大楼投入使用，设立章丘支行，分支机构增至64个。

2007年，部门调整为20个。2008年1月，行史馆建成。同年，设立聊城分行、天津分行、平阴支行、长清支行，分支机构数量增至68个。

2009年3月，经中国银行业监督管理委员会批准，济南市商业银行更名为齐鲁银行。设

立天津开发区支行、聊城茌平、聊城临清支行等机构，分支机构增至71个。

2010年，对组织架构进行改革，部门设置公司银行部、零售银行部、小企业银行部、金融市场部、国际业务部、电子银行部、营业部、风险管理部、信贷审批部、合规部、内审部、监察室、运营部、科技部、人力资源部、计财部、办公室、行管保卫部、董事会办公室、党群工作委员会等20个部室。增设青岛分行及聊城开发区、聊城高唐、天津北辰、天津华苑、天津津南、济阳、商河等地分支机构，分支机构79家，员工2024人。总行地址：市中区顺河街176号。

二、威海市商业银行济南分行

2007年12月12日成立，是全国首家由地级城市商业银行在省会城市开设的分行，辖分行营业部、舜耕支行、解放路支行、燕山支行、章丘支行、高新区支行6个营业网点，员工235人。分行地址：市中区经十一路39号。

三、青岛银行济南分行

2008年8月，青岛银行济南分行成立。至2012年，青岛银行济南分行在济南拥有4家营业网点。分行地址：历下区历山路157号。

四、日照银行济南分行

2010年4月8日，日照银行济南分行开业。正式员工83人，是日照银行设立的第二家异地分行。分行地址：市中区纬二路176号。

五、天津银行济南分行

2010年5月28日成立。2012年年底，有分行营业部、历城支行、历下支行3家营业网点。分行地址：市中区泺源大街229号金龙大厦1层。

六、北京银行济南分行

2010年9月12日成立，是北京银行设在山

2010年9月12日，北京银行济南分行在山东大厦举行开业仪式

东的省级管辖行。有营业部、大明湖支行、千佛山支行3家营业网点。分行地址：市中区经十路21356号。

七、莱商银行济南分行

2010年9月27日开业，辖营业部、业务部、风险管理部、综合部4个部门和高新区、章丘、天桥3家支行，员工98人，本科及以上学历占员工总数的99%。分行地址：市中区纬二路168号。

第五节 外资银行

2009年5月26日，汇丰银行(中国)有限公司济南分行(简称汇丰济南分行)成立，是汇丰银行在中国的第20家分行，业务区域主要覆盖山东省的12个城市，包括济南、淄博、滨州、东营、莱芜、德州、济宁、菏泽、临沂、枣庄、泰安、聊城。2010年年底，设分行1家，有10个部室，员工31人。分行地址：市中区经七路88号。

第六节 农村中小金融机构

一、济南市农村信用社

1993年12月25日，国务院制定《关于金融体制改革的决定》，推进金融体制和农村金融体制改革。1994年4月，历城、长清、章丘、济

阳、商河、平阴等县区成立农村信用社联合社，与农业银行实行分门办公。

1996年8月26日，《国务院关于农村金融体制改革的决定》(国发〔1996〕33号)颁布，同年10月，济南市成立农村金融体制改革领导小组及其办公室，承担过渡时期对农村信用社的领导和管理职责。10月31日，全市农村信用社与农业银行脱离行政隶属关系，结束农业银行恢复后由农业银行领导和管理农村信用社的管理体制。

1997年5月28日，济南槐荫、天桥、历下和市中区4家农村信用社合并成立市区农村信用联社。

2003年6月27日，国务院印发《深化信用社改革试点方案》，将农村信用社交由省级政府管理，山东是全国8家首批试点省份之一。2004年6月，山东省农村信用社联合社挂牌成立，对全省农村信用社实施行业管理。同年8月，山东省农村信用社联合社济南办事处设立，设综合科、业务管理科、监察保卫科、审计科、财务管理科、资产管理科和科技中心7个部门，对济南市农村信用社实施产权制度和组织形式改革，履行管理、指导、协调、服务的行业管理职能。

2005年，实施县一级法人体制改革，成立山东济南润丰农村合作银行和历城区、长清区、章丘市、平阴县、济阳县、商河县农村信用合作联社7家法人机构。

2010年年底，济南办事处辖内有山东济阳农村商业银行股份有限公司、山东济南润丰农村合作银行和历城区、长清区、章丘市、平阴县、商河县农村信用合作联社7家法人机构，营业网点346个，员工4501人。

二、山东济南润丰农村合作银行

由济南市区农村信用社联合社改制成立，2005年1月15日召开山东济南润丰农村合作银行创立大会暨首届股东代表大会；3月19日，在济南泉城广场举行揭牌庆典，山东济南润丰农村合作银行正式开业。

2012年年底，设12个部门、1个营业部和23家支行，辖93家营业网点，员工1200余人。总部地址：市中区经十一路72号。

第七节 其他金融机构

一、资产管理公司

(一)中国华融资产管理公司山东省分公司

中国华融资产管理公司济南办事处是经财政部、人行批准设立的省级非银行金融机构，2000年4月24日成立。内部机构有综合部、债权管理部、股权管理部、资金财务部、审计评估部5个部门，员工42人，在省内不设分支机构，负责收购、管理和处置中国工商银行山东省分行及辖内分支机构剥离的不良资产。2001年8月，成立法律事务部。2002年1月，迁址到济南市经三路89号。2003年2月，撤销债权管理部、股权管理部，成立资产管理一部、资产管理二部、资产管理三部。2003年6月，撤销审计评估部，成立审计部。2004年2月，撤销法律事务部，成立经营管理部、法律评估部。2005年，设综合部、经营管理部、资金财务部、资产管理一部、资产管理二部、资产管理三部、法律评估部、审计部8个部门，员工118人。2010年9月，中国华融资产管理公司济南办事处更名为中国华融资产管理公司山东省分公司。地址：市中区经四路310号。

(二)中国信达资产管理公司山东省分公司

前身为中国信达资产管理公司济南办事处(以下简称济南办事处)，是中国信达资产管理公司在山东的分支机构，1999年9月成立，设债权管理部、计划财务部、办公室、股权实体管理部、投资银行部5个管理部门以及青岛业务部、济宁业务部、烟台业务部、潍坊业务部、济南业务部5个区域业务部，员工47人，济南办事处主任朱金叶。主要是收购、管理、处置中国建设银行和国家开发银行山东省分行及辖内分支机构剥离的不良资产。

2000年7月，股权实体管理部更名为实体管理部，增设泰安业务部与德州业务部。2001年3月，债权管理部更名为资产管理部；同年7月，增设淄博业务部、东营业务部、临沂业务部和威海业务部。2002年3月，重新设置全部机构，分别为办公室、资产处置审核委员会、资产处置部、资产管理部、法律执行部、投资银行部、实体管理部、计划财务部。2003年3月，重新设置办公室、资产处置审核委员会(简称审核委办公室)、债权处置管理委员会(简称处置委)、业务拓展部、股权管理部、实体管理部、法律事务部、计划财务部、资产评估部、合资公司。其中，处置委直管8个项目部，下设综合管理办公室为办事机构。同年4月，债权处置委员会综合办公室更名为债权处置管理委员会办公室(简称处置委办公室)，列入办公室内设机构。2004年3月，重新设置办公室、债权管理部、股权管理部、实体管理部、市场开发部、审核评估部、计划财务部、龙信投资管理公司及12个项目部。

2005年3月，济南办事处撤销债权管理部、股权管理部、实体管理部，成立资产管理部、办公室、市场开发部、审核评估部、计划财务部、龙信投资管理公司。撤销原有的12个项目部，成立5个业务部。2006年3月，济南办事处内设机构调整为办公室、审核评估部、资产管理部、计划财务部、交行资产部、政策资产部、中行资产部、市场开发部、委托经营部。2007年3月，内设机构调整为办公室、资产管理处、审核委办公室、资金财务部、法律事务部、一般项目处、重点项目处、政策资产处、委托资产处、市场开发处、股权管理处。2009年9月，审核委办公室更名为审核评估部，调整后的内设机构为办公室、审核委办公室、资金财务部、法律事务部、业务一部、业务二部、业务三部。

2010年3月，办公室更名为综合管理部，资金财务部更名为计划财务部。2010年8月，济南办事处更名为中国信达资产管理股份有限公司山东省分公司。地址：槐荫区经三路293号。

(三)中国长城资产管理公司济南办事处 中国长城资产管理公司济南办事处是中国长城资产管理公司在山东省派驻的分支机构，2000年3月3日成立，员工125人，其中正式员工63人。具体负责收购、管理和处置山东省农业银行系统剥离的不良资产。设综合管理部、债权管理部、资产经营部、资金财务部、评估管理部、资产处置办公室、法律事务部7个业务部室及济南、青岛、烟台、潍坊、淄博、泰安、济宁、临沂8个项目经理组。2005年，设综合管理部、资产处置办公室、资金财务部、评估管理部、法律事务部、监察审计部6个后台部室，及资产经营一部、二部、三部3个前台部室，员工125人，其中正式员工62人。2010年，机构调整为综合管理部、资产经营部、业务拓展部、项目审核部、法律事务部、资金财务部、监察审计部，设有17个业务部，员工116人。地址：市中区经七路168号。

二、信托公司

(一)山东省国际信托有限公司 山东省国际信托股份有限公司初创于1987年3月，是经中国人民银行和山东省人民政府批准设立的非银行金融机构。2007年6月，获中国银监会批复同意换发新的金融许可证，名称变更为山东省国际信托有限公司。地址：历下区解放路166号。

(二)英大国际信托有限责任公司 1987年5月成立，注册资本金15亿人民币，是国家电网公司金融平台的重要组成部分之一。2010年6月前注册地在山东济南。2010年6月后迁至北京。

三、财务公司

中国重汽财务有限公司 1987年10月成立，

是经中国人民银行总行批准设立的非银行金融机构，全国最早成立的企业集团财务公司之一，山东省第一家财务公司。

2000年8月，财务公司随重汽集团下放山东省管理，2002年11月，经中国人民银行批准实施债务重组，2004年10月28日，经中国银监会批准恢复正常营业。

2007年11月28日，中国重汽(香港)有限公司(以下简称中国重汽)在香港红筹上市后，财务公司成为中国重汽(香港)在内地设立的控股非银行金融子公司。重汽财务公司由33家股东组成，注册资本10.33亿元，控股股东中国重汽(香港)有限公司持有79.4524%股份，中国重型汽车集团有限公司(包括其非上市的成员企业)持有4.699%股份。地址：天桥区无影山东路39号。

四、其他类

(一)山东产权登记有限责任公司　前身是山东证券登记有限责任公司。1992年12月，经中国人民银行山东省分行批准，成立济南证券登记公司。1993年5月，济南证券登记公司更名为山东证券登记公司。1994年5月，山东证券登记公司改制为山东证券登记有限责任公司。2002年5月，根据山东省政府鲁政字〔2002〕22号文件和山东省体改办鲁体改企字〔2002〕23号文件的批复，山东证券登记有限责任公司改组为山东产权登记有限责任公司，全面负责山东省股份制公司的托管登记和分红派息等工作。公司注册资本1040万元。为山东省规范股份有限公司股份托管登记的指定机构；根据中国证监会和上海、深圳证券交易所要求，为山东省上市公司内部职工股上市登记指定机构。公司设业务部、营业部、财务部和办公室等部门。地址：市中区泺源大街回民小区68号。

(二)中国银联山东分公司　1996年，经山东省人民政府和中国人民银行总行批准成立山东银行卡网络服务中心。2002年，成立中国银联，同年山东银行卡网络服务中心更名为中国银联山东分公司。地址：高新区丰满路以南银山大厦。

(三)山东省城市商业银行合作联盟　2008年9月，山东省城市商业银行合作联盟开业，是全国唯一一家为中小金融机构提供后台支持服务的非银行金融机构。合作联盟不是一家管理型机构，不具有管理职能，不直接参与股东行的业务运营和经营管理，不经营具体银行业务。这一机构主要从事银行IT系统开发和数据运营维护、提供银行业务运营服务、金融产品研发、银行信息咨询等。合作联盟开发的各项服务和产品由各城市商业银行按照商业化原则自愿购买，完全采取市场化的运作方式。地址：市中区经四路68号齐鲁银行大厦27层。

第五章　证券经营机构

第一节　齐鲁证券有限公司

齐鲁证券有限公司是经中国证监会批准设立的综合类证券公司。2001年1月，中国证监会批复同意山东省齐鲁证券经纪有限公司(简称齐鲁证券)筹建。山东企业产权交易所改组为证券营业部后并入齐鲁证券。2001年4月，中国证监会批准齐鲁证券开业，注册资本金5.12亿元。同年5月18日公司正式开业。公司总部设在济南市。

2002年8月，齐鲁证券依照中国证监会相关批复，完成东营、滨州、莱芜、日照、枣庄、聊城6家场外股票交易机构资产和人员的交接，并将其改组为齐鲁证券的证券营业部；中国证监会核准齐鲁证券开展网上证券委托业务。2003年，全省证券经营机构仍现经济效益整体下滑的局面。齐鲁证券以规范经营、控制风险为主要任务，完善公司治理结构，适时调整员工奖罚激励机制，继续探索证券经纪业务新模式。积极调整证券营业部经营规模和布局，全年有6家证券营业部同城迁址。

2004年10月，中国证监会核准山东省齐鲁证券经纪有限公司增资扩股、更名。注册资本金由5.12亿元增至8.12亿元，公司更名为齐鲁证券有限公司。

2007年1月，齐鲁证券受让原天同证券的证券类资产，安置1300名原天同证券员工。公司经营分支机构增至107家。2008年12月，齐鲁证券的控股子公司有鲁证期货有限公司和万家基金管理有限公司；公司下属证券营业网点113家，其中证券营业部100家。6月，齐鲁证券设立全资子公司——鲁证投资管理有限公司并开展直接投资业务试点。11月，齐鲁证券获中国证监会批准开展融资融券业务试点。

至2010年年底，齐鲁证券注册资本金52.12亿元，净资本75.46亿元，所属证券营业部140家。

第二节 天同证券有限责任公司

1991年5月，中国人民银行批复同意成立山东证券公司(简称山东证券)。同年12月，公司对外办理业务。这是改革开放后山东设立的首家专业性证券经营机构。公司总部设在济南市。

1995年5月，山东证券国债期货自营业务出现巨额亏损。

1996年11月，山东省资产管理有限公司以承担债务方式收购山东证券，山东证券原有5000万元股份全部无偿转让给山东省资产管理有限公司。

1997年6月，中国人民银行核准山东证券有限公司增资扩股，公司名称规范为山东证券有限责任公司(简称山东证券)，注册资本金5.08亿元。烟台证券公司、潍坊证券公司并入山东证券有限责任公司，分别更名为山东证券有限责任公司烟台分公司、山东证券有限责任公司潍坊分公司。山东省财政国债服务部作为山东证券的证券营业部，更名为山东证券有限责任公司济南第二证券营业部。9月，中国证监会核准山东证券具有证券主承销商资格。

1999年，山东证券收购海南省信托投资公司上海东长治路证券营业部、沈阳京联证券营业部、大连证券交易中心和徐州产权交易中心等机构。公司继1998年在北京、上海设立两个业务总部后，在深圳、大连设立业务总部，组建上海投资银行总部和证券研究所。

2001年5月，中国证监会核准山东证券开展网上证券委托业务的资格，山东证券设立网上经纪业务总部。7月，中国证监会核准山东证券增资扩股，公司注册资本金增至20.36亿元；公司更名为天同证券有限责任公司(简称天同证券)，为综合类证券公司。

2006年3月，中国证监会下发行政处罚决定书，鉴于天同证券挪用客户交易结算资金数额较大，不再具备继续经营的条件，取消天同证券的证券业务许可，责令其关闭。

第三节 外地证券公司驻济南营业部

至2010年，外地证券公司驻济南营业部有56家，主要承办国内各类有价证券的代理发行、承销；经营各类有价证券自营业务和代理买卖；代理证券还本付息和红利支付；经营证券代保管和证券鉴证等业务。

2010年济南市证券营业部一览表

表5-6-4

证券营业部名称	地　址
齐鲁证券有限公司济南民生大街证券营业部	民生大街5号
齐鲁证券有限公司济南解放路证券营业部	解放路30号
齐鲁证券有限公司济南第一大道证券营业部	经十路38号，第一大道附楼
齐鲁证券有限公司济南舜耕路证券营业部	舜耕路38-2号
齐鲁证券有限公司济南共青团路证券营业部	共青团路12号
齐鲁证券有限公司济南历山路证券营业部	历山路80号
齐鲁证券有限公司济南经十路证券营业部	经十路410号
齐鲁证券有限公司济南经七路证券营业部	经七路573号
齐鲁证券有限公司济南济泺路证券营业部	济泺路96号
齐鲁证券有限公司济南建设路证券营业部	建设路99-5号
齐鲁证券有限公司济南会展西路证券营业部	会展西路313号
齐鲁证券有限公司章丘山泉路证券营业部	章丘山泉路，鲁信明珠商业广场
齐鲁证券有限公司章丘鲁宏大道证券营业部	章丘鲁宏大道馨园小区
齐鲁证券有限公司平阴黄河路证券营业部	平阴县黄河路中段
渤海证券有限公司济南英雄山路证券营业部	市中区英雄山路20号
光大证券股份有限公司济南佛山街证券营业部	佛山街28号
光大证券股份有限公司济南经十路证券营业部	经十路17703号华特广场
广发证券股份有限公司济南泺源大街证券营业部	泺源大街3号
广发证券股份有限公司济南经七路证券营业部	经七路88号房产大厦
国泰君安证券股份有限公司济南解放路证券营业部	解放路112号历东商务大厦
国泰君安证券股份有限公司济南永庆街证券营业部	永庆街2号
国信证券股份有限公司济南泺源大街证券营业部	泺源大街29号圣凯财富广场
国盛证券有限责任公司济南济安路证券营业部	济安路45号
国海证券有限责任公司济南济安街证券营业部	济安街45号盐业大厦
海通证券股份有限公司济南泉城路证券营业部	泉城路15号
海通证券股份有限公司济南洪家楼南路证券营业部	洪家楼南路25号
华泰证券股份有限公司济南灵岩寺证券营业部	长清区灵岩路中段，银河商厦
民生证券有限公司济南千佛山路证券营业部	千佛山路3号，华天大厦
民族证券有限公司济南历山路证券营业部	历山路185号
西南证券有限公司济南大明湖路证券营业部	大明湖路96号
湘财证券有限公司济南经十一路证券营业部	经十一路39号
兴业证券股份有限公司济南历山路证券营业部	历山路74号
华泰证券股份有限公司济南山大南路证券营业部	山大南路29-1号
华泰证券股份有限公司济南无影山东路证券营业部	无影山东路38号

续表5-6-4

证券营业部名称	地 址
华安证券有限责任公司济南英贤街证券营业部	天桥区英贤街 19 号
浙商证券有限责任公司济南和平路证券营业部	和平路 43 号
江海证券有限公司济南经十路证券营业部	经十路 23899 号
西部证券股份有限公司济南经十路证券营业部	经十路 23237 号
中原证券股份有限公司济南经四路证券营业部	经四路 482 号
中国建银投资证券有限公司济南历山路证券营业部	历山路 146 号
中国银河证券有限公司济南经七路证券营业部	经七路 83 号
中信建投证券有限公司济南经四路证券营业部	经四路 267 号
中信建投证券有限公司济南泺源大街证券营业部	泺源大街 22 号
中信万通证券有限责任公司济南山大路证券营业部	山大路 144 号
众成证券经纪有限公司济南经七路证券营业部	市中区经七路 388 号
长江证券股份有限公司济南花园路证券营业部	花园路 168 号融基大厦
山西证券有限责任公司济南华龙路证券营业部	华龙路 2218 号
恒泰证券股份有限公司济南解放路证券营业部	历下区解放路 30-1 号，国华大厦
安信证券股份有限公司济南泉城路证券营业部	泉城路 180 号
东北证券股份有限公司济南解放路证券营业部	解放路 95 号
东吴证券有限责任公司济南纬十二路证券营业部	纬十二路 330 号
招商证券股份有限公司济南泉城路证券营业部	泉城路 15 号
东方证券股份有限公司济南经七路证券营业部	经七路 319 号
宏源证券股份有限责任公司济南纬九路证券营业部	纬九路 66 号
西藏同信证券有限责任公司济阳开元大街证券营业部	济阳县开元大街 180 号
银泰证券有限责任公司济南纬二路证券营业部	纬二路

第六章 期货经营机构

20 世纪 80 年代后期，全国开始流通体制和价格体制改革，期货市场建设重启。90 年代初，期货市场在国内重建时期经历了两次清理整顿。2001 ～ 2007 年，经过治理整顿后的期货市场进入依法规范发展阶段。2010 年，沪深 300 指数期货推出，中国期货市场进入商品、金融并重的新时期，期货市场交易规模进入高速增长阶段。经历国家对期货市场的两次清理整顿及金融期货浪潮冲击，济南的期货经纪公司经由最多时的近 10 家，减少为 2010 年的 2 家。

第一节 济南本地期货经营机构

一、济南华易期货经纪有限公司

1993 年 3 月开业的济南华易期货经纪有限

公司是济南最早的期货经营机构，挂靠济南市财政贸易委员会。1996年，按照中国证监会要求更换股东。公司主要业务包括芝加哥期货交易所代理、香港期货交易所代理和国内期货交易代理。

1994年11月，期货市场第一次清理整顿(内容之一是停止各公司的境外期货代理业务)，济南华易期货经纪有限公司因未按规定停止境外期货交易被勒令改正，但其香港恒生指数、芝加哥农产品等外盘期货代理交易并未停止。1998年，期货市场第二次清理整顿，济南华易期货经纪有限公司因继续非法从事境外期货交易，被中国证监会处罚，停业清盘。

二、山东鲁银期货经纪有限公司

1993年9月，经山东省经济体制改革委员会批准，由鲁银实业集团、山东金源工贸实业总公司、省直机关实体发展协会出资组建，注册资本1000万元，是上海证券交易所国债期货会员、上海粮油商品交易所会员和郑州商品交易所会员。经营范围：国内外商品期货贸易，提供经济信息咨询，培训期货经营人才。公司在济南、上海设营业部。1996年3月，全资转让给深圳兆富投资发展公司。

三、山东中慧期货经纪有限公司

1996年年初，山东省基本建设物资集团总公司联合另2家企业共同出资组建山东中慧期货经纪有限公司，注册资本1000万元，其中山东省基本建设物资集团总公司出资700万元。同年3月，中国证监会核准山东中慧期货经纪有限公司从事期货经纪业务的资格。8月，山东中慧期货经纪有限公司在济南开业。主要从事郑州商品交易所、北京商品交易所的期货代理业务。1998年8月，山东中慧期货经纪有限公司因擅自设立的北京营业部涉嫌违法经营及非法集资诈骗的“新国大”事件而停业。

四、济南金鹏期货经纪有限公司

1993年11月，济南鑫达实业总公司、济南华联商厦股份有限公司同金鹏国际期货经纪有限公司，筹建金鹏国际期货经纪有限公司济南代理处。1994年5月开业。同年8月，代理处向中国证监会申请将名称变更为济南金鹏期货经纪有限公司。

五、齐鲁期货经纪有限公司

1994年4月，齐鲁金属交易所更名为齐鲁商品交易所，注册资本1010万元，股东为山东省物资集团总公司、山东省冶金工业总公司等16家。年底，国家对期货市场清理整顿，该交易所向中国证监会申请转建为期货经纪公司。1995年4月，由交易所改制的齐鲁期货经纪有限公司经中国证监会批复同意成立(期货经纪业务许可证号A014215004)。注册地为济南市经三路287号。主要从事北京商品交易所、苏州商品交易所、天津联合交易所等交易所上市期货品种的代理交易。1995年8月开始，齐鲁期货经纪有限公司先后在烟台、济宁、枣庄、泰安、淄博、滨州、东营、临沂、莱芜、青岛、聊城等地设立办事机构，1996年，注册资本增至1620万元。

1999年，按照中国证监会期货公司注册资本金最低3000万元的要求，齐鲁期货经纪有限公司股东增加山东省资产管理有限公司、民安投资管理有限公司及山东民安发展有限公司等18家，注册资本增至3125万元，营业场所由济南市经三路287号迁至济南市泉城路180号。2004年，山东民安发展有限公司向该公司增资800万元，齐鲁期货经纪有限公司注册资本金增至3925万元。

1998年，公司因烟台办事处负责人卷款外逃及违规自营亏损等引发客户挤提保证金风波。其后，多次因股东抽逃出资、挪用客户保证金及违规设立营业网点等问题被限期整改、暂缓通过年检、特别处理等。2006年8月，齐鲁期货经纪有限公司再次被施以为期3个月的特别处理，进入风险处置，11月，开始清退客户保证金。至2007年4月，齐鲁期货经纪有限公司的客户大部分由山东泉鑫期货经纪有限公司接纳，剩余“休眠”客户的少量保证金亦由山东泉鑫期货经纪有限公司(2007年2月更名为鲁证期货经纪有限公司)协议代管，齐鲁期货经纪有限公司停业。

六、山东三隆期货经纪有限公司

前身为三隆实业公司期货部，1992年开始参与国内期货交易业务。1995年5月，中国证监会核准其符合期货经纪公司条件。7月，山东三隆期货经纪有限公司成立，注册资本3000万元。经营范围为国内期货经纪业务，期货投资、信息咨询服务业务，期货从业人员培训业务。注册地为威海市高新区沈阳路43号。设北京、上海、大连3个营业部及郑州、天津、沈阳3个代表处。同年，公司被推选为全国首届期货经纪业联席会执行主席，成为12家执行主席单位之一。1998年，被中国证监会列为全国20家重点联系单位之一。2001年，山东三隆期货经纪有限公司迁址济南并更名为三隆期货经纪有限公司，营业场所为济南市泺源大街22号中银大厦22层。

2006年10月，三隆期货被核实存在4250万元的保证金缺口，被监管进入风险处置状态，在督促、协调股东筹措资金弥补保证金缺口后，于2007年4月完成绝大部分客户保证金清退。5月，将“休眠”客户的剩余保证金转由山东泉鑫期货经纪有限公司(2007年2月更名为鲁证期货经纪有限公司)协议代管后，三隆期货经纪有限公司停业。

七、鲁证期货经纪有限公司

1994年3月，经省政府批准，济南商品期货交易所更名为山东济南期货交易所，注册资本3000万元。交易所由省政府和市政府共同组建，以会员制为基本组织形式，是不以盈利为目的独立核算的全民所有制事业法人。同年5月，国务院决定清理整顿期货市场，该交易所未能获批开业。1995年5月，经山东省证券管理办公室初审同意，山东济南期货交易所改制成立山东泉鑫期货经纪有限公司，注册资本1020万元。注册地为济南市经十路239号。中国证监会对转制成立期货经纪公司予以核准(期货经纪业务许可证号A019015005)，经营范围为国内期货经纪业务，期货投资、信息咨询服务业务，期货从业人员培训业务。1999年，按照中国证监会期货公司注册资本最低3000万元要求，山东泉鑫期货经纪有限公司引进济南市能源投资有限责任公司投资2000万元作为公司新的控股股东，注册资本增至3020万元。2001年，公司住所迁至济南市英贤街19号。公司早期以代理海南中商期货交易所的天然橡胶与棕榈油为主，后期以大连商品交易所的大豆为主要代理品种。

2006年9月，山东泉鑫期货经纪有限公司新股东——齐鲁证券有限公司、山东新矿投资控股集团有限公司与公司老股东——济南市能源投资有限责任公司、济南市经济发展总公司、济南经贸实业投资公司及山东省资源开发总公司共同签署《山东泉鑫期货经纪有限公司增资重组协议书》，对泉鑫期货进行重组并增资，注册资本增至5000万元。

2007年2月，山东泉鑫期货经纪有限公司更名为鲁证期货经纪有限公司(简称鲁证经纪)。同年7月，齐鲁证券有限公司向鲁证经纪增资1.5亿元，投资总额1.8亿元，持股比例89.88%。鲁证经纪注册资本增至2亿元。9月，鲁证经纪由济南市天桥区英贤街19号迁至济南市市中区顺河街176号济南市商业银行大厦22层。10月，原住址规范为济南营业部，在山东辖区率先实现公司总部与营业部的分设。12月，鲁证经纪变更为鲁证期货有限公司(简称鲁证有限)。

2009年8月，齐鲁证券有限公司接受山东新矿投资控股集团有限公司持有的1666万元股权转让，投资总额2亿元，持股比例98.21%。

2010年5月，齐鲁证券有限公司继续对鲁证有限增资2亿元，同时接受山东省资源开发总公司2.91万元的股权转让，鲁证有限注册资本增至4.04亿元，其中齐鲁证券有限公司出资39644.12万元，占98.22%；济南市能源投资有限责任公司出资718.27万元，占1.78%。

八、鲁能金穗期货有限公司

1993年，郑州商品交易所上市，山东省粮食批发市场以其下属金穗食品配送公司的名义成为该所会员。

1998年11月，由山东省粮油集团总公司、山东省粮食批发市场、潍坊市粮油储运公司全额接收吉林省汇宇期货经纪有限公司1050万元的股权转让，成立山东金穗期货经纪有限公司，其中，山东省粮油集团总公司出资651万元(该股权后分拆给山东坤华集团公司210万元，两公司股权比例分别为42%与20%)，占62%；山东省粮食批发市场出资294万元，占28%；潍坊市粮油储运公司出资105万元，占10%。12月，经中国证监会同意将吉林省汇宇期货经纪有限公司更名为山东金穗期货经纪有限公司，核准公司期货经纪业务(许可证号A039415025)。注册地为济南市泺源大街3号(后改为泺源大街5号)良友富临大酒店(山东粮食大厦)5层。

1999年9月，按照中国证监会提高期货公司最低注册资本金的要求，山东金穗期货经纪有限公司引进山东鲁能投资公司投资1950万元。山东鲁能投资公司同时接受潍坊市粮油储运公司105万元的股权转让，成为控股股东。经此调整后，山东金穗期货经纪有限公司的注册资本增至3000万元，同年，更名为鲁能金穗期货经纪有限公司。2006年8月，鲁能金穗期货经纪公司股东——山东粮食中心批发市场(原山东省粮食批发市场)将其持有的294万元股权全额转让给山东省粮油工业公司。

2007年年底，鲁能金穗期货经纪有限公司的股权结构为山东鲁能投资公司2055万元，占68.5%；山东省粮油集团总公司441万元，占14.7%；山东省粮油工业公司294万元，占9.8%；山东坤华集团公司210万元，占7%。

2008年5月，鲁能金穗期货经纪有限公司引进新股东——英大证券有限责任公司与英大国际信托有限责任公司，2股东分别以现金投资3800万元与2000万元，同时，公司股东山东鑫源控股有限公司增资1700万元，鲁能金穗期货经纪有限公司注册资本由3000万元增至1.05亿元。英大证券有限责任公司成为公司第一大股东。8月，鲁能金穗期货经纪有限公司总部由良友富临大酒店5层迁至山东省粮食局办公楼2层，将原营业场所规范变更为济南营业部，实现公司总部与营业部的分设。12月，鲁能金穗期货经纪有限公司被核准从事金融期货经纪业务。

2010年2月，鲁能金穗期货经纪有限公司注册资本由1.05亿元增至2亿元，新增的9500万元注册资本由英大国际信托有限责任公司以自有资金认购，英大国际信托有限责任公司的投资总额1.15亿元。

2010年9月，鲁能金穗期货经纪有限公司由济南迁往北京，公司住所由山东省济南市泺源大街3号变更为北京市朝阳区西大望路3号院2号楼2层S-211。10月，经监管部门核准，鲁能金穗期货经纪有限公司更名为英大期货有限公司。

第二节 异地期货公司驻济南经营机构

从2004年上海中财期货经纪有限公司在济南设立营业部开始，到2010年年底，先后有19家异地期货公司在济南设立(或仍在筹建)营业部。

上海中财期货经纪有限公司济南营业部2004年9月开业，初始营业场所地址为济南市黑虎泉西路181号。2008年7月，公司获得金融期货经纪业务资格。2009年12月，营业部迁至济南市解放路历东商务大厦16楼。

上海金鹏期货经纪有限公司济南营业部2006年6月开业，初始营业场所地址为济南市舜耕路28号舜华园A楼。2009年11月，迁至济南市历下区佛山街28号银都商务中心二楼。2010年5月，上海金鹏期货经纪有限公司更名为华元期货有限责任公司。12月，公司获得金融期货经纪业务资格，济南营业部的名称及经营范围随之变更。

银河期货经纪有限公司济南营业部2007年9月开业，营业场所地址为济南市经七路87号润亨大厦三楼306室。营业部设立之初即获金融期货经纪业务资格。

2008年，北京首创期货经纪有限责任公司、中信建投期货经纪有限公司、浙江省永安期货经纪有限公司分别在济南设立营业部，并相继于开业的同时获得金融期货经纪业务资格。北京首创期货济南营业部地址为济南市泉城路268号永安大厦9层202室，中信建投期货济南营业部地址为济南市泺源大街150号中信广场6楼602、606、607室，永安期货济南营业部地址为济南市泺源大街29号521、522、523室。

2009年6月，江苏弘业期货经纪有限公司济南营业部开业，营业部地址设在济南市经七路88号房地产大厦14层。此外，监管部门分别于9月、10月核准国信期货有限责任公司、浙江新华期货经纪有限公司设立济南营业部。以上两营业部未能在当年完成筹建。国信期货有限责任公司济南营业部于2010年4月开业，营业场所地址为济南市历下区泉城路268号901、916室。浙江新华期货经纪有限公司（2011年更名为中证期货有限公司）济南营业部于2010年1月开业，营业场所地址为济南市历下区历山路142号山东凯旋商务中心A座七层D区。

2010年8月，成都倍特期货经纪有限公司济南营业部开业，营业场所地址为济南市市中区泺源大街229号金龙大厦主楼17层B室。11月，中国国际期货有限公司济南营业部开业，营业场所地址为济南市市中区纬二路51号山东商会大厦B座1601室（2012年9月迁至济南市市中区纬一路以东经二路以南济南万达商业广场6号办公楼24层2408号）。2010年6月和12月，监管部门分别核准新湖期货有限公司和美尔雅期货经纪有限公司筹建济南营业部，两营业部先后于2011年1月与2011年5月开业，新湖期货有限公司济南营业部住所为济南市历下区历山路157号六层601、602、603室，美尔雅期货经纪有限公司济南营业部位于济南市经十路17703号华特广场B105、107室。

第七章 保险业金融机构

第一节 中资保险公司

一、中国人民财产保险股份有限公司济南市分公司

1985年2月16日，人保济南市中心支公司改称人保济南市分公司。1996年10月4日，人保济南市分公司分设为中保财险济南市分公司和中保人寿济南市分公司。1999年5月18日，中保财险济南市分公司恢复原人保济南市分公司名称。2003年7月，人保济南市分公司更名为人保财险济南市分公司。

2010年年底，人保财险济南市分公司本部设15个部门、4个直属专营团队，辖11个区县支公司，8个营业部、10个城区营销服务

部、22个农网点，开办险种271个，机构遍布全市各区县。分公司地址：历下区黑虎泉北路149号。

二、中国人寿保险股份有限公司济南市分公司

1996年10月4日，由人保济南市分公司分离而设中保人寿济南市分公司，1999年更名为中国人寿济南市分公司。

2010年年底，辖6个县区支公司、4个城区个险专业销售单位、1个城区收展专业销售单位、3个城区银行保险专业销售单位、1个城区理财中心、2个城区团险专业销售单位。分公司地址：市中区泺源大街236号。

三、中国太平洋财产保险股份有限公司济南中心支公司

2000年12月，太平洋保险山东分公司分设成立太平洋财险济南分公司。2002年1月，济南分公司营业部成立。2004年12月，营业部更名为太平洋财险山东分公司营业部。2009年1月，成立太平洋财险济南中心支公司。

2010年年底，太平洋财险济南中心支公司设综合管理部、客户服务部、机动车险部、非机动车险部、计划财务部；在县区设立济阳支公司、章丘支公司、长清支公司、平阴支公司；有车商渠道部、中介渠道部、电销部、团体客户部。业务范围涉及企财损失保险、家财损失保险、建筑工程保险、安装工程保险、货物运输保险、机动车保险、船舶保险、能源保险、一般责任保险、保证保险、信用保险、短期健康保险、意外伤害保险及经中国保监会批准的其他财险业务。支公司地址：历下区经十路13777号中润世纪广场15幢。

四、中国太平洋人寿保险股份有限公司济南中心支公司

2002年4月，太平洋寿险济南分公司营业部成立，负责开展济南市寿险业务。2008年4月29日，太平洋寿险济南中心支公司成立。

2010年年底，辖10家支公司、27家乡镇营销服务部，有内外勤人员1500余人，开办险种160余个，形成网站（www.cpic.com.cn）、全国客服电话（95500）及微信平台“中国太保”等多元化、立体式服务网络。支公司地址：历下区经十路13777号。

五、中国平安财产保险股份有限公司济南中心支公司

1993年12月，平安财险在济南成立山东代理处。1996年11月，升级为济南办事处。2001年12月，经山东保监局批准，更名为平安财险济南分公司；2004年11月17日，更名为平安财险山东分公司，下设济南支公司。2010年设立济南第一中心支公司及济南第二中心支公司。平安财险济南支公司管辖5个四级机构，分别是章丘市支公司、商河县支公司、长清区支公司、济阳县支公司及平阴县营销服务部。山东分公司地址：历下区经十路13777号。

六、中国平安人寿保险股份有限公司济南分公司

2001年3月，平安保险济南办事处更名为平安保险济南分公司，2003年1月，更名为平安人寿济南分公司。拥有个代、银保、电销三大销售渠道，涵盖从传统的储蓄型、保障型产品，到非传统的分红型、投资型产品。其中，个代业务范围包括济南、泰安、莱芜、德州、聊城、菏泽、济宁、枣庄8个市，银保业务范围包括山东省除青岛之外的其余市。地址：市中区玉函路61号。

七、泰康人寿保险股份有限公司济南营销本部

2001年3月26日，泰康人寿济南营销本部与泰康人寿山东分公司同期成立。业务涵盖个

人意外伤害保险、个人定期死亡保险、个人两全人寿保险、个人终身人寿保险、个人年金保险、个人短期健康保险、个人长期健康保险、团体意外伤害保险、团体定期人寿保险、团体终身保险、团体年金保险、团体短期健康保险、团体长期健康保险及经中国保监会批准的其他寿险业务。2010年年底，有9家支公司、13家县域服务部，员工800余人。本部地址：市中区经五路169号。

八、新华人寿保险股份有限公司济南中心支公司

2003年5月，成立新华保险山东分公司济南联合营业区，2010年2月5日，在济南联合营业区基础上成立新华保险济南中心支公司。2012年年底，公司在全市设立四级机构8家。地址：历下区青年东路1号。

九、中华联合财产保险股份有限公司济南中心支公司

2004年，中华财险山东分公司济南营业总部成立。

2007年1月18日，更名为中华财险济南中心支公司。经营范围包括许可经营项目：企业财产保险、家庭财产保险、建筑工程保险、安装工程保险、货物运输保险、机动车辆保险、船舶保险、飞机保险、航天保险、核电站保险、能源保险、法定责任保险、一般责任保险、保证保险、信用保险、种植业保险、养殖业保险，经中国保监会批准的其他财产保险业务。地址：天桥区济泺路219号。

十、阳光财产保险股份有限公司济南中心支公司

2005年10月20日，阳光财险股份有限公司济南中心支公司成立，主要经营范围：财产损失保险、责任保险、信用保险、保证保险、短期健康保险和意外伤害保险及上述业务的再保险业务；国家法律、法规允许的保险资金运用业务；经中国保险监督管理委员会批准的其他保险业务。地址：历下区山大路201号创展大厦。

2010年驻济南中资保险公司一览表

表5-6-5

机构名称	成立时间	性 质	经营范围	地 址
中国人民财产保险股份有限公司济南市分公司	1996年11月15日	国有控股	财产保险	历下区黑虎泉北路149号
中国人寿保险股份有限公司济南市分公司	1996年11月18日	国有控股	人身保险	市中区泺源大街236号
中国太平洋财产保险股份有限公司山东分公司营业部(现为济南中心支公司)	2000年11月3日	股份制	财产保险	历下区经十路13777号
泰康人寿保险股份有限公司山东分公司济南营销本部	2001年3月26日	股份制	人身保险	市中区经五路169号
中国太平洋人寿保险股份有限公司济南分公司营业部(现为济南中心支公司)	2002年4月18日	股份制	人身保险	历下区经十路13777号
天安财产保险股份有限公司山东省分公司营业部	2002年5月29日	股份制	财产保险	历下区经十路14958号
中国平安财产保险股份有限公司山东分公司	2003年1月18日	股份制	财产保险	历下区历山路67号
中国平安人寿保险股份有限公司济南分公司	2003年1月23日	股份制	人身保险	市中区玉函路61号
太平人寿保险有限公司山东分公司	2003年6月30日	股份制	人身保险	历下区泺源大街229号

续表5-6-5

机构名称	成立时间	性 质	经营范围	地 址
民生人寿保险股份有限公司山东分公司历下营销服务部	2005年1月13日	股份制	人身保险	历下区泺源大街3号
华安财产保险股份有限公司山东省分公司	2005年6月10日	股份制	财产保险	历下区茂岭山路2号
合众人寿保险股份有限公司山东分公司	2005年9月1日	股份制	人身保险	历下区泉城路268号
长城人寿保险股份有限公司山东分公司	2005年11月2日	股份制	人身保险	历下区经十路13777号
农银人寿保险股份有限公司山东分公司	2006年4月3日	股份制	人身保险	历下区泉城路318号
中国大地财产保险股份有限公司济南中心支公司	2007年1月8日	股份制	财产保险	槐荫区经十路425号
中华联合财产保险股份有限公司济南中心支公司	2007年1月8日	国有控股	财产保险	天桥区济泺路219号
安华农业保险股份有限公司济南中心支公司	2007年1月8日	股份制	财产保险	历城区北园路43号
阳光财产保险股份有限公司济南中心支公司	2007年1月12日	股份制	财产保险	历下区山大路201号
安邦财产保险股份有限公司济南分公司	2007年3月21日	股份制	财产保险	市中区顺河东街66号
生命人寿保险股份有限公司山东分公司	2007年10月22日	股份制	人身保险	市中区经四路5号
中银保险有限公司山东分公司营业部	2007年12月24日	股份制	财产保险	历下区泺源大街22号
中国人民人寿保险股份有限公司济南中心支公司	2008年2月19日	国有控股	人身保险	历下区解放路26号
信泰人寿保险股份有限公司山东分公司	2008年6月4日	股份制	人身保险	市中区小纬二路71号
民安财产保险有限公司山东分公司营业部	2008年6月11日	股份制	财产保险	槐荫区道德中街80号
都邦财产保险股份有限公司山东分公司济南营业部	2008年10月6日	股份制	财产保险	市中区顺河东街66号
渤海财产保险股份有限公司济南中心支公司	2009年5月7日	股份制	财产保险	历城区山大南路13号
永诚财产保险股份有限公司济南中心支公司	2009年6月1日	股份制	财产保险	槐荫区经七路516号
幸福人寿保险股份有限公司山东分公司	2009年8月18日	股份制	人身保险	历下区泉城路77号
新华人寿保险股份有限公司济南中心支公司	2010年2月5日	股份制	人身保险	历下区青年东路1号
英大泰和财产保险股份有限公司山东分公司营业部	2010年5月10日	股份制	财产保险	市中区馆驿街318号
中国人寿财产保险股份有限公司济南市中心支公司	2010年8月1日	国有控股	财产保险	天桥区北坦新莱市35号
浙商财产保险股份有限公司济南中心支公司	2010年8月25日	股份制	财产保险	市中区经四路15号

第二节 外资与合资保险公司

伴随着计划经济向市场经济转变，济南市保险市场也形成了多家保险公司并存、中外保险公司共同参与竞争的新格局。

至2010年年底，济南外资与合资保险公司共有8家。中英人寿保险有限公司山东分公司是首家进驻济南市的中外合资人寿保险机构。

2010年驻济南外资与合资保险公司一览表

表5-6-6

机构名称	成立时间	性 质	经营范围	地 址
中英人寿保险有限公司山东分公司	2006年4月17日	中外合资	人身保险	历下区泺源大街5号
信诚人寿保险有限公司山东省分公司	2006年8月2日	中外合资	人身保险	历下区泺源大街150号
海康人寿保险有限公司山东分公司	2006年8月21日	中外合资	人身保险	市中区英雄山路84号
中宏人寿保险有限公司山东分公司	2007年3月1日	中外合资	人身保险	历下区泺源大街229号
恒安标准人寿保险有限公司山东分公司	2007年12月19日	中外合资	人身保险	历下区泉城路17号
国泰人寿保险有限责任公司山东分公司	2008年5月13日	中国东航与台商合资	人身保险	历下区泺源大街29号
华泰人寿保险股份有限公司济南本部	2008年12月1日	中外合资	人身保险	历下区大明湖90号
中意人寿保险有限公司山东省分公司	2009年7月29日	中外合资	人身保险	市中区顺河东街66号

第三节 保险中介公司

1999年12月，山东通泰保险代理公司成立，是注册地在济南市的第一家保险专业代理公司；第一家保险公估公司、保险经纪公司分别是设立于2002年2月的山东光政保险公估股份有限公司和设立于2003年3月的山东英大保险经纪有限公司。

至2010年，济南市有保险中介公司30家，其中保险专业代理公司18家、保险经纪公司8家、保险公估公司4家。

2010年济南市保险中介公司一览表

表5-6-7

公司类别	机构名称	注册资本(万元)	批准设立时间
代理公司	济南名阳泰茂保险代理有限公司	200	2004年5月17日
	济南润华保险代理有限公司	200	2004年8月16日
	山东润丰保险代理有限公司	200	2004年8月16日
	济南齐鲁八达保险代理有限责任公司	200	2004年10月29日
	山东磐石安侯保险代理有限公司	201	2006年4月18日
	山东福鑫华邦保险代理有限公司	500	2006年7月10日
	济南怡富保险代理有限公司	300	2006年9月4日
	济南国盛恒通保险代理有限公司	200	2006年12月18日
	济南洛华保险代理有限公司	1000	2007年1月8日
	济南润通保险代理有限公司	200	2007年1月15日
	山东四方华邦保险代理有限公司	260	2007年6月4日
	山东华宏保险销售有限公司	500	2007年6月4日
	济南大家伟业保险销售有限公司	580	2007年9月18日
	山东泛华民泰保险代理有限公司	1000	2009年1月6日
	济南泛维保险代理有限公司	200	2009年4月24日

续表5-6-7

公司类别	机构名称	注册资本(万元)	批准设立时间
代理公司	济南华澳保险代理有限公司	200	2009年11月19日
	济南诚业保险代理有限公司	200	2009年12月4日
	济南万恒保险代理有限公司	200	2010年8月12日
经纪公司	山东英大保险经纪有限公司	2000	2003年3月31日
	山东明安保险经纪有限公司	1200	2004年11月15日
	山东鼎鸿泰信保险经纪有限公司	1000	2004年11月24日
	山东九安保险经纪股份有限公司	1000	2005年9月27日
	山东智诚保险经纪有限公司	1000	2005年11月1日
	山东大森林保险经纪有限公司	1000	2003年8月4日
	山东圣城保险经纪有限公司	1000	2006年8月24日
	山东纳利保险经纪有限公司	1000	2009年12月23日
公估公司	山东光政保险公估有限公司	395	2002年2月10日
	山东文正保险公估有限公司	200	2003年8月13日
	山东远东保险公估有限公司	300	2004年7月12日
	山东中恒信保险公估有限公司	201	2006年12月26日

第八章　新兴金融类金融机构

第一节 山东省城市商业银行合作联盟有限公司

2008年8月成立，是由山东省14家城商银行发起，经中国银监会批准设立，山东银监局直接监管，具有独立法人资格的非银行金融机构，经营范围主要包括：银行IT系统、IT产品定制、开发和数据运营维护，支付结算及业务运营平台服务，金融产品的研发，银行咨询服务，人力资源培训以及银监会批准的其他业务。

2009年吸收长安银行为股东，建立以股东会为主体的公司治理结构，有15个股东，即15家城市商业银行。股东会对公司经营管理中各项重要事项拥有最高决策权，下设业务发展、监督审计、产品定价、薪酬管理、风险管理5个委员会。组织机构方面，设IT服务中心、综合管理部、业务发展部、培训部、风险管理部、审计部、人力资源部。IT服务中心下设研发部、测试部、业务支持部、基础设施部、应用运维部和管理部6个部门。注册资本3.35亿元、实收资本4.35亿元，员工265人，其中IT人才233人，占比87.9%。

到2010年，联盟公司是全国唯一一家为中小金融机构提供后台支持服务的非银行金融机构。先后为成员行建设包括综合业务系统(8552211，代码行数，下同)、网银系统(928943)、公务卡、贵金属、代销基金、数据中心、银联2.1、金融IC卡、二代支付、数整报表、决策支持、手机银行、字符前端(1661319)、图形前端(3663903)等在内的系统产品20多个，其中联盟拥有完全知识产权的系统12个。

第二节 小额贷款公司

2008年12月，济南市第一家小额贷款公司——长清区北辰小额贷款有限公司成立，公司按照市场化经营，贷款利率上限放开但不得超过司法部门规定的上限，下限为中国人民银行公布的贷款基准利率的0.9倍，具体浮动幅度按市场原则自主确定。2009年2月，济南市天桥区鑫海小额贷款有限公司成立，主发起人中国重型汽车集团有限公司。

2010年6月，历城区鲁商小额贷款股份有限公司成立，是全市首家小额贷款股份有限公司。同年8月，高新技术开发区华企小额贷款股份有限公司成立。

一、济南市天桥区鑫海小额贷款有限公司

作为山东省第一批小额贷款公司试点，2009年1月21日，经山东省金融办批复，济南市天桥区鑫海小额贷款有限公司成立，2月7日营业。公司由中国重型汽车集团有限公司发起，出资2000万元，联合山东格力电器市场营销有限公司、山东蓝翔职业培训学院、山东三维商贸有限公司、济南华东重型汽车联销有限公司、山东大地房地产开发有限公司和郭培杰、赵茹美、李建永3个自然人共9个股东组建而成。注册资本金1亿元。地址：天桥区无影山路58号综合楼。

二、济南市长清区北辰小额贷款有限公司

2008年12月28日，经省、市金融办批准，由山东北辰集团有限公司发起，联合济南信德输送机械有限公司、山东长能电气集团有限公司和李士常、金延芳、罗武、刘军、金衍侠、马世杰、金述跃7位自然人共同出资设立，注册资本6000万元。公司是济南市第一家小额贷款公司。经营范围：办理各项小额贷款；中小企业发展、管理、财务咨询业务等。2010年6月，增资3000万元。地址：长清区经十西路麒麟大厦。

三、章丘市恒通小额贷款股份有限公司

2010年12月4日开业，由章丘市国有资产运营有限公司发起，注册资本1亿元人民币。地址：章丘市汇泉路58号。

四、高新区华企小额贷款公司

2010年11月17日开业，由6名法人股东、9名自然人股东共同出资设立，注册资本1亿元人民币。地址：高新区工业南路鑫苑国际城市花园1-118号。

五、济南市汇金小额贷款公司

2010年12月8日开业，由济南继东彩艺印刷有限公司作发起，联合7名法人股东、4名自然人股东共同出资设立，注册资本8000万元。地址：市中区二环南路6663号。

2010年，济南市市中区汇金小额贷款有限公司开业

六、济南市历城区鲁商小额贷款股份有限公司

2010年6月18日开业，是济南市首家小额

贷款股份有限公司。由山东盖世国际物流集团有限公司、山东恒信昌置业有限公司、济南正达装饰有限公司、济南顺兴浩宇物流有限公司及山东宝龙达胶业有限公司等多家法人企业共同出资设立，注册资本7000万元。地址：历城区花园路107号鑫都大厦15楼。

第三节　融资性担保公司

2010年3月8日，中国银监会等七部委《融资性担保公司管理暂行办法》公布。山东省下发《山东省人民政府办公厅关于开展全省融资性担保公司规范整顿工作的通知》和《关于印发〈山东省融资性担保公司管理暂行办法〉的通知》等文件。同年8月济南市印发《济南市人民政府办公厅关于开展全市融资性担保公司规范整顿工作的通知》，对全市融资性担保机构规范整顿工作进行部署，并启动相关审核工作。2010年，全市有融资性担保机构38家，实收资本30亿元，从业人员1482人，融资性担保在保余额66亿元。

一、山东鑫海担保有限公司

2005年11月，经省金融办批准成立，注册资本1亿元，由中国重汽集团联合其他企业发起。公司为济南市担保行业协会常务副会长单位、山东省担保行业协会副会长单位、山东省十佳信用担保机构和文明诚信单位。地址：历下区青年东路1号。

二、山东天元担保有限公司

2006年5月12日成立，经山东省金融办批准成立，注册资本1亿元。2010年，被省金融办推选为济南市的2家试点担保公司之一，成为第一家通过山东省担保行业规范整顿验收单位。公司与工商银行、建设银行、农业银行、中国银行、齐鲁银行、招商银行、青岛银行、交通银行、威海商行、民生银行、天津银行、中信银行、日照银行、兴业银行以及山东省国际信托投资有限公司、小额贷款公司等合作，在省内设有6个分公司及办事处。公司是济南市担保协会副会长单位，山东省担保协会常务理事单位，中国中小商业企业协会、中国经贸合作促进会常务理事单位。地址：高新区新泺大街2008号银荷大厦。

三、山东国盛投资担保有限公司

2007年5月成立，注册资本6000万元。主要从事企业、个人信用担保，企业管理咨询、银行不良资产处理、投行等业务。设项目评审委员会、担保业务部、风控部、中间业务部、公司管理部、投行部、财务部、办公室等部室，有员工36名。地址：历下区解放路159号。

四、章丘市同晟工业企业投资担保有限公司

2008年1月成立，注册资本1800万元，由9家法人企业出资设立。2009年4月，注册资本增至5000万元，2010年4月，注册资本增至1亿元。公司与驻章丘的各银行合作，工商银行、齐鲁银行、交通银行、建设银行、农村信用联社已对公司授信。收取的担保费一直在银行同期贷款利率的40%以下。地址：明水开发区府前街经贸局七楼。

第四节　股权投资企业

2001年4月，济南科技风险投资有限公司成立，是市政府和多家国有企业出资设立的济南市第一家科技风险投资机构。2004年，济南市开始有部分资产管理公司增加股权投资的经营范围。2006年，山东华融创业投资股份有限公司成立，是山东省发展和改革委员会首批备案的创业投资企业之一。2011年12月，济南三盛股权投资管理合伙企业(有限合伙)通过济南市金融办在省金融办备案，是在济南市工商系统

注册的第一家股权投资合伙企业。至2012年年底，在济南市注册的各类股权投资企业15家，有50多家拟上市企业(包括已上报中国证监会待审和进入证监局辅导企业)获得股权投资企业约30亿元资金支持。

第五节 典当行

1992年，济南市新融典当有限责任公司成立，隶属于山东鲁华能源集团有限公司，是改革开放之后山东省成立较早的典当公司之一，注册资本4500万元。

2010年，济南市共有典当行法人机构13家，分支机构2家。注册资本4.8亿元，从业人员169人。至2011年年底，全市典当企业累计业务次数为2750次，累计发放当金额18.7亿元，共上缴税金1162万元，实现利润2315万元。

2010年济南市典当公司一览表

表5-6-8

公司名称	成立时间	公司类型	经营范围	注册资本(万元)	注册地址
济南市新融典当有限责任公司	1992年9月16日	其他有限责任公司	动产质押典当业务等	4500	市中区经十一路36号
章丘市诚信典当有限责任公司	2002年6月19日	其他有限责任公司	动产质押典当业务等	820	章丘市明水桃花山街中段
济南汇丰典当有限公司	2002年6月24日	有限责任公司(自然人投资或控股)	许可经营项目，动产质押典当业务等	1800	高新区舜华东路600号科研楼
济南山塑典当有限公司	2006年7月13日	有限责任公司(国有控股)	动产质押典当业务等	4000	历下区文化西路14号
济南市银通典当有限公司	2002年11月18日	其他有限责任公司	动产质押典当业务等	3300	历下区奥体中路西燕山新居
济南市万永典当有限责任公司	2002年11月19日	有限责任公司(自然人投资或控股)	动产质押典当业务等	1050	历下区山大路47号数码港大厦
济南市将军典当有限责任公司	2003年6月24日	有限责任公司(自然人投资或控股)	动产质押典当业务等	1000	历下区文化西路13号普利海辰大厦
济南市聚宝德典当有限责任公司	2006年12月31日	有限责任公司(自然人投资或控股)	动产质押典当业务等	1600	高新区华龙路792号华信组团2号楼
济南市普丰典当有限责任公司	2007年8月10日	有限责任公司(自然人投资或控股)	动产质押典当业务等	4300	历下区泺源大街29号
济南天银典当有限责任公司	2007年8月17日	其他有限责任公司	动产质押典当业务等	1500	市中区水映丽山山庄3号楼
济南国信典当有限公司	2007年10月17日	有限责任公司(国有控股)	为中小企业和个人提供房地产抵押贷款、动产质押贷款、财产权利质押贷款等多项金融服务	5000	市中区大纬二路151-2号
济南信邦典当有限责任公司	2010年3月19日	其他有限责任公司	动产质押典当业务等	2600	高新区舜华路1117号科汇大厦
济南银山典当有限公司	2010年3月29日	其他有限责任公司	动产质押典当业务等	2000	历下区解放路78号

第六卷

商贸 旅游

SHANG MAO LV YOU

单位审稿、撰稿人员名单

（按姓名笔画为序）

济南市商务局

审稿人：王语长

撰稿人：商贸课题组刘伟、胡昭柱、马晓飞等

山东济南烟草有限公司办公室

审稿人：陈玉星

撰稿人：刘殿坤　周　倩　鲁　明

济南市盐务局

审稿人：陶孝武

撰稿人：韩文学

济南化学和医药行业协会

审稿人：颜庭义

撰稿人：孙中昆　张丽红　胡　凯

济南市粮食局

审稿人：侯秉山

撰稿人：王允森　朱　宁　杨世利　张承坤　陈　煜　高玉彬

济南市供销合作社

审稿人：马裕涛

撰稿人：孙　铮

济南市旅游局

审稿人：闫险峰

撰稿人：于桂学　曲　博　陈文娟　范泉韬　赵英梅

第一篇　综　述

1986～2010年，济南市商贸服务业历经计划经济向市场经济的过渡。1992年，全市商贸流通体制改革进入新阶段，商品市场发展迅速，商品价格逐步市场化。至2010年，济南市初步形成现代化的流通体系、社会化的市场环境、国际化的贸易体制。

"七五"时期　1986年，全市社会商品零售总额29.41亿元。粮油市场有一定数量的议购议销，供销合作社商业经营网点2853个，对外贸易商品收购总值4.28亿元。

1990年，全市社会商品零售总额52.82亿元。与1985年相比，全民所有制经济增长85%，占社会商品零售额的比重由42.74%下降为36.8%；集体所有制经济增长125%，所占比重由42.55%上升为44.54%；个体经济增长119.6%，所占比重由11.21%上升为11.45%；农民对非农业居民的零售总额增长3.44倍，所占比重由3.5%上升为7.2%。至1990年年底，全市商业、饮食服务业网点累计5.66万个，从业人员18.7万人，全市千人占有商业网点10.8个、拥有服务人员35.7人。对外商品供货总值11.3亿元，实际利用外资2672万美元，出口创汇1906万美元。

"八五"时期　全市商贸外经服务业经济体制改革取得突破性进展，以公有制经济为主体、多种经济成分共同发展的格局已经形成。对外开放总体格局基本形成，对外贸易迅速发展。1993年，粮油价格全面放开。

1995年，济南市消费品市场繁荣活跃。全市社会消费品零售总额188亿元，比1990年增长2.5倍，年均递增28.9%。其中，个体、私营贸易及餐饮业零售额增长最快。市场建设持续发展。年末，全市批发零售贸易业、餐饮业、服务业网点16.5万个，从业人员46万人。其中，个体业户14.6万个，比上年增长19.7%，从业人员24.1万人。城乡各类市场750处，市场成交额123.8亿元。旅游业进入快速发展轨道。

"九五"时期　全市商贸外经服务行业流通规模进一步扩大。城市商业革新经营模式，探索连锁经营、总经销、邮购、直销、拍卖等新的经营形式和组织形式，城市市场稳步发展。农村供销社发挥农村市场主渠道作用，农村市场增势迅猛。城乡商贸流通和餐饮服务业取得令人瞩目的成绩，规模快速膨胀，销售额稳步增长，档次水平日趋现代化，辐射带动作用明显增强。初步形成以现代化的商厦和大型专业市场、超市为骨干，以中小商场和便民服务店为基础的多元化、多渠道、多层次、少环节的区域性商品市场流通体系。

2000年，全市商贸业实现社会消费品零售总额354.7亿元，从业人员50.6万人，是吸纳社会就业和下岗职工再就业的主渠道。全市市场总数838个，市场总面积918万平方米，三联、银座等一批现代大型零售商业集团先后成立。形成一批像科技市场、茶叶市场、北园路家具市场等辐射力强的市场，济南成为全国重要的商品集散地。英雄山文化市场成为全国四大文化市场之一。全市有连锁超市、便民店637家，拥有30个门店以上的连锁公司16家，连锁商业销售额占社会消费品零售总额的18%以上。大润发超级市场、世界购物广场等大型仓储式商场在日用消费品市场中的地位日益提高。便民工程发展迅速，快餐连锁店过百家，放心肉专卖店87家，专营店、特色店遍布全市，灯光夜市从中心商业区向周边区域延伸，方便了群众生活。2000年，济南市承办各种全国性展会40个，实现交易额200多亿元。全市餐饮业实现零售额37.8亿元，发展速度稳居商贸业各行业之首，成为全市商贸业发展的重要拉动力量。全市进出口总额14.4亿美元，实际利用外资2.2亿美元。

“九五”时期，济南市加强对全市旅游资源开发利用的规划，加大对各景区、公园的建设投入，形成多层次旅游资源。其中，国际旅游人数累计41.23万人(次)，旅游外汇收入累计1.41亿美元。

“十五”时期 济南市商贸流通业经济结构加快调整。商业基础设施建设加快，商贸业集聚程度提高。市区以1个中心商业区、5个区域性商业中心为支撑，以20余条特色商业街和108处万平方米以上大型商业服务网点为骨干，以各类专业市场、超市、便利店为网络的多层次商业布局结构和市场网络体系形成。中心商业区核心区域泉城路周边地区配套商业设施不断完善，有万平方米以上商业服务业设施13处。银座圣洋物流、银座家居、温州服装批发广场相继建成开业。市区初步形成以北园大街为轴线的装饰家居材料市场带，以经十西路为轴线的汽车销售汽配市场带，以山大路为轴线的科技市场群等几个特色鲜明、辐射范围广的市场群(带)。

2005年，全市第三产业增加值完成880.1亿元，社会消费品零售总额完成807.9亿元，贸易服务业从业人员55万余人；第三产业固定资产投资完成456.7亿元，比上年增长31.7%，占全市固定资产投资总额的53.3%；全市现代服务业实现增加值358亿元，占第三产业增加值的40.7%。全市实现进出口总额37.62亿美元，实际利用外资5.1亿美元。

“十五”时期，全市加强旅游基础配套设施建设，推进旅游业可持续发展，济南市逐步发展成为区域性旅游中心城市。全市国内外旅游人数累计5504万人(次)，旅游业务总收入累计428.2亿元。

“十一五”时期 济南市商贸流通业应对国

2015年山东(济南)国际旅游交易会

际金融危机挑战，发展速度不断加快、发展规模日益扩大、竞争实力迅速增强、产业结构日趋优化、层次水平显著提高，成为全市经济和社会发展的重要支柱产业。

2010年，全市实现社会消费品零售总额1802.5亿元，从业人员60余万人。年交易额10亿元以上的商品市场11个，交易总额363.6亿元。全市商贸连锁企业69家，门店4100多个。限额以上批零贸易餐饮企业1784家，其中年销售额过亿元、10亿元、50亿元和100亿元的企业分别为188家、23家、3家和1家。全市国家级酒家酒店118家，其中特级酒家酒店33家。流通领域36家企业被评为国家级白金五钻、五钻级酒家，5家企业被评为中国绿色饭店，其中鱼翅皇宫成为全省首家“五叶国家级绿色餐饮企业”，济南市成为拥有餐饮企业顶级国家品牌最多的城市；被商务部认定的“中华老字号”企业12家。网上购物和统一配送日趋活跃。流通领域节能降耗逐步推进，再生资源回收体系建设全面展开。商贸流通业外向度不断提高，引进跨国公司、国内著名企业，港澳台和外商投资商贸流通企业总数超过100家。全年进出口总值74.1亿美元，实际利用外资10.4亿美元；新设境外企业30家，对外直接投资1.57亿美元。

“十一五”时期，发挥济南省会中心城市区位优势和泉水资源优势，旅游产业在数量和质量上有较大提高，全市国内外旅游人数累计1.23亿人(次)，旅游业务总收入累计1099.5亿元。

1986～2010年济南市分行业社会消费品零售总额表

表6-1-1　　单位：万元

年 份	批发零售业	住宿业	餐饮业	制造业	其 他	农民对非农业居民	社会消费品零售总额
1986	219730	—	17880	35565	5456	15471	294102
1987	240192	—	20305	45386	8963	16658	331504
1988	300090	—	30808	60463	12300	22323	425984
1989	343978	—	28634	71653	9729	30398	484392
1990	382047	—	25599	71505	10886	38184	528221
1991	424836	—	27443	78452	14186	53072	597989
1992	535080	—	37096	77951	21108	61647	732882
1993	723914	—	56059	80101	28475	125177	1013726
1994	1037687	—	86141	99621	27914	203023	1454386
1995	1345321	—	133501	115105	42533	243691	1880151
1996	1570947	—	176100	141201	22261	346342	2256851
1997	1744014	—	216727	177219	50392	430624	2618976
1998	1893486	—	255616	207595	76994	477327	2911018
1999	2043078	—	305333	225132	83892	518548	3175983
2000	2287545	—	377550	233128	102535	546304	3547062
2001	2574216	—	485494	237545	118179	559886	3975320
2002	2935804	—	613178	231947	143702	540296	4464927
2003	4373831	—	741565	—	256354	—	5371750
2004	5691288	57973	940191	—	295483	—	6984935

续表6-1-1

年 份	批发零售业	住宿业	餐饮业	制造业	其 他	农民对非农业居民	社会消费品零售总额
2005	6575543	66490	1084425	—	352318	—	8078776
2006	7571831	78098	1324135	—	419372	—	9393436
2007	8791908	86322	1648409	—	504823	—	11031462
2008	10684195	96391	2142271	—	643968	—	13566824
2009	12710608	105378	2438279	—	702244	—	15956509
2010	14022650	150810	3081114	—	770036	—	18024610

1986～2010年济南市分经济类型社会消费品零售总额表

表6-1-2 单位：万元

年 份	国有经济	集体经济	个体私营经济	外商经济	其他经济	社会消费品零售总额
1986	119937	119604	39090	—	15471	294102
1987	132402	142140	40304	—	16658	331504
1988	171523	181448	50690	—	22323	425984
1989	189207	207893	56893	—	30399	484392
1990	194266	235278	60492	—	38185	528221
1991	222732	246294	75892	—	53071	597989
1992	277528	285520	108186	—	61648	732882
1993	359506	295086	151448	—	207686	1013726
1994	408523	376890	334396	—	334577	1454386
1995	461009	457112	524465	—	437565	1880151
1996	499440	509011	697406	—	550994	2256851
1997	392398	673909	892087	—	660582	2618976
1998	502099	625080	1020020	—	763819	2911018
1999	493841	656408	1177837	—	847897	3175983
2000	512597	691345	1392669	—	950451	3547062
2001	522287	717509	1599367	—	1136157	3975320
2002	535283	740616	1886842	—	1302186	4464927
2003	807107	—	3082963	—	1481680	5371750
2004	558795	279397	4608707	139699	1398337	6984935
2005	599845	298245	5403876	196676	1580134	8078776
2006	674116	342016	6357187	250355	1769762	9393436
2007	892898	456440	9392382	289742	—	11031462
2008	959144	489702	11704387	413591	—	13566824
2009	2794510	1469647	11083176	609176	—	15956509
2010	3180263	1590837	12476406	777104	—	18024610

第二篇　商贸业

第一章　国内贸易体制改革

改革开放后，济南市国内贸易流通发展迅速，对引导生产、促进消费、提高经济运行效率发挥重要作用。1986～2010年，济南市通过国内贸易体制改革，计划经济的指令性流通体制被完全冲破，市场机制配置资源的自由流通体制初步形成；市场上商品和服务不断丰富，买方市场逐渐成为常态；流通行政管理彻底实现政企脱钩，不再直接管理系统内企业，面向全社会流通业实施行业管理和公共服务。

一、有计划的商品经济阶段（1986～1991年）

在计划经济国内贸易政策指引下，商品流通体制改革在商业管理体制、企业内部体制和批发体制等方面继续向前推进，形成生产资料价格的双轨制。

(一)商业管理体制改革进一步深入

政企分开，简政放权，商业企业行政管理体制改革不断深入　1986年，济南市商贸系统认真贯彻1984年7月商业部《关于当前城市商业体制改革若干问题的报告》和中共中央《关于经济体制改革的决定》精神，全面实施国务院公布的《国营企业实行劳动合同制暂行规定》《国营企业招用工人暂行规定》《国营企业辞退违纪职工暂行规定》《国营企业职工待业保险暂行规定》。1987年7月3日，市政府制定下发《关于进一步深化企业改革、增强企业活力的意见》后，全市商贸系统逐步在小型国营商业企业和集体商业企业试行租赁制和股份制。对10人以下的小商业门店、饮食服务门市部，实行拍卖或折股出售。对长期亏损的小型商业企业整体拍卖；全民所有制大中型商业企业，全部实行不同形式的承包经营责任制；对县属以上的商业企业全面推行厂长(经理)负责制。1988年4月13日，市政府发布《济南市全民所有制企业承包经营责任制暂行规定》。1989年2月21日～23日，全市经济体制改革工作会议召开，讨论修改《济南市1989年全面深化经济体制改革的意见》及8个配套改革的意见、办法。1991年7月，济南市商贸部门选择46家国合商业企业，进行经营、价格、分配、用工“四放开”改革试点。经营放开。在坚持一业为主多种经营、搞好主营业务的前提下，企业可按照市场导向，调整经营结构和方式，根据自身条件和能力，适当扩大经营范围，除国家控制的重要物资和商品外，企业可放开经营，有条件的企业经批准，允许进行一次性经营国家控制的重要物资和商品。商业零售企业，有条件的可兼营批发业务，批发企业也可兼营零售业务。价格放开。除国家定价的商品和行政事业性收费按规定执行外，经申报批准的部分省管商品价格和行政事业性收费标准以及市以下政府管理的商品价格全部放开，国家不再管价格差率和作价办法，由企业按价值规律和当地市场供求状况自行定价。分配放开。在落实承包经营责任制基础上，企业自行确定内部分配形式和办法，在按工效挂钩办法计增的工资总额内，职工收入上不封顶。用工放开。企业可实行全员劳动合同制、干部聘任制、内部待业制，并在定岗、定员优化组合的基础上，实行“在岗、试岗、待岗”制度。职工有权辞职自谋职业，企业有权辞退职工。在实行“四放开”改革试点取得初步成效后，从1992年7月起，全市商业、粮食、供销、物资、旅游等部门所属流通企业全部推行经营、价格、分配、用工“四放开”，进一步将企业推向市场，促进企业内部经营机制的转换，使企业向“自主经营、自负盈亏、自我发展、自我约束”的方向迈出新的一步，大大调动了企业和职工的积极性，提高了经济效益和社会效益，增强了企业的市场竞争力和发展后劲。

取消统购、派购，改革农副产品购销政策　1986年，济南市继续贯彻中共中央、国务院发布的《关于进一步活跃农村经济的十项政策》，实行双轨价格并行制度。粮油和棉花取消统购，改为合同定购。生猪取消派购，实行自由买卖。食油从1991年4月开始只保证城镇居民定量供油和军供用油。

改革商品管理体制，扩大市场调节范围　1986年起，济南市由国家进行计划管理的商品，由274种逐渐减少到1991年的12种，取消日用工业品指令性计划商品。除成品石油仍实行计划供应外，其他工业品全部敞开供应。物资部门，1991年年底，全市由国家统一分配的生产资料由256种减少到30种。原来负责分配物资的政府管理部门转变成为物资经营企业，并出现经销、代销、联销、经济协作等多种经营形式。商贸部门，1989年，全市贯彻执行中央和省市对流通企业进行为时3年治理整顿的意见。(1)彻底清理整顿公司。清理整顿从事商业批发业务的公司和企业，坚决撤并不符合条件、长期亏损和违法乱纪的公司；对党政机关、社会团体开办的各类公司，除少数符合社会需要并与原单位脱离关系后可以保留外，其他应坚决撤销。依法查处撤并公司中出现的违纪违法案件。解决政企不分问题，所有公司经营权和行政管理权严格分开。(2)整顿批发秩序，发挥国营商业主渠道作用。加强批发企业登记管理，凡不具备批发资格的企业吊销营业执照。严控企业经营范围，对国家实行专营的商品，与人民生活关系密切的必需品，特殊性商品(汽油、柴油、中西药品、危险品等)要有市、县政府指定专门批发公司经营。尽量减少不合理的流转环节，制定严格进销差率和批零差率。中央和省分配商品原则上不超过三道环节，市县分配商品不超过二道环节。(3)进一步整顿私营商业和个体商户。加强对私营和个体商业的物价管理和监督检查，严格执行处罚条款。认真搞好宣传教育工作，提高其守法、纳税的自觉性，坚决取缔无证经营，打击制售假冒伪劣商品行为。(4)建立有权威的商品综合管理机构。制定商业发展规划、目标和政策，建立健全各类商业、市场法规，做到依法治商，搞好统管社会商业和行业管理工作。(5)调整商业行业结构。国营商业批发企业专业划细，建立专业批发市场和批发商业街。日用工业品零售行业保留大型的、有影响的综合商场，其他综合性中小店逐步调整为专业化商店。蔬菜副食品行业建立大中型的综合商场。(6)1989年，商业系统对彩电和化肥、农药、农膜等农用生产资料实行专营。全市确定80个彩电专营点(后逐步扩大，允许集体企业经销彩电)；指定市供销社负责农用生产资料专营工作。

(二)改革多层次的批发体制

改革日用工业品一、二、三级批发层次　全市经过1986年以后的治理整顿和深化改革，打破国营批发商业延续30多年的“三固定”(固定供应对象、固定货源、固定价格)批发模式和“一、二、三、零”(一级、二级、三级批发站和零售商业)封闭式经营，取消日用工业品流通领域的指令性计划管理的商品，形成多种经济成分、多条流通渠道、多种经营方式和减少流转环节的“三多一少”的开放式经营机制。

批发商业实行商业横向经济联合 1988年年底，全市建有五金交电、化工，百货、文化，土产杂品，议价粮油等4个批发集团，形成商业横向经济联合的主体。1988年，参加商业经济联合的企业有389个，比1987年增长6.4倍；年末资金总额1224万元，比1987年增长27.9%。共同投资经营，建立紧密型的经济实体。由济南工具总厂、济南建筑五金二厂、济南铝制品厂三家共同投资建立的济南五金联合经销公司，实行联户联销，共同经营，1988年实现利润比上年增长3.7倍。山东塑料试验厂管道工程安装公司与济南印刷四厂共同投资建立济南泉源联合商店，1988年营业额比上年增长1.3倍，企业扭亏为盈。利用外地名优产品，带动济南市企业发展。济南烟酒站与贵州安顺酒厂建立贵鲁酒类联营公司，以经营安顺酒厂的安酒、夜郎村酒为主，带动当地产品销售，1988年实现利润比1987年增长4倍多。济南服装六厂与上海服装公司经理部联营，发挥上海时装优势，促进时装生产销售，1988年批发收入比上年增长1倍。扩大联合范围，发展企业群体。济南中联电器公司同广东、江苏等10省33家企业联合，建立企业群体，联合经营，共担风险，1988年实现利润比1987年增长4.5%。

组建农产品批发市场 全市商贸业继续贯彻1984年全国人大六届二次会议提出的“广泛设置农产品批发市场”精神，陆续组建一批综合性或专业性的批发交易市场。1986年，济南市堤口路果品批发市场开业。1991年11月2日，华东最大的皮毛专业市场——济南市辛集皮毛市场建成并投入使用；12月11日，济南市最大的集贸市场——段店集贸中心开业；12月31日，济南粮油市场建成开业。

(三)所有制改革取得较大进展

全市大中型企业全面推行经营承包责任制，小型企业全面实行“转、改、组” 1988年，全市商贸企业贯彻市政府《关于进一步深化商业体制改革的实施意见》《关于深化供销合作社体制改革的意见》，国营大中型商贸企业普遍推行承包经营责任制。按照“包死基数、确保上缴、超收多留、欠收自补”原则，承包形式灵活多样。国营小型商贸企业普遍推行“转、改、组”。至年底，全市有110个大中型商贸企业全面实行不同形式的承包经营责任制；719个小型商贸企业实行“转、改、组”，占小型企业总数的98.1%。

深化企业内部配套改革 1988年年底，全市商业、粮食、供销系统市直属企业实行优化劳动组合的37个，占市直属企业总数的53.6%；实行企业内部银行的12个，占市直属企业总数的17.4%；实行干部聘任制的41个，占市直属企业总数的59.4%，聘任中层以上干部1185人，占中层以上干部总数的80.2%；实行集资入股的39个，入股人数7279人，股金369.5万元。供销社系统133个独立核算单位实行“全员风险抵押承包”，抵押金额1100万元。

承包租赁制促进企业经济效益和管理水平提高 1988年全市商贸企业通过承包租赁制的实施，实现销售总值29.33亿元，比1987年增长16.3%；实现利润1.35亿元，比1987年增长43.1%。企业主管部门职能开始向政策研究、协调监督和提供服务转变，管理水平显著提高。

开展企业兼并和“特试企业”试点工作 1988年，按照平等、互利、自愿的原则，由3家优势企业兼并3家劣势企业：济南市肉联厂罐头分厂兼并济南市肉联厂肠衣分厂，济南市生资站兼并济南市药膳楼，济南市人民商场兼并济南市信托服务公司。

股份制改革试点 采用职工内部持股和定向法人持股的方式进行股份制改革试点。1988年年底，全市实行集资入股的企业39个，入股人数7279人，股金369.5万元。1990年上海证券交易所成立，1991年深圳证券交易所成立，全国股票交易市场形成，为全市股份制企业发展提供基本的市场保障。以公有制为主体、多种经济成分并存的商贸流通新格局形成。

二、向社会主义市场经济转变阶段（1992～2000年）

1992 年，随着国家“社会主义市场经济体制”改革目标的提出，全市国内贸易体制改革进入一个新阶段。经过 1992 ～ 2000 年的发展，商贸经营主体更为多元化，商品流通渠道不断多样化，商业企业经营管理制度日益现代化、科学化，产品价格逐步市场化。同时出现超级市场、便利店、货仓式超市、专卖店、邮购、网上商店等新型商业业态，社会主义商品市场体系框架初步建成。

（一）商品市场迅速发展　培育和发展商品市场体系，是全市商品流通体制改革的中心。1992 年建立社会主义市场经济体制目标确定后，全市商品市场发展迅速。2000 年年底，全市各类商品交易市场总数 838 个，比上年增加 57 个；市场交易额 495 亿元，比上年增长 15.5%；其中城市市场 318 个，交易额 382 亿元，比上年增长 12.4%。商品交易市场，涉及纺织品服装、食品饮料、家具、机动车、金属材料、煤炭、木材、粮油、蔬菜、水产品、农业生产资料等 20 多个行业。

各类批发市场同步迅速发展　2000 年，全市加快各类批发市场建设步伐，全年市场建设投资 13 亿元，共新建市场 52 处，改建和扩建市场 43 处，新增经营面积 103.5 万平方米。加大对龙头市场的培育力度。全市成交额过亿元的市场 54 处，其中 20 亿元以上的 5 处。列入全国百强的 1 处，全省 30 强的 7 处。茶叶市场、果品市场、科技市场、家具市场成为全国最大的专业类市场之一。改变单一交易模式，推动交易方式创新，总经销、总代理业务不断扩大，有市场开始探索网上交易。加强市场发展环境整顿，推广新世界商城做法，逐步实行税费一个窗口收取，市场秩序明显好转，促进了市场繁荣。全年市场成交额 495 亿元，跃居全省第一位。

零售市场发展迅速　1992 年后，全市城乡集贸市场发展进入高潮时期，集贸市场带动全市经济发展的作用越来越大。国营商业经营比重明显降低，其主渠道地位让位给集贸市场。国营商业经营蔬菜由 1989 年占全市市场的 40% 下降到 8%；鸡蛋由 17% 下降到 2%；猪肉由 42% 下降到 8%。1992 年，全市各类饭店、酒店共 1.1 万家。其中国营 360 家，仅占 3%；旅馆业、理发业、浴池业等服务网点 9638 家，其中国营 625 家，仅占 6.48%。1993 年，全市各大零售店开展争创销售过亿元店活动。人民商场、国贸大厦、大观园商场、百货大楼、第一百货商店等五大零售企业销售突破亿元大关。代表城市辐射功能大小的商业批发企业，转换经营机制，通过深化内部改革、组建单体公司、开展总经销、总代理业务，增强了企业活力。年底，全市个体工商户累计 17.3 万户，私营企业 3700 户，分别比上年增长 57% 和 106.7%。个体商业实现消费品零售总额 33.4 亿元，比上年增长 116.8%，成为促进济南市经济发展新的增长点。1994 年，超市、连锁店等新的商业经营业态和组织形式在济南市场应运而生。至 2000 年，全市零售企业朝着大型化、多样化、一体化、自动化、信息化的方向发展。

（二）深化重要商品流通体制改革　1994 年，按照国务院和省政府的统一部署，济南市先后制定粮食、棉花、农资、石油等重要商品流通体制改革的措施。粮食价格和购销体制改革措施于 6 月 10 日制定。提高粮食收购价格，小麦由每千克 0.713 元提高到 1.08 元，调高 51.5%。销售价格执行国家规定价格的下限，特一粉由每千克 1.36 元提高到 2.06 元，特二粉由每千克 1.3 元提高到 1.88 元，标准粉每千克 1.2 元，维持到年底不动。加强对粮食市场管理，工矿企事业单位只允许到产地县以上粮食批发市场采购，不允许个体和集体单位从事粮食批发业务。改革粮食供应办法，对居民实行凭卡限量限价供应；对集体伙食单位、大专院校，由粮食部门与之签订协议，并实行预约登记供应办法等，提高国家对粮油市场的宏观调控能力，保证粮食价格和购销体制改革的顺利、平稳实施。棉花流通体制改革主要实行“四统一、三不放开”(统一政策、统一价格、统一质量标准、统一由供销社经营，不放开棉花市场、不放开棉花经营、不放开棉花价格)措施。各级供销、工商、物价等部门，采取综合措施，整顿棉花市场，清理流通渠道，保护合法收购，取缔黑市交易，坚决查处无证收购、无照经营、倒买倒卖、掺杂使假等违法行为。按国家统一规定，从1994年9月起，棉花收购价格由每担328元提高到544元。同时，采取落实责任制、骨干带头、严格奖罚制度等措施，加强棉花收购工作。在棉田面积减少、灾害较严重的情况下，该棉花收购年度收购皮棉1.86万吨。农资流通体制改革重点是整顿流通渠道和价格，减少流通环节，明确化肥经营单位为“一主两辅”。即：各级供销社农资公司为化肥经营的主渠道，农业部门的植保站、土肥站、农技推广站及生产企业的自销部分为辅渠道，其他单位和个人无权经营。同时，将化肥价格纳入国家管理轨道，规定尿素每吨1400元，碳酸氢氨每吨414元。石油流通体制改革重点是整顿流通渠道和价格，突出强调管住原油、管住源头，对成品油批发和零售单位进行认真清理整顿。成立领导小组，对全市400多个加油站和几十个批发单位逐个检查整顿，初步确定10个批发单位继续经营批发业务，并上报省待批。大部分加油站允许继续经营零售业务。通过石油市场整顿，初步理顺销售渠道，减少流通环节，规范企业经营行为，维护消费者利益。

(三)商品价格市场化 1992年，全市商品价格逐步向市场化迈进。农副产品、工业消费品、生产资料价格的市场调节份额持续上升。至年底，全市社会商品零售总额中市场调节价的比重上升到90%。1993年，生产资料领域，除少数物资按计划分配供应外，基本实现生产资料自由购销。至年底，全市粮食价格全部放开。随着全市价格体制的初步转轨，市场机制在价格形成中的主导地位基本确立。1998年，全市市场物价持续走低，消费者购买心理稳定。居民消费价格指数为100.9%，社会商品零售价格指数为98.9%，增幅比上年分别回落2个和2.6个百分点。主要商品价格在低位运行，部分主副食品价格大幅度下降。粮食类价格指数为89.9%，肉类及其制品为92.1%。1999年，全市市场物价持续走低，全年商品零售价格指数和居民消费价格指数分别下降3.1%和0.9%。主要特点：总体回落趋势难以逆转。工业消费品价格指数降多升少，仅有饮料、烟酒、中西药品、化妆品和书报杂志价格略升。受政策性调价因素影响，服务业项目价格继续大幅上涨，成为抑制价格总水平下降的主要原因。工业品出厂价格和原材料、燃料、动力购进价格小幅下降。房地产价格指数呈小幅上升态势。粮食价格先稳后降，1999年下半年市场价格低于保护价。

(四)深化国有商贸企业改革 1992年后，全市商贸系统贯彻党和国家关于国有企业改革的一系列方针政策，抓住国有经济布局调整的有利时机，按照“压缩数量、提高质量、优化结构、增强活力”要求，以产权制度改革为核心，以建立现代企业制度为目标，全面实施“三让出、三集中”战略①，全力推行整体配套改革。2000年，全市国有商贸企业改革以“两个置换”②为主攻方向，综合运用各种改革形式，加快国有资本从商业领域有序退出。全市商贸系统独立核算企业379家，整体改制228家，国有资本完

①国有资产让出面广量大的传统生活服务行业中的部分阵地，向行业形象工程集中；让出小型商业网点和企业，向连锁便民网络集中；让出边、小、微、亏企业，向大型商贸集团和新的经济增长点集中。

②通过产权转让置换企业的国有性质，解除企业对政府的依赖关系，让企业走向市场；通过一次性补偿，置换职工的全民身份，解除职工对企业的依赖关系，让职工走向市场。

全退出66家，改制面为77.6%。在整体改制企业中，设立股份制公司17家，有限责任公司59家，股份合作制28家，其他形式124家，其中承包46家，国有民营12家，其他23家。市属独立核算国有商贸企业188家，改制140家，国有资本完全退出1家(破产)，改制面75%。在整体改制的企业中，设立股份有限公司16家，有限责任公司50家，股份合作制14家，其他形式60家，其中承包24家，租赁10家，国有民营3家。全市县(市)区属独立核算国有商贸企业191家，整体改制88家，国有资本完全退出65家(包括破产35家、关闭15家、出售6家、其他形式9家)，改制面为80.1%。在整体改制企业中，设立股份有限公司1家，有限责任公司9家，股份合作制14家，其他形式64家，其中承包22家，租赁33家，国有民营9家。为从整体上搞好国有商贸经济，提高商贸流通的市场竞争力，坚持贯彻“抓大放小”和国有经济“有进有退，有所为有所不为”方针，改组、改制、改造和加强管理有机结合，因企制宜，分类指导，积极推进国有商贸企业改革进程。

培育和发展大型商贸集团 对资产、经营状况良好的国有企业，通过多元化重组改造，发展大型商业集团，提高国有商贸企业的组织化程度。1997年，以组建商贸集团为重点的济南市商业企业改革取得重大突破。人民商场、大观园、百大、三能、民天和华幸六大国有独资商贸企业集团公司分别于10月1日和10月30日正式挂牌运营。

人民商场集团有限公司。由原济南人民商场集团有限公司、山东华联商厦股份有限公司、济南储运贸易总公司3家企业联合重组，其国有净资产集中构建形成集团母公司。将济南交电家电总公司、济南百货批发总公司和济南文化用品总公司划归该集团管理。组建以商业为龙头，集贸、工、科于一体，商业、房地产业、餐饮娱乐、旅游、信息服务并举的集团公司。

大观园商场集团有限公司。由原济南大观园集团有限公司和济南亨得利钟表眼镜有限公司联合重组，2家企业的国有净资产集中构建形成集团母公司。将济南第一百货股份有限公司和济南五金机械总公司划归集团公司管理。以新大楼为形象工程，着重发展专营公司，统一开发建设大观园商场区域内的各类服务设施，建成济南商贸行业的“大观园”。

百大集团有限公司。由济南百货大楼(集团)股份有限公司和济南四海香股份有限公司联合组建，其国有净资产集中构建形成集团母公司。济南时装总公司划归集团公司管理。发挥位居泉城路和新规划的中心商业区的区位优势，经营主要定位于济南市中档消费层次和外地游客，逐步联合、兼并泉城路一带的社会商业，把泉城路建成济南的“王府井”。

三能集团有限公司。由济南糖业烟酒总公司、济南饮食服务总公司、济南亚洲大酒店、济南酿造一厂、济南酿造二厂、济南食品机械厂等企业组成。逐步发展成为以酒水公司批发为主业，集贸易、生产、饮食服务为一体的综合性集团公司。

民天集团有限公司。由济南民天面粉有限责任公司、济南鲁星面粉有限责任公司、济南三良有限责任公司、济南民意面粉有限责任公司、济南成丰有限责任公司等5个子公司组成。实施名牌战略，发挥名牌效应，扩大民天系列面粉和熟食的市场份额，带动粮食系统其他企业尽快走出低谷。

华幸化工集团有限公司。以济南市华幸化工有限责任公司为母公司，以母公司投资控股的天桥化工商店、劳动服务公司、朝山化工商店、东环化工有限责任公司为子公司，河南省中原建材总公司为参股公司，并有40多家协作企业。华幸化工集团有限公司成立后，逐步兼并关联度大的化工工业企业，带动生产企业的发展，形成贸工一体化。

公司制改造 全市按照建立现代企业制度的要求，对有一定市场和发展潜力的大中型企业，通过引入社会资本、职工入股和转让国有股权等形式，整体或部分改制为股份制企业。2000年，全市商贸系统绝大多数大中型国有商贸企业改制为国资控股或参股股份有限公司和有限责任公司，同时与调整企业经营结构和发展新的经营形式相结合，采取吸收社会资本和职工入股等方式，新组建一批有限责任公司。在企业改制中，坚持实行投资主体多元化，尽量降低国有股所占比例。完成公司制改造的企业，绝大多数国有资本占总股本的30%左右，特别是已经改制的有限责任公司中，不少已经实现职工多持股。济南亨得利钟表眼镜有限公司和济南大通五金机械有限公司职工股分别占到总股本的67%和71%。按照国家关于国有资本逐步退出一般竞争性行业的要求，积极鼓励职工和经营者入股，优化企业内部股本结构。人民商场按照“职工持大股、经营者多持股”的原则，将2800万国有股中的2000万股转让给经营者和职工。济南酿造厂在改制中，将490万国有股中的300万股转让给职工。济南广友物流配送集团将总股本中的628万股转让给职工。进一步提高国有资本的集中度，促进投资本体多元化的形成。

放开搞活中小企业　对市属二级企业、县(市)区属企业以及边、小、微、亏网点和企业，以国有资本“退资转让”为主，不拘形式，放开搞活。有的通过股份合作、合伙购买、拍卖等形式，退出国有资产；有的通过联合、兼并等形式，实现资本向优势企业和关键领域聚集；有的通过出售、拍卖实现国有资产变现；有的通过合资、合作和分立搞活等形式，创立新的企业；有的对亏损严重、资不抵债的实施破产。

推进国有资本管理和运营　济南市在企业改制和资本重组中，高度重视国有资产管理和运营。通过以资抵债等盘活资产。百大集团五金公司在充分调查论证和资产评估的基础上，以闲置的五金商厦和位于西市场繁华地段的大众商场抵减5000万元的银行债务，使企业资产负债结构得到改善。济南时装公司抓住泉城路拓宽的机遇，探索盘活西门大楼、普华鞋厂和隆祥布店等闲置资产的新路子，为重塑时装公司形象奠定基础。济南市物资流通协会大力开展租赁业务，所属企业共出租空闲库房和经营用房1万多平方米，取得可观的经济效益；同时，对闲置土地实行置换和联合开发，所获资金，一部分用于设备更新、技术改造、投资项目，一部分用于职工的身份置换。济南市供销社所属土产杂品公司经二路办公楼以资抵债，抵减银行贷款1320万元；果品公司果品加工厂大楼，以资抵债730万元；党家庄仓库以资抵债1060万元；装饰公司共青团路营业楼以资抵债3900万元。同时，许多企业通过股权转让、联合兼并、行政划转、腾笼换业、增资减债等形式大力推进国有资产重组和经营，推动商贸企业的改革和发展。市物资系统通过对闲置土地和资产的选用，兴办蔬菜批发市场、海鲜市场和生产资料市场，年成交额15亿元。济南味精厂经过二次资产重组，先后吸纳资金6300万元，为实施易地改造创造了条件。华幸化工集团通过兼并济南食品机械厂，盘活存量资产4000多万元，既解决了200多人的吃饭问题，又实现集团的低成本扩张。济南时装公司采取以资抵债的办法，将所属先时服装厂抵给银行，减少债务1800万元，使企业资产负债率由97.6%下降为60%。全市商贸系统通过资产抵债和债转股等形式，减掉债务包袱3亿多元。

1999年，全市商贸系统共有职工5.38万人，其中在职职工2.42万人，下岗职工1.69万人，离退休职工1.26万人。通过在改制中兼并重组、破产、失业、内部退养、开拓经营、末位淘汰、职工自谋职业和帮助职工寻找就业渠道等多种形式，分流人员8400多人，其中市属企业分流安置2400人。

发展非公有制商业　1994年，全市个体业户12.2万个，从业人员24.9万人，比上年分别增长79.9%和107.5%。1996年年末，全市批发零售贸易业、餐饮业及服务业网点18.6万个，比上年末增加2.1万个，增长12.7%；从业人员55.5万人，增长20.7%，其中个体业户和从业人员分别比上年增长13.7%和30.7%。2000年，全市个体、私营、联营、股份制、合资合作及其他形式的非公有制商业持续活跃。非公有制商业实现社会消费品零售额较1995年增长143%，大大高于国有、集体商业11%和51.2%的增幅。非公有制经济零售额所占比重由1995年的51%上升为2000年的66.1%。个体私营等非公有制商品流通发展迅猛，2000年个体私营经济零售额比1995年增长165%。2000年全市个体私营经济零售额139.3亿元，比上年增长18.3%；其他经济零售额95亿元，比上年增长12.1%。公有制经济零售额所占比重由上年的36.2%下降为33.9%，非公有制经济零售额所占比重由上年的63.8%上升为66.1%。2000年9月，大润发超市进入济南。至2010年，落户济南的外资超市有大润发、沃尔玛、家乐福、易初莲花、乐购等5家。

创立济南市商业联合会　1994年9月6日成立。该会是全市性、跨系统、跨部门、跨行业、跨所有制性质，由大型商业企业及从事商业流通业务的集体和个人自愿组成的社会团体。年底发展会员单位110家，先后成立化工协会、饮食业协会、茶叶协会、汽车配件协会、家具协会等5个行业协会。商会成立为加强政府与企业间的联系和行业管理工作探索了一条新路子。

(五)建立健全商品流通的间接宏观调控体系

1992年后，济南市的商品流通间接宏观调控体系不断建立和健全。

扶持副食品基地建设　1993年，全市新开辟菜田0.53万公顷，全市菜田面积2.8万公顷，年产蔬菜200万吨，提供商品菜150万吨，不仅满足济南当地群众的需要，使城市居民人均日食蔬菜上升至500克以上，而且有80万吨蔬菜销往外埠。特别是发展一批冬暖型大棚，使居民四季都能吃上新鲜蔬菜。1993年11月，济南市遭受雪灾，大白菜损失10万吨，蔬菜大棚倒坍20%。市政府拨出200万元专款，分发到受灾的菜农中，保护了菜农的积极性。同年，在市政府扶持下，建起一大批生猪、禽蛋、奶牛、淡水养殖等副食品生产基地，使群众的“菜篮子”越来越丰富。

加强对粮油及猪肉等主要副食品的储备　1993年下半年，猪肉货源偏紧，猪肉供应一度紧张，价格上扬。国营商业部门及时组织调进，平抑肉价，稳定市场。年末，粮油市场出现较大波动。为保证市场供应，全市投放4500万千克地方储备粮，并颁布粮食最高限价。同时，由市财政拨出1000万元专款，及时充实粮油储备。

加强市场调研和预测　全市初步建立起市场监控网络。各大零售商店、副食商场、大型集贸市场定期或不定期向有关部门报告市场运行状况及市场动向，做到及时发现问题，及时研究对策，及时解决，保证市场的繁荣稳定。

改革机构，强化市场宏观调控　1994年12月26日，市政府确定组建济南食品(集团)总公司。该公司在济南市第二商业局基础上改制组建，为独立核算、自负盈亏的企业，享受局级单位待遇，归口市财委。济南市第二商业局牌子暂时保留。该公司仍行使一定的行政职能，在报经济南市国资局同意后，受市国资局委托，经营管理所属单位的国有资产。为保证组建工作顺利进行，经市委批准，成立筹备工作领导小组，接替市第二商业局工作(由于多种原因，至今对外仍以市第二商业局名义行使职权)。

1996年，济南市党政机构改革，按照建立社会主义市场经济体制的要求，简政放权，转变职能，强化对国民经济和社会发展的规划、协调、宏观管理、监督检查和社会保障职能，调整归并业务相近和职能交叉重复的机构，将专业经济管理部门改为总会、总公司或国有资产经营总公司；通过“三定”(定机构、定职能、定编制)，合理配置和界定各部门的职能，理顺工作关系，精简内设机构和人员。1996年5月18日，成立济南市财政贸易委员会(又称济南市贸易局)。撤销济南市第一商业局，建立济南市一商国有资产经营总公司；撤销济南市第二商业局，建立济南市食品集团总公司；成立济南食品工业集团总公司筹建小组；撤销济南市物资局，建立济南市物资集团总公司。

1995年，为加强市场经济条件下政府对粮油、副食品市场的宏观调控，稳定市场，控制物价，安定人民生活，济南市先后制定和建立粮食风险基金、副食品风险基金和粮、油、肉、糖等重要商品储备制度。两项基金的调度使用权属市政府。重要商品储备，包括粮食、食用油、猪肉、牛羊肉、食糖等，由市财政筹集资金，市政府贴息，保持稳定的储备数量，发挥吞吐调剂作用，稳定供应，平抑价格。

1998年，全市按照建立社会主义市场经济体制，发展大流通、搞活大贸易的要求，加强对流通业的宏观调控和管理。加强对流通行业规划管理。制订“一五六”(建设一处中心商业区、五处区域性商业中心、六大专业市场)、马路市场“退路进厅(场)”工程建设规划，制定流通业结构调整意见，并积极争取相关政策，对济南商业发展起到良好的引导和调控作用。加强法制法规工作。加大《济南市城市商业网点建设管理办法》实施力度，制定《济南市生猪屠宰销售管理办法》，使流通行业管理行为趋于法制化、规范化。加强商贸流通秩序整顿工作。贯彻国务院《生猪屠宰管理条例》，加强对石油、煤炭、民爆器材、专利商品、酒类等重点商品流通秩序的整顿，使商品经营逐步规范化。

三、流通体制改革深化阶段（2001～2010年）

中国加入世界贸易组织后，全市形成国有、集体、个人及私营、外资等多种所有制结构，大型百货商店、超市、专业店、专卖店、便利店等多种业态，连锁代理等多种经营方式共同发展的新型商业流通格局。并逐步向大流通、大市场和大贸易迈进，初步形成现代化的大流通体系、社会化的大市场环境和国际化的大贸易体制。国内贸易体制改革主要是围绕提升农村流通网络和规范商品流通市场展开。

(一)建立四个现代系统 建立现代贸工农系统 2001年后，济南市流通加工业、贸易业不断向农业领域渗透，推进了农业产业化进程，使农村经济得到高效有序地发展。

建立生产基地，密切农商关系。2001年，全市共有各类批发市场80余处，5万吨以上产品交易市场15处。形成以八里桥、七里堡(年交易量50万吨)两大城区批发市场为主体，以刁镇、姜集、唐王、归德、展家等15处大型产地批发市场为骨干，以中小型产地批发市场和季节性、专业性的村级批发市场为基础的三级蔬菜市场体系。各县(市)区共有各类中介组织152个，运销大户520余个，从业人员2万余人；市级食用菌协会成立，会员单位16家。全市各类蔬菜加工龙头企业发展到52家，年加工各种蔬菜20万吨，出口创汇5000万元。年内，城市蔬菜供应量实现48万吨，比上年略有增长。济南市蔬菜副食品集团作为全市“菜篮子工程”的重要龙头企业，全年实现销售收入6.2亿元，实现利润360万元，分别比上年增长22%和13%。集团坚持“农业产业化，城乡一体化”的经营方针，在济南周边地区建立生产基地，形成公司加农户的产销关系。2006年度在全国农产品批发市场百强评选中，全市5家农产品批发市场跻身全国百强行列。山东盖世物流农贸大市场进入全国农产品批发市场综合百强，列第17名；济南维尔康肉类水产综合批发市场进入全国水产品20强，列第2名；堤口路果品批发市场进入全国果品批发市场20强，列第8名；章丘刁镇蔬菜批发市场、济南饮马盛发综合农贸批发市场进入全国蔬菜批发市场50强，分别列第43名和48名。

2007年，济南七里堡蔬菜综合批发市场、济南堤口路果品批发市场通过商务部“双百市场工程”验收，获得项目补贴资金360万元。

“万村千乡市场工程”。2005年，“万村千乡市场工程”和社区商业活动正式启动。“万村千乡市场工程”是商务部在全国推行的建立和发展农村现代流通体系的一项富民工程，2005年2月起在全国进行试点。提出从2005年开始，用3年时间，在试点区域内培育出25万家左右“农家店”，形成以城市店为龙头、乡镇店为骨干、村级店为基础的农村现代流通体系，逐步缩小城乡消费差距。“万村千乡市场工程”的开展，使全市连锁经营在农村乡镇和社区得到快速发展，以服务三农为主的农家店和社区便利店、专卖店所占的比重大大提高，城乡一体连锁经营网络初步形成。

2006年，“万村千乡市场工程”经过在章丘、长清、历城、济阳、商河、平阴6个县(市)区一年的试点，引导城市连锁超市向农村延伸，运用现代流通方式，建设改造市县两级配送中心5处、乡镇配送站18处，建设改造规范化日用品和农资“农家店”1132个，营业面积8.84万平方米，覆盖6个县(市)区的1157个行政村，安置富余劳动力4120人，受益群众280万人，拉动农村社会消费品零售额比上年增长4.2个百分点，在全市初步形成以城区店为龙头、乡镇店为骨干、村级店为基础的农村新型市场流通网络，促进了社会主义新农村建设。2006年11月1日，在全省“万村千乡市场工程”现场会上，济南市贸易服务局、章丘市财贸办公室、长清区供销合作社、济南市邮政局被评为“万村千乡市场工程”先进集体，济南康泰有限公司被评为“万村千乡市场工程”优秀企业。2007年，济南市申报的“万村千乡市场工程”试点县(市)区及承办企业获商务部核准7个试点县(市)区是槐荫区、历城区、长清区、章丘市、济阳县、商河县、平阴县；8家承办企业是济南华联商厦集团股份有限公司、济南社兴供销有限责任公司、济南金合作商贸有限公司、济南康泰有限公司、济阳三联家电有限责任公司、商河县宏盛购物广场有限公司、平阴县百货大楼有限责任公司、济南济北农资连锁经营中心。一个以大型商贸流通企业为龙头、乡镇(社区)直营超市为骨干、乡村连锁农家店为基础的农村消费经营网络在济南广大农村快速延伸。2009年，全市“万村千乡市场工程”营销网络年销售额16.8亿元，比上年增长1.1倍。

“农村市场拓展行动”。2007年上半年，以“万村千乡市场工程”为主要内容的“农村市场拓展行动”扎实推进，取得良好效果。2009年，全年新建标准化农家店1280个，累计建成4040个，行政村覆盖率90%；建设、提升县级配送中心3个、乡镇直营超市4个、农产品产地批发市场7个；农家店商品配送率提高到50%以上。

“农超对接”活动。2008年5月10日，市农业局、市贸易服务局联合举办济南“农超对接”启动仪式暨特色农产品进超市展示活动，并在大观园商场、银座购物广场、市华联商厦和统一银座等超市设立8个“济南市特色农产品专区”，全市38个特色农产品基地的产品进入超市。工程实施以来在全市建成社区菜市场95处，总建筑面积22.9万平方米，摊位1.3万个，安置就业人员2万多人，服务城区200多万人口。

“家电下乡”试点活动。按照商务部、财政部和省经贸委、省财政厅的统一部署，全市“家电下乡”活动自2008年1月15日开始全面推开。2010年全市销售家电下乡产品33万台(件)，实现销售额7.5亿元，同比分别增长70%和105%，家电下乡工作开展以来累计销售产品59.3万台(件)，50万农户受益；累计回收旧家电、汽车100.1万台(件)，销售汽车、家电以旧换新产品88.74万台(件)，销售额39.23亿元。

2010年济南市“家电下乡”情况表

表6-2-1

	2010年						家电下乡累计		
	销售（万台）	同比（%）	销售金额（万元）	同比（%）	发放财政补贴（万元）	同比（%）	销售（万台）	销售金额（万元）	发放财政补贴（万元）
历下区	0.72	-51.1	2300	-32.4	227.17	7787.0	2.71	6600	230.89
市中区	0.73	82.5	1800	125.0	223.52	546.7	1.23	2800	273.03
槐荫区	0.72	10.8	1800	50.0	214.8	521.5	1.6	3400	308.5
天桥区	2.96	131.3	6500	160.0	705.08	485.9	4.41	9300	864.9
历城区	3.59	70.9	8000	110.5	989.06	125.3	6.11	12400	1539.82
长清区	3.19	63.6	7600	90.0	993.41	101.9	5.64	12300	1576.63
平阴县	3.46	102.3	9600	182.4	1287.77	186.6	5.67	13800	1833.26
济阳县	4.2	42.9	10000	75.4	1443.33	144.6	8.24	17400	2259.72
商河县	5.33	116.7	12800	156.0	1762.5	188.4	8.6	19100	2528.17
章丘市	8.06	52.4	19400	74.8	2559.31	88.6	15.27	33500	4271.26
高新区	0.06	—	200	—	110.16	175.4	0.06	200	159.02
全市	33.01	63.18	75000	95.91	10516.11	149.66	59.53	130800	15845.19

城乡市场体系建设。2005年，通过“万村千乡市场工程”和“市场拓展行动”等活动的深入开展，农村市场体系建设取得新成效。全年改造建设标准化农家店792个、配送中心6个，营销网络实现销售额65.8亿元，同比增长22.3%。至年底，全市累计建成农家店4832个，其中日用品店3901家，行政村覆盖率85.7%，商品配送率60%以上。全国百强市场和年交易额10亿元以上的商品市场11个，交易总额363.6亿元。

建立现代产供销系统　2001年后，济南市商贸系统主要通过物流、配送、代理、信息等组织形式和营销方式，与工业经济全方位的结合。产销结合范围扩大，形式增多，特别是随着现代物流业、信息业的发展，新型的产销行业进入快速发展期。全市商贸流通业以提高经济效益为中心，重点推动企业经营结构、营销方式和业态结构的调整，促进传统商业升级换代。

调整企业市场定位，实行错位经营。全市商贸部门贯彻《济南市流通行业结构调整意见》，调整企业市场定位。济南人民商场确定重点经营中档穿着类商品。广友物流配送集团新上家电、钢材、化学型材等市场，批发、物流配送、市场三大主营板块基本形成。华幸化工集团走出一条科、工、贸一体化发展之路，新上的高科技产品达诺沙星和EDTA，均属国内首创。

发展总经销、总代理和配送制。全面推进商贸企业营销方式改革，利用国有商业的信誉、实力、渠道优势，对大宗重要商品实行总经销、总代理和配送制，扩大自营和总经销比例，扩大代理区域，提高企业经营能力。2001年，市属商贸企业与40多个国内外名牌生产厂家，签订约50份地区总经销、总代理合同，总经销、总代理品牌400多个，实现销售额过10亿元。其中，物资企业代理业务比重达到总业务量的60%以上。三能集团彩扩公司买断美国宝丽来胶片华东地区总代理权，2001年实现销售收入1.3亿元。广友物流配送集团以八里桥仓库为基地拓展第三方物流业务，与中国集装箱总公司等单位建立物流配送关系，年创收近100万元，形成新的效益增长点。全市商业企业致力于商业自有品牌的开发，利用商业信誉和无形资产，开发产业利润。2002年，人民商场立足于自身服饰经营的主营特色，开发儒商服饰、名人服饰2个自有品牌；济南市钟表眼镜公司开发出山葡萄酒和济南府白酒生产项目；济南万隆超市公司以超市经营为龙头，一头连接生产、加工基地，一头连接城市居民厨房，构成从基地生产到工厂化加工，再配送到超市，最后进入居民厨房的产业链经营方式；全客隆面食平均日销3万千克，约占济南市场供应的20%；万紫巷牌海鲜、福牌豆制品等品牌在全市同行业中做到最大，成为全市各超市大卖场、大商场的主力生鲜食品之一。

建立现代连锁经营系统　20世纪90年代，济南市连锁超市企业发展起来，经历发展、萎缩、再发展的过程，初步形成具有一定规模的连锁业。至2006年，全市连锁经营企业发展到70家，门店数3300多个，销售额420亿元。三联商社、银座商城、济南华联等3家企业跨入全国连锁百强行列。初步形成以银座商城、大润发、市华联等为代表的零售业连锁企业集群；以金三杯、金德利、六乃喜、净雅、顺风酒店等为骨干的餐饮业连锁集群；以阳光大姐、多妮妮等为代表的服务业连锁企业集群；以建联、宏济堂、漱玉平民药店等为骨干的药品专卖连锁企业集群。

建立现代网上交易系统　随着信息技术、网络技术和电子商务的现代化，济南市网上交易系统有较大发展。除网上商店外，网上订货系统、网上展销系统、网上拍卖系统等经营额也逐步提高，但总体上处在起步阶段。中国加入世界贸易组织后，随着国外大量高新技术和网络公司的进入，全市商贸业的网上交易系统迅速发展，电子商务不断普及和深化，形成与实体经济深入融合的发展态势。

跨境电子商务活动。全市大型商贸企业网上采购和销售比重逐年上升，部分企业的电子商务在向研发设计、生产制造和经营管理等业务集成协同的方向发展。电子商务在全市中小企业中的应用普及率迅速提高，2010年大中小企业网上交易和网络营销的利用率42.1%。网络零售交易额迅速增长，“十一五”期间年均增速100.8%，占社会消费品零售总额比重逐年上升，成为拉动需求、优化消费结构的重要途径。2010年，全市网络零售用户规模1.6万户，交易额300亿元，占社会消费品零售总额比重的3.3%。银座商城网上交易量15亿元，九阳小家电网上交易量9.6亿元，韩都衣舍电子商务平台交易额6亿元，永鼎汽车配件商务平台5亿元。

电子商务支撑水平。“十一五”期间，电子商务平台服务、信用服务、电子支付、现代物流和电子认证等支撑体系加快完善。围绕电子商务信息、交易和技术等的服务企业不断涌现。电子商务信息和交易平台向专业化和集成化的方向发展。社会信用环境不断改善，为电子商务的诚信交易创造有利条件。网上支付、移动支付、电话支付等新兴支付服务发展迅猛，第三方电子支付的规模不断增长。现代物流业快速发展，对电子商务的支撑能力不断增强，网络零售带动快递服务的迅速发展，电子证书在电子商务中得到广泛应用。

电子商务发展环境。“十一五”期间，全市信息基础设施规模和技术水平达到国内先进水平，基本构建起以光纤通信为主，卫星通信、移动通信、微波通信为辅的城市信息高速公路。全市互联网站3.8万家，上网人数293万人，网络服务能力不断提升。全社会电子商务应用意识不断增强，应用技能得到有效提高，电子商务国际交流与合作日益广泛。

(二)现代物流业不断发展，成为全市商贸业新的经济增长点　现代物流业融合全市运输、仓储、装卸、搬运、包装、流通加工、配送、货代和信息等行业，成为复合型服务业。全市物流业的贡献能力、发展规模、载体建设、主体培育和信息化水平不断提高，涌现出一批亮点物流企业，成为全市新的经济增长点。

物流业规模 2010年，全市物流货物总额、货运总量、货运周转量分别为10063亿元、27416万吨和1728亿吨千米；“十一五”期间，年均增长分别为12.3%、11.8%和6.5%。2010年，物流及相关产业实现营业收入同比增长24.1%，达2370.8亿元，占全市生产总值和第三产业增加值的比重分别为7.8%和14.8%；物流及相关行业的从业人员31.8万人，占全市从业人员的8.37%，占服务业的20.48%。

物流业发展 全市商贸企业开始采用现代物流理念、方法和技术，实施流程再造和服务外包。济南重汽、济钢、济南烟草、济南山水等制造业企业逐步剥离物流环节，并成立兼有第三方物流功能的专业物流公司；济南统一银座、济南华联商厦、济南金德利快餐店、济南宏济堂药店等一批连锁经营企业实施统一采购，建立配送(采购)中心；山东交运、广友物流、济南中邮等一批传统运输、仓储和邮政企业，实行功能整合和服务延伸，加快向现代物流企业转型。佳怡物流、博远物流、元智物流、中诚信物流、零点物流、力诺物流等一批民营物流企业快速发展；大田—联邦快递、嘉里大通、天地华宇、大润发等一批国内外知名物流企业相继在济南设立区域物流总部。盖世物流、佳怡物流、交运集团、博远物流、中邮物流、济铁集团6家企业入选全国物流百强。盖世物流、铁路经营集团被认定为AAAAA级物流企业，佳怡物流、博远物流被认定为AAAA级物流企业。

物流基础设施 至2010年年末，全市公路通车里程1.16万千米，公路密度达到每百平方千米145.16千米。高速公路343.2千米，“一环八射”的高速公路网格局基本形成。物流园区、物流中心加快规划建设，产业集聚发展区快速发展。盖家沟物流基地发展成为占地200多公顷，建筑面积100万平方米的全国示范性物流基地和全省最大的陆路物流产业集聚区。现代物流园区一期工程建设取得一定进展。郭店周边形成拥有30余家较大规模钢铁物流企业群。机场物流中心和海关一级监管库建成启用。出口加工区增加保税物流功能。泺口、济青高速公路零点等一批二级物流节点相继建成。大润发配送中心、银座配送中心等26个物流项目正在建设。济南市北部形成盖家沟、黄台、零点、泉胜、万通、佳园、泺中等10个物流集聚中心，汇集上千家物流、货代企业，通达全国的货运专线1800多条。

物流技术和信息化 交通信息、兰剑货运、山东信息等物流信息平台相继建成运营。盖家沟、佳怡、博远、山大俱进、零点物流港等物流企业均建立不同特色的物流信息系统。兰剑科技物流发展成为全国知名的第四方物流企业；零点物流港山东物流信息网建设初见成效。电子数据交换系统、事务处理系统、管理信息系统、销售时点信息系统、地理信息系统、卫星定位系统等信息处理和条形码、射频识别技术开始在物流中运用。

物流业发展环境 济南市把物流业列为重点发展的十大服务产业之一，成立现代物流发展工作领导小组，制定“十一五”时期现代物流业发展规划和支持物流业发展的一些政策措施，加大对重点物流项目和重点物流企业扶持力度。

(三)会展业规模效益不断扩大 随着2002年济南舜耕国际会展中心的建成使用，全市会展业逐年发展。2005～2010年，全市共举办各类会展活动612场，拉动相关行业收入443.2亿元，年均增长均在15%以上。会展业服务体系日趋完善，专业会展公司发展到30多家，办展能力和水平不断提高。济南舜耕国际会展中心和济南国际会展中心整合组建山东国际会展管理有限公司，对整合济南会展资源、规范会展市场、打造全国会展名城，拉动消费增长，提升城市综合竞争力产生深远影响。2009年，为承接第七届中国(济南)国际园林花卉博览会，济南园博园会展中心建成投入使用。一些场所因其功能和需要举办一些规模小的展览活动，展览面积都在2000平方米以下，主要包括山东省美术馆、山东省图书馆、山东省博物馆、山东省科技馆、山东省体育馆。

(四)规范和监督流通体制的运行 深化流通管理体制改革，推进国内贸易和对外贸易一体化进程 进行机构改革，加强对流通体制运行的管理。2001年5月，根据中共济南市委《关于济南市人民政府机构改革实施意见》，撤销济南市财政贸易委员会(贸易局)，建立济南市财贸办公室。撤销济南市一商国有资产经营总公司、济南市食品工业集团总公司筹建小组、济南食品(集团)总公司(原二商局)，组建济南市商业协会和济南市商贸国有资产经营公司，并于2002年7月18日挂牌。两个机构合署办公，编制26人，内设4个处，事业编制。撤销济南市物资集团总公司，建立济南市物资流通协会。2004年9月10日，济南市贸易服务局挂牌成立。市贸易服务局是根据市政府机构改革实施意见组建的市政府工作部门。依据《济南市贸易服务局主要职责、内设机构和人员编制暂行规定》，新成立的市贸易服务局主要职责是主管全市国内贸易和第三产业。内设9个职能处室和离退休干部局。根据济南市机构改革实施意见规定，撤销济南市财贸办公室、济南市物资流通协会、济南市商业协会，成立济南市贸易服务局。

2009年4月12日，根据省委办公厅、省政府办公厅《关于印发〈济南市人民政府机构改革方案〉的通知》和市委、市政府《关于济南市人民政府机构改革的实施意见》，设立济南市商务局，为市政府工作部门。职责调整：(一)划入原市对外贸易经济合作局除口岸管理以外的职责。(二)划入原市贸易服务局除拟订物流业发展规划和政策并组织实施以外的职责。(三)划入原市经济委员会的机电产品进出口管理和整顿规范市场经济秩序的职责。(四)划入原市劳动和社会保障局的境外就业机构和对外劳务管理的职责。(五)取消已由国务院、省政府和市政府公布取消的行政审批事项。(六)加强内外贸融合，统筹两个市场、两种资源，搞好市场运行和商品供求状况监测，深化流通体制改革，建立和完善统一、开放、竞争、有序的现代市场体系。(七)加强与重点国家(地区)经贸合作，完善贸易和投资促进机制，为企业参与国际竞争与合作提供良好服务。(八)加强推进现代服务业发展，加快构建以服务经济为主的产业结构。(九)加强推进农村流通体系建设，促进城乡统筹协调发展。打破了济南市内外贸分割管理近50年的局面，使内外贸管理工作统一到一个管理部门。转变政府职能，构建新型流通管理体制。政府主要负责流通发展战略、产业政策、行业规划、行业标准的制定和组织实施工作，信息的引导和应急调控，实施行业指导、监督、管理和服务。

制定相关制度，保证流通体制正常运行。2002年，为适应新的形势，济南市在对商业行业管理的方法和途径进行研究和探索的基础上，制定《关于加强和改进商贸行业管理工作的意见》，下发各企事业单位和专业学会(协会)，对商贸行业管理的范围、工作重点做出具体规定。8月，在全市商贸行业开展“诚信经营、规范服务”，创建文明行业活动。年底，在全市组织评选表彰诚信经营、规范服务“双十佳”(十佳单位、十佳个人)活动。2005年，建立济南市商品交易市场统计调查制度和商品交易市场统计指标体系。

2006年，在原有19个行业协会发展的同时，全市相继成立家庭服务业协会、煤炭流通行业协会、饭店业协会，搭建起政府与企业间有效沟通的桥梁和行业相互促进发展的平台。下发《济南市贸易服务业行业协会考核实施办法》，对行业协会进行考核，规范行业协会的组织和行为。会同市总工会在全市贸易服务业开展建功立业竞赛活动，有10个先进集体、20名先进个人分别被授予济南市“建功立业先进集体”和“建功立业先进个人”称号。其中，2个标兵单位、2名标兵个人分别被授予“五一”劳动奖状和“五一”劳动奖章。

构建市场流通法律体系的基本框架，促进流通监督管理法制化 2001年，通过加大《济南市城市商业网点建设管理办法》的实施力度，制定《济南市市场、商业网点建设项目预审规定》，加强对各类商业基础设施建设的预审，减少盲目上马、重复建设。加强畜禽定点屠宰管理工作，以市政府令下发《济南市生猪屠宰管理办法》，在全国率先实行“定点屠宰、定点挂牌销售”的“两定”管理办法。组织对煤炭、石油成品油、民爆器材、报废汽车、酒类等重点商品流通秩序的整顿。开展“百城万店无假货”活动，规范建设全市无假货十大示范商场。2003年，《济南市商业分级设置规范》和《济南市商业零售业态分类规范》全面推广实施。

2004年，贯彻执行《济南市烟草专卖管理条例》，掀起整顿规范市场高潮。制定和发布《济南市机械化屠宰厂设置规定》《济南市使用动物产品管理规定》《济南市动物产品销售市场管理规定》《关于建立济南市肉食品安全信用档案的实施意见》。

2006年，落实商务部《酒类流通管理办法》和《商业特许经营管理办法》，在全省率先实施酒类特许经营备案登记制度。落实《直销管理条例》，对17家直销企业的网点进行认可上报。落实《煤炭经营监管办法》，制定煤炭经营布局规划，协调冬季民用煤储备供应。

建立健全市场运行监测体系以及应急管理系统，增强运行调控能力 加强“重症急性呼吸综合征”(简称“非典”)期间市场运行监控。2003年，在防治“非典”期间，全市流通系统明确责任，科学分工，协同作战，市场运行监控成绩显著。

强化对蔬菜生产和供应的监测。2009年，“社区便民放心菜工程”启动。实施“社区便民放心菜工程”，运用政府主导和市场运作两种方式，建设和提升改造菜市场95处。为期两年，共投资2.24亿元，总建筑面积22.8万平方米，服务人口200多万人。全市菜市场共有140多处，服务300多万人口。

建立生活必需品市场运行和市场异常波动监测系统。至2010年，济南市及各县(市)区商务主管部门，均建立生活必需品市场运行和市场异常波动监测系统，商品监测品种确定为大米、面粉、食用油、猪肉、蔬菜、食盐、食糖、牛奶等，以及引发市场供求变化波动的其他生活必需品。选择大型农产品批发市场、副食品市场、综合超市等作为监测企业。建立生活必需品市场运行预警体系、市场异常波动报告制度和突发事件信息专报制度。生活必需品和应急物资储备体系进一步完善，落实2000吨大白菜、1500吨猪肉、价值187.59万元的代储物资和45万元的应急物资储备。

建立重要节假日监控和情况报告制度。2006年，市贸易服务局下发《关于进一步加强重要节假日市场监测和情况报告制度的通知》，在市区范围内以骨干大型商场、超市、市场、酒店、宾馆为重点，选择确定42家企业组成节日市场监测网络，以及时、全面、准确掌握企业经营状况和市场供求动态。建立重要节假日市场监控和情况报告制度，旨在增强政府对市场预警和调控能力，保障市场供应秩序，确保食品卫生质量安全，防止市场出现重大波动。

增强市场监测调控能力。2010年，全市纳入商务部市场检测的样本企业171家，涉及10大行业、7种业态、16大类商品、60多个商品品种，市场监测能力进一步增强，保持全国先进水平和全省领先地位。坚持节日、重要时期和突发事件的市场巡查和分析报告制度，强化应急物资储备体系建设。继续做好猪肉、食糖、食盐等常规储备和土豆等季节性储备；调整落实常规物资(商品)储备；明确应急商品重点联系企业，构建起企业代储、实物储备和社会储备三位一体的应急物资储备体系，进一步增强市场应急反应和处置能力。推动市场监管公共服务体系建设。设置生猪屠宰、以旧换新等便民咨询投诉电话，全年共接听各类咨询电话3000多次，处置“12345”热线和各类投诉400余次。严厉打击侵犯知识产权和制售假冒伪劣商品行为；加强酒类、肉类等流通领域的食品安全工作，在4家定点屠宰场安装监控终端设备，定点屠宰生猪产品合格率、病害猪无害化处理率100%；加大煤炭、成品油经营、报废车拆解和特许经营行业的监管力度，维护市场经营秩序。

第二章 市场建设

1986～2010年，全市市场建设以建设区域性商贸中心城市为目标，突出完善体系，膨胀规模、优化结构、升级换代，积极探索市场网点建设的新路子。济南市成为华东和华北地区商流、物流、信息流的集散中心，省际商贸中心的格局初步形成。至2010年年底，全市批发、零售及餐饮业网点、市场总数、市场总面积均居全省首位，市场交易额在全省的位次由“八五”时期的第9位上升为第1位。

第一节 商贸基础设施建设

1986年，济南市有各类网点5.6万个，其中商业网点3.65万个，饮食业网点1.14万个，服务业网点8057个。1988年，济南市商业网点计划改造项目116个，改造面积(含新建面积)11.22万平方米，投资1.02亿元。其中，银行贷款7923万元，财政贷款568万元，企业自筹1687万元。年末实际完成项目99个，占计划85.3%；完成投资额3897万元，占计划38.3%，完成面积4.6万平方米。改造扩建一批大中型商业网点。百货大楼扩建后新增建筑面积8000平方米，建筑总面积1.3万平方米。聚丰德饭店、泰康食物公司等改建后相继开业。同年，在城乡结合部及新建居民住宅小区新建商业网点63个。青年公园地下商场1988年1月21日破土动工兴建。该项工程是由国家投资，槐荫区人防办负责建设的平战结合项目，被列入1988年市政建设的十个重点项目之一，1989年商场建成开业，建筑面积3931平方米，实用面积3005平方米。

1990年，投资3800万元用于大观园商场、化工大厦、济泺路百货商店、文化用品批发大楼等骨干商业网点的建设改造，年内相继开业。全年安排投资贷款286.5万元，贴息50万元，新建、改造、装修设施简陋的粮店、副食品店、理发店、煤店、饭店等商业网点46个。投资100万元，先后改造铭新、新生、新泉、汇泉等4家年久失修、设施老化的浴池。同年，历下区、历城区、长清县、济阳县、商河县相继成立商业网点办公室。1991年，济南百货公司第二零售商店、济南交电大厦等骨干网点先后开工建设。济南百货公司第一零售商店、济南蔬菜副食品大厦等建成开业。全年投资362万元，新建和改造48个粮店、菜店、副食店、小饭店、理发店、煤店等服务网点。

1992年，全市商业网点建设立项95个，建筑面积74.7万平方米，总投资15.4亿元。其中，3000平方米以上项目41个，建筑面积68.3万平方米，投资13亿元；建筑面积1万平方米以上项目18个，总建筑面积31.3万平方米，投资额5.95亿元。年底，竣工中小型项目77个，建筑面积20.9万平方米，投资额1.8亿元。投资80多万元，改造、装修早点门店24个，建筑面积2000多平方米。全年新建市场30家，增加市场面积16万平方米，投资额1.1亿元。其中，占地面积1万平方米以上、投资额千万元的大型市场8家。济南工业品综合批发市场、金牛建材市场、长清生产资料市场、大桥路和济阳建材市场、全福庄服装批发市场等专业批发市场建成开业。同年，济南夜市兴起，全市夜市40余处，总摊位8000多个，日客流量25万人(次)以上，日成交额80多万元。1993年，章丘绣江商城、济阳中心商城、济南交电大厦、山东华联商厦、章丘供销大厦等竣工或部分竣工投入使用。新建33个1万平方米以上的大项目中，有6个超过4万平方米。城区内北园路、明湖东路、剪子巷、经四路西段商业街拆迁完毕，进入施工阶段。舜井街、朝山街、顺河街、经二路西段改造初见成色。每个区建设一条早点街的工作正在进行，天桥、市中两区的定点规划工作全部完成。全市111个乡镇建起商业街87条，专业市场55家。

1995年，人民商场、百货大楼、大观园商场、济南华联商厦、山东华联商厦、玉泉森信大酒店、中兴大厦、东亚商城等一批大型商业服务设施扩建、新建。市区建成八里桥蔬菜批发市场、堤口路果品市场、泺口服装市场、段店集贸中心、西市场小商品市场等十大专业批发市场。1996年，山东世贸中心银座商城建成开业。工程投资7.2亿元，总建筑面积12万平方米，主楼56层，高185米。1997年12月25日，济南大观园商厦建成开业。该工程自1993年6月28日动工，总投资1.9亿元，建筑面积4万平方米，营业面积1.8万平方米，主楼14层，其中地上12层，地下2层，是集购物、休闲、娱乐、餐饮为一体的综合性商厦。

1998年1月1日，济南世界购物广场开业。该商场位于济兖路165号，隶属山东长城实业集团总公司。购物中心占地20公顷，投资5.5亿元，总建筑面积22.6万平方米，营业面积18万平方米，另有4.6万平方米的大型停车场，是集购物、娱乐为一体的仓储式购物中心。同日，泺口服装城商贸中心开业，投资5000万元，营业面积4.2万平方米。1999年6月29日，大型仓储式会员制商场万嘉隆会员店开业，总投资1亿元，占地4公顷。10月31日，位于泉城广场、由山东银座商城股份有限公司投资经营的银座购物广场开业，营业面积3万平方米。

2000年9月26日，济南市首家合资商业企业——大润发超市历城店开业，经营面积2万平方米。10月1日，经四路地下商业街全线运营，全长800米，建筑面积1.7万平方米。12月18日，山东省首家药品仓储直销中心——济南药业药品仓储直销中心开业，经营品种5000余个，仓储与营业面积5000余平方米。2001年5月1日，由济南山水集团与市中区人民政府合作兴建的综合性大型商贸中心——山水商城开业，总占地面积8万平方米。9月22日，经营面积20万平方米、国内单体面积最大的家电市场——山东现代家电市场开业。11月10日，由上海联华与济南蔬菜集团联合兴建的世纪联华超市市中店建成开业。11月11日，齐鲁东方建材博览中心开业，总投资1.2亿元，建筑面积1.8万余平方米，标准摊位300个。

始建于1989年的济南泺口服装市场

2002年6月28日，世界500强之首、全球第一大零售企业沃尔玛与大连万达集团联手登陆泉城，济南万达商业广场开工建设。11月1日，济南百事可乐饮料有限公司成立暨奠基仪式在市高新技术产业开发区举行，总投资1.5亿元。2004年9月10日，山东银座商城股份有限公司与台湾地区最大的零售商台湾统一超商股份有限公司正式签约，成立合资企业，共同打造“统一银座”便民超市。

2005年，投资2亿元的七里堡蔬菜综合批发市场和投资6亿元的济南海鲜市场升级改造工程开工。红星美凯龙济南店、山东灯具市场、银座家居市场等成为设施一流的大型市场。章丘市和长清区实施全国“万村千乡”市场工程274个试点“农家店”通过验收，争取到国家补助资金82万元。2006年8月10日，总投资2.14亿元的济南伊利乳业有限责任公司投产典礼在平阴现代化乳业生产基地举行。

2007年，全年完工、在建的市场26家，总投资54亿元。商品交易市场796家，年成交额804亿元。七里堡蔬菜综合批发市场、堤口路果品批发市场、曲堤蔬菜批发市场、刁镇蔬菜批发市场等配套建设农药残留检测中心、信息中心、收费系统、电子监控系统及交易大棚、冷库等设施，整体功能增强。济南茶叶市场、盖世物流农贸大市场、济南国际农产品加工贸易中心等通过建设改造，规模、档次进一步提升；堤口路果品批发市场等16家市场入选全省十四类十大专业商品交易市场；海鲜大市场等3家市场被认定为首批省级标准化农产品批发市场；5家市场入选全国农产品批发市场百强；2家市场进入全国“双百市场工程”。同年，全市完工、在建、签约、在谈投资千万元以上建设项目共150个，总投资475.7亿元，建设面积2329.5万平方米。其中，过亿元项目70个，投资额441.5亿元，占总投资额的92.8%。全年完工项目40个，总投资32.5亿元，建设面积159.5万平方米；在建项目72个，总投资291.2亿元，建设面积1429.2万平方米。2008年，利用市级贸易服务业发展引导资金扶持重点建设项目21个，带动项目总投资10亿多元。全年有27个项目竣工，居然之家济南店、银座购物广场燕山店和银座家居时尚生活广场等一批体量大、档次高的商贸流通项目先后开业运营。年内确定的32家市场提升改造任务相继完成，济南茶叶批发市场达到国家级、维尔康肉类水产批发市场达到省级标准化农产品市场标准；堤口果品批发市场等7家批发市场跨入全国百强批发市场行列。

2009年，全市投资过千万元的商贸服务业项目113个，计划总投资509.5亿元，总建设面积1830.3万平方米，完成固定资产投资163亿元。喜来登大酒店、银座奥特莱斯店、晶都国际大厦、欧亚达家居广场等一批大型商贸设施相继建成营业。济南美食街等7条特色商业街提升改造取得进展。12家农产品批发市场和大型商品市场提升改造任务全部完成，过亿元市场82家，全市各类市场成交额1180亿元，同比增长17.6%。

始建于2010年的恒隆广场 （2014年摄）

2010年，全市投资4000亿元，建设16个城市综合体分别为奥体文博片区、长清高科技园及园博园、恒隆广场、万达广场、大地锐城、西客站片区、解放阁金融集聚区、齐鲁外包城、九曲片区、泺口片区、鹊山龙湖、LED示范区、华山片区、华强电子城及魏家庄片区。同年11月19日，济南市最大城市综合体——万达广场正式开业。济南万达广场总建筑面积约100万平方米，总投资60亿元，包括大型购物中心、五星级酒店、甲级写字楼、高档住宅等，形成一个综合性的现代化商业中心。至年底，全市销售过亿元的商品市场有41家，营业面积252.14万平方米，市场总摊位数2.46万个，年成交额457.04亿元。全市拥有国家级社区商业示范社区5家、省级社区商业示范社区25家。

2010年济南市销售过亿元的商品交易市场情况表

表6-2-2

市场名称	市场类别	年末营业面积(平方米)	市场总摊位数(个)	年成交额(万元)
济南科技市场	计算机及辅助设备市场	18000	479	259074
济南东门小商品批发市场	工业消费品综合市场	14000	1178	24000
济南市新世界商城有限公司	工业消费品综合市场	33000	1067	88270
济南海鲜大市场经营管理有限公司	水产品市场	30000	900	450000
济南市人防永新商城	服装市场	5000	235	15928
济南博茗茶叶市场	茶叶市场	78000	680	169000
济南段店润发商贸中心	其他综合市场	80000	400	8950
济南段店润发汽车配件市场	机动车零配件市场	24472	523	28000
华东汽车配件市场	机动车零配件市场	21363	506	25000
山东匡山汽车大世界	汽车市场	127000	81	853734
山东匡山钢材市场	金属材料市场	27000	165	25000
山东老屯汽车配件城	机动车零配件市场	33000	860	18000
山东老屯茶城	茶叶市场	8000	122	10400
济南西市场小商品批发市场	工业消费品综合市场	35000	600	30400
济南西市场服装批发市场	服装市场	9500	500	11600
济南中恒商场	工业消费品综合市场	39000	1478	16000
山东齐鲁鞋城	鞋帽市场	11176	400	73762
济南泺口服装批发市场	服装市场	250000	4350	446000
济南众鑫鞋城	鞋帽市场	27800	330	72736
山东东亚金星家居	家具市场	85000	425	33200
山东灯具批发市场	五金材料市场	26000	200	28000
济南黄台装饰材料市场	建材市场	45000	500	13000
山东建材市场	建材市场	50000	438	158000
山东济南重汽配件城	机动车零配件市场	61938	508	350000
山东泉胜物流市场	其他专业市场	300000	820	39000
济南堤口路果品批发市场	干鲜果品市场	100000	1100	170000

续表6-2-2

市场名称	市场类别	年末营业面积(平方米)	市场总摊位数(个)	年成交额(万元)
七里堡蔬菜综合批发市场	农产品综合市场	165000	1350	359008
山东汽车城	机动车零配件市场	10900	108	80000
济南永君钢材市场	金属材料市场	37000	82	40000
山东济南维尔康肉类水产综合批发市场	水产品市场	8000	350	260000
济南高科技市场	计算机及辅助设备市场	5500	160	20000
济阳县曲堤镇蔬菜批发市场	蔬菜市场	233570	725	160937
济阳县方正家具市场	家具市场	17000	82	24181
商河县小商品批发城	工业消费品综合市场	19000	300	15521
商河县富东农贸综合市场	农产品综合市场	11000	220	24735
商河县白桥大蒜市场	蔬菜市场	19000	310	31117
商河县尹巷棉花市场	棉麻土畜、烟叶市场	199800	44	18722
商河县商南农贸市场	蔬菜市场	6000	200	13752
章丘市刁镇蔬菜批发市场	蔬菜市场	40000	595	52000
章丘市绣惠钢铁设备交易中心	金属材料市场	85400	460	38900
章丘市绣江商贸城	服装市场	125000	721	14425

2010年济南市国家级和省级社区商业示范社区情况表

表6-2-3

类 别	社区名称	社区名称
国家级	历下区佛山苑社区	历下区吉祥苑社区
	历下区燕南社区	天桥区紫金阁花园社区
	槐荫区阳光新城社区	
省级	历下区泺文社区	天桥区紫金阁花园社区
	天桥区鲁能康桥社区	槐荫区泉城花园社区
	历城区辛甸社区	历城区桑园北社区
	历城区南全福社区	长清区乐天社区
	历下区朝山街社区	市中区英雄山社区
	天桥区齐鲁花园社区	历下区十里河社区
	市中区青龙山社区	济南市天桥区清河社区
	历城区七里河社区	济南市历城区祝甸社区
	市中区舜玉社区	槐荫区新世界阳光花园社区
	历下区千佛山东路社区	天桥区丹凤社区
	天桥区黄台社区	天桥区黄桥社区
	历下区县东巷社区	天桥区凤凰山社区
	市中区伟东新都社区	

说明：天桥区紫金阁花园社区、天桥区黄桥社区、天桥区凤凰山社区为2010年新认定

第二节 重点商贸工程

一、“三个一”工程

1993年，市政府为全面推进城市化进程，推动小城镇建设上档次、上水平，做出实施“三个一”工程的决定，即农村每个乡镇建一条商业街、一处专业市场、三五个村联办一处集贸市场，城区每个街道办事处建一条商业街、一处专业市场、一处中型商贸设施。1998年，市政府进一步加大“三个一”建设的工作力度，印发《关于加强“三个一”工程建设的通知》，要求全市所有乡镇和街道利用3年时间全部达标，同时制定检查验收的办法和奖励政策。至2000年，全市共有103个乡镇、34个街道分3批通过检查验收达标。全市共新(扩)建商业街253条，总长度34.8万米，总建筑面积498万平方米；专业市场127家，总占地面积810万平方米；商贸设施159处，建筑面积44万平方米；共吸纳从业人员35万人；全年营业(交易)额197亿元。全市“三个一”工程建设全面完成。

二、商贸设施建设“一五六”工程

1997年，中共山东省委常委扩大会议确定实施济南市商贸基础设施建设“一五六”工程，即建设1处中心商业区，5个区域性商业中心，6个大型专业市场。规划在以泉城路为轴线的1.3平方千米范围内，建设中心商业区，将其建成既能体现泉城特色和古城风貌，又能代表省会形象的现代化商贸中心，成为济南的标志性商业区；建设大观园—人民商场、清河、西市场、英雄山、洪家楼5处区域性商业中心，建成特色较为突出的区域性、综合性商贸服务组合群；建设济南泺口服装城、经十西路批发商城、张庄路批发市场、北园路家具装饰市场、科技市场、燕山批发市场等6大专业批发市场，将其建成规模大、档次高、有特色、辐射力强，在国内、省内有较高知名度的大型专业批发市场。至2002年，共投资20亿元，新增建筑面积200万平方米，中心商业区和五个区域性商业中心初具规模，总面积350万平方米。中心商业区主体工程，全长1560米、宽50米的泉城路商业街拓宽改造工程完工开通，这条集购物、休闲、旅游、文化和交通五大功能于一体的准步行商业街，成为济南商业的标志区和集中展示泉城人文景观和悠久历史文化的核心区域。体现出济南特色的山、泉、湖、河、城有机结合在一起，使悠久历史文化、独特的自然景观和新世纪现代文化气息和谐统一，一个现代化、高档次、强辐射、多功能的中心商业区雏形已经形成。六大专业市场建成分市场58家，新增营业面积100多万平方米，总经营面积250多万平方米，商场成交额350亿元，比1997年翻了一番。六大市场辐射功能进一步增强，成为济南市市场建设与发展的主要支撑力量，涌现出科技市场、茶叶市场、中国家居之都等大型专业市场。英雄山文化市场成为全国四大文化市场之一；济南茶叶批发市场成为全国最大的茶叶批发基地，每年一届的国际茶博会成为在国内外有较大影响的茶界盛会；堤口路果品批发市场成为全国同行业最大的专业市场。

泉城路商业街一角　　(2009年摄)

第三章　批　发

第一节 概述

1986年，济南市改革日用工业品一、二、三级批发层次，打破国营批发企业延续30多年的“三固定”(固定供应对象、固定货源、固定价格)批发模式和“一、二、三、零”(一级、二级、三级批发站和零售企业)封闭式经营，取消日用工业品流通领域的指令性计划管理的商品，形成多种经济成分、多条流通渠道、多种经营方式和减少流转环节的“三多一少”的开放式经营机制。组建农产品批发市场，济南堤口路果品批发市场、济南八里桥蔬菜副食品批发市场建成开业。年内，全市社会消费品零售总额294102万元，其中批发零售业219730万元。

1988年，批发商业实行商业横向经济联合。年底，全市建有五金交电、化工，百货、文化，土产杂品，议价粮油等4个批发集团，形成商业横向经济联合主体。全年参加商业经济联合的企业有389家，比1987年增长6.4倍；年末资金总额1224万元，比1987年增长27.9%。

20世纪90年代，济南科技市场、英雄山文化市场、济南中恒商城、济南新世界商城、齐鲁鞋城等一批综合性或专业性的批发交易市场相继组建。1997年，省委常委扩大会议确定实施济南市商贸基础设施建设“一五六”工程。建设济南泺口服装城、经十西路批发商城、张庄路批发市场、北园路家具装饰市场、科技市场、燕山批发市场等六大专业批发市场，将其建成规模大、档次高、有特色、辐射力强，在国内、省内有较高知名度的大型专业批发市场。

2000年，全市加快各类批发市场建设步伐，全年市场建设投资13亿元，共新建市场52家，改建和扩建市场43家，新增经营面积103.5万平方米。加大对龙头市场的培育力度。全市成交额过亿元市场54家，其中20亿元以上有5家。列入全国百强的1家，全省30强的7家。茶叶市场、果品市场、科技市场、家具市场成为全国最大的专业类市场之一。全年市场成交额495亿元，跃居全省第一位。

2001年，全市共有各类批发市场80余家，5000万千克以上产品交易市场15家。形成以八里桥、七里堡(年交易量5亿千克)两大城区批发市场为主体，以刁镇、姜集、唐王、归德、展家等15家大型产地批发市场为骨干，以中小型产地批发市场和季节性、专业性的村级批发市场为基础的三级蔬菜市场体系。2002年，六大专业市场建成分市场58家，新增营业面积100多万平方米，总经营面积250多万平方米，商场成交额350亿元。

2005年，全市有限额以上批发贸易企业154家，其中内资企业152家，外商投资企业2家。限额以上批发贸易企业商品批发总额4016439万元，其中农畜产品批发业304503万元，食品、饮料及烟草制品批发业425851万元，纺织、服装及日用品批发业14968万元，文化、体育用品及器材批发业234869万元，医药及医疗器材批发业345767万元，矿产品、建材及化工产品批发业1578193万元，机械设备、五金交电及电子产品批发业851351万元，其他批发业260937万元。

2010年，全市评出山东匡山汽车大世界、济南海鲜大市场经营管理有限公司、济南泺口服装批发市场、济南七里堡蔬菜批发市场、山东济南重汽配件城、济南维尔康肉类水产综合批发市场、济南科技市场、济南堤口路果品批发市场、济南博茗茶叶市场、山东建材市场10大商品交易市场，全市拥有限额以上批发贸易企业500家。其中，农副产业批发企业13家，食品、饮料及烟草制品批发企业33家，纺织、服装及日用品批发企业17家，文化体育用货品及器材批发企业9家，医药及医疗器材批发企业66家，矿产品建材及化工产品批发企业227家，机械设备、五金交电及电子产品批发产业108家，贸易经纪与代理批发企业3家，其他批发企业24家。限额以上批发企业主营业务收入20475435万元，主营业务成本19088826万元，主营业务税金及附加55745万元，主营业务利润1340659万元，商品销售总额14636570万元。

2010年济南市重点商品批发市场情况表

表6-2-4

序号	市场名称	市场类别	主要商品	地址
1	济南科技市场	电子	计算机及辅助设备	历下区山大路143号
2	济南东门小商品批发市场	小商品	工业消费品	历下区东关大街118号
3	山东省济南市新世界商城	小商品	工业消费品	市中区马鞍山路15号
4	山东省济南市海鲜市场	水产品	水产品	市中区小梁庄街257号
5	山东省济南市人防永兴商城	服装、小商品	纺织服装鞋帽	市中经四纬一路204号
6	济南广友茶叶市场	农产品	茶叶	槐荫区张庄路44号
7	济南广友物流配送集团有限公司钢材市场	钢材	金属材料	槐荫区张庄路44号
8	济南西市场服装批发市场	服装	服装	槐荫区经一路西市场2号
9	济南西市场小商品批发市场	小商品	工业消费品	槐荫区经一路西市场2号
10	段店集贸中心	酒水、农产品	食品饮料烟酒	槐荫区段店北街
11	段店汽配市场	汽车配件	汽车	槐荫区经十路27616
12	济南茶叶批发市场	农产品	茶叶	槐荫区张庄路90号
13	济南汽车配件市场	汽车配件	汽车	槐荫区张庄路297号
14	山东汽车交易中心	汽车	汽车	槐荫区济兖路88号
15	山东段店钢材市场	钢材	金属材料	槐荫区经十路28150
16	华东汽车配件市场	汽车配件	汽车	槐荫区张庄路132号
17	山东老屯汽车配件城	汽车配件	汽车	槐荫区张庄路297号
18	山东匡山钢材市场	钢材	金属材料	槐荫区西外环路
19	山东匡山汽车大世界	汽车	汽车	槐荫区西外环路68号
20	山东老屯茶城	农产品及配套产品	茶叶	槐荫区张庄路259号
21	济南中恒商场	家电、小商品	工业消费品	天桥区北园大街698
22	山东齐鲁鞋城	鞋帽	鞋帽	天桥区济泺路82号
23	济南泺口服装批发市场	服装	服装	天桥区济泺路64号
24	山东东亚金星家居	家具	家具	天桥区北园大街406号
25	山东灯具批发市场	灯具	灯具	天桥区北园路609号
26	济南黄台装饰材料市场	建材	建材	天桥区小清河北路

续表6－2－4

序 号	市场名称	市场类别	主要商品	地 址
27	山东建材市场	建材	建材	天桥区师范路西首北马鞍山路4号
28	山东北园装饰材料批发市场	建材	建材	天桥区水屯路92号
29	山东泉胜物流市场	工业品	其他类	天桥区二环北路7777-1号
30	济南堤口路果品批发市场	农产品	干鲜果	天桥区张庄路1号
31	济南红星美凯龙建材装饰广场	建材	装饰材料	天桥区北园大街243号
32	山东济南重汽配件城	汽车配件	机动车零配件	天桥区无影山北路2号
33	七里堡蔬菜综合批发市场	农产品	农产品	历城区二环东路1599号
34	山东汽车城	汽车	机动车零配件	历城区北园大街中段
35	济南永君钢材市场	钢材	金属材料	历城区工业北路75-5号
36	山东济南维尔康肉类水产综合批发市场	水产、肉类	肉禽蛋	历城区工业北路303号
37	济南曲堤蔬菜批发市场	农产品	蔬菜	济阳县曲堤镇政府驻地
38	济阳县方正家具市场	建材	家具	济阳县济阳镇
39	商河县小商品批发城	小商品	工业消费品	商河县商中路西
40	商河县富东农贸综合市场	农产品	农产品	商河县城东关街
41	商河县白桥大蒜市场	农产品	蔬菜	商河县白桥乡
42	商河县尹巷棉花市场	农产品	棉麻	商河县尹巷镇
43	商河县商南农贸市场	农产品	蔬菜	商河县玉皇庙街道办事处
44	章丘市刁镇蔬菜批发市场	农产品	蔬菜	章丘市刁镇中心大街南首
45	章丘市绣惠钢铁设备交易中心	钢材	金属材料	章丘市绣惠镇
46	章丘市绣江商贸城	百货、小商品	服装	章丘市明水经济开发区

2010年济南市限额以上批发贸易法人企业商品销售情况表

表6－2－5　　单位：万元

指 标	商品销售总额		
	合 计	批 发	零 售
1.按批发行业小类分组			
农畜产品批发	346710	337890	8820
谷物、豆及薯类批发	19014	19014	0
种子、饲料批发	19277	19277	0
棉、麻批发	254837	254837	0
其他农畜产品批发	53582	44762	8820
食品、饮料及烟草制品批发	1465474	1420608	44866
米、面制品及食用油批发	379902	368481	11421
糕点、糖果及糖批发	220976	220976	0
果品、蔬菜批发	191642	168030	23613

续表6-2-5-1

指 标	商品销售总额		
	合 计	批 发	零 售
肉、禽、蛋及水产品批发	11011	11011	0
盐及调味品批发	9000	9000	0
饮料及茶叶批发	64808	55292	9516
烟草制品批发	550818	550818	0
其他食品批发	37317	37000	317
纺织、服装及日用品批发	243176	185379	57796
纺织品、针织品及原料批发	38650	36194	2455
服装批发	27640	27020	620
鞋帽批发	22047	22047	0
厨房、卫生间用具及日用杂货批发	5979	4186	1794
化妆品及卫生用品批发	104970	69452	35518
其他日用品批发	43890	26481	17409
文化、体育用品及器材批发	265314	264404	911
文具用品批发	5408	5408	0
图书批发	211864	211864	0
首饰、工艺品及收藏品批发	25639	25608	31
其他文化用品批发	22404	21524	880
医药及医疗器材批发	2169615	1955445	214170
西药批发	1224781	1159182	65599
中药材及中成药批发	698984	550413	148571
医疗用品及器材批发	245850	245850	0
矿产品、建材及化工产品批发	6344899	5710361	634538
煤炭及制品批发	1358446	1358446	0
石油及制品批发	1755516	1121786	633730
非金属矿及制品批发	160055	160055	0
金属及金属矿批发	1700772	1700757	15
建材批发	296156	296156	0
化肥批发	567906	567113	793
农药批发	50488	50488	0
其他化工产品批发	455561	455561	0
机械设备、五金交电及电子产品批发	4240496	4167710	72787
农业机械批发	5264	4999	265
汽车、摩托车及零配件批发	1095659	1048258	47401
五金、交电批发	41016	39949	1066
家用电器批发	834179	834179	0

续表6-2-5-2

指 标		商品销售总额		
		合 计	批 发	零 售
计算机、软件及辅助设备批发		245365	230428	14937
通信及广播电视设备批发		75796	75796	0
其他机械设备及电子产品批发		1943218	1934100	9118
贸易经纪与代理		35445	35044	401
其他批发		560241	559730	511
再生物资回收与批发		74122	73611	511
其他未列明的批发		486119	486119	0
2.按登记注册类型分组				
内资企业		14974566	13939765	1034801
国有企业		2324359	2238338	86021
集体企业		373337	341410	31927
股份合作企业		260160	260160	0
联营企业(国有联营企业)		2065	2065	0
有限责任公司	国有独资公司	1657243	1657243	0
	其他有限责任公司	4563225	4371296	191929
股份有限公司		406691	165789	240902
私营企业	私营独资企业	238936	202224	36711
	私营合伙企业	19053	17780	1273
	私营有限责任公司	4315127	4188581	126546
	私营股份有限公司	120407	120365	42
其他企业		693965	374515	319450
港、澳、台商投资企业		685833	685833	0
合资经营企业(港或澳、台资)		318425	318425	0
港、澳、台商独资经营企业		367408	367408	0
外商投资企业		10972	10972	0
合 计		15671371	14636570	1034801

第二节 科技市场

济南科技市场位于山大路中段，分东、西两个卖场，占地4万平方米。主要经营计算机、数码产品、办公自动化产品及相关设备、计算机软硬件等高科技产品以及电子商务、网络工程、系统集成等业务，被誉为济南的“中关村”。

20世纪90年代初期，在山东大学、浪潮集团等教学科研单位和高科技企业聚居的山大路、解放路及其周边区域，高科技产业迅速兴起。至1996年，近百家高科技企业在此落户，山大路成为济南的科技一条街，是集科研、开发、销售和技术咨询于一体的重要场所。1997年5月，市科委、历下区政府、历下区工商局联合在山大路113号创办济南科技市场(西卖场)，占地面积1.8万平方米，吸纳近200家国内外企业、科研单位、技术服务和贸易机构进场经营，开业当年营业额4.8亿余元。1998年，科技市场被市政府列入《济南市商贸流通“1156”工程建设规划纲要》，被评为省级规范化文明市场。1999年，济南科技市场二期工程(东卖场)开始建设，位于山大路160号，占地面积2.2万平方米，2000年3月竣工运营。进场经营的商家近1000家，日均客流量1.5万余人(次)。2001年，历下区政府对济南科技市场进行体制改革，成立济南科技市场有限责任公司，该公司作为企业法人负责市场的改造建设和商业运营。

2004年，济南科技市场被省工商局评为“山东省三十强市场”。2005年，被《电脑商报》评为“全国电子市场50强”；年市场营业额23亿元，实现税收680万元。2006年，被中国电子商会评为“中国电子企业最具潜力品牌”；年底，通过ISO 9001国际质量管理体系认证。2007年4月，济南科技市场网上商城启动，成为山东省内第一家网上商城；12月，获“山东省商业品牌企业”和“山东省商业服务名牌”称号。

2004年3月，位于山大路的济南赛博数码广场开业

2008年年初，济南科技市场二期笔记本卖场设立，成为山东省内最专业、权威、全面的笔记本大卖场；7月，被评为中国电脑商500强之IT卖场30强，在2008年(第三届)山东电脑商百强调查评选活动中被评为山东IT卖场5强之首；8月，获“山东省重点服务业企业”称号；12月，获“山东省规范化文明诚信市场”称号。2009年4月，被评为山东省电子商务示范单位。

2010年年末，济南科技市场营业面积1.8万平方米，市场总摊位479个，年成交额25.9亿元。

第三节　茶叶市场

济南茶叶批发市场前身是济南市供销社下属土产杂品总公司八里桥土产仓库，占地面积6.7万平方米，计划经济时期主要是用于对内储存商品。20世纪90年代初，仓库的三分之一出租给南方茶叶厂家储存茶叶。1992年，市工商局和市供销社联合对仓库进行改造，建成济南茶叶批发、土产杂品市场。

1996年3月26日，济南土产杂品总公司注册成立济南土产杂品茶叶市场，市场占地面积5.33万平方米，经营面积4.6万平方米，有店铺、摊位300余个，入住土产杂品客商100户，茶叶客商10余户。年底，土产客商增加到200余户，茶叶客商增加到30余户。1998年，土产杂品客商增加到260余户，茶叶客商增加到近100户，形成市场东部茶叶、西部土产杂品的经营格局。年内分别注册成立济南市土产杂品批发市场和济南茶叶批发市场，经营管理上实行一套人马、两块牌子。济南茶叶批发市场开业后10年间，先后三次举办国际茶叶博览会和大型茶事活动。

1999年，市供销社将济南果品总公司商贸中心移交茶叶市场。市场占地面积增加到6.67万平方米，经营面积5.8万平方米，管理员工200余人。年底，茶叶入住客商300余户。2000

年，市场筹建两栋现代化茶叶综合交易大楼，确定以茶叶市场发展为主，土产市场相辅的工作方针。年内，茶叶客商发展到400余户，交易量40万担，交易辐射扩散到江北十几个省(市)自治区，土产业户减少到200余户。

2004年，茶叶市场举办“济南市品茗赏泉暨知名品牌茶宣传周活动”，中央和省、市的20多家媒体参与新闻报道，加快了济南茶叶市场的发展。10月，中国茶叶流通协会授予济南茶叶批发市场“全国重点茶市”称号，评选济南茶叶批发市场等20家大型茶叶市场为全国茶界20强，确立济南茶叶批发市场在全省的主导地位。茶叶市场全年完成交易量86万担，实现交易额13.5亿元。

2006年，将市场西部的原土产市场及仓库向南迁移，拆除7500平方米，新建4栋徽式仿古三层营业楼，建筑面积1.2万平方米。投资100余万元对沿张庄路的营业房外墙门面进行整改，拆除原市场围墙改建成透视墙，并对墙体进行装修美化，安装景观灯和墙外实施绿化工程。2007年，济南茶叶批发市场推行市场服务大厅工作模式，通过对窗口部门进行上岗培训，规范服务用语、服务礼仪，提高服务质量和效率。2008年，市场实施第三次升级改造，拆除面积6000平方米的原三座铁大棚，投资1400万元建设6800平方米的市场中心建筑“聚茗阁”及占地5000平方米的中心广场。聚茗阁是一座同时具有茶文化宣传和展览、茶艺表演及鉴茶、品茶、赏茶、购茶多种功能为一体的综合性茶楼，2009年4月建成。

至2010年，市场占地面积6.67万平方米，经营面积7.8万平方米，年内完成交易额13.5亿元，实现营业收入1840万元，利税990万元，有来自16个主要产茶区的茶商、茶农、茶厂客户等800余家，经营茶叶及茶具、茶包装、茶文化用品上万品种，交易辐射20多个省(市)自治区，享有“江北第一茶市”“中国茶叶界晴雨表”的盛誉。年内投资230万元，完成“聚茗阁”增层等建设项目。

2001～2010年，济南茶叶批发市场连续举办五届茶博会。

第四节 服装鞋帽市场

一、济南泺口服装批发市场

位于济泺路64号，是全国百强专业批发市场、山东省十大市场之一，是山东省综合经济实力500强单位、山东省第一家通过国家质量管理体系认证的大型专业批发市场。1990年9月建成，占地面积6.03万平方米，建筑面积4.02万平方米，服装加工经营业户1600余家，日客流量10万余人(次)。1991年，投资300万元，完成市场二期、三期工程。1992年，市场交易额突破3亿元，获“全国文明集贸市场”称号。1994年，市场拥有业户4000余家，可生产加工120个款式、上万个花色，日客流量15万人，成为年交易额过10亿元的大型专业批发市场，是山东省及省外部分地区服装重要集散地。1997年，投资5000万元，建成服装交易大厅1处，建筑面积4.2万平方米，经营摊位3200个。1998年，投资2345万元，建成建筑面积1.43万平方米的精品大厦；投资300万元，建成鞋业批发市场，建筑面积1.23万平方米；投资180万元，建成羊毛衫市场，建筑面积6500平方米；投资200万元，建成童装市场，建筑面积4000平方米。2001年，市场实施品牌战略和专业经营策略，由市场型向商场型转变。建设和改造名牌批发城、商贸中心写字楼、名品大厦、童装精品大厦、服装大厦、服装批发广场，引进国内外知名品牌服饰代理商1000余家。创建“济南模式”服装城，形成“十场、三厅、二街、一中心”的格局。十场，即羊毛衫批发市场、鞋类批发市场、童装批发市场、布匹窗帘批发市场、床上用品批发市场、箱包批发市场、西装批发市场、皮衣批发市场、衬衣批发市场和“四季红”批发市场；三厅，即泺口服装市场交易大厅、泺口服装城交易大厅和精品大厦交易大厅；二街，即泺口服装城精品街和美食街；一中心，即济南泺口服装城贸易中心。至年底，市场经营面积20余万平方米，摊位2.5万个，日客流量15万～20万人(次)，年交易额40.39亿元，年利税6800余万元。2003年12月，泺口服装市场在中国(博鳌)信誉论坛第三届大会上，被定为中国城市代表品牌。2004年12月，泺口服装市场被评为山东省三十强市场。2006年，泺口服装大厦开业，标志泺口服装市场开始逐渐由大棚市场向商城转变。至2010年年底，济南泺口服装批发市场营业面积25万平方米，市场总摊位4350个，年成交额44.6亿元。

二、山东齐鲁鞋城

前身是济南第六棉纺织厂，位于济泺路82号，是全国最大的中高档鞋类批发零售市场。1998年11月建成，经营面积3000余平方米，经营业户100余家。1999～2004年，扩大市场经营空间，改建闲置厂房7000余平方米、仓库3000余平方米。先后与沈阳产权交易中心、济南金林房地产开发公司合作，建成精品批发厅4000余平方米和写字楼6700平方米。2004年，收购济南恒瞬工贸公司(原济南袜厂)，将其改制后成立济南恒鑫经贸有限责任公司，建起齐鲁鞋城恒鑫商场。2005年，建成批发中心B区营业厅8000平方米；改造批发中心C区营业厅2800平方米并加盖仓库；在物流南区新建仓库1200平方米；改造原机修车间地磅房区域，建成二层营业房30间，开辟D区童鞋、布鞋区。2007年，关停金鲁帆布厂，对其进行改造装修，形成新C区6000余平方米；8月31日，齐鲁鞋城·品牌港建成开业，投资近3亿元，占地面积2.8万平方米，建筑面积6.75万平方米，成为亚洲单体面积最大的专业鞋类商场，商场内中央空调、客梯、货梯、扶梯、观光电梯、电子监控一应俱全。2010年，租赁“泺口商城”2.4万平方米，改造成太阳城儿童用品大世界，6月13日开业。太阳城成为“孕、婴、童”品牌商品展示、销售基地，是供儿童衣、食、娱、教、玩为一体的全方位多功能商城。2010年年底，鞋城营业面积1.12万平方米，市场总摊位400个，年成交额7.38亿元。

第五节 家居建材市场

一、山东东亚金星家居商城

位于北园大街406号，是环境优雅、价格合理、品质优良、名牌汇集、绿色时尚、一站式购齐的家居广场。1994年，山东东亚商城建成，商场面积13.6万平方米，商户600余家，经营品种6万余个，经营范围涵盖建材、家具、红木、办公家具、窗帘、家饰等。内部管理采用董事会监督下的总经理负责制，中层以上管理人员13人，分别管理财务部、办公室、招商部、保安部、商管部、客服部、物业部、消防部、企划部等9大部门，员工3000余人。东亚家居采用“市场化经营、商场化管理”的先进模式，致力于以优雅的购物环境、先进的服务理念、坚持中高档为主的产品定位。倡导家居时尚消费，建立建材装饰馆、红木家具馆、办公家具馆、软体板式馆、现代实木馆、传统实木馆、综合家具馆等专营家居馆7个。东亚家居实行统一形象、统一收款、统一管理，保证所售商品货真价实。售后服务，实行先行赔付制度，着力为消费者营造一个放心、温馨的名牌家居店。

2006年，商城被授予“山东省著名商标”“山东省规范化文明诚信市场”“守合同重信用企业”。2007年，被授予“山东省商业服务名牌”。2008年9月，清河集团与山东东亚金星家居有限公司签约运营，山东东亚商城更名为山东东亚家居商城。2009年5月，东亚家居建材装饰馆开业。7月，东亚家居中央大厅升级改造工程全面竣工，同时调整市场结构，成立七大主题家居馆，即综合家具馆、建材装饰馆、传统实木馆、现代板式馆、软体家具馆、办公家具馆、红木家居馆。2009 年 10 月 1 日，山东东亚金星家居公司成立。2010 年，商城被山东省家具协会评为“十佳知名商城”单位。12 月，被山东省商业联合会评为“山东省商业服务先进单位”。至 2010 年年底，市场营业面积 8.5 万平方米，市场总摊位 425 个，年成交额 3.3 亿元。

二、山东银座家居有限公司

位于北园大街 419 号，是山东省规模最大的家居连锁企业。2003 年 8 月 16 日开业，是省内首家高档建材家居商场，经营面积 6.69 万平方米；12 月，加入中国家居协会。2004 年 3 月 15 日，在“消费者权益保护日”活动中，银座家居在省内同行业率先推出“绿色环保，先行赔付”的诚信承诺，在商品品质和售后服务方面把行业标准提到新高度；11 月，被山东省消费者协会评为山东省消费者满意单位。2005 年，银座家居走上规模扩张道路，先后与银座家居威海店、淄博店签约。2008 年 3 月，成为中国二十强家居商场战略联盟单位，品牌知名度延伸到省外。至 2010 年，银座家居东营店、家居航母——博览中心店、临沂店、滨州店先后开业。同年，投资成立以家居日用品、软装装饰为主的家居用品超市——乐居公司，并在济南、临沂、菏泽等地开设分店。11 月，银座家居成为中国家具协会第五届理事会常务理事单位。

三、居然之家北园店

位于历山北路 123 号，2005 年 3 月建成，商场共 4 层，建筑面积 5 万平方米，经营面积 3 万平方米。2009 年 2 月，居然之家北园店入驻，业户 300 家，从业人员 1500 人，管理人员 86 人。商场经营涵盖家装、建材、家具、家饰多个品类，汇集国内外知名品牌 200 余个、商品上万种。主要以建材为主，建成涵盖家具、建材、超市为一体的“一站式”购物中心，是家具、建材产品购物习惯的革新，是转变当地家居消费理念、提升家居消费水准、引领家居消费潮流的一大突破。2012 年，居然之家北园店年交易额 4 亿元，年缴税额 460 万元。

四、济南国际贸易大厦家具市场

位于北园大街中段，1990 年 4 月由北园镇清河企业集团与济南市工商行政管理局联合创办，是山东省创建最早和最大的家具市场，占地 3.33 公顷，建筑面积 3 万余平方米。主要以批发零售为主，销售各类办公、宾馆及家庭产品。销售覆盖全省各地及周边省的部分地区。2005 年年底，有 13 个省(市)自治区的国有、集体、个体和合资等性质的经营业户 300 余家。家具有组合、床、沙发、小件、办公用品 5 大类 1000 多个品种，成交十分活跃。2007 年，市场根据家具种类、风格、用途等划区经营，统一装修装饰。实行免费咨询设计、定做、免费送货、终生维保一条龙服务。2008 年，市场率先在业内提出“批发价零售战略”，倡导阳光消费，以实际行动承诺“买家具，省钱省心就在国贸”的口号，真正意义上做平价家具采购中心。2010 年，市场邀请国家商检部门进行监销，成立质检部，定期自查，让进驻经营的厂家感到舒心、顺心和安心，使消费者感到称心、放心、省心。

市场自成立后，先后获得“中国百强名店”“全国商业信誉企业”“中国 500 强经营之光杯特等金奖”“山东省消费者满意单位”“山东省物价计量信得过单位”“山东省零售商业排头兵”“四星商厦”等称号。

五、济南黄台家居广场

位于历山北路 188 号，南依小清河，北接济青高速公路，基础设施完备，交通便利。始建于 2008 年，占地面积 6.67 万平方米，建筑面积 11 万平方米，营业面积 10 万平方米，摊位 500 个，管理人员 30 人，从业人员 1000 人。2009 年，黄台家居 A 座和 B 座三层营业楼开业，主要经营客厅家具、卧房家具、办公家具、红木家具、原木家具、家庭卫浴等批发零售。年交易额2.1亿元，年缴税额200万元。2010年，黄台家居C座开业，核心经营区产业格局正式形成。

六、山东（金牛）建材市场

位于北马鞍路1号，是山东省内首家专业大型建筑装饰材料市场。1992年10月28日建成开业，占地面积10万平方米，建筑面积6万平方米，内设瓷质品、木制品、石材制品、金属制品、玻璃制品、新型装饰材料6大交易区，进驻经营业户50余家，年交易额上亿元。1998年，经营业户500家，经营名优建材产品6000余种，年交易额5亿元。2002年，调整市场经营布局和结构，加大各类板材、木地板、木线、木方、油漆、涂料、五金等装饰材料引进，形成装饰材料区、木地板城、五金锁具区、地材(粗建材)区、陶瓷墙地砖区、卫生洁具及配件区等专业化经营区域，规模更大，品种更全。2006年，市场实施整体升级改造工程。1月，投资2000万元，实施一期改造工程，对市场一厅、二厅、西楼、南楼共2万平方米进行整体改造，4个独立体改为二层结构、独立卖店形式，每户独立楼梯，东西两侧开门，北面临街，前后停车广场；10月，投资4000万元，实施二期改造工程，在市场核心位置建设金牛建材家居，改造面积3万平方米，为独立三层结构，是综合性建材家居卖场。与已经开业的一期工程和后期将启动的三期项目组建成家装材料专业大卖场。改造后的市场实现专卖店、商场、建材超市三种业态并存的新型商业经营模式，满足不同类型消费群体；完成从大棚摊位式卖场到现代商超服务模式的跨越，整体提升建材家居行业素质和层次，增强品牌、质量、服务意识，满足不同消费群体需要，提升市场竞争力。2007年5月1日，二期工程金牛建材家居投入运营。产品种类包括陶瓷卫浴、精品洁具、木地板、木门、橱柜、推拉门、壁纸、吊顶、五金、艺术玻璃、整体家居等，产品结构更为完善。至2010年年底，市场营业面积5万平方米，市场总摊位438个，年成交额15.8亿元。

七、山东白鹤装饰材料批发市场

位于天桥区北园大街中段，由山东白鹤集团投资兴建，始建于1996年，1998年开业。占地33万平方米，场内经营1000余种名优装饰材料，形成板材、木方、木地板、油漆、灯具、厨具、门窗、五金陶瓷、地毯、壁纸、布艺、卫生洁具、石膏制品等16个专业化经营区域，汇集1万余种类的装饰材料，吸引1000多家经营国内外各品牌装饰材料的企业和代理商入驻。

2002年，因北园高架路顺延工程占用市场近一半的面积，在水屯路中段重建，2004年5月完工。白鹤装饰材料新市场为四层钢架结构建筑，占地6万平方米，建筑面积40万平方米，分16个经营区，市场中心位置为灯具城，营业面积4万平方米；另外15个区分别为板材、地板、油漆、五金、陶瓷、卫浴、厨具等商品经营区。1000余家国内外品牌企业和代理商入驻，1万多种装饰材料上市销售，营销网络辐射全省及国内20余个省(市)，平均日客流量6万余人(次)，年交易额约15亿元。场内有仓库、停车场、装卸设备等配套设施，常年为顾客提供咨询、导购、运输、装卸等一条龙服务，以商品齐全、购物方便著称。2005年，获“山东省规范化文明市场”称号。二期工程2万余平方米，于2007年5月开业。2008年，市场为确保各项管理与服务到位，设立企划部、办公室、财务部、客户服务部、保安部等服务部门，为顾客提供咨询、导购、运输、装卸、保洁、保安、维修、营销策划、质量检测、解决投诉等全方位服务。2010年，市场在发展战略上重新调整，采用“名牌捆绑”式的经营模式，以企业商标“白鹤”品牌为核心，本着“名品进名店”的原则，携手国内外多家“质量硬、牌子响、价格低、服务优”的知名品牌商家，实行强强联手，打造行业市场名牌。圣象、菲林格尔、吉象、欧典等全国知名品牌进入市场。

八、济南黄台装饰材料市场

前身是济南黄台物流中心部分物流仓库，位于清河北路中段，因北园大街高架路工程拆迁，黄台企业集团出资对原有设施进行改建，组建装饰材料批发市场用于安置拆迁业户。2002年建成，占地面积13.33万平方米，建筑面积8万平方米，摊位500个，管理人员30人，从业人员1500人，年交易额1.3亿元，年缴税额600万元。有综合经营区21个、木地板专营区1个和木材专营区1个，主要经营板材、木方、油漆、涂料、装饰胶、五金、灯具、木地板、原木、竹胶板等装饰及建材的批发零售。2009年，改造清河北路部分沿街建筑，增建三层商业设施4000平方米，引进部分家装设计及施工公司，同时对沿清河北路市场正面形象进行设计施工。2010年年底，市场营业面积4.5万平方米，市场总摊位500个，年成交额1.3亿元。

第六节　工业消费品综合市场

一、济南西市场小商品批发市场

位于槐荫区纬十一路与经一路、经二路交汇处，是济南市最早的小商品市场之一，由1904年济南开埠后的商业集聚交易场所演变而来，历经多次扩建改造。1988～1989年，扩建市场营业楼面积7000平方米。1988年，被国家工商总局命名为“全国文明集贸市场”。1994～1995年，再次进行扩建，扩建后的市场分为东西两个交易大厅，周边简易二层营业房400余间，中间柜台700余节。1994年，被评为“全国百强集贸市场”。1997年，对布匹市口进行改造，新建营业房150间。至1998年，西市场小商品市场面积扩建至1.8万平方米，摊位1700余个，经营业户1500余家，设有文体及办公用品、布匹、针织品、服装、工艺品、皮具、玩具、小家电、日用百货、鞋帽等18个市口，上市商品有16大类，数千个品种，日客流量数万人，年商品成交额30亿元，辐射全省及天津、河北、河南、江苏、浙江等十多个省(市)。1999年，被评为“省级规范化文明市场”。2002年，槐荫工商分局通过资产转让的方式，与西市场小商品市场实现办管分离，济南长城集团公司成为市场主办方。同年被评为“省级规范化文明市场”。2004年，济南长城集团公司对市场进行改造建设，2005年改建完工。改建后的西市场小商品市场为一座商厦式市场，建筑面积6000平方米。至2010年年底，济南西市场小商品批发市场营业面积3.5万平方米，市场总摊位600个，年成交额3.04亿元。

二、济南新世界商城

位于英雄山北麓马鞍山路15号，占地近2万平方米，建筑面积3.8万平方米，投资总额8000万元，于1994年1月8日建成开业，是一处商厦式室内工业品综合市场，由市中区工商局投资建设并负责管理。场内有经营业户920家，从业人员1526人，年营业额5亿元左右。投入使用后，曾多次进行改造建设。经营项目由日用百货拓展至古玩书画、工艺美术品、收藏品及文具书籍等，成为省内规模较大的室内文化市场。2005年3月，通过产权转让，新世界商城所有权、经营权由市中工商分局移交给新世界商城有限责任公司。该市场先后被评为“省级规范化文明市场”“山东省三十强市场”“山东省十大工业品市场”。至2010年年底，济南新世界商城营业面积3.3万平方米，市场总摊位1067个，年成交额8.83亿元。

三、济南中恒商场

前身为济南染织厂，位于北园大街698号。1993年，成立济南中恒实业总公司并兴办济南中恒商城，对沿街旧厂房和门头房实施一期改造工程。1994年4月建成；5月1日，中恒商城小商品第一交易厅——小商品批发市场开业。后小商品批发市场第二、第三交易厅相继开业，成为济南市最大的小商品批发市场，经营面积2.22万平方米。主要经营皮具箱包、服装、饰品、钟表、棉纺织品、庆典用品、洗涤化妆品、塑料制品、五金工具、卫生洁具、铁木组合家具、各种高档精品口杯、茶具等。1998年9月18日，不锈钢厨具、酒店用品批发市场试营业。

1999年6月，灯具批发市场一期开业；10月11日，二期开业。2005年3月，建成新灯具市场，经营面积9600平方米，主要经营各种高中档彩灯、串灯、台灯、花灯、吸顶灯、工矿灯、开关插座、电工电料等。

2001年8月8日，电子电器、通信器材批发市场一期开业，后相继建成二期、三期、四期。2005年12月18日，中恒商城东区二、三楼电子、电器市场开业。

2002年9月18日，工艺礼品、玩具批发市场开业，是济南市第一家工艺礼品、玩具市场。2005年8月1日，重装后的工艺品市场开业，经营面积6800平方米，主要经营各类高、中档工艺礼品，工艺字画、水晶、玻璃器皿，高档陶瓷、刺绣、紫砂制品以及车模等。

2005年3月28日，文具、文化用品批发市场建成，经营面积6800平方米，是济南市最大的文具、文化用品批发市场，主要经营打印纸、复印机、文件柜、文件夹、铅笔、钢笔、毛笔、中性笔、各种账册等办公用品，鼠标、键盘、墨盒、碳粉等电脑耗材，彩笔、画材及乐器等。2008年6月19日，体育用品、健身器材广场开业。

2003年，中恒商场在全省批发市场同类行业中，首家通过ISO 9001：2000质量管理体系认证。至2010年，济南中恒商城获得山东省2008～2009年度商业服务业"十佳企业"称号、中国商业企业信用AAA级证书、山东省十大小商品交易市场、全国商业服务业先进单位、山东省规范化文明市场、全国日用工业品重点市场、全国商业质量效益先进企业等称号。

2010年年底，济南中恒商场营业面积3.9万平方米，市场总摊位1478个，年成交额1.6亿元。

第七节 果蔬市场

一、济南堤口路果品批发市场

位于济齐路6号，是一处大型果品专业市场。1986年建成，占地面积3万平方米，建筑面积1.2万平方米；建有存货交易大棚6处、香蕉加工库房230间，可容纳鲜果4000吨；有500千克磅秤200余台和200吨位大地磅。另有与市场相配套的旅馆、饭店、停车场等服务设施，拥有全国26个省(市)自治区的国营、集体、个体经营商及专业运输户。上市瓜果品种50余个，其中有福建、两广香蕉，浙江、两湖无核蜜橘，四川、江西红橘，新疆哈密瓜，内蒙古、甘肃黄河蜜，陕西大红枣，河北鸭梨，海南西瓜及省内各类瓜果，日上市量500～1000吨。1993年，市场交易额4亿元，成为山东省最大的果品集散地；在全国611个交易额超亿元市场评比中，跻身全国百强集贸市场，列第26位。1994年，投资800万元，建起与果品批发市场配套的保鲜、冷藏、制冰厂，完善配套服务设施，增

1986年建成的济南堤口路果品批发市场

强企业发展后劲；投资350万元，将原二风机西厂址并入果品批发市场，扩大市场经营面积。1997年，市场二期工程开工，扩建3000平方米交易大棚。1998年，成立果品批发发展有限责任公司，投资2000余万元建成果品综合交易大厅。2005年，市场被评为“2005年全国果品批发十强市场”。至2010年年底，济南堤口路果品批发市场营业面积10万平方米，市场总摊位1100个，设精品商铺交易区、大宗果品交易区、整车果品拍卖区、名优新果品展销区、干果交易区等5个交易区域，上市各类干鲜果品2000余个品种，建有保鲜冷藏库房、信息中心、安全监控中心、产品质量检测中心、污物处理中心及结算中心，全部实现电子化系统管理。市场年交易额17亿元，成为国内重要果品交易市场之一。

二、济南七里堡蔬菜综合批发市场

位于胶济铁路与东外环路交汇处，1994年11月26日建成使用。市场隶属于济南福信集团，共投入各项建设资金2100万元，占地面积约9.33万平方米，建筑面积2.8万平方米，交易大棚15处，经营门面房500余户，设置摊位5000余个，集蔬菜、粮油、副食、调料、水产品、豆制品、果品、肉、禽、蛋、土产杂品、小百货、五金、餐饮等于一体。来自省内各市及内蒙古、黑龙江、安徽、河北、河南、浙江、湖北、湖南、新疆等全国20个省(市)自治区的客商云集市场，市场日进机动车近千辆，其中蔬菜约700辆。日进三轮车、自行车近万辆，市场面向全国吞吐集散，是农业部命名的“全国鲜活农产品批发市场菜篮子工程”，是农业部、商务部蔬菜价格定点采集信息报送点。2007年，市场通过商务部等组织的检查验收，入选国家“双百市场工程”，同时获得商务部扶持资金200万元。蔬菜批发市场农产品品种全、价格低，是济南市民及各大机关、院校、企事业单位首选的采购点。市场是济南东部最大的蔬果粮油、水产综合批发市场，农产品年交易量在8亿千克以上，市场总交易额在29亿元以上。市场功能齐全，24小时全方位为客户服务。市场全面采用新型专业市场的前瞻设计标准，配备先进的电子监控、电子结算、电子商务平台、信息中心、中水处理系统，引入工商、税务、银行、派出所、物流配送及检测检疫等链式服务及专业化的市场营运管理。高度重视“菜篮子”产品的质量安全，建立一流的农产品检测中心，配备农残速测仪、气相色谱仪、液相色谱仪等设备，对进入市场的蔬菜实施批次检测，不合格农产品严格按照市场不合格农产品报告制度、不合格农产品退市制度进行处理。2010年，市场获批商务部1000万元专项建设资金。市场逐步升级改造为现代化、信息化、规范化的大型农副产品综合交易市场，建立起一个让百姓放心、让商户舒心、让政府安心的安全“菜篮子”。2010年年底，市场营业面积16.5万平方米，市场总摊位1350个，年成交额35.9亿元。

三、济南八里桥蔬菜副食品批发市场

1994年，济南八里桥蔬菜副食品批发市场开始筹建。原西市场农贸市场因地块狭小，脏乱差，由省市政府牵头将西市场农贸市场迁至八里桥，建成蔬菜副食品批发市场。1995年10月16日，市场正式开业。市场位于槐荫区八里桥4号，占地面积6.67万平方米。

2003年7月以前，八里桥蔬菜副食品批发市场是济南市最大的蔬菜副食品批发市场之一，是省市政府的“菜篮子”重点工程，是国务院信息中心联系检测单位。年交易额3亿元以上，占全市蔬菜供应量的50%，是横跨南北、贯彻东西、辐射全省的大型蔬菜副食品批发市场。2003年后，由于周边市场的竞争，市场严重滑坡，由原先的批发为主变为农贸零售市场。

1994年市场成立之初至2007年，是槐荫工商分局和济南燃料集团总公司联办市场。2007年后管办分离。

2010 年济南市重点产地农产品批发市场情况表

表6-2-6

序 号	市场名称	主要经营品种	地 址
1	济阳曲堤蔬菜批发市场	黄瓜	济阳县曲堤镇政府驻地
2	章丘刁镇蔬菜批发市场	蔬菜、粮油、瓜果、肉蛋	章丘市刁镇中心大街南首
3	长清创绿蔬菜批发市场	蔬菜、粮油、瓜果、肉蛋	长清区平安镇凤凰路
4	济阳济北瓜菜批发市场	西红柿	济阳县垛石镇索庙驻地
5	平阴孔村蘑菇蔬菜批发市场	鸡腿菇	平阴县孔村镇
6	商河商南蔬菜批发市场	青椒	商河县玉皇庙街道办事处杨庄铺街北邻
7	平阴店子蔬菜批发市场	白菜、土豆、玉米	平阴县孝直镇蔬菜大街 001 号
8	济阳回河蔬菜批发市场	西红柿	济阳县回河镇
9	历城张而草莓批发市场	草莓	历城区董家镇张而村
10	历城唐王康庄蔬菜市场	白菜、萝卜	历城区唐王镇康家村

第八节　水产品市场

济南海鲜市场是在济南市自由大街农贸市场(以下简称自由大街市场)海鲜市口的基础上发展起来的。至 1994 年，经营水产品的业户发展到 50 家，经营面积 900 平方米，水产品年成交额 5000 万元。1995 年年初，市中工商分局与济南泉港房地产开发公司共同投资 150 万元，在杆南西街 21 号联合兴建“济南市杆石桥海鲜市场”(以下简称海鲜市场)，7 月 21 日建成投入使用。自由大街市场水产市口闭市。1997 年，海鲜市场经营业户增加到 300 余家，年成交额 1.8 亿元。同年 9 月，因高架桥工程开工，海鲜市场被征占关闭。

1997 年 10 月，济南市燃料集团二公司投资 1300 万元，将该公司光明街货场改建成济南市海鲜市场，12 月 16 日市场竣工并投入使用。该市场集批发、零售、贮藏、运输于一体，占地面积 2.4 万平方米，建筑面积 1.2 万平方米，有营业房、仓库 350 间(套)，保温库 72 间，交易大棚 7 处，设有铁路运输专线、停车场、饭店、旅馆、澡堂等服务设施。场内经营业户 400 余家，主营水产品、兼营农副产品，上市品种 500 余种，市场交易辐射到省内 17 个地市及广东、福建、浙江、江苏、安徽、广西、云南、湖北、四川、河北、河南、辽宁等省，年成交额 6 亿元。1998 年，济南海鲜市场扩建，占地面积扩至 4 万平方米，建筑面积 3 万平方米，入驻业户 700 余家，从业人员 6000 余人，设海鲜、农贸、白天交易区和水产品夜间批发区，上市商品有冻货、鲜货、干货、副食调料、果品、蔬菜、粮食等 7 大类数百个品种。后济南中银房地产开发有限责任公司在老海鲜市场基础上投资 3 亿元对济南海鲜大市场进行升级改造。2005 年 10 月奠基，2006 年年初开工建设，年底建设完成，实现当年开工建设、当年竣工。2007 年 1 月市场试营业，5 月 18 日正式开业，至年底市场入住率 85% 以上。至 2010 年年底，济南海鲜市场营业面积 3 万平方米，市场总摊位 900 个，年成交额 45 亿元。

第九节　五金材料市场

一、山东灯具批发市场

位于北园大街 609 号，是长江以北最大、最专业的灯具批发市场。1996年6月，市场一期工程建成，占地面积1万平方米，建筑面积1.5万平方米，摊位175个。主要经营花灯、吸顶灯、水晶灯、格栅灯、工矿灯、路灯，兼营与灯具、灯饰配套的产品，吸引来自香港、台湾、广东、福建、浙江等地业户400余家。2002年，市场交易额2.2亿元，知名度列全国同类市场前10位。2005年6月，市场二期工程建成，投资5500万元，占地面积2.6万平方米，建筑面积4.4万平方米。二期市场内的灯具店多以品牌灯具专卖的形式经营，在软硬件设施、购物环境、消防安全设施、服务管理上都有较大发展。经营面积1万平方米的亮美嘉、经营面积5000平方米的济南鸿利灯饰、经营面积4000平方米的济南新世纪、经营面积2000平方米的山东东森灯饰入驻市场。

2009年，在《中国灯饰报》举办的全国灯具市场评比中，获“全国十佳灯具市场”称号。2010年年底，市场营业面积2.6万平方米，市场总摊位200个，年成交额2.8亿元。同年，被山东省照明协会、山东省消费协会评为“全省诚信经营市场”。

二、济南国际五金机电城

位于历山北路198号，市场原有设施系黄台仓储中心的部分仓库。2006年建成，占地面积10万平方米，建筑面积12万平方米，摊位900个，管理人员60人，从业人员2600人。主要经营五金电料、电动工具、电气仪表、水暖、土产、劳保用品等批发零售及机电维修等服务。2005年年底，北园大街部分五金机电业户面临拆迁，急需寻找新经营场所，部分未受拆迁影响的业户因周边环境改变不利于经营想迁移，经协商由黄台企业集团对位于历山北路中段东侧部分仓库设施和低洼空地进行改造，将原来仓库设施拆除重新规划建设高标准专业市场设施，用于安置拆迁业户。2006年，市场开业。后连年被列入山东省工商联五金机电商会重点支持项目。2008年，中国五金机电行业最具影响力十大市场。2009年，成为中华全国工商联五金机电商会诚信经销商。

第四章 零 售

第一节 概述

20世纪90年代中期前，济南市零售业态是以国有大型百货业态为主体的单一业态。后随着流通领域改革的深化和零售业与国际接轨，全市零售业通过采取多元化经营、延伸供应链、逐年开发新的零售业态，形成大型超市、超市、仓储会员店、购物中心、百货店、专业店、专卖店、食杂店、便民店、家居建材店、厂家直销中心、折扣店、电视购物、邮购、网上商店、自动售货亭、电话购物等17种业态并存的格局。

1986年起，济南零售业开始打破传统经营模式，零售业态不断创新。同年，全市社会商品零售总额320168万元。其中，商业239204万元，饮食业19465万元，工业38717万元，其他5940万元，农民对非农业居民16842万元。1990年，全市社会商品零售总额581427万元。其中，食品类271995万元，衣着类87184万元，日用品类77388万元，文化娱乐用品类32961万元，书报杂志类5516万元，药品和医疗用品类26176万元，房屋及建筑材料类11638万元，燃料类15353万元。

1995年，全市社会商品零售业销售总额672313万元。其中，食品、饮料和烟草零售业116089万元，日用百货零售业373064万元，纺织品、服装和鞋帽零售业15844万元，日用杂品零售业8390万元，五金、交电、化工零售业71140万元，药品及医疗器械零售业10852万元，图书报刊零售业12479万元，其他零售业64455万元。

2000年，全市限额以上批发零售贸易企业商品零售额793017万元。其中，食品、饮料和烟草零售业18729万元，日用百货零售业365253万元，纺织品、服装和鞋帽零售业2505万元，日用杂品零售业1198万元，五金、交电、化工零售业95715万元，药品及医疗器械零售业7156万元，图书报刊零售业7243万元，其他零售业64655万元(以上未含批发业)。

2005年，全市限额以上批发零售贸易企业商品零售额2322190万元。其中，综合零售业1049817万元，食品、饮料及烟草制品专门零售业20390万元，纺织、服装及日用品专门零售业48754万元，文化、体育用品及器材专门零售业24974万元，医药及医疗器材专门零售业41664万元，汽车、摩托车、燃料及零配件专门零售业881285万元，家用电器及电子产品专门零售业239407万元，五金、家具及室内装修材料专门零售业10507万元，无店铺及其他零售业5392万元。

2010年，全市限额以上批发零售贸易法人企业商品零售额5646711万元。其中，综合零售业2082975万元，食品、饮料及烟草制品专门零售业6716万元，文化、体育用品及器材专门零售业101646万元，医药及医疗器材专门零售业80069万元，汽车、摩托车、燃料及零配件专门零售业2319089万元，家用电器及电子产品专门零售业665265万元，五金、家具及室内装修材料专门零售业144841万元。

第二节 传统零售业

20世纪90年代中期以前，济南市居民主要购物场所是大观园商场、人民商场、济南第一百货商店、济南百货大楼、山东华联商厦，被市民称为济南传统商业零售业史上的“五朵金花”。“五朵金花”均是“大而全”和“小而全”的百货店。大到家具，小到针头线脑，在一个店里就可以买全。“五朵金花”的主营业态都是综合商业，市场份额为95%以上。后以三联商社家电商场为代表的各种专业商场、专卖店打破济南传统商业的经营模式，改变了济南零售业的竞争格局，“五朵金花”仅大观园商场和人民商场苦苦支撑、谋求突围。

1998年1月16日，济南第一家仓储式会员超市“世界购物广场”建成。后新国道、万嘉隆、绿地、将军惠员、大润发、上海联华等超市公司在济南相继建成。2000年，济南国贸大厦、中兴商厦被淘汰出局。2002年1月和10月，北京国美家电和江苏苏宁家电公司先后进入济南。随着中国加入世贸组织，外资零售业进入济南市场。2005年9月25日，继沃尔玛、家乐福、易初莲花等外资零售业登陆济南后，世界500强企业伊势丹在济南正式开业，成为济南的第四家外资零售企业，是继易初莲花超市后济南的第二家外资独资零售企业。2007年9月24日，济南伊势丹百货商场关门停业。2010年9月，易初莲花超市关闭。至年底，以济南银座商城、济南贵和购物中心、济南华联商厦等为代表的零售业态和连锁超市、大型综合超市成为济南零售业主流业态。2010年，全市评出10大商贸流通企业，分别为山东银座商城股份有限公司、济南华联商厦集团股份有限公司、润滑集团股份有限公司、山东鲁能物资集团有限公司贵和购物中心、山东统一银座商业有限公司、山东苏宁电器有限公司、济南人民大润发商业有限公司、三联商社股份有限公司、济南之星汽车服务有限公司、济南万宝行汽车销售服务有限公司。

一、大观园商场

1994年后，大观园商场随着新兴超市和专业店登陆，勉强营业，2004年一度关门歇业57天。2009年4月，大观园商场与东北商业巨头长春欧亚集团合作，成立合资公司。欧亚集团出资1亿元，占新公司81%的股权，处于控股地位。新公司名称定为济南欧亚大观园有限公司，以租赁方式经营大观园商场，经营业态以零售业为主，管理团队以原大观园商场管理人员为主。商场名称在大观园商场前面冠以“欧亚”两字，为欧亚大观园商场。2009年9月开业。

2009年9月，大观园商场与欧亚集团合资成立济南大观园商场

二、人民商场

1995年，人民商场提出“经营创新、服务创新、制度创新、文化创新”的新思路，打出“穿在人民商场”的特色经营旗号，定位于“卖老百姓买得起的商品”，成为传统零售老企业成功转型的典范。1997年，济南人民商场与台湾润泰集团开始长达3年的谈判，2000年成立济南人民大润发商业有限公司，使济南大润发超市四个分店成功扎根济南零售市场。2008年，人民商场与烟台振华百货集团合作重组。8月，人民商场与振华集团签订租赁人民商场20年的协议。2009年10月2日，济南人民商场重装开业，冠名振华集团济南人民商场，建筑面积和营业面积均比原来大出一倍多。经营上定位于由传统百货转向时尚百货。

三、第一百货商店

济南第一百货商店1997年11月关门停业，2000年将营业楼改造成济南泓雅康乐城。山东华联集团因经营不善退出，2002年位于八一立交桥的商场原址被银座商城八一店所取代，山东华联商厦成为一家单纯的物业租赁企业，靠租赁商场物业维生。济南百货大楼上市后屡遭重组、停业、转型、易名。2002年，济南烟草将军集团投资控股后，济南百货大楼传统的商业零售业态名存实亡，济南百货大楼营业楼于2007年被拆除。

四、华联商厦

1994年，济南华联商厦正式挂牌，商厦由济南市百货公司西市场商场“变身”而来。至2002年，商厦从原来的“小门头”“小平房”时代走出，成为济南市区西部最大的现代化商场。2002年9月，济南华联商厦所属嘉华购物广场建成开业，嘉华购物广场与济南华联商厦同处一地，隔街相望，遥相呼应，地理位置十分优越。经营定位于“休闲、时尚”，是具有国际先进管理水平的高中档大型购物中心。嘉华购物广场占地1.57公万平方米，总建筑面积4万余平方米，地下一层为8000平方米的华联超市嘉华店，主要经营副食、生鲜、食品、洗化、日用百货等；一至五楼为现代化的大型综合购物中心，共有6个卖场。为方便消费者购物停车，嘉华购物广场将五楼的一半及六楼设置为空中停车场，共可停放汽车400辆。嘉华购物广场建筑风格雄伟、宏大，内部环境幽雅、设施先进，实行智能化管理，并设有电台直播室、改衣室、书店、话费缴纳等配套服务项目。嘉华桥、西市场桥、华联桥将原本相对独立的华联、嘉华、华联超市嘉华店、嘉华西馆、西市场小商品市场连为一体，总面积15万平方米，真正实现一站式购物。至2010年，济南华联商厦门店22家，其中超市19家。

五、银座商城

1996年6月22日，隶属于山东银座商城股份有限公司的济南第一家银座商城开业。至2010年，公司拥有122家大型现代化商场、142家便民连锁超市，经营面积200多万平方米，从业人员11万余人。经营方式涉及现代百货、大型综合超市、家居、便利店、购物中心等多种业态。全年公司实现销售收入370亿元，企业规模和效益水平一直稳居省内同行业的龙头地位，连续多年位列全国百货业“十强”。“银座”字号成为著名商标，深得消费者喜爱和信赖，“买真货，到银座”“购物银座，享受生活”深入人心，成为广大消费者共识。

1996年，山东银座商城股份有限公司在济南开设的第一家商场——银座商城（2013年摄）

六、贵和购物中心

贵和购物中心隶属于山东鲁能集团商贸有限公司，位于泉城路，营业面积2.2万平方米，包括地上五层，地下一层。外观典雅，内饰豪华，于1997年10月1日正式开业。秉承“荟萃世界名优精品，传播现代消费文化”的经营理念，引领济南市民的高消费，成为济南高端商场的代表。在济南市独家拥有大量的国内外著名品牌，是济南市民认知奢侈品牌，了解世界品牌的窗口。满足消费者的个性需求、体现消费者尊贵身份的贵和会员制，温馨的早迎宾、晚送宾仪式，购物零风险、自由退换货的承诺，“精品与人品共存，赢心与赢利并重”的服务理念及规范化服务和以文兴商的文化气息和氛围等，构成贵和购物中心独具特色的经营管理风格，塑造贵和购物中心“天时、地利、尊贵、祥和”的高品位形象。先后获得全国“诚信单位”、“清柜台优秀企业”、国家级“青年文明号”、“消费者满意单位”、“重合同、守信用单位”、“明码标价示范店”等一系列称号，并于2002年通过ISO 9001：2000国际质量管理体系认证。济南贵和购物中心洪楼店于2006年9月19日开业；贵和购物中心体育中心店于2006年10月开业。至2010年，贵和购物中心在济南有3家门店。

第三节 超市

20世纪90年代后，随着济南市流通体制改革和企业机制、管理、科技创新步伐的不断加快，一批连锁超市和大型综合超市迅速崛起，成为市场经济条件下新的发展模式和零售业态的代表。连锁超市和大型综合超市的出现，打破了济南传统百货业一统天下的流通格局，引发济南商贸企业一系列重大结构调整和规模重组浪潮。济南市的蔬菜、食品业态逐渐退出历史舞台。国有粮店、大型蔬菜店、副食品店、水产店、果品店等，大部分被济南市的生鲜食品连锁超市和大型综合超市所替代。小型副食品店、个体食品店逐渐被便利店替代。以连锁超市和大型综合超市为主要组织形式的现代流通格局在济南初步形成，连锁超市、大型综合超市成为济南市零售业的第一主力业态。至2010年，济南市共有营业面积1万平方米以上的大型商场超市140家。

2010年济南市营业面积1万平方米以上大型商场（超市）情况表

表6-2-7

序 号	名称	地址	备 注
1	山东银座商城	历下区泺源大街66号	金鼎百货店
2	银座购物广场店	历下区泺源大街99号	
3	银座北园店	天桥区北园大街483号	
4	银座八一店	市中区英雄山路15号	
5	银座华信店	历城区花园路78号	
6	银座洪楼店	历城区花园路101号	
7	银座燕山店	历下区窑头路中润广场东侧	
8	银座无影山店	天桥区无影山中路31号	
9	银座七里山店	市中区英雄山路161号	
10	银座济洛路店	天桥区济泺路与师范路交汇口96-1号	
11	银座马鞍山店	市中区经十路至经十一路路段	
12	银座玉函店	市中区经十路19288号	
13	济南嘉华购物广场集团股份有限公司	槐荫区经二路588号	金鼎百货店
14	济南华联超市嘉华店	槐荫区经二路588号	
15	济南华联超市广场店	槐荫区经十路431号	
16	济南华联超市舜耕山庄店	市中区舜耕路28号	
17	济南华联超市解放东路店	历下区解放东路56号 金泉大厦裙楼1-2层	
18	济南华联超市经七路店	槐荫区槐荫广场地下一、二层	
19	济南华联超市北园店	天桥区北园路32号	
20	济南华联超市王舍人店	历城区工业北路28号	
21	济南华联超市世购店	槐荫区经十西路165号	
22	济南华联超市张庄路店	槐荫区张庄路122号	
23	济南华联超市广友店	槐荫区张庄路44号地下一层	
24	济南华联超市大明店	天桥区北园大街中段372号	
25	济南华联超市药山店	天桥区无影山北路27号	
26	济南人民大润发商业有限公司	历下区文化西路1号	
27	济南人民大润发商业有限公司历城店	历城区花园路99号	
28	昆山润福商贸有限公司济南市中分公司 （大润发二七店）	市中区二七新村南路9号	
29	昆山润福商贸有限公司济南天桥分公司 （大润发天桥店）	天桥区堤口路80号	
30	山东鲁能商贸有限公司贵和购物中心	历下区天地坛街1号	金鼎百货店
31	山东鲁能商贸有限公司 贵和购物中心体育中心店	市中区经十路124号	
32	贵和商厦	历下区泉城路101号	

续表6-2-7

序 号	名称	地址	备 注
33	济南大观园股份有限公司	市中区经四纬二路 51-1 号	
34	济南人民商场股份有限公司	市中区经四路东首 3 号	
35	沃尔玛深国投百货有限公司济南泉城路分店	历下区泉城路 339 号	
36	济南家乐福商业有限公司	历下区历山路 101 号	
37	济南十八家家悦超市有限公司	市中区经十路小梁庄 227 号	
38	特易购商业(山东)有限公司历城店(乐购历城店)	历城区二环东路 1599 号	
39	特易购商业(山东)有限公司经四路万达店(乐购市中店)	市中区经四路 5 号	
40	三联商社股份有限公司济南家电分公司	历下区趵突泉北路 12 号	

1994～2010 年济南市超市建设情况表

表6-2-8

超市名称	开业时间	关闭时间	备 注
万隆超市	1994	2005	
益康百姓超市	1995		
海普超市	1996	2009	
世界购物广场	1998	2003	
新国道超市	1998	2007	
绿地超市	1999		
万嘉隆超市	1999	2009	
银座购物广场	1999		
大润发超市	2000		外资
将军惠员超市	2000	2001	
世纪华联超市	2001	2009	
西格玛超市	2002	2008	
济南华联超市	2002		
北京华联超市	2002	2003	
新一佳超市	2003	2009	
沃尔玛超市	2003		外资
家乐福超市	2004		外资
易初莲花超市	2005	2010	外资
统一银座超市	2005		
家家悦超市	2009		
乐购超市	2009		外资

一、内资超市

万隆超市是由济南蔬菜集团创建的山东省最早的连锁超市之一。万隆超市自1994年5月18日创建济南市第一家便民连锁超市“全客隆”店开始，至2004年主营连锁门店65家，特许连锁门店70多家，是济南市连锁超市中门店最多的。2001年，与上海联华超市联手，在济南打造“世纪联华超市”大卖场。万隆超市创出“全客隆”大馒头、“蔬冷”冰糕、醴泉调味品、珍兰南酒等知名品牌。“全客隆”大馒头1996年上市，建有北坦、板桥、郎茂山等3家馒头加工厂，日销量在1万千克以上，不仅满足济南市的消费需求，还远销章丘、齐河、沾化等地。2004年12月14日，万隆超市章丘汇泉店联营商因资金短缺，撤销化妆品、家电、五金等专柜，引起众多消费者猜测，引起抢购，很快波及济阳、长清和济南市区，万隆超市关门停业。

济南世界购物广场超市于1998年1月16日开业，为济南第一家大型仓储式超市。2000年世界购物广场在马鞍山路开设第二家2000多平方米的连锁超市，2002年下半年马鞍山店被淘汰。2003年5月，济南世界购物广场改头换面，除保留约3000平方米的超市外，近3万平方米的空间让位于温州服装广场。

在济南最初开业的超市中，2001年12月开业仅一年零几天的将军惠员超市关闭，营业场地转手给广东新一佳超市。2003年成立的新一佳超市于2009年3月关闭。2002年开业的西格玛超市和北京华联超市分别在2003年4月和2003年9月关闭。新国道超市于2007年1月12日关闭，场地转让给济南华联超市。海普超市于2009年2月关闭。2009年4月1日，万嘉隆超市以迎接全运会召开内部装修为名关闭。世纪联华超市于2009年4月撤离济南。

1995开业的济南益康百姓超市，在济南市率先建立起小型仓储式超市。后随着企业规模扩大，相继建起社区店、便民店和标准超市。同时将连锁经营延伸到平阴、肥城等地。至2010年，益康百姓连锁超市公司发展到50家门店。绿地仓储式超市建于1999年1月8日，是在济南国棉二厂原厂房基础上建立起来的，是全市第二家大型仓储式超市。济南银座购物广场于1999年10月31日开业，隶属于山东省商业集团总公司，是以“银座”为品牌的现代零售业。位于济南新建成的泉城广场地下一层，经营面积3万多平方米，其中大型超市、精品区、餐饮娱乐区各占1万平方米，至2010年银座购物广场超市在济南的门店有8家。

2001年中国加入世贸组织后，济南新建超市有济南华联超市、统一银座超市、佳佳悦超市共3家。济南华联超市有限公司隶属于济南华联商厦集团股份有限公司，成立于2002年2月，是济南华联商厦集团继发展综合百货业态后，重点发展的连锁超市业态，是居民购买商品集便利、平价、优质为一体的理想购物场所。2002年9月14日，济南华联超市有限公司在济南华联商业街地区开设第一家分店，发展到拥有一个强大的总部和19家分店的大型连锁超市体系，分店分布在槐荫区、市中区、天桥区、历城区和章丘市，经营品种2万余种，经营面积超过15万平方米。至2010年销售规模27.74亿元。

济南统一银座超市于2005年7月开业，是一家连锁式生鲜便民超市企业，隶属于山东统一银座商业有限公司。公司由台湾统一超商股份有限公司和山东银座商城合资兴建，由台湾专业经营团队主导营运。统一银座超市立足于社区，门店向居民密集区辐射，门店面积一般只有100～200平方米，最大不过800平方米。靠网点力量整合济南市的零散顾客，形成规模。2008年5月1日，统一银座超市全部门店实行24小时经营模式，是济南市首个大规模尝试全天候服务的超市。至2010年，全市统一银座超市门店总数142家，销售规模11.3亿元。

济南家家悦超市隶属于威海山东家家悦集团。家家悦超市济南旗舰店——海鲜大市场店于2009年8月28日开业。经营面积1.5万平方米，店内布局按照国际最先进的经营理念和营销方式设计，门店突出人性化服务理念，服务功能齐全，服务定位贴近消费者，商品价格低，保证消费者的购物真正物有所值。至2010年，门店总数18家，销售规模4.2亿元。

二、外资超市

2000年9月大润发超市进入济南。至2010年落户济南的外资超市除大润发超市外，有沃尔玛、家乐福、易初莲花、乐购等4家超市。其中，易初莲花超市因经营不善，于2010年9月关闭。

2000年9月26日，与济南人民商场牵手合作的大润发超市洪楼店和天桥店正式开业；历下店2000年12月21日开业；山水店2001年5月1日开业。济南大润发超市的4家门店先后开业，是继济南世购仓储超市后出现的另一种大型超市模式。大润发超市是由台湾润泰集团投资创办的会员制大型连锁综合超市，集团在长江以北的超市总部设在济南。4家门店主要经营生鲜食品、各类副食品、日用杂品、家用纺织、文化体育用品和五金家电等，商品3万多种。

2003年9月19日，全球十大零售商排名第一的沃尔玛山东第一家店在济南泉城路开业。济南沃尔玛超市位于泉城路万达购物广场的第二层和第三层，营业面积1.7万平方米。该店是沃尔玛在中国的第30家店。沃尔玛把“天天平价”作为其进入济南的主打旗号，超市所经营的全部商品，有95%是在国内采购的。2010年7月17日，沃尔玛落户槐荫区阳光新路，为济南第二家分店。

2004年4月24日，济南家乐福超市解放桥店开业，是家乐福在济南开的第一家综合卖场。至2010年，济南家乐福超市解放桥分店是家乐福集团在济南唯一的卖场。

2005年1月20日，泰国正大集团旗下的易初莲花超市省体育中心店开业，是易初莲花在济南开设的首家分店。总面积2万平方米，经营面积1万平方米，商品品种3万种。2010年9月13日，济南易初莲花超市关闭。

2005年9月25日，世界500强企业伊势丹济南商场正式开业，成为济南的第四家外资零售企业，是继易初莲花超市后济南的第二家外资独资零售企业。济南伊势丹商场位于泉城路268号将军广场，租赁将军广场商业营业楼1至6层作为店面，营业面积1.07万平方米，投资额530万美元。2007年9月24日，济南伊势丹百货商场关门停业。

济南乐购超市二环东路分店于2009年10月30日开业。2010年11月，开设济南乐购超市万达广场分店。

第四节 专业店

一、济南市三联公司

1985年2月2日，山东三联电子公司成立。5月1日，山东三联电子公司济南经销部开业，成为济南第一家专营家电的商场。1989年1月1日，济南经销部对售出的七大类家电商品实行保修终生，并推出“顶撞顾客赔款300元”等举措。1991年，三联商业年销售额首次突破1亿元大关，跨入全国商业百强行列。

1997年，三联商社迁址西门，成为济南标志性建筑之一。同年，三联商社领先业界首先推出会员制。2000年4月，国内贸易部商业信息中心公布对全国大型商场商品销售的监测结果，在被监测的19类主要家电商品中，三联商社有14类家电商品销售量居全国第一；在被监测的10类小家电商品中，三联商社有1类家电商品销售量居全国第一。

2000～2002年，三联商社销售额连续3年位居全国家电连锁店第一位，被称为“中国家电第一店”。2003年1月24日，山东三联集团有限责任公司在山东省工商行政管理局正式登记注册，标志着三联集团公司整体改制的全面完成。7月18日，三联商社股份有限公司在上海证券交易所挂牌交易，注册资本金2.53亿元，注册地址为济南市历下区趵突泉北路12号，是国内最大、最早的家电连锁经营企业。三联经营立足山东，覆盖济南、东营、淄博、邹平等多个城市。其中，三联商社济南家电商场是三联商社的核心旗舰店，并获“全国质量管理先进企业”“全国商业名牌企业”等近百项国家及省市级称号。

2004年4月24日，落户青岛市台东商圈诺玛特的三联商社青岛家电商场开业。

2008年，山东省三联商社股份有限公司被评为“山东省服务名牌”。2009年，在山东(济南)首届杰出商业企业评选活动暨山东商业授勋英雄颁奖典礼上，三联商社获“最具人气家电卖场奖”。同年，获山东省商业名牌企业称号。

至2010年，三联商社连续八届获省、市两级消费者满意单位称号，拥有超过80万会员用户。2010年11月，获“2010山东网民最信赖家电商场”。12月，获“2010消费者最佳口碑奖”。

济南市三联公司主要年份经营情况表

表6-2-9

项目 时间	企业家数	龙头企业名称	从业人员数	营业收入(亿元)	效益(万元)	营业面积(平方米)
1986	1	山东三联电子公司济南经销部	309	1.01	535	500
1990	1	山东三联电子集团公司	359	3.2	1356	500
1995	1	三联集团公司	453	5.88	1800	500
2000	1	三联集团济南家电公司	632	53	4500	10000
2005	2	三联商社股份有限公司	650	20.8	2370	11500
2010	2	三联商社股份有限公司	796	8.8	2330	13600

二、山东苏宁云商商贸有限公司

山东苏宁云商商贸有限公司(下称“山东苏宁”)成立于2003年，是山东省内唯一一家自主开发的O2O线上线下融合的互联网零售企业，总部设在济南。

2003年，随着苏宁集团布局发展的加速，山东省第一家门店——泉城广场店落户泉城广场对面的齐鲁国际大厦1～3层，总经营面积近5000平方米。

2004年，山东苏宁选择三联对面的惠尔商厦，布局济南市第二家门店——泉城路店，该店1～5层，总经营面积9652平方米，年销售额超过3亿元，该店是苏宁在山东省打造的第一家“Expo超级旗舰店”。

2005年，随着洪楼店、英雄山路店及章丘店开业，山东苏宁在济南市布局总经营面积2.6万余平方米，从业人员由2003年的300余人增加到近600人，经营品类涵盖3C、传统家电、百货、日用品等，苏宁电器连锁经营全面进入3C时代。

2007年，济南布局全新商圈，开设王舍人店，该店规模2000平方米，创造了同类门店开业3天超400万元的销售业绩。

2008年，成功进驻七里山、北园商圈后，在泉城路商圈筹建开业第二家旗舰店——泉城路二店。该店规模1.27万平方米，1～5层为商场经营区域，6层设置为苏宁总部在济南地区管理中心，是苏宁在济南布局的核心门店和管理门店。

2009年，在连锁开发方面，济南区域布局北园白鹤店，开创家电+家具+家居合作的先河。山东公司济南地区管理中心的用工人数突破700人，经营规模9亿元。同年3月，正式启动“苏宁云商济南大区配送及营运基地项目”，山东渤宁苏宁云商商贸有限公司成立，作为济南市高新区管委会重点招商项目，旨在建设一个覆盖山东地区的苏宁采购、配送、结算及运营基地，是苏宁现代化、信息化、高端创新服务基地。项目占地约8.33万平方米，总建筑面积约8.83万平方米。采用仓库自动化设备、信息终端设备、运输设备、办公设备和通信设备等相应的设施设备。建成的物流基地是集物流、售后、客服、办公、信息、培训、后勤等功能于一体的综合性服务基地。

2010年，济南布局济泺路店，同时启动“乡镇店攻略”，建设山东省首家乡镇店——济阳店，开发布局三四级市场，为农民消费者提供服务。至年底，济南区域门店总数11家，营业面积5.6万平方米，营业收入突破10亿元。

2003～2010年山东苏宁济南公司经营情况表

表6-2-10

时　间	门店数	新开门店	总营业面积（平方米）	从业人员数	资产总额（万元）	营业收入（万元）	利　润（万元）
2003	1	泉城广场店	5000	356	—	—	—
2004	2	泉城路店（9652）	14652	436	—	—	—
2005	4	洪楼店（3274.8） 英雄山路店（5700） 章丘店（2100）	25726.8	551	—	—	—
2006	—	淄博、泰安、聊城等成立子公司	25726.8	558	-6238.31	34065.42	-3295.55
2007	5	王舍人店（2050）	27776.8	585	20164.36	54414.41	1755.75
2008	8	七里山店（2300） 北园店（5432） 泉城路二店（12732.64）	48241.44	695	25739.18	69781.22	911.30
2009	9	白鹤店（3837）	52078.44	738	-1709.53	83913.58	1935.25
2010	11	济泺路店（2650） 济阳店（1294.85）	56023.29	788	-2995.50	103219.11	2237.87

第五章　集　市

第一节 交易与管理

一、交　易

随着经济体制改革的不断深入，济南市集市贸易迅速发展。1986年，济南市城乡集市贸易成交总额3.88亿元，粮食成交量4.98万吨，油脂油料成交量0.63万吨，猪肉成交量2.64万吨，牛羊肉成交量0.12万吨，鲜蛋成交量1.09万吨，家禽成交量661万只，水产品成交量0.26万吨，鲜菜成交量22.03万吨，烟叶成交量0.5万千克。至1989年，全市城乡集市贸易成交额为10.54亿元。

1986～1989年济南市城乡集市贸易成交情况表

表6-2-11

年份	成交总额(万元)	粮食(万千克)	油脂油料(万千克)	猪肉(万千克)	牛羊肉(万千克)	鲜蛋(万千克)	家禽(万只)	水产品(万千克)	鲜菜(万千克)	烟叶(万千克)
1986	38807	4983	633	2639	117.5	1091.5	661	264.5	22031	0.5
1987	56990	5101	435	2496.5	120	1131	549	119.5	3756	5.5
1988	104146	4877.5	250.5	1965.5	441.5	1229	593	480.5	27656	7.5
1989	105415	4416.5	635.5	2718	256.5	1288.5	597	525	33205	—

1990年，全市集市贸易成交总额12.5亿元，占全市社会商品零售总额的21.3%。市区66处农贸市场全年成交肉、蛋、鱼、菜、瓜果五大类商品38.7万吨，相当于市区国营商业同类商品零售量的3.12倍，占社会总消费量的76%。其中，肉、禽、蛋成交量占全市消费量的75%，水产品占36%。蔬菜日均上市量540吨，占社会消费量的70%。市民人均集贸市场年消费410元，比上年增加95元。

1993年，全市城乡市场交易额56.85亿元，比上年增长151.3%；其中，综合集贸市场成交额23.2亿元，比上年增长102%。成交额过亿元市场11处，过5000万元市场13处。市区蔬菜、肉禽蛋、水产、果品四大类农副产品成交量35.8万吨，相当于国有商业零售总量的15.47倍。专业批发市场发展迅速，成交额大幅度上升。全市工业品专业批发市场40处，成交额19.4亿元。农副产品专业批发市场29处，成交额6.09亿元，其他专业批发市场33家，成交额8.13亿元。城乡各类专业批发市场成交额33.62亿元，占城乡集市贸易成交额的59.14%。培育经纪信息市场，发展文化市场、拍卖市场、技术市场、建筑市场、期货市场等，吸引2580家企业入场经营，其中国有、集体企业占70%以上。1994年，交易额过亿元市场16处，过5000万元市场15处，泺口服装市场和堤口路果品批发市场进入全省十大市场行列，堤口路果品批发市场成为全国百强市场之一。

1995年，全市城乡市场交易额123.8亿元，比1994年增长39.7%，相当于社会商品零售总额的33%。其中农副产品交易额20.23亿元，工业品交易额50亿元，生产资料交易额19.63亿元。蔬菜、粮油、果品成交量分别为94.41万吨、20.46万吨、73.12万吨，分别比1994年增长47.9%、11.7%、168.9%。“八五”期间，济南市各类市场空前发展。消费品市场和生产资料市场共同发展，逐步形成一个城乡结合、批发零售结合、综合专业结合的市场网络，市场体系逐步完善。消费品市场类型齐全，规模扩大，档次提高，出现一批规模大、档次高、辐射力强的大型市场。生产资料市场发展迅速，日臻完善，形成网络，有汽车、机电、钢材、木材、装饰材料、塑料等各类综合性生产资料市场50处。

2000年，全市城乡市场交易额495亿元，比上年增长15.5%。其中农副产品交易额167.67亿元，工业品交易额185.12亿元，生产资料交易额125.07亿元。蔬菜、干鲜果品、肉食禽蛋成交量分别为196.24万吨、153.42万吨、74.16万吨，分别比上年增长13.5%、8.5%、29.6%。2001年，济南市进一步强化商贸中心“龙头”“窗口”作用和增强聚合辐射功能，一批大体量、高档次的商业网点和专业批发市场相继落成。市区形成以中心商业区、区域性商业中心为支撑，大型专业市场为骨干，特色商业街为亮点，大卖场、专业店、专卖店、便利店、连锁超市相结合的市场流通网络体系，营造城市商业的繁荣氛围，展现大都市风貌。至年底，全市万平方米以上商贸服务业网点60个；交易额过亿元市场50处，过10亿元市场10处，其成交额占50处市场成交额的58.3%；有1处市场进入全国百强。市场交易额528.1亿元，均居全省首位。

2002年，全市市场交易持续活跃，新型商业增长较快。商品交易市场布局趋于合理，功能不断完善，向规模化、规范化方向发展。年末，各类商品交易市场总数743处，全年市场交易额533.6亿元，比上年增长4.8%。大型综合超市、仓储式商场、购物中心、便利店、摩尔① 等现代商业发展迅速。2003年，全市商业基础设施建设加快，商贸业集聚程度提高。市区以1个中心商业区、5个区域性商业中心为支撑，以20余条特色商业街和108处万平方米以上大型商业服务网点为骨干，以各类专业市场、超市、便利店为网络的多层次商业布局结构和市场网络体系形成。中心商业区核心区域泉城路周边地区配套商业设施不断完善，万平方米以上商业服务业设施13处。随着国内外大型商业企业的入驻，中心商业区的商圈效应开始显现。银座圣洋物流、银座家居、温州服装批发广场等一批大体量、高档次专业市场相继建成开业。市区初步形成以北园大街为轴线的装饰家居材料市场带，以经十西路为轴线的汽车销售汽配市场带，以山大路为轴线的科技市场群等特色鲜明、辐射范围广的市场群(带)。年末，全市市场总数740处，市场总面积1085万平方米，年交易额过亿元市场49处。其中，过10亿元市场7处，过20亿元市场4处。全年市场交易额475.9亿元。

2004年，济南市新建商业网点45个，其中5000平方米以上网点42个。总面积38.7万平方米，总投资额13.3亿元。全市各类市场733处，占地面积1236万平方米，摊位数14.3万个，年交易额过亿元商品市场67处。全年市场交易额504.3亿元，比上年增长6%。堤口路果品批发市场、七里堡蔬菜综合批发市场跨入“2003年度中国农副产品批发市场行业百强”行列，堤口路果品批发市场在“全国果品批发市场十强”中排名第四。济南泺口服装市场、济南新世界商城跨入“山东三十强市场”行列；济南茶叶批发市场获“全国重点茶市”称号，成为全国20强重点茶叶市场。

2005年，全面完成《济南市商业网点发展规划》编制工作，经市政府批准实施，并在商务部备案。建立济南市商品交易市场统计调查制度和商品交易市场统计指标体系。投资2亿元的七里堡蔬菜批发市场和投资6亿元的济南海鲜市场升级改造工程开工。红星美凯龙济南店、山东灯具市场、银座家居市场等成为设施一流的大型市场。探索在市内五区建设“农改超”“农加超”形式的室内副食品市场试点工作。章丘市和长清区实施全国“万村千乡”市场工程试点工作，274个试点“农家店”通过验收，争取到国家补助资金82万元。按照《绿色市场认证管理办法》等规定，堤口路果品批发市场被商务部和国家认监委评为“全国绿色市场示范单位”。至年底，全市各类商品交易市场736处，其中过亿元市场69处，全年成交额583亿元，比上年增长15.6%。

2006年，全市商品交易市场796处，其中过亿元市场69处，市场总占地面积1238万平方米，全年商品交易市场成交额670亿元，比上年增长15%。全市在建、扩建、改建的商品交易市场19处，总投资35.86亿元，建设面积293.12万平方米。以实施全国“双百”市场工程为契机，扎实开展农副产品批发市场升级改造工作，七里堡蔬菜批发市场列入商务部“双百市场工程”，争取到商务部专项补助资金200万元，并入选全国农产品综合批发市场五十强；海鲜大市场、堤口路果品批发市场分别入围全国

①摩尔即超大规模购物中心(SHOPPINGMALL)，是继百货、连锁经营、仓储式货场后的第四次商业革命的产物，特指规模巨大，集购物、休闲、娱乐、餐饮等于一体的包括百货店、大卖场及专卖店等的超级商业中心。

水产专业批发市场十强、全国果品专业批发市场二十强。推进“百城万店无假货”活动开展，泉城路商业街等3条商业街、红星美凯龙等3家商场分别被评定为省级“百城万店无假货”示范街、示范店；章丘市汇泉路商业街等6条商业街、济阳县完美电器商城等4家商场分别被评定为市级“百城万店无假货”示范街、示范店。

2010年，推进城乡市场体系建设，综合服务能力进一步增强。“万村千乡”市场工程和“市场拓展行动”深入发展，农村市场体系建设取得新成效。全年改造建设标准化农家店792家、配送中心6家，营销网络实现销售额65.8亿元，增长22.3%。至年底，全市建成农家店4832家，其中日用品店3901家，行政村覆盖率85.7%，商品配送率60%以上。全国百强市场和年交易额10亿元以上商品市场11处，交易总额363.6亿元。推进“农超对接”工作，全市大中型连锁超市、便民小超市，都设立“农超对接”鲜活农产品专区(柜)，全年“农超对接”销售额10亿元，流通环节少、成本低的优势初步显现。

2009～2010年济南市社区菜市场建设情况表

表6-2-12

序号	所在区	市场名称	建设面积（平方米）	建设属性	建设年份
1	历下区	山师东路社区菜市场	2163	新建	2009
2		棋盘社区菜市场	2100	新建	2009
3		仁合社区菜市场	1500	新建	2009
4		菜市小区菜市场	1500	新建	2009
5		盛福社区菜市场	3000	新建	2009
6		友谊苑社区菜市场	2000	新建	2009
7		解放桥社区菜市场	2200	新建	2009
8		千东社区菜市场	1500	提升改造	2009
9		文博社区菜市场	2200	新建	2010
10		游园社区菜市场	1500	新建	2010
11		荆山社区菜市场	1500	新建	2010
12		历园社区菜市场	2800	新建	2010
13		科苑小区菜市场	3000	提升改造	2010
14		燕山社区菜市场	2200	提升改造	2010
15		贡院墙根社区菜市场	1100	提升改造	2010
16		千西社区菜市场	1500	提升改造	2010
17	市中区	枣林菜市场	2000	新建	2009
18		七贤菜市场	2400	新建	2009
19		信义庄菜市场	1000	提升改造	2009
20		谷庄欣都菜市场	2100	提升改造	2009
21		舜耕社区菜市场	2000	提升改造	2009
22		二七菜市场	2486	新建	2009
23		光明菜市场	2665	提升改造	2009
24		阳光舜城菜市场	1200	新建	2009

续表6-2-12-1

序 号	所在区	市场名称	建设面积（平方米）	建设属性	建设年份
25	市中区	永长街社区菜市场	1000	新建	2009
26		官驿街社区菜市场	3000	新建	2009
27		民族大街菜市场	8000	新建	2010
28		岔路街菜市场	1200	提升改造	2010
29		七里山菜市场	3000	提升改造	2010
30		舜玉北菜市场	3000	提升改造	2010
31		普照园社区菜市场	1200	新建	2010
32		六里山社区菜市场	1200	提升改造	2010
33	槐荫区	营市街社区菜市场	2300	新建	2009
34		吴家堡菜市场	2100	新建	2009
35		匡山菜市场	2648	新建	2009
36		西沙菜市场	1500	新建	2009
37		刘庄菜市场	1300	新建	2009
38		南沙菜市场	2100	新建	2009
39		张庄社区菜市场	2100	提升改造	2009
40		纬九路社区菜市场	1000	提升改造	2009
41		明星社区菜市场	2940	提升改造	2009
42		老屯社区菜市场	2100	提升改造	2009
43		经二路菜市场	3000	新建	2010
44		东堡社区菜市场	2100	新建	2010
45		段店社区菜市场	3000	新建	2010
46		匡山社区菜市场	3300	新建	2010
47		阳光新城社区菜市场	1500	提升改造	2010
48		玉珠花园社区菜市场	2000	新建	2010
49		刘场社区菜市场	3100	新建	2010
50		丁字山菜市场	2000	提升改造	2010
51		南辛庄社区菜市场	1300	提升改造	2010
52	天桥区	清河社区菜市场	2000	新建	2009
53		杨庄菜市场	4000	新建	2009
54		狮子张汇源社区菜市场	4500	新建	2009
55		成大舜清苑社区菜市场	1000	提升改造	2009
56		七一路社区菜市场	2600	提升改造	2009
57		工人新村社区菜市场	3000	提升改造	2009
58		生产路社区菜市场	2100	新建	2009
59		黄台菜市场	6000	新建	2009
60		杨庄幸福社区菜市场	6300	新建	2009

续表6-2-12-2

序 号	所在区	市场名称	建设面积（平方米）	建设属性	建设年份
61	天桥区	鹊山社区菜市场	2100	新建	2009
62		袁庄社区菜市场	2100	新建	2009
63		莱宜园菜市场	1600	提升改造	2009
64		梁府社区菜市场	2300	提升改造	2010
65		香磨李菜市场	1200	提升改造	2010
66		隆多福社区菜市场（毕家洼）	2500	新建	2010
67		凤凰山菜市场	2200	新建	2010
68		柳行社区菜市场	2200	新建	2010
69		黄桥社菜市场	6500	新建	2010
70		新城社区菜市场	2131	新建	2010
71		田庄社区菜市场	2000	新建	2010
72		隆多福社区菜市场（堤口庄）	2100	提升改造	2010
73	历城区	七里河社区菜市场	2100	新建	2009
74		隆多福韩仓菜市场	1500	新建	2009
75		祝甸社区菜市场	2000	提升改造	2009
76		辛甸社区菜市场	3000	提升改造	2009
77		华滨环联菜市场	2100	提升改造	2009
78		隆多福福鑫苑菜市场	5000	新建	2009
79		惠民菜市场	2100	新建	2009
80		小庄菜市场	2000	新建	2009
81		黄台菜市场	4000	提升改造	2009
82		七里堡菜市场	2000	提升改造	2009
83		盖家沟菜市场	4000	新建	2010
84		仲北社区菜市场	2000	提升改造	2010
85		鸿腾王舍人社区菜市场	4000	新建	2010
86		郭西社区菜市场	2000	提升改造	2010
87		相公社区菜市场	3000	新建	2010
88		苏家社区菜市场	4000	新建	2010
89		隆多福还乡店菜市场	5000	新建	2010
90	高新区	贤文社区菜市场	2600	新建	2010
91		埠东社区菜市场	3000	新建	2010
92		辛庄社菜市场	2200	新建	2010
93		卢家寨社区菜市场	2100	提升改造	2010
94		牛旺社区菜市场	2300	新建	2010
95		鸿腾社区菜市场	2300	新建	2010

二、管理

20世纪80年代初开始，济南市鼓励和恢复城乡集市贸易，举办各种形式的物资交流大会，使集市贸易进入一个蓬勃发展的新时期。1986年，市区集贸市场和小商品市场40处，商品交易额6071万元。1988年，集市管理工作逐步推向规范化、程序化。经营人员进入市场后，要实行二卡(信誉卡、违章违法纪录卡)、三净(净菜、净果、净蛋)、三包(包个人卫生、包食品卫生、包环境卫生)、五统一(统一货车、摊床，统一亮证经营，统一明码标价，统一工作服帽，统一卫生用具)、六化(工作服帽整洁化，出售食品夹具化，包装容器洁净化，防尘防蝇设备严密化，餐具严格消毒化，个人和环境清洁卫生经常化)、七不准(不准无证和超范围经营，不能短斤少两、掺杂使假，不准以次充好、以假充真，不准欺行霸市、哄抬物价，不准出租转让营业执照和摊位，不准抢购、套购紧俏商品转手倒卖，不准出售腐烂变质食品以及未经检疫的肉禽食品)；场内定位编号，对号入市。管理人员实行目标责任制，严格执行各项法规、政策、纪律。管理程序化，市场管理人员从上岗到净市，各项程序按要求完成。经营设施规范化，市场内经营设施整齐划一，统管统用。开展以“十代”(代储运、代推销、代存现金、代办电信、代办食宿、代开发票、代办汇款、代过磅秤、代送开水、代包扎伤口)为中心的服务活动，吸引各地客商。10月6日，平阴县东阿集、槐荫区纬十一路农贸市场、历下区南门农贸市场，被国家工商行政管理局命名为“全国文明集市”。

1989年，全面实施并推出“洪楼市场”和“历山东路市场”两个“样板”市场。加强市场监督检查，共组织较大规模市场检查241次，取缔无证经营商贩12674户次，查处违法违章案件96起，上缴罚没款59万元。全市16处集市被评为1989年度山东省“五好文明集市”，分别是槐荫区的纬十一路农贸市场、槐荫市场，市中区人民商场小商品市场，历下区的南门市场、历山东路市场，天桥区英贤桥农贸市场、堤口路农副产品批发市场，历城区黄台市场、洪楼市场，章丘县明水商场、埠村大集，长清县黄河商场、万德集，平阴县东阿大集、玫瑰大集，济阳县城关集。

1990年，济南市工商管理部门贯彻国家工商总局《集贸市场管理基本规范》和山东省工商局《山东省城乡集市贸易规范化管理若干规定》，对农贸市场在经营活动、管理工作、市场设施、环境秩序等四个方面实现规范化管理。市场管理人员定岗定位，指标到人，加强管理。通过开展“五好文明集市”评比活动，严格执行“五好”标准，努力提高管理水平。在创建“全国十佳卫生城市”中，全市农贸市场卫生状况达到省、市政府制定的卫生标准。其中，列为重点的10个农贸市场卫生状况，受到全国卫生检查团高度赞扬。针对市区扩大，集贸市场较少的问题，工商管理部门积极发展“联办”市场。年底，全市共有“联办”市场8处，面积约10万平方米。其中，由工商行政管理部门与区、街联办的天桥区泺口服装批发市场占地2.9万平方米，投资110万元，10月开业，至年底营业额180万元。全市有16处省级文明集市，2处“全国文明集贸市场”。分别是历下区南门市场、历山东路市场，市中区人民商场小商品市场，槐荫区纬十一路农贸市场、槐荫市场，天桥区堤口路农副产品批发市场、英贤桥市场，历城区洪楼农贸市场、黄台农贸市场，章丘县明水商场、埠村大集，长清县黄河商场、万德集贸市场，平阴县东阿大集、玫瑰大集，济阳县城关大集。其中天桥区堤口路农副产品批发市场和历下区南门市场被评为“全国文明集贸市场”。

1991年1月1日，市工商局颁发《济南市租赁柜台管理暂行规定》，成立济南市租赁市场管理所。规定租赁柜台的概念，租赁双方的权利和义务以及如何办理有关手续，违反规定如何处罚等方面都做出明确规定。管理所首先进行清理整顿市场，对进入市属各大商场经营的生产厂家和有租赁业务的商场(店)审查登记，对进店厂家和个体业户全部换发临时营业执照，清理名为集体实为个体的业户。其次实行挂牌经营，租赁柜台必须标有“租赁标志”，服务员必须挂牌服务，使消费者一目了然。全年上交管理费68万元，核发营业执照或经营许可证1036户，其中引厂进店514户，个体工商户512户。在全市集贸市场中，1991年被评为国家级“五好文明集市”2处，省级“五好文明集市”19处。1992年，有20处集市获省级“五好文明集市”称号；4处集市获国家级“五好文明集市”称号。

1993年1月始，市工商局对全市辖区内已建、在建和新建市场试行登记和资质审查，凡审查合格的，颁发市场登记证。年内对535处市场重新进行登记注册，颁发市场登记证；对新建70处市场进行登记注册。至年底，登记注册市场625处。1994年年初，市工商局开始在市区农贸市场推行净菜、净蛋、净果“三净”上市。重新制定《济南市集贸市场规范化管理办法》《集贸市场管理工作程序实施意见及关于强化市场管理的意见》，建立健全岗位责任制。落实“划行归市、编号定位、对号入市”制度，做到鱼入池、肉上案、菜上台、粮入盒、禽进笼。拨出专款对一批老市场进行改造，柜台达到瓷瓦化，为市场配备净菜工具。对市场内水发货、生肉、熟肉和其他直接食用商品，统一配备防蝇防尘设备。出售食品时要求做到工作服帽整洁化、食品用具夹具化、包装容器洁净化。“三净”上市取得良好效果，市场垃圾量减少约三分之二，卫生保洁员减少四分之一。8月中旬，济南市场肉蛋、蔬菜价格暴涨。为丰富市民“菜篮子”，平抑市场物价，工商部门做好蔬菜、肉蛋等农副产品引进工作，向全国518个产菜区发布3600余份市场信息行情，组织引进各类蔬菜3119万千克，并通过减免管理费，提供吃、住、销一条龙服务，吸引长途贩运业户和货源进入济南，使集贸市场的肉蛋菜果四大类农副产品，满足全市80%以上的需要。在10处农贸市场设立农民直销市口800个，扶持国有肉联厂在50农贸市场设点经营。在大型农贸市场配置“注水肉”检测仪器，使居民吃上放心肉。10月13日，会同公安机关在纬十一路蔬菜批发市场公开处理11名欺行霸市、囤积居奇、强买强卖的菜霸、市霸，震慑不法分子，稳定市场秩序。

1996年4月8日开始，市工商局在城区消费品市场推行以保护消费者、经营者合法利益，维护公平竞争秩序为目的，以制度化、规范化管理为主要内容，以巡回检查、全日值守为主要形式的市场巡查制，属全国工商行政管理系统首创。先后制定《市区消费品市场巡查工作规定》《市场巡查百分考核评比办法》《消费品市场巡查工作规定实施细则》，对巡查人员上岗、举止、责任和奖惩等做出明确规定。在市场醒目位置设立意见箱，在政务公开栏公布举报电话和当班巡查人员编号，以利群众监督。在此基础上，对市场巡查制实施三个延伸：由城区市场向乡村市场延伸，由消费品市场向生产资料市场和生产要素市场延伸，由有形市场向无形市场延伸。通过开展市场巡查，市场秩序明显好转，促进了市场繁荣。中央电视台及省、市部分新闻单位跟踪采访，多次进行报道，市场巡查制在全国推广。同年，市工商局制定《关于工商行政管理机关与所办市场尽快脱钩的实施意见》，明确脱钩范围、内容和方法，就脱钩政策、有关部门职责以及市场监管等问题提出具体要求。全市工商机关有一定投资与社会联办的市场11处，工商机关在特定历史条件下自筹资金或贷款兴办、有一定规模市场3处，对不同类型的市场采取不同的脱钩方式：对工商机关有少量投资的，将投资权益转让给主办单位，由其承担全部市场建设服务职能；对工商机关自办、有固定设施和一定规模的市场，通过建设市场服务机构实现脱钩。市工商局和各县(市)工商局、分局成立市场服务机构11个。按照政企脱钩、政事分开原则，工商机关与市场服务机构实现四个分离：机构分离，两块牌子；职责分离，两种职能；人员分离，两套服装；财务分离，两本账簿。明确服务机构的主要职责是负责市场物业使用、管理和市场改造、维修；承担市场日常服务活动，协助有关部门建立健全卫生、治安、消防等制度；协助工商行政管理机关建立健全各项规章制度，确保公平交易秩序；合理收取市场摊位租赁费和服务费等，不履行行政执法职能。至年底，全市14处市场全部实现管理与经营分离，完成办管脱钩。1997年，按照“巩固、提高、深入”的总体要求，把市场巡查制向摊点群和农村集市延伸。

2000年10月24日，市政府在新世界商城召开现场会，推广其一个窗口收缴税费的经验。依据市政府《在市场实行一个窗口收缴税费的通知》规定，市中工商分局从新世界商城入手，试行一个窗口收缴税费的运作模式，整个过程分为4个阶段，即核定税费、微机建档、银行收缴、结算划拨。具体做法是由工商管理部门对业户经营规模、经营状况逐一进行调查测算，对税费总额提出初步方案。区政府牵头，召开工商、国地税、市场主办方等单位联席会，对税费收缴额度进行讨论。经过自上而下测算，确定每个业户每月缴纳的税费，并予以公示。把每个业户应缴纳的各种税费项目和数额填写在“缴纳税费卡”上，发给业户，输入微机，建立档案并与银行联网。经营业户在规定时间内，持交纳税费卡直接到银行一次性交纳当月的各种税费。月底前，银行将收缴的税费分别划拨给国税、地税、工商和市场主办方等单位，并打印收缴清单。至年底，全市有11处市场实行一个窗口收缴税费。同年，市工商局根据省委、省政府提出的“济南五年大变样”的要求，着眼于省会城市地位和功能，在进行深入调查研究的基础上，编制完成《济南市商品交易市场“十五”发展规划》。规划提出“十五”期间商品交易市场的指导思想是本着控制数量、完善体系、优化结构、增强功能、提高效益的原则，大力发展大型骨干市场，支持兴办室内副食品市场，积极发展生产资料市场、生产要素市场和特色市场，推进销地型市场向产地型和集散型市场转变，逐步实现市场建设规模化、市场设施商场化、上市商品名牌化、管理工作规范化，使济南市的市场数量、规模、档次和质量再上新台阶，成为华东和华北地区人流、物流、信息流的集散中心，更好地促进全市经济的发展。2000年，市工商局根据国家工商行政管理总局的部署，承担“商品市场秩序评价体系”课题研究。形成以“市场进出秩序、交易行为秩序、竞争行为秩序”为内容的评价方案。由于该课题理论依据充分准确，指标设计科学合理，操作方法简便易行，测评结果客观公正，在全国21个子课题组的研究成果中成绩突出，受到国家工商行政管理总局总课题组和评估专家的肯定，并获2000年国家工商行政管理总局重点研究课题一等奖。

2003年，防治“非典”期间，全力保证市场物资供应，制定《济南市“非典”隔离区市级商品保供工作预案》，组织货源，指导企业加大应急商品采购力度。协调指导粮油、副食品等有关加工企业，制订应急加工生产计划，保证市场供应。加强对粮油、副食品，特别是食盐、白醋及口罩、体温计、消毒液等商品货源的组织购进。建立市场监控和快速反应网络。根据商务部建立城市生活必需品市场监控报告制度的要求，选取12家重点商业企业和餐饮企业作为商品市场监控单位，坚持一日一报告，一旬一分析，及时掌握市场变化情况，有效地控制全市生活必需品的市场动态，受到商务部通报表扬。加大督查力度。按照“条块结合、包片管理、谁督导谁负责”的原则，全市流通系统对照上级的规定、标准，建立和完善工作机制，对重点部位、重点环节严格检查，不留缝隙，强化对各类市场，特别是购物人群集中的大型商店、超市、连锁店及宾馆、酒店防“非典”措施的监督、检查，建立从疫情报告到防治措施落实直至落实情况督导的一整套工作机制。

2008年，市场监测调控能力显著加强。全市重点监测企业106家，监测范围涉及10大类56个品种，济南市市场监测工作在商务部市场监测城市中名列前茅。制定《济南市生活必需品市场供应突发事件应急预案》及相关分项预案，完善重要生活必需品和应急物资储备制度，建立“菜篮子”工程保供体系，形成1500吨猪肉、2300吨食盐、300吨食糖等常规储备和2000吨大白菜的季节性储备。

2010年，全市纳入商务部市场检测的样本企业171家，涉及10大行业、7种业态、16大类商品、60多个品种，市场监测能力进一步增强。坚持节日、重要时期和突发事件的市场巡查和分析报告制度，强化应急物资储备体系建设。继续做好猪肉、食糖、食盐等常规储备和土豆等季节性储备；调整落实常规物资(商品)储备；明确应急商品重点联系企业，构建起企业代储、实物储备和社会储备三位一体的应急物资储备体系，进一步增强市场应急反应和处置能力。积极推动市场监管公共服务体系建设。

第二节 集贸市场建设

1986～2004年，济南市市场迅速发展，形成集贸市场、综合市场、专业批发市场等门类齐全的市场体系。

1986年年初，市工商局借鉴外地经验，结合济南实际，在市内规划建设12处市场。历山东路市场、工人新村市场、“四七”食品农贸市场、经九路食品街等一批市场当年勘察，当年建设，当年投入使用。1987年，市工商局向市政府提交《济南市城乡集贸市场发展情况和今后设想》，提出发展专业批发市场，建立多层次、多类型的市场网络构想，计划两年内新建舜井街个体商业大厦、王舍人综合批发市场、北园路邵家综合批发市场、丹凤街小商品市场、道德街旧货市场、济洛河北建材市场、花红路工业品市场和西市场改建工程等，集贸市场建设进一步加快。至年底，城乡集市由1985年的271处发展到323处。其中，市区51处，农村272处。

1988年，改变工商管理部门独家办市场的单一类型的做法，注意发动群众，联合各有关单位共同办市场。采取联办、合办等多种建设形式，解决集市场地、资金的困难。全年城乡集市建设总投资额672万元，新增集市面积11.4万平方米。全市共新建市场35处。其中，批发市场6处，即天桥区北国沃家批发市场、章丘明水西瓜批发市场、章丘大桑蔬菜批发市场、章丘付家蔬菜批发市场、章丘高官寨西瓜批发市场、花洪路批发市场；专业市场7处，即槐荫旧货市场、丹凤街工业品市场、济泺桥建材市场、章丘石衍废旧品市场、舜井商业大厦、姚头建材市场、制革街工业品市场；生资市场4处，即山东省生产资料交易中心、济南市生产资料交易市场、佛山贸易中心、章丘明水生产资料市场；农贸市场18处，即济齐路农贸市场，河王市场，平阴子顺集，长清大刘集，章丘姚庄集、明水县医院市场、明水文化馆市场、明水集、相公庄集、水寨集、吕家寨集、高官寨集、枣园集、阎家峪集、浅井矿集，历城宋柳集、华山集、仲宫市场。初步形成大、中、小配套，专业与综合协调，批发和零售兼有，布局比较合理，功能较为齐全的集市网络。

1989年，市工商局与省、市物资局联合，先后开办济南市生产资料批发市场、山东省物资服务综合批发市场、山东省物资交易中心等多处有形市场，150余家区、街道物资经营机构入场经营。省、市各厅(局)物资公司计划外物资和计划内调剂物资进场交易。平阴县等相继开办生产资料市场。全市新建市场25处，其中大棚式市场9处(归德市场、崮山市场、玫瑰市场、花园市场、南新街市场、灯泡厂市场、海晏门市场、山师南路市场、英雄山路市场)，全封闭式室内市场1处(西市场小商品综合批发市场)，农村露天市场12处(十六里河中心集、西渴马集、冷水沟集、南李集、巡查集、罗家集、辛中集、子顺集、济南铁厂集、党家庄汽总集、杨市集、卞庞集)，农副产品批发市场3处(黄台蔬菜批发市场、天桥综合批发市场、五里牌坊果品批发市场)。年内重建、改建、扩建市场32处，全市市场面貌和市场规模大有改观。

1990年年底，全市共有集贸市场464处，其中综合集贸市场440处。年内，市场建设总投资718万元，新建市场10处，重建、扩建市场8处，扩大集市交易面积21万平方米。其中，市区投资567万元，新建市场3处，扩建、改建市场5处，增加交易面积3.9万平方米。全市形成大、中、小配套，批零兼营，布局较为合理的农贸市场群体。12月30日，位于天桥区工人新村的全市第一座框架式全封闭室内农贸市场建成投入使用，市场占地面积2995平方米，建筑面积2990平方米，营业面积2895平方米，设400个固定摊位，主要经营蔬菜、干鲜果品、各类小商品和肉色禽蛋等副食品，日上市经营人员1.5万人。1991年，依据国家工商总局“八五”时期工作要点和省工商局《关于加快全省集贸市场建设意见》，制定《济南市1991年集贸市场建设规划》。8月27日，市政府发布《济南市筹集城市商业网点建设资金管理办法》，为筹集市场建设资金提供政策支持。

1992年，市工商行政管理部门把市场建设确定为1992年度的“四大动作”之一。市场建设出现四个特点：投资大。市场建设投资1.1亿元，是过去13年投资总额的2倍多，其中投资额上百万元的市场13处。速度快。全年新建市场30处，增加市场面积16万平方米，比上年增长150%。至年底全市城乡市场发展到497处，其中综合集贸市场434处，专业批发市场63处。市场规模大、档次高。新建占地面积上万平方米、投资上千万元的大型市场8处。渠道多。在市场建设中，坚持谁投资谁受益的原则，采取多条腿走路的办法，自筹、贷款、联办等多轮驱动一齐转，缓解市场建设资金短缺的困难。8月，市工商局赴哈尔滨、长春、沈阳、丹东四市，进行市场建设和流通体制改革专题考察，提出“退路进厅(棚)，提高档次”的市场建设思想。规划落实张庄路、大桥路、济泺路3个市场群体建设和66个新建商业网点建设。全年向社会集资6500万元、市工商系统内部筹资4500万元用于市场建设，先后建成济南汽车配件市场、八里桥工业品一条街、金牛建材市场、新世界商城、济阳中心市场等8处大型专业批发市场。1993年12月，市工商局在对全市第三产业调研论证的基础上，提出沿街沿路发展第三产业，实现“二产换三产”“三产养二产”，在槐荫、天桥、市中、历下、历城五区建设109处集贸市场的规划设想。自1992年9月始，先后有汽车配件专业批发市场、旧机动车交易市场和生产资料市场在张庄路开业。至1993年4月28日，占地2万平方米的济南机电产品批发市场在张庄路建成开业，标志着济南张庄路生产资料市场群初步形成。该市场群占地8.3万平方米，建筑面积3.3万平方米，月成交额8000多万元。改变了过去培育建设市场以农副产品和小商品为主的单一格局，形成以企业为主体的市场群特色。在汽车配件市场和机电产品批发市场内共有270家经营单位，其中国有和集体企业占70%，私营企业占30%；年交易额2亿元。有40家生产企业在此设立经销“窗口”；北京、天津、大连、青岛、佳木斯等地的41家企业进场设点。张庄路市场群建设投资2.5亿元，经营汽车配件、金属材料、机电物资等20大类上万个规格，产品辐射到省内外十几个城市。

1994年，市工商局与市计委、市建委、市财委、市经委、市农委、市规划局、市城建局、市土地局等部门联合调查论证，对第三产业发展规划进一步修改完善，初步形成城乡市场发展“十大市场”(泺口服装市场等)“五大市场群体”(张庄路市场群体等)和建设环绕二环路市场带的规划草案。4月30日，济南市第一家蔬菜副食品超级市场建成，至年底发展到7家，分别为大观超市、全客隆货仓式自选商场、历山超市、全客隆超市、明湖超市、二七超市、堤口超市。7家超级市场总面积5100平方米、营业面积3320平方米，从业人员182人。

1995年，全市市场建设投资总额1.5亿元，新建市场50处，增加面积168.1万平方米。全市共有各类市场750处，其中综合市场580处，各类专业批发市场170处，市场面积621万平方米。年交易额过亿元市场有23处。“八五”期间，济南市各类市场空前发展。消费品市场和生产资料市场共同发展，逐步形成一个城乡结合、批发零售结合、综合专业结合的市场网络，市场体系逐步得到完善。消费品市场类型齐全，规模扩大，档次提高，出现一批规模大、档次高、辐射力强的大型市场，堤口果品批发市场跻身“全国百强集贸市场”行列。生产资料市场发展迅速，日臻完善，形成网络，有汽车、机电、钢材、木材、装饰材料、塑料等各类综合性生产资料市场50处。

1997年8月，市政府印发《济南市商贸流通领域“一五六”工程建设规划纲要》，把在商贸流通领域加快实施“一五六”工程作为实现济南“五年大变样”的战略举措。全年市场建设投资总额3.1亿元，新建商品交易市场38处，其中特色市场15处，包括3处邮票市场，即海佑邮票市场、大观园邮票市场和站东街邮票交易市场；4处旧货市场，即段店旧货市场、堤口路综合旧货市场、工人新村旧货市场、石珩废塑料市场；还有山东花卉市场、齐鲁花卉市场、新世界文化市场、段店花鸟鱼虫市场、济南科技市场、山东保健品市场、陶瓷大世界等。专业市场15处，改扩建市场40处，增加市场面积74万平方米。至年底，全市共有各类商品交易市场768处，其中消费品市场686处，生产资料市场82处，市场面积821万平方米。年交易额过亿元市场36处。1998年，市政府调整集贸市场建设政策，在市区实施“退路进厅”工程，对占用马路建设的市场开始有计划地拆除。12月，由省工商局、市政府研究室、市财委、市工商局组成的联合调查组，就市场体系建设问题进行专题研究，提出实现“一个规范”“两个升级”“三个突破”(全面规范市区农贸市场，实施市区农副产品和工业消费品批发市场的升级换代，实现生产资料市场、要素市场和新兴特色市场的较大突破)的建设构想。

1999年，加快6大市场(泺口服装城、张庄路批发市场、北园家具装饰市场、经十西路商城、燕山批发市场、科技市场)的发展速度，在6大市场区域内新建8处分市场，改扩建15处分市场，使6大市场拥有54处分市场，经营面积172万平方米，年交易额205亿元，占全市城乡市场的一半。8月，市政府印发《关于进一步加强市场建设和管理工作的通知》，决定设立市政府市场建设基金，提供优惠政策，支持室内及全封闭大棚式副食品市场的建设，加快实施“退路进厅”工程。

2000年，全市新建商品交易市场52处，其中，专业市场21处；改扩建市场43处，增加市场面积103.5万平方米。至年底，全市共有各类商品交易市场838处(消费品市场717处，生产资料市场100处，生产要素市场21处)，市场面积990万平方米。年交易额过亿元市场54处。

2001年，济南市积极探索市场网点建设的新路子，大力兴建各类专业市场，商业设施建设实现根本性突破，成为华东和华北地区商流、物流、信息流的集散中心，省际商贸中心格局初步形成。至年底，全市批发、零售及餐饮业网点18.5万个，市场总数826处，市场总面积突破1000万平方米。2003年10月，市工商局赴上海等地，就农贸市场升级改造进行专题考察，结合济南市农贸市场的实际，向市政府提出《农贸市场超市化和加快建设室内农贸市场的意见》。

2004年9月，济南市贸易服务局成立，济南市商场、超市、集贸市场等商业网点的规划布局、建设发展职能划归市商务局负责。全年新建商业网点45个，其中5000平方米以上的42个。总面积38.7万平方米，总投资额13.3亿元。全市各类市场733处，占地面积1236万平方米，摊位数14.3万个，年交易额过亿元的商品市场67处。全年市场交易额504.3亿元，比2003年增长6%。堤口路果品批发市场、七里堡蔬菜综合批发市场跨入“2003年度中国农副产品批发市场行业百强”行列，其中堤口路果品批发市场在“全国果品批发市场十强”中排名第四。济南泺口服装市场、济南新世界商城跨入“山东三十强市场”行列；济南茶叶批发市场获“全国重点茶市”称号，成为全国20强重点茶叶市场。

2005年10月18日，投资6亿元的海鲜市场开工建设。济南海鲜市场原建筑面积2万平方米，年成交额30多亿元，是济南十五大市场之一。改建后的海鲜市场建筑面积10万余平方米，成为集绿色环保、技术智能于一体、功能完备的海鲜批发交易市场。

2006年，按照商务部《关于2006年度农产品现代流通体系建设项目建设标准与验收规范》的要求，济南七里堡蔬菜综合批发市场对市场进行扩建和综合改造，建设农产品检验检测中心和废弃物处理中心，通过商务部验收，并于12月底投入使用。工程预计总投资额约3亿元，建筑面积增加至13万平方米，形成七里堡综合批发市场、七里堡茶城、七里堡易购广场三大核心主体。建筑面积3.09万平方米的C区主体工程竣工投入使用，A、B、D区于2007年开工建设。同年，盖家沟粮食批发市场正式启动，填补济南市粮食批发市场建设的空白。12月，按照济南市新的城市规划修编的《济南市商业网点发展规划》发布实施，确定“一核两区四片四心”空间布局，有效地指导全市网点建设。全市商品交易市场796处，其中过亿元市场69处，市场总占地面积1238万平方米，全年商品交易市场成交额670亿元，比上年增长15%。按照规范提升、有序发展的原则，全市在建、扩建、改建的商品交易市场19处，总投资35.86亿元，建设面积293.12万平方米。2008年，济南英雄山文化市场二期改造工程完工，完成项目投资额235万元，进一步提升市场经营档次。

2010年5月，市政府制定减少行政许可、优化发展环境政策，取消集贸市场登记许可。市工商局停止集贸市场注册登记管理工作。7月，国务院下发文件，取消商品展销会登记管理许可，市工商局停止商品展销会注册登记工作。

第六章 机 构

第一节 济南市政府财贸办公室

1991年5月，济南市政府财贸办公室改为济南市财贸委员会。1996年5月，改为济南市财贸委员会(贸易局)。内设办公室、组织人事处、综合调研处、商贸处、企业指导处、对外经贸处、财政金融处、市场处，编制48人。2001年5月，济南市财贸委员会更名为济南市政府财贸办公室，为市政府办事机构，不再挂市贸易局牌子，内设秘书处、组织人事处、法规处、商贸处、财税金融处、企业指导处6个职能处室和老干部管理局，编制40人。2004年，撤销市政府财贸办公室，相关职能划入市贸易服务局。

第二节 济南市第一商业局

1986 年，济南市第一商业局设秘书科、计划科、业务科、财务物价科、审计科、劳工科、组技科、教育科、基建储运科、体制改革办公室、经济研究室，下辖百货、五金、交电、化工 4 个批发公司和市百货公司、百货大楼、第一百货商店、第二百货商店、人民商场、大观园商场、时装公司、钟表眼镜公司、工业品贸易中心、信托服务公司、储运公司及第一商业职工中等专业学校共 16 个单位。济南石油分公司建制归省石油系统，暂由市第一商业局代管。

2001 年 5 月，撤销市第一商业局，组建济南市一商国有资产经营总公司。2015 年 5 月，撤销市一商国有资产经营总公司。

第三节 济南市第二商业局

1986 年，济南市第二商业局系统下辖食品、蔬菜、烟酒、饮食服务、食品产销公司，肉联厂，食品机械厂，酿造厂，酿造二厂及济南市商业技工学校共 10 个单位。

1996 年 5 月，市第二商业局撤销，组建济南市食品集团总公司。内设办公室、组织人事处、宣教处、纪委、工会、劳动工资处、老干部处、财务物价处、食品卫生处、生产科技处、业务处，编制 36 人。2001 年 5 月，撤销市食品集团总公司。

第四节 济南市对外贸易局

1986 年，济南市对外贸易局下辖 10 个支公司、5 个县(区)公司。对外贸易局系统下设畜产、纺织品、食品、粮油食品、工艺品、土产工艺、轻工业品、运输、化工品、化工机械对外贸易公司，商品基地，外贸中心。1991 年 9 月，撤销市对外贸易局。

第五节 济南市物资局

1986 年，济南市物资局内设组织科、劳工科、秘书科、计划科、财务科、企业管理科、燃料科、物资协作办公室等 12 个职能科室，编制 67 人。直属单位有 9 个专业公司和山东木材厂。

1996 年 5 月，撤销市物资局，组建济南市物资集团总公司。内设组织人事处、劳动工资处、财务审计处、计划处、企管处、基建技改处、信息处、宣教处、老干部处、市场管理处、办公室，编制 65 人。

2001 年 5 月，撤销市物资集团总公司，组建济南市物资流通协会，由市政府财贸办公室管理。市物资流通协会内设秘书处、行业管理处、信访处 3 个职能处室和离退休干部工作处，编制 18 人。2004 年 8 月，撤销市物资流通协会，其行业管理职能和经济发展运行及机关离退休干部管理服务职能划入市贸易服务局。

第六节 济南市贸易服务局

2004 年 8 月，组建济南市贸易服务局。内设办公室、政策法规处、规划统计处、现代物流处、消费服务处、市场商业网点处、商务服务处、社会服务处、组织人事处 9 个职能处室和离退休干部局，编制 59 人。

2009 年，市贸易服务局撤销，职能划入市商务局。

第七节 济南市人民政府口岸办公室

1991 年 9 月，市人民政府口岸办公室建立。1993 年 7 月，升为局级单位，内设综合处、空港口岸管理处、陆港口岸管理处，编制 20 人。2004 年，撤销市政府口岸办公室，职能并入市对外贸易经济合作局。

第八节 济南市中小企业局

1991年2月，济南市多种经营乡镇企业局改为济南市乡镇企业局。1997年1月，改为济南市乡镇企业管理局。内设办公室、组织人事处、计划财务处、企业管理处、经济贸易处、科技处，编制31人。2001年，济南市乡镇企业管理局更名为济南市中小企业局，挂济南市乡镇企业管理局牌子。2004年，撤销济南市中小企业局(市乡镇企业局、市民营经济发展局)，市中小企业发展职能移交市经济委员会；民营经济发展职能以市经济委员会为主，与相关部门共同承担，县域经济指导职能移交市委农村工作办公室。

第九节 济南市外商投资企业管理办公室

1993年10月，济南市外商投资企业管理局建立。1996年5月，改为济南市外商投资企业管理办公室。内设秘书处、配套建设处、综合计划处、外商独资企业管理处、投诉受理处，编制25人。2001年，撤销市外商投资企业管理办公室，职能移交市对外贸易经济合作局。

第十节 济南市对外经济贸易委员会

1991年9月，撤销济南市对外经济贸易委员会和济南市对外贸易局，重新组建济南市对外经济贸易委员会，同时加挂济南市外商投资企业管理办公室的牌子。设办公室、组织人事处、综合计划处、对外贸易发展处、外商投资管理处、对外经济合作贷款处、对外联络处、地区工作处、企业管理处、财务处、基建技改处、审计处、调研法规处，编制75人。1993年7月，撤销济南市外商投资企业管理办公室，成立济南市外商投资企业管理局，归口济南市对外经济贸易委员会管理。2001年5月，市对外经济贸易委员会更名为市对外贸易经济合作局。

第十一节 济南市对外贸易经济合作局

2001年5月，济南市对外经济贸易委员会更名为济南市对外贸易经济合作局，挂济南市对外开放办公室牌子。2001年6月，济南市招商局组建，为全额预算管理局级事业单位，隶属市对外贸易经济合作局，内设办公室、综合信息处、国内处、国外处4个职能处室。2004年8月，撤销济南市招商局，职能分别移交市发展和改革委员会和市对外贸易经济合作局。2004年12月，保留济南市对外贸易经济合作局，不再挂济南市对外开放办公室牌子。内设办公室、政策法规处、对外贸易发展处、技术贸易处、外商投资管理处、对外招商处、对外经济合作处、口岸管理办公室、开发区管理处、组织人事处10个职能处室和离退休干部处。2009年，撤销市对外贸易经济合作局，职能划入市商务局。

第十二节 济南市商务局

2009年12月，组建济南市商务局。内设办公室、政策法规处、组织人事处、发展规划处、财务审计处、市场秩序处(挂市12312商务举报投诉服务中心牌子)、市场体系建设处、商贸服务管理处、市场运行调节处、农村流通处、现代服务业处、对外贸易发展处(挂进出口公平贸易处牌子)、机电产品进出口办公室(挂科技与技术进出口处牌子)、服务贸易处(挂产业损害调查处牌子)、港澳台招商促进处、亚美大招商促进处、欧非招商促进处、外商投资管理处、对外经济合作处(挂境外投资管理处牌子)、开发区管理处(挂企业改革处牌子)20个内设机构和离退休干部局，机关行政编制为124人(含行政编制控制数19人)，配备工勤人员12人。

第三篇 物资专营

第一章 石 油

第一节 石油销售

1986年，济南市原油消费总量97.95万吨，其中汽油消费总量4.98万吨，柴油消费总量2.51万吨；原油年末库存总量7613吨，其中汽油年末库存总量2774吨，柴油年末库存总量1894吨。

济南市石油公司除供应济南地区外，还负责部分地区代供和济南炼油厂成品油调拨、铁路直供任务。1989年，经营量为57万吨(供应济南地区22万吨)，销售总值4.4亿元，创利税3035万元。

1987年始，济南市成品油平价计划逐年削减。1990年，市场疲软，全市石油销售计划一再减少，纯销售值仍实现4.73亿元，纯销售量完成63.9万吨，向市直供应各种成品油21.7万吨。其中，国家分配平价油9.9万吨，多渠道供应11.8万吨。全年实现利税2594万元。

1991年9月，全市除农用柴油外，其余计划油全部取消。针对石油市场由卖方市场转向买方市场的新情况，济南石油分公司及时转变经营观念，调整经营战略，从以保当地市场供应为主转向立足本市，面向全省、全国，开展购销业务，参与市场竞争，发挥石油公司国营主渠道作用，保证企业的经营效益。同年，济南石油分公司纯销售额5.11亿元，比1990年增长8%；销售量59万吨(其中，向市辖区供应各类成品油18万吨)；全年实现利税2319万元，比1990年减少10%。

1993年，济南石油分公司经济效益呈下降趋势，全年完成销售总量32.2万吨，纯销售额5.3亿元，实现纯利润394万元，第三产业实现纯利润62.9万元。1994年5月1日起，石油公司系统严格按国家统一定价明码标价，挂牌经营，保证国家石油价格按时实施。

1997年，各大炼油厂货源充足，沿海地区走私油品大量涌进，石油成品油市场成为典型的买方市场。济南石油总公司销售油品32.22万吨，比1996年增长43.9%，完成销售收入6.86亿元，比1996年增长45.6%，呈现出良性发展势头。

1999年上半年，受走私油、小炼油、炼油厂直销油的冲击，市场供大于求，国有成品油市场低迷，济南石油总公司在加大促销力度的同时，适当保有库存。下半年，随着国际原油涨价和国内整顿成品油生产流通秩序力度不断加大，由买方市场变为卖方市场。济南石油总公司完成商品纯销量33万吨，比1998年增长19.4%；按商品纯销量计算，完成销售收入7.42亿元，比1998年增长15.98%；实现利税总额3168万元，比1998年增长213.35%；实现利润1552万元，同比增加 1425 万元，增长 1122.05%。

2001 年，济南石油公司投资 1.12 亿元用于新建和改造加油站。2003 年，济南石油公司实现油品纯销售 44.5 万吨，同比增长 30%，完成全年任务的 112%；实现销售收入 13.42 亿元，同比增长 51%；完成利润 2600 万元，同比增长 75%；1 站、14 站被评为中石化“五星级”加油站。

2004 年，中国石油化工股份有限公司山东济南石油分公司实现纯销售 60.48 万吨，同比增加 16.87 万吨，完成全年任务的 126%。其中零售 39.79 万吨，同比增长 25.66%；配送 17.09 万吨，同比增长 61.21%；批发 3.58 万吨，同比增长 69.55%；零售和配送占销售总量的 94.07%；润滑油销售 1.75 万吨，同比翻一番。实现销售收入 25.33 亿元，同比增长 29.68%。

2010 年，济南石油分公司全年销售汽油 96.08 万吨，超额完成年度任务指标。被中国石化集团公司评为“中国石化油品销售企业三基样板单位”，被省石油公司评为“先进市公司”。

第二节 石油设施和网点建设

1988 年 5 月，济南市石油公司成立，与山东省石油公司济南分公司合署办公，共同承担济南地区计划内和计划外石油成品油的供应任务。济南市石油公司直属的白马山油库是全国大型油库之一，有各种立式油罐 58 座，储油量近 6 万吨。库区设有专用铁路线，有货位可同时接卸 32 节槽车，基本达到接卸、发货机械化、库容库貌园林化、管理制度规范化、检测机具标准化的现代化油库标准。1989 年，开始采用微机发货。二七加油站是一座从日本引进的微机控制电脑加油站，可同时为 12 台车加油。同年，各油库均进行电器设备防爆改造，统一购置防爆工具和器材。白马山油库对固定消防设备进行更新，新增消防车 1 辆。

1989 年济南市加油站、石油门市部一览表

表6-3-1

名 称	地 址
二七加油站	二七新村
共青团路加油站	共青团路 54 号
纬十二路加油站	经六路 327 号
历山路加油站	历山路 79 号
北园路加油站	北园路 71 号
段店加油站	段店
章丘加油站	章丘明水
长清加油站	长清老城
长清城南加油站	长清城南
平阴加油站	平阴县城
商河加油站	商河县城
济阳加油站	济阳县城
黄台加油站	黄台大桥
山大路加油站	山大路 39 号
七贤加油站	齐贤镇

续表6-3-1

名 称	地 址
郭店加油站	历城区郭店
燕山加油站	姚家镇
党家加油站	历城区党家庄
英雄山加油站	英雄山南路 143 号
千佛山加油站	千佛山路 1 号
解放路加油站	解放路
工业南路加油站	贤文庄
红旗加油站	周王庄
仲宫加油站	历城区仲宫
东郊加油站	历城区王舍人庄
前位加油站	段店南路
东外环路加油站	东外环路
刘志远加油站	历下区刘志远村
义和加油站	历下区义和庄
槐荫石油门市部	纬十二路 431 号
市中石油门市部	经二路 57 号
历下石油门市部	泉城路 93 号
天桥石油门市部	八里桥
章丘石油门市部	章丘明水
长清石油门市部	长清县城
平阴石油门市部	平阴县城
商河石油门市部	商河县城
济阳石油门市部	济阳县城
济南石油分公司汽车队经销部	段店东路
济南石油分公司车队青年服务部	西郊兖路 34 号
济南石油分公司服务公司	天桥区天成路商业街
济南石油服务公司济微路石油店	市中区济微路 204 号
济南石油设备联合供应公司段店门市部	西郊段店镇刘庄
济南石油设备联合供应公司五里牌坊经销部	经十路 234 号

1991 年，加强经营基础设施建设和技术改造，全年基建投资 520 万元，建成从济南炼油厂到东郊油库的 3 条输油管线和输油泵房；4 个 5000 立方米的油罐基础基本完工；白马山油库消防改造工程建成投入使用；章丘石油支公司 4 座 500 立方米油罐和商河县、长清县两座加油站建成投产。1993 年，先后将白马山油库由管理型改为经营型油库、汽车队改为运输销售公司，新建石油设备材料供销公司、石油物资供销公司，投资 412 万元新建 16 处经营网点。济南地区全年共有石油经营网点 400 多处，其中工业、交通、物资、供销、部队、机关团体和个人

所建石油经营网点约占91%，石油公司系统仅占9%，石油公司主渠道地位受到强烈冲击。

1994年，济南石油总公司及所属单位加强油库和加油站建设。总公司针对白马山油库设备老化和安全问题，制定该油库的更新改造规划，筹集资金新建5000立方米钢罐一座，并改造发货设施；新建东郊油库完成收尾工程。章丘公司自行设计改造两组发货设备，加快发货速度。济阳公司投资3万余元，对油罐、管线、闸阀等设备进行维修保养。销售公司自筹资金60万元，将所属7座加油站的加油机全部更换为电脑加油机。

1995年，济南石油总公司先后投资400余万元，对白马山油库发货系统进行改造并投入使用；完成新建东郊油库收尾工程，8月投入试运行。市区内新增加油站10余座；新增加部分联营单位。济南石油总公司与加拿大瑟玛公司合资120万美元成立济南瑟玛高级润滑油有限公司。

1996年年初，济南市区有加油站175座，其中济南石油总公司有8座。为扩大市场占有率，公司多渠道筹集资金，采用新建、租赁、联营等方式，一年新增9座加油站。各县公司普遍重视农村乡镇零售网点建设，对占领农村市场作出规划，在部分乡镇建立经营网点。同年，中加合资济南瑟玛高级润滑油有限公司正式投产，其产品“埃克赛”高级润滑油有30SE/CD、40SE/CD、30SF/CE、40SF/CE、30SG/CF、40SG/CF等6个品种，“埃克赛”高级齿轮油有15W80GL-3、15W80GL-4、15W80GL-5等3个品种。

1999年5月，济南石油总公司在济阳县公司召开全市农村网点建设工作现场会，总结和交流农村网点建设工作经验。全年新建加油站7座，改造加油站10座。章丘公司、济阳公司接近实现每个乡镇建成一座加油站的战略目标。至年底，济南石油总公司系统有各类农村网点130余个，年销售油品1.5万余吨。为解除广大用户加油找零兑换和油票过期作废问题，济南石油总公司与市农业银行合作在市区15座加油站实行IC卡加油改造，自7月1日起实现“一卡在手，泉(全)城加油”。

2001年，济南市石油公司把收购重点放在济南市区、国(省)道位置好和经济较发达的乡镇驻地加油站。同时，在交通发达、需求量大的重要地域，有计划地新建一批加油(气)站。全年共争取中石化专项资金1.12亿元，收购、新建加油(加气)站42座，公司加油站198座。2006年，网点建设工作全面铺开。制定《济南石油分公司2006年度网点建设工作考核奖惩办法》，将年度网点建设工作分配给各片区，公司与企业管理部及各片区经理签订14份网点建设目标责任书，明确网点建设工作责任人。全年新收购加油站3座、租赁加油站19座、改造加油站7座。针对部分加油站设备陈旧、地面损毁严重的情况，请示省公司拨款，对加油量比较大、位置比较好的72座加油站进行整修。

2007年，济南市石油公司加强网点建设，构建以加油站为主、加气站为辅的网络格局。加大加油站收购、租赁力度，在城市中心、高速路口、重要道路上抢滩布点，共收购、租赁加油站5座。根据省公司要求，推进加油站形象改造工作，全年共完成29座加油站形象改造。申请资金，解决加油站经营中的问题。全年共投入230多万元对加油站进行零星维修，基本解决因设施设备影响加油站经营的问题。推进IC卡四期工程建设，新增IC卡加油站29座。

2008年，济南市石油公司按照“优化布局、完善网络、提高功能、提升管理”的网点建设总体思路，协调政府落实“拆一建一”政策，抢抓有利位置，增建网点。年内成功竞得章丘等地2宗土地用于加油站建设，新增租赁站9座，完成8座形象站的整体改造，投入260万元对20多座加油站进行维修改造，进一步优化网络布局，完善加油站服务功能。2009年，济南市石油公司以迎全运为契机，全力抓好加油站标识改造和形象改造工程。完成60座加油站的标识更换工作，完成形象改造站11座。全年新租赁加油站13座，新建站3座，全资收购站2座，重新签订租赁合同加油站8座。

2010年，济南市石油公司网络建设稳步推进，网点建设取得突破性进展。积极协调政府相关部门，在落实“拆一建一”政策的同时，抢抓有利位置，增建网点。采取法律手段对假冒、仿冒中石化标志的加油站开展打假维权，全年共发现并取缔侵权加油站7座。

第三节 石油经营管理

1989年，济南石油公司制定完善《加油站服务工作规范》《石油门市部服务工作规范》。各加油站除坚持昼夜加油外，还开展预约加油、定点加油服务；门市部除采用小包装、小品种服务方式外，还增加送货上门、代购油品、预约供货、代加防冻液等服务项目。二七加油站开展洗车、加机油、注黄油等配套服务项目。年内有9座加油站被省石油公司评为“先进加油站”。年底开始，由工商、公安、物价、石油等有关部门联合成立石油市场管理领导小组，下设石油市场管理办公室，对石油市场进行初步清理整顿，全市共查出不合法废油加工厂、加油站、门市部及摊点420余处。首批撤销6个废油加工厂和3个石油采购供应站，取缔部分非法摊点。

1994年，市石油公司会同政府有关部门，对全市146个批发经营单位、348个零售网点进行整顿。取缔土炼油厂10座、非法和不具备经营条件的经营网点166个。1995年，根据省、市政府《关于进一步加强成品油市场管理的通知》的要求，由市技术监督局、市物价局、市工商局会同有关部门联合组成市场整顿领导小组，对全市石油市场进行检查整顿。在对油品质量检查中，共抽取油样102个批次(站)，统检合格率70.6%，其中汽油合格率77.8%，柴油合格率62.5%。部分经营单位存在不同程度的油品质量问题；被检查的20个经营单位均存在不执行国家统一定价、随意定价的现象，检查人员对严重违反国家物价规定的单位进行处罚。在对流通渠道进行检查中，有21个违法从事零售经营的单位和2个违法从事批发经营的单位被查处；对3个不具备经营条件的单位责令其停业，有8个单位被停业限期整改；对已取消批发业务的9个单位限期变更营业执照；对经检查整顿后符合经营条件的50个零售单位由济南石油总公司与其签订供销协议。1999年年初，总公司与各单位签订安全生产责任书，安全生产责任人缴纳安全生产风险抵押金，年底奖惩兑现。全年对油库、加油站进行综合巡回检查5次，专项检查4次，定期抽查27次，查处、整改隐患106项，封存停用油库3座。

2005年，股份公司和存续公司改革同步进行，股份公司抓好经营工作，发挥资源的效益最大化。存续公司重点做好资产处置工作：取消县经营处，成立县经营片区，精简管理机构和机关人员，充实经营一线，实现管理扁平化；赋予各经营管理机构、综合管理部门和各岗位明确职责，建立健全岗位说明书；建立“联量计酬、科学考核、合理分配、奖优罚劣”的绩效考核体系，调动各级人员特别是一线员工的积极性和创造性；实施润滑油专业化改革，根据省公司制定的《润滑油经营管理体制改革方案》，济南公司原润滑油管理部实行库存上收，由济南石油公司对其实行专业化管理，改革于6月底基本结束；根据存续公司所属企业“五减四无、有序退出”的改革要求，开展对油罐运输车辆资产的处置工作，选举产生改制后企业的执行机关、监督机关人选，于8月正式挂牌为捷安运输公司；根据省公司印发的《市分公司专业化改革后评估方案》，对专业化改革和两条经营专业线运行情况进行规范。

2008年，开展打假维权工作。协调市工商局及各区县工商分局采取法律手段对假冒、仿冒中石化标识的社会加油站进行打假维权，全年共清理侵权加油站26座，维护中石化企业形象，被省公司评为打假维权先进单位。对存在重大安全、质量隐患且没有经营手续的60余个农村网点进行清理。

2010年，济南石油公司加强对油品数量质量工作的管理。全年为加油站配发200把量油尺、1350个取样瓶；对油库20块流量计进行半年强检，对11部新进油罐车编制罐车容积表，市计量所为其出具合格证书；向济南质检中心、周村质检中心送检油样120余个。推进现代化科技管理手段的应用，完成主干网和片区网络的升级工作，片区由ADSL拨号提升为SDH光纤专线，网络速度、便捷性和安全性得到大幅提升。对市区78座加油站安装视频监控，确保加油站安全经营。完成充值卡MIS系统升级，升级后的充值卡既可给加油卡充值，也可在海信POS系统上刷卡消费非油品。试行加油机检维修系统，共检测维修加油机故障1471个。落实巡查制度，全年抽检加油站60余座，巡检40余座，共计解决各类故障1318次。成立督查办公室，规范"加油机检验记录""加油站进油核对单""内部加油卡使用管理台账"填写，加大督查力度和范围，落实奖惩制度，严肃经营纪律，净化经营环境。强化安全意识，落实安全责任，及时调整安全委员会等6个安全管理组织，逐级签订"安全生产目标责任书"和"安全承诺书"，落实"十大禁令"和"安全生产纪律"。定期召开安全工作专题会议，先后转发、下发安全管理文件、通知120余个，并督促执行到位。制定《安全检查考核奖惩办法》，共查出并及时处理各类问题和隐患1081项，同时依据考评结果进行奖惩。执行和规范安全台账制度，进一步细化加油站设备管理"四定"分配表，健全设备技术档案和维护记录。严格履行施工项目安全管理手续，保证整改效果和效率，进一步完善加油站突发事件处置预案并加强演练。年内，被省公司评为"2010年度安全管理先进单位"。

第二章　烟　草

第一节　卷烟经营

一、经营管理

1986年，山东省烟草公司济南分公司(以下简称"济南烟草分公司")与济南卷烟厂合署办公。主要负责购进省外卷烟、调拨济南卷烟厂生产的各牌号卷烟及批发、零售业务。1988年2月20日，济南烟草分公司(卷烟厂)根据上级规定，放开名烟价格，提高中、高档卷烟价格。

1991年，济南烟草分公司下辖章丘、长清、平阴、济阳、商河五个县级公司，市区设三个卷烟批发部。1991～2005年，济南烟草分公司销售卷烟主要以省内卷烟为主，牌号以大鸡系列、将军系列和哈德门系列为主。

1993年年初，济南烟草集团公司成立。卷烟经营主体主要是济南烟草分公司和聊城烟草分公司。12月，撤销济南烟草分公司第一、第二、第三批发部，设置济南烟草市区公司(正处级)，隶属济南烟草分公司。济南烟草集团公司成立后，济南烟草分公司及所属章丘、长清、平阴、济阳、商河五县(市)公司和市区公司仍为独立法人单位，实行独立核算。

1994年，济南烟草集团公司由济南、聊城两公司发展为济南、聊城、泰安、莱芜、德州、临沂六家分公司。沂源县烟草公司划归济南烟草分公司管理。

1995年6月，济南烟草集团公司改制更名为"汇友烟草(集团)有限公司"。济南烟草分公司及其县(市)区公司均取消法人资格，由(集团)公司法定代表人实行委托经营。7月，撤销济南烟草市区公司，成立济南市槐荫区烟草专卖局、济南烟草公司槐荫分公司。同年10月，经国家烟草专卖局同意，汇友烟草(集团)有限公司更名为山东将军烟草(集团)有限公司。1996年12月，成立济南市历城区烟草专卖局、山东将军烟草(集团)有限公司历城分公司。1997年4月，成立济南市天桥区烟草专卖局、山东将军烟草(集团)有限公司天桥分公司。

1998年，山东省烟草公司成立山东烟草购销(集团)有限公司，负责全省的卷烟调拨工作。济南市烟草专卖局和新组建的山东烟草购销(集团)有限公司济南分公司合署办公，与济南卷烟厂分离。12月，成立济南市历下区烟草专卖局、山东烟草购销(集团)有限公司历下分公司。1999年4月，成立山东烟草购销(集团)有限公司驻济南卷烟厂调拨供应站，负责济南卷烟厂的卷烟调拨工作。

2000年7月，山东烟草购销(集团)有限公司济南分公司改制为山东济南烟草有限公司，与济南市烟草专卖局合署办公。下属单位分别更名为山东济南烟草有限公司历下分公司、天桥分公司、槐荫分公司、历城分公司、章丘分公司、长清分公司、平阴分公司、济阳分公司、商河分公司，分别与驻地烟草专卖局合署办公。山东济南烟草有限公司为独立法人单位，承担卷烟经营和法人财产保值增值的责任。2001年12月，济南市烟草专卖局(公司)实施卷烟经营专卖管理体制改革，成立经济运行处、访销中心、配送中心、稽查中心(稽查支队)，同时撤销山东济南烟草有限公司历城分公司、历下分公司、天桥分公司、槐荫分公司。其中：访销中心与销售处合署办公，负责市区的卷烟经营工作，配送中心负责全市的卷烟配送工作。

2002年8月，根据《济南市人民政府关于撤销长清县设立长清区的通知》，"长清县烟草专卖局"正式更名为"济南市长清区烟草专卖局"。2003年，省烟草公司退出二级批发环节，从厂家直接购入卷烟。

2005年1月，对章丘、长清、平阴、济阳、商河五家分公司实行统一核算。至年底，济南烟草分公司撤销卷烟销售处，成立卷烟营销中心，下设市场部、销售部、客户部、配送部。分支机构保留九个县(市)区烟草专卖局，撤销章丘、长清、平阴、济阳、商河五个分公司，分设营销部，各营销部与驻地烟草专卖局合署办公，统一电话访销，实行大配送。

2006～2010年，围绕国家烟草专卖局"两个十多个"(指在未来5年内，我国烟草行业着力培育10多个全国重点骨干品牌，组建10个左右大型烟草集团)品牌战略要求，整合压缩品牌，精简品种规格，逐步向"两个十多个"靠拢。重点培育品牌有泰山、将军、中华系列、玉溪、红塔山、黄鹤楼、南京、利群、白沙、七匹狼、娇子、红双喜系列等。2010年5月，设立市中区烟草专卖局、市烟草公司市中区卷烟营销部，合署办公，负责辖区内烟草专卖管理和卷烟营销工作。

二、卷烟销售

1991年，卷烟销售执行的等级标准为甲级、乙级、乙一级、丙级、丁级、戊级、过滤嘴烟、进口卷烟等，销售单位为"箱"；1995年改为一类、二类、三类、四类、五类、过滤嘴烟、地产烟等，销售单位为"箱"；2002年，卷烟销售执行的等级为一类、二类、三类、四类、五类、地产烟、国外卷烟等，销售单位改为"万支"。

(一)省内销售 1986年，济南烟草分公司销售卷烟164554箱，其中售给供销社系统55679箱，售给市内商业系统16694箱，其他纯销售92181箱。

1987年，济南烟草分公司销售卷烟183062箱。系统外销售：调给供销社系统68188箱，主要有仲宫供销社、柳埠供销社、彩石供销社、吴家堡供销社等；调给市内商业系统15720箱，主要有烟酒中心、百货大楼、市工业供销公司、历城商场等。国内纯销售99154箱，主要供给全市各机关、学校等单位会议用烟及部分零售。

1988年，销售卷烟159118箱，过滤嘴卷烟比重为16.32%，售给供销社系统50110箱，售给市内商业系统10585箱，其他纯销售98423箱。1989年，销售卷烟131704箱，完成率77.47%，单箱销售额1222.83元，过滤嘴卷烟所占比重24.57%。售给供销社系统39610箱，售给市内商业系统8297箱，其他纯销售83797箱。

1990年，销售卷烟204634箱，过滤嘴卷烟所占比重29.05%，单箱销售额1404.46元。售给供销社系统68267箱，售给市内商业系统14696箱，其他纯销售121671箱。1991年，销售卷烟201964箱，完成当年计划指标的109.76%，过滤嘴烟比重为36.27%，省内单箱销售额为1584.49元。1992年，销售卷烟182072箱，过滤嘴烟比重为42.79%，省内单箱销售额1987.25元。1993年，济南烟草集团公司(济南和聊城烟草分公司)省内销售卷烟275177箱，单箱销售额为2175.98元，济南烟草分公司省内销售卷烟149633箱，单箱销售额为2466.03元。1994年，济南烟草集团公司(济南、聊城、泰安、莱芜、德州、临沂烟草分公司)省内销售卷烟723614箱，省内单箱销售额2191.44元，过滤嘴烟比重为50.30%。济南烟草分公司省内销售卷烟117213箱，单箱销售额3143.85元。

1995年，山东将军烟草(集团)有限公司(济南、聊城、泰安、莱芜、德州、临沂烟草分公司)省内销售卷烟676237箱，省内单箱销售额2821.73元，济南烟草分公司省内销售122024箱，省内单箱销售额3639.53元。1996年，山东将军烟草集团公司(济南、聊城、泰安、莱芜、德州、临沂烟草分公司)省内销售卷烟634371箱，省内单箱销售额3714.99元，济南烟草分公司省内销售卷烟116187箱，省内单箱销售额为4148.23元。1997年，山东将军烟草集团公司(济南、聊城、泰安、莱芜、德州、临沂烟草分公司)省内销售卷烟701164箱，单箱销售额4257.14元，济南烟草分公司省内销售卷烟121393箱，省内销售单箱销售额4282.12元。1998年，济南地区省内销售卷烟93386箱，单箱销售额5108.58元，济南分公司(四区、五县)纯销为74680箱，过滤嘴卷烟占97.06%，地产烟占99.35%。一类烟所占比重17.54%，二类卷烟占3.74%，三类卷烟占71.74%，四类烟占6.85%，五类烟占0.13%。1999年，销售卷烟107085箱，过滤嘴卷烟占96.05%，地产卷烟占96.55%，一类卷烟占11.57%，二类卷烟占2.88%，三类卷烟占7.48%，四类卷烟占56.36%，五类卷烟占21.71%。

2000年，山东济南烟草有限公司销售卷烟112313箱，过滤嘴烟占7.84%，地产卷烟占99.5%。一类卷烟占10.51%，二类卷烟占1.87%，三类卷烟占14.77%，四类卷烟占53.22%，五类卷烟占19.63%。2001年，销售卷烟114252箱，过滤嘴烟97.54%，地产卷烟占95.92%，济南产卷烟占62.15%，一类卷烟占14.42%，二类卷烟占3.55%，三类卷烟占13.6%，四类卷烟占49.64%，五类卷烟占18.69%。实现商业增加值9385万元。经济效益综合指数127.88%，商业销售利润率6.69%，商业劳动效率195114元/人，毛利率16.02%。2002年，销售卷烟678512万支(135702.4箱)，过滤嘴卷烟占99.89%，地产卷烟占93.81%，济南产卷烟占73.3%。其中：一类卷烟占4.73%，二类卷烟占4.44%，三类卷烟占19.13%，四类卷烟占52.55%，五类卷烟占19.14%，单箱销售额6875.85元，卷烟人均销量5.73条，鲁产卷烟人均销量5.37条。卷烟批发销量同比增长18.77%，鲁产卷烟批发销量增长16.16%，卷烟批发销售额同比增长20.57%，利税总额同比增长11.38%，利润总额同比增长15.19%，单箱销售利润列全省第八。实现商业增加值10152万元，同比增长8.17%。经济效益综合指数126.34%，商业销售利润率5.72%，商业劳动效率211942元/人，毛利率12.76%。2003年，销售卷烟835423万支(167084.6箱)，同比增长23.13%，过滤嘴卷烟占99.99%，地产卷烟占92.26%，同比增长21.1%，济南产卷烟占76.1%，销售额同比增长28.73%，利税总额同比增长85.07%，利润总额同比增长92.89%。卷烟销售总量中一类烟占2.78%，二类卷烟占5.55%，三类卷烟占25.67%，四类卷烟占63.46%，五类卷烟占2.54%。单箱销售额7188.99元，卷烟人均销量7.05条，鲁产烟人均销量6.51条。单箱销售利润列全省第4位，实现商业增加值17160万元，同比增长69.03%。经济效益综合指标155.67%，商业销售利润率7.86%，商业劳动效率133835元/人。

2004年，济南烟草有限公司销售卷烟933969万支(186793.8箱)，单箱销售额8209.96元，过滤嘴烟的销量达到百分之百，地产卷烟85.68%，济南产卷烟占69.2%，一类卷烟占3.31%，二类卷烟占6.17%，三类卷烟占36.94%，四类卷烟占48.63%，五类卷烟占4.91%，卷烟人均销量7.89条，鲁产烟人均销量6.76条，在全省17地市排名中均列第4位。较上年同期销量增长11.8%，鲁产卷烟同比增长3.82%，卷烟销售额同比增长27.67%，利润总额同比增长79.38%，利税总额同比增长71.44%，单箱销售利润950元，实现商业增加值26703万元，同比增长55.61%。经济效益综合指数196.06%，商业销售利润率10.73%，商业劳动效率223456元/人。2005年，销售卷烟973312万支(194662.4箱)，完成年销量指标101.39%，地产卷烟占82%，济南产卷烟占66.04%，卷烟人均销量8.22条，鲁产卷烟人均销量6.74条，在全省17地市的排名中均列第4位。在卷烟销售总量中一类烟占4.15%，二类卷烟占8.23%，三类卷烟占39.52%，四类卷烟占43.7%，五类卷烟占4.4%。该年度单箱销售额9253.35元，累计毛利35872万元，超计划完成5.6%。实现商业增加值37046万元，同比增长38.73%。经济效益综合指数210.6%，商业销售利润率14.67%，商业劳动效率308428元/人。

2007年12月，客户经理向零售客户宣传禁止向未成年人销售卷烟

2006年，济南烟草有限公司销售卷烟1011811万支(202362.2箱)，完成年销量指标的100.5%，地产卷烟占73.52%，省外卷烟占26.48%，卷烟人均销量8.54条，鲁产卷烟人均销量6.28条，在全省17地市的排名中分列第5位和第4位。在卷烟销售总量中：一类卷烟占4.92%，二类卷烟占11.17%，三类卷烟占63.63%，四类卷烟占17.87%，五类卷烟占2.4%。单箱销售额10573元，同比提高1320元，销售金额213223.72万元，累计毛利44071万元，同比增长22.86%。实现商业增加值47510万元，同比增长28.25%。2007年，销售卷烟1099000万支(219800箱)，同比增加1.81万箱，增长9.0%；人均销量9.28条，同比增加0.77条，在全国36个重点城市排名中，由31位前移到29位；卷烟单箱销售额12493元，同比增加1920元，增长18.2%；一、二类烟比重达到7.64%，同比提高3.01个百分点；实现利税5.3亿元，同比

增加1.52亿元，增长40.32%。利润4.22亿元，同比增加1.34亿元，增长46.67%。其中，名优卷烟比重达到76.78%，同比提高27.03个百分点；重点培育品牌比重达到45.26%，同比提高13.16个百分点。

2008年，销售卷烟1218500万支(243700箱)，同比增加2.39万箱，增长10.9%；人均销量10.29条，同比增加1.01条；卷烟单箱销售额14478元，同比增加1986元，增长15.9%。实现利税7.7亿元，同比增加2.45亿元，增长46.77%。实现利润6.21亿元，同比增加2.03亿元，增长48.47%。在36个重点城市中，人均销量、卷烟单箱销售额排名同比分别前进2个位次、3个位次。一二类卷烟销量3.37万箱，同比增长100.7%；比重达到13.8%，同比提高6.19个百分点。名优卷烟(含哈德门)销量19万箱，同比增长12.67%；比重达到78.01%，同比提高1.24个百分点。2009年，销售卷烟1285000万支(257000箱)，同比增长5.4%；人均销量10.85条，同比增加0.56条；在卷烟价税政策调整的情况下，全年实现利税8.93亿元，实现利润5.8亿元。考虑卷烟价税政策调整因素，按同口径计算，全年利税9.43亿元，同比增长27.82%，利润7.55亿元，同比增长28.96%。在销品牌(规格)由122个精简到97个；重点骨干品牌和重点培育品牌的销量分别同比增长38.2%、53.5%；卷烟单箱销售额16439元，同比增长13.5%，首次超过全国平均水平。

2010年，济南烟草有限公司销售卷烟1383000万支(276600箱)，同比增长7.61%；实现利税11.94亿元，增长33.32%；实现利润6.95亿元，增长19.42%；重点骨干品牌销量同比增长55.7%，占总销售额比重达到74.8%。

(二)省外调拨 1988年，销往省外卷烟同比增长42.74%。1989年较1988年同期增长8.89%，超计划完成年度调往省外的计划指标。1991年，济南烟草分公司产品的覆盖面进一步扩大，新开辟珠海、海南、四川、广西、福建、湖南六个销售区，产品行销全国18个省、直辖市、自治区，1992年扩大到陕西、吉林等26个省市和自治区。1993年5月，在广州设立卷烟销售办事处；7月，在西安设立卷烟销售办事处。1994年，在北京、东北、西南分别设立卷烟销售办事处，并推出新产品“心达”、“生肖”、八角硬盒“将军”(低焦油特醇)牌卷烟。1996年，在大连市设立卷烟销售办事处。1997年，设立华东卷烟销售办事处，并于4月成立省内、省外销售处。

1986～2001年济南地区卷烟外销情况表

表6-3-2

年 份	调往省外(箱)	主要销往省份	单箱销售额(元)
1986	69281	江苏、浙江、辽宁、北京、青海、河南	—
1987	46813		—
1988	66821	辽宁、河南、河北、江苏、北京、内蒙古	—
1989	72760	辽宁、河南、河北、江苏、北京、黑龙江	1646.12
1990	64246	辽宁、河南、河北、安徽、北京、内蒙古	1822.23
1991	80682	河南、河北、北京	2018.05
1992	84461	北京、河南、陕西、吉林、河北	2696.91
1993	126158	北京、陕西、辽宁	4226.84
1994	180414	黑龙江、辽宁、广东	5696.23
1995	247949	黑龙江、湖南、辽宁	5190.18

续表6-3-2

年 份	调往省外(箱)	主要销往省份	单箱销售额(元)
1996	286875	黑龙江、江苏、河北	4955.54
1997	250001		5394.98
1998	137201		4013.89
1999	2021	河北、浙江、江西	10094
2000	7342		11935.44
2001	56		12678.57

说明：2002 年，彻底取消外购外销

(三)卷烟订购 2001 年以前，实行访送一体，营销人员边访边送，没有分专职访销员和送货员。

2001 年，济南烟草公司遵循“一要规范，二要改革，三要创新”的方针，在市区推行“专销一体、访送分离”模式，在全市实行“批零一价、返利销售”，通过让零售户协议入网，初步建立了同卷烟零售户的“批零联盟”。在全市实施卷烟统一由市公司采购、在中心库集中打印卷烟流向县区编码，对各区县分公司统一配送。2002 年 1 月 1 日起，推行“全面访销、集中配送、户籍管理、系统集成”的网建管理模式，成立访销中心。访销中心设置电话访销班六个呼出座席，一个内勤座席，服务对象为市区的重点客户，改变由访销员上门采集卷烟订购信息的传统方式，实现营销方式的变革。实施客户关系管理，积极推广电子结算，对加入“金色网络联盟”(济南烟草有限公司为稳定卷烟市场价格，规范卷烟进货渠道，提高卷烟零售户的获利水平，选择部分绩优客户而建立的一种会员组织)的 2568 个重点客户全部实行电子结算。2003 年，大力推进“电话订货、网上配货、电子结算、现代物流”经营方式。建成基于现代客户关系管理理念和计算机电信集成技术的呼叫中心，实现对全市卷烟零售户的电话访销；启动济南郊区和五县公司的电子结算工作。

2005 年，开发网上订货系统，按照城区加大工作力度、郊区县城适度推广、农村边远山区因地制宜的原则，加大电子结算工作力度，提高电子结算的覆盖面，并将城区工作重点转移到提高电子结算成功率上来，提高全市电子结算率。8 月，完成市烟草局(公司)机关和县级烟草局(公司)内部机构设置及职责调整规范工作，成立卷烟营销中心，营销中心下设市场部、销售部、配送部、客户部、县区营销部等部门，市公司市场经营主体地位得到进一步确立。对业务流程进行全面梳理和再造，建立系统、简洁、流畅的业务流程，做到“短流程、快流速”。2006 年，把“订单供货”试点作为工作重中之重，提出“一五三六”(“传播一种‘比客户更了解客户’的理念；把握精确记录、精确预测、精确采购、精确投放、精确营销五个环节；落实卷烟市场管理、客户经理等级管理、目标责任制考核管理三项保障；实现销量增长、结构优化、品牌集中、客户满意、能力增强、和谐发展六个目标”)试点工作总体思路，探索实施“三三四三”(“坚持三个原则、推动三线并行互动、把握四个环节、建立三层纠偏机制”)需求预测流程，建立新型工商协同信息平台，推动“订单供货”向“订单生产”延伸，推行客户经理专业化分工设置。2007年，建立“四维四层、纵横互动、立体预测”需求预测体系，设立配备智能终端机的零售户信息点 629 个，建成拥有 8.89 万个调查样本的消费者数据库，围绕“量、价、存”开展预测分析。依托工商协同信息平台，与山东中烟、浙江中烟、红塔集团等建立联席会议制度，加强协同营销，制订货源采购和投放管理办法，开展针对性采购，实施梯次化投放。

2010年1月，重组卷烟营销中心，将原卷烟营销中心市场部、销售部合并，设立33个营销分部。启动实施网上订货，建立电子化资金结算归集系统，加快推进电子结算。

第二节　卷烟储运

一、卷烟仓储

山东济南烟草有限公司根据国家烟草专卖局关于访送分离、集中配送的有关要求，于2002年1月1日正式成立配送中心，下设办公室、财务、统计、仓储、配货、4个配送部共9个部门。配送中心主要负责济南市区卷烟仓储、打码分拣和卷烟配送工作。2002年至2003年上半年，租赁海关保税区仓库约1300平方米，用于配送中心的卷烟仓储及人工分拣(分拣到送货线路)。

2002年，市烟草专卖局(公司)开始在配送中心院内投资建设1.2万平方米的卷烟仓库。2003年7月，配送中心仓库由海关保税区仓库搬至新仓库，卷烟存储面积3000平方米，库容量约6000箱。8月，新上两条香溢半自动分拣线开始试运行，10月正式投入使用，单线分拣能力平均为7000条/小时，实现对济南市区(不包括边远农村)卷烟零售户分拣到户。

2004年3月1日，对市区零售户订购的卷烟正式实行一户一码的打码监销方式。5月，中心根据国家烟草局关于推广卷烟生产经营决策管理系统中市烟草局(公司)卷烟必须扫码入库的规定，配备2台扫码机，所有入库卷烟全部实行扫码，并及时上传数据。进行卷烟打8位码到户，先后协调分拣线的供货单位杭州香溢公司和激光打码机的供货单位北京志恒达公司，要求两家公司就分拣线和打码机的接口进行对接，在技术上实现一户一码。10月，配送中心承担长清区公司的卷烟分拣到户和一户一码工作，购置2台卷烟输送机，既降低装卸工的劳动强度，又避免卷烟挤压损坏。

2005年3月，配送部立体库投入使用，卷烟存储区及分拣区搬至西库区，库房面积为5424平方米(卷烟立体库存储面积约2000平方米，其余面积为进货区和分拣区)，存储能力约8000箱，加上进货区整个仓库的存储能力1万箱。8月，对章丘营销部的卷烟实行分拣、打码到户。平阴、济阳、商河三个营销部的卷烟全部纳入分拣和打码。10月，根据《济南市烟草专卖局(公司)职能配置、机构设置及定员编制总体方案(试行)》要求，原配送中心改为卷烟营销中心配送部，并进行内部机构调整，配送部设立综合办公室、安保办公室、财务部、三个配送部、分拣部、仓储部共8个部门，职工197人，送货车辆33辆。使用“物流协同指挥调度平台”，做到仓储、分拣、配送三个系统成为一个有机整体，实现物流、信息流、资金流的协调运作，初步实现仓储管理的数字化、自动化。

2006年，实行“区位动态管理”和提前备货、多退少补的新工作流程和管理方式。将分拣区域划分为备货区、补货区、分拣区、理货区、暂存区、发货区等不同区域，采取卷烟在区位之间的动态有序流动，各区域工作人员进行联动的机制。

2007年6月7日起，卷烟仓储按照出库扫码、打32位码的流程进行操作，7月起市区全部实行32位打码，9月在全市范围内推行。同年，对原有的仓储、分拣作业布局进行改造、调整。设立出入库扫码区、仓储区、分拣备货区、分拣作业区、发货区五大功能模块；配合浙江中烟和山东中烟实施整盘扫码入库工作，减轻职工劳动强度，装卸效率提高60%以上；更新四条自动化程度更高的分拣线和四台自动塑膜包装机，建立整件转库、整件补货的新流程模式。塑膜包装的采用，节省废旧烟箱，车辆的装载率提高，实现降费增效。

2008年9月11日，与山东中烟济南卷烟厂协作实现"同城运输"工作。经与中软公司协调，设计开发"件烟组盘"系统，实现"整盘出库扫码"。12月1日，正式实现卷烟货款电子结算、银行代扣结算方式，彻底解决配送部财务人员长期倒班的问题。在完成软件升级基础上，对分销系统和分拣系统进行调整，将超市等特殊零售户统一纳入分拣线进行分拣打"32位激光码"，实现全部卷烟(异型卷烟除外)打32位激光码。将原平面库改造为三层货架库，新建货格735个，可用货位1446个，卷烟库存量由原1万箱提高到1.4万余箱，在不增加占地面积的情况下，库容提高40%，可满足销量30万箱的库存需求。

2009年，市烟草局引入"6S"(即整理、整顿、清扫、清洁、素养、安全)现场管理理念，仓储和分拣两个部门开展试运行工作。推进ISO 9000质量体系认证，组织开展制度执行情况检查工作，进一步加强制度规范建设。

2010年，市烟草局做好"工商在途信息管理系统"的实施工作，实现卷烟工商企业之间的卷烟物流电子单证信息的自动读写、储存、自动传输，大大缩短工商企业信息传递速度，增强对在途信息进行统计和分析的能力，制定编写《十二五现代物流建设规划》。11月17日，原卷烟营销中心配送部改为配送中心。

二、卷烟配送

1991～1999年，卷烟配送以公司自主外出采购和厂家送货上门为主。

2002年1月起，济南市区和县(公司)卷烟配送方式实行访送分离、集中配送。市区由人工在仓库将卷烟分拣到送货线路，送货员将分拣到送货线路的卷烟装车后，再根据送货小票上零售户所要品种数量，进行配货到户(边配边送)。配送部根据市烟草局(公司)销售处对县(公司)审核后的要货计划，给县(公司)送货。

2003年4月起，试行一库制大配送。济南五区、五县(市)零售户卷烟在配送部仓库统一存储，县(公司)实现零库存。市区分拣及配送不变。配送部仓库根据县(公司)零售户每天定购的卷烟总数量备货，由配送部送货员送往县(公司)，再由县(公司)人员对卷烟进行分拣到送货线路，送货员将分拣到送货线路的卷烟装车后，根据送货小票上零售户所要品种数量，进行配货到户(边配边送)。2004年6月，在全市实行一库制大配送，规范全市的经营活动，降低经营成本。调整线路，将原来五个配送部合并为东西两个配送部。

2005年，完成全市零售户采点、电子地图标注工作，实施打破全市行政区域，按照经济区域就近送货的配送线路的优化计算工作。2006年，利用山大俱进物流有限公司的技术支持，在对全市客户采点的基础上，利用电子地图对全市配送线路进行优化，完成六改五工作和打破行政区划送货工作。

2007年，将原东西两部单独送货的管理方式改为合并管理，合理配置车辆、人员等配送资源，线路调整时能够纵观全局，相互捎货现象大大减少，送货服务快捷化、规范化程度得到有效提升。2008年，推进现代物流建设，一号工程及打码到条工作顺利进行，被国家烟草专卖局确定为全国唯一的项目试点单位。

2009年11月9日，送货模式由"隔日送货"变"次日送货"。与仓储分拣设备供应厂家及各相关业务部门进行沟通和协调，安排人员加班加点，克服困难，对电子结算、打票系统、分拣系统、仓储系统等进行升级和调试。

2010年，运用3G网络，在全部送货车上加装视频摄像头，实现对送货服务全过程的可视、可知。12月7日，按照最佳配送半径、最佳行驶里程、日均销量基本均衡的原则，设计线路优化方案。在全市新增4000多个零售户，撤销16个代送点，把1555户代送户纳入直送范畴。

第三节 专卖管理

一、证照管理

(一)烟草专卖许可证 1986年，济南地区根据1984年7月10日济南市烟草专卖局、济南市工商管理局联合下发的《关于发放烟草专卖零售许可证准购证的通知》，发放烟草专卖零售许可证、准购证。1993年，国家烟草专卖局发布《关于烟草专卖许可证管理的若干规定》。9月10日，市烟草专卖局公布换发烟草专卖许可证范围、时间的公告。

1998年5月11日，国家烟草专卖局发布实施《烟草专卖许可证管理办法》，1993年发布的《关于烟草专卖许可证管理的若干规定》同时废止。

2003年12月23日，市烟草专卖局制定下发《换发烟草专卖零售许可证实施方案》，对换发2003版烟草专卖零售许可证工作进行全面部署。10月22日，市烟草专卖局制定印发《济南市烟草制品零售点布局标准》。2007年2月5日，国家发展和改革委员会发布《烟草专卖许可证管理办法》，自2007年3月7日起施行，《烟草专卖许可证管理办法》同时废止。2007年11月2日，济南市烟草专卖局修订印发《济南市烟草制品零售点布局标准》。

2009年1月9日，济南市烟草专卖局印发《换发2008版烟草专卖零售许可证工作方案》，部署安排2008版烟草专卖零售许可证换发工作。

2009年9月20日，专卖人员(右)上门向零售客户讲解换证事宜

(二)烟草专卖准运证 1994年，国家烟草专卖局发布《烟草专卖品准运证使用管理规定》。1998年5月11日，国家烟草专卖局，发布《烟草专卖品准运证管理办法》，发布之日起施行。2002年6月4日，国家经贸委发布《烟草专卖品准运证管理办法》，7月1日起执行。2002年8月15日，山东省烟草专卖局印发《山东省省内运输烟草专卖品管理办法》，启用省内运输烟草专卖品准运证。2006年6月29日，国家烟草专卖局印发《关于卷烟准运证实行统一管理的通知》，7月1日零时起，统一使用国家烟草专卖局印制下发的2006版准运证。

二、市场监管

济南市依法监督、检查《中华人民共和国烟草专卖法》及实施条例和有关规章的执行情况，1987年，市场检查1554户，处理违法488户，罚款3.98万元。1988年，共查处各种案件1434件，处罚334件，批评教育1100件，罚款28万元；检查2545户，处罚334户，查扣违法卷烟2.74万条，其中假冒卷烟560条。1989年，共检查2894户，处理894户，查处非法批发48户，处理卷烟330.49件，罚款15.43万元，销毁假烟3000余条。1990年，共检查违章户2987户，处理206户，查扣非法卷烟992件，罚没款25.42万元。1991年上半年，缴获假盒皮5000余张，没收制造假烟工具3套，查缴假冒卷烟1.47万余支。1992年，共没收假冒卷烟1155.1万支。1993年，共查获走私卷烟700万支，假冒卷烟33.08万支。

1994年8月2日，历城区检察院、区公安分局配合济南市烟草专卖局挖出历城区姚店、路店、大王乡等地下制假烟窝点8个。全年共查获假冒卷烟1401万支，案值321万元，依法没收非法走私外烟48.8万支，价值8.79万元，捣毁非法制假、贩假窝点8个，查获非法制造的卷烟机械23台，烟丝13吨。1995年，查扣走私烟53.6万支、假冒卷烟1222万支，捣毁制假黑窝点4个。1996年12月4日，济南市烟草专卖局联合市公安局、特警支队、槐荫区烟草专卖局、济阳县公安局、济阳县烟草专卖局、济阳县检察院，在济阳县任风镇、王圈乡两地进行联合打假行动，共捣毁制假窝点4个，查获机械制假烟机4台，手工卷烟机1台，成品烟24万支，盘纸20多盘，烟丝5吨，其他制假材料一大宗，价值12万元。全年共查获假冒卷烟165.2万支，没收走私卷烟62万支。

1999年，市烟草局共查处假冒卷烟2664.55万支，走私外烟43.32万支，烟丝3.3吨，滤嘴棒22万支，烟草专用机械1台。2000年，共查获假冒卷烟3050.77万支，走私外烟33.53万支，小滤嘴棒502万支，烟丝17.3吨，卷烟纸0.5吨，查缴烟草机械8台，烟草手工机械20台，案件总值1377.22万元。

2001年5月7日，市烟草局在市公安局刑警支队配合下，摧毁一个鲁、豫、闽三省烟贩共同贩假售假犯罪团伙，涉案金额数百万元，6名嫌疑人被拘留。10月12日，市烟草局联合槐荫区政府等有关部门，对段店集贸中心内的非法卷烟经营业户进行执法检查，市场内原105户经营卷烟业户，91户转业改行，14户迁出市场，非法卷烟市场被彻底关闭。全年共出动打假人员5.43万人(次)，查处千元以上涉假案件720起，打掉制假窝点38处，藏假窝点159处，抓捕、拘留犯罪嫌疑人115人，收缴制假设备104台，没收假冒卷烟10221.07万支、烟叶264.7吨、烟丝527.33吨、卷烟纸870吨、假冒商标纸712万张，总案值3100万元。

2002年2月5日，济南市暨商河县组织对商河县张坊乡白集村、韩庙乡买虎站站南村、沙河乡棘城中街村的部分造假窝点实施清查打击，共清缴各类制假设备50台，假冒卷烟133万支，烟叶、烟丝609.5吨，其他造假辅料一大宗，总案值406.85万元。3月8日，市烟草局专卖人员会同商河县在沙河乡某涉假村庄的麦田沟中挖出3台卷烟制假设备，YJ-14卷烟机、YJ-23接嘴机、嘴棒成型机各1台，案值67万元。全年打假出动2.4万人(次)，共查处涉假案件6773起，查获假冒卷烟7420.99万支，缴获制假设备288台，捣毁制贩藏假窝点184个，涉假总案值2095.42万元。

2003～2005年，全市卷烟打假共出动8.04万人(次)，查获涉假案件2.67万起，查获假冒卷烟15882.62万支，缴获制假设备169台，捣毁制贩藏假窝点563个，涉假总案值3961.97万元。

2006年，市烟草局把“打大户、破网络”作为整顿规范市场的突破口，全市共查获涉烟案件8133起，查获各类非法卷烟5821.2万支，假冒卷烟4665.98万支，案件总值2296.72万元，向公安等部门移送案件54起，判刑6人。全年打击非法卷烟经营大户1711户，破获符合国家

2004年11月，假烟集中销毁

烟草专卖局标准网络案件2起(商河4·10特大制售假烟网络案件和济阳8·23制售假烟网络案件),省烟草专卖局标准网络案件1起(槐荫区3·24贩卖假烟案)。

2007年,市烟草局围绕“打假打私、内部监管、加强基层建设”三大任务,坚持把经营工作的市场难点作为专卖管理重点,专卖管理和法制建设工作力度进一步加大,督办各类大要案件317起,严厉打击贩售假烟网络,全年共破获达到省烟草专卖局标准网络案件1起,达到国家烟草专卖局标准网络案件2起。2008年,加大专卖管理工作力度,创新专卖管理方式方法,市场控制力和占有率明显提高。全年共破获达公安部、国家烟草专卖局标准的网络案件8起。共查获各类涉烟违法案件3305起,各类违法违规卷烟1878.08万支,原辅材料71.23吨,涉案总值791.87万元,上缴财政罚没收入104.13万元。抓获涉案人员72人,移送涉案人员22人,拘留30人,逮捕7人,判刑13人。

2009年,全市共查获各类涉烟违法案件5320起,查获各类非法卷烟4106.24万支,案值1763.12万元,抓获涉案人员326人,拘留114人,逮捕31人,劳教4人,判刑6人。2010年,共查获涉烟违法案件3088起,抓获涉案人员526人,拘留394人,劳教14人,逮捕38人,判刑48人。

附:济阳、商河县卷烟打假

济阳、商河两县卷烟制假有其特殊的历史背景。两县相邻农村是少数民族聚居地区,土地少、人口多,经济发展水平相对比较落后。自1998年开始,卷烟制假分子利用少数民族村村民生活贫困、法律意识淡薄等弱点,暗中购置卷烟设备和原辅材料,雇佣附近村民打工,拉拢诱使村民从事卷烟制假售假活动。2000年前后,制假活动从个别村向周边扩散,从“地下”转向公开,呈现群体性、家族化、区域化、公开化、

卷烟专卖稽查人员检查市场　　（2000年摄）

专业化的态势,严重时有制假烟机260多台,年近30万件以上的假烟生产能力,成为全国卷烟制假的“重灾区”。市烟草专卖局主要采取“严打”“硬打”方式,由于打假方式方法比较单一,打假成效不明显,暴力抗法现象时有发生。2000～2002年,烟草打假在两县遭遇40多起暴力抗法事件,170多名执法人员和记者被打骂,60多部执法车辆被砸,直接经济损失1000多万元。

在正面打击受阻的情况下,市烟草专卖局调整策略,加强部门配合,变“单打独斗”为协同执法,变正面打击为周边封堵,集中整顿非法卷烟批发市场,切断假烟流入市场的渠道,卷烟打假取得初步成效。2002年下半年,省烟草专卖局、省公安厅在济南销毁各类制假烟机设备370台。至2004年,两县制假活动得到遏制,济阳县首先实现根治。制假重点村由原来的9个缩减为2个。2005年,省烟草专卖局(公司)按照“打疏建结合、综合治理”的方针,对商河2个制假重点村进行集中封堵打击,取得决定性进展。2006年10月,省政府在商河召开根治重点地区卷烟制假专项行动总结表彰会暨济南市集中销毁卷烟制假设备现场会,销毁卷烟制假设备110台,两县达到“无制售假烟活动、无制售假烟窝点、无制假设备”的“三无”标准,两县卷烟打假实现根治目标,彻底摘掉“重灾区”的帽子。

第三章 盐 业

第一节 食盐销售

1986年，全市销售食盐28582吨。1987年，全市销售食盐45747吨，为1986年的160.1%。1988年12月15日，济南市食盐实行凭票供应，全年销售食盐61131吨，增长33.6%。

1993年起，对原盐等重点商品编制生产和使用平衡表。10月17日，市政府颁布《济南市盐业管理规定》。1994年8月23日，国家颁布《食盐加碘消除碘缺乏病危害管理条例》，济南市全部改供加碘食盐。9月，济南盐业专利产品——有机锗健康盐获卫生部、外经贸部、国家科委主办的第一届中国国际保健节金奖。

1995年4月22日，制定原盐中准价格，每吨541.2元。1997年，全市全年销售食盐11762吨，比1996年增长11.2%。

2000年，全市销售食盐和小工业用盐共26642吨，同比增长13%，完成省盐务局下达计划的111%，位居全省17个城市首位；实现利税252万元，同比增长5.9%。2001年，市盐务局完善经营承包目标责任制，实行工效挂钩，强化服务措施，完善专营销售网络，保证食盐市场供应、食盐销售各项计划指标的全面超额完成。全市共销售各类盐60199吨，营业收入4379万元，实现利税370万元，分别同比增长19.53%、55.89%和12.22%，食盐计划完成率160.6%，连续两年位居全省首位。

2003年防治“非典”期间，食盐市场出现波动，各大超市、零售商店，购盐顾客骤增，出现食盐抢购事件。济南盐业三条包装生产线24小时满负荷运转，日产碘盐80余吨，超过平时产量3倍。全市39台人工包装封口机开动，290人日夜加工食盐，确保济南市食盐市场供应。此次食盐抢购事件，前后持续十几天，全市共销售食盐3463吨，超过平时2个月销量。2005年，市盐务局(盐业公司)抓好经营管理目标责任制的落实，将任务指标分解下达到各单位，并对局内直属分公司和五个县(市)区盐业公司下达全年经营指标，签订经营管理目标责任书。食盐指标全年计划34500吨，实际完成52930吨，完成计划的153.42%。其中市公司全年计划17460吨，实际完成24296吨，完成计划的139.15%。精盐指标全年计划28500吨，实际完成40521吨，完成计划的142.18%。其中，市公司全年计划14740吨，实际完成18802吨，完成计划的127.56%。小包装指标全年计划24000吨，实际完成25881吨，完成计划的107.84%。

2006年，全市销售食盐48678吨，完成年计划的126.4%；销售小包装食盐22369吨，完成年计划的101.5%。全年营业收入8557万元，实现利税1066万元，同比增加166万元，其中利润总额678万元，较同期增加208万元。企业总资产6780万元。

2008年，全市各盐种销售总量82141吨，同比增加5569吨，其中食盐58428吨，同比增加10877吨；小包装食盐销售总量23977吨，同比增加3316吨，其中城区4个分公司比上年增加1883吨，长清同比增加741吨；纸塑盐销售总量15631吨，同比增加3448吨，纸塑盐占小包装比重65%，比2007年上升6个百分点，全市小包装盐销量增加部分均为纸塑盐。全市盐业销售收入首次突破亿元大关，达1.17亿元，同比增加2100万元；实现利润900万元，同比增加380万元；上缴税金742万元。

2010年，全市各类盐销售总量93169吨，同比增加6455吨，增幅7.4%。其中食盐64805吨，同比增加2892吨，增幅4.7%，完成全年任务的122%；小工业盐28364吨，同比增加3563吨，增幅14.4%，完成全年任务的139%。中小包装食盐销量26920吨，同比增加1127吨，增幅4.4%，完成全年任务的118%。其中纸塑盐20709吨，同比增加1885吨，增幅10%；多品种盐205吨，二者销量占小包装食盐销量的77.7%。全市实现销售总额1.39亿元，同比增加1296万元；实现利润743万元，比2009年略有增加；上缴税金1014万元，同比增加204万元。

第二节　盐政管理

1993年2月，济南市盐政管理办公室成立，组建盐业稽查执法大队。针对济南部分地区私盐泛滥，非碘盐大量充斥碘缺乏病区等问题，盐政管理办公室大力整顿盐业市场，组织稽查执法人员守候堵截私盐流通渠道，依法查处私盐，对个别屡教不改的不法商贩进行严厉查处。至1995年，累计依法查处罚没私盐4120.25吨(其中1994年1275.36吨)，按一般程序立案处理370多起，按简易程序处罚案件500多起，上缴财政罚款40多万元。

1996年，济南盐业食盐分装厂被国家列为消除碘缺乏病食盐加碘项目工程子项目。工程投资331.7万元，其中申请世界银行贷款218.5万元，国家碘盐基金贷款8.8万元，企业自筹资金104.4万元，设计年分装食盐2万吨。1998年7月，济南食盐分装厂在黄台板桥建成投产(2005年7月因小清河拓宽改造停产)。生产采用意大利包装机械，配套国产原料提升机、水平铰龙自动贴标机、水平输送机和分流计数器，形成自动上料、自动包装、自动计数、自动贴防伪标志和自动装包全自动食盐分装流水线。生产复合膜小包装加碘盐，包装精美，封口严密，碘量流失小，经省市质监部门及盐化工产品质量监督检查站检验，各项指标符合食盐质量标准和卫生标准。

2000年盐业经营管理体制调整，济南市盐业经营管理机构更名为济南盐业公司，同时加挂济南市盐务局牌子，为市政府盐业行政主管机构和行政执法主体，负责济南市行政区域内的盐业行业管理，盐政执法和食盐专营管理工作，受市政府和省盐务局双重领导。济南盐业公司(济南市盐务局)成立后，市供销合作社不再负责全市盐业行政管理工作。后开展县级盐业体制理顺工作。至9月28日，市、县两级盐业经营管理体制理顺工作全面完成，产销合一、上下贯通、分级管理、调控有力的盐业体制得以形成。市盐务局所属盐政稽查大队全年共查处私盐1345.6吨，罚款16.4万元，盐业市场秩序逐步好转。12月，济南市通过国家级考核验收，达到国家规定的碘缺乏病消除标准。2001年7月，市盐务局与公安、检察、法院等职能部门配合，运用法律武器打击涉盐犯罪分子，两名盐业犯罪分子分别被天桥区法院判处有期徒刑6年和6年零6个月，并各处罚款10万元。

2005年，市盐务局(盐业公司)推进企业内部三项制度改革，加强食盐专营，改善市场管理，提高行业管理。加强宣传。利用“3·15”消费者宣传日活动和“5·15”碘盐宣传日活动，展开盐规盐法宣传，利用展板、展台向广大消费者宣传地甲病防治及食用碘盐的知识，详细解答群众提出的疑难问题，发放宣传材料2万余份。加强盐政体制和队伍建设。将盐政处与盐政稽查支队合并，局直属一分公司、二分公司加挂分局的牌子，分别成立盐政大队，实行双层管理。开展盐业市场的治理整顿。贯彻省盐务局下发的《整顿和规范省市际边界盐业市场秩序的暂行办法》，对存在问题较多的济阳县与济南市区、济阳与商河、济南市区与齐河、历城与章丘等边界地区进行实地检查，认真处理查出的问题。与德州、泰安协调边界执法，规范边界地区的盐业市场秩序。同时根据省工商局、盐务局等五厅局联合下发的《关于整顿和规范盐业市场秩序》的通知要求，会同市政府有关部门联合下发济南市《关于整顿和规范盐业市场秩序的实施方案》，开展为期三个月的市场大检查和清理整顿工作，端掉大批私盐窝点，惩治私盐贩子，市场秩序明显好转。开展打击涉盐违法犯罪“百日会战”，与公安、交警联合，组织全市盐政力量，实行24小时轮查，查获大批私盐和车辆及假冒包装物料。全年共开展各类整治行动5次，查获各类私盐342.3吨，罚款33.15万元；查处盐业违法案件1602起，端掉制售假盐窝点21处，判刑2人，刑事拘留1人。建立行业自律机制，规范行业管理行为。制定《关于规范食盐零售许可证发放和管理的意见》《关于规范食盐经营行为防止市场冲销的规定》和《食盐网点管理规范》《网点服务规范》等。合股成立济南震鑫包装材料有限公司，生产食盐防伪标志，并于年内投入生产。

2006年，围绕“3·15”和“5·15”宣传日活动，结合“普及碘盐十年，人口素质提高”的主题，加大对盐业法规和普及碘盐知识的宣传力度，与卫生、疾控中心等部门开展联合行动，利用各种形式，广泛宣传防治碘缺乏病和食用碘盐的好处，以及如何识别真假碘盐等知识。加强与公安等部门的配合，发挥联合执法办公室的作用，与市公安局、市检察院联合召开执法联席会议，研究探讨联合执法的新举措。开展治理整顿，强化市场管理。上半年根据省盐务局统一部署，组织开展打击涉盐违法行为“百日会战”专项整治行动，对全市范围内的各大超市、百货店、快餐店、宾馆、食堂、酿造腌制、副食调料等用盐单位和个体经营业户进行全面检查，遏制私盐蔓延势头。在省盐务局组织的全省秋季联合整治行动中，济南市共派出21人(次)参加省盐务局盐政稽查总队联合执法行动。接受群众监督，开通24小时盐政举报电话，建立举报信箱，健全、完善举报奖励措施，全年共接到群众举报347次，全部得到落实。年内共查处盐业违法案件1943起，查获各类私盐1006.4吨，罚款577848元，端掉制、售假窝点21个，移交司法机关处理17起，刑拘5人，稳定了盐业市场秩序。建立全市统一的盐业市场，加快实现集团化运作，继理顺长清区盐业经营管理机制后，市盐务局成功上收章丘和平阴盐业公司，均改制为济南盐业公司直属分公司。食盐防伪标志全年实现生产销售6.5亿枚，实现利润50余万元。

2007年，全市食盐专营计划完成率、碘盐覆盖率、合格碘盐食用率均比上年有所提高，达到或超过国家规定标准。加大盐政执法力度，与公安、卫生以及法院、检察院等有关部门开展联合执法，对全市大小超市、商店以及餐饮服务、酿造腌制、食品加工等用盐单位进行全面检查。加强对重点市场的监管，制定应急预案，保证节日食盐市场的平稳和安全。与市公安局经侦支队配合，对全市盐业市场进行重点整治，侦破多起涉盐共计千余吨的重大团伙犯罪案件，10余名犯罪嫌疑人全部被刑事拘留并批准逮捕。全年共查办涉盐案件2493起，查获非法盐产品1043吨，捣毁制售假盐窝点23个，罚款总额89万元，移送司法机关处理案件18起，治安拘留4人，刑事拘留16人，其中判刑2人。7月7日，济南盐业公司(盐务局)济阳分公司(分局)正式挂牌成立。

2008年，配合市盐务局食盐营销网络化建设总体规划，分公司严格食盐零售许可证管理，通过拉网式调查摸底，取缔不符合要求的零售网点，统一实行“一证、一牌、一卡、一协议”的“四个一”管理，控制销售终端，加强配送服务，引导群众消费，满足市场需求。建立各单位一把手负总责、分管领导和部门抓落实的目标责任制，强化监督检查，保证食盐库存量不低于两个月正常销量。10月，《济南市食盐应急保供预案》发布实施。市区由财政贴息建立小包装食盐储备2300吨，并规定县(市)食盐储备贷款利息由同级政府安排财政贴息，财政局将食盐储备贴息资金列入2009年度预算。盐政稽查支队和各大队有针对性地组织开展各类专项市场整顿行动，加强横向联合力度，与莱芜、德州、滨州等市盐务局多次召开“边界地区盐业市场联合执法联席会议”，组织边界联合执法行动。全年共处理违法案件2568起，没收私盐607吨，收缴罚款95万元，刑事拘留15人，判刑10人。全年碘盐防伪标志产销4亿枚，实现纯利润60多万元。

2009年，市盐业公司积极创建国家AAA级企业，全面提升经营管理水平。成立AAA创建工作领导小组，形成领导挂帅、部门联动、上下互动的合力共创机制，确保创建工作中目标、任务、责任、人员、资金五落实。食盐配送中心按照“AAA”标准新建、改造仓库各一座，仓储面积2300余平方米，提高食盐储备能力。改革和完善经营管理制度，形成各方面相互监督、相互制约的管理体系，企业经营管理水平、市场竞争力等得到全面提升，得到专家组充分肯定并顺利达标。全力保障园博会和全运会期间食盐市场的稳定。组织召开食盐安全保供专题会议，对食盐安全保供工作提出明确的任务和要求。制订《济南市迎全运食盐保供方案》，明确组织领导机构和各单位、部门的职责任务，制定保障食盐安全、保障库存充足、保障市场供应、保障市场稳定的“四保”措施和组织到位、责任到位、落实到位、检查到位的“四到位”管理体制。专门生产一批全运会专供盐，免费直供全运会指定接待宾馆、酒店。充分利用新建成的政府食盐储备库，加大各类盐特别是食盐库存量，确保市场供应万无一失。根据《济南市食盐应急保供预案》，按照四级预警分别制定各级别的应急指挥权限及相应措施，保证紧急情况下食盐的调配和供应，保障市场稳定，维护社会稳定。派专人常驻全运会赛区组委会，协调有关食盐安全与供应工作，确保各项措施落实到位。做好国家消除碘缺乏病县级目标考核的各项工作。加大结构调整力度，不断丰富食盐品种，提高人民群众食盐消费水平，推动食盐专营由量的增长向质的提高转变，群众食用盐精细化程度不断提高。全市全年纸塑盐销量占小包装食盐的比重由上年的65%提高到73%。全市全年共查办各类盐业违法案件1950起，查没私盐525吨，罚款合计68.5万元，打掉制假窝点(团伙)11个，刑拘8人，批捕4人，判刑8人。

2010年7月，建成济南市食盐储备库，成立济南食盐配送中心，建立食盐配送网点12000个，在全市实行经营管理一体化。制订《济南盐业经营管理一体化实施方案》，原食盐配送中心、盐业经营管理处、多品种盐公司的人员和职能并入新成立的济南盐业配送中心，统筹全市盐业购销、仓储和配送管理。成立资金管理中心，实行资金收支两条线管理，提高内控水平和资金运作效率。加强信息化建设，请专业信息公司设计符合盐业实际的财务和业务信息化管理软件，增加两台服务器，并分别安装财务和业务一体化管理软件，在全市盐业系统各直属单位安装20个财务操作终端和30个业务操作终端，邀请专家对全市盐业财务、业务人员进行系统的信息化、一体化管理知识培训。配送中心等单位加大购进和仓储，强化库区和配送车辆的安全管理，切实保障全市盐业市场供应，在全市设置无碘食盐供应网点214个，满足特需人群的生活需求。开展碘缺乏危害知识和盐业法规知识宣传，全力打造“阳光盐政、文明监管”的盐政执法形象。组织开展各种专项整治行动，开展元旦、春节期间食盐安全专项治理行动，全市腌制用盐、小工业用盐及其他用盐专项大检查，全市盐业市场集中整治百日会战行动等全市全年共查办各类涉盐案件2008起，查缴私盐619吨，罚款131万元，其中直属大队办案881起，查缴私盐299吨，罚款97万元；共打掉23个制假窝点(团伙)，刑拘5人，判刑7人。

第四章　机　构

第一节　济南市石油公司

1988年5月，济南市石油公司成立，与山东省石油公司济南分公司合署办公，共同承担济南地区计划内和计划外石油成品油的供应任务。

1989年，济南市石油公司共有职工1085人，固定资产2560万元，下属章丘、长清、平阴、商河、济阳5个县支公司，白马山油库、石油经营处、汽车队、特种油品服务部、石油加工厂5个独立核算单位，6座油库、12座加油站、9个石油零售专业店和与公司主业配套的石油服务公司、石油配件联合供应公司及19个联营加油站和门市部。

1997年11月11日，省体改委正式批准筹建由济南石油总公司控股的山东三强石油股份有限公司。根据国家统一部署，自1999年8月起，中国石化和中国石油两大集团重组改制工作全面展开。济南石油总公司作为中国石化集团直属企业，将划分为上市公司和非上市公司两大部分。年内，济南石油总公司的资产评估、土地评估、财务分账等工作完成。改革重组长清、平阴、商河3个亏损严重的县公司；市区内独立核算单位实行大财务，县公司财务科长由总公司聘任；零售公司独立核算，加油站实行统一管理，将市区内原归各独立单位管理的加油站划归零售公司管理，零售公司实行独立核算，独立核算后各加油站由零售公司统一进货，统一价格，统一管理，统一服务规范，统一着装。

2001年上半年，为适应中石化上市后管理要求，济南市石油公司进行“管理体制一体化和管理方式规范化”改革。撤销五县公司和市区零售公司、历城公司，成立济南市石油公司零售公司，下辖3个科室和8个经营处，将章丘油库改为公司直属库，使公司对系统内全部加油站实行“五统一”垂直管理的二级经营管理体制，建立直通车式的高度集中管理的运行机制。下半年，根据省石油公司经营管理体制改革的总体要求，公司实施业务、财务、人员一体化改革，进一步理顺大业务、大财务、大配送运行机制，强化各部门的管理职能，完善监督制约机制，实现真正的业务、财务、人员的一体化管理。

2005年，济南市石油公司深化专业化改革，股份公司和存续公司改革同步进行，股份公司继续抓好经营工作，发挥资源的效益最大化，存续公司重点做好资产处置工作。取消县经营处，成立县经营片区，精简管理机构和机关人员，充实经营一线，实现管理扁平化。赋予各经营管理机构、综合管理部门和各岗位以明确职责，建立健全岗位说明书。根据省公司印发的《市分公司专业化改革后评估方案》，对专业化改革和两条经营专业线运行情况进行规范。

2010年，济南市石油公司继续深化改革，企业体制不断完善。制订《济南石油分公司2010年机构设置及编制定员方案》，对公司各单位、部室编制进行定岗定编，精简机构设置，提高工作效率。

第二节　济南市烟草专卖局(公司)

济南市烟草专卖局(公司)于1984年2月14日成立，与山东省烟草公司济南分公司、济南卷烟厂合署办公。下属平阴、长清、章丘3个县级烟草专卖局，并设烟草专卖科，1988年改称烟草专卖办公室。1990年9月，成立行政复议委员会，委员会办公室设在专卖办。1994年，成立济南市烟草专卖局稽查队。

1998年8月，山东省烟草行业实行综合配套改革，“三位一体”体制解体，与济南卷烟厂分离。济南市烟草专卖局、山东济南烟草有限公司合署办公，实行“统一领导，垂直管理、专卖专营”的经营管理体制，负责全市卷烟经营和市场管理。济南市烟草专卖局设立办公室、财务审计处、政工处、专卖管理处和销售处。1999年，专卖管理处设置内部、外部(稽查队)、综合三个管理室。2006年，加强县级烟草专卖局建设，建成19个专卖管理所。

2010年，济南市烟草专卖局、山东济南烟草有限公司内部机构由13个处室和卷烟营销中心、卷烟配送中心组成，具体设置为办公室、人事劳资处、监察处(纪委办公室)、政工处、专卖监督管理处(稽查支队)、法规处(质检小组)、综合计划处(绩效考核办公室)、信息中心、财务(国有资产管理)处、审计处、安全保卫处、离退休人员管理处、内部专卖监督管理和整顿规范办公室。

济南市烟草专卖局下设市中区、历下区、天桥区、槐荫区、历城区、章丘市、长清区、平阴县、济阳县、商河县10个烟草专卖局。市烟草专卖局(公司)按行政区划在十县(市、区)设立非独立法人的营销机构。机构名称分别为山东济南烟草有限公司市中营销部、山东济南烟草有限公司历下营销部、山东济南烟草有限公司天桥营销部、山东济南烟草有限公司槐荫营销部、山东济南烟草有限公司历城营销部、山东济南烟草有限公司章丘营销部、山东济南烟草有限公司长清营销部、山东济南烟草有限公司平阴营销部、山东济南烟草有限公司济阳营销部、山东济南烟草有限公司商河营销部。营销部与所在的县(市、区)烟草专卖局合署办公。

各县(市、区)烟草专卖局与所在的营销部内设机构的综合部门合署，业务部门分设，内部机构设置为综合办公室、专卖科(内管科)、稽查大队、法制科、专卖管理所、卷烟营销科。稽查大队下设稽查中队、特稽中队，卷烟营销科下设卷烟营销分部。

第三节 济南市盐务局(盐业公司)

1993年1月16日，市政府印发〔1993〕济政办函9号文批复，同意济南市供销合作社联合社负责济南市盐业行业管理工作。2月16日，山东省济南市供销合作社联合社济供企字〔1993〕第9号文件批复，同意山东省济南盐业批发站变更为山东省济南盐业总公司。10月17日，市政府颁布济南市盐业管理规定，明确济南市供销合作社联合社是济南市盐业行政主管部门，下设市盐政管理办公室，具体负责全市的盐政执法工作。济南市盐业总公司加挂济南市盐政管理办公室的牌子。

1995年9月，山东省济南盐业总公司迁址天桥区济安街45号。1998年3月1日，市政府发布《济南市人民政府关于公布市级行政处罚主体(组织)的通告》，进一步明确济南市盐政管理办公室依法具有行政处罚主体资格。

2000年6月，山东省济南盐业总公司更名为济南盐业公司，同时加挂济南市盐务局的牌子，为市政府盐业行政主管机构和行政执法主体，负责济南市行政区域内的盐业行业管理、盐业执法和食盐专营管理工作。受市政府和省盐务局双重领导。济南市供销合作社联合社不再负责全市盐业行政管理工作。8月，成立济南市盐政稽查大队。平阴县、济阳县、商河县、长清县、章丘市成立盐业公司，同时加挂盐务局的牌子。

2010年7月，济南市盐务局、济南盐业公司迁址天桥区药山街道丁太鲁大街1号。同年，建成济南市食盐储备库，成立济南食盐配送中心。

第四篇　商品流通

第一章　日用工业品

第一节 市场供应

1986年，济南市生产汽车7600辆，摩托车4.56万辆，自行车10.22万辆，电视机5.05万台(其中彩色电视机0.16万台)，电风扇8.75万台，洗衣机27.3万台。全年生产棉布12315万米，棉纱5万吨，印染布15666万米，手表38.54万只，钟31.5万只，灯泡2322万只；生产合成洗涤剂2.61万吨，肥皂2.8万吨，火柴97.15万件，保温瓶591万个，铅笔30224万支。

1988年，济南市日用工业品供需矛盾比较突出，市场需求过旺，货源偏紧，组织商品购进较难，零售商品物价指数上涨较快。针对这种情况，市一商局系统发挥国营商业的主渠道作用，积极安排工业品市场供应。加强对地方工业品的收购和经营，采取主动与工业部门协商、带料加工定购、联营联销等方法增加当地产工业品的收购。全年当地工业产品收购总值6.63亿元，比1987年增长14%。利用各大商店参加"经联会""贸联会""新联会"等全国大型商业企业联合体的优势，扩大购销渠道，将一批名优产品引入济南市。全系统全年共举办各种展销会、展销活动300多次，展销品2100多种，展销额1.8亿元。尤其是承办"1988年上半年全国商业服装供应交流会""全国首次眼镜产品展销会""1988年秋季全国五金商品交流会"三个全国性商品交易会，丰富济南日用工业品市场。做好节日商品供应。对节日商品做到早动手、早储备、多方组织、集中投放。在元旦、春节、"五一"、国庆等几大节日期间，商品投放总值1.53亿元，比1987年同期增长10%以上。仅春节期间就组织供应各种电视机9900多台，比1987年同期增长65%(以下均为同期)，其中彩电2000多台，增长58.5%；电冰箱2500多台，增长2.23倍；摩托车4700多辆，增长3.59倍；各种服装3万多件，增长21.8%。扩大工业品下乡，开拓农村日用工业品市场。一商局系统全年共派出1200多人(次)由企业领导带队，赴省内各县、区和乡镇举办日用工业品商品展销会80多次，推销额近1亿元，比1987年增长20%。组织好人民生活必需品的供应。一商局系统针对火柴、肥皂、洗衣粉(膏)等人民生活必需商品供应一度偏紧的情况，积极落实货源，全年通过各种业务渠道共购进火柴11.3万件，比1987年增长近7倍，购进洗衣粉(膏)1394吨，比1987年增长1倍多，基本满足了人民生活需要。1988年全市日用工业品购进额12.4亿元，比1987年增长23.5%，其中国内纯购进为8.49亿元，比1987年增长28.5%。全年销售总额13.79亿元，比1987年增长21.28%。国内纯销售额8.82亿元，比1987年增长20.9%，其中居民消费额为4.12亿元，比1987年增长22.1%。

1988年7月～8月，受全国性商品抢购风影响，济南市出现对部分日用工业品的抢购现象，全市日用工业品销售呈不正常的大幅度增长状况。市一商局系统7至8月的销售额比1987年同期增长47.8%。电视机销售量比1987年同期增长1.34倍(彩电增长1.1倍)，电风扇销售量比1987年同期增长55%，家用洗衣机销售量比1987年同期增长1.48倍，录音机销售量比1987年同期增长47%，电冰箱销售量比1987年同期增长45%，毛线销售量比1987年同期增长70%，棉布销售量比1987年同期增长34%，化棉布销售量比1987年同期增长1.23倍。抢购风影响所及，打破了销售常规，使冬令商品早销，过季商品旺销。同时使一些滞销、平销商品转为畅销，紧俏商品近乎脱销。商品销售额的畸形上升，改变了正常的库存商品结构，一些商品库存量急剧下降。一商局系统8月末40种主要商品库存比上年同期下降的有29种，占72.5%。其中，库存电视机下降67.9%，电风扇下降83.2%，家用洗衣机下降38.57%，录音机下降42.6%，棉布下降18.3%，肥皂下降90.8%。全系统8月末库存商品总值比1987年同期下降5.65%。9月，国营商业企业利用多种渠道采购商品，充实库存，日用工业品市场趋于平稳，抢购风逐渐平息。

1989年，日用工业品销售上半年商品供求关系缓和，下半年呈疲软状况。市一商局系统商品购进总值11.29亿元，比上年下降9.38%；其中纯购进8.03亿元，比上年下降5.78%。商品销售总值13.27亿元，比上年下降3.76%；其中纯销售8.61亿元，比上年下降2.38%；纯销售中售给居民消费商品额4.36亿元，比上年增长5.92%。实现利润3657.2万元，比上年下降21%；剔除1989年政策性不可比增支因素计算，实现利润数比上年增长20.2%。商办工业产值完成1321.1万元，比上年增长4.97%。

1989年下半年开始的市场疲软形势对1990年的市场持续产生影响。针对这种形势，市一商局系统积极安排工业品市场供应，增加对当地工业产品的收购与经营，大力组织工业品下乡，组织节日商品供应，积极承办和参加全国和地区性商品交易会，保持全市工业品市场的基本稳定。全年一商局系统商品购进总值12.64亿元，比上年增长11.96%，其中国内纯购进9.3亿元，比上年增长15.8%。商品销售总值14.05亿元，比上年增长5.8%，其中纯销售9.87亿元，比上年增长14.63%，纯销售中售给居民消费商品额5.65亿元，比上年增长29.6%。实现利润2677.2万元，比上年下降26.8%。剔除1990年新增政策性增支因素计算，实现利润数比上年增长2.37%。商办工业产值完成1404.6.万元，比上年增长6.32%。

1993年，济南市日用工业品市场基本繁荣稳定，继续保持购销两旺势头。居民消费品更加趋向高档化、现代化，各种家用电器商品销势走俏，销量大增。一商局系统全年商品购进总值166328万元，按可比口径比上年增长11.35%，其中国内纯购进123790万元，比上年增长15.93%。商品销售总值215288万元，比上年增长23.61%；其中国内纯销售157415万元，比上年增长36.49%；纯销售中售给居民消费商品额125852万元，比上年增长38.92%。市属企业利润总额2774.4万元，比上年增长5.7%。实现利税总额8272万元，比上年增长33.39%。商办工业产值2508万元，比上年增长2.49%。

1995年，济南日用工业品市场购销两旺，物价平稳，下半年市场降温，部分商品需求发生变化；经营方式向多样化发展，连锁店、专卖店、折扣商场、总经销、总代理、超级市场、电话销售等新的营销业态兴起。一商局系统经销的39种主要商品零售量，比上年增销的21种，下降的18种。一商局系统全年商品购进总值246448万元，分别比上年和1990年(下同)增长26.2%和95%，其中从生产厂家购进165678万元，分别增长28.2%和78.2%；商品销售总值303334万元，分别增长24.9%和1.2倍；社会消费品零售额188828.8万元，分别增长16.9%和2.1倍。1995年，市属企业商品销售总值237088万元，分别增长25.7%和1.04倍；社会消费品零售额139846万元，分别增长17.2%和1.7倍；利税总额7053万元，分别增长7.2%和1.5倍；实现利润2586.6万元，分别下降18.1%和3.3%；商办工业产值3051万元，按可比口径分别增长10.5%和44.9%。市属企业外向型经济实现新突破，投产的7家“三资”企业完成产值1537万元，销售收入3336万元，首次实现自营出口12.4万美元和外贸收购值81万美元。

1997年，济南日用工业品市场商品丰富，物价稳定，销售平稳增长，市场竞争加剧，国有商业销售继续下降，市场占有率进一步降低。市一商系统商品购进总值221958万元，比上年下降4.6%，其中从生产厂家购进139592.3万元，下降11.6%；商品销售总值270120.3万元，下降7.1%；社会消费品零售额185488.3万元，下降7.7%；期末库存商品总值56468万元，下降8.5%，实现利税3266.7万元，增加2844.3万元；实现利润–4050.8万元，减少亏损2101.1万元；缴纳利税7712.2万元，增长14.6%。市属企业商品销售总值183727.9万元，下降9%；社会消费品零售额113946.7万元，下降12.3%；实现利税1057万元，增加2334.3万元；实现利润–4310.1万元，减少亏损1864.4万元；缴纳利税5639.2万元，增长13.3%。

1998年，济南日用工业品市场整体销售不旺，国有商业销售继续下降，市场占有份额在各类经济成分中降为末位。市一商局所辖四大商贸集团商品购进总值122800.3万元，比上年下降17.2%；商品销售总值161250.9万元，同口径比上年下降13.1%；消费品零售额102561万元，同口径比上年下降11.3%；期末库存28698.8万元，下降11.9%；盈亏相抵净亏损2046.1万元，减少亏损2264万元；实现利税2072.7万元，增长96.1%；缴纳利税4433.2万元，下降21.4%。10月7日～9日，由济南亨得利钟表眼镜有限公司承办的1998秋季全国钟表、眼镜、珠宝首饰商品交易会在济南国际俱乐部召开。交易会设特展、普展两个展区，展位144个，展出商品2万余种，全国各地及海外近百家客商到会参展，参展代表2000余人，与会人员8000余人，交易会总成交额1.94亿元。

1999年，济南日用工业品市场商品丰实、供大于求；市场竞争异常激烈，降价风潮此起彼伏，商品价格持续低价位运行。市一商局所辖四大商贸集团公司商品购进总值129332万元，比上年增长5.3%；商品销售总值174590万元，增长8.3%；消费品零售额120284.1万元，增长17.3%；期末库存24533万元，下降14.5%；盈亏相抵净亏损1154万元，减少亏损892.1万元；实现利税3360万元，增长62.1%；缴纳利税4673万元，增长5.4%。

2000年，济南日用工业品市场商品丰富，有效需求不足；竞争加剧，物价走势偏低；整体市场稳中趋活，新兴商品增销，传统商品特别是以彩电、冰箱、洗衣机为代表的家电三大件减销。市一商系统商品购进总值141037万元，比上年增长9%；商品销售总值201661万元，增长15.5%；消费品零售额135827万元，增长12.9%；期末库存商品19596.4万元，下降20%；盈亏相抵净亏损719万元，减少亏损435万元。

2001年，原市一商局(至年末新机构未组建起来)系统开拓经营，商品销售总值243379万元，比上年增长20.69%；消费品零售额181051.3万元，增长33.3%；盈亏相抵净亏损2789万元。增加亏损2070万元；缴纳税利2154万元，下降27.33%。

2001年后，不再按照日用工业品口径统计数据。

第二节 市场管理

一、经营机构

1986年，济南日用工业品商业由市第一商业局管理，第一商业局所属各企业负责经营。至1988年年底，市一商局所属企、事业单位共16个：济南市百货大楼、济南市人民商场、济南市第一百货商店、济南市第二百货商店、济南市大观园商场、济南市时装公司、济南市钟表眼镜公司、济南百货采购供应站、济南五金采购供应站、济南交电采购供应站、济南化工采购供应站、济南文化用品批发公司、济南商业储运公司、济南工业品贸易中心、济南市百货公司、济南市第一商业职工中专学校。市属企业商业网点198个，从业人员12862人。加上县区网点共342个，个体工业品商户2万个。

1989年年底，济南工业品贸易中心并入济南市商业储运公司，济南市百货公司并入济南市第二百货商店并将第二百货商店改名为济南市百货公司，局属企、事业单位14个。市属商业企业网点192个，比上年减少6个；从业人员12814人，比上年减少48人。县、区网点(不包括济阳、商河两县)137个，个体工业品商户1.6万个，比上年下降20%左右。

1991年年底，济南市共有日用工业品批发机构629个，职工10350人，比上年分别增长21.5%和23.6%。其中，国营商业机构232个，6545人；集体商业机构247个，2584人。全市共有工业品零售网点19315个，从业人员79985人，比上年分别增长9.3%和17.8%；其中国营商业机构1152个，20446人；集体商业机构3494个，34003人；工业自销机构429个，3486人；个体有证商户14240个，22050人。

1994年年底，市一商局所属企事业单位15个。经营日用工业品的市属商业网点131个，比上年减少24个；从业人员15205人，比上年增加719人。1995年年底，市一商局所属企事业单位15个；经营日用工业品的市属商业网点148个，比上年增加17个，从业人员15191人，比上年减少14人。

1998年年底，市一商局下辖济南人民商场、济南大观园商场、济南百货大楼、济南华幸化工等四大商贸集团公司和职工中专学校；独立核算的大中型工商企业16个(1998年7月济南试剂总厂由市化工局划入一商局)，比上年增加1个；经营日用工业品的商业网点195个，比上年增加12个；从业人员15819人，比上年增加301人。年内，市一商局把县(市)区行业管理职能划归市财委。

1999年年底，市一商局下辖济南人民商场、济南百货大楼、济南华幸化工、济南广友物流配送等4个商贸集团公司和职工中专学校；独立核算的大中型工商企业16个；从业人员15875人，比上年增加56人。

2001年，市一商局撤销。

二、商业网点建设

1988年10月4日，济南市百货大楼扩建和整修完成，营业面积由原来的4300平方米增至1.18万平方米，增长1.7倍。营业规模及各种设备都属省内第一流，增强了对顾客的吸引力，平均顾客日流量由原来的5万人(次)左右增加到12万人(次)左右。开业当天，日销售额62.6万元，比开业前日销售额增长1.5倍。1989年，扩建后的济南百货大楼年销售额1.14亿元，比上年增长33.14%，首次突破亿元大关，成为继人民商场之后全市第二家年销售额过亿元的零售商业企业。

1989年，大观园商场新建营业大楼面积(建筑面积，下同)1.1万平方米，内部装有中央空调、三台自动扶梯、自动消防喷淋系统和大型彩色电子显示屏等现代化设备。化工站新建化工大厦(其中用于营业部分2000平方米)为省内最大的化工商业网点。市文化用品批发公司建起面积2200平方米的现代化营业大楼。以上营业楼均于1990年投入使用。其中，大观园商场营业主楼开业当天销售额58万元。1990年12月31日，人民商场济泺路营业楼建成开业，该营业楼共4层，经营面积3000多平方米，是济南市区北部最大的综合性百货商店。

1991年9月27日，济南市工业品批发市场开业。该批发市场在原济南市工业品贸易中心的基础上建立，是全市第一家以工商联营和工、商企业独立经营为主要形式的工业品批发交易中心。市场位于经二纬六路，占地面积2.6万平方米，营业面积1.9万平方米，设27个商品交易厅，有库房14幢，配有信息服务、装修、广告、银行代办所、铁路公路托运部、餐厅、浴室、通讯等设施及项目，具有商流、物流、信息、综合服务等多种功能。开业当日，进场经营的工、商企业20余家，工商联营单位180余家，经营商品有百货、五金、交电、服装、针纺织品、化工、烟草等8个大类2万多个花色品种，现款成交106万元。12月1日，市区最早的国营零售企业济南市第一百货商店新营业楼建成试营业。翻建后的新营业楼地下1层，地上7层，建筑面积1.55万平方米，为原营业楼的2.87倍；营业面积6610平方米，为原营业楼的1.45倍，日客流量和日销售额均达到全市零售商店的最高水平。

1993年，全市用于商业网点建设的固定资产投资总额7.64亿元，比上年增长1倍；在建网点总规模25.7万平方米，比上年增长7.7%；当年竣工3.44万平方米，比上年增长61.5%。年内竣工的山东华联商厦一期工程、济南交电家电总公司营业楼建筑面积都在1.3万平方米以上，建筑风格和内部设施都属全市一流水平。人民商场、大观园商场、百货大楼等大型零售商店的网点扩建改造工作和山东华联商厦二期改造工程均在进行。12月28日，位于八一立交桥南端的山东华联商厦和经二路纬一路的山东省济南交电家电商厦新营业楼同日开业。山东华联商厦(原称济南市百货公司)营业楼(一期工程)共7层，建筑面积1.4万平方米，比原营业楼增长2.18倍。经营商品3万余种，为济南市区南部最大的商品购物中心。开业当天，客流量20余万人(次)，销售额150多万元，为营业楼改造前的9.5倍，创全市零售商店日销售额的新纪录。山东省济南交电家电总公司新建交电商厦建筑面积1.3万平方米，地上8层，地下1层，其中1～4层营业厅面积6800平方米，是全省面积最大的交电家电企业。商厦开业当日销售额65万元。

1994年9月21日，人民商场股份有限公司改建后开业，扩建后营业大楼共8层，总建筑面积5.12万平方米，为扩建前3倍，经营品种增至6万种以上。开业当日销售额308.8万元，创全市大型零售商店日销售额新纪录。10月12日，济南百货批发市场建成试开业，位于张庄路中段，占地面积3.25万平方米，建筑面积2.2万平方米，其中营业厅面积7000平方米，仓库面积1.5万平方米。市场集仓储、运输、营销于一体，经营百货、小商品、化妆洗涤用品、家电、文体用品、钟表眼镜、自行车等，是一商系统继工业品批发市场后建成的又一规模较大的综合性批发市场。开业当日，销售额60万元。

1995年9月28日，济南恒通利现货交易市场建成开业。该市场是在济南储运贸易总公司八里桥仓库基础上改建的综合性货仓式现货交易市场，位于张庄路市场区中段，占地面积17万平方米，建筑面积5.5万平方米，其中交易区和储运业务区面积5万平方米，办公区面积3300平方米，有铁路专用线两条计1100米。市场首期改造交易区面积6000平方米，集营销、仓储、运输于一体，主要经营家电、摩托车、五金工具、文化用品、日用百货、针纺服装、家具厨具、食品酒水等，是一商局系统建成的设施功能最为齐全的以批发业务为主的综合性货仓式现货交易市场。

1996年，山东世贸中心银座商城建成开业。

山东世界贸易中心(又称山东省商业大厦)位于历下区泺源大街东段，是山东省重点工程和第三产业重点开发项目。工程投资7.2亿元，总建筑面积12万多平方米。主楼56层，高185米，是山东省最高大的楼宇之一。工程自1992年年底动工，1995年8月6日封顶。1996年6月22日，其裙楼——银座商城建成，先期开业。该商城是世贸中心的主要组成部分，建筑面积5万多平方米。经营各类中、高档商品6万多种，其中80%以上实行开架销售。商城设有自动扶梯、中央空调，每个楼层设置顾客休息处、公用电话，设有酒吧间、快餐厅、冷饮点等，是设备先进、功能齐全的大型综合性商厦。

1997年12月25日，济南大观园商场扩建工程——济南大观商厦建成开业。该工程自1993年6月28日动工，总投资1.9亿元，建筑面积4万平方米，营业面积1.8万平方米，主楼14层，其中地上12层，地下2层。经营各类中高档商品5万多种，是设备先进、功能齐全，集购物、休闲、娱乐、餐饮于一体的综合性商厦。

1998年1月，集购物、娱乐于一体的仓储式、会员制、折扣式超大型物流中心——济南世界购物广场正式开业。该商场位于济兖路165号，隶属山东长城实业集团总公司。购物中心占地20万平方米，投资5.5亿元，总建筑面积22.6万平方米，营业面积18万平方米，另有4.6万平方米的大型停车场。经营方式以商业为主，多种经营，主要采取批发、零售、代购、代销、邮购、联销、合作经营、委托经营、工商联手、引厂进店等方式。经营商品30多万种，花色规格60余万种，包括百货、服装、文体用品、纺织品、针棉织品、鞋帽、五金交电、医药、化妆品、日用杂品、家具、厨房用品、工艺品、现代办公设施、汽车及汽车配件等。设有大型批发销售展厅，采用开架售货、自选、无人售货等方式。

2000年，由济南人民商场股份有限公司和台湾润泰集团合资创立的济南人民大润发商业有限公司两家大型仓储式超市历城店和历下店，分别于9月26日和12月21日建成开业。历城店和历下店总面积4万平方米，主要经营食品和百货两个大类近3.5万个品种，配有食品加工、蔬菜供应和水产品供应等基地。济南人民大润发商业有限公司，是济南市首家合资大型仓储式连锁超市公司和全国开放省会城市零售市场后国务院批准的第一个商业利用外资项目。

三、企业改革

20世纪80年代中期，济南市日用工业品商业企业采取批发、零售、批兼零、零兼批等多种经营方式，经营品种扩大到4万余种。批发企业打破“三固定”(固定供应区域、固定供应对象、固定作价办法)的旧模式，实行人不分公私，货不分南北，灵活作价，开拓经营。在收购形式上，改商业统购包销为统购统销、计划收购、订购、选购及工业自销等多种形式。储运业打破过去“不赔不赚，内部服务”的旧格局，推行“立足商业，面向社会，开拓经营，力争效益”的经营方针。通过打破地区、城乡、部门和行业界限，发展横向经济联合，建立多层次、多渠道、多形式的联合项目1300余个，其中与省外联合项目600余个。市区110余个国营小型零售店转为集体所有制或改为国家所有、集体经营。各企业普遍实行经理负责制，企业内部实行不同形式的经营承包责任制，增强了企业“自主经营，自我积累，自我改造，自我发展”的能力。

1988年，济南市日用工业品商业坚持深化商业改革，在治理经济环境、整顿经济秩序中，努力搞活市场、搞活流通。市一商局系统对所属大中型企业普遍实行承包经营责任制，一商局系统直属15家大中型企业全面实行承包经营责任制，其中9个企业实行公开招标承包，引入竞争机制和风险机制，以公开竞争夺标取代“和平承包”，并在企业内部实行层层承包和各项配套措施。加强以推进企业升级为目标的企业经营管理，推行“内部银行”“保本保利预期分析”等管理办法，开展多种形式的优质服务活动。全年全局系统费用率(剔除不可比因素)比1987年下降5.7%，全部流动资金周转比1987年加快0.41次。微机技术在商业管理中得到应用，开创全省商业系统的微机通信技术用于商业管理的先例，广泛应用于财务、统计、劳工、库存商品、工资管理等业务数据的储存、分析、汇总。

1989年，市一商局系统继续贯彻治理流通环境，整顿流通秩序的方针，进一步完善企业的内部改革和内部管理。改革分配制度，扩大承包经营责任制范围，注重向企业内部承包发展。对1988年局属各企业与“三局一行”(市一商局、市财政局、市税务局、市工商银行)签订的承包经营合同进行补充完善，增加企业服务工作、安全工作等有关条款。1990年，市一商局系统完善企业内部改革。一商局所属企业全部实行职工工资与企业经济效益挂钩的分配办法，进一步实行企业内部层层承包，优化劳动组合和企业用工合同化管理等改革措施。加强企业基础管理。在全系统开展以加强企业管理、促进“双增双节”、提高经济效益为主要内容的社会主义劳动竞赛，开展“保本保利预期分析”“内部银行”等管理办法，60%以上的独立核算企业实行费用的计划管理、定额管理和“一支笔”签字制度。年底，市一商局系统13个局属企业与市一商局、市财政局、市税务局和市工商银行签订的为期3年的承包经营合同到期。在第一轮承包期中，各企业努力克服市场抢购风和市场疲软等不正常情况的影响，认真履行承包合同，全面完成三项承包经济指标：实现利润10453万元，超承包基数12.2%；上缴国库5353万元，超承包基数7.43%；税前归还贷款2218.3万元，超承包基数21.2%。增强了企业发展后劲，企业管理水平得到提高。

1992年，经省、市有关部门批准，济南市两家国有大型零售企业——济南市百货大楼和济南市人民商场，年内分别改组为股份制企业，成为山东省首批改组为股份制的大型商业零售企业。两家股份有限公司于12月19日同时成立。百货大楼股份有限公司于1993年跨入“全国最大规模、最佳效益零售商店”之列。市一商局在1991年对大观园商场实行全员劳动合同制试点的基础上，1992在全局所属企业全面推行全员劳动合同制。至年底，局系统所属企业13478名职工全部与所在企业签订劳动合同，至此结束固定工制度。与劳动合同制相配套，实行优化劳动组合、企业内部待业、内部退休等制度。各企业内部经营机构进行相应调整，打破企业干部与职工的身份界限，推进企业干部人事制度改革和干部聘任制的进程。1993年，市一商局所属山东华联商厦和济南市大观园商场先后改制为股份有限公司，分别于11月6日和12月18日召开股份公司创立大会。一商局系统股份制企业4家。

1994年1月3日，济南百货大楼股份有限公司发行股票，经上海市证券公司和哈尔滨会计事务所推荐、国家证券委批准，以“济南百货”的名称在上海证券交易所正式挂牌上市，是山东省首家大型商业企业的上市股票。“济南百货”股票当日共上市2750万股，开盘价为每股8.50元，首日成交1700余万股。8月18日，济南市第一百货商店改制为济南第一百货股份有限公司，并召开股份有限公司创立大会。至此，市一商局所属零售企业全部改制成为股份有限公司。12月8日，济南五金机械总公司改制为济南大通五金机械有限公司，市一商局系统第一家推行有限责任制的批发企业。

1996年2月27日，经省经委和市政府批准，济南商场股份有限公司组建为济南人民商场集团有限公司。新组建的济南人民商场集团有限公司为国有独资公司，享有国有资产经营权。集团下设济南人民商场股份有限公司、济南名人服饰有限公司、济南人民商场集团鲁阳商厦等6个子公司。7月10日，市一商局决定由济南人民商场集团有限公司对第一百货股份有限公司委托经营。实施委托经营后，第一百货股份有限公司仍为独立法人企业。

1999年，继续推进国有商贸企业的战略性重组，将百大集团公司与大观园商场集团公司合并，组建济南百货大观集团公司；对人民商场集团公司重新改组，划出储运贸易总公司、百货批发总公司、文化用品总公司3家企业组建济南广友物流配送集团有限公司。作为国有控股的区域性物流配送中心，主要从事商品配送、批发零售、储存运输等业务，2000年3月8日正式挂牌运营。

2000年，深化企业内部改革。人民商场、储运公司、大观园商场、百货大楼推行“公司招聘和内部竞聘经营者”“中层干部末位淘汰”“岗位业绩工资制”等措施。加快集团公司以资产和管理为纽带的整合。市政府授予济南百货大观集团公司国有资产经营权。按照投资主体多元化和建立现代企业制度要求，人民商场进行调整股权结构试点，广友物流配送集团公司对济南百货批发和文化用品两个批发企业进行分立重组，新组建家电、缝制设备、百货、钟表眼镜、油墨等5个有限责任公司；华幸化工集团成立华幸化工股份有限公司，并成功兼并济南食品机械厂；济南第一百货商店与济南泰康食物公司合并，恢复泰康传统产品生产。

2001年，大力推进产权制度改革。华建电子有限公司受让上市公司济南百货大楼(集团)股份有限公司部分国有股权；山东华联所属山东华联制冷设备公司的资产全部由经营者和职工买断，组建为有限责任公司；大观园商场自由大街商店改为股份合作制企业，实现国有资产和职工全民身份“双置换”。改革传统营销管理方式。人民商场彻底改革营销管理模式，在全省大型零售商店率先实行“一级核算”和进销分离；大观园商场与百信鞋业合作开办百信鞋城。开拓新的经营领域。人民商场打破传统商业经营格局，采取职工入股方式，组建以产品加工为主的儒商服饰和名人服饰公司；亨得利钟表眼镜公司开发葡萄酒生产项目；交电家电公司开发特种灯、花卉种植、畜禽养殖项目。同年5月，市一商局撤销。

第二章 副食品

第一节 副食品销售

1986年，济南市销售食用植物油19290吨，猪肉44740吨，牛羊肉1830吨，鲜蛋16280吨，水产品16620吨，食糖30474吨，卷烟180318箱。

1988年，济南市副食品货源偏紧。副食品类零售物价指数131.8%，14类商品中牛肉、羊肉、禽类(社会口径)、酒、茶叶、卷烟6种商品销量比1987年增加。猪肉、鲜蛋、肉制品、食糖、奶粉、糖果、糕点、罐头8种商品销量下降，其中猪肉、鲜蛋、肉制品下降幅度最大，为27%～50%。上半年，市区猪肉社会消费量为17358.48吨，比1987年同期增长14.8%；下半年为8716.23吨，比1987年同期下降57.6%。国营商业猪肉日销量上半年90吨，下半年降到20吨；人均月消费水平上半年为2.22千克，下半年降为1.12千克。同年自然灾害较重，给蔬菜供应带来不利影响。为保证供应，市蔬菜部门发挥国营蔬菜公司的主渠道作用，使全市蔬菜市场供应呈现出数量足、品种多、价格基本稳定的形势。全年蔬菜供应总量 20.2 万吨，超过计划的 9%。其中国营商业经营 9.1 万吨，超过计划的 7%，比 1987 年增长 6%，占社会总销售量的 44.8%。全年蔬菜混合平均价每百千克 13.68 元，比 1987 年的 12.68 元上升 9.1%。为保证 4 月、8 月、9 月淡季和节日蔬菜供应，对近郊蔬菜实行合同定购，采取产销直接见面，粮肥换购，就地成交结算等措施，调动菜农售菜的积极性。中秋、国庆节期间，在继续执行合同菜定购的同时，积极组织外地菜的调入，使节日蔬菜市场呈现出数量充足、品种多、质量好的景象。

1990 年，市二商局贯彻落实国务院关于启动市场、搞活经济的各项政策，采取强化销售服务等各种促销措施，使副食品销售逐步好转。全年 14 种主要副食品销售比上年增长的有 9 种，改变上年 13 种主要副食品全面下降的局面，其中增长 20% 以上的有猪肉、牛肉、家禽、肉制品、食糖、奶粉、酒等 7 种商品，比上年下降的有鲜蛋、糖果、糕点、罐头、茶叶等 5 种商品。全年二商局系统社会商品零售额完成 25657 万元，比上年增长 6.7%。副食品价格比较稳定，肉、禽、蛋等 10 类副食品 40 个品种的零售物价总指数为 102.6%，比计划控制目标低 11.14 个百分点。全系统全年购进总值 33195 万元，其中纯购进 19390 万元。销售总值 40760 万元，其中纯销售 24747 万元。同年，济南城市蔬菜供应实现量足、均衡、质鲜、价稳。全年鲜菜上市总量为 27.3 万吨，比上年增长 7%，人均年食鲜菜 195 千克；4 月、8 月、9 月三个淡季月份蔬菜上市量为 5.85 万吨，比上年同期增长 11%；品种结构和鲜菜质量有所改善，冬季细菜增多，有少量南方和国外稀特菜上市，鲜菜、干菜价格指数分别为 114.7 和 102，分别比控制目标低 10.4、22.7 个百分点。

1991 年，随着各种商品经营放开，副食品销售畅、缓、滞并存，市场竞争激烈，价格稳中趋升；群众消费心理正常。节日市场变化明显，购买高峰后移。新年、春节、中秋节、国庆节等几个重大节日，节日旺销高峰期来得晚，上得猛，持续时间短，回落快。特别是中秋节、春节两大传统节日，节前 10 天之前，市场销售比较平稳。节前 10 天内，副食品销势猛，销量大。节日一过，副食品市场迅速转淡、各种商品销售大幅度下降。节日集体购买较往年增加。各种商品货源充足，花色品种多，档次和质量提高，挑选余地大。3 月起食糖取消票证，放开经营。消费者需求趋向高档化。名、特、优、新食品旺销。各种分割肉、分割鸡、下货小包装和小食品中的精包装食品畅销。蔬菜品种丰富多样，质量提高。细菜和反时令菜上市比重达 50% 以上，黄瓜、西红柿、菜花等十几个细菜品种常年供应，鲜菜可食率达 90% 以上。菜价比较稳定，群众满意。在细菜增多，质量提高的情况下，主要鲜菜品种的混合平均价较上年提高 9.3%。1992 年，副食品经营全部放开，政府取消对猪肉、鸡蛋的储备。各种经济成分、各行各业兴办的副食品经营网点大增，形成大市场、大流通的新格局。各种成分的企业之间在价格、经营方式、服务等方面展开激烈竞争。国营商业主渠道地位明显下降，经营继续萎缩。旺季不旺，节日稳中趋淡。元旦、春节等重大节日，规律性旺季趋向平淡之势，不少商品无供应高峰。全面放开蔬菜市场，多年被视为“当家菜”的大白菜取消合同订购和价格补贴，执行 30 余年的蔬菜统购包销政策至此全部取消。蔬菜市场放开后，蔬菜上市数量充足、品种增加、质量提高、价格合理、供应均衡，基本上做到上市数量看不出淡、旺季，上市品种分不出春、夏、秋、冬。市区年销售蔬菜 2.6 亿千克，数量较上年有所减少，但品种结构发生很大变化，细菜比重提高，并增加 20 多种名、优、稀、特蔬菜。全市鲜菜价格指数 116.6，趋向合理。

1995 年，全市副食品价格变动较大。食糖因 1994 ～ 1995 年榨季全国食糖产量减少，致使货源偏紧，价格居高不下；全年批发价格白砂糖平均每吨4900元，绵白糖每吨5300元，比上年增长32.4%。酒类、茶叶、糕点、糖果价格均比上年增长。市场精肉价格年初每千克16元，到5月末降到每千克12元。由于粮食价格涨幅过高，养猪成本增加，致使第三季度肥猪出栏减少，精肉价格回升到每千克16元。同时带动鲜蛋、家禽价格上涨。第四季度，精肉价格降到每千克14元。国有副食品经营企业购销大幅度增长。市二商局直属批发零售企业购销总值分别比上年增长27.4%和33.6%。市二商局系统全年商品购进总值完成32733.1万元，比上年增长9.9%，商品销售总值完成39309.7万元，比上年增长18%。年内，市区蔬菜消费总量36万吨，比上年增长7.5%。蔬菜市场居民消费价格指数127.9，比上年回落7.6个百分点。

1996年，全市副食品贸易稳中有升，花色品种繁多，货源丰富，但市场竞争加剧，国有副食品商业购销总值比上年略有下降。节日期间，高档副食品畅销。茅台、五粮液、剑南春等全国名酒，云烟、玉溪、红塔山等全国名烟销售十分活跃。市糖酒总公司所属济南商厦春节期间340元一条的云烟销量较上年同期增长1倍，1000元一条的极品云烟进货百余条销售一空；高档水产品、海产品畅销。由于其他行业纷纷投资发展副食品流通企业，批零网点增多，农贸市场扩大，工业自销增长，消费分流，副食品市场竞争激烈。市糖酒总公司所属济南商厦采取“以批价待顾客，优惠到家庭”“商品保真，价格保本”等一系列促销措施。一批副食品超市、便民店应运而生。

1998年，全市副食品市场货源充足，品种齐全，价格趋降，供应平稳。市场上各种档次的副食品应有尽有，品种繁多。全国和地方名优烟、酒、饮料及风味小食品、冷冻食品、儿童食品、保健食品畅销，一般品牌食品销售迟缓。随着蔬菜产业发展，城市蔬菜供应品种丰富、质量提高、价格合理。年内，销往外地商品菜总量200万吨以上，省内外进入济南市的各类细杂菜10万吨左右，起到调剂余缺、增加花色的作用。城市蔬菜供应量实现40万吨，比上年略有增加。市蔬菜集团副食品总公司作为“菜篮子工程”的龙头企业，全年蔬菜经营量3万吨，重点超市坚持蔬菜经营，日拼盘菜4000盒，其中大白菜经营数量8000吨，周转性库存2000吨，11月底雪后市场波动时投放市场，迅速平抑物价。同年，新增超市20家，超市总数50家，继续保持全省第一和全国50强地位。在全市首家推出以满意菜、放心肉、放心豆腐、全客隆面食、万紫巷海味水产品为主要内容的便民厨房工程。全年商品销售收入完成1.5亿元，比上年增长27%，实现利税250万元，增长20%。

2000年，全市蔬菜总产量537.8万吨，同比增长10.7%；肉类总产31.8万吨，同比上升6.5%；其中猪肉17.5万吨，同比上升7.3%；禽肉5.5万吨，同比上升0.1%；禽蛋41.6万吨，同比上升4.4%；奶类7.1万吨，同比上升11.5%；水产品3.3万吨，同比下降2.9%；水果37.3万吨，同比增长10%。全市全年各类市场成交猪肉297611吨，同比增长11.2%；牛肉56280吨，同比增长50.3%；羊肉41740吨，同比增长60%；鸡蛋144724吨，同比增长31.7%；水产类207336吨，同比增长12.5%；蔬菜1962439吨，同比增长15.6%；干鲜果品1534238吨，同比增长90%。主要副食品价格趋降，下降面广。由于农业丰收，粮食价格下降，以粮食为主要原料的副食品价格较上年偏低。全市食品类价格同比下降2.1%，其中粮食下降9.8%，油脂类下降10.8%，肉禽及其制品下降3.4%，水产品类上升4%，菜类上升4%，糖类下降1.4%。特别是蛋类价格下降16.4%，出现“蛋贱伤农”现象。市政府制定3.6元/千克的鸡蛋最低保护价，较好地支持了生产。连锁超市成为副食品消费主要场所，居民购物环境和消费层次发生新变化。随着居民收入水平的提高，到超市购买成品、半成品副食品的家庭逐年上升，丰富、新鲜、廉价的“放心食品”贴近百姓，充分满足了居民日常多样化副食品消费需求。至年底，全市万平方米以上的大型仓储式超市如大润发、万嘉隆等有8家，银座、万隆、益康等销售副食品的便民连锁店358家，“放心肉”销售网点400余家，超市中生鲜食品的经营面积占到整个卖场的50%以上，设立熟食加工、面食加工、蔬菜加工和豆制品加工区，给消费者带来省时、省力和方便卫生的食品，成为居民“第二厨房”。年内，城市蔬菜供应量实现43万吨，比上年增长7.5%，销往外地的商品总量在250万吨以上，外地进入济南市的各类细杂菜15万吨左右。2001年，济南市蔬菜集团副食品总公司与上海联华合资建设的联华万隆超市建成并投入运营，该超市总投资7000万元，其中外资2660万元，占地3.4万平方米，是济南市最大的超市。年内，全市共有各类批发市场80余处，5万吨以上产品交易市场15处，形成以八里桥、七里堡(年交易量50万吨)两大城区批发市场为主体，以刁镇、姜集、唐王、归德、展家等15处大型产地批发市场为骨干，以中小型产地批发市场和季节性、专业性的村级批发市场为基础的三级蔬菜市场体系。各县(市)区共有各类中介组织152家，运销大户520余家，从业人员2万余人，市级食用菌协会成立，会员单位16家。全市各类蔬菜加工龙头企业发展到52家，年加工各种蔬菜20万吨。信息在蔬菜流通中的作用更加突出，蔬菜产品的网上交易悄然兴起。

2005年7月26日，由济南维尔康食品有限公司、杭州联合肉类集团和聊城长荣食品公司三家联合投资5000万元、日屠宰能力4000头生猪的山东联合食品有限公司在聊城竣工投产。10月8日，投资6000万元、年屠宰量100万头的大型现代化生猪屠宰加工基地——济南雨润肉类食品有限公司在商河正式开工生产。11月，槐荫区朱庄生猪定点屠宰厂主体工程全面完成。该厂建筑面积3000平方米，日屠宰能力1000～1500头，全部按照国家规定的标准建设和生产。2006年，加大“农加超”“农改超”室内副食品市场的改造建设力度，在历城区等地

社区便民肉菜店　　（2013年摄）

分别进行改造提升试点，召开现场会大力推广历下区室内副食品市场建设的经验，有效地推进“农加超”“农改超”副食品市场标准化、规范化发展。

2008年，探索“农超对接”新模式，在银座购物广场、市华联商厦等大型超市设立9个“济南特色农产品专区”，全市38个特色品牌农产品基地的140多种产品上柜。推动社区便民服务业的发展，新增社区便民早餐网点240个，总数600个，早餐一条街增加到4条；社区连锁超市、便利店分别160个、1700个。

2010年，推进“农超对接”工作，全市大中型连锁超市、便民小超市均设立“农超对接”鲜活农产品专区(柜)，全年“农超对接”销售额10亿元，流通环节少、成本低的优势初步显现。推进城市社区服务体系建设，社区便民放心菜工程成效明显，至年底累计建成社区菜市场95处，总建筑面积22.9万平方米，摊位1.3万个，安置就业2万多人，服务城区200多万人口。推进商业示范社区创建，新建社区便利店100家、早餐经营网点55个。

第二节　市场管理

1988年5月16日起，济南市基本放开理顺猪肉、鸡蛋、大路菜、白糖四种主要副食品零售

价格，并按定量给职工补贴，把过去财政对几种主要副食品的暗补改为明补。7月16日，济南市将猪肉、鸡蛋价格全部放开。至此，除猪肉、鸡蛋计划储存部分由政府拨给部分储备费用外，完全取消财政对经营环节的补贴，副食品行业全部放开经营，彻底打破靠行政手段抓购销，靠计划分配搞经营，靠坐门等客做生意的经营方式，初步实现多渠道、少环节的流通体制。7月28日，13种名烟、13种名酒价格全部放开，同时提高部分中高档卷烟和粮食酒价格。此后，抢购风引起的物价上涨波及部分副食品价格。为确保居民生活必需品供应，市政府决定自1988年12月15日起对食盐、酱油、肥皂、火柴、洗衣粉(膏)5种商品实行凭票定量供应和对猪肉、鸡蛋的节日临时凭票定量供应，副食品市场价格趋于稳定。

为理顺名酒流通渠道，抵制假冒伪劣商品，保护消费者利益，1989年7月27日，济南烟酒站与贵州茅台酒厂、四川五粮液酒厂、绵竹剑南春酒厂、山西杏花村汾酒厂、江苏洋河酒厂等全国13家名酒厂建立产销联合体——中国名酒济南经销处，负责济南市场的名酒批零业务，货源全部由名酒厂直接供应，并在济南市区组织15家国营零售商店定点销售，统一价格，挂牌经销，形成名酒厂、经销处、零售商店“三点一线”的经营体制，减少流通环节，降低费用，稳定价格，保证名酒的正常销售。8月25日，市二商局召开“二商系统商品(产品)经销工作会议”，制定《关于加强进货管理工作的暂行规定》，明确规定国营企业不准从个体商贩手中进货；严禁销掺杂使假和伪劣商品；对掺杂使假和经销假冒伪劣商品的单位主管人员和直接责任者从严惩处。为加强肉类市场管理，12月31日市政府批转市工商局、市二商局、市农牧渔业局、市税务局、市卫生局、市标准计量局《关于加强我市肉类市场管理的报告》，成立济南市整顿肉类市场领导小组，下设办公室。

1990年，为加强肉类市场管理，解决病死猪、禽肉流入市场及鲜肉注水和熟肉制品市场秩序混乱等问题，市肉类市场整顿办公室开展肉类市场整顿，在对肉类生产、经营业户调查摸底的基础上，制订《肉类市场整顿实施方案》《济南市乡镇屠宰场(点)卫生验收管理要求》《熟肉制品行业卫生验收管理要求》。采取对生猪实行“定点屠宰、集中检疫、统一纳税、分散经营”，对熟肉制品实行“定点生产、定点销售、统一管理”的办法。对无“定点屠宰”证明的生猪肉一律不准进入农贸市场。对熟肉制品生产、经营单位重新进行登记，凡达不到卫生管理要求的一律不准生产、经营。经过整顿，肉类市场秩序开始好转。

1995年8月开始，针对生猪生产及流通领域出现的秩序混乱、私屠乱宰和病害、劣质、注水猪肉危害消费者健康的现象，济南市对生猪生产和流通秩序进行全面整顿。1996年5月底，开始在全市城乡全面推行生猪定点屠宰工作。市成立分管副市长领导，财委、工商、二商、畜牧、卫生、环保、税务、公安等部门负责人参加的领导小组；各县(市)区、各乡镇成立相应机构。全市改造、改建屠宰点113处，并通过市里验收，做到每个乡镇设有一处定点屠宰点。同时，为加强市区猪肉市场的管理，选择60处屠宰点允许进入济南市区经营，发给“济南市生猪定点屠宰进城经营专用章”，按点编号，严格监控。为进一步加大市场稽查力度，彻底清查私屠乱宰，成立由工商、畜牧、卫生、商业部门参加的猪肉市场专职稽查大队，各县(市)区和绝大多数乡镇也成立稽查队。市、县(市)区、乡镇三级管理网络逐步健全、完善。稽查人员经专门培训，一律持证上岗，对城乡集贸市场和宾馆、饭店、招待所、集体伙食单位、肉制品加工单位等进行定期和不定期检查。年内，市场猪肉定点屠宰率80%以上，流通秩序明显好转。

1997年，省财办、省工商局、省畜牧局、省卫生防疫等有关部门对全省生猪定点屠宰工作联合检查评比，济南市名列各地市之首。济南市生猪定点屠宰工作，明确“一年全面铺开，二年初见成效，三年大见成效，争创全省一流成绩，确保人民群众真正吃上‘放心肉’”的工作思路，制定近期工作目标和三年发展规划。自1996年5月至1997年年底，全市共定点屠宰生猪70多万头，定点屠宰率80%左右，检出病猪2000多头，实现屠宰税费近2000万元；查获病害劣质和注水肉2.3万千克，处罚不法业户3400户次。全市印发各类宣传材料108万份，召开个体屠宰业户座谈会，4.8万人(次)参加，出动宣传车5900台(次)，出板报9800多期，发表电视、广播讲话680人(次)，印发《关于加强猪肉市场管理的通告》，受教育面90%以上。针对各县(市)区税费收取凭证不规范问题，1997年7月1日起，全市实行统一税费收取凭证，杜绝国家屠宰税费流失。

1998年，对确认的定点屠宰厂(场)实行动态管理，不搞“终身制”，促其上规模、上档次。按照《济南市生猪定点屠宰厂(场)建设标准》和《济南市生猪定点屠宰厂(场)服务规范》，对全市范围内的屠宰厂(场)进行2次集中整顿检查，减少数量，着力提高质量、规模。年内，全市取缔4处不合格屠宰厂(场)，对35处屠宰厂(场)提出整改意见，将允许进入市区经营的44处屠宰厂(场)压缩到18处。在市区推行生猪产品定点销售制度。为强化市区生猪产品销售管理，切实保证上市肉品质量，经市政府同意和有关部门检查验收，确定28处生猪产品定点销售市场，52处生猪产品销售网点，并悬挂统一制作的标志牌，基本形成布局合理、功能齐全、购销方便、适合于不同消费层次需要的市区生猪产品销售网络。调整充实专业技术人员，加强生猪产品的检疫检验，保证每个屠宰厂(场)至少有2名专业检疫人员在岗。全市最大的生猪屠宰加工企业——长清平安肉类批发市场专业检疫人员32名，基本保证工作的正常需要。1999年，平阴县被评为1999年度全省生猪屠宰管理先进单位，长清县被评为全国畜禽屠宰管理先进县。

2000年，市政府召开全市畜禽屠宰管理工作会议，印发《推行机械化屠宰通告》，全面推行生猪机械化屠宰。2001年，社会总屠宰生猪104万头(按全市生猪出栏量估算)，其中进点屠宰88.8万头，比上年增长34.54%，进点屠宰率85.38%；机械化屠宰生猪增幅较大，共屠宰60万头，比上年增长302.15%，机械化屠宰率67.58%，市区供应的生猪产品全部实现机械化屠宰加工。国有肉联厂发展势头良好，国有系统屠宰25.67万头，比上年增长75.52%，国有企业逐步摆脱困境，市场占有率稳步提高。

2002年，济南市利用生猪屠宰形成的一整套管理体制、经营网络和奠定的制度、管理和队伍基础，进一步拓宽工作领域，全面推行牛羊定点屠宰管理。5月1日，在广泛调研、充分论证的基础上，《济南市牛羊屠宰经营管理办法》颁布施行。

2004年，为确保肉品质量卫生安全，经市政府批准，先后制定和发布《济南市机械化屠宰厂设置规定》《济南市使用动物产品管理规定》《济南市动物产品销售市场管理规定》，从屠宰、使用、销售三个环节把好肉品质量关。对市区8家屠宰厂进行全面考核，重新认定，撤并县(市)区定点屠宰站13处，检查屠宰厂(站)750个(次)，巡查53个(次)。为加强执法人员思想和业务建设，提高执法人员业务素质和执法能力，邀请商务部屠宰技术鉴定专家和山东商学院教授到济南讲授HACCP认证管理和肉品品质检验知识，培训人员53人。开展“内强素质，外树形象”活动，印发告屠宰业户书、给经营业户的一封信和给广大消费者的一封信，共3.4万份。

2005年，建立县(市)区畜禽屠宰管理工作年度考核奖惩制度。与各县(市)区畜禽屠宰管理领导小组签订“2005年度工作目标责任书”，将县(市)区2005年畜禽屠宰管理工作量化考核管理；建立“厂场配送”制度，使定点屠宰厂与市场有机结合，配送销售，拓展定点屠宰企业的生存空间，堵塞病害、劣质、私屠滥宰肉品的流通渠道，保证上市肉品质量。制定肉类产品和生猪屠宰环节重大食品安全事故应急预案，加强日常监测，及时分析、评估和预警。建立肉品生产企业信用管理制度，结合济南市肉品安全管理工作实际，制订《关于建立济南市肉食品安全信用档案的实施意见》，在定点屠宰厂及大中型肉品销售市场、超市、专卖店推行安全信用制度，效果良好。对全市用肉单位实行供肉定点和进肉登记制度。对大、中专院校和中小学寄宿学校的食堂进行定期检查，对饭店、宾馆等进行不定期突查。全年共检查食堂、宾馆、饭店3500多个(次)。全市定点屠宰生猪175万头，比上年增长32.86%，其中机械化屠宰144.13万头，机械化屠宰率82.36%，比上年增长45.1%。检出病猪1021头，无害化处理率100%；出动执法人员3.14万人(次)，取缔非法屠宰窝点63处，查处不法业户863户，案件处理率100%；没收生猪产品3.13万千克，其中病害肉3890千克，劣质肉1.08万千克，注水肉1.66万千克；处罚没金19.75万元(全部上缴财政)。

2007年，组织开展专项整治，对全市65个生猪定点屠宰厂(站)实施分级管理、分类指导，拨付专项资金50万元，为屠宰企业配备必要的检测设备；全年进点屠宰生猪120多万头，无害化处理率100%；出动执法人员3万余人(次)，铲除非法屠宰窝点18个，查扣非法屠宰肉品6680千克。

2010年，市场监测调控能力明显增强。全市纳入商务部市场检测的样本企业171家，涉及10大行业、7种业态、16大类商品、60多种商品，市场监测能力继续保持全国先进水平和全省领先地位。坚持节日、重要时期和突发事件的市场巡查和分析报告制度，强化应急物资储备体系建设。继续做好猪肉、食糖、食盐等常规储备和土豆等季节性储备；调整落实常规物资(商品)储备；明确应急商品重点联系企业，构建起企业代储、实物储备和社会储备三位一体的应急物资储备体系，进一步增强市场应急反应和处置能力。积极推动市场监管公共服务体系建设。设置生猪屠宰、以旧换新等便民咨询投诉电话，全年共接听各类咨询电话3000多次，处置12345热线和各类投诉400余次。严厉打击侵犯知识产权和制售假冒伪劣商品行为；加强酒类、肉类等流通领域的食品安全工作，在4家定点屠宰场安装监控终端设备，定点屠宰生猪产品合格率、病害猪无害化处理率100%；加大煤炭、成品油经营、报废车拆解和特许经营行业的监管力度，维护市场经营秩序。

第三章　医药商业

第一节　医药商业改革

一、管理体制改革

1986年，济南市国营医药商业统一由济南医药公司管理。

1999年12月16日，济南市药品监督管理局正式成立。该局是在原济南市医药管理局基础上，划入药政、药检职能后组建，结束了长期以来药品监督管理体制不顺、多头管理的局面。济南市药品市场稽查大队同日成立。

2001年，根据市委、市政府对全市工业主管部门改革的整体部署，济南市医药管理局撤销。5月，济南市化学医药工业办公室和济南市化学医药国有资产经营有限公司成立。根据

《关于济南医药化学国有资产经营公司资产划转有关问题的通知》，将原市医药管理局所属的国有及国有控股、参股企业和集体以及集体控股、参股企业划归市化学医药国有资产经营公司经营管理。2004年8月31日，在济南市机构改革中，济南市化学医药工业办公室撤销。

2002年，新的药品监管体制初步建立。4～5月，章丘、济阳、历城、商河相继组建药品监督管理局，其中历城分局为济南市药监局的派出机构。至此，首批县级药监局组建完毕。2004年，根据全省统一部署，完成平阴县药监局和长清区分局的组建和上划垂直管理工作，农村药品监管体制改革的阶段性目标初步完成。2004年12月28日，市、县两级食品药品监督管理局同时挂牌。

2009年，根据省委办公厅、省政府办公厅《关于印发〈济南市人民政府机构改革方案〉的通知》和市委、市政府《关于济南市人民政府机构改革的实施意见》，设立济南市商务局。根据《济南市商务局主要职责内设机构和人员编制规定》，负责药品流通(含连锁药店)行业管理工作。

2012年3月，济南市机构编制委员会办公室下发《关于进一步明确药品流通管理职责分工的通知》，进一步明确济南市药品流通管理有关部门职责分工：市商务局是药品流通行业主管部门，负责拟订药品流通行业发展的规划、政策，推进药品流通行业结构调整，指导药品流通企业改革，推动现代药品流通方式的发展。市食品药品监督管理局依法负责药品流通企业的准入管理和药品流通监管，监督实施药品流通过程中涉及质量与安全的相关标准；配合市商务主管部门，执行国家和省、市制定的药品流通行业发展规划和政策。

二、企业改革

1988年，济南市国营医药商业企业有药材、医药、医疗器械3个采购供应站，章丘、长清、平阴、历城4个医药公司。1989年，增加济阳县、商河县医药公司。

1990年，济南市进一步深化医药商业企业内部改革，完善承包责任制，充分调动广大职工的积极性。3个二级站、6个县(区)公司，在各经营部门中实行“包、保、核”经营承包责任制。包销售任务，保毛利，考核资金占用、有效库存率、账货相符率、开票差错率等指标；将购、销、利润、费用指标，层层分解落实到组，严格考核，按章奖惩；并制定改善经营、加强管理等相应的保证措施。

1992年，根据鲁药计字〔1992〕425号文件，由历城医药公司成立济南市医药经营公司，为全民所有制企业。

1993年，济南市医药商业企业全部实行全员劳动合同制，在济南药材站进行岗位技能工资试点，改善企业内部分配制度。济南药材站实行股份制改造，在全面完成企业资产评估和确认工作的基础上，于11月15日正式进入股权证发行阶段，年底发行数额基本到位，成为济南市医药商业的第一家股份制企业。

1994年，市医药管理局所属商业企业在药品市场多种经济成分、多渠道经营的形势下，保持适度的规模经济。各商业企业广泛开展“管理效益年”活动，坚持以“质量优、品种全、服务好”占领市场，竞争意识不断增强。批发单位一律实行登门服务，送货上门；零售单位积极组织适销对路商品，经营规模不断扩大。

1996年，济南药业集团有限责任公司成立，该公司由原济南药材采购供应站改制而成。公司将18家药店实行“五统一”管理，成立宏济堂连锁店。2004年，济南药业集团有限责任公司进行改制。2006年，公司更名为山东宏济堂医药集团有限公司。

1999年5月10日，山东金泰集团股份有限公司及其工会职工持股会与国有企业——济南医药药材经营公司共同出资组建济南金泰医药经营有限公司，注册资本金为1749.14万元。其中，山东金泰集团股份有限公司占注册资本的

60.56%；山东金泰集团有限公司职工持股会占28.58%；济南市医药药材经营公司占10.86%。新组建的济南金泰医药经营有限公司为医药商业企业，经营方式为批发兼零售。

2000年，济南市药品流通领域竞争主体多元化的格局更加明显，推行的药品集中招标采购、价格改革、医疗保险、药品分类管理等政策措施，为企业的经营工作带来一些新问题。为此，医药商业在经营战略上不断进行调整。结合换发药品经营企业许可证工作，加大软硬件设施建设，一批按《药品经营质量管理规范》（GSP）标准改造、规模大、管理水平高、经营规范的网点相继投入使用。网点布局更加合理，一些商业企业在新建居民小区和农村乡镇建立网点，在参与市场竞争的同时，方便群众购药。总代理业务得到发展，宏济堂、建联、金泰等连锁药店发挥市场主导作用，仓储式配送中心、开架药品超市等现代经营业态开始出现。

2000年12月18日，位于济南市东工商河路16号的全省首家药品仓储式直销企业济南药业集团有限责任公司药品仓储直销中心建成开业。直销中心采取全新的经营模式，即仓储式销售、微机化管理、低价位运作。较之传统的药品流通方式有两大突破：经营、仓储合一，商品交易与配送融为一体；厂、商、卫合作更为紧密，减少流通环节，降低流通成本，运行效率大大提高。中心货源来自国内外500多家医药工业企业，经营品种5000余种。客户主要面向山东省及周边地区医药商业、医院、门诊部和社区服务中心，不直接对消费者个人。

2001年，配合药品生产流通体制改革，鼓励引导药业集团、建联、医药站等商业企业探索新型经营业态，先后建成一批大型药品超市、仓储配送中心、连锁经营企业，活跃了流通领域。2002年，济南医药经济发展环境和药品消费环境进一步优化。唯条件、不唯成分的市场准入制度，使药品零售业呈现多元化投资的格局。深圳三九、新华鲁抗、莱芜益寿堂等外地知名企业相继在济南设立连锁店。多元化竞争格局，推动药品价格不断下降。

2002年，济南中信医药有限公司成立。该公司由原济南医药采购供应站改制而来，主要经营化学药品、进口药品、麻醉药品、生物制品、化学原料药、中成药、医疗器械等6000余个品种、规格。同年，济南市药品监督管理部门围绕优化医药发展环境，制定一系列工作措施，把监、帮、促相结合的工作方针具体化。放宽市场准入限制，全面放开药品零售市场，取消行政审批审核中无法律依据的规定，鼓励发展现代物流方式，积极推进药品流通体制改革，为医药经济发展打造宽松平台。年内，新审批药品零售企业146家，全市药店1077家，药店总量创历史之最。

2003年5月9日，力诺集团有限公司与济南市化学医药国有资产经营有限公司签署“共同整合医药流通企业的框架协议书”，整合章丘、长清、平阴、济阳、商河等五县(市)区医药公司。2004年4月，济南市化学医药国有资产经营有限公司与力诺集团签订补充协议。根据济国资委办〔2004〕12号文，济南市国有资产管理委员会将章丘医药公司、长清医药公司、平阴医药公司、济阳医药公司、商河医药公司划转给力诺药业控股集团有限公司管理。

2005年，济南市医药商业，形成多元竞争格局。商业批发企业中，作为由原国有企业率先改制的济南药业集团和济南中信医药有限公司，成为济南市主要的药品批发企业，销售额均突破10亿元。药品零售市场中，形成各具特色的营销模式。如以平价为特点的民营企业济南漱玉平民大药房和以经营健康超市为主要特色的三九药店等连锁公司显示出良好的发展势头；以坚持“地道药材、遵古炮制、审方复核、单称单包”为经营特色的建联中药店形成独特的竞争优势；宏济堂、神农大药房等连锁公司在市场竞争中得到一定发展。同年，市食品药品监督管理局在深入调查研究的基础上，向市政府报送《关于我市医药产业现状、发展方向和发展重点的意见》，提出医药经济“三二一”的发展思路，即“培植三大领域、扶持两大业态、建设一个中心”。“三大领域”指名优中药、特色新药和生物制药，“两大业态”指大型医药商业集团和品牌连锁经营，“一个中心”指区域性的药品物流中心。意见受到市政府高度重视。

“十一五”期间，按照“集约化，规模化，产业化”发展思路，济南市大力发展医药商业集团、品牌连锁企业和现代物流业，努力构建“大医药，大流通”格局。通过整合医药商业资源，引导企业做大做强，形成药品经营龙头企业，建立并完善现代医药物流配送体系，促进传统医药物流向现代医药物流转变，鼓励和引导药品批发企业、连锁企业向农村延伸，积极推动药品零售连锁企业发展，促进连锁企业品牌及服务提升，使济南市医药商业的整体素质和实力得到进一步提高。

2009 年，济南市新增连锁门店 196 家，全市药品零售连锁率 21.21%，比上年增长 7%。2010 年，全市药品零售连锁总部发展到 37 家，连锁门店 608 家，连锁门店总数占全市药店的 29.44%，零售药店连锁率进一步提升；漱玉平民医药零售连锁有限公司经营门店过百家，销售收入过 5 亿元，进入全国同行业 30 强。

2010 年，济南市 7 家药品流通企业列入商务部统计直报名单，分别是华润山东医药有限公司、山东九州通医药有限公司、山东宏济堂医药集团有限公司、漱玉平民大药房连锁股份有限公司、老百姓大药房连锁(山东)有限公司、山东宏熙药业有限公司和章丘健民医药有限公司。其中，由济南中信与央企华润集团旗下的北京医药股份有限公司进行股权合作组建的山东北药中信医药有限公司(现华润山东医药有限公司)，实现销售收入 36.5 亿元，在山东省名列前茅。山东大舜医药物流有限公司等 5 家企业被省食品药品监督管理局确定为药品现代物流试点单位，5 个药品物流配送中心项目被列入省现代物流业振兴规划。

山东北药中信医药有限公司现代医药物流中心奠基仪式（2010 年摄）

第二节 医药商品经营

一、机构及网点

1986 年年初，济南市有国营药材、医药、医疗器械采购供应站各 1 个，县药材公司 4 个，设批发部 11 个，零售店 40 个、新药特药商店 1 个、批发兼零售经营部(组)10 个，共有职工 1860 人。

1988 年，全市国营医药商业企业有山东省济南药材、医药、医疗器械 3 个采购供应站，章丘、长清、平阴、历城 4 个医药公司，共有职工 2073 人，固定资产原值 1284.63 万元，建筑总面积 11.98 万平方米，经营 1.43 万种商品，设批零网点 88 个。为扩大商品覆盖面，陆续增设一些新网点。济南药材站增设业务二科和批发部，与历城医药公司联合组建洪楼经营部；济南医药站新建东郊等 5 个批发部，医药大楼建成开业；济南医疗器械站新增 4 个经营部。全市国营医药商业批发网点由 34 个增加到 48 个。其中市区新增网点 12 个，当年销售额近千万元。济南医药大楼于 1986 年 11 月开工兴建，1988 年 8 月竣工开业，是山东省济南医药采购供应站所在地，并设批发和零售经营点。位于经二路纬三路 174 号，建筑总面积 3247.3 平方米，其中营业室 860 平方米。经营商品 1500 余种，其中普通药品658种，新药特药140种，中成药252种，医疗器械256种，玻璃仪器200种。

1992年，济南市医药管理局所属9个医药商业企业共有批发、销售网点138个，从业人员2480人，固定资产原值6794万元。主要经营西药、中成药、中药材、医疗器械、化学试剂、玻璃仪器等6大类1.5万个品种、规格。继续完善网点建设，新建、改造济南医药贸易中心、医药药材经营公司、医药保健品公司等十几家经营单位，扩大营业面积4000多平方米。

1996年年末，全市共有药品经营网点292个。其中属于医药商业企业设置的网点229个，占78.4%；其他均为社会团体、企事业单位设置。按照济南市人口总量，平均每10万人拥有5.4个网点，其中市区每10万人拥有9.1个网点，县(市)每10万人拥有1.9个网点，高于全省每10万人拥有1.4个网点的水平。济南医药采购供应站的医药商业中心、医药大楼、新药特药商店，济南药业集团有限公司的宏济堂、居仁堂、零售总店，济南医疗器械站的纬二路药械综合商店以及建联药材连锁店等，以其规模和服务优势成为全市医药商业的突出代表。

1997年，全市共有药品经营网点342个，比1996年增加50个，其中属于医药商业企业设置的网点280个，占81.87%。国有医药商业向县以下延伸，设立农村经营网点，加强农村药品供应工作。全市110个乡镇有50个设有网点，普及率45.5%，比1996年提高7.3个百分点，平均2.2个乡镇拥有1个网点。1998年年末，全市共有药品经营网点384个，比1997年增加42个。2000年年末，全市共有药品批发网点129个，药品零售网点395个。

2003年，济南市药店总量1077家。全系统12个商业企业共有药品经营网点283个，其中批发网点84个，零售网点199个。济南药业集团有限公司设有经营网点66个，其中批发网点16个，零售网点50个。

2004年，为使农民用药更加方便、放心，按照市政府《关于开展农村药品监督和供应网络建设的意见》，由章丘市先行试点，在历城、济阳、商河、长清、平阴5个县区农村“两网”建设全面铺开。农村药品供应网络得到有效监控，初步形成各具特色的多种供应模式。包括以实行集中招标供药和建立配送中心相结合为特点的章丘模式，以在乡镇建立配送服务站为特点的历城模式，以县医药公司为依托实行药品直接配送为特点的商河模式，以规范乡镇卫生院代购分发为特点的济阳模式。非处方药销售网点迅速增加，新开办药店74家，5家连锁企业在乡镇设立门店，6家药品批发企业参与供应网络建设。100%的县实现药品配送到乡，100%的乡镇驻地建有药店，67%的行政村实现药品配送进村。

2005年，济南市深入推进农村药品监督网和供应网建设。初步形成依托乡村卫生一体化管理和农村药品批发企业，实行药品直接配送、间接配送、代购分发等各具特色的药品供应模式。全市新开办乡镇、村药店191家，同比增长64%，供应网络覆盖100%的乡镇、93.2%的行政村，农村药价比“两网”建设前下降15%。

2010年，济南市共有限额以上医药及医疗器材批发企业66家，其中西药批发企业43家，中药材及中成药批发企业17家，医疗用品及器材批发企业6家。年底，全市共有药店2065家，其中连锁门店608家。

二、医药商品采购

济南市是医药商品的重要集散地。1985年，济南市医药商业总购进值11008.3万元，其中纯购进值5141.7万元。1988年，济南市药品和医疗器械货源偏紧，医药商业企业采取得力措施组织货源，优化商品结构，增强商品优势。全市国营医药商业总购进值22823万元，其中纯购进值13043.2万元，分别比1987年增长38.48%、37.44%。济南药材站增加经营品种，大力采购名优特产品，商品品种比1987年增加246种，其中中药材增加206种、中成药增加

40种；饮片成方率98%，在改善饮片供应中大见成效；总购进值7144万元，比1987年增长43.9%。济南医药站实行"六承包"办法，将采购任务落实到人，奖优罚劣，调动采购人员的积极性，总购进值8879.4万元，比1987年增长34.99%。济南医疗器械站采取早衔接供需计划的办法，把握进货主动权，广开货源渠道，总购进值3858.1万元，比1987年增长42.88%。各县医药公司采取多渠道进货，充实库存，为改善供应提供了条件。

1989年，全市国营医药商业总购进值24433.8万元，其中纯购进值14398.6万元。济南药材站充分发挥专业技术人员的作用并坚持专检与群检相结合，全年举办4次中药饮片质量抽样检查评比，召开16次药品质量分析会。共查出31种次、19.51万千克伪劣药材，避免323.5万元的损失。济南医药站先后与济宁第三制药厂、平原药厂、济南生物化学药厂等单位签订有效期药品包换协议，年内换回胃酶片3400瓶、气喘气雾剂3600瓶；全年检查库存商品7411批，查出有质量问题78批，其中60批价值39万元的药品在厂方负责期内，均作换货处理。

1990年，加强采购工作计划管理和商品质量管理。总购进值31738.3万元，其中纯购进值19427.3万元，分别比1989年增长29.9%、34.92%。济南药材站质量管理攻关小组在1990年国家中医药管理局召开的全国中药行业质量管理攻关小组成果发布会上，被评为全国中药商业企业优秀质量管理小组第一名。济南药材站QC小组，严把进货质量关，全年共查出伪劣药材127种次、15.87万千克，不合格中成药34种次、11.37万盒(瓶)，为企业避免经济损失282.9万元。

1991年，全系统购进总值42688.6万元，比1990年增长34.5%，其中国内纯购进26587.9万元，比1990年增长36.8%。1992年，济南市医药管理局所属商业企业国内纯购进总值26362.6万元，6大类商品纯购进分类值为化学药品13876.8万元，医疗器械2720.3万元，化学试剂790.4万元，玻璃仪器217.2万元，中药材1280.9万元，中成药7476.7万元。

1994年，市医药管理局所属商业企业医药商品购进总值4.06亿元，其中国内纯购进2.42亿元，以上两项指标比1993年均下降20%左右。1995年，直属企业商品购进总额5.46亿元，比1994年增长34.5%，其中国内纯购进3.21亿元，比1994年增长33.35%。以上两项指标，"八五"期间年均递增分别为11.49%、10.59%。

2000年，济南市限额以上批发零售贸易企业药品及医疗器械商品购进总额201955万元。其中药品及医疗器械批发业购进总额193486万元，药品及医疗器械零售业购进总额8469万元。2001年，济南市限额以上批发零售贸易企业药品及医疗器械商品购进总额199008万元。其中批发业购进总额189813万元，零售业购进总额9195万元。全系统购进总额129861.9万元，包括从生产者购进80517万元，从批发零售贸易业购进48525.6万元，进口809.3万元，其他10万元；其中纯购进80527万元。

2003年，济南市限额以上批发零售贸易企业医药及医疗器材商品购进总额265840万元。其中批发业购进总额250261万元，专门零售业购进总额15579万元。全系统购进总额196850.2万元，包括从生产者购进107691.4万元，从批发零售贸易业购进89158.8万元；其中纯购进107691.4万元。

2004年后，限额以上批发零售贸易企业商品购进总额指标在济南市统计年鉴中不再体现。

三、医药商品销售

1986年，济南医药公司商品总销售值12160.9万元，利润609.8万元，税金252.1万元，全员劳动生产率6.24万元，全部流动资金周转次数2.35次。

1988年，济南市医药商业加强市场信息交流，以灵活的经营方式，全方位开拓销售市场。省内商品供应遍及90多个县公司，省外销售业务扩大到250多个二级站。先后在省内外召开40多个不同类型的交流会、展销会；全市国营医药商业总销售值25949.2万元，纯销售值18381.7万元，分别比1987年增长36.38%、39.14%。在1987年"上交利润递增包干"承包的基础上，医药商业企业承包经营责任制，普遍实行工资总额同经济效益挂钩，经济效益显著提高。全年全市国营医药商业实现利润1717.52万元，缴纳税金464.2万元，分别比1987年增长77.98%、59.78%；全部流动资金周转3.36次，比1987年加速0.53次；商品流通费用率6.41%，比1987年降低0.06%；全员平均劳动效率125177元，比1987年增长38.06%。济南医疗器械商店总销售值和利润，分别比1987年增长2.91倍和3.1倍。

1989年，全市国营医药商业总销售值31270.3万元，其中调出省外1489.7万元、省内调出6319.8万元，纯销售值23460.8万元。医药商业针对市场疲软和多方面经营药品的状况，增强竞争意识，发挥国营主渠道作用，取得较好的社会效益和经济效益。年内，除商品流通费用率（7.54%）比1988年增长1.13个百分点外，其他指标均好于1988年。全部流动资金周转3.49次，103天周转一次；全员平均劳动效率14.77万元，缴纳税金629.16万元；实现利润1966.28万元。

1990年，全市医药商业注意发挥整体优势，工商、商商互相支持，合力开拓市场。3个二级站均开展商商和商工联营业务，与省内外医药工业厂家联合举办新产品展销会，与县公司签订购销协议书，与医疗单位签订商卫协议，促进销售任务超额完成。全年完成总销售值37281.1万元，比1989年增长19.22%，其中纯销售值28863.3万元，比1989年增长23.03%。济南医药采购供应站纯销售值突破亿元，达12658.6万元，实现利润1208.1万元，跃居全省医药商业企业第一位。全部流动资金周转4次，比1989年加快0.51次，每周转1次的天数比上年减少13天；商品流通费用率6.7%，比1989年降低0.84个百分点；全员平均劳动效率19.1万元，比1989年提高29.3%；实现利润2258.8万元，缴纳税金673.2万元，利税总值比1989年增长12.97%。"七五"期间，全市医药商业总销售值每年平均递增20.77%，纯销售值每年递增23.87%；利税每年递增35.17%。

1991年，市医药管理局所属商业企业围绕提高经济效益，广泛深入地开展"质量、品种、效益年"活动，各项经济指标完成较好。全系统总销售值58556.8万元。其中，国内纯销售36411.4万元，比1990年增长26.1%。6大类商品调出省外1572.4万元，比1990年增长35.7%。总计实现利税3661.2万元，比1990年增长25%。其中，实现利润2753.4万元，比1990年增长21.9%。全部流动资金周转4次，平均91天周转一次，比1990年加快一天。全员劳动率25.2万元，比1990年提高32%。人均实现利税15129元，比1990年增加2245元。济南医药采购供应站上缴利税415.1万元，实现利润1610万元，分别比1990年增长34.3%和33.3%。

1992年，济南市医药管理局所属商业企业全年完成商品销售总额71101.8万元，比1991年增长21.4%；完成利润总额3082.5万元，比1991年增长11.95%；实现利税总额4145.3万元；人均实现利税上升为1.67万元；全员劳动生产率上升为28.67万元。1993年，销售收入累计完成76237.9万元，占年计划的101.56%，比1992年增长7.22%；实现利税3702.9万元，比1992年下降10.68%；实现利润2536.3万元，比1992年下降17.72%。济南医药采购供应站、济南药材采购供应站列1993年全省商业批发企业商品销售50强、销售利税50强行列，分别居商品销售第16位、第40位，销售利税第4位、第12位。济南市建联中药材经营部列入省零售商业"百强"企业，零售利税居第38位。

1994年，市医药管理局所属商业企业完成销售总值5.89亿元，其中纯销售5.11亿元。实现利润1698万元，抑制大幅度滑坡。1995年，济南市医药商业充分发挥专业力量强、信息渠道多、设施配套等优势，商业销售有所回升。全年完成销售总额6.53亿元，比1994年增长10.87%。其中国内纯销售5.73亿元，比1994年增长12.13%。以上两项指标，“八五”期间年均递增分别为11.85%和14.67%。全年实现利润154.7万元，比1994年下降90.66%，步入低谷。

1996年，全市医药商业完成总销售额75546万元，同比增长15.73%，完成纯销售额66401万元，同比增长15.86%，实现利税3887万元，利润2126万元，比1995年分别增长222.29%和14倍。1997年，全市医药商业完成总销售额82197万元，同比增长8.8%；完成纯销售额73946万元，同比增长11.36%。实现利税3081万元，利润1288万元，同比分别下降20.74%和39.41%。1998年，济南医药商业企业面临药品市场供过于求、价格难以到位的不利因素，仍完成总销售额91025万元，比1997年增长10.7%；完成纯销售额80057万元，比1997年增长8.3%；实现利税3639万元，利润1259万元。

1999年，全市医药商业完成总销售额107670万元，比1998年增长18.29%，完成纯销售额90934万元，比1998年增长13.59%。由于市场竞争激烈，让利折扣不减，经营成本增大等原因，致使经济效益有所下降，全年实现利润1129.8万元，比1998年减少10.3%。实现利税3901.4万元，比1998年增长7.2%。全市医药商业在稳住批发业务的同时，针对药品零售业务费用小，现款交易等特点，大力开拓零售市场。注重合理调整布局，扩大网点覆盖面；积极参与放心药店活动，提高服务质量；发挥名店、老字号效应，发展连锁经营；加大投入改造网点，提高店面的档次。全年实现零售额16022万元，比1998年增长218.5%，年零售额过百万元的药店35个。2000年，列入统计的医药商业企业完成总销售额12.48亿元，同比增长16%；完成纯销售10.01亿元，同比增长10.1%；社会零售额18974万元，同比增长18.4%。

2001年，济南市限额以上批发零售贸易企业药品及医疗器械商品销售总额209445万元，其中药品及医疗器械批发业销售总额197827万元，药品及医疗器械零售业销售总额11618万元。全系统完成商品销售总额144290.3万元，同比增长15.6%；其中纯销售116277.9万元，同比增长16.2%。2003年，济南市限额以上批发零售贸易企业医药及医疗器材商品销售总额279720万元，其中批发业销售总额262978万元，专门零售业销售总额16742万元。全系统完成商品销售总额213237.6万元，其中纯销售162529.3万元。

2006年，济南中信医药有限公司实现销售18亿元，列济南市医药批发企业第一位。2005年、2006年两次被山东省商会、山东省统计信息咨询中心授予“山东省商业百强企业”称号。2009年完成销售收入31亿元，列全国第31位，成为山东省医药流通龙头。2010年，济南市限额以上批发零售贸易企业医药及医疗器材商品销售总额2254567万元，其中批发企业销售总额2169615万元，专门零售企业销售总额84952万元。

附：企业选介

山东宏济堂医药集团有限公司

山东宏济堂医药集团有限公司(原济南药业集团有限责任公司)始于百年老号宏济堂，由北京同仁堂资东乐镜宇于1907年创办。2010年，公司销售收入20亿元，上缴税金1203万元。

1995年，内贸部授予“宏济堂药店”为首批中华老字号称号；1998年公司跨入全国医药流通百强企业；2003年首批通过国家GSP认证，跨入全国医药流通前50位行列；2011年商务部再次授予“宏济堂”为中华老字号称号。

集团拥有山东宏济堂医药有限公司、山东宏济堂阿胶有限公司、山东宏济堂医药连锁有限公司、山东宏济堂中药厂等多家以“宏济堂”

为字号的全资子公司以及济南药王楼商城有限公司、济南爱民制药有限公司等全资或控股的公司；集团建有具备现代药品物流配送能力的宏济堂文化广场物流园、药王楼中药保健品商城、济南古玩城、济南药圣文化创意产业园等。

华润山东医药有限公司

华润山东医药有限公司是由华润集团旗下北京医药股份有限公司与济南中信医药有限公司于2010年9月共同组建的新型医药流通企业。公司位于槐荫工业园区，主要经营化学药品、化学原料药、进口药品、麻精药品、中成药、医疗器械等约8000个品种规格，是山东省第一批药品现代物流试点企业。2010年公司实现销售收入36.5亿元。

华润山东医药有限公司作为华润集团在山东省医药流通行业的整合平台，下设12家子公司，并不断整合省内医药流通资源。公司拥有员工2000余人，具有400余人的基本药物专业配送队伍。公司具备完善的经营网络，设置有省级、市级、系统、社区、区外、市场等销售部门，建立全省唯一一家急救药品服务中心，为终端客户提供多层次全方位的服务。公司药品仓库约1万平方米，各类验收、保管、养护及安全设施完善，冷库具备自动恒温控制系统，满足药品仓储要求。公司具有较强的药品配送能力，具备低温保管药品的冷链运输要求，配送范围覆盖到全省17个地市140个区县。公司为山东省首批通过《药品经营质量管理规范》(GSP)认证企业之一。

2008年汶川大地震、2009年甲型H1N1流感期间，公司均被政府主管部门指定为抗灾、防控急救药品储备单位。2009年第十一届全运会，公司被组委会指定为专用药品储备配送单位。2010年，华润山东医药有限公司投资建设现代医药物流中心，占地11万平方米，被省政府列入山东省现代物流发展重点项目。

济南漱玉平民大药房有限公司

济南漱玉平民大药房有限公司成立于2002年5月18日，是山东省第一家平价药房。自设立第一家门店——西门店起，历经9年发展，公司拥有覆盖济南、泰安、聊城、章丘、长清、平阴等地连锁门店140余家，诊所30余家。

2010年，销售额超过5亿元，上缴国家税金2300万元，位列中国连锁药店百强榜第32位，综合排名第25位，是山东省医药零售连锁行业的龙头企业。

公司自成立后，坚持“明明白白购药，实实在在便宜——漱玉平民大药房为您节省每一分钱”和“平价、优质、专业、便利”的经营理念，遵循“药品真、价格低、服务好、待人诚”的经营宗旨，赢得良好的经济效益和社会效益。

公司积极参与社会公益事业，先后为省城济南的老年人、残疾人、困难学生和特困家庭捐款、捐物、捐药等折合人民币1000余万元。公司及部分门店先后获“省、市、区级消费者满意单位”“山东公众消费(药品经营)首选品牌”“山东省青年文明号”“山东省百姓口碑最佳荣誉单位”“山东省商业名牌企业”“山东省商业百强企业”“山东省商业诚信企业”“山东省商业服务业先进企业”“山东省医药行业发展突出贡献企业”等多项称号。“漱玉平民”商标被评为“济南市著名商标”，漱玉平民大药房被授予“山东省商业服务名牌”称号。

济南漱玉平民大药房第一家门店——西门店开业
(2002年摄)

第五篇　粮油商业

1986年，济南市粮食价格实行平价、议价“双轨制”，以国有粮食部门为主渠道的粮食议购议销连通省内，辐射全国。1992年，建立地方储备粮制度；山东省逐步放宽粮食经营限制，打破地区粮食贸易壁垒，开放粮食市场，允许省内外粮油产品进入济南市场，济南市有乡镇粮油初级市场80个。1993年，粮油销售价格全面放开。2006年，市政府按照政策性粮食业务与经营分离要求，改革国有粮食企业，将全市独立核算的国有粮食购销企业由102个整合为20个，其中市区4个；除保留小部分粮食购销企业承担粮油储备、军队供应等政策性业务外，其余粮食企业实行改革、改制、改组，成为自主经营、自负盈亏、自我约束、自我发展的市场主体。2010年，济南市有以食品快餐为主的“金德利”和以面粉加工为主的“民天”两大国有企业集团；金德利集团有经营网店141个，民天集团有专卖店153个。

第一章　体制改革

第一节 购销体制改革

一、粮食收购从国家统购到多渠道收购

1985年4月1日，国家取消实行32年的粮食统购制度，实行合同定购和市场收购，定购计划由山东省政府核定。

1986年，济南市合同订购计划8000万千克，占全省的2.61%。1989～1992年，济南市年粮食收购总量在1.2亿千克左右。粮食议购由1986年的1.37亿千克增长到1992年的9.06亿千克。1996年，济南市定购计划1.44亿千克，占全省的5.11%。2003年，粮食收购全面放开。

二、粮食供应从计划供应到自由选购

20世纪80年代起，国家对粮食购销采取“稳购、压销、调价、包干”等政策。1990年，济南市相继放开工业用粮、饲料用粮及饮食行业用粮，放开食油购销和价格。

至1992年11月1日前，济南市粮油供应实行城镇人口按定量，凭(粮油)票、凭(购粮)证、定(供应)点的计划供应办法。1992年11月粮食市场全面放开后，1994年济南市粮价出现大幅上涨。为平抑粮价，1995～1997年粮食购销部门实行“两条线运营机制”(粮食经营实行政策性业务和商业性经营)，恢复计划供应。2000年后，粮价稳定，粮油销售自由选购。

三、粮食价格从国家统一定价到市场形成价格

(一)粮食收购价格　1985年4月1日起，济南市合同定购粮食价格30%按原统购价，70%部分按超购价。1992年，提高定购粮食价格，平均增幅20.74%。

1993年，实行粮食收购保护价，原比例价取消。1994年，提高定购粮食价格，平均增幅50.64%。1998年，调低保护价。1999年，将定购价和保护价并轨，合两价为一价，价格适当下调后统称保护价。

2001年，济南市紧缩保护价粮食收购范围，仅保留小麦品种的白麦，价格较2000年每50千克降低2元。2003年，全市粮食收购全部退出保护价收购范围，价格随行就市。

(二)粮食销售价格　1991年5月，济南市实施平价粮油销售价格调整，其中标准面粉每0.5千克由1986年0.18元调增到0.28元；标二粳米每0.5千克由1986年0.168元调增到0.32元；二级花生油每0.5千克由1986年0.83元调增到2.31元。

1992年4月，实施平价粮食销售价格调整，在1991年基础上，面粉每0.5千克调增到0.55元，标二粳米每0.5千克调增到0.49元。11月1日，粮油销售价格全面放开。

1993年11月中旬，全国粮油市场价格陡涨。12月初，济南市推出公开挂牌限价抛售粮食平抑粮价举措，确定国有粮店零售最高限价，每0.5千克特一粉0.78元、特二粉0.72元。

1994年3月，每0.5千克特二粉提高1分钱，并增限价标准粉和花生油，每0.5千克价格分别为标准粉0.6元、花生油5元。6月，国家提高粮食购销价格，粮食主要品种销售，由国家定价；对城镇部分低收入居民，给予定向补贴。济南市执行国家定价下限，每0.5千克特一粉1.03元、特二粉0.94元，销售价格平均提幅30.46%。

1995年7月，济南市在粮食销售上执行国家定价上限，每0.5千克特一粉和特二粉销价均提高0.03元。

1996年7月，国家提高粮食购销价格。济南市粮食销售每0.5千克特一粉1.33元、特二粉1.23元，销价平均提幅26.11%，标准粉提高到1.13元。对大中专在校学生，执行批发价，三个等级的面粉平均便宜0.1元。

1997始，济南市市场粮价回落，粮食销售价格日趋市场化，粮食销售价格稳中有降。

四、粮食市场从封闭走向开放

1986年，全市城乡粮油贸易集市271处，其中城市集市40处。2003年，全市指令性粮食收购任务取消，收购市场全面放开。至2010年年底，全市登记备案粮食收购业户307家，纳入统计范围粮食批发市场4处。

由济南第三粮库黄台库区楼式仓改造而成的济南国家粮油批发市场
（2000年摄）

第二节 财务体制改革

一、财务指标包干

1985年，粮食财政由省下放到市县，实行粮油购销调拨包干，一定三年；盈亏两条线，分别清算。对市区4个分局以中心店为单位实行批零差核算，粮食批零差率按7%，同时按小型企业实行第二步利改税，实现利润按八级超额累进税率交纳所得税。对粮食工业、饲料企业实行第二步利改税，确定独立核算的大型粮食企业按55%缴纳所得税，小型粮食企业按新八级超额累进税率缴纳所得税，饲料加工企业减半征收所得税。对非利改税的市直粮库、市油脂公司，划分政策性和经营性亏损；对政策性亏损实行政策性亏损定额补贴或计划亏损总额控制、减亏分成。

1986年，调整济南市粮油商业留利及折旧基金分配，自7月1日起议价饲料留利上交省粮食局由10%改为3%。从1月1日起县郊区议价和饲料留利上交济南市粮食局由原20%和10%改为各集中留利的10%，食品留利不再上交市粮食局；厂、库、站、公司(包括饲料公司)议价和饲料经营的留利以及食品的留利上交企业留利的10%；分局的议价(指分局直属店和分局本身经营的议价不包括食油经营的议价)食品经营利润，上交市粮食局比例由原20%和45%改为10%，多种经营和平价经营利润留成不再上交市粮食局。上交省粮食局的折旧基金比例自7月1日起，由原20%改为5%；自1月1日起，厂、库、站、公司、分局、车队上交市粮食局折旧基金的10%，四县一郊区的折旧基金不再上交市粮食局。1987年，济南市市区平价粮油经营批零差为7%，全部下放给粮店。

1993年，济南市粮食价格和经营全面放开，粮食财务指标主要下达政策性补贴指标，用于放开粮食购销价格前平价周转库存的费用、利息，地方储备粮食费用利息。

1994年1月1日起，《中华人民共和国企业所得税暂行条例》实施，利改税企业税率改为33%。

1995年3月，省政府印发《关于建立骨干粮店确保居民粮油供应的通知》，大中城市粮食销售推行“两条线”运行机制，实行政策性和商业性经营分开，对承担国家储备粮油保管任务和政策性挂账利息，属政策性业务和政府宏观调控措施发生的政策性亏损，由财政给予补贴。中央储备粮油所需费用由中央财政拨付；地方储备粮油的费用和利息由市财政按市政府规定的粮油数量和国家规定的标准给予补贴。同时确定政策性粮油经营进销差率为8%。1995～1998年，市财政部门对专供店给予政策性销售费用补贴每年200万元。

2004年，市政府确定地方粮食储备规模为2.45亿千克，对地方储备粮油所发生的费用、利息支出。由市财政给予补贴，储备粮补贴每年每千克0.08元、轮换补贴每年每千克0.02元。

2008年1月1日起，《中华人民共和国企业所得税法》实施，利改税企业税率改为25%。

二、处理财务挂账

1992年4月1日至1998年5月31日，济南市粮食购销企业新增财务挂账和其他不合理占用贷款3.05亿元，应予贴息的部分由中央、地方财政各负担50%，本金由贷款单位偿还。

1998年6月1日至2004年5月31日，新增政策性粮食财务挂账9279.62万元，市直属粮食购销企业、县(市)区粮食购销企业分别占13.88%、88.12%。从粮食购销企业剥离4359.67万元(政策性亏损挂账停息)，其余自行消化。

1999～2004年济南市处理国有粮食购销企业政策性财务挂账情况表

表6-5-1　　单位：万元

项目 单位	政策性挂账本金				
	欠拨政策性补贴款形成财务挂账	其他财务挂账	合理周转库存形成财务挂账	农发行费用贷款	合计
济南第一粮库	158.42	—	433.02	—	591.44
济南第二粮库	117.81	—	86.52	75.35	279.68
济南第三粮库	40.53	—	56.72	—	97.25
济南北山粮库	22.83	—	117.81	52.6	193.24
济南植物油库	125.94	—	—	—	125.94
市直小计	465.53	—	694.07	127.95	1287.55
历城粮食局	183.74	196.99	574.5	10.19	965.42
章丘粮食局	86.1	293.39	195.57	—	575.06
平阴粮食局	229.84	—	586.86	—	816.7
长清粮食局	1407.41	—	544.12	14	1965.53
济阳粮食局	735	—	965.16	70	1770.16
商河粮食局	980	—	919.2	—	1899.2
县区小计	3622.09	490.38	3785.41	94.19	7992.07
济南市合计	4087.62	490.38	4479.48	222.14	9279.62

1992～2004年济南市处理国有粮食购销企业政策性财务挂账处理明细表

表6-5-2　　单位：万元

单位	政策性财务挂账认定数	1992年4月至1998年5月财务挂账	1998年6月至2004年5月财务挂账		
			合计	已剥离	未剥离
全市小计	39748.13	30469	9279.13	4359.67	4919.46
市区小计	9260.55	7973	1287.55	405.62	881.93
济南第一粮库	1133.44	542	591.44	0	591.44
济南第二粮库	776.68	497	279.68	279.68	0
济南第三粮库	436.25	339	97.25	0	97.25
济南北山粮库	2080.24	1887	193.24	0	193.24
济南植物油库	990.94	865	125.94	125.94	0
市中粮食分局	928	928	0	0	0
历下粮食分局	926	926	0	0	0
天桥粮食分局	1159	1159	0	0	0
槐荫粮食分局	830	830	0	0	0
县区小计	30487.58	22496	7991.58	3954.05	4037.53
历城粮食局	3823.12	2858	965.12	369.7	595.42
章丘粮食局	4322.06	3747	575.06	0	575.06

续表6-5-2

单 位	政策性财务挂账认定数	1992 年 4 月至 1998 年 5 月财务挂账	1998 年 6 月至 2004 年 5 月财务挂账		
			合计	已剥离	未剥离
长清粮食局	5595.54	3630	1965.54	1278.35	687.19
平阴粮食局	3222.7	2406	816.7	0	816.7
济阳粮食局	7295.16	5525	1770.16	407	1363.16
商河粮食局	6229	4330	1899	1899	0

第三节　粮食企业改革

一、扩大企业自主权

1987 年 4 月，市粮食局确定市区平价粮油经营 7% 批零差全部放给粮店，逐步推行中心店独立经营、自负盈亏。经营方式上重点实行国家所有、集体经营和租赁制，探索新的经营方式。同年，市区仓储企业全部实行栈租制，推行企业化经营。

1992 年粮食销售价格放开后，粮食供应企业走上市场化经营之路。粮食企业在坚持粮油议价经营同时，发展食品生产经营和其他经营。在食品经营方面市直 4 个分局培育出金德利、中达、三合、天粮快餐连锁店和金谷、四季馨、三合等食品加工厂，逐步发展为金德利快餐连锁品牌。其他经营方面，在建材、酒店、五小超市、养殖业、装饰装修、横向联营等进行探索和尝试，由于受多种因素制约，均以失败而告终。

2006 年，市粮食局按照济南市《关于深化国有粮食企业改革的意见》，对市直企业、县(市)区粮食局所属企业进行企业产权制度改革，对粮食购销企业进行整合压减、兼并重组、转让出售等方式改革；对承担储备粮和军粮供应任务的粮食企业实行国有独资，确保军需民用；重点培植发展以骨干粮食加工企业济南民天面粉公司为龙头的济南民天集团公司，实行国有控股，资产重组，其他附营企业原则上全部退出国有资本；市属连锁零售经营企业以金德利网点门店为依托，组建国有控股的山东金德利快餐连锁集团公司。推动粮食企业集团化、产业化经营，使企业真正成为自主经营、自负盈亏、自我约束、自我发展的市场主体。

二、推行经济责任制

1986 年，市财政局、济南市税务局和市粮食局印发《关于在粮油收购中实行联购计酬责任制的通知》，对凡是完成国家下达的全年粮食、油料、食油定购任务后，再多购的粮食、油料以及国家委托代购和议购(包括当地、外地议购)的粮食、油料(包括糠麸、饼类)的，粮食、油料每千克给予 2 厘，食油每千克给予 1 分酬金，列入成本，不作奖金对待。

1987 年，市政府推行以承包经营为主要形式的责任制，市经济委员会和市财贸办公室与市粮食局签订承包合同，市粮食局与区、县粮食局、直属企业分别签订承包合同。1988 年，省粮食局下发《关于印发山东省粮食企业承包经营责任制试行办法的通知》，济南挂面厂、济南粮食加工厂等 6 家直属粮油加工企业实行“工资挂钩”。市财政局、市劳动局按“包死基数、确保上缴、超收多留、欠收自补”的原则，与其签订第一轮 3 个年度(1988 ～ 1990 年)的递增包干劳动工资与经济效益挂钩协议；“工效挂钩”连续三轮，共 9 年。

1992 年 9 月，市粮食局根据济南市关于在国有小型商业企业进行“国有自营”改革的要求，制定市区粮店“国有自营”改革实施意见，先试后推。组织人员参加试点粮店招标现场大会，经答辩选定承包者。一人挑头，定员承包，交足国家的，留够企业的，其余超收全留，欠收自补。至1993年1月，125家粮店实行改革，占92%。在从事议价粮油、食品经营的同时，扩大经营项目。

2007～2010年，市粮食局在所属单位实行全方位目标管理，与各单位签订年度目标责任书。

三、产权制度改革

1987年，济南健力敏饮料食品厂与13个相关企业，组建济南健力敏饮料生产(集团)公司。

1990年12月，济南油脂公司与新加坡顶新制油有限公司(台资)合资成立济南顶利油脂食品有限公司。1991年，济南粮食加工厂与滕州农工商总公司联合，产销“乘风”牌优质方便面。

1992年8月，济南中心面粉厂与意大利周氏贸易进出口集团公司合资，建立济南伊玛食品有限公司；9月，济南市粮食加工厂与港商刘阳修合作成立济南西雅图牛肉面有限公司；10月，济南饲料公司与泰国正大集团合资，建立济南正大有限公司。1993年7月，济南挂面厂与台湾镫隆公司合资成立济南弘孚食品有限公司。1997年6月，济南挂面厂与美籍华人张庆玲签订实施“腾笼换业”工程合同。1998年3月，济南挂面厂将有关设备迁入位于天桥区二环北路西首新厂区，未开工。

2000年，济南健力敏饮料厂转让位于市中区白马山南路17号厂区土地1.53万平方米。2002年，济南粮油机械厂位于天桥区天成路9号办公和生厂区被济南市旧城改造投融资管理中心回收。2003年9月，济南粮油包装总公司与济南土地收储中心签订国有土地使用权收回(购)合同，土地2.96万平方米。

2004年，济南成丰有限责任公司与济南土地收储中心签订位于天桥区宝华街135号1.34万平方米厂区国有土地使用权收回(购)合同。2006年，济南粮油运输公司位于天桥区官扎营西街126号办公和生产厂区转让给济南蓝翔技

2008年11月，济南第二粮库迁入槐荫区现代物流园区新建成的高大平房仓

校。2007年5月，注册成立山东金德利集团快餐连锁有限责任公司子公司、山东金德利集团市中快餐连锁有限责任公司、山东金德利集团历下快餐连锁有限责任公司、山东金德利集团槐荫快餐连锁有限责任公司、山东金德利集团天桥快餐连锁有限责任公司、山东金德利集团配送连锁有限责任公司。2008年11月，济南第二粮库迁入槐荫区现代物流园区，占地9.2公万平方米，投资9700万元，容量1亿千克。12月，济南健力敏饮料厂位于天桥区茂新街25号办公和生厂区被济南市旧城改造投融资管理中心回收。

2009年6月，黄台库区与山东丰润置业有限公司签订合作协议，有偿转让。同年，根据国务院国资委《关于规范国有企业职工持股、投资的意见》和《关于实施〈关于规范国有企业职工持股、投资的意见〉有关问题的通知》，山东金德利集团快餐连锁有限责任公司出资收购所属槐荫、市中、历下和天桥子公司全部职工持股，同时变更子公司注册资本。

2010年7月、12月，济南植物油库就位于天桥区官扎营后街109号三宗土地和官扎营中街一宗土地分别与济南市旧城改造投融资管理中心签订《国有土地使用权收回(购)合同》。12月，济南第三粮库迁入位于济阳县崔寨镇济北大道43号的济阳分库，济阳分库占地面积18.15万平方米，容量1.65亿千克，植物油罐容量240万千克。

第二章　粮油购销

第一节 粮油收购

1985年4月1日起，国务院取消粮食统购，改为合同定购。1990年，从秋粮收购起改为国家定购，至2003年结束。食油(油料、油品)定购，1993年和1994年中断，1995年恢复，1997年结束。定购计划由省政府核定。

一、合同定购

1986年，山东省下达济南市粮食总定购计划8000万千克，花生仁215万千克。全市粮食入库7956.7万千克，油料入库133.18万千克。同年，完成国家委托代购粮食1100万千克。

1987年，规范《粮油合同定购书》，全省调减粮食定购计划，济南市7350万千克。为鼓励做好收购工作，山东省决定完成定购任务后多购部分，定购价之上每千克补贴0.128元，完不成任务的差额用议价补齐。10月，对超定购任务多购数开始限制，只允许两部分。一部分，增加的机动数，并落到村户的；另一部分，完成定购任务后，有余粮要卖，按比例价收购。济南市提前超额完成任务。1988年，全省粮食定购形势严峻，以县区为单位，在未完成粮油定购和粮食“议转平”计划前，不准多渠道经营。该年夏粮收购，长清县首先完成任务，位列全省前茅。全市完成粮食定购任务7379万千克，超额完成0.4%；花生仁入库215万千克。

1989年，商河县、济阳县并入济南市行政区划，济南市粮食定购计划1.19亿千克，花生仁定购计划419万千克，新增棉籽油92万千克。当年济南市遭受严重旱灾，粮食和花生减产幅度较大，部分地块绝产，致使章丘、平阴两县及历城、历下、槐荫三区未完成粮食定购任务；章丘、长清、商河、济阳四县和历城区未完成花生和棉油定购任务。全年济南市粮食合同定购实际入库1.23亿千克，超额完成4%；花生仁入库144万千克，占任务的34.4%；棉油入库81万千克，占任务的88%。

1990年，济南市粮食大丰收，全年完成定购任务1.21亿千克，超额完成1.8%；棉油入库91.8万千克；花生仁入库278万千克，占任务的66.3%。

二、国家定购

(一)粮食定购　1991年，合同定购改为国家定购，不再签订合同，由当地政府向村户颁发国家定购任务通知书。当年，粮食定购计划1.22亿千克，历城区、章丘县部分粮田被建设济青高速公路征用，调减47.5万千克。

1992年，济南市定购计划调减至1.19亿千克。其中，因当年秋旱、黄河七次长时间断流，一次性调减章丘市145万千克、长清县30万千克、槐荫区10万千克粮食定购计划。1993年始，农业税一律征收粮食实物，按“先征后购”原则优先接收，全年定购任务1.19亿千克，其中农业税占9.21%。1995年，粮食收购克服资金紧张、牌市差价大等困难，完成1.19亿千克定购任务。

1996年，省政府对济南市定购计划调增至1.44亿千克(占全省的5.11%)，占粮食总产量的4.7%，低于全省7%的水平。当年，粮田很少的市内四区粮食定购任务共75万千克，调减

140.5万千克，加上全市调增2500万千克，共应调剂2640.5万千克。其中，1500万千克由市粮食局组织，按市场价收购转作定购粮食，市财政补贴差价；其余1140.5万千克，按1995年粮食总产、农民人均占有量和播种面积等不同，将章丘、长清、平阴3个县(市)，商河、济阳2个县及历城区分为三类，区别分解。1997年，济南市完成粮食收购任务1.44亿千克，并在仓容紧张、调销不畅的情况下，按保护价收购农民余粮8500万千克，收购专储粮3200万千克。1998年，济南市支持历城区南部山区乡镇经济发展和农业产业结构调整，调减125万千克。全年收购粮食2.54亿千克，其中定购任务1.44亿千克，占计划的100%；按保护价收购粮食1.1亿千克。同年，成立济南市粮食收储管理中心，完成厂、库分离，实现储备与经营的分离。1999年，济南市支持山区乡镇重点发展林、果业，减轻农民负担，调减定购任务384.5万千克，由市粮食局组织按市场价收购转作定购粮食259.5万千克，平阴县自行调剂125万千克。当年完成国家粮食定购任务1.44亿千克。

2000年，国家粮食地区性、结构性相对过剩，市场价连跌4年，调低小麦定购价，以利于粮食顺价销售。市场收购主体持续扩大，经县以上粮食行政管理部门审查认定资格为个体工商户，可以参与有关品种的收购。当年顺利完成国家粮食定购任务。2001年，济南市粮食系统采取划片定点、预约交粮、上门收购等措施，完成国家粮食定购任务1.44亿千克。2002年，受农业种植结构调整、自然灾害、农村税费改革等因素影响，全市粮食产量同比减少两成。济南市加大收购力度，共设固定网点132个，流动网点38个，做到常年常时按保护价收购，完成定购任务。2003年，是国家粮食定购最后一年，济南市完成1.44亿千克粮食定购任务。

2004年夏粮收购开始，全省全面放开粮食收购市场。6月1日起，济南市全面放开粮食购销市场。

1986～2003年济南市粮食定购情况表

表6-5-3　　单位：万千克

年份	计划	同比增长量	增长比例(%)	实际	占计划比例(%)
1986	8000	500	6.67	7956.7	99.46
1987	7350	-650	-8.13	7511	102.19
1988	7350	—	—	7379	100.39
1989	11864.5	4514.5	61.42	12186.6	102.71
1990	11864.5	—	—	12073.2	101.76
1991	12150	285.5	2.4	12209.3	100.49
1992	11850	-300	-2.7	11995.2	98.73
1993	11850	—	—	11850	100
1994	11850	—	—	11850	100
1995	11850	—	—	11850	100
1996	14350	2500	21.1	14649.9	102.09
1997	14350	—	—	14350	100
1998	14350	—	—	14412	100.43
1999	14350	—	—	14427.9	100.54
2000	14350	—	—	14350.3	100

续表6-5-3

年 份	计 划	同比增长量	增长比例（%）	实 际	占计划比例（%）
2001	14350	—	—	14350	100
2002	14350	—	—	14350	100
2003	14350	—	—	14350	100

(二)油料油脂定购　油料主要是花生仁、花生果以及油菜籽；油品主要是花生油、豆油、棉籽油。1991年、1992年和恢复食油定购的1995年，定购改为“总折油”，3年合计计划342万千克，实际累计383万千克，超额41万千克。1996年和1997年，济南市油脂任务是单一定购花生仁，两年合计计划320万千克。

1986～1997年，定购计划分别是花生仁1803万千克，棉籽油184万千克，总折油342万千克。10年中，实际定购花生仁1163.62万千克，棉籽油97.27万千克，“总折油”382.74万千克。另外，收购平价食用油品371.94万千克。油脂加油料，综合总计约2000万千克。

1986～1997年济南市油料油脂定购情况表

表6-5-4　　单位：万千克

年 份	定 购									弥补定购
	花生仁			棉籽油			总折油			食用油品
	计 划	实 际	占计划%	计 划	实 际	占计划%	计 划	实 际	占计划%	实 际
1986	215	133.18	61.94	—	—	—	—	—	—	—
1987	215	210.29	97.8	—	—	—	—	—	—	4.57
1988	215	197.53	91.87	—	—	—	—	—	—	257.19
1989	419	117.28	27.99	92	41.72	45.34	—	—	—	49.97
1990	419	219.14	52.3	92	55.55	60.38	—	—	—	60.21
1991	—	—	—	—	—	—	136	212.48	156.23	—
1992	—	—	—	—	—	—	136	100.07	73.58	—
1995	—	—	—	—	—	—	70	70.19	100.27	—
1996	160	160.68	100.42	—	—	—	—	—	—	—
1997	160	125.52	78.45	—	—	—	—	—	—	—
总 计	1803	1163.62	—	184	97.27	—	342	382.74	—	371.94

(三)“三挂钩”政策　1986～1992年，为完善粮油定购制度，稳定粮油定购任务，国家对定购粮食、油脂按任务按标准挂钩，奖售挂钩物资化肥、柴油和发放预购定金简称“三挂钩”。挂钩的化肥一律按平价保证供应，预购定金由粮食部门按合同定购粮食价款的20%发放，在农民交售粮食结算时扣还，利息由中央财政负担。

1986年，济南市农户每交售100元钱粮食，供应平价标准化肥4千克、柴油4千克(增1千克)。花生仁不分大小，每50千克供应优质化肥15千克。对签订定购合同、缺乏资金的农民一般预付不超过定购粮食总金额20%的价款，对交售量大的专业户放宽到35%。1987年，农户每交100千克粮食，供应优质化肥13千克、柴油3千克，签订合同时，预付50%票证，12月改为发放票证。1988年，济南市改为随收购按标准全额发放化肥票，对已预付的50%按期兑现，不再扣回，等于增50%的化肥。1989年，农户每交100千克粮食挂钩平价优质化肥，小麦22千克、玉米20千克、大米和大豆均为30千克。挂钩平价柴油，不分粮食品种，一律3千克。花生仁(含油、果折仁)、棉籽油，每100千克，平价标准化肥40千克。1990年，市粮食部门不再单独发放预购定金，农民生产资金发生困难，可向当地农业银行和信用社申请贷款。预购定金利息补贴，由粮食部门连同价款一并付给。

1993年，济南市挂钩物资由平价供应实物改为价外加价。每50千克小麦和玉米均为2.85元，大米3.175元。应由中央负担的挂钩化肥仍兑现实物，小麦和玉米、大米，每50千克分别奖售平价优质化肥5千克、7.5千克。1995年，济南市恢复中断的粮肥挂钩，每50千克(不分品种)按山东省定价供应国产尿素5千克。

1996年，济南市每50千克大米供应省控尿素25千克，每0.5千克1.4元。1997年，执行1995年的标准，收购夏粮供应到9月底，农民逾期不购买的，不再兑现。收购秋粮，照常兑现。章丘市普集镇曾自筹化肥70万千克，增加在标准外奖售，鼓励农民。

三、粮油议转平收购

1986～1992年，为弥补平价收支差额，省政府核定粮食议转平计划，即从议价中将部分转作平价。在实际平价收购中的比重，大于定购，仅次于调入。1993年，有小量粮食议转平。1996年，政策性业务、商业性经营“两条线”运行，部分市场粮食转入政策性粮食。

1986～1992年，全市累计议转平粮食8.58亿千克，相当于同期7年定购粮食的1.2倍。1993年，议转平262.2万千克。1996年，市场粮食转作政策性粮食6184.8万千克。

1986年、1987年和1992年，食用油(芝麻油、棉籽油、花生油)议转平共149.93万千克。1986年，食用油料(芝麻)议转平26.61万千克。

1986～1996年济南市粮油议转平收购情况表

表6-5-5　　单位：万千克

年份	粮食			油脂		
				食用油品	食用油料	油饼
	计划	实际	实际+–(%)	实际	实际	实际
1986	—	5210.6	—	126.96	26.61	1.49
1987	—	11327.7	117.4	5.35	—	—
1988	11300	11077.2	-2.21	—	—	—
1989	20792	14404	30.03	—	—	—
1990	20450	14661.4	1.79	—	—	—
1991	20350	11938.7	-18.57	—	—	—
1992	20350	17181.6	43.92	17.62	—	—
1993	—	262.2	-98.47	—	—	—
1996	—	6184.8	—	—	—	—
合计	—	92248.2	—	149.93	26.61	1.49

说明：1.1986～1992年，另有品种兑入，品种兑换收入粮食235177吨、麦麸8503吨、食用油品1986.9吨、食用油料383.3吨。

2. 油饼：油脂原料经过压榨出油后的残留物，经压制而成的饼状物体

四、粮油议购

1986年，粮食议价品种有小麦、面粉、大豆、大米、杂粮(玉米、小米、高粱、绿豆、小豆、红豆、大麦、薯类等)及麦麸。油脂有花生油、豆油、菜籽油、芝麻油、棉籽油、玉米胚芽油等食用油品和蓖麻油、桐油、花生仁(果)、葵花籽、芝麻等食用油料及副产品油饼。1988年，粮食形势紧张，粮油议价经营品种增加到45个，总经营量3.48亿千克，实现经营利润1568万元；议购粮食1.91亿千克，议购油料1450万千克，议购食油1.16亿千克。1990年6月，山东省确定小麦议购指导价，每0.5千克中等花麦0.46元，上浮10%为最高限价，下浮5%为最低保护价。全年议购小麦1.21亿千克，购自生产者占88.82%。麦麸7年共1.91亿千克，年均2724千克。至1992年，议购合计粮食和麦麸32.87亿千克、油脂综合2.61亿千克。1992年11月1日，全市放开除军用之外的粮油销售价格，放开经营。

1993年，以销议购。11月下旬和12月，受粮食市场价暴涨等影响出现抢购。1994年3月，济南市复现抢购。1995年，济南市实行政策性业务、商业性经营“两条线”运行：议购和市场收购、议价、市场粮油(对应政策性粮食)。至1997年，购进议价和市场粮食39.5亿千克，年均7.9亿千克；议购和市场收购食用油品1.11亿千克，年均2229万千克。1993年和1997年，共购进麦麸8400万千克。

2005年，济南市粮食供应品种有小麦、玉米、大米等，食用油品有花生油、棕榈油、豆油等。价格一般随行就市，并对规定粮食品种，执行最高限价、保护价、最低收购价(托市收购价)。多渠道部分“纯购进”，即直接购自生产厂家和市场；部分购自国内商业企业(后称批零贸易业)，即间接经其转买。

1986～1992年济南市粮食议购情况表

表6-5-6　　单位：万千克

年份	粮食		麦麸	
	数量	+－(%)	数量	+－(%)
1986	13658.6	—	—	—
1987	30183.7	120.99	2441.5	160.8
1988	32025.3	6.1	2034.9	−16.65
1989	38524	20.29	1786.9	−12.19
1990	41307	7.22	2962.9	65.81
1991	63391.8	53.47	6144.4	107.38
1992	90578.9	42.89	3018.8	−50.87
合计	309669.3	—	18389.4	—

1986～1992年济南市油脂议购情况表

表6-5-7　　单位：万千克

年份	油品		食用油料		蓖麻油桐油	油饼	
	数量	+－(%)	数量	+－(%)	数量	数量	+－(%)
1986	787.98	—	1246.59	—	—	1154.05	—
1987	1039.65	31.94	1182.57	−5.14	—	860.55	−25.43

续表6-5-7

年 份	油 品		食用油料		蓖麻油桐油	油 饼	
	数 量	+-（%）	数 量	+-（%）	数 量	数 量	+-（%）
1988	1421.59	36.74	2271.14	92.05	—	431.76	-49.83
1989	1402.94	-1.31	1837.71	-19.08	—	204.87	-52.55
1990	1955.46	39.38	1355.81	-26.22	—	181.78	-11.27
1991	1952.48	-0.15	1718.07	26.72	—	646.8	255.81
1992	2823.93	44.63	1225.22	-28.69	—	274.67	-57.53
合 计	11384.03	—	10837.11	—	170.89	3754.48	—

1993～1997 年济南市粮食议购和市场收购情况表

表6-5-8　　单位：万千克

年 份	粮 食		麦 麸	
	数 量	+-（%）	数 量	+-（%）
1993	86030.6	-5.02	4189.9	38.79
1994	107716.5	25.21	—	—
1995	89499.2	-16.91	—	—
1996	55460.9	-38.03	—	—
1997	56328.4	1.56	1496.5	0.16
合 计	395035.6	—	8386.4	—

1993～1997 年济南市油脂议购和市场收购情况表

表6-5-9　　单位：万千克

年 份	食用油品		食用油料		蓖麻油	油 饼	
	数 量	+-（%）	数 量	+-（%）	数 量	数 量	+-（%）
1993	2206.44	-21.87	900.55	-26.5	32.3	193.25	-29.64
1994	5138.6	132.89	1389.1	54.25	—	—	—
1995	1543.5	-69.96	1654.2	19.08	—	—	—
1996	1114.3	-27.81	1235.9	-19.24	—	—	—
1997	1142.5	2.53	415.7	-69.88	—	—	—
合 计	11145.34	—	5695.45	—	32.3	193.25	—

五、保护价收购

1997 年 7 月 16 日，省政府发出《关于按照保护价政策敞开收购议购粮的紧急通知》，每 0.5 千克三等冬花麦 0.69 元，以质论价，不拒、不限、不停收，国家对按定购价和保护价收购的粮食一部分库存给予适当利息、费用补贴等。济南市按保护价收购农民余粮 8500 万千克，收购专储粮 3200 万千克。

1998 年，济南市以保护价收购粮食 1.11 亿千克。1999 年，省政府制定粮食“促销压库”政策。济南市全年商品粮食购进 8.27 亿千克，同比增3.75亿千克，其中按保护价敞开收购农民余粮4.82亿千克。2000年，省政府一步完善粮食流通体制改革政策措施，对符合国家质量标准的小麦、玉米、稻谷三大品种，以保护价不限、不拒、不停收。对优质品种，要“购得进、销得出”。济南市商品粮购进9.34亿千克(含国家专项储备粮转入0.71亿千克)，其中按保护价敞开收购农民余粮4.61亿千克。

自2001年秋粮收购起，玉米、稻谷退出保护价收购范围，收购价自定；保留小麦一个品种，实行收购保护价。粮食收购市场主体持续扩大，个体工商户经县以上粮食行政管理部门审查认定资格，可从事有关品种收购。至2003年，济南市保护价年均购进商品粮食5.35亿千克。1998～2003年，保护价购进商品食用油品1439.9万千克、油料843.4万千克。

1998～2003年济南市市场（商品）粮食收购情况表

表6-5-10　　单位：万千克

年份	数量	+-（%）	其中	
			收储(购销)企业收购	附营企业收购
1998	45273.3	-19.63	—	—
1999	82724.7	82.72	5586.4	26908.3
2000	93381.6	12.88	65746.3	27635.3
2001	51931.8	-44.38	34948.4	16983.4
2002	60106.8	15.74	41223.9	18882.9
2003	48399.5	-19.48	35309.4	13090.1
合计	381817.7	—	—	—

说明：1.1998年度，统计未划分国有粮食收储(购销)企业、附营企业收购。

2.2003年度，日历年度

1998～2003年济南市市场（商品）油脂收购情况表

表6-5-11　　单位：万千克

年份	食用油品			食用油料		
	数量	其中		数量	其中	
		收储(购销)企业收购	附营企业收购		收储(购销)企业收购	附营企业收购
1998	314.5	—	—	361.5	—	—
1999	320.8	120.2	200.6	221.8	—	221.8
2000	233.7	123.5	110.2	157	—	1.57
2001	150	12.7	137.3	100.1	—	100.1
2002	183.2	21.7	161.5	2.9	—	2.9
2003	237.7	52.9	184.8	0.1	—	—
合计	1439.9	—	—	843.4	—	—

说明：1.1998年度，统计未划分国有粮食收储(购销)企业、附营企业收购。

2.2003年度，日历年度

2004年6月1日后，粮食购销市场化，终结粮食定购，全面放开粮食收购市场。国有粮食经营企业(2005年购销、附营企业要统称)，按调控地区内市场、储备粮轮换等实际需要、收购商品粮油，切实掌握安全的粮源。不再实行收购保护价，对小麦按国家制定的最低收购价托市收购。

六、商品粮收购

2004年，济南市收购商品粮6.83亿千克。2005年，农业发展银行对正在改革的国有粮食购销企业进行贷款资格认定，济南市取得收购资金，购进商品粮5.78亿千克，其中从生产者购进2.6亿千克。2004年、2005年购进商品食用油654万千克。

2006年起，实行托市收购。济南市购进小麦1.82亿千克，其中托市收购9400万千克。2006年年初，粮食库存4.53亿千克；年内，购进3.06亿千克，占全市收购总量的67.2%。

2007～2009年，国家继续执行小麦最低收购价预案。2008年，国家提高粮食最低收购价，每0.5千克白麦调高0.05元到0.77元，红麦和混合麦调高0.03元到0.72元，预期启动时间提前15～20天。2009年，提高粮食最低收购价，每0.5千克白麦0.87元、红麦和混合麦0.83元，平均提幅14.1%。2009年，济南市购进商品粮10.08亿千克，购进食用油品1800万千克。2010年，购进小麦3.58亿千克，购进商品粮10.72亿千克，购进食用油品1900万千克。

第二节 粮油销售

一、计划供应

1986年，济南市粮食销售计划4.09亿千克，平价食用油品销售计划1750万千克。粮食“专项销售”计划2500万千克，实际销售3758.1万千克，其中饲料粮3301.5万千克(换购生猪60.18%、换购鲜蛋5.42%、其他饲料34.14%等)、退耕还林等用粮456.6万千克。当年，全部平价粮食销售3.44亿千克，是计划的87.04%；其中非农业销售占90.81%，农业销售占9.19%。非农业销售中用于供应定量人口59.46%、行业33.34%、非农业饲料4.01%等。农业销售中用于供应农业人口粮98.42%，其他1.58%，供应农业人口236603人；其中，蔬菜专业户140011人(人月均16千克)，其他常年定销户4976人(人月均7.8千克)、因灾缺粮户73177人(人均44.2千克)等。食用油品销售1602.07万千克，是计划的91.55%。其中，非农业销售占99.4%，用于供应定量人口41.04%、行业56.6%，其他0.08%等。行业用大于定量人口用15.56个百分点。市镇供应网点174处(全省的18%)，定量人口细粮、粗粮计划比例分别为80%和20%。为使居民吃上精细粮，市区敞开供应精制面粉，市区和各县城镇供应等外(副号)面粉抵顶粗粮计划。“一业为主，多种经营”，口粮转化粮油食品。其中，工厂化挂面产量650万千克(济南挂面厂占82.4%)，群众“吃挂面难”状况明显缓解。4月1日起，火车餐车和站台售货用粮油改为议价供应。对农村贫困地区、退耕还林还牧山区，人年均自产口粮不足200千克的供应到200千克，人年均收入不足150元或以上而困难较大的赊销粮食。

1987年，调整产业结构用粮，改为找补平议差价，粮食、食用油品销售计划供应分别为3.95亿千克、1750万千克。粮油消费增长过快，全国粮食形势偏紧，加强粮票安全管理；检查行业用粮油；按政策、指标控制“农转非”改变户、粮关系。12月起，对探亲、旅游台胞，在其亲友家居住的，凭证明每人每月供应粮食15千克、食油0.25千克；居住不足1个月，粮食按天数、食油按1个月供应，粮食品种任选。若居住宾馆、饭店不售平价饭食，相应供应宾馆、饭店平价粮食。同年，粮食销售3.73亿千克，食用油品销售1747.68万千克。

1988年，粮食形势紧张，全省供需总量不平衡，细粮不足。粮食销售3.83亿千克，同比增加0.1亿千克。食用油品销售1987.89万千克，同比增加240.21万千克。5月31日，省粮食局印发《关于取消各项补助用粮等几个问题的通知》，凡定量外粮食补助一律取消；对已实行平议兼营的饮食、糕点业和有结余粮集体伙食单位借用的铺底粮清理收回；对外事、接待旅游高级宾馆、饭店，除会议用粮油外，改供议价。同时，加强粮票管理，严禁粮票买卖和兑换实物。对居民购粮证结存计划不发粮票；农业人口中，参加县以上会议，市以上重点中学寄宿生，外出就医等，持证明可以现粮(小麦不低于70%)兑换一定数量的粮票，其他一般不发粮票。农村返销粮和奖售粮，不发粮票。8月下旬，居民抢购商品风波及粮油，面粉最高日销售73.5万千克，比正常日销量增长44%。下半年，粮油销售量比上年同期分别增长9%和24%，影响正常粮油供应秩序，导致粮油库存下降。1988年12月1日始，实行居民限购当月口粮和购买食油使用"济南市食油票"，并宣布："供应城市居民定量口粮不涨价、粮票不作废，粮、油票和居民粮本存粮不作废、节约归已。"至12月10日，市场粮油销售趋于正常，供应紧张状况日渐缓和。年内，省粮食局一次性增拨玉米销售指标500万千克，重点供应国营饲养场，改善猪禽蛋供应，以平抑食品价格。

1989年，商河县、济阳县划入济南市行政区划，食用油销量包干调整为1871.5万千克。该年度实际销售粮食4.12亿千克，食用油实际销售1711万千克，占包干计划的91.4%。3月，全国粮食工作会议提出"要严格控制粮食销售，除城镇居民口粮、军粮、农村救灾粮、水库移民口粮继续按国家规定保证供应外，其他用粮由各地本着三先三后（即先农村后城市；先中小城市后大城市；先压对群众生活影响较小的项目后压其他项目)的原则，适当压缩销售"。5月1日起，济南市取消部分行业用粮计划，改供议价粮或实行市场调剂。至10月底，在全市范围内对粮油销售进行整顿；重点是核实人口、工种定量，整顿行业用粮油；主要内容是对全市城镇非农业人口粮食定量进行"户、证、卡"三核对；对全市机关团体、厂矿企业、学校等工种粮单位的人口、工种定量进行全面核实；对糕点、饮食(包括第三产业、个体户、农民进城办饭店等有平价粮油供应计划的)、副食、酿造、宾馆、招待所以及粮油经代销等工商行业用粮油单位进行全面清查整顿。全市核实人口124万人，其中街道居民90.6万人(70%)；定量人口粗粮计划内每人粳米1千克、大豆0.25千克，其余为等外面粉。实际调高细粮计划比例。清查糕点、饮食(第三产业、个体户、农民进城办饭店)、副食、酿造业，以及食油经代销、宾馆、招待所、幼儿园等单位98家，集体伙食单位2330家。发现虚报冒领，非正常结余、违规倒卖问题，合计粮食183万千克、食油1.6万千克。收回粮食(凭票供应指标)118万千克，食油1.2万千克，粮油平议差价款10.6万元。全年行业用粮、食用油品，同比分别减少663万千克、229万千克。

1990年，全市销售粮食3.62亿千克、食用油品1485.5万千克。为适当控制平价粮油销售，减轻财政负担，确保居民供应，济南市于1990年11月1日开始压缩平价粮油销售。对糕点业和酿造行业用粮(包括酿造业用麸皮)全部改为议价供应。行业用油改为统购价加费用供应，每千克4.8元。

1991年4月19日，省政府发出《关于调整粮油统销价格的通知》，济南市市区相继出现居民争购粮油现象，粮油销量大幅度上升，高峰期间最高日销售粮食210万千克，是正常销售量的5倍；食用油高峰期间最高日销售29.7万千克，是正常销售量的15倍。为保证供应，全市粮油零售点由原来的102个增加到191个，由8小时营业延长至12小时营业。4月底，按原价供应粮食3615万千克、食用油296万千克。5月1日，顺利实行新价。全年济南市实际销售粮食3.91亿千克，占省安排销售包干计划的

89.9%。食用油实际销售1264.21万千克，占销售包干计划的72.24%。

1992年，国务院决定实行粮食购销同价。4月1日起，面粉、大米、玉米3种中等质量标准品的统销价格，全国每0.5千克平均提高0.11元。纳入计划内统销的成品粮、原粮价格，多数全省统一，少数由地市制定。3月公布调价后，市粮食局制定《关于确保粮食价格改革顺利实施的意见》，以调价前供应为中心，停发销往外地面粉，集中人财物力调运，五县和历城区调出面粉812万千克支援市区。为均衡供应，市内四区严格限购当月粮，对部分集体伙食单位和居民，先开票后付货，适当延长一季度食油票有效期和迟发二季度食油票。粮油中心店采取上门开票、送货上门销售方式，出售粮油15.7万千克，送粮油上门12.42万千克。11月1日起，市区放开粮油销售价格。除军供粮油仍按原统销价格，暂由国有粮食企业供应外，市区其他用粮油销售价格全部放开。放开以粮食为原料的大众化食品和相关制品以及粮油副产品的销售价格，实行市场调节。对城镇居民现有粮证存粮和粮票，原则上采取暂先挂存、逐步消化的办法。居民粮证继续保留，定量管理、粮证迁移等按原规定执行。粮食部门继续保留居民档案定量标准，以便特殊时期使用。同年，济南市平价销售粮食15.73万千克，是计划的36.2%；食用油品计划调减至1150万千克，实际销售505.1万千克，是计划的43.92%。

1986～1992年济南市市区平价粮油总销售表

表6-5-12　　单位：万千克

种类	总计		非农业销售				农业销售			专项销售
	数量	占全市（%）	数量	其中三项（%）			数量	其中二项（%）		数量
				定量人口	行业	饲料		农业人口口粮	饲料	
粮食	197506.2	80.33	178516.5	6.717	2.479	0.412	18144	9.624	0.226	845.7
麦麸	11917.8	70.98	11917.8	—	—	—	—	—	—	—
食用油品	9122.92	88.6	9087.32	4.822	4.78	—	35.6	—	—	—
食用油料	369.96	86.84	369.93	—	5.98	—	0.03	—	—	—
油饼	18.17	2.74	3.59	—	—	—	14.58	—	—	—
混合总计	218935.05	—	199895.14	—	—	—	18194.21	—	—	845.7

1986～1992年济南市市区平价粮食销售数量表

表6-5-13　　单位：万千克

年份	合计	非农业销售				农业销售			专项销售
		小计	其中三项			小计	其中二项		合计
			定量人口	工商行业	饲料		农业人口口粮	农业饲料	
1986	29817.6	25686	15124.5	9356.3	1204.9	2385.9	2336.2	—	845.7
1987	32201.5	29513.6	16987.3	9145.1	2401.4	2687.9	2687.9	—	—
1988	33054.1	29608.8	19138.2	8265.5	1172.9	3445.3	3026	371.2	—
1989	33040.1	27914.3	19195.5	8397.2	987.6	3325.8	3257.8	38	—
1990	29116.1	26996.7	19514.7	5508.4	780.4	2119.4	2119.4	—	—

续表6-5-13

年份	合计	非农业销售				农业销售			专项销售
		小计	其中三项			小计	其中二项		合计
			定量人口	工商行业	饲料		农业人口口粮	农业饲料	
1991	28390.8	25604.4	20837	2772.3	794.9	2786.4	2641.6	—	—
1992	11886	10492.7	9105.1	806.7	5.5	1393.3	1393.3	—	—
总计	197506.2	178516.5	119902.3	44251	7347.6	18144	17462	409.2	845.7
备注	行业：饮食、糕点、副食、酿造业								

1986～1992年济南市市区平价油脂销售数量表

表6-5-14　　单位：万千克

年份	食用油品					食用油料				油饼		
	非农业				农业	合计	非农业		农业	合计	非农业	农业
	合计	小计	其中		小计		小计	其中	小计		小计	小计
			定量人口	行业				行业				
1986	1405.3	1398.58	573.51	795.89	6.72	160.56	160.55	119.29	0.01	—	—	—
1987	1577.6	1574.42	541.35	1003.99	3.18	132.41	132.39	67.7	0.02	9.67	3.59	6.08
1988	1798.84	1795.51	670.22	1092.85	3.33	72.98	72.98	30.58	—	1.46	—	1.46
1989	1501.4	1495.31	729.26	728.38	6.09	0.18	0.18	0.12	—	0.47	—	0.47
1990	1299.7	1295.18	623.01	629.92	4.52	3.52	3.52	3.52	—	3.47	—	3.47
1991	1106.42	1100.36	878.31	92.44	6.06	0.03	0.03	—	—	2.98	—	2.98
1992	433.66	427.96	366.01	—	5.7	0.28	0.28	—	—	0.12	—	0.12
总计	9122.92	9087.32	4381.67	4343.47	35.6	369.96	369.93	221.21	0.03	18.17	3.59	14.58
备注	行业：饮食、糕点业											

二、粮油限价限量供应

1993年年底，因放开粮食价格和经营等原因，引发全国性粮食价格猛涨。12月25日，国务院召开全国平抑粮油价格工作会议。1994年，农副产品市场先后4次出现波动，市场物价上涨过猛。全年零售物价指数上升22.7%，其中食品价格上涨33.9%。3月、6月、11月，粮油市场出现居民排队争购现象，市区粮油销量大增，日销售量超过正常销售量2～4倍，部分品种一度断档脱销。6月起，食油定量每人每月限价花生油0.5千克。11月起，口粮定量每人每月限价面粉10千克。制发“济南市城镇居民购粮卡”30余万张，凭卡、定点供应。为确保大中专院校等集体伙食单位的粮油供应，市政府确定实行预约合约制，即由粮食部门与大中专院校等集体伙食单位签订全年逐月的预购粮油合同，每月20日前签订下月具体购粮合同，粮食部门按其实购粮款的5%收取预约金，并以合同形式规定双方的违约责任。全市共动用地方储备粮1500万千克投放市场。金融部门为保证粮油副食品生产、调拨、储备的资金需要，共筹措资金3900万元。工商部门在加强市场管理的同时，建立历山东路、民族大街、二七新村等农民直销市场10处，设摊位800个，方便农民进城直销农副产品。公安、交通部门对运销粮油、副食品的车辆，不收费，不罚款，一律放行，提供各种方便。当年，供应城镇居民口粮2.18亿千克(折小麦，下同)，市区占82.06%，口油(花生油，下同)962万千克，市区占95.03%。

1995年1月1日始，对市区大中专院校等重点集体伙食单位，实行“预约合同定购”。国有粮食供应企业专设“预购办”，与集体伙食单位每月20日前签订合同，供应国家计划招录的在校学生、集体户口人员、在单位食堂就餐人员限价面粉。2月，换发“济南市城镇居民粮食供应证”，凭证、定点供应。3月，济南市粮食局制发《限价面粉销售管理办法》和《关于严格执行粮油供应政策的通知》。4月，严格控制在单位食堂就餐人员限价面粉供应，并从5月中旬起，推广高级食用调和油，定价同花生油，为5元/0.5千克，在限量内品种任选。7月1日起，对特一、特二面粉执行省定价上限，每0.5千克均提高3分钱。对花生油、高级食用调和油，改为限价不限量。11月，市粮食局制发《关于对限价面粉供应实行分局长负责制的通知》，包括违纪处罚规定。1995年，城镇居民口粮销售2.48亿千克，口油(不含量小的高级食用调和油)销售670.5万千克。

1996年4月，省政府在《关于调整粮食购销政策的通知》中，提出对城镇居民继续实行限价定量供应。6月1日后，对新增居民不再安排口粮，口粮定量7.5～10千克。7月1日，调整粮食购销价格。政策性粮食销售价格，以定购价为基础，打紧费用，保本微利。济南市特一粉1.33元/0.5千克、特二粉1.23元/0.5千克，平均提幅26.11%；标准粉定价1.13元/0.5千克。对大中专院校在校学生，执行批发价，三个等级的面粉每0.5千克平均便宜0.1元。6月，市粮食局制发《限价面粉供应管理制度》。1996年，供应定量人口口粮1.14亿千克。

1997年，受行业大环境影响，济南市粮食经营出现行业性巨额亏损，全市粮食系统盈亏相抵后净亏损8774万元，其中政策性亏损6608万元。亏损的主要原因为价格倒挂和巨额贷款利息，因政策性粮食的购销价格提高后大大高于市场粮价，粮食销量锐减，全年供应定量人口口粮3333.3万千克，市区粮食供应企业减少毛收入1000余万元。同时，因价格倒挂，销售不畅，导致粮食库存剧增，费用增加。

1998年，济南市执行“三项政策”(敞开收购农民余粮、顺价销售、收购资金封闭运行)。全市粮食丰收，粮食价格出现回升趋势，国有粮食企业销量开始增加。1999年，粮食购销企业实现顺价销售4.93亿千克。

三、粮油议价经营

1986年，粮油市价较高，销售议价粮食6849.2万千克；议价油品490.06万千克，议价油料1182.08万千克。

1987～1989年，粮食形势偏紧，市价连涨。1987年，议价粮食销售1.92亿千克，是上年的2.8倍。议价油品销售增加1166.13万千克，议价油料销售688.77万千克。1988年，全市粮食系统生产经营粮油食品总量6980万千克。粮油食品由过去的“老三样”(油条、馒头、面条)逐步发展到中高档食品、时令食品、节日食品、传统食品等100多个花色品种。全市168个粮店中，前店后场生产食品的有136个，占80.9%，其中具有批量生产能力的专业食品加工部22个，专业粮油食品销售部15个。各种食品加工机具设备1967台(件)，年实际生产食品3320万千克，按市区定量人口计算，人均月销量2.38千克，比1987年增长9.2%。全市59个农村粮食管理所全部开展粮油食品生产经营，具有批量加工能力的挂面(面条)生产车间30个，糕点加工车间7个，开办饭店29个，全年实际生产690.8万千克。议价油品销售1688.34万千克，议价油料销售1036.5万千克。为控制物价，自1989年1月起按省政府规定，粮油批发进销差率、零售批零差率，分别不超过7%和9.5%。销往省外的，根据购销双方协商价执行。1989年，全市议价粮食销售3.62亿千克；议价油品销售1549.81万千克，议价油料销售1008.07万千克。

1990年，粮食丰收，流通活跃，按省政府规定，全年统算，同城、同县内的粮食，购批(进批)差率12%～13%、批零差率15%～17%。省内县(市)间销售的粮油，纯利率不超5%。销往省外的，按合同执行。全年议价粮食销售约4.07亿万千克，议价油品销售2341.28万千克，议价油料销售861.98万千克。

1991～1992年，继两次调整统销价格后，粮价和经营逐步放开。1991年，议价粮食销售6.05亿千克，食油议价销售2421.09万千克，议价油料销售692.74万千克。1992年，销售粮食7.84亿千克，议价油品销售2701.85万千克，议价油料销售633.72万千克。1992年11月1日，粮价和经营放开后，济南市在市区粮店全面推行"国有自营"改革。至1993年1月，实行"国有自营"承包粮店125个。

1993～1995年，除军粮供应外，议价粮油销售全部放开粮价和经营。国有粮食企业议价和市场销售艰难。降价销售，并按规定实行面粉、花生油限价限量供应。

四、市场销售和商品粮销售

1996年，全市粮食市场销售5.34亿千克，油品市场销售1733.4万千克。

1997年，全市粮油供应企业实施"居民厨房工程"，市粮食局先后购置集蒸、炸、烙为一体、现制现售的"便民餐车"30辆，解决居民吃早点难的问题，经营食品品种10个左右。全年粮食市场销售5.41亿千克，油品市场销售1305.7万千克。

1998年，国有粮食收储(购销)企业对高价位、高库存粮食开始"顺价销售"；其他国有粮食企业按"购得进、销得出"的原则，自主定价，自负盈亏，参与市场竞争。全年粮食市场销售4.42亿千克；油品市场销售483.5万千克。

1999年，市场价连跌4年。7月，省政府制定粮食"促销压库"政策。当年，济南市粮食购销企业实现顺价销售4.93亿千克。

1999～2003年，全市商品粮食销售42.5亿千克，商品食用植物油品、油料分别销售1345.9万千克、308.6万千克。

2004年6月1日起，粮食购销市场化。全年，全市粮食购销企业销售5.85亿千克(不含转作国家专项储备粮)，附营企业销售1.4亿千克，合计7.25亿千克。2005年，不再区分国有粮食购销企业销售，附营企业销售，并为国有粮食经营企业销售。全市粮食经营企业销售5.07亿千克。

1986～2005年济南市分段粮食类议价和市场销售情况表

表6-5-15　　单位：万千克

时段	粮食			麦麸		
	合计数量	年度平均		合计数量	年度平均	
		数量	+-（%）		数量	+-（%）
1986～1992	272587.1	38941.01	—	35765.6	5109.37	—
1993～1995	246105.2	82035.07	110.66	23423.5	7807.83	52.81
1996～1998	151644.1	50548.03	-38.38	—	—	—
1999～2003	425044.1	85008.82	68.17	—	—	—
2004～2005	123259.3	61629.65	-27.5	—	—	—
总计	1218639.8	—	—	59189.1	—	—

五、粮食顺价销售

1998年6月3日，全国粮食购销实行敞开收购、顺价销售。当年，全市粮食顺价销售2.01亿千克。

1999年，定购价与保护价并轨同价，每0.5千克中等小麦0.64元，而夏粮收购同期市场价0.58元左右。当年购进，加上上年度库存粮食，共11.2亿千克。7月，省政府下发《关于贯彻国发〔1999〕11号文件进一步完善粮食流通体制改革政策措施的通知》。对市地实行粮食风险基层包干；保持对国有粮食购销企业的补贴标准整体水平不变，市地可结合本地实际，制定鼓励销售的措施；小麦可按当年购进价计算顺销价；顺销价自主确定。对粮食风险基金，市财政局按规定地方配套比例足额到位。对县(市)实行包干，拨付专户。拨付粮食超储利息和费用补贴6126万元，消化高价位粮食价差1987万元。全年，济南市粮食实现顺价销售4.93亿千克。

2000年4月，市内四区粮库、其他县(市)区库存小麦成本均价每0.5千克分别为0.9元、0.7元左右；库存玉米成本均价每0.5千克0.53元左右，市场价0.34元左右；价差悬殊。全年全市顺价销售9.6亿千克；库存3.97亿千克。

至2003年，全市累计粮食顺价销售32.36亿千克。

六、军粮供应

1986年，供应驻济南中国人民解放军、中国人民武装警备部队官兵、在编职工生活用粮油。凭部队购粮证卡、军用粮票，按军供价供应。

1997年，对花生油、大豆、饲料，按随行就市原则，与驻军签订供需合同，约定供应价。1998年4月28日，建立济南市军队粮油供应中心。

2005年，建立军粮供应应急保障机制，纳入山东军区预备役供应保障体系。济南市军队粮油供应中心下设长清区、平阴县两个军粮代购点，承担驻济南解放军、武警、消防、边防部队军粮供应工作，承担济南市政府食用油储备任务。

2006年，率先在全省军供系统建立化验室，坚持“一批一检一报告”制度，严把军粮采购、储存、出库、配送环节质量关，确保军粮合格率100%。相继投资290万元，对军供网点、食用油储备罐等进行维修改造和设施建设。济南军供中心成立配送服务车队，接到部队需用粮油信息，立即装车送粮油上门。至2010年，义务送粮油累计3000余万千克。

第三节　粮油调运

一、粮油调拨

1986～1998年，济南市粮油调拨工作分为三个阶段。1986～1992年是实行定购和统销的调拨阶段，调拨任务包括省外、专内(本市地以内)、专外(省内本市地以外)的粮油调拨工作。济南市粮食调拨的主要品种为小麦(包括面粉)、大米、大豆、杂粮等。食用油脂调拨的主要品种为花生油、豆油、香油和花生果、花生米等。济南市粮油调拨实行调拨合同制。

1986年，市区粮食调入总量6.58亿千克，其中小麦5.83亿千克，大米2431.8万千克，大豆2707.5万千克，杂粮2289.1万千克；食用油品调入2695.62万千克，油料调入434.63万千克。调入粮食约59%来自济南市辖县区，39%来自省内菏泽、德州、聊城等地，2%来自省外。

1987年，济南市开始组织粮食“议转平”(议价购入、平价销售)，在保证国家指令性计划调拨基础上按照“均衡调入，量力而行”原则有计划地采购“议转平”粮食，全年共完成粮食

“议转平”1.13亿千克。

1988年，山东省决定至1990年粮食调拨数量一定三年不变，实行包干。济南市粮食调拨包干数为调入粮食2.4亿千克，食油1675万千克。

1991年，调入平价粮食1.14亿千克。1992年，济南市完成出口玉米4750万千克。从县区调入市区小麦计划3697.2万千克。

1993～1994年为取消粮油调拨，改为实行合同购销阶段。1993年，粮食价格放开，调入市地对粮油供需实施协商签订购销合同。1993年、1994年，没有下达粮油调拨计划。

1995～1998年为恢复省内粮食统一调拨制度阶段。1995年，省政府决定恢复省内国家定购粮调拨制度，菏泽、德州等地调拨给济南市粮食1.52亿千克。济南市从1995年起恢复市内定购粮调拨制度，各县(市)区按照1992年定购粮调拨包干指标数量计调入市区定购粮4090万千克。至1996年3月底，共调入市区小麦1.89亿千克。1996年，德州市因受灾无力执行调拨给济南市的2250万千克定购粮计划。济南市从所属各县调粮2250万千克。7月，国家提高政策性粮食购销价格，政策性粮价大大高于市场粮价，致使济南市政策性面粉销售大幅度下降。

济南市从1996年7月1日至1997年6月底，实际销售政策性限价面粉3650多万千克，与上年同期相比，销量减少75%。政策性限价面粉销量大幅度减少导致济南市粮食库存居高不下，全市有1.5亿千克的粮食存放在外租仓库和露天垛。1997年，调入定购粮9000万千克、专储粮8000万千克。

1998年6月22日，省政府取消市地间定购粮食调拨计划。要求产销区之间建立长期、稳定供求关系，销区可到产区建立粮食生产基地，也可采取产前供需见面、签订购销合同等措施，实现粮食供需平衡。

1999年后，济南市没有再下达粮油调拨计划。

1986～1998年济南市粮食调拨（平价）情况表

表6-5-16　　单位：万千克

年份	调入			调出		
	合计	其中		合计	其中	
		地区外	外省		地区外	外省
1986	65853.6	25681.2	1428.3	39070.2	85.1	0
1987	63734.1	23219.9	20.1	40795.3	96.3	6.5
1988	70234.8	23666.6	252.6	46937.7	36.8	6.5
1989	68392.5	23157.0	1174.3	45916.1	1467.2	280.2
1990	54271.7	13831.7	445.3	40360.2	24.0	0
1991	55642.6	11405.8	71.5	44630.0	4.9	18.5
1992	24976.2	1910.6	0	23437.4	0	0
1993	—	—	—	—	—	—
1994	—	—	—	—	—	—
1995	34695.0	14623.5	0	19721.4	0	0
1996	21192.0	5590.7	0	15591.5	0	0
1997	11165.1	4040.7	0	7124.9	0	0
1998	5134.6	0	0	5134.6	0	0

1986～1992年济南市食油调拨（平价）情况表

表6-5-17　　单位：万千克

年份	调入			调出		
	合计	其中		合计	其中	
		地区外	外省		地区外	外省
1986	2695.62	1247.30	102.46	1376.26	0.31	0
1987	3099.81	1568.15	139.35	1388.86	0	0
1988	3204.18	1266.58	156.96	1737.06	20.00	0
1989	3252.68	1750.40	0	1579.88	5.33	0
1990	2710.20	1363.83	0	1367.78	0	0
1991	2279.42	1089.58	0	1165.10	0	0
1992	904.62	398.03	0	502.33	0	0

二、粮油运输

1986年，济南市粮食运输主要以卡车、汽车运输为主，同时使用部分人力地排车运输。全市有三条粮库铁路运输专用线，分别是济南第一粮库铁路专用线，长度526米；济南第二粮库铁路专用线，长度213米；济南北山粮库铁路专用线，长度483米。汽车运输主要由市粮食局汽车队和历下、天桥、市中、槐荫粮食分局等单位运输汽车96辆(总吨位41.2万千克)承担。部分离面粉厂较近粮店使用人力地排车提取面粉。1988～1991年，市区各粮食分局先后购置运粮汽车15辆，全市粮食汽车运输总吨位45.1万千克。

1992年11月，济南市区放开粮油销售价格。1993～1995年，济南市多次出现市民争相抢购粮油现象，各粮油运输企业加班加点运送，较好地保证了全市粮油供应。1996年7月，国家提高政策性粮食销价，济南市粮店销售量大幅下降，粮油运输计划锐减，粮油运量不足。1999年起，济南市不再下达粮油调拨计划，取消粮油统一调拨，粮食实行协议购销。济南市作为粮食主销区，粮食由汽车直接送入，铁路运输任务减少。2000年，全市粮食铁路运输量860万千克。济南民天面粉有限责任公司以发展连锁经营为基础，以面向大型超市为方向，配备运输汽车30辆，组织企业内部的物流，收到较好效果。

2005年，全市有粮食运输汽车78辆，主要担负面粉和食品配送工作；粮食运输主要由社会运输企业承担。2006年金德利集团成立后，为确保食品和原材物料的配送质量安全，采用厢式车和冷藏车运输。

至2010年年底，金德利集团有厢式和冷藏运输车辆31辆；济南军粮供应中心有配送车辆6辆；其他单位货物产品运输均租用社会车辆承担。

第四节　粮油经营市场

一、门店网点

1986～1992年，济南市粮油经营以国有粮店为主，以国家计划粮油定点、凭证(购粮证)、凭票(粮油票)供应为主。1988年，济南市区有中心粮店18个，粮油食品店168个，粮食管理所20个，县区农村粮管所44个。粮油食品店主要承担市区居民平价粮油供应。1992年粮食销售

济南市粮食局槐荫分局第一中心店经四纬七路粮店门口早点市场（1991年摄）

价格放开后，国有粮店市场化加快，由单一经营转向多种经营。各店大力发展熟食，地理位置和房屋条件好的店增设快餐经营。1995年，推行“两线运营”，建立粮油转供店86个，承担限价粮油供应，各区粮食分局分别建立连锁中心和配送中心，同时开展“五小”（小食品、小五金、小百货、小副食、小文具）经营。在快餐经营中，槐荫、市中、历下、天桥分局亦实施连锁经营，品牌为“金德利”“中达”“三合”“天粮”。2002年，以特许连锁经营方式组建济南金德利快餐连锁总公司。2006年，以母子公司方式组建山东金德利集团快餐连锁有限责任公司和五个子公司；2010年年底，拥有经营网点141个，设有粮油经营专柜。

2010年年底，全市纳入统计范围的粮食收购业户340家，其中国营粮食收购企业56家。

二、集贸市场

1986年年初，全市城乡设粮油贸易集市271个，其中城市集市40个，年粮油(料)成交量351.98万千克。

1990年始，济南市着手建立三级粮油市场网络。1992年，全市有乡镇粮油初级市场80个。1993年，有县(市)区级粮油批发市场6个，济南国家粮油批发市场建成开业(2000年5月撤销)。1999年7月，济南民天干货粮油副食品市场开业，占地面积1.28万平方米，建筑面积1.06万平方米，主要经营粮油、干货、副食、调料、餐饮服务等，2000年4月更名为济南民天综合批发市场，2010年5月因旧城改造关闭。2010年年底，全市拥有济南七里堡蔬菜综合批发市场、济南东方商贸中心、山东盖世物流农贸大市场、济南荣元广场4家粮食批发市场列入统计范围，商户103家，年经营量2.77亿千克。

三、市场管理

1985年4月，济南市对粮油购销市场的管理从传统的计划模式逐步转向以合同定购与市场收购、计划供应与市场调节并存的粮食“双轨制”模式。明确规定：合同定购数量以外的三大品种(小麦、稻谷、玉米)和非定购品种，实行自由购销；三大品种市场粮价低于原统购价时，粮食部门要按原统购价敞开收购，以保护农民利益。

1986年，为保证国家粮食定购任务和委托代购计划完成，要求“所有从事粮食经营的部门和单位，都不准哄抬粮价，不准冲击国家粮食收购计划。否则，各级政府应予干预”。1987年，围绕粮食稳购压销进行粮食市场管理，规定：凡是由国家指定收购部门和单位组织收购的，其他部门和单位不直接插手收购。1988年，山东省粮食定购形势严峻，以县区为单位，在未完成粮食定购和粮食“议转平”计划前，不准多渠道经营。

1990年，对经营议价粮油单位和个人重新进行登记，由工商行政管理部门发给营业执照。1992年11月粮食销售价格放开后，1993年下半年出现全国性粮价波动，1994年粮价大幅上涨，1995年实行“两条线运行”，加强对粮油市场管理。规定：工商、粮食等有关部门在以前工作的基础上，进一步搞好对粮食批发企业的清理整顿；粮食批发要以国有粮食企业为主，其他从事粮食批发业务的企业，按照国务院规定的条件，进行认真审查，凡符合条件的，经县以上粮食行政主管部门审查同意后，由工商行政管理部门予以重新登记，不具备条件的要变更登记或注销登记；坚决取缔无证经营，打击欺行霸市，哄抬粮价等不法行为。以县(市)区为单位，在国家粮食定购任务完成以前，除承担国家粮食收购任务的国有粮食企业外，其他任何单位和个人不准直接到农村插手收购。

1998年，建立行政首长负责制；实行粮食批发准入制度。1999年，以玉米为原料的大型农业产业化龙头企业和大型饲料生产企业，经批准，可以与农民签订自用粮包括优质粮产销合同，并按合同收购农民的粮食，但不得违反国家粮食价格政策，所收粮食只限自用，不准倒卖；经批准直接收购粮食的用粮企业，可凭产地粮食部门开具的证明，跨地区运输粮食。

2000年，加强对粮食运销合法凭证监管，防止一票多用和重复使用；经省政府批准直接入市收购粮食的加工企业，必须严格执行国家收购政策，按保护价进行收购；凡发现低价或压级压价收购的，立即取消其入市收购资格；未经批准的其他粮食加工、饲料、饲养、医药等单位用粮，仍由国有粮食购销企业直接收购供应或实行委托代购；粮食销售市场进一步放开搞活，积极培育县以上粮食批发市场，粮食零售市场、集贸市场常年开放。2001年，按国家有关规定调整缩小粮食保护价范围，市场收购主体进一步扩大。2003年，济南市粮食收购全部退出保护价收购范围，国家粮食定购结束。

2004年6月1日起，济南市全面放开粮食购销市场，凡经工商管理部门登记注册的合法经营者均可依法购销粮食，粮油购销完全市场化。济南市执行省政府制定的粮食收购许可证制度，粮食收购者应当具备下列条件：符合法律、行政法规规定的设立企业或者个体工商户的一般条件；拥有或者通过租借具有20万千克以上的粮食仓储设施；具备一定的经营资金筹措能力，自有资金20万元以上；具有水分测定仪、容重器、天平、磅秤等检验化验仪器和计量器具；具有相应的粮食检验化验技术人员和保管人员；法律、法规规定的其他条件。

2005年，审核办理“粮食收购许可证”189个，其中法人143户，个体工商户46户。2006年，市粮食局组建粮油质量检测站；开展粮食收购资格和夏粮收购专项检查，检查业户192家，其中注销收购资格25家，责令整改20家，行政警告26家；对434家粮食经营企业的台账、统计报表进行专项监督检查；发放“粮食收购许可证”185个。

2007年，市粮食局设立调控监督处，各县(市)区粮食局建立健全一局一科一队一站一车“五个一”粮食执法工作网络；建立粮油市场价格监测点20余处，对获得“粮食收购许可证”的200家粮食收购业户进行资格审查；年内全市224家粮食加工、经营及转化用粮企业纳入统计范围。2008年，检测粮油样品364份，粮油代表数量4.29亿千克；对检测发现的不合格粮油，及时督促企业整改；夏粮收购期间，检查粮食经营业户200家，责令整改35家。2009年，全市340家粮食经营单位纳入统计调查范围，其中国有企业72家，非国有粮油经营及转化用粮单位268家；农户科学储粮工程向历城区、天桥区推广3000户。在夏、秋两季粮食集中收购期间，开展粮食收购监督检查执法活动，深入6个县(市)区的42个乡镇，检查重点粮食经营业户66家，出动1378人(次)，处理案件87例，责令改正85例，行政处罚13例，罚款2.2万元，未出现1例行政复议和行政诉讼案例。

2010年，对300个农户、321个城镇居民粮情、油情固定调查点进行调研，掌握全市粮食生产成本和农民种粮收益基本情况，为政府决策、企业经营和公众消费提供基本依据和参考；全年共为社会粮食经营企业办理许可证298家，其中社会非国有企业209家；开展各类监督检查活动320次，出动人员1288人(次)，处理案件62例，责令改正53例，行政处罚9例，罚款1.56万元，未出现1例行政复议和行政诉讼案例。

第三章　粮油价格

第一节 收购价格

一、粮油定购价格

粮食定购价格 1986年，先征农业税折征代金，后定购粮食。执行上年比例价，每50千克(下同)中等花麦22.6元、粳稻19.2元、玉米15.6元、谷子15.6元、大豆34.5元。

1993年，建立粮食收购保护价格制度，挂钩物资折补平议差价，计入定购价。定购“三挂钩”挂钩物资，由平价供应实物，改为折补平议差价即价外加价。当年最低保护价，每50千克冬花麦32.5元、玉米21元、粳稻35元。“三挂钩”之一的预购定金利息补贴，并计入定购价。定购价由保护价、价外加价、预购定金利息补贴组成。如中等冬花麦，保护价32.5元，加价外加价2.85元(应由中央拨付的持挂钩柴油加价款1.5元、省负担的挂钩化肥加价款1.35元)，再加预购定金利息补贴0.3元，合计35.65元。

1994年6月10日起，济南市提高粮食定购价格。国家粮食定购价格统一调整为小麦(冬花麦、三等)每50千克54元，较上年实际收购价格提高47.14%；玉米(中等)每50千克41元，较上年实际收购价格提高48.01%；粳稻(中等)每50千克56元，较上年实际收购价格提高44.93%。1995年，不再实行价外补贴。

1996年7月1日，全国统一调整粮食购销价格，定购粮收购价格每千克平均提高0.44元，提价幅度43.7%。

1998～2002年，国家粮食地区性、阶段性、结构性相对过剩，市场价低位徘徊，制约定购和保护价粮食顺价销售。适当调低定购价。如冬花麦由73元降到64元、白麦由57元降到55元、玉米由61元降到46元。

1986～2001年济南市粮食定购价格表

表6-5-18　　单位：元/50千克

年份	冬花麦	白麦	混合麦	红麦	玉米	粳稻	粳米	谷子	小米	大豆	黑豆	杂色大豆	地瓜干
1986	22.60	—	—	—	15.60	19.20	26.50	15.60	—	34.50	—	—	—
1987	—	—	—	—	16.60	20.95	29.00	16.60	—	—	—	—	—
1988	24.10	—	—	—	—	—	—	—	—	—	—	—	13.70
1989	25.80	—	—	—	17.60	27.00	41.00	17.60	24.70	—	—	—	—
1990	—	—	—	—	—	—	—	—	—	45.00	43.00	41.70	—
1992	32.00	—	—	—	21.00	32.00	—	23.80	—	—	—	—	—
1993	35.65	—	—	—	24.15	38.475	—	—	—	—	—	—	—
1994	54.00	—	—	—	41.00	56.00	—	—	—	—	—	—	—
1996	76.00	—	—	—	63.00	78.00	—	—	—	—	—	—	—

续表6-5-18

年 份	冬花麦	白 麦	混合麦	红 麦	玉 米	粳 稻	粳 米	谷 子	小 米	大 豆	黑 豆	杂色大豆	地瓜干
1997	—	—	—	—	—	—	—	—	—	—	—	—	39.00
1998	73.00	—	—	—	61.00	—	—	—	—	—	—	—	—
1999	64.00	—	—	—	46.00	60.00	—	—	—	—	—	—	—
2000	—	57.00	55.00	52.00	49.00	—	—	—	—	—	—	—	—
2001	—	55.00	—	—	—	—	—	—	—	—	—	—	—

油料、油品定购价格 1986年，花生、油菜籽按“倒四六”比例价(四成原统购价、六成原超购价)计。每50千克(下同)花生仁62.4元、花生果40.56元、花生油149.5元。1987年，调高到原超购价水平，平均提幅15.38%。1988～1990年，花生仁提到76.8元、96.5元，花生果提到50.7元、54.1元、67.8元，花生油提到183.9元、231元，精炼棉籽油提到145.5元、190元，毛棉油提到125元、163元。

1990年，花生仁(果、油)和棉籽油，综合平均提幅，比上年高28.06%。1997年，花生仁180元。

1986～1997年济南市油脂油料定购价格表

表6-5-19　　单位：元/50千克

年 份	花生仁	花生果	花生油	精练棉籽油	毛棉油	油菜籽
1986	62.40	40.56	149.50	—	—	—
1987	72.00	46.80	172.50	—	—	—
1988	—	50.70	—	126.00	108.00	50.40
1989	76.80	54.10	183.90	145.50	125.00	53.80
1990	96.50	67.80	231.00	190.00	163.00	—
1997	180.00	—	—	—	—	—

二、议转平价格

1989年，省政府调减平价粮食计划，差额改为调增议转平。济南市计划2.08亿千克(增84%)，省确定收购最高限价，对差价除每0.5千克仍补贴0.064元外，高出的差额，由各地财政负担。

三、保护价收购

1997年7月16日，省政府印发《关于按照保护价政策敞开收购议购粮的紧急通知》，每0.5千克三等冬花麦0.69元，以质论价，不拒、不限、不停收，国家将对按定购价和保护价收购的粮食一部分库存给予适当利息、费用补贴。1998年，每0.5千克三等冬花麦由0.69元调低到0.64元，中等玉米由0.57元调低到0.54元。

1999年，粮食市场价连跌4年。7月，省政府制定粮食“促销压库”政策。10月，中等玉米收购保护价调低到每0.5千克0.46元，降0.08元。等外玉米按“购得进、销得出”的原则，自定收购价。

2000年，山东省对小麦收购保护价，改为以三等白麦为中等质量标准品，每0.5千克白麦0.57元、混合麦和红麦为0.52元，同品种三等以上、以下每相邻等级差价0.02元、0.03元。玉米收购保护价，每0.5千克由0.46元调高到 0.49 元。

2001 年秋粮收购起，玉米、稻谷退出保护价收购范围，收购价自定。2002 年，山东省对三等白麦每 0.5 千克调低 0.02 元。

2004 年 6 月 1 日起，粮食购销市场化。

第二节 销售价格

一、统销价格

1986 年，济南市特一小麦粉、二级花生油每 0.5 千克分别为 0.25 元、0.83 元。

1991 ～ 1992 年，购销价格倒挂，调整统销价格。

1991 年 4 月 19 日，省政府下发《关于调整粮油统销价格的通知》。从 5 月 1 日起，定量供应城镇居民的标准面粉、标二粳米、中等玉米，全省平均每 0.5 千克提高 0.1 元；花生油、精炼棉籽油、豆油、菜籽油，实行购销同价，平均每 0.5 千克提高 1.46 元。其他品种和粮油副产品统销价格相应调整。济南市纳入计划内统销的各种粮油和粮油副产品统销价格，参照相关品种的调价幅度相应调整。粮食统销价格调整后，购销价格仍然倒挂部分和粮油经营费用，由财政补贴。调价后，食用油购销同价，粮食购销价格未完全理顺。1992 年国务院决定实行粮食购销同价。从 4 月 1 日起，面粉、大米、玉米 3 种中等质量标准品的统销价格，全国每 0.5 千克平均提高 0.11 元。纳入计划内统销的成品粮、原粮的统销价格，多数全省统一，少数由地(市)制定。11 月 1 日起，根据国务院和省政府《关于理顺粮油价格、深化粮食流通体制改革的通知》精神，济南市市区放开粮油销售价格。其基本内容：稳定粮食定购价格和定购任务。全市粮食定购任务维持 1991 年计划不变，仍由国有粮食企业按照国家定购任务和定购价格组织收购。粮食定购“三挂钩”政策不作变动。放开粮食销售价格。除军供粮油仍按原统销价格，暂由国有粮食企业供应外，市区其他用粮油销售价格全部放开。供应城镇居民的粮油和返销农村的粮食销售价格，由国家定价改为国家指导价，具体作价办法，按照购价加费用和微利、略低于市场价格的原则确定。放开以粮食为原料的大众化食品和相关制品以及粮油副产品的销售价格，实行市场调节。取消市内平价粮油调拨计划，放开调拨价格，从第四季度起执行。对进口粮油和省际间调拨粮油，仍按现行规定办理。对城镇居民现有粮证存粮和粮票，原则上采取暂先挂存、逐步消化的办法。居民粮证继续保留，定量管理、粮证迁移等仍按原规定执行。粮食部门继续保留居民档案定量标准，以便特殊时期使用。粮食价格放开后，按照国家、企业和个人共同负担的原则，给职工适当补贴，补贴范围和办法仍按 1992 年粮价补贴的文件执行。补贴标准为职工、离退休人员和定期发给生活费的优抚对象，每人每月 6 元；中、小学民办教师，大、中专在校学生，每人每月 3.6 元。同时停止征收补粮基金。对企业过去所欠的补粮基金继续清欠，用于弥补历年挂账。

1994 年 6 月 10 日起，济南市提高粮食定购价格，同时调整粮食销售价格。粮食销售价格改革：对城镇部分低收入居民因粮价提高增支的部分，给予定向补贴。按照国家计委和省政府安排，济南市粮食销售价格执行国家定价下限，即：特二粉每 50 千克 94 元，特一粉每 50 千克 103 元，标准粉每 50 千克 60 元。对花生油实行定量定价供应，每人每月限购 0.5 千克，每 0.5 千克定价 5 元。

1996 年 7 月 1 日，全国统一调整粮食购销价格，政策性面粉销售价格大幅度提高，特一粉销售价由每千克 2.12 元提高到 2.66 元，特二粉销售价由每千克 1.94 元提高到 2.46 元。政策性粮食的购销价格提高后，高于市场粮价，造成政策性粮价与市场粮价倒挂，国有粮食企业失去市场竞争力，粮食销量锐减。政策性面粉供应价格平均高于市场价格每千克 0.2 元左右，致使过去依靠粮食部门供应的城市居民、大中专院校及企事业单位转向从市场购买低价面粉，国有粮食主渠道作用削弱，国有粮食企业面粉销量急剧下滑。

1986 年、1991 年、1992 年济南市粮油统销价格表

表6-5-20　　单位：元/0.5千克

类别	品名	质量标准	1986	1991	1992
粮食	小麦粉	特制一等	0.25	0.38	0.55
		特制二等	0.215	0.34	0.49
		标准	0.18	0.28	0.40
	粳米	特二	0.178	0.34	0.53
		标一	0.173	0.33	0.51
		标二	0.168	0.32	0.49
	籼米	标二	0.142	0.26	0.40
	小米		—	0.21	0.34
	小米面		—	0.22	0.37
	玉米	中等	0.096	0.15	0.21
	玉米面		—	0.17	0.24
	大豆	中等	0.15	0.37	—
	瓜干		0.077	0.12	—
	麦麸		—	0.12	—
油脂	花生油	二级	0.83	2.31	—
	棉籽油	精练	0.76	1.90	—
		毛油	—	1.63	—
	大豆油	二级	0.83	2.15	—
	菜籽油	二级	—	2.08	—
油脂	芝麻油		0.98	—	—
	花生仁	中等	—	0.965	—
	花生果	中等	—	0.678	—
	花生饼		—	0.18	—

二、限购价格

1994 年 4 月 4 日，国务院发出《关于稳定粮油市场价格的通知》，要求重点抓好城市工矿区、大专院校和农村贫困地区、灾区的粮油供应工作。11 月中旬，济南市出现抢购苗头。12 月，粮油市场价格猛涨，出现抢购。每 0.5 千克(下同)特一粉、特二粉各涨 0.22 元、0.15 元，分别为 1 元、0.85 元；花生油每 0.5 千克涨 1.7 元，为 5.5 元。市政府召开平抑粮油价格紧急会议，确定国有粮店零售最高限价，每 0.5 千克特一粉 0.78 元、特二粉 0.72 元，敞开供应，禁止“卖大户”，粮油市场价格稳定。

1995 年 3 月，济南市粮食局印发《限价面粉销售管理办法》和《关于严格执行粮油供应政策的通知》。4月，严格控制在单位食堂就餐人员限价面粉供应。5月中旬起，推广高级食用调和油，定价为5元/0.5千克，在限量内品种任选。7月1日开始，对特一、特二粉执行省定价上限，每0.5千克均提高0.03元。对花生油、高级食用调和油，改为限价不限量。

1996年7月1日，全国统一调整粮食购销价格，定购粮收购价格每千克平均提高0.44元，提价幅度43.7%。政策性面粉销售价格大幅度提高，特一粉销售价由每千克2.12元提高到2.66元，特二粉销售价由每千克1.94元提高到2.46元。

1993～1996年济南市粮油零售限价表

表6-5-21　　单位：元/0.5千克

品名 / 时间	面粉			花生油	挂面		馒头		油条
	特一	特二	标准		特一	特二	特一	特二	
1993年12月	0.78	0.72	—	—	—	—	—	—	—
1994年3月	—	0.73	0.60	5.00	—	—	—	—	—
1994年6月10日	1.03	0.94	—	—	1.30	1.20	—	1.15	1.80
1995年7月1日	1.06	0.97	—	—	—	—	—	—	—
1996年7月1日	1.33	1.23	1.13	—	2.00	1.90	1.40	1.30	2.50
备注	每0.5千克馒头实际温重0.675～0.725千克								

第三节 调拨价格

1986年，济南市平价粮油调拨结算价格，是以当地统购价(1991年5月起执行比例价)以质论价作为调拨专用价格，另加收调拨经营费。粮食副产品按原粮经营费50%计算，调入食用油料按规定返还调出方的油饼，不加经营费。平价粮油装具(包括麻袋、面袋、铁桶等空装具)的调拨运费由收货方负担。议价粮油的调拨作价和费用负担，由调拨双方协商确定按协议执行。该办法沿用至1992年粮食年度(当年的4月1日至次年的3月底为本年粮食年度)。1995～1997年，在粮食调拨的结算价格中增加调粮补贴款项。1998年取消调粮补贴款项。

济南市食油调拨结算价格多次调整。1987～1988年每50千克花生油的调拨结算价格为45.63元(其中调拨专用价39元，经营费6.63元)。1989～1990年调整为48.7元(其中调拨专用价41.62元，经营费7.08元)，1991～1992年再次调整为270.27元(其中调拨专用价231元，经营费39.27元)。

1986～1998年济南市小麦、玉米调拨价格表

表6-5-22　　单位：元/50千克

品种	调拨专用价	经营费用	调粮补贴	调拨结算价	时间
小麦	15.80	2.40	0	18.20	1986年1月至1986年9月
玉米	10.90	2.40	0	13.30	
小麦	15.80	3.70	0	19.50	1986年10月至1987年3月
玉米	10.90	3.70	0	14.60	
小麦	16.70	3.70	0	20.40	1987年4月至1988年3月
玉米	12.30	3.70	0	16.00	

续表6-5-22

品 种	调拨专用价	经营费用	调粮补贴	调拨结算价	时 间
小 麦	17.80	3.70	0	21.50	1988年4月至1989年3月
玉 米	12.30	3.70	0	16.00	
小 麦	19.06	3.70	0	22.76	1989年4月至1991年4月
玉 米	13.04	3.70	0	16.74	
小 麦	25.80	3.70	0	29.50	1991年5月至1993年3月
玉 米	17.60	3.70	0	21.30	
小 麦	54.00	6.60	10.00	72.60	1995年4月至1996年3月
玉 米	—	—	—	—	
小 麦	76.00	9.00	17.00	102.00	1996年4月至1997年3月
玉 米	—	—	—	—	
小 麦	69.00	15.00	4.80	88.80	1997年4月至1998年3月
玉 米	—	—	—	—	
小 麦	73.00	6.00	0	79.00	1998年4月至1999年3月
玉 米	—	—	—	—	

第四章　粮油调控

第一节 粮油储备

一、国家专项储备

1990年，建立国家专项粮食储备制度，济南市当年储存国家专项储备粮2502.7万千克，其中，小麦1500万千克，玉米1002.7万千克。

1995年，济南市开始储存国家专项储备食油，当年存油270万千克。1996年，达到最高库存330万千克。

1997年，济南市储存国家专项储备粮1.26亿千克。2001年，济南市将国家专项储备粮油全部移交给中央储备粮总公司济南直属库。

2003年3月，经中储粮山东分公司批准，确认济南辖区一库、二库、三库和北山4个粮库具备中央储备粮承储资格，承储国家专项储备粮1.34亿千克，其中小麦1.22亿千克，玉米1222万千克。

二、省级储备

1994～2000年，济南市储存省级储备粮小麦4000万千克。2001年后，济南市不再储存省级储备粮。

三、地方储备

(一)粮食　1992年，济南市建立地方储备粮制度。除国营粮食企业保持合理周转库存外，市、县(市)区都建立粮食储备制度，济南市储备粮计划为1.16亿千克，其中市区地方储备粮8950万千克、章丘市650万千克、长清县300万千克、平阴县300万千克、商河县300万千克、济阳县250万千克、历城区850万千克。实际落实1.11亿千克，品种均为小麦。2003年，地方粮食储备库存1.88亿千克。

2004年6月，济南市根据省政府《关于核定全省地方粮食储备规模的通知》要求，确定济南市地方粮食储备规模为2.45亿千克，比原有地方储备规模增加4250万千克，新增地方储备粮品种为小麦，由市本级统一管理。2005年年底，济南市地方储备粮实际库存2.51亿千克(其中含济阳县的县级储备粮540万千克)。

2007年，济南市为保障全市粮食市场供应和价格基本稳定，在原有地方储备粮规模内，通过品种兑换储备500万千克小麦的成品粮库存，品种为国标特一粉，包括部分小包装。2008年，增加到720万千克小麦的成品粮储备，约合面粉500万千克。

(二)食用油　1994年，济南市开始储存地方储备食油，当年在市区存油150万千克。1996年，达到最高库存276万千克，其中市区储存食油206万千克、长清县储存食油50万千克、平阴县储存食油20万千克。

2003年8月起，济南市逐步取消地方储备食油的库存和财政补贴。2004年，市级地方储备食油仅余31.8万千克。2005年年底，济南市没有食油地方储备。

2007年，济南市地方食用油储备下达指标为40万千克，品种为花生油和大豆油。

2010年，济南市地方食用油储备指标增加到710万千克。

四、粮食调控

1993年11月，济南市出现粮价放开后第一次争购粮油现象，市区面粉生产厂家日产日销，库存被提空，供不应求，面粉、食油市场价格迅速上涨，济南市及县(市)区面粉加工企业大部分因缺原料而停产，全市粮油市场供应日趋紧张。市政府经请示后紧急动用地方储备粮，自1993年12月至1994年3月，先后分三次动用地方储备粮6000万千克，由国营粮食加工企业生产面粉投放市场。

1994年3月18日，省政府鉴于济南市自有小麦紧缺状况，批准济南市动用国家专项储备小麦1250万千克；4月1日，将订购粮转为地方储备粮。市粮食局从1994年12月至1995年5月底麦收时，动用5000万千克市级储备小麦加工面粉，保证市区限价面粉供应。1995年6月，市政府继续批准市粮食局动用地方储备小麦3000万千克，平抑物价，保证市场供应。

1997年，泰安、聊城等市地受灾，济南市调出省级储备小麦10万千克，支援灾区。

1999年，济南市在粮源紧张情况下，执行国家政策收购和调入许多高价位小麦，无法正常轮换。6月，为使高价位库存小麦价格降到合理水平，尽快实现顺价销售，市政府决定，对全市现存4.45亿千克高价位粮食用3年时间逐步消化，促销压库，高于市场价格的差价由同级财政承担，缓解收储矛盾。

第二节　粮油仓库

1986年，济南市有粮油储存库点102个，其中市区5个，粮食仓容3.2亿千克。粮食储存主要使用苏式仓、拱型仓、平房仓和简易仓。食油储存主要使用储油罐，全市有油罐33个，其中市区13个，食油容量758万千克。各储存点粮仓多建于20世纪50年代初，到80年代末仓房老化、设施简陋，济南市开始组织粮油仓储设施的改、扩建工程。

1987～1990年，济南市先后报废仓容3250万千克的破旧粮仓，新建粮仓仓容8112.5万千克。

1991年，济阳、商河两县各改造20多个基层粮所。同年，全市食油储量增加至855.5万千克，油罐增加至55个。

1992年，济南市共维修仓房512座，仓容1.5亿千克，全市粮食仓房完好率96.4%。由于粮食丰收，收储量增大，济南市大量粮食存放于露天垛和临时存放点，其中露天垛279个，存粮8975.9万千克；临时存粮点26个，存粮3575.5万千克，分别比上年度增长25%和61.4%。

1998年夏粮收购前，济南市市场粮价在低价位徘徊，平价粮销价与市场粮价严重倒挂，致使粮食流通不畅，库存剧增，仓容严重不足。在中央和省、市政府的高度重视下，济南市粮食仓库进入高速建设时期。1999～2001年累计新建扩建粮食仓容2.68亿千克，超过1986～1998年13年间全市粮仓建设2.67亿千克仓容的总和。其中，长清、济阳、商河等国家粮食储备库在此期间由中央投资、济南市无偿划拨建库用地、免征各种建库税费共同建设。

1999年，济南国家机械化粮食储备库竣工投入使用，设计仓容1.19亿千克。2001年12月，该库划归中储粮济南分公司管理。

2003年取消补贴后，济南市食油储存逐年减少。到2005年，全市油罐仅剩8个，储油容量60万千克。

2006年始，济南市推进粮库基础建设。2007年3月6日，济南第二粮库迁建工程开工建设，占地面积9.2万平方米，投资9700万元，共建设标准仓房10幢，容量1亿千克。2008年11月建成。2010年12月，济南第三粮库搬入济阳库区，占地面积18.15万平方米，新建仓容1.67亿千克，植物油罐6个，容量240万千克。

至2010年年底，济南市共有独立核算的库、所20个，其中市区4个。全市粮食仓房容量8.44亿千克，其中市区3.32亿千克。仓房类型主要为高大平房仓、楼房仓和立筒仓。承担储备油管理单位6个，拥有油罐38个，容量344.5万千克。

1986～2010年度济南市粮食局仓房、油罐建设情况表

表6-5-23　　单位：万千克

年份	项目	本年度报废容量	本年度新建容量	油罐(个)	容量
1986	总计	—	—	33	758
	其中：市直	—	—	13	726
1987	总计	1000	1350	33	758
	其中：市直	1000	1350	13	726
1988	总计	—	875	33	758
	其中：市直	—	875	13	726
1989	总计	—	600	33	758
	其中：市直	—	600	13	726
1990	总计	2250	5287.5	33	758
	其中：市直	2250	5287.5	13	726
1991	总计	669	2300	55	855.5
	其中：市直	669	1300	13	710
1992	总计	500	—	55	855.5
	其中：市直	500	—	13	710
1993	总计	250	437.5	55	855.5
	其中：市直	250	437.5	13	710

续表6-5-23

年份	项目	本年度报废容量	本年度新建容量	油罐(个)	容量
1994	总计	117	1120	50	1043.5
	其中：市直	117	1120	16	954
1995	总计	250	1562.5	51	1224.5
	其中：市直	250	1375	16	954
1996	总计	—	150	53	1428.7
	其中：市直	—	—	16	1115
1997	总计	70	6890	57	1246
	其中：市直	—	5975	20	976
1998	总计	—	4104	48	1207
	其中：市直	—	—	20	976
1999	总计	1945	11506	54	1233
	其中：市直	2885	9791	20	976
2000	总计	572.5	8032	58	1374
	其中：市直	697	5692	21	975
2001	总计	—	14520	58	1374
	其中：市直	—	2000	21	975
2002	总计	—	600	58	1374
	其中：市直	—	600	21	975
2003	总计	—	1125	15	1038
	其中：市直	—	1125	15	1038
2004	总计	—	1912.5	10	60
	其中：市直	—	1912.5	10	60
2005	总计	—	3200	8	60
	其中：市直	—	1200	8	60
2006	总计	—	—	—	—
	其中：市直	—	—	—	—
2007	总计	—	5000	—	—
	其中：市直	—	5000	—	—
2008	总计	—	5028	43	336
	其中：市直	—	5028	37	330
2009	总计	—	10730	38	344.5
	其中：市直	—	5000	25	294.5
2010	总计	—	3937.5	38	344.5
	其中：市直	—	3937.5	25	294.5

第三节 粮油保管

济南市在粮油保管工作中，努力探索和推广先进储粮技术，不断提高科学保粮水平。济南第一粮库开展“储粮气流及其应用”研究，经历195次科学试验，首次发现粮堆空隙中微气流及其运动规律，首创气流储粮新技术，成功研发“气流熏蒸法”“隔流控温储藏”“储粮低温综合管理”等储粮新方法。“气流储粮”“气流毒气扩散”两项储粮新理论，解决了国家粮食储存工作中普遍存在的散装粮熏蒸难、玉米大米度夏难的问题，被编入《粮食储藏》中专教材和《全国粮油储藏技术规范》。1986年，“储粮气流及其应用研究”项目被商业部授予“科技进步一等奖”。济南第二粮库关于“空调低温仓的应用与管理”的探索，较好地解决了成品粮安全渡夏的重大课题。历城县粮食局在小仓保管种子粮和无熏蒸条件保管粮食的农户中，广泛推广“防虫磷乳剂”防治玉米象、锯谷盗等害虫，收到明显效果。

1987年8月26日晚至27日凌晨，济南市遭受特大暴雨和龙卷风袭击，市区平均降雨315毫米。济南第一粮库、第三粮库等4个单位受灾严重，其中济南第一粮库院墙被水冲倒，库外雨水倒灌库内，致使库区大量积水，最深处达1.2米，22个露天垛过水，6座仓房进水。至8月30日，全市共搬运粮食2500.3万千克，处理过水粮食168.5万千克，将损失减少到最低程度。

1990年后，储粮多以散装为主，全市推行科学储粮方法和综合防治措施，使用双笆仓、密封槽管仓和计算机粮情监测系统，采取环流熏蒸，机械通风等科学保粮方法，倡导“三低储粮”(即低温、低氧、低药量)保粮方法。

1991年，全市“三低”储粮和“机械通风”储粮共计9.9亿千克，占总储量的87%；应用微机检测粮温2.7亿千克；年底普查实现“四无”(无害虫、无霉变、无鼠雀、无事故)粮仓单位98%。为帮助农民搞好储粮管理，减少储存环节的损失和浪费，围绕开发“无形粮田”活动，开展向农民传授科学保粮知识，推广科学保粮方法。全市成立技术咨询服务小组109个，印发科学保粮资料1.95万份，为农村培训技术人员1493人，发放防虫磷、小包装AIP、DDV缓释片1200千克，指导帮助农户储粮7000万千克。

1995年《中华人民共和国食品卫生法》颁布后，济南市在粮油保管工作中建章立制，贯彻“以防为主，综合防治”的保管方针。严格执行三级查仓制度，做到有仓必到、有粮必查、查必彻底。粮油仓库和粮所建立健全安全保卫组织和制度，配好备足消防器材，制定安全事故应急救援预案，经常组织训练演习和安全检查，保证储存粮油的安全。同时，每季度开展“四无”粮仓(无害虫、无霉变、无鼠雀、无事故)和“四无”油库普查活动，达到“一符三专四落实”管理标准(即储粮账实相符；专仓储存、专人管理、专账记载；数量、质量、品种和地点落实)。各粮油仓库、粮所实行责任制、挂牌管理，将保管责任与经济效益挂钩。粮油从入库、保管到出库，保管人员、防治人员、检验人员和计量人员在各环节负责到底。库存粮油必须建立仓、垛保管账和保管卡片，根据入库验质、计量凭证和入库后质量普查详细记录，做到账、卡、物数字相符、齐全，完整。粮仓和油库内外部卫生，做到“仓内面面光，仓外三不留”(不留杂草、不留垃圾、不留污水)。市粮食局对库存粮油有计划地组织轮换，根据产粮时间和保管期限要求，适时下达粮食轮换计划，推陈储新，确保储粮质量。对粮油保管专业人员进行业务培训、考核，做到保管、防化和质检人员持证上岗。

1998年，济南市夏粮丰收，由于平价粮销价与市场粮价倒挂，粮食流通不畅，库存剧增，仓库爆满。全市粮食收储企业采取合粮并仓、增加垛存、外租仓库等方式，挖掘仓储潜力，总储粮7.6亿千克，保证了储粮安全。

2001年，山东省根据国务院办公厅《关于开展全国粮食清仓查库工作的通知》，安排济宁市负责对济南市粮食清仓查库工作。济宁市选派120名干部组建赴济南市联合清查组，对济南市所属6个县(市)区、8个直属单位、2个直属分局共127个存粮单位、227个库点进行清查。对济南市粮食局统计报表及分配给各县(市)区、单位的库存统计数进行认真核实，确定账准确无误。至2001年3月31日，济南市粮食局统计总库存6.95亿千克，清查实际数为6.9亿千克，差率0.71%，主要原因为入库水分与清查实际水分之差为0.53%，正常保管自然损耗0.17%，账实基本相符。从济南第二粮库、第三粮库、北山粮库及历城区、长清县粮库抽取小麦样品18个，玉米样品4个，粮食质量基本符合要求。对济南市地方储备粮、商品周转粮等库存值与农发行进行认真核对。4月21日至23日，省联合复查组对济宁清查组的工作进行抽查，结果良好。4月24日，济南市粮食清仓查库工作全面完成。

2005年，在全市开展“规范化管理年”活动，确保市级储备粮“储得进、管得好、调得动、用得上”。全市的“四无”粮仓率100%。

2007年3月，济南市粮食局粮油质量检测站成为第一批国家粮食质量检测机构，是全省唯一一个国家级粮食检测机构。

2008年，在各储备库建设现代化粮情管理体系和安全监控系统，并实现各粮库储备情况、安全状况与省、市局联网对接，使储备粮管理实现系统化、信息化、网络化。

2006～2008年，济南第一粮库、第二粮库、第三粮库先后通过山东省粮食局组织的规范化粮库检查验收，成为“山东省规范化管理示范粮库”。2010年6月，济南第一粮库在全国粮油仓储企业规范化管理活动中，被国家粮食局评为“全国粮油仓储规范化管理先进企业”。

第四节 调控制度

一、风险基金制度

1994年，国家为保护种粮农民、稳定粮食市场、确保国家粮食安全设立粮食风险基金，是由中央财政与地方政府共同筹资建立，地方政府包干使用的专项调控基金。济南市按照国务院《粮食风险基金实施意见》和山东省政府部署，设立3778万元的粮油风险基金。粮食风险基金实行财政专户管理，各级财政部门在同级农业发展银行设立专户。粮食风险基金的筹集和使用，必须通过专户核算和结算。其用途按照中央和山东省的要求，主要用于地方粮食储备、超过合理粮食库存的超储存费用补贴、陈化粮处理、保护粮销售及支持粮食生产等补贴。

二、首长负责制

1995年4月，省政府下发《关于深化粮食购销体制改革的通知》，确定对粮食工作实行市长、专员负责制，实现省内粮食供求平衡。市长、专员要采取切实措施，保证稳定粮田面积，提高粮食单产，增加粮食总产；充分掌握商品粮源，全面完成国家粮油定购任务；建立并管理好地方粮食储备和粮食风险基金；安排好当地粮食市场，按照国家的政策规定确保供应，稳定粮价；完成省下达的粮油调拨计划；负责当地的粮食平衡和市场调控，确保粮油流通有序。市长、专员负责制的内容作为考核市地政府政绩的重要标准。

1995年10月，济南市召开粮食部门两线运行工作会议，决定实行粮食工作行政首长负责制，市长与各县(市)区长及市财政、粮食局长签订责任状。此后，每年全市粮食工作会议上，济南市与各县(市)区就粮食购、销、调、存财务和改革等方面工作分级责任签订责任状，保证粮食责任的层层落实。

济南市粮食系统根据市政府《关于粮食部门深化改革实行两条线运行的通知》要求，按照“统一领导、两线运行、明确职责、分别核算、稳定市场、搞活经营”的原则，区分政策性业务和商业性经营，重点理顺政策性业务各环节的关系，从实际出发，积极探索政策性业务的操作方法，创立一套贯通储备、加工、调拨、供应各环节的逆向递推核算程序和管理办法：在市粮食局计划指导下，政策性业务的储备、加工、供应各环节有序运转，每月召开一次各环节协调会，从政策性业务的最后一个环节——供应企业开始核算，根据其核实的政策性供应数量，核定加工企业代政府加工的粮食数量，以确定地方储备粮的动用计划，核减地方周转储备粮的动用库存，确定每个环节的补贴费用。同时，按照逆向递推核算程序各环节所核定的上月数量，下达当月指导计划，环环紧扣，互相制约，从而保证政策性业务顺利开展。

三、应急管理机制

2007年，市粮食局落实《济南市粮食应急预案》，建立健全粮食应急工作指挥体系以及应急加工、供应、储备网络等应急保障系统。确定济南民天面粉公司、山东荣元粮油公司等5家企业作为济南市应急加工指定企业；141家“金德利”快餐网点、153家民天专卖店、各县(市)区遍布城乡的粮油购销网点以及部分大型超市作为济南市应急供应网络。一旦出现异常情况，将全面启动覆盖全市的粮油供应网点，确保粮油应急需要。

第五章 机 构

第一节 管理机构

一、市级管理机构

1986年，济南市粮食局内设计划科、储运科、供应科、农村购销科、工业技术科、财务基建科、秘书科、组织人事科、宣传科、基层教育科、劳工保卫科，编制58人。位于市中区经五路160号。1987年，科室改为处(室)。1988年，技术处改为对外经济贸易处，增设老干部处。1989年，设立监察室(处级)。1991年3月，明确济南市粮食局食品卫生管理站为处级事业单位，6月更名为济南市粮食局食品质量卫生管理站；7月建立济南市粮食局资金结算中心，属于事业单位。

1993年，局机关机构改革，内设“五部二室”，即办公室、粮食储备管理办公室和贸易部、企业管理部、外经部、财务审计部、人事部，行政管理人员定编49人。同年3月，成立济南国家粮油批发市场，属于自收自支的事业单位。

1996年，根据《济南市市级机构改革实施意见》和《济南市国家公务员制度实施方案》要求，市粮食局对内设机构进行改革，设立9个职能处室：办公室、计划储备处、供应管理处、行管工业处、财务审计处、经贸处、组织人事处、宣传教育处、劳工保卫处，机关行政编制59人。1998年4月，建立济南市军队粮油供应中心(事业单位，差额预算)；11月，撤销济南市粮食局资金结算中心。2000年5月，撤销济南国家粮油批发市场。2001年，设办公室、组织人事处、劳动安全处、纪委、监察室、计划储备处、市场供应管理处、行业管理处、财务审计处、工会、团委，编制46人。

2004年9月，市政府对市粮食局的职责进行调整，市粮食局根据职责变化对内设机构进行调整，设办公室、调控监督处、计划储备处、市场供应管理处、行业管理处、组织人事处、离退休干部处，党的组织、纪检监察、工会、共青团等机构设置及人员配备按有关规定执行，行政编制34人。2005年9月，济南市粮食职工中等专业学校划归济南市社会劳动和保障局。2006年6月，济南市粮食局食品质量卫生管理站更名为济南市粮食局粮油监测站(事业单位、自收自支)。2009年，济南市纪检监察部门归口管理，不再设监察室。

2010年，市政府对市粮食局的职责进行调整，市粮食局根据职责变化对内设机构进行调整，设办公室、组织人事处、财务审计处、调控处、监督检查处、计划储备处、产业发展处、离退休干部处，党组织、纪检监察、工会、共青团、妇女工作等机构设置及人员配备按有关规定执行，行政编制41人(含行政编制控制数1人)。位于历下区龙洞路龙奥大厦。

二、县（区）级管理机构

1986年，济南市粮食局下设市中粮食分局、历下粮食分局、槐荫粮食分局、天桥粮食分局、郊区粮食局、历城县粮食局、章丘县粮食局、长清县粮食局、平阴县粮食局，其中市中、历下、槐荫、天桥4个粮食分局属企业性质，行使部分行政管理职能。1987年，撤销郊区粮食局，历城县粮食局改为历城区粮食局。1990年，增加商河县粮食局、济阳县粮食局。

2001年后，历城区粮食局、章丘市粮食局、长清县粮食局、平阴县粮食局、商河县粮食局、济阳县粮食局改为事业性管理局。2006年年底，槐荫粮食分局改制为山东金德利集团快餐连锁有限责任公司。2007年上半年，市中粮食分局、历下粮食分局、天桥粮食分局分别改制为山东金德利集团市中快餐连锁有限责任公司、山东金德利集团历下快餐连锁有限责任公司、山东金德利集团天桥快餐连锁有限责任公司。

第二节 市直国有粮食企业

1986年年初，济南市粮食局共有20个企事业单位，职工6032人。其中，市区下辖市中、槐荫、天桥、历下4个粮食分局，有济南面粉厂、北山面粉厂、济南粮食加工厂3家粮食加工企业，山东省济南粮油贸易中心、济南油脂公司、饲料公司各1家，谷庄、辛庄、黄台3个粮库(同年12月分别更名为第一、第二、第三粮库)，济南挂面厂、济南榨油厂、济南电焊条厂(泺口粮食转运站)、济南健力敏食品饮料厂、济南粮油机械厂、济南粮食局车队各1个，粮食技工学校1所(事业编制)。

1987年4月，成立济南市粮食局特需供应站。10月1日，市粮食局将槐荫分局所属的朱庄粮库划归第二粮库，成立济南第二粮库朱庄分库。

1988年5月，济南榨油厂更名为济南植物油厂；济南市粮食局汽车队更名为济南粮油综合服务公司。6月，济南第二饲料厂更名为济南饲料厂。

1989年8月，成立济南中心面粉厂。9月，山东省济南粮油贸易中心更名为济南粮油贸易公司。10月，济南健力敏食品饮料厂更名为济南健力敏饮料厂；恢复北山粮库建制。

1990年1月，济南市粮食局特需供应站更名为济南市粮油特需供应站。3月，设立济南第三粮库面粉厂。4月，设立济南粮油侨汇商店。6月，山东省济南粮油贸易中心招待所更名为济南市粮食局招待所。9月，济南市粮食局招待所更名为济南市良香宾馆，济南粮油综合服务公司更名为济南粮油运输公司。

1991年6月，济南饮料厂划归济南市粮食局并与济南健力敏饮料厂合并。10月，济南市饲料公司和济南饲料厂合并，名称为济南市饲料公司。

1992年3月，成立济南中心粮库筹建处。6月，济南市良香宾馆在上海浦东新区开设东方粮贸公司。9月，济南植物油厂与济南油脂公司合并，名称为济南油脂总公司。

1993年1月，东方粮贸公司划为市粮食局直属企业。2月，组建济南粮油包装总公司(由济南粮食转运站改组)，建立济南国家粮油批发市场。5月，成立济南东方粮油贸易公司。6月，侨汇商店更名为济南侨汇粮油贸易公司。

1994年1月，济南粮油贸易公司更名为济南粮油贸易总公司。5月，济南中心粮库筹建处更名为济南国家机械化粮食储备库。

1995年1月，济南第二粮库将经营性资产改组为山东鲁星面粉有限责任公司；10月，济南粮食加工厂更名为济南成丰粮油食品总厂。同年，济南侨汇粮油贸易公司隶属市中粮食分局。

1997年6月，济南挂面厂与美籍华人张庆玲签订实施“腾笼换业”工程合同。9月，组建济南民天集团有限公司，成员企业有济南中心面粉厂(济南第一粮库)、济南第二粮库(山东鲁星面粉有限责任公司)、济南北山粮库(济南北山面粉厂)、济南第三粮库(济南第三粮库面粉厂)、济南成丰粮油食品总厂。10月，济南中心面粉厂兼并济南面粉厂。11月，济南第三粮库改制为济南三良有限责任公司；济南第二粮库改制为济南鲁星面粉有限责任公司；济南第一粮库改制为济南民天面粉有限责任公司；济南北山粮库改制为济南民意面粉有限责任公司；济南成丰粮油食品总厂改制为济南成丰有限责任公司。12月，济南健力敏饮料厂改组为济南健力敏饮料有限责任公司。

1998年1月，济南市成丰粮油食品总厂改组为济南成丰有限责任公司。11月，成立济南植物油库。

1999年，厂库分离，将济南民天面粉有限公司、济南鲁星面粉有限公司、济南三良面粉有限公司、济南民意面粉有限公司进行分离，部分资产划转至济南第一粮库、济南第二粮库、济南第三粮库、济南北山粮库。

2000年，济南东方粮贸公司划归济南民天集团。

2001年，济南东方粮油贸易公司停业，执照吊销。12月，济南国家机械化粮库划属中国储备粮总公司。

2002年9月，组建济南成港纤维素有限责任公司。

2006年，济南粮油运输公司转让给济南蓝翔职业学院。8月，济南第二粮库吸收合并济南鲁星面粉有限责任公司，济南第三粮库吸收合并济南三良面粉有限责任公司，济南植物油库吸收合并济南油脂公司，济南粮油包装总公司吸收合并济南成丰有限责任公司。11月，组建山东金德利集团快餐连锁有限责任公司。市粮食局重组济南民天集团有限公司，解除民天集团对济南第一粮库、第二粮库、第三粮库、北山粮库的资产授权监管关系。授权民天集团对济南植物油库、济南粮油包装总公司、济南饲料公司、济南粮油机械厂、济南粮油贸易总公司、济南良香宾馆、济南挂面厂、济南健力敏饮料厂进

位于槐荫区机床二厂路3号的济南民天面粉有限责任公司专卖店　（2011年摄）

行监管。

2010年年底，市直国有粮食企业共计21家，即：济南第一粮库、济南第二粮库、济南第三粮库、济南北山粮库、山东金德利集团快餐连锁有限责任公司、山东金德利集团快餐连锁配送有限责任公司、山东金德利集团市中快餐连锁有限责任公司、山东金德利集团历下快餐连锁有限责任公司、山东金德利集团槐荫快餐连锁有限责任公司、山东金德利集团天桥快餐连锁有限责任公司、济南民天集团有限公司、济南民天面粉有限责任公司、济南民意面粉有限责任公司、济南植物油库、济南粮油包装总公司、济南饲料公司、济南粮油机械厂、济南粮油贸易总公司、济南良香宾馆、济南挂面厂、济南健力敏饮料厂。

附：企业选介

济南民天集团有限公司

济南民天集团有限公司(以下简称民天集团)成立于1997年9月30日，注册资本1亿元，是济南市粮食局下属集粮油存储、面粉加工、食品生产、粮油贸易和进出口贸易为一体的国有独资集团企业。成立伊始，总部办公地点设在济南市粮食局。集团内部组织机构以资产为联接纽带，以母子公司为主体框架，各成员企业均为独立核算、依法纳税、自主经营、自负盈亏的企业法人。

1998年，民天集团下属5个子公司全部完成公司制企业改革，分别更名为济南民天面粉有限责任公司、济南民意面粉有限责任公司、济南鲁星面粉有限责任公司、济南三良有限责任公司和济南成丰有限责任公司。至年底，民天集团资产总额8.43亿元。2000年，集团总部迁至泺源大街150号中信广场。

2003年，民天集团先后通过ISO 9001质量体系认证、ISO 14001环境体系认证、HACCP食品安全体系认证，是国内粮食加工行业首家获得国际质量管理和环境体系认证的企业，并获得“7+1”强化营养面粉生产资格和食品生产市场准入资格，为集团生产经营建立质量管理保证体系。“民天”牌系列产品先后获国家级质量免检产品、无公害农产品、放心面(中国粮食行业协会)、全国质量信得过、中国知名品牌等国家级荣誉。至2005年，民天集团面粉年产量0.86亿千克；开发新产品23项(民天面粉公司20项)；在省内外及济南市开设专卖店总数140家，平均日销量100万千克。

济南民天面粉有限责任公司意大利等级粉生产线——高方筛组（2004年摄）

2006年，经济南市国资委批准，市粮食局通过调整授权关系、合并重组、资产划转的方式对济南民天集团有限公司进行改革重组，解除民天集团对济南第一粮库、济南第二粮库、济南第三粮库、济南北山粮库的资产和授权监管关系。同时，授权民天集团对济南民天面粉有限责任公司、济南民意面粉有限责任公司、济南植物油库、济南粮油包装总公司、济南饲料公司、济南粮油机械厂、济南粮油贸易总公司、济南良香宾馆、济南挂面厂、济南健力敏饮料厂共10家粮食附营企业行使出资人职责进行监管，从而使济南民天集团有限公司形成集粮油储备、面粉加工、饲料加工、食品生产、油脂加工、粮油贸易于一体的国有独资大型粮油集团。改革重组后，集团总部迁至天桥区官扎营后街109号。

2010年，民天集团推出“泉城民天食用油”系列，并逐步探索向高档餐饮业、高档糕点业进军。

2006年12月28日，山东金德利集团快餐连锁有限责任公司在市中区二环南路7856号举行成立仪式

山东金德利集团快餐连锁有限责任公司

20世纪80年代末和90年代初，济南市粮油供应财政负担不断加重，粮店生存面临危机，各粮店进一步扩大熟食生产经营。1992年6月6日，金德利槐荫公司二六粮店开设第一家金德利快餐厅，主要经营炒菜、米饭等产品。1998年年初开始，对二六粮店进行二次改造，门头横匾使用“金德利快餐连锁总公司”，实行“三条主线，一个支点”，即店内座餐、窗口外卖和上门送餐三条营业线，窗口食品销售一个支点。二六粮店成为快餐店，9月7日正式营业。至此金德利快餐“三位一体”的经营模式基本形成。按照金德利的经营模式，逐步对各店进行装修与改造。

2002年4月29日，济南市粮食局将四个分局所属的金德利、中达、三合、天粮四个品牌以特许加盟的形式统一使用金德利品牌，由此实现金德利全市的统一连锁，总公司名称为“济南金德利快餐连锁总公司”。10月，金德利公司总部发展金德利60分店加盟店。8月，经市技术监督局专家评审，金德花卷、金德面包、金德馒头、金德烧饼通过“无公害食品”认证。2003年10月，金德利“千层饼”“南瓜枣泥馍”被中国烹饪协会认定为中国名点。2005年，金德利生产的油条、馄饨、锅贴、素煎包、酱肉包、大包、喜饼被山东省贸易办公室食品评组委评为“山东名小吃”。金德利厨师制作的“孔雀鲍鱼”“秘制鲍鱼”“双参炖元鱼”等菜品，先后获得青工技能大赛菜品制作金奖和第十五届厨师节特别金奖。

山东金德利集团快餐连锁有限责任公司(以下简称金德利集团)于2006年11月28日成立，国有独资，注册资本7500万元，注册地址济南市市中区二环南路7856号，2008年9月28日迁至经四纬七路60号；金德利集团成立后，组建国有独资的山东金德利集团快餐连锁配送有限责任公司，国有控股的山东金德利集团槐荫快餐连锁有限责任公司、山东金德利集团市中快餐连锁有限责任公司、山东金德利集团历下快餐连锁有限责任公司和山东金德利集团天桥快餐连锁有限责任公司。2009年11月，集团公司通过商务部ISO 22000食品安全体系认证考核。

金德利集团隶属于济南市粮食局，作为市政府“居民厨房工程”“放心早餐工程”主要承担单位，至2010年，集团成为“拥有快餐网点141家、经营面积39365平方米、年营业收入3.09亿元、年食品产量317.88亿千克、日服务15万人(次)”的中式快餐十佳品牌企业，走出一条规模化、连锁化、集团化的“粮店快餐”发展之路。

第六篇　供销合作商业

1986年始，济南市各级供销社实行承包经营责任制和风险抵押承包经营责任制，基层供销社实行抽本租赁经营改革。1988年年底，济南市供销合作社联合社辖章丘县、长清县、平阴县和历城区4个县级供销社，15个专营和综合性公司，3个二级批发站，111个批发机构，70个商办工厂，2853个经营网点，1529个代购代销店。

1991年起，供销合作商业开始从计划经济走向市场经济。1993年，市供销社按照中共济南市委、市政府“一、二、三产业交叉延伸，走三业并举发展道路”的工作部署，积极探索供销社三业并举、商农一体化、商工一体化的新路子。对全系统1451处基层门店推行“公有民营”改革。1995年2月27日，中共中央、国务院下发《关于深化供销合作社改革的决定》，确定深化供销社改革的总体思路，市供销社在探索中求生存、在恢复中求发展。

1997年，社属企业制度改革起步，市供销社制定《关于企业体制改革的实施方案》《股份合作制章程》《关于企业改制的操作办法》等指导性文件，按照因地制宜、积极试点、加强领导、健康发展的原则，推动专业合作社快速发展，年末发展专业合作社51个。1997年后，国内市场开始由卖方市场转变为买方市场，市场竞争日趋激烈，加上亚洲金融危机影响，国内市场出现通货紧缩，供销社体制不顺、机制僵化、包袱沉重的矛盾和问题凸显出来。至1998年，全市大部分供销社经营单位出现效益下滑、亏损增加的严峻形势。

1999年1月28日，国务院下发《国务院关于解决当前供销合作社几个突出问题的通知》，市供销社把抓好减债减负、防范和化解股金风险、深化企业改革改制、加强基层供销社建设列为工作重点。企业改制工作日趋深入，资本结构得到初步优化，通过采取股份制、股份合作制、合伙经营、联合重组等形式，全系统有比较规范的改制企业40家。2002年9月23日，济南市供销社第三次社员代表大会召开，选举产生新一届理事会和监事会，健全供销社的执行机构和监督机构，完善各项规章制度。

2005年，各级供销社抢抓建设社会主义新农村的重大历史机遇，以服务“三农”为宗旨，坚持开放办社，发挥传统优势，努力与农民结成利益共同体，全系统恢复发展呈现加速态势。初步确立建设农村现代流通服务网络、农村社区综合服务中心和发展农村合作经济组织的工作思路，参与推动全市农村商品流通服务体系和农产品经营服务体系建设，供销合作事业进入一个较快发展的新时期。

2009年，国务院下发《关于加快供销合作社改革发展的若干意见》，进一步明确新时期供销合作社的作用地位和目标任务。2010年，市供销社系统坚持为农服务宗旨，推动工作创新，在加快农村现代经营服务体系建设、推动社有企业改革发展等方面取得较大进展，呈现出服务三农、加快发展的良好态势。同年，济南市供销社辖章丘市、历城区、长清区、济阳县、商河县、平阴县6个县级供销社，资产总额15.3亿元，负债11.8亿元，净资产3.5亿元，在册职工7258人。市内直辖市属单位12家，资产总额4.2亿元，负债3.5亿元，净资产0.7亿元，在册职工1134人。

第一章 供销体制改革

1986～2010年，济南市供销合作社先后进行下放三级批发管理权改革，组建供销社集团公司，承包经营责任制和抽本租赁经营，母体裂变、单体放飞及剥离分立改革和以股份合作制、有限责任公司及破产还债等主要形式的产权制度改革。

第一节 管理体制改革

1986年，济南市供销合作社作为市政府直属经济组织，经费来源为同级供销社所属企业税前列支。1988年，按照全国农村工作会议要求，供销社开始向经济实体方向改革，即联合社改革要虚变实，社有企业改革要粗变细，工资制度改革要政变企。至1992年，章丘市、历城区、长清县、济阳县、商河县、平阴县6个县(市)区供销社相继组建供销社集团公司。

1995年2月，中共中央、国务院发布《关于深化供销合作社改革的决定》，明确要求各级供销合作社召开社员代表大会，成立理事会、监事会。12月，中共山东省委、省政府下发《关于继续深化供销合作社改革的通知》，对深化全省供销合作社改革和基层供销社改革与发展提出要求，要求基层供销社要办成农村的综合服务组织。除少数“边、小、微、亏”专销生活资料和从事饮食、服务业的门店、柜组外，一律不搞“社有个营”或“社有民营”。

1996年，根据济南市编委《济南市供销合作社职能配置、内设机构和人员编制方案》规定，市供销社是全市供销合作社的联合组织，由市政府领导。主要职能是研究制定全市供销合作社的发展规划，指导全市供销合作社的发展和改革；受政府委托，对重要农业生产资料、棉花和食盐实行专营，对其他农副产品的经营进行组织、协调、管理，并对盐务实施监督和稽查；维护全市供销合作社的合法权益；协调有关部门的关系，指导全市供销合作社的业务活动，促进城乡物资交流；负责市供销社直属企事业单位的管理和服务；宣传、贯彻中央和省市有关农村经济工作的方针、政策；促进对外经济合作与交流，组织、指导发展对外贸易业务。

1997年，各级供销社按照“因地制宜、健康发展”的原则，推动专业合作社快速发展。年末，全市发展专业合作社51个，其中平阴县11个、长清县1个、历城区8个、章丘市9个、济阳县11个、商河县11个。平阴县东阿果业合作社、商河县杨庄铺良种繁育推广合作社、济阳县新市蔬菜生产合作社被省供销社、省体改委评为全省专业合作社示范社。

1999年1月，国务院下发《关于解决当前供销合作社几个突出问题的通知》，主要内容包括：坚持合作经济方向，着力解决当前存在的突出问题，尽快扭转效益下滑、亏损增加、经营萎缩的被动局面，清理整顿社员股金，防范和化解金融风险，使供销合作社建立起自主经营，自负盈亏的经营机制，更好地为农服务，为进一步发展合作经济奠定坚实的基础；改造基层供销社，创造条件逐步办成农民的合作经济组织；进一步理顺各级联合社的组织管理体制，全国供销合作总社和省、市(地)级联合社应大力精简机构，减员消肿，所需经费列入同级财政预算，不再向所办企业提取管理费；按照自主经营、自负盈亏的要求，搞活社办企业；清理社员股金，消除金融隐患；妥善处理供销合作社亏损挂账。

2001年，全国供销总社下发《进一步深化基层供销合作社改革的意见》，全面推进基层供销社的分类改造，推动农村专业合作社和村级综合服务站发展。同年，市供销社通过自办、联办等形式，发展各类专业合作社和其他新型业态的服务组织60余个。

2004年，根据市委、市政府《关于印发〈济南市人民政府机构改革实施意见〉的通知》、市政府办公厅《关于印发济南市供销合作社主要职责、内设机构和人员编制规定的通知》文件精神，市供销社作为市政府直属管理正局级事业单位，主要执行市政府赋予的六项工作职责。即：研究制定全市农村合作经济的发展规划，指导全市供销合作社及农村合作经济组织的改革与发展。负责全市再生资源、烟花爆竹经营管理和防汛救灾物资储备工作；对重要农业生产资料、农产品的经营进行组织、协调和管理。指导发展各类农产品行业协会，加强农村及乡镇综合服务体系建设，加快现代商品流通网络体系建设，参与和推动副食品基地和市场建设，参与和推动农业产业化经营。监督、管理和运营本级社有资产，依法行使出资人职能，确保社有资产保值增值。对业务范围内的全市性社会团体履行业务指导职责。

第二节 企业改革

1986～1997年，济南市供销合作社普遍实行风险抵押承包经营责任制，以改革企业经营管理机制。1988年，济南果品总公司在经营管理上实行"全员风险抵押"形式的经营承包制，经营形式上采取在自营的同时开展批发交易业务。进入90年代后，在经营承包中以包代管、报喜不报忧、新官不理旧账、明盈暗亏现象日趋严重，加之堤口路果品批发市场的冲击，1991年果品总公司出现经营亏损。

1991年7月，根据济政发〔1991〕45号文件精神，市供销社对所属9个单位实行以"经营放开、价格放开、分配放开、用工放开"为主要内容的"四放开"改革试点工作。年底，市供销社成立"四放开"改革领导小组和办公室，在全系统全面启动"四放开"改革。1993年，全系统1451个基层门店推行"社有民营"改革。即：在企业性质不变、职工身份不变、国家对企业政策不变、隶属关系不变的前提下，实行"两全承包、两权合一、一步到位"（"两全承包"就是全员合同承包，全额退库经营；"两权合一"就是经营权和商品所有权合一；"一步到位"就是改革一步到位，在分配上对承包者来说交足国家的，留够集体的，其余都是自己的)，取得明显成效。与1992年相比，基层供销社减亏总额438万元，减亏幅度40%；各县(市)区供销社中80%的职工收入成倍增长。同年，市供销社相继成立房地产开发公司、物资贸易公司、化学建材实业总公司、威海装饰公司；市供销社议价粮油供应站并入市棉麻公司；市供销社北园分社更名为市供销社经贸实业总公司。1994年4月，市供销社成立济南市泺口酿造总公司。

1994年5月，市供销社根据《济南市城乡股份合作制企业暂行规定》，在全系统推行股份合作制改革。1997年，市供销社直属企业转换经营管理机制，对再生资源总公司历下公司、天龙不锈钢销售中心和土产杂品总公司日杂公司3家单位进行改制试点。制定《关于企业体制改革的实施方案》《股份合作制章程(示范本)》等文件，得到全国供销总社肯定，原文刊发各省(市)自治区供销社。至1998年年底，全市完成公司制和股份合作制改造企业4户，实行职工集资入股、合伙经营企业13家。

1998年12月31日，市供销社下发《关于恢复济南市供销合作社段店分社的决定》，将段店分社从济南市棉麻总公司分离出来，恢复其自主经营、自负盈亏、自我约束、自我发展的独立法人性质。1999 年 1 月，济南市供销社段店分社改建成济南市供销社商贸中心。同年，全系统企业改制工作日趋深入，资本结构得到初步优化。至年底，比较规范的改制企业达到 40 家，商河县宏业集团、章丘市康泰集团等一批社有企业脱颖而出，成为县域经济发展的骨干力量。至 2005 年年底，全系统有直属企业 15 家，县属公司 49 家。

1999 ～ 2002 年，市供销社批准济南果品总公司对文化路自选商场、济南市饮料小食品公司和口口鲜公司进行股份制改造。1999 年 10 月，济南果品总公司文化路自选商场改组为济南总相宜商贸责任有限公司。12 月，济南市饮料小食品公司改组为济南新干线商务代理有限公司。2002 年 3 月，济南果品总公司口口鲜公司改组为济南口口鲜食品有限公司。经评估，上述 3 家单位净资产 640.6 万元。通过资产量化后，剩余资产由所在单位职工以现金形式一次性买断，果品总公司共收回资金 279.24 万元。济南果品总公司将其所属 107 名职工和 109 名离退休人员及人事档案等一并进行移交。

2007 年 6 月 14 日，长清区供销社建成日用品配送中心。7 月 5 日，区联社决定金合作商贸有限公司作为全区连锁经营的龙头企业，在城区开设第一家直营店，店名确定为济南市金合作嘉惠购物广场，使其成为立足城区、辐射乡镇直营中心超市的“母公司”。8 月 2 日，区供销合作社联合社协助新西李村成立长清区新西李山药专业合作社。

2009 年 5 月，历城区供销合作社以董家供销社为依托，通过股份制运作，成立惠农农资配送公司，使区供销社、公司、基层社形成“三位一体”的农资经营网络。7 月，济阳县供销社注册成立全部由民营股份构成的济南华龙金属有限公司，公司主营生产性废旧金属、非生产性废旧金属的收购加工与销售。8 月 28 日，章丘市供销社兴达有限公司及配送中心建成营业，为集农资、种子供应与科技、服务一体化的新经营模式，填补章丘境内没有大型农资批发市场的空白，发挥了供销社在农资市场中的主渠道作用。

2010 年 4 月，济阳县供销社注册成立控股企业济南新合作商贸有限公司，以从事全县日用品连锁经营为主，运用现代流通方式，对供销社系统传统网点进行改造、整合、提升、优化，当年发展直营店 3 家，加盟店 10 家。6 月，章丘市供销社与章丘市农业局、明水大化集团签署“章丘市农工贸战略合作协议”。由章丘市农业局提供技术支持，指导明水大化集团科学生产，辅导专业社、农民科学用肥；市供销集团对明水大化集团产品实行总代理，实现厂家直供、让利于农、互利共赢的目的。至 2010 年年底，全系统辖直属企业 12 家，县属公司 39 家。

第二章 农业生产资料经营

第一节 经营机构

1986 年前，化肥基本是三级供应渠道，济南市为山东省农业生产资料公司济南采购供应站，区县为分站，乡镇为基层社的农资门店。货源供应主要根据各级计委下达的分配计划逐级调拨到基层，由基层门店供应到农民手中，计划不足部分由各单位自行采购。1986年年底，区县农资分站下放给区县供销社管理。

1988年6月，山东省供销合作社为加强对各农资二级站的管理，将全省二级站更名，山东省农业生产资料公司济南采购供应站更名为山东省农业生产资料公司济南分公司。1992年，根据鲁政发〔1991〕124号文件等有关规定，山东省农业生产资料公司济南分公司的人事管理移交省供销社。

1994年8月，国务院印发《关于改革化肥等农业生产资料流通体制的通知》和省政府印发《关于化肥等农业生产资料流通体制改革实施办法》，都明确提出化肥经营渠道实行“一主两辅”，即省、市、县农资公司和基层社为化肥流通的主渠道，农业“三站”(土肥站、农技站、植保站)和生产厂家为化肥销售的辅渠道，同时允许农垦、林业、烟草、军队在本系统内销售化肥，化肥等农业生产资料不再专营。

1998年，国务院下发《关于深化化肥流通体制改革的通知》。

2002年后，化肥经营渠道基本放开，除供销社主渠道外，农业、林业、生产企业都可以经营化肥。

1988年前，农药和农膜供应主渠道是供销社，生产企业、农口“三站”及其他部门有零星经营。

1988年农药和农膜实行专营以后，由供销社农业生产资料经营部门专营，其他部门使用的农药必须由供销社供应。1994年后，农药和农膜不再实行专营，市场逐步放开。

第二节 供应与销售

一、化 肥

化肥是重要的农业生产资料之一，由市及区县农资公司和基层社的农资门店经营，主要品种有尿素、碳酸氢铵、磷酸二铵、三元素复合肥、过磷酸钙、钙镁磷肥、氯化钾及各种专用肥等。

(一)化肥供应 1986年，实行计划管理，化肥经营主要根据计划部门下达的计划逐级调拨销售给农民，除供销社经营外，其他部门经批准后方可以经营。

1988年9月28日，国务院下发《关于化肥、农药、农膜实行专营的决定》。省政府印发《关于化肥、农药、农膜实行专营的具体规定的通知》《关于化肥、农药、农膜实行专营若干问题的补充通知》。12月30日，市政府召开化肥、农药、农用薄膜专营工作会议，决定从1989年1月1日起，在全市范围内对化肥、农药、农用薄膜三种主要农业生产资料由市供销社专营，并采取三项措施对农资市场进行整顿。规定：对省统配化肥和市县指令性计划管理的地产化肥，由各县农资公司和基层供销社两级经营；粮棉油挂钩化肥，仍按原办法随收购随发票，凭票兑现；对其他奖售化肥、专项化肥，要严格执行政策，发证到户；对各种调剂化肥、地产化肥，要将计划逐级安排到户，凭证分期分批定时定点定量供应到农民手中，并张榜公布，增加透明度，便于群众监督。

1994年8月，国务院印发《关于改革化肥等农业生产资料流通体制的通知》，省政府印发《关于化肥等农业生产资料流通体制改革实施办法》，不再实行农业生产资料专营政策。

1986年，政府为鼓励农民多交售农产品，按比例平价供应农民一定数量化肥作为奖励。每交售50千克皮棉奖售化肥35千克，每50千克桑蚕奖售化肥75千克，每50千克特级苹果奖售化肥10千克，每50千克烤烟奖售化肥10千克，每50千克蓖麻籽奖售化肥30千克。

1989年国家对化肥实行专营后，扩大对农副产品的奖售范围，其中每交售50千克小麦奖售化肥11千克，每交售5000千克大白菜奖售化肥250千克，棉花、黄烟、蚕茧、种子等项化肥奖售办法继续执行。

1986～2010年济南市供销社系统化肥供应统计表

表6-6-1　　单位：万吨

年 份	供应化肥	年 份	供应化肥	年 份	供应化肥
1986	16.7	1995	40.8	2004	46
1987	20.1	1996	44	2005	48.2
1988	26.9	1997	57.2	2006	50.3
1989	29.6	1998	64.5	2007	51
1990	39.3	1999	66.9	2008	53
1991	40.4	2000	46.3	2009	55
1992	—	2001	39.6	2010	57
1993	32.5	2002	46.4		
1994	33.2	2003	49.8		

(二)化肥销售　1986～1988年，根据1984年商业部和国家物价局《关于改革农村供销社价格管理试行办法》规定，属于国家统一分配的部分执行国家规定的价格，自行采购的可以在进价的基础上加合理费用和微利，由区县供销社统一定价出售。

1989年化肥实行专营后，国家规定国有大中型化肥厂生产的优质肥和进口肥，由各地物价部门会同有关部门根据国家核定出厂价、进口价和计划外品种的进价，以省为单位加权平均制定综合销售价。地方小化肥厂生产的化肥和地区间调剂的化肥，由当地物价部门核定最高出厂限价和零售价。山东省确定：粮、棉、油挂钩奖售的化肥和救灾、扶贫、滩区、种子、烟草、蚕茧六种专项肥按省定平价供应，其他方面化肥一律执行综合零售价。地方小化肥厂生产的化肥由各地物价部门以按保本微利的原则定价。

1992年，省物价局以〔1992〕鲁价重字第312号文，对省内部分化肥价格作出调整，其中齐鲁一化生产的尿素出厂价调为590元/吨，齐鲁二化生产的尿素出厂价调为520元/吨，计划外超产肥826元/吨。济南市尿素销售价格平价调为680元/吨，综合零售价调为920元/吨。

1994年9月，省政府确定：齐鲁第一、二化肥厂生产的农用尿素出厂中准价1000元/吨，生产企业可根据季节变化在15%的幅度内上下浮动；国产尿素全省统一零售价1400元/吨，进口的1540元/吨，硝酸铵1050元/吨。1995年开始，各区县(市)供销社与技术监督部门联合设立农资保质监销机构，以保证农资质量。

1998年11月，国务院下发《关于深化化肥流通体制改革的通知》，指出：化肥出厂价由政府定价改为政府指导价放开化肥零售价格，必要时省级物价部门可以对部分品种规定最高限价。至此，化肥零售价格由国家定价的历史结束。

1999年开始，济南市化肥价格基本按市场规律运行。

1991年，济南市供销社系统化肥销售收入2.44亿元。至2010年年底，市供销社系统化肥销售收入4.7亿元。

1991～2010年济南市供销社系统化肥销售收入统计表

表6-6-2　　　　单位：亿元

年 份	销售收入	年 份	销售收入	年 份	销售收入
1991	2.44	1998	5.38	2005	4.1
1992	—	1999	4.4	2006	4.3
1993	2.27	2000	3.7	2007	4.5
1994	2.9	2001	2.68	2008	4.4
1995	3.6	2002	3.09	2009	4.6
1996	5.26	2003	3.2	2010	4.7
1997	5.5	2004	3.1		

二、农　药

1986年，济南市农药实行计划管理的有12个品种，其他品种为指导性计划，由生产企业和经营单位签订供应合同。

1989年农药专营后，全市实行计划管理的品种增至20个，具体品种是敌百虫、甲胺磷、敌敌畏、乐果、氧化乐果、甲基1605、工基1605、呋喃丹、速灭威、混灭威、叶蝉散、水胺硫磷、敌虫菊脂、三环性、多菌灵、甲基托布津、百菌清、2.4D丁脂、灭军丹、丁草胺。另有22个品种实行指导性计划管理。农药的计划分配渠道，一般由省、市计委下达年度总计划，省、市供销社再根据企业交货情况按季分配到区县供销社，各级农资公司和基层供销社再按渠道组织供应。

1988年前，农药价格严格按国家规定的价格执行。1988年，省物价局、省供销社〔1988〕鲁价重字第166号文下达山东省农药的出厂、销售价格。同时规定：省统配农药的品种，生产企业按出厂价格交省农资公司。省管价的非统配农药，生产企业直供省、市地农资公司的执行出厂价格。直供县农资公司的，可按出厂价格加3%的差率作价。经县农资公司同意，直供基层社的可按出厂价加4%的差率作价。

1994年，省物价局、省供销社对省管价农药的价格进行大幅上调。

1987～2010年济南市供销社系统农药销售情况表

表6-6-3　　　　单位：吨

年 份	销售量	年 份	销售量	年 份	销售量
1987	807	1995	754	2003	850
1988	936	1996	935	2004	922
1989	1437	1997	1010	2005	1000
1990	1389	1998	1778	2006	1020
1991	1736	1999	820	2007	1150
1992	—	2000	794	2008	1214
1993	677	2001	542	2009	1300
1994	628	2002	775	2010	1500

三、农 膜

农膜经营品种主要有地膜，用于棉花、花生、西瓜、薰烟、蔬菜等地面覆盖；大棚膜，主要用于蔬菜大棚和拱棚覆盖；新品种膜，主要是微膜、输水膜、有色膜等。

1986～1988年，经营方式主要是市区县供销社农资公司和基层供销社、工厂自销。

1988～1994年，由供销社农资公司和基层供销社专营。1995年后，由于流通体制改革，农膜市场放开，经营渠道除供销社主营、工厂自销和农口单位经营外，一些个体单位开始陆续经营。

1988年以前实行合同订购。1989年实行专营后，专营政策与化肥、农药相同。在价格上，1988年以前执行轻工部确定的价格，以生产厂的中准价为基础，农膜上下浮动5%，地膜3%，零售价在出厂价基础上增加12%。1988年，省物价局下发《关于调整农用塑料簿膜厂销价格的通知》，规定农膜销售价格6780元/吨，地膜为7000元/吨，综合差率11%。1991年，省物价局对农膜价格进行调整，其中农膜8740元/吨，大棚膜8900元/吨，地膜9000元/吨，微膜9580元/吨。

1987～2010年济南市供销社系统农膜经营情况表

表6-6-4　　　　单位：吨

年份	数量	年份	数量	年份	数量
1987	982.5	1995	1058	2003	1490
1988	1008	1996	1214	2004	1430
1989	1526	1997	1347	2005	1634
1990	954	1998	1534	2006	1680
1991	1355	1999	1562	2007	1720
1992	—	2000	2049	2008	1690
1993	962	2001	1510	2009	1810
1994	882	2002	1570	2010	1830

第三章　果品经营

第一节 经营机构

1986年，济南果品公司下设5个经营部、1个加工厂、1个冷风库、1个贸易货栈、9个果品商店、1个招待所，共18个经营单位，担负着南北果品、干菜、调料等商品的购、销、调、存及月饼小料的生产、销售。1988年，济南果品公司在经营管理上采取“全员风险抵押”形式的经营承包制，经营形式上采取在自营的同时，开展批发交易业务，当年实现销售额8312万元，经营利润146万元，创历史最高水平。

进入90年代后，济南果品公司经营的果品全部改为三类商品，不再受国家计划控制，产销全部通过市场进行调节。由于在经营承包中以包代管、报喜不报忧、明盈暗亏现象日趋严重，加之堤口路果品批发市场的冲击，1991年，济南果品公司出现经营亏损。1992年9月，济南果品公司改为济南果品副食总公司，及时转轨定向，先后投资4000余万元，在英雄山果品批发市场建起英雄山文化市场。1994年1月，济南果品副食总公司改为济南果品总公司。

1995年，果品总公司投资21万元，对杆石桥经营部进行改造装修，组建济南市第一家便民自选市场，市场经营商品5000余种。1998年，果品总公司在济南市果品干菜调料公司成立新国道超市。冷藏分公司以储存果品总公司自营的果品为主，全面转向为社会代存。

1998年，济南果品三七乳制品销售中心、济南果品总公司综合供销中心、济南雨亭经贸中心、济南泉新商贸中心、济南银苑大酒店、济南市酒类批发公司相继停业或联营。1999年年底，济南果品总公司商贸中心并入济南土产杂品总公司。1999～2002年，济南市饮料小食品公司、济南果品总公司文化路自选商场、济南果品总公司口口鲜公司通过体制改革与总公司解除隶属关系。

2008年，冷藏分公司各项业务基本终止。至2010年，济南果品总公司下属单位11个，除英雄山文化市场正常经营外，其他均已停业或半停业。

第二节 经营状况

1986年，果品经营按市政府下达的商品流转计划确定果品的收购、调拨、市场供应、出口和储存。1987年后，指令性计划经营逐渐转向以市场为导向的自主经营。1986年果品购进总额2070万元，销售总额2725万元，其中市场销售2360万元。1991年始，受堤口路果品批发市场的冲击，果品总公司的果品经营基本结束。1992年果品购进总额减1745万元，销售总额1739万元，其中市场销售662万元。

1986～1992年济南市供销社系统主要果品经营情况表

表6-6-5　　单位：吨

年份	苹果	梨	红枣	核桃	栗子	柿饼
1986	4619	460	469	95	31	219
1987	3564	1114	213	137	2	315
1988	3372	840	265	97	95	96
1989	3054	1315	215	874	8	49
1990	3212	1502	233	284	—	—
1991	1518	662	167	196	—	—
1992	1054	132	6	234	—	—

1986～1992年济南市供销社系统主要果品市场销售情况表

表6-6-6　　单位：吨

年份	苹果	梨	香蕉	柑橘	红枣	核桃	栗子	柿饼
1986	3057	320	3038	3990	331	137	31	103
1987	1700	487	3195	4184	264	156	2	21
1988	1852	845	2748	3032	223	196	93	11
1989	2397	1137	1599	4828	214	265	8	17
1990	2263	1516	735	5866	198	362	—	—
1991	342	245	389	1719	95	71	—	—
1992	630	100	9	721	85	170	—	—

1986～1991 年济南市供销社系统主要果品年末储存情况表

表6-6-7　　单位：吨

年 份	苹 果	梨	香 蕉	柑 橘	红 枣	核 桃	栗 子	柿 饼
1986	1195	109	80	25	175	144	0	25
1987	1208	501	0	91	103	181	0	165
1988	2272	228	44	182	24	133	1	0
1989	2334	342	11	105	34	242	0	13
1990	1212	254	0	77	100	237	—	—
1991	784	182	0	4	225	252	—	—

1986～2010 年济南果品总公司经营情况表

表6-6-8　　单位：万元

年 份	销 售	利 税	利 润	税 金	财务挂账
1986	6495	172	100	71	47
1987	7144	221	140	81	74.5
1988	8312	236	146	90	65
1989	7167	116	20	96	135
1990	6612	107	10	97	236
1991	7435	110	4	106	414
1992	7052	105	1	104	523
1993	7368	-8	-112	104	821
1994	5838	101	0	101	1041
1995	6374	166	0	166	1494
1996	7815	209	0	209	2042
1997	5973	124	0	124	2544
1998	3667	106	-20	126	2690
1999	6296	84	-79	163	3703
2000	7378	79	-68	147	2412
2001	7480	194	0	194	2308
2002	8631	208	-80	288	2888
2003	7504	59	-70	129	3052
2004	7876	102	-85	187	2763
2005	7323	170	1	169	2798
2006	5597	155	-9	164	2598
2007	1198	75	-30	105	2658
2008	1555	198	-29	227	2767
2009	1501	205	-31	236	2802
2010	1578	240	-20	260	2800

第三节 储存加工

一、储 存

1986年，济南果品总公司冷藏分公司设有3000吨冷风库，主要储存果品总公司内部英雄山干鲜果品批发市场、八里桥鲜果经营部、干果调味品经营部、冷库几家单位的鲜果，以调剂市场余缺，少量外调，年储存量260千克。

20世纪90年代，果品副食市场放开，冷库储存结构发生变化，品种增加(鲜菜、进口水果)，外包装以纸箱为主。果品总公司内部鲜果储存占库容量1/3，冷库自身蒜薹、水果占1/3，为外单位储存占1/3，年经营额保持在800万元。90年代后期，冷存市场竞争加剧，将2/3以上库位出租给社会，用以储存苹果、蒜薹、板栗、圆葱、大蒜、干货等。

2002年，冷库出现微亏，自营业务退出，扩大代储业务。2003年仓储收入98万元。2004年120万元，2005年138万元，2006年148.7万元，2007年171.7万元。2008年，因资不抵债，各项业务基本终止。

二、加 工

1991年，济南果品总公司成立济南市果品加工厂，填补济南市场一项空白，主要生产青红丝、糖瓜条、果酱、果脯、蜜饯等月饼小料，适应市场需求，年产值约150万元。由于开展的是粗加工业务、加之设备陈旧，管理和产品不再适应市场的发展和需求，加工厂业务逐渐退出济南市场。

1999年6月，济南市果品加工厂并入济南市果品干菜调料公司。

第四章 生活资料经营

第一节 土产杂品经营

1986年前，济南市供销社系统经营的日用杂品种类繁多、品种复杂，主要包括炊事用具、日用陶瓷、国产土纸、家庭用具和草制鞋帽、小五金、进口木材、胶合板等，主要采取计划调拨，逐级批发的方式供应到群众。

1986年起，随着人民生活水平的提高和消费投向的转化以及市场竞争、市场开放等因素的影响，土产杂品经营的传统商品销售呈下降趋势。同年，对78个主要传统品种调查，较同期下降的有46个品种。

1987年，土产杂品总公司不断拓宽经营范围，新增塑料制品、铝制品、搪瓷制品、捆扎绳、钢木家具等300余个品种，弥补大类传统经营品种下降的状况。同时，采购供应家用冰箱和部分陶瓷产品等紧俏商品，保障市场供应。

1986～1991年，土产杂品总公司主要以召开夏、秋两季供货会的方式开展业务，每年定期在济南召开夏凉商品、三夏物资供货会和土产杂品、陶瓷秋季供货会等。经营的夏季凉品主要包括各种草席、竹席、软折席、枕席、草帽、竹帽、仿港式礼帽、晴雨伞、葵扇、纸折扇、羽毛扇、轻便扇、竹木椅、折叠床、钢木家具、炊事机械、卫生纸、铁铝制品等。三夏物资主要包括毛竹、杂木杆、毛料、木制把柄、各种日用陶瓷(包括各种规格缸、盘、碗、茶、餐具以及卫生、建筑陶瓷等），采取供需直接成交的方式，现货、期货均可。土产杂品、陶瓷秋季供货会展出商品1500多种，分为取暖用具、鞭炮烟花、陶瓷制品、竹木制品、炊事机械、室内装饰品、塑料制品、钢木家具、小农具、铝制品、铁制品等十大类。采取批量作价、优惠作价、协商作价的办法，并利用报纸、电台等媒体进行广泛宣传，每年大会的成交额均在100万元以上。

1991年后，随着改革开放的逐步深入，土产杂品商品供应渠道呈现出多元化的特点，大流通、大市场、大贸易逐步形成，城乡市场更加活跃、竞争更加激烈。土产杂品总公司土产杂品经营由于失去传统的批发优势，市场意识较差，经营方式落后，转向发展其他经营业务。

1986～2010年济南市土产杂品公司经营情况表

表6-6-9　　单位：万元

年份	收入	利税	利润	税金
1986	4689	244	141	103
1987	4945	229	119	110
1988	5812	282	147	135
1989	5508	262	65	197
1990	4650	138	-20	158
1991	5045	179	40	139
1992	4648	185	50	135
1993	4238	279	125	154
1994	3401	40	4	36
1995	2577	38	0	38
1996	1978	47	2	45
1997	1666	-1	-70	69
1998	1159	6	-64	70
1999	1011	26	-84	58
2000	1179	23	-60	83
2001	1128	91	0	91
2002	1175	112	-38	150
2003	1239	142	-29	171
2004	1132	314	94	220
2005	1244	302	1	301
2006	1337	215	6	220
2007	1384	225	15	210
2008	13300	840	158	805
2009	15530	996	204	795
2010	17585	1054	115	833

说明：2008年以前企业财务报表中不计入营业代征税

第二节 烟花爆竹经营

1986年后，烟花爆竹的批发业务统一由供销社土产日用杂品公司经营，实行从国家定点生产企业进货制度。从外地购进的由市公安局办理购买证和运输证，零售网点须核发烟花爆竹临时销售许可证，采取批量作价的经营策略。1987年销售烟花爆竹237.3万元，1988年264.7万元，1990年235万元。

1992年12月25日，土产杂品总公司成立济南市烟花爆竹杂品公司，主营烟花爆竹及各种土产杂品等，经营方式为批发、零售。根据市场需要，适时召开烟花爆竹供货会，适当调整爆竹价格，对商品供应办法不断进行改革，落实商业部和公安部关于烟花爆竹安全经营管理的规定，烟花爆竹经营额呈逐年增长趋势。

1994年春节，济南市场禁止销售烟花爆竹，烟花爆竹杂品公司进行经营场所和经营结构调整。2005年春节，济南烟花爆竹销售解禁，土产杂品总公司重新开展烟花爆竹经营业务，当年实现烟花爆竹销售额132万元。2006年烟花爆竹销售57.4万元，2007年销售98.2万元，2008年销售120.7万元，2009年销售169.4万元，2010年销售253.7万元。

第三节 日用消费品经营

济南土产杂品总公司经营的日用消费品主要是蜂蜜产品，负责调整全市蜂蜜收购、销售价格。1986年，蜂蜜收购、销售价格由单一固定统一价改为允许各地区在此价基础上，在规定幅度内可以进行浮动。1990年1月30日，土产杂品总公司成立济南市土产杂品公司蜂产品经营部，批发、零售蜂蜜及小食品和蜂产品加工，取得较好的经济效益。后期由于市场经济冲击、个体经济兴起及其他一些客观因素，蜂蜜产品经营业务渐渐萎缩，2003年年底蜂产品经营部注销。

第五章 再生资源经营

第一节 经营机构

济南市市区物资回收经营业务以济南市再生资源总公司为主。1986年，市物资回收公司下属4个分公司，3个加工厂，2个经营部，1个商场，在职职工近千人。3月，市物资回收公司开始实行厂长(经理)负责制，制定任期目标责任书和考核办法，公司内部全面推行经济责任制。1987年，推行全员抵押承包责任制，年底根据承包指标完成情况兑现，奖优罚劣。1989年1月，市供销社第二物资回收公司并入市物资回收公司，改名为济南市物资回收公司黄台公司。5月，市物资回收公司更名为济南市再生资源总公司。1990年11月，市政府颁发《济南市废金属管理办法》，明确规定生产性废金属由济南市再生资源总公司和济南市物资再生利用总公司负责收购，其他单位和个人一律不准收购。1992年6月，所属综合利用试验厂与日本八达株式会社合资成立济南日东农副土特产品有限责任公司。同年，成立济南经源铜铝材有限责任公司，市中公司、历下公司改为股份合作公司。其后，特钢公司、稀贵材料公司逐步转化为私营公司。2003年，空气净化消毒设备厂、经源铜铝材有限责任公司、金属材料公司、天桥公司、黄台公司、鑫隆再生资源公司相继改制，一部分职工买断工龄后，与企业解除劳动合同。2005 年 8 月，济南市国税局转发国家税务总局、省国税局关于加强废旧物资增值税管理有关问题的通知，对济南市废旧物资经营制定严格管理措施，限制废旧物资经营企业的业务开展和扩大。同年，总公司下属 5 个公司，市区共有从事废旧物资回收的网点和单位 458 个。至 2010 年年底，总公司下属 5 个公司，1 个商场，1 个加工厂，在册职工 175 人，离退休职工 392 人，市区共有市中、东城、废造纸原料、长清 4 个分拣中心，123 处社区回收站点。

第二节 经营管理

一、收购品种

济南市再生资源总公司收购品种包括十四大类数百个品种。十四大类依次为杂铜、废铝、废铅、废锡、废钢铁、废旧棉、废纸、废麻及麻制品、破布、破布鞋、废橡胶、废轮胎、杂骨、废玻璃等。同时，开展废金属串换业务，包括利用废钢铁串换钢材，利用废有色金属串换金属材料等；并对废旧物资进行挑选利用和深加工，包括利用废钢铁轻薄料打包钢铁压块，利用废轮胎、废橡胶生产再生胶，利用废有色金属提炼白银、熔炼硫酸铜等。1986 ～ 2010 年，济南市再生资源总公司共加工钢铁压块 2.1 万吨，生产再生胶 1800 吨，熔炼硫酸铜 200 吨，提炼白银 1500 千克，产值近 1000 万元。

二、市场管理

1986 年，济南市再生资源总公司管理的社会收购网点 158 家。

1990 年 11 月，市政府颁布《济南市废金属管理办法》，成立以市计委牵头，市公安局、市工商局、市供销社、市物资局、市物价局、市交通局等部门组成的废金属市场清查领导小组。1991 年 5 月～ 10 月，对全市废金属市场进行全面清查整顿，处罚不法业户和个人 15 家，公布合法废金属回收、销售、加工单位 14 家，合法废金属收购单位 215 家。1992 年、1993 年，对废金属资源外流进行稽查，实行“废金属准运证”制度。市计委金属回收办公室组织市公安局、工商局、供销社再生资源总公司和物资局再生利用公司等部门成立稽查大队。至 1994 年，共查扣无证外运废金属 153 车次、300 吨。2003 年，市供销社与市再生资源总公司发起成立济南市再生资源行业协会，吸收全市再生资源经营网点为会员，会员单位 112 家。2005 年，会员单位发展到 458 家。至 2010 年，会员单位发展到近千家。各区管理办公室积极配合区公安局治安大队对所辖网点进行定期和不定期检查，有效遏止了经营业户中违法经营的情况，净化了市场环境。

1986 ～ 2010 年济南市再生资源总公司收购情况表

表6-6-10

年 份	收购总额（万元）	销售总额（万元）	废有色金属(吨)	废钢铁(吨)	造纸原料(吨)
1986	2116	2576	381	20904	8250
1987	2470	2871	757	39903	10066
1988	3724	4273	439	38051	9693
1989	3936	4789	203	25055	7485
1990	3729	4455	323	29110	4339
1991	5047	5962	427	29944	4626
1992	6011	7090	513	31398	4254

续表6-6-10

年 份	收购总额（万元）	销售总额（万元）	废有色金属(吨)	废钢铁(吨)	造纸原料(吨)
1993	6832	8093	414	24102	4678
1994	5090	6030	372	17826	1170
1995	7680	8450	354	19660	793
1996	10092	10591	448	32334	766
1997	8610	10326	458	29942	678
1998	5157	5681	373	19416	649
1999	5636	6650	358	14508	720
2000	4461	5380	156	13730	695
2001	3457	3977	139	7964	787
2002	4360	4614	366	22887	766
2003	5270	5491	134	21821	822
2004	5795	5855	206	23491	912
2005	10949	11499	615	39353	1068
2006	11591	12815	620	36601	37359
2007	12378	13479	589	44885	15736
2008	12820	14163	410	33134	14310
2009	12656	14408	388	43539	39643
2010	13600	14818	294	37183	38329

第六章 机 构

第一节 市级机构

1986 年年初，济南市供销合作社联合社机关设主任室、秘书科、行政科、企业管理办公室、财务科、基建储运科、劳工科、组织人事科、老干部管理科、宣教科、工会、团委、纪律检查委员会办公室、社志办公室等 14 个部门。

1990 年 4 月，济南市棉花办公室成立，为副局级事业单位，由市供销社代管。

1991 年年初，市供销社机关设办公室、财务审计处、外经工业处、组织人事处、基层组织处、企业管理处、基建储运处、安全保卫处、宣传教育处、离退休干部工作处、纪委、监察室等处室。2 月，市供销社企业管理处更名为计划业务处，基层组织处更名为企业管理处。

1993 年 1 月，市政府办公厅〔1993〕济政办函 9 号文件确定，市供销社负责济南市盐业行政管理工作，并相应设立盐政执法机构，负责全市行政区域内的盐政执法工作。市供销社成立市盐业行政办公室，人员由市供销社机关及盐业批发站调剂，所需经费由济南盐业批发站负责开支。5 月，市供销社撤销安全保卫处、基建储运处，成立储运安全处和统筹办公室，原安全保卫处和基建储运处的环保、基建工作交由外经工业处负责，内保工作交由组织人事处负责。年内，济南市供销社北园分社更名为济南市供销社经贸实业总公司。

1997 年 1 月 10 日，市委、市政府下发《关于继续深化供销合作社改革的意见》，根据实际需要，承担政府委托的任务，行使政府授权的职能。市供销合作社为自收自支事业单位，机关人员编制 58 人。编制内人员和离退休人员经费从提取的企业管理费中解决。市供销合作社机关设办公室、财务审计处、合作指导处、综合业务处、外经工业处、组织人事处、宣传教育处、离退休干部工作处、纪委、监察室等。7 月 3 日，根据市政府《关于调整市棉花办公室管理体制有关问题的会议纪要》精神，济南市棉花办公室由市供销社划归市农委管理。

2000 年，全省盐业流通管理体制改革，盐业流通管理职能从供销社分离出去。5 月 15 日，根据《关于改变济南市供销合作社经费类型的批复》规定，市供销社的经费类型由自收自支改为全额财政预算管理。2001 年 6 月 13 日，根据《关于供销社改革中几个问题的通知》规定，市供销社设立理事会和监事会。市供销社机关在编人员可参照国家机关工资标准执行。市供销社机关离退休人员按照全额拨款事业单位有关规定全额纳入市财政经费预算管理，参照国家机关离退休待遇执行。7 月 20 日，根据《济南市供销合作社机构改革意见》规定，市供销合作社机关设办公室、财务计划处、合作指导处、经济发展处、组织人事处、宣传教育处、离退休干部工作处、纪委、监察室等处室。

2004 年，市政府深化机构改革，确定市供销合作社为市政府直属全额预算管理正局级事业单位，机关内设 8 个职能处室：办公室、资产管理处、合作指导处、市场管理处、经济发展处、组织人事处、离退休干部工作处、监察室。

2008 年 11 月，按照《关于印发济南市参照公务员法管理事业单位名单的通知》规定，确定市供销合作社为参公管理的事业单位。市供销社机关内设办公室、资产管理处、合作指导处、市场管理处、经济发展处、组织人事处、离退休干部处、机关党委、工会 9 个处室，人员编制 41 人。至 2010 年无变化。

第二节　县（市）区机构

1986 年，济南市供销合作社联合社辖章丘县、长清县、平阴县和历城县 4 个县级供销社。1991 年，市供销社系统辖章丘县、长清县、济阳县、商河县、平阴县和历城区 6 个县区供销社，有基层供销社 102 个，零售商业网点 1273 个，饮食服务网点 233 个，批发机构 223 个(包括农副产品采购批发机构 78 个，日用工业品 145 个)。市内直辖 8 个公司，3 个二级批发站，2 个酿造厂，2 个经营部，1 个中等专业学校。

1993 年，济南市供销合作社联合社辖章丘市、长清县、济阳县、商河县、平阴县和历城区 6 个县(市)区供销社，92 个基层供销社，2070 个经营网点；直属企业 18 家，经营范围涉及装饰材料、土产杂品、废旧物资再生利用、干鲜果品、日用百货、机械家电、石油化工、食品酿造、房地产开发等领域。

2001 年 6 月，济南市供销合作社联合社改称济南市供销合作社。2005 年，市供销社系统辖章丘市、历城区、长清区、济阳县、商河县和平阴县 6 个县(市)区供销社，15 个直属企业，49 个县属公司，93 个基层供销社，39 个专业合作社，20 个行业协会，7 个农村社区综合服务中心，1219 个基层经营网点。

2010 年，市供销社系统辖章丘市、历城区、长清区、济阳县、商河县和平阴县 6 个县(市)区供销社，12 家直属企业，39 个县属公司，79 个基层供销社，97 个专业合作社，36 个行业协会，40 个农村社区综合服务中心，2225 个基层经营网点。

第七篇　服务业

第一章　居民服务业

第一节 美容美发业

1985年，济南市区有理发店175家，从业人员956人。其中，国营理发店16家，从业人员273人；集体和个体理发店159家，从业人员683人。

1987年，济南市理发业有网点843个，从业人员2177人；其中，市区网点453个，从业人员1582人。

1988年，理发业设计推出各种类型的艺术发型，倍受顾客好评。中国理发厅增设电动按摩椅和美容化妆，不少理发店经营理发器具和化妆品。全年市区共有理发座椅1250把。市属理发业职工，获得专业技术职称的理发师213人。为扭转亏损、适应改革开放的需要，经市物价局批准，理发业于1988年7月20日开始按新价格收费。理发业调价后，特级店与一级店之间的价格差为20%～30%，二级店与三级店以下的店价格差为10%～20%，各店可以向下浮动收费价格。

i989年，市区个体发廊继续增加，竞争激烈。国营理发业中小店业务上升，大店经营呈下降趋势。国营理发业充分发挥技术优势，设计推出新发型，赢得回头客。同年，市区理发业经营收入101.9万元，比上年增长2.31%。1991年，全市理发业经营网点1469个，从业人员2680人。

1992年年底，市区国营美发美容网点20个，从业人员326人。发挥国营大店设施全，技术强的优势，上档次、上规模、上美发美容新项目，向创利大的经营方向转化。自1990年后，年平均设计推出美发发型近20种，蘑菇式、新娘发髻、万能烫等一批女发式深受中青年妇女的喜爱。美容业务发展较快。中国理发厅、奇美美发美容厅、珍珠泉美发美容厅相继推出面部护理、纹眉、纹眼线等计15种理疗化服务项目，增加彩色焗油护发、染发、减肥、除皱、按摩等美容护肤业务。

1995年，济南市饮食服务总公司所属美发美容业网点6个，从业人员150人。奇美、中国理发厅、珍珠泉等美发美容厅以其高超的技艺和新颖的发型引导着济南市美发美容市场，起着国有主渠道的作用。奇美美发美容厅推出电脑选发型业务，对顾客实行义务服务，很受欢迎。

1998年1月8日，奇美美发美容厅在经八路94号新址重新开业。同年，市饮食服务总公司所属美发美容业网点5个，从业人员102人。

2000年，全市服务业开展“美容美发名

师”评比活动，根据各专业的评定标准和条件，评出济南市美容美发名师10名。分别为邱志群、泉城(香港)派克森美容有限公司，张义晨、泉城(香港)派克森美容有限公司，王德华、济南奇美美发美容厅，王志林、济南奇美美发美容厅，王富平、济南中国美发美容厅，邢念社、济南奇美美发美容厅，张海滨、济南中国美发美容厅，杜升泉、济南奇美美发美容厅，崔玉英、山东省政协大厦，李汝新、章丘市明水美容理发厅。

2004年10月15日，由市贸易服务局、市劳动和社会保障局组织，济南美容美发业协会承办的济南市第九届“奇美杯”发型化妆大赛在济南铁路文化宫举行。50余家国有、“三资”、个体和私营美容美发企业组队参加，100余名美容美发师参加比赛，21人分获金、银、铜奖。

2005年11月7日，市贸易服务局、市工商局、市公安局、市质监局、市物价局、市卫生局六部门联合在泉城广场举行美容美发行业“诚信经营活动月”启动仪式。同日，由济南奇美美发美容有限公司举办的美容美发行业发展论坛暨2006年美容美发流行趋势发布演示会在玉泉森信大酒店举行。中国美容美发协会、上海美容美发协会及青岛、烟台、潍坊、泰安等城市美容美发行业组织派员参加。与会专家就行业现状和发展前景(国际化的新思路)、美容业品牌建立与连锁经营等课题，进行认真广泛的探讨。济南市奇美美发美容有限公司代表论坛发布2006年美容美发流行趋势，并进行现场演示。

2010年，全市美容美发网点1200余个，从业人员3万余人，营业收入4.2亿元，行业的经营网点大量增加。泉城(香港)派克森美容有限公司被列入全市10大居民服务企业。美容美发行业基本跳出价格战的低层次竞争，步入创业品牌的高层次竞争，提升了行业社会形象。

济南市理发业主要年份年平均价格表

表6-7-1　　单位：元/次

年份	价格
1985	0.45
1990	1.30
1995	5.63
2000	10.00
2005	17.50
2006	17.50
2007	17.50
2008	19.50
2009	20.50
2010	20.50

说明：统计项目为男理一级全活

第二节 沐浴业

1986年，济南市区有国营、集体浴池11家，另有许多机关、部队、企事业单位自办浴池，基本满足市民洗澡需要。1987年，济南市浴池业有网点22个，人员606人；其中，市区网点16个，人员550人。1988年，市区浴池有8个，从业人员302人；恢复传统的修脚、搓背、理发等服务项目。市属浴池业职工，获得专业技术职称的修脚师、服务员132个。铭新池增加芳香浴、桑拿浴，新生池与医院联合搞气功疗法，历山浴池增设与桑拿浴配套的健身器械，深受顾客欢迎。

1989年，由于煤、水、电价格上涨，计划供应不足，浴池经营困难。市区仅有6家浴池，节假日洗澡难成社会问题。为缓解洗澡难状况，各浴池积极调整班次，增加服务人员，延长营业时间，搞好服务。但每洗一人(次)，企业亏损0.096元。为弥补主营业务的亏损现状，各浴池积极开展冷饮、小吃等附营业务。

1990年，市政府拨款100万元，对开业于

20世30年代的铭新池、新生池、新泉池做重点改造。同时进行改造的还有汇泉饭店的温泉池。改造后，各浴池的沐浴环境能适应多层次需求。铭新池初步具备淋浴、池浴、桑拿浴、芳香浴等多浴配套的服务能力。新生池、新泉池由原来以池浴为主，发展为具有池浴、淋浴、单间盆浴的配套能力。经过实施浴池改造，济南市的浴池业由单纯卫生型向治疗型、享受型方向迈进一大步。

1992年，济南市规模最大的浴池——铭新池，于店庆60周年之际，向社会推出“浴康乐园”新浴种。铭新池建于1933年，曾被誉为“华北第一池”。“浴康乐园”设有冲浪浴、芳香浴、桑拿浴、土耳其浴、夫妻浴、药物浴、机械水疗等7大浴种6个系列。新生池推出“高级浴园”新浴种，包括奶香浴、矿泉浴、芳香浴、药物浴、夫妻浴等5个新浴种。各浴池加强配套服务项目的管理，设有理发、修脚、搓背、按摩、小卖等。铭新池在沐浴旺季开设“浴池夜市”，为市民提供更加方便的服务。年底，济南市饮食服务总公司所属浴池网点7个，从业人员254人。1993年，沐浴业经营向集沐浴、健身、享受于一体的方向发展。浴德池的“泺泉浴园”及新泉池的“豪华浴园”相继对社会开放。

1995年，济南市饮食服务总公司所属浴池网点4个，从业人员186人。以铭新池为代表的大众化高档浴种在泉城出现。铭新池新上全市第一家逍遥浴室，深受市民欢迎。

1997年，沐浴业经营仍以沐浴和健身娱乐为主体，综合配套其他服务项目。全市以铭新池为代表的高档浴种形成一定规模。浴德池和新泉池新增逍遥浴和组合浴。整个行业有桑拿浴、土耳其浴、冲浪浴、芳香浴、芬兰浴、逍遥浴、组合浴、紫外线浴、药物水疗、机械水疗等10个高档浴种，并以工薪阶层为价格定位标准，受到广大消费者的欢迎。1998年10月28日，新生池经翻建于重新开业，翻建后的新生池环境清新典雅，设施设备先进，服务功能齐全，是济南市西部地区以经营中低档浴种为主的综合浴池。浴德池进行更新改造，成为济南市东部地区以经营中高档浴种为主的综合浴池。浴池业均设立和恢复美发美容、搓背、按摩、修脚等传统服务项目，并可预约登门服务。

1999年，市饮食服务总公司所属浴池网点3个，从业人员86人。各浴池虽经翻建，达到环境清新典雅，设施设备先进，服务功能齐全的标准，但终因全市同业发展较多，市场业务分流，企业经营困难。各浴池想方设法开拓经营门路和增加新的服务项目，不断提高服务质量，对传统的服务项目预约登门服务。并利用现有场地，开展多角化经营，使主营业务向其他行业的经营延伸。

进入21世纪后，济南人的沐浴消费激增。人们到澡堂已不仅仅是为了洗澡，而是把浴室作为又一休闲、游玩、交友的场所，它代表的是一种新的消费时尚和文化，是一种新的消费发展趋势。这一方面是现代人新的消费需求，另一方面也是商家引导消费的结果。不少大型浴室不但增加了桑拿浴、中药浴等新浴种，还附设餐厅、影视厅、棋牌室、乒乓房、游戏室等设施，使浴室成为综合性的娱乐场所，吸引越来越多的顾客。洗浴场已然成为许多人洽谈、社交、休闲的好去处。一些装修豪华的高级洗浴城其消费对象主要定位于中高收入的消费者，而部分定位大众消费的浴场，则让更多的人洗得起、洗得爽。

随着洗浴场服务项目的增多和人们消费观念的转变，济南市较高档次的洗浴城数量不断增加。济南投资较大、装修豪华的高档洗浴城有数十家之多，其中舜华天益、在水一方、天隆、水之源、海阔天空、大浪淘沙等洗浴城的规模都比较大，投资近千万元。至2010年年底，济南2000平方米以上的洗浴场所有数十家。

济南市洗浴业主要年份年平均价格表

表6-7-2　　　　单位：元/次

年 份	价 格
1985	0.30
1990	0.58
1995	5.00
2000	8.00
2005	12.00
2006	28.00
2007	28.00
2008	29.33
2009	30.00
2010	30.00

第三节 洗染业

20世纪80年代中期，济南市区内集体兴办洗染店越来越多，有些集体企业购进干洗机、熨烫机等先进设备，洗衣质量明显提高。1986年年初，市区共有洗染店21家，从业人员200余人，基本满足市区消费者需要。

1987年，济南市洗染业有网点31个，从业人员398人；其中，市区网点24个，从业人员385人。1988年，济南市饮食服务总公司所属网点18个，从业人员189人，获得专业技术职称的技师、营业员70余人。配有进口大型干洗机6台，增加快洗快烫业务，解决洗衣难的问题。同时承做锦旗，印制奖状、证书，织补、包边等服务项目。

1989年，市饮食服务点公司在发展干洗业务的同时，增加水洗业务，并增添冷饮、快餐业务。1992年年底，市饮食服务总公司所属洗染网点9个，从业人员162人。经营向主业为主，多种经营的方向发展。在巩固干洗、水洗业务，保持质量稳定的基础上，主营业务增加洗地毯、挂毯、窗帘等项目；副营业务增加皮衣上光，恢复高级衣料织补项目，增加彩色照片扩印和照相器材销售业务，承做锦旗，印制奖状、证书、证章，扩大冷饮批发兼零售业务。

1993年，市饮食服务总公司所属洗染网点12个，从业人员137人。在巩固干洗、水洗质量，保持“老字号”信誉的同时，利用空闲营业场所，开展多种经营，兴办综合服务业务。

1994年，市饮食服务总公司所属网点12个，从业人员137人。吸收上海“正章”的经验，开展多种经营、项目创新等综合服务业务。

1997年，市饮食服务总公司所属洗染网点6个，从业人员126人。美利洗染公司在甸柳、回民、郎茂山等居民小区开设6个洗衣代收店，方便了消费者，扩大了市场占有份额；开发皮衣保养业务，购进两台皮衣干洗机，增设两家皮衣保养干洗专营店。

1998年，市饮食服务总公司所属洗染网点6个，从业人员120人。在居民小区新开设代收店10个。

2005年8月6日，第六届中国洗染业展览会暨全国第三届洗染业职业技能竞赛总决赛在北京农业展览馆落下帷幕。济南海右多妮妮洗衣有限公司的5名选手全部获得“全国职业技术能手”称号。

2010年，济南海右多妮妮洗衣有限公司、济南康洁洗衣管理有限公司2家企业被评为全市10大居民服务企业。至年底，济南市有洗衣店800多家，其中正规洗涤公司100多家，从业人员数量以每年20%～25%的速度递增。全市拥有洗染技师20人，高级技师3人。

2010年济南市洗染服务行业排名情况表

表6-7-3

排名	企业名称	主营业务	开业年份	人员(人)
1	山东世界贸易中心银座洗衣中心	洗衣	2003	122
2	济南鲁卫洗涤中心	洗涤服务	2005	70
3	济南玉泉洗熨保洁有限公司	洗涤服务	2000	39
4	济南海右多妮妮洗衣有限公司第6收衣店	洗染服务	1999	36
5	济南海右多妮妮洗衣有限公司	洗物洗熨	1999	36
6	济南市平阴宏顺水洗服务厂	服装水洗	2008	25
7	山东鲁能德益工程总公司服务中心	干洗	1997	20
8	济南美丽洗染业有限公司	干洗	1990	18
9	济南美丽洗染业有限公司本部	干洗	1990	18
10	济南德易洗熨有限责任公司	洗染服务	2000	16
11	济南朵拉洗业有限公司	服装干洗	2003	16
12	济南槐荫家家洗熨店	服装干洗	2005	16
13	济南朵拉洗衣店	干洗衣服	2005	14
14	济南永正洗涤有限公司	洗染服务	2005	12
15	济南清河洗染有限公司	洗染服务	2005	10
16	济南泉城洗熨有限责任公司	服装干洗	1996	9
17	济南海右多妮妮洗衣有限公司(本部)	洗衣洗熨	1999	9
18	通达水泥厂	服装水洗	2005	8
19	济南天桥区天咨洗衣中心	干洗服务	2002	8
20	济南海森洗衣服务有限公司	洗衣服装保养	2001	8
21	济南海右多妮妮洗衣有限公司第28收衣店	洗染服务	2004	8
22	济南妙洁洗熨中心	洗衣服务	2006	8
23	济南海右多妮妮洗衣有限公司第25收衣店	洗染服务	2005	8
24	济南海右多妮妮洗衣有限公司第16收衣店	衣物洗熨	2002	6
25	济南市鑫泉伊尔萨洗衣中心	干洗服务	2001	6

济南市西装干洗主要年份年平均价格表

表6-7-4　　单位：元/套

年 份	价 格	年 份	价 格
1990	4.96	2007	11.25
1995	5.50	2008	11.25
2000	8.00	2009	14.08
2005	15.00	2010	15.50
2006	11.25		

第四节 摄影扩印业

20世纪80年代中期，照相业市场开放，国营、集体、个体经营并存。至1986年年初，全市照相网点增至115个，从业人员822人，其中绝大部分是个体经营户。业务以洗晒照片、扩印彩色照片为主，有个体户在名胜古迹、公园等处设点经营。

1987年，济南市摄影业有网点331个，人员1455人。其中，市区网点152个，从业人员1162人。1988年，济南市饮食服务总公司所属大型彩色扩印、摄影网点14个，有新型彩扩机19部，月扩彩片9.5万张，处于饱和状态。照相业除增加结婚照、广告照、旅游照、喷绘工艺照以外，大中型照相馆还设有照相器材销售部。市属照相业职工，获得专业技术职称的摄影师、暗房技师、着照技师178人。照相个体户在公园、名胜地设点照相、冲卷、洗片，为游客提供方便。1988年7月1日，山东省彩色摄影中心济南服务部成立。该服务部由原山东省彩色摄影中心济南第一、二分部联合组成，是市饮食服务公司系统内第一家联店型的照相企业。服务部坐落在经五纬二路东口，地处繁华闹市区，为4层大楼，营业面积1000余平方米，设有彩色、黑白摄影部和彩扩、复印、中文打字、照相器材销售部，另有修理照相器材、外照、工业照、快照、快冲扩等服务业务。服务部有特级摄影师2人，一级摄影师、暗房技师、彩扩技师13人。

1989年，高档照相器材集团购买减少，市属照相业及时调整经营结构，扩大彩照、彩扩能力。市彩色摄影中心增加连底布景业务。面对照相器材在市区销售下降的情况，各大中型照相馆迅速开辟农村市场，扩大器材批发业务。年内，市属照相业主营收入462.6万元，比上年增长27.09%；器材等附营收入1685.2万元，比上年增长14.77%。

1991年，全市有摄影业经营企业582家，从业人员1872人。1992年年底，市饮食服务总公司所属摄影网点15个，从业人员395人。主营业务向系列化服务方向延伸。增添婚纱礼服照、时装照、化妆照、朦胧照、艺术人像照、大幅彩色照、连底背景、儿童艺术生肖卡片照和产品广告照；开辟礼服出租、新婚录像、会议录相、祝寿录像等新服务项目。副营业务坚持综合经营。各店均上彩色扩印设备，建立摄影器材、原材料的批零业务，建立器材、相机修理服务队伍，增设大型图纸复印机服务项目。1993年，市饮食服务总公司所属国营摄影网点16个，从业人员379人。新婚录像、郊游录像业务兴起。

1995年，市饮食服务总公司所属摄影网点9个，从业人员348人。婚纱照形成多档次、系列化。富士、柯达、宝丽来等著名公司专卖店落户济南，连锁网点经营蓬勃发展。同年5月，济南市摄影、摄影器材行业协会成立。

1997年，市饮食服务总公司所属摄影业网点13个，从业人员348人。主营业务形成系列配套服务格局，开展婚纱照、艺术照、儿童照、形象设计、布景搭设等多档次系列化服务。富士、柯达、宝丽来等著名公司的专卖店、总经销、总代理业务经营火爆，连锁经营已成规模。同年，济南市摄影、摄影器材行业协会更名为济南市摄影行业协会。1998年，市饮食服务总公司所属摄影业网点13个，从业人员318人。总公司所属的彩扩照相器材设备公司买断美国宝丽来金彩2000型胶卷在全国的总代理权，销势良好，成为摄影业经营收入的一个新的经济增长点。

1999年，市饮食服务总公司所属摄影业网点13个，从业人员312人。新增数码影像机，开展电脑婚纱制作业务，提高形象设计、彩妆化妆手法，扩大了业务量。市彩扩设备服务公司承揽美国宝丽来单项产品的全国总代理及系列产品的华东地区总代理，主要经营美国宝丽来一次成像及电子影像系列产品，年销售收入1.1亿元。

2000年，全市服务业开展“摄影名师”评比活动。经过企业和个人申报，广泛征求社会各界意见，并根据各专业的评定标准和条件，评出济南市摄影名师5人。分别为张和平(济南人民艺术摄影部)、王和祯(济南市摄影行业协会)、邱兆利(济南黄河出版社图片社)、孙广烈(济南正大艺术影楼)、刘萍(济南市摄影中心)。

2004年10月20日，在全国摄影名店、名校评审工作会上，济南黄河图片社、山东金色童年摄影有限公司、山东非凡婚纱摄影有限公司，被评为“全国摄影名店”。济南人像摄影专业培训中心，被评为“全国摄影名校”。

至2005年，济南市摄影行业协会有会员单位267个，其中省级单位、部队所属、国营企业29个，占11%；外商、台资、民营、股份制企业238个，占89%；会员单位占全市摄影业的85%以上，各种经济成分并存。

2008年，全市摄影彩扩网点300个。2009年6月27日～29日，经文化部批准、市政府与美国职业摄影师协会主办的影像亚洲首届PPA国际职业摄影师大会在舜耕国际会展中心举办。其中“首届国际职业摄影师作品大展”展出来自世界54个国家的优秀摄影师的艺术、商业、人像、纪实等各类经典巨作1000幅，分设金、银、铜奖及优秀奖。“当代中国杰出职业摄影师作品邀请展”展出18名中国当代最杰出、最有影响力的职业摄影师的优秀摄影作品180幅。王家龙获美国PPA国际银奖，邢正江、李厥训获国际铜奖。

2010年，山东金色童年摄影有限公司被列入全市10大居民服务企业。至年底，济南市摄影彩扩企业、摄影器材企业发展到360余家，其中国营企业、军工企业占全市摄影企业的10%；台资、民营、股份制企业占全市摄影业的90%；规模摄影连锁企业10家，全市婚纱摄影店和工作室3000多个。跨省、跨地区连锁网点400多个；市级摄影培训学校2所；大型摄影器材批发市场2处。全市经过鉴定确认的摄影师、化妆师等五个工种的专业技师5200余人，其中：享受省政府津贴的突出贡献技师8人，获得市政府津贴的9人。全行业拥有高级技师45人，技师98人，高级工672人，初级、中级工4600余人。

济南市摄影胶卷主要年份年平均价格表

表6-7-5　　单位：元/卷

年 份	价 格
1990	19.29
1995	19.31
2000	22.13
2005	22.22
2006	22.13
2007	22.13
2008	19.95
2009	19.95
2010	20.00

说明：统计项目为进口135彩色21锭36张

第五节 其他居民服务业

一、家庭服务业

进入21世纪，家庭服务业逐步兴起，服务范围和内容日益扩大和丰富。至2004年，服务项目300个，家政服务公司358家，服务专兼职人员8万人，由过去单一、分散及传统的服务对象，发展到对所有单位和人员，包括家政、养老、助残、优抚、居民生活、卫生保健、青少年教育以及信息咨询管理等多层次、多方位的服务。涌现出“心连心家政”“热心大嫂”“阳光大姐”等一批深受居民信赖的服务品牌。

2005年1月22日，为适应家庭服务业发展形势，培养高素质、高品质的家政服务人员，济南阳光大姐服务有限公司在全市率先推行家政服务员中、高级职业技术鉴定。经严格考试，全年共有228名家政服务员被评定为中级或高级家政服务员。阳光大姐服务有限公司和大家园服务中心被评为“全国家庭服务业先进单位”。“阳光大姐”率先规范家庭服务业。11月22日，在广州召开的中国家庭服务业协会三届二次代表大会上，济南市阳光大姐服务有限公司、大家园家政服务中心被评为“全国家庭服务业先进集体”，阳光大姐服务有限公司的李燕被评为“全国优秀家政服务员”。精心打造阳光大姐等一批泉城服务品牌，被评为2005年感动济南的十大事件之一。

2006年3月22日，济南市家庭服务业协会成立。全市家庭服务机构358个，服务中心(站)200余个，从业人员7万余人。培育发展阳光大姐、大家园、心连心、天地人庆典等10多家知名度高、规模大、效益好的全国、省级品牌龙头企业，其中2家企业被评为“全国家庭服务业先进单位”，7家企业被评为“全国诚信经营单位”，20人被评为全国优秀家政服务员。成功承办“中国家庭服务业协会年会”和城市服务业发展论坛，扩大济南市家庭服务业在全国的影响。积极开展家庭服务业行业培训，成立职业技能鉴定所，依托职业院校和知名企业，开展多形式多种类的技能培训，全年接受培训的各类家庭服务人员累计近万人次，新安置就业7000余人。同年，全市居民服务业实现营业收入51.4亿元，增长9%。在争创商业示范社区活动中涌现出2个全国级、4个省级、10个市级社区商业示范社区，1人被评为全国社区商业“双进工程”工作先进个人。培育发展品牌龙头家庭服务业企业。

2007年，广泛开展“把服务送进社区，把温暖送进万家”活动，新增社区家政服务站40个。完善职业技能培训体系，全年培训家庭服务业人员6000余人，完成职业鉴定1000多人，行业整体素质不断提高。全年全市居民服务业实现营业收入55亿元，增长7%；安置就业7000余人。商业示范创建活动深入开展，历下吉祥苑被评为国家级商业示范社区；市中舜玉、历下千佛山、历城华龙路、天桥黄台等4个社区被评为省级商业示范社区。10月26日～28日，中国家庭服务业协会三届四次代表大会在江苏扬州召开，济南市家庭服务业协会共组织会员单位代表24人参加大会。济南市家庭服务业协会、济南大家园家政服务中心、济南历下阳光大姐服务中心、济南市中区热心大嫂服务中心、济南阳光大姐有限责任公司、济南连心物业有限公司、济南服务中心心连心家政、山东天地人礼仪庆典有限公司等8个单位被评为“先进服务单位”，济南市中区二七新村街道服务中心被授予“先进服务中心”称号，济南神韵职业技能培训学校获“先进培训单位”称号，11人被评为“先进工作者”，12人被授予“优秀服务员”称号。

2008年，历城区七里河、市中区舜耕、历下区千佛山东路、天桥区黄台等社区被省经贸委认定为省级商业示范社区。至此，全市有4个国家级商业示范社区，15个省级商业示范社区。12家家政服务企业获得“2008年中国家庭服务业优秀企业”称号。全市有家政服务网点740个。

2009年，城市社区“双进工程”扎实推进。7个社区被认定为省级社区商业示范社区。全年新增家政服务和洗衣等网点200个。“济南市居民服务信息平台”基本建成。

2010年，济南市有家政服务机构102个，完成家政服务员培训1.78万人。济南阳光大姐服务有限责任公司、济南市市中区热心大嫂服务中心、山东省天工人力资源服务中心、济南瑞尔物业有限公司、济南连心物业有限公司、山东天地人礼仪庆典有限公司被列入全市10大居民服务企业。

二、拍卖业

20世纪90年代末，济南市拍卖业开始发展。2001年，全市商贸流通业以提高经济效益为中心，重点推动企业经营结构、营销方式和业态结构的调整，促进传统商业升级换代，拍卖业的现代营销方式得到较快发展。

2004年，济南市拍卖业发展实现历史性突破，全市58家拍卖企业共举办拍卖会650余场，成交额75亿元，比2003年增长60%。其中，亿元成交额以上的19家，5亿元以上的4家。山东银星拍卖公司成交额22亿元，位列全省第一；山东光大拍卖公司成交额18亿元，位列全省第二，两家公司成交额占全市总成交额的53%。土地使用权拍卖唱主角，艺术品拍卖有所突破。全年共有10家公司涉足土地拍卖，成交额50亿元，占总成交额的66%；10家公司涉足艺术品拍卖，举办拍卖会30场，成交额1.5亿元。年底，拍卖行业从业人员400余人，其中拍卖师95人。

2005年，全市60多家拍卖企业共举办各类拍卖会1026场，比2004年增长57.8%；成交额93亿元，同比增长24%；佣金收入7000多万元。3家重点拍卖企业举办拍卖会289场，拍卖成交额39.1亿元，增长18%。5家拍卖企业举办较大规模的艺术品专场拍卖会10场。7月8日，由山东银星拍卖有限公司承办的“2005山东(济南、日照)国有土地使用权拍卖推介会”在深圳、香港成功举行。香港26家投资商踊跃参会，香港《星岛早报》《大公报》《香港文汇报》等媒体都对推介会作了详细报道。此举为济南市利用拍卖企业进行招商引资开辟了新路。9月6日，由山东银星拍卖有限公司承办、主拍的华夏银行股份有限公司(证券代码600015)国有法人股专场拍卖会在山东大厦“一锤定音”，新加坡一家公司以10.115亿元的价格竞标买走。此次拍卖会创造了国内上市公司通过拍卖一次性转让法人股股权数量最多、成交额最大的记录，受到新华社、路透社等国内外媒体及国内外金融界的广泛关注。11月27日，西市场敲响“百年竞拍第一锤”。西市场是济南老商埠区的一个重要组成部分，有近百年历史，是著名的日用小商品集散地和批发零售市场，在省内外享有很高声誉。为充分体现公平、公正、公开原则，扩大影响，西市场管理部门对20个被誉为“钻石铺位”的摊位进行公开拍卖。经过激烈竞拍，20个摊位被来自浙江、北京等省内外的批发商竞得，拍得资金300余万元。其中，一个摊位以28万元拍出，一层洗手间以21万元成交，7个广告位以60万元卖出。

2006年，对全市拍卖企业进行调查研究，按照《中华人民共和国拍卖法》《拍卖管理办法》，加强对全市拍卖企业的监督管理。2010年，全市共有拍卖企业72家，其中：有AAA级企业5家、AA级企业6家、A级企业16家；重合同守信用企业13家，从业人员917人。全年举办拍卖会975场，成交额217.5亿元，实现佣金收入1.4亿元，实现税金3111万元。全市10大拍卖企业为山东光彩银星拍卖有限公司、山东齐鲁瑞丰拍卖有限公司、山东银典拍卖有限公司、山东金诺拍卖有限公司、山东天承拍卖有限公司、山东天佳拍卖有限责任公司、山东嘉禾国际拍卖有限公司、山东汇丰拍卖有限公司、山东恒生拍卖有限公司、山东世纪阳光拍卖有限公司。

2010年济南市拍卖企业基本情况表

表6-7-6

企业名称	注册资本(万元)	设立时间	从业人员情况			成交额(万元)	佣金总额(万元)
			拍卖师	具有从业资格	员工总数		
山东三信拍卖有限公司	210	2009年4月24日	2	4	9	25369.6	17.8
山东大义拍卖有限公司	201	2004年12月22日	3	10	12	13419.5	265.4
山东和圣拍卖有限公司	200	2003年1月	3	4	8	15558.8	70.0
济南九鼎拍卖有限公司	100	2003年3月7日	1	4	8	100	10
山东汇丰拍卖有限公司	206	2002年4月4日	4	10	12	39257.2	374.6
山东省鲁信拍卖有限公司	201	2004年8月2日	3	3	12	33000	207.8
山东银典拍卖有限公司	200	2004年2日	3	9	12	70322.5	271

续表6-7-6-1

企业名称	注册资本(万元)	设立时间	从业人员情况			成交额(万元)	佣金总额(万元)
			拍卖师	具有从业资格	员工总数		
山东和信国际拍卖招标有限公司	500	2002年12月2日	2	8	11	7165.6	77.5
山东金诺拍卖有限公司	500	2004年2日	4	26	48	556441.8	1055
山东天衡拍卖有限公司	200	2003年5月23日	3	5	23	480.9	20.8
山东金华夏拍卖有限责任公司	210	2003年12月22日	2	8	13	4	0.2
山东沛丰拍卖招标有限公司	100	2004年3月30日	2	6	15	22157.3	156.4
山东省国利拍卖有限公司	1000	2000年1月	2	5	10	—	243.7
山东天佳拍卖有限责任公司	100	1996年6月17日	3	6	9	12759.5	243.7
山东鸿银拍卖有限公司	100	2003年9月3日	3	10	17	1118.5	29.9
山东拍卖总行	100	1992年	2	5	10	15741.8	16.1
山东齐鲁瑞丰拍卖有限公司	500	2001年2月2日	50	10	20	110683.5	724
山东信和拍卖有限公司	201	2004年6月	3	7	10	5794.6	181.1
山东光彩银星拍卖有限公司	1012	1999年8月18日	4	12	60	303484.6	1238
山东世纪阳光拍卖有限公司	200	2002年9月29日	5	12	13	101579.1	394.9
山东丰泰拍卖有限公司	150	2002年8月6日	1	6	10	10015.9	79.1
山东天平拍卖有限公司	200	2002年9月11日	3	13	16	47592.5	150.6
山东佳联拍卖有限公司	200	2003年6月24日	3	12	12	28188.3	500.1
山东德勤拍卖有限公司	150	2004年	2	11	13	43346.9	21.2
山东翰达拍卖有限公司	200	2003年7月25日	3	12	12	903.5	34.0
山东同声拍卖公司	286	1992年	4	6	17	18100	94
山东明正拍卖有限公司	100	2003年	1	4	6	246.5	12
山东恒生拍卖有限公司	209	2005年1月18日	4	11	12	4679.3	66.5
山东舜大拍卖有限公司	100	2003年9月17日	3	3	9	175.7	8.1
山东嘉禾国际拍卖有限公司	300	2003年8月22日	3	14	21	74985	797.4
山东省中立信拍卖有限责任公司	300	2002年	3	9	16	24749.9	487.6
山东大成拍卖有限公司	210	2004年11月15日	3	8	19	80278	628.7
山东华银拍卖有限公司	210	2001年10月22日	4	8	22	10114.3	153.3
山东齐鲁中天拍卖有限公司	300	2002年8月	4	7	11	25103.7	287.2
山东春秋拍卖有限公司	102	2003年7月15日	1	3	7	8.8	0.8
山东天乙拍卖有限公司	200	2004年1月6日	3	10	26	21669.8	92.5
山东颐通拍卖有限公司	200	2003年	3	8	15	10300.0	12
山东大恒拍卖有限公司	100	2004年1月	4	5	11	35369.4	181.3
山东键宇拍卖有限公司	500	2009年	2	4	12	12364	40
山东恒基拍卖有限公司	202	2003年	2	7	15	1372	1300
山东易成拍卖有限公司	220	2003年12月	3	7	12	34061.0	178.1

续表6-7-6-2

企业名称	注册资本（万元）	设立时间	从业人员情况			成交额（万元）	佣金总额（万元）
			拍卖师	具有从业资格	员工总数		
山东省大统拍卖行有限公司	220	2004年11月21日	2	2	11	0	0
山东元亨利拍卖有限公司	201	2005年4月7日	2	10	13	756	26
山东金原拍卖有限公司	210	2005年6月6日	3	8	25	806.8	14.1
山东天大拍卖有限公司	210	2005年4月	1	3	9	1938	61.0
山东财智拍卖有限公司	201	2005年10月10日	1	6	9	3171.0	53.2
山东非凡拍卖有限公司	200	2006年4月28日	4	9	12	165519.9	336
山东道勤拍卖有限公司	320	2003年5月27日	1	5	9	0	0
山东宏博拍卖有限公司	210	2006年6月28日	2	7	12	20280.2	300.9
山东宏升拍卖有限公司	110	2006年8日	3	8	8	8058.3	56.3
山东金秋拍卖有限公司	300	1997年	3	7	14	78714.8	804.1
济南佳丰拍卖公司	100	2007年	2	4	8	0	0
山东瀚坤拍卖有限公司	300	2007年7月26日	1	6	11	3480.3	109.3
济南恒古拍卖有限公司	100	2008年2月15日	2	8	12	4215	71.8
山东中技招标拍卖有限公司	500	2008年6月16日	3	6	13	14185	23.9
山东天承拍卖有限公司	1000	2008年	2	4	25	18000	206
山东泓德亚泰拍卖有限公司	500	2008年9月	1	2	6	0	0
山东茂恒拍卖有限公司	300	2008年9月	4	9	13	5405.9	89.1
山东福田拍卖有限公司	200	2008年10月22日	2	5	15	1699.0	49.8
山东鼎诚拍卖有限公司	300	2009年5月27日	2	9	11	13099.5	88.0
山东道德拍卖有限公司	300	2010年5月24日	2	8	12	5421	1.1
山东大富华拍卖有限责任公司	500	2010年11月22日	1	2	13	0	0
山东华信国际拍卖有限公司	300	2010年11月	3	3	10	2016.4	20.1
山东恒坤招标拍卖有限公司	500	2010年	2	4	20	10080	1.0

第二章　住宿餐饮业

第一节　住宿业

20世纪80年代中期，省、市和部队招待所向社会开放，机关、厂矿、企业办的招待所、旅社、宾馆大量增加，旅店业的床位数超出流动人口的需求量。至1986年年初，市区有宾馆、旅社、招待所320家，床位约4.5万张，有些地处偏远或设备较差的旅店出现空闲现象。有些旅馆、宾馆、招待所向大型化、高档化、标准化方面发展，大型企业的招待所都备有汽车、餐厅、小卖部、卫生间、电梯、彩电、空调、电话，房间与走廊均铺有地毯。

1987年，济南市旅馆业有网点451个，人员5910人；其中，市区网点312个，从业人员5319人。1988年，旅馆业发展较快。大中型宾馆、旅社注重提高服务质量，增加接送旅客、预定车票、小卖部、冷饮等服务项目；增设空调、电话、卫生间、浴室；开辟大、小餐厅，会议室等。由于机关、部队、单位招待所相继对外开放，行业间竞争激烈，市属旅馆、宾馆服务质量明显提高。全年市区有旅馆、招待所近300家，共有床位3.9万余张。市属旅馆业有获得专业技术职称的服务员257人。针对济南市旅馆的收费标准长期以来一直低于国内同类型省会城市，致使不少企业出现亏损现象，经市物价局批准，旅馆业于1988年9月1日开始按新价格收费，将原4等8级、36项收费标准改为3等8级、23项收费标准，调整后价格总上升率为32.98%。

1989年，市区有旅馆、宾馆403家，共有床位4.76万张，分别比上年增长34.3%和22.1%。其中，国营企业119家、集体178家、个体27家，分别占网点总数的29.5%、44.2%和6.7%。其余为企事业单位招待所，约占19.6%。按到济南日均客流量2万人计算，床位利用率平均为42%，“住宿难”变为“住满难”。为增加客源，不少旅馆相继采取浮动床位价格，改善住宿条件，派人接站。1991年，全市有旅馆业经营网点546个，从业人员5199人。

1992年，济南市大中型旅馆经营向住宿、餐饮、娱乐、旅游为一体的多功能配套服务方向发展，抓住济南市划入沿海经济区的机遇，扩大中高档客房的比重。同时，加强配套服务项目建设，增设旅游车，扩建内餐餐饮部，开展各种代客服务项目，坚持“茶具消毒”制度，设立图书报刊阅览室、文化娱乐室和业务洽谈室，商品、产品展览室，推行站立服务、“五主动介绍”“十送进房间”的优质服务法。利用营业空间，开辟写字楼、驻济南办事处、经纪人公司等常年出租业务。

1993年，济南市饮食服务公司所属旅馆业网点38个，从业人员1411人，经营继续向多功能配套服务方向发展，加快客房改造，增加旅游车辆，装修内餐餐饮部，增设购物商品部，坚持代客服务，推行规范化服务，并利用营业空间和沿街营业用房，兴办第三产业。1997年，市饮食服务公司所属宾馆业网点15个，从业人员1201人。经营基本具备吃、住、行、游、购物、娱乐多功能配套服务的条件，并在提高服务档次，推行规范化服务方面取得明显效果。同时抓住各种有利条件搞横向联合，拓展多种经营渠道，打破过去单一的旅馆经营方式。

2003年，全市积极营造良好消费环境。在防治“非典”过程中，商贸系统各单位严格落实消毒和监控责任制，确保员工和消费者的身体健康。餐饮、宾馆服务企业按照谁留宿谁负责，谁接待谁负责的要求，严格坚持日报制度，及时有效地处理一些突发性事件。2005年，全市有限额以上住宿业企业[①]54家，从业人员11703人，主营业务收入11.17亿元，主营业务利润7.44亿元。

2007年，全市住宿餐饮业实现零售额173.5亿元，同比增长23.5%，占全市社会消费品零售总额的15.7%，贡献率20.3%。全市批零贸易住宿餐饮业从业人员22.4万人，占全市服务业从业总人数的30%以上，对经济社会发展的贡献能力进一步提升。2009年，全市餐饮住宿业规模档次不断提升，实现零售额265.3亿元，同比增长18.5%，其中限额以上企业增速21%。

2010年，有全市限额以上住宿业企业[②]95家，从业人员16531人，主营业务收入23.25亿

①指经有关部门批准的星级住宿业。
②年主营业务收入在200万元及以上。

元，主营业务利润 14.95 亿元。

第二节 餐饮业

一、经营状况

1986 年，全市有饮食业网点 11383 个，从业人员 34352 人。其中，国营 202 个，从业人员 3653 人；供销系统 129 个，从业人员 1001 人；集体 1048 个，从业人员 12655 人；个体 10004 个，从业人员 17043 人。1986 年后，济南市饮食服务公司开办中专班，建立市饮食服务教育技术培训中心，设烹饪、面点、服务、照相等培训班，除培训市属系统的专业技术人才外，还对社会开放。至 1988 年，共举办各类厨师培训班 7 期，培训 416 人；对社会上各有关单位的 746 名厨师、面点师、服务师进行技术考核。

1988 年年初，市饮食服务公司制订《关于进一步深化企业改革的实施方案》。4 月中旬，市饮食服务公司与市财政局、市第二商业局、市税务局、银行签订经营承包合同。在公司内成立天桥宾馆联营公司，使市饮食服务公司成为经济实体性质的企业性公司。根据方案要求，按照“包死基数，确保上缴，超收多留，欠收自补”的原则，推出招标方案。经过公开答辩和民意测验，先后有 13 家大店、30 家经过调整的小店签订承包、租赁合同，由市公证处立案公证后，于 1988 年 7 月 1 日开始执行。市属各区、县饮食服务公司对主管部门承包，对下属企业实行经营承包或租赁。执行新的承包、租赁合同后，企业在内部的经营管理中，逐步引入竞争机制，实行层层承包，班组以上的负责人实行选聘，职工实行优化组合上岗。全年市饮食服务公司承包企业营业收入 2087.8 万元，比 1987 年增长 30.19%；实现利润 491.3 万元，比 1987 年增长 30.01%。至年底，饮食业网点发展到 3356 个，从业人员 23125 人，基本解决“吃饭难”的问题。市属饮食业职工中，获得专业技术职称的厨师 292 人、服务员 254 人。挖掘、恢复和创制 200 余种菜肴，并将外地的名菜、名吃引进济南，丰富济南的饮食消费市场。传统名店聚丰德、汇泉、燕喜堂、泰丰园、大明湖等饭店，各具特色。济南的风味餐馆遍布市区各个角落，著名的有康乐风味小吃厅、便宜坊、新梅村、清真楼、民族饭店、芳叶餐厅、天丰园、草包包子铺等。

1989 年，全市(不含商河、济阳两县)饮食服务性网点发展到 7894 个，从业人员 34755 人。饮食服务业经营额 5839 万元，利润 775.4 万元，分别比 1988 年增长 5.6%和下降 4.5%。市属国营饮食业市场波动较大，1～5 月饮食市场比较平稳，营业收入 378 万元，比 1988 年同期增长 27.4%。6～12 月，市属饮食业企业营业收入和利润分别比上年同期下降 15.7%和 7.5%，其中宴席收入平均下降 60%，各大饭店的宴席档次、桌数都有明显下降。市属国营饮食业企业及时调整经营结构，坚持以中、低档饭菜为主，高、中、低档配套经营的方针，采取高档不足，中、低档补，宴席不足零餐补的办法，搞好大众化服务，在一定程度上弥补了由于宴席减少带来的经营损失。面对高消费降温的情况，各饭店及时调整经营策略，转变经营作风，面向大众既经营高档业务，又做低档生意。调低宴席档次，让顾客自己点菜。发挥技术优势，开辟新的服务领域，包括供应半成品菜肴、开辟小吃夜市、门前摆摊、举办名吃、小吃展销等。同时开展产品创优活动。聚丰德饭店的“八宝饭”、燕喜堂饭庄的“酥饼”被商业部评为部优产品，获“金鼎奖”。

1990 年，在市优质产品评选的基础上，济南市饮食业推荐 8 个菜肴、12 个面点参加 5 月在上海举办的全国饮食业“金鼎奖”评选。经商业部评审委员会综合评定后，聚丰德饭店的“水晶肉”“九转大肠”“两酥宴席点心”，汇泉饭店的“四酥宴席小点心”获部优产品称号。适应开放需求，引进外地菜系。7 月，燕喜堂饭庄经理赴川，请重庆名店——颐之时大酒楼的 3 位川菜名厨帮助推出64种可拼成4套的川菜酒席宴，在饭庄二楼新设“蜀乡阁”风味厅，常年供应正宗川味系列菜。聚丰德饭店亦相继推出粤菜20多个品种。汇泉饭店推出闽南菜30余种。川、粤、闽三大菜系的引进，活跃了饮食市场，改变了鲁菜一统济南市场的旧格局，推进了市场饮食结构的改革。自助餐、自助火锅、快餐盒饭、方便食品以及花样不断翻新的系列面包也陆续问世，呈现出高、中、低档结合、内外结合，膳食结构更趋合理的饮食市场新格局。

1991年，在商业部、省商业厅组织的部、省饮食业优质产品评比中，济南汇泉饭店的“㸆大虾”获商业部优质产品“金鼎奖”，聚丰德饭店、燕喜堂饭庄等10家国营、集体企业，篙祥子扒鸡店等2家个体户的22个产品获“全省饮食业优质产品”称号。同年，市区饮食业有7种产品获部优称号，53种产品获省优产品称号。聚丰德饭店推出满汉全席，摈除不必要的排场，简化接待礼仪，注重食用价值。聚丰德满汉全席系列，设6组大型宴席，分6次进食。全席共有120道热菜、48道冷荤、24样蜜饯以及各种水果和点心。既有山珍海味、宫廷御点，也有当地的土特产。主要代表菜有清代官燕、菌陈熊掌、通天鱼翅、凤尾飘玉带、哈尔巴(猪肘)、挂炉大鸭、烤乳猪、酥麻蛋角、慈禧窝头等。年底，全市有餐饮业经营网点10258个，从业人员34521人；其中，个体餐饮业企业占主导，为9180家。

1992年年底，全市有饮食服务业网点20671个，其中饮食业网点11033个，比1991年增长7.6%。市区商业饮食服务网点225个，从业人员5141人；经营额15185万元，比上年增长11.26%；利润额413万元，比上年下降36.95%。市区有商业饮食网点81个，从业人员1995人。按照市场需求，经营向大众化、多档次、高精细发展。挖掘、推出“百老菜品”及菜肴新品种220个，面点小吃60余种。“荷花宴”“八珍宴”“小吃宴”等高档配套宴席先后与消费者见面。“九转大肠”“㸆大虾”等9个品种获商业部优质产品称号；“熏鱼”“酥饼”等53个品种获山东省优质产品称号。粤、川、京、淮扬等菜系品种相继在各大店落户。“广式早茶”“快餐盒饭”“手拿方便食品”“半成品菜肴”适应社会生活快节奏的要求，推出“自助餐”“火锅城”“烧烤城”“生日宴席”等一批新的服务项目，“选师点菜”、普通话接待等服务方式受到顾客欢迎。

1994年，全市有餐饮业网点21141个，比1993年增长28.3%。市饮食服务总公司投入800余万元资金对所属饮食服务网点进行更新改造，使经营向多档次，品种向多、精、细发展，为企业长远发展增加了后劲。年底，全市有国营饮食业网点247个，从业人员2326人。整修改造后的聚丰德饭店、燕喜堂饭庄、天桥宾馆餐厅成为济南市的一流高档餐厅。送餐业务应运而生，海宜送餐公司是全市第一家主营送餐业务的企业，从业人员100余人。送餐对象主要是机关和企事业单位的职工。送餐时间以中餐为主。所送饭菜以三五元的盒饭为主，辅以上百元的套餐。此外，遍布全市的快餐摊点也有不少开展送餐业务。送餐业务的出现，打破了济南饮食市场等客上门的传统习惯，使餐饮业经营趋向多元化。

1995年，全市有餐饮业网点25243个，比1994年增长19.4%，从业人员73137人。其中，个体经济成分占主导，占91.2%；主要为正餐和快餐，占88%。市饮食服务总公司投入520万元，对所属网点进行改造，使经营向多档次、大众化方向发展，使企业具有较强的市场应变能力。年底，市饮食服务公司有饮食业网点9个，从业人员319人。聚丰德、燕喜堂饭庄等国有老字号在继续发展、创新鲁菜的基础上，一方面引进川、粤、扬、淮等菜系充实饮食市场，另一方面开发大众化市场。快餐市场迅速发展，在保留广式早茶、中式快餐和个别西式快餐的基础上，引进肯德基、比萨饼等西式快餐，丰富了快餐市场，调剂了市民的口味。

1996年，聚丰德等国有老字号成功开办两家以面食和烤鸭为主的连锁店。1997年，聚丰德、聚丰德烤鸭店、孔膳堂等国有老字号，博采川、粤、扬、淮等菜系之长，不断创新鲁菜，创出新派鲁菜100余款，其中30款在济南市举办的新派鲁菜烹饪大赛中获奖。聚丰德举办新派鲁菜顾客品尝展示活动。开发大众化市场，聚丰德的名吃面点，孔膳堂的“济南大包”，天桥宾馆的自助早餐等大众化饭菜，赢得消费者的欢迎。1998年，聚丰德饭店博采其他菜系之长，不断创新鲁菜菜肴。在保持鲁菜正宗风味的前提下，开发大众化市场，在一楼大厅开设以经营济南地方小吃为主、外地名优小吃为辅的快餐店——聚丰德小吃园，将小吃园定位于大众消费，面向工薪阶层。春节期间推出组合礼品精细面点投放市场。1999年，聚丰德饭店以经营名吃小吃为主的小吃园，不断增加经营品种，做到每周推出2～3个新菜品。为保持鲁菜名店特色，该店投资150万元进行装修改造，提高服务设施档次，增加吸引力。全市全年餐饮业实现社会消费品零售额30.5亿元，增长19.1%，占全社会的9.6%，是高于社会消费品零售总额增幅的唯一重点行业。2000年，全市有营业收入过500万元的餐饮企业31家，其中山东三联金三杯股份有限公司营业收入5746万元，从业人员552人，位列榜首。全市限额以上餐饮业企业①有46家，从业人员7758人，营业总收入4.85亿元。

2001年，全市餐饮业零售额48.5亿元，增长28.3%，发展速度稳居商贸业各行业之首。2002年，全市餐饮业零售额61.3亿元，增长26.4%，月均实现零售额比批零贸易业、制造业增幅均高出近20个百分点，逐步走向产业化。

2003年，全市餐饮业零售额74.4亿元，增长15.4%。餐饮业连锁经营取得较快进展。金德利快餐连锁总公司门店增至61家，不仅抢占银座、人民商场、大润发、沃尔玛等大型超市内的快餐市场，还开展社会办厨，承办企业、机关、院校、部队食堂15处，成为名副其实的居民厨房。在防治“非典”斗争中，餐饮服务企业严格坚持日报制度，同时各单位积极探索通过电话预订、送货上门、刷卡结算和就餐分餐制等形式扩大消费，努力降低“非典”带来的影响和损失。

2004年10月20日～24日，济南烹饪协会组织参加由中国烹饪协会、福州市政府主办的“劲霸调味杯”第十四届中国厨师节暨海峡两岸美食节，济南市共获25枚金牌、4枚银牌，占奖项总数的23%；10名厨师获金厨奖，占该奖项总数的50%。山东政协大厦推出的“济南八景宴”引起轰动，“品齐鲁文化，观济南胜景”创意别致，寓意深刻，受到广泛赞许和认同。

2005年，全市餐饮业零售额首次突破百亿大关。全市有限额以上餐饮业企业117家，从业人员15140人，主营业务收入126804万元，主营业务利润52848万元。鼓励、引导和扶持小吃街建设，弘扬老字号和名吃名店的饮食文化，235款小吃获得“济南名优(风味)小吃”称号。在住宿餐饮行业开展以“杜绝餐桌浪费”为主题的争创节约型酒店活动。7月，舜耕山庄餐饮总监黑伟钰带队参加在马来西亚首都吉隆坡举办的第六届世界中餐烹饪大奖赛，以独具舜耕特色、精美绝伦的“舜耕砂锅海参”“血燕牡丹虾”勇夺大赛最高奖项——特别金奖，填补济南市餐饮世烹赛最高奖项的空白。9月，为配合全国餐饮业中餐技能大赛，促进济南菜创新发展，市贸易服务局、市劳动和社会保障局、市饮食业协会联合举办全国餐饮业中餐技能创新大赛暨济南菜创新评比活动。颜卫国等21人获得“济南市饮食服务行业技术能手”称号，杨莉等9人技术等级晋升一级，顾广凯等制作的20

①指年营业额在200万元及以上，年末从业人员在40人及以上的餐饮企业。

款热菜和面点被评为“创新济南菜”和“创新济南面点”。10月18日，在由商务部主办、四川省承办的“2005中国餐饮业博览会”上，由山东桃花源餐饮有限公司和翰林大酒店8名选手代表济南市参加比赛，共获金、银、铜10项大奖。中式烹调项目金奖获得者山东桃花源餐饮有限公司的吕传举获得劳动和社会保障部晋升一级技术职称的特别奖励。

2006年年底，全市餐饮住宿业实现零售额140.2亿元，同比增长21.8%。餐饮住宿业零售额占社会消费品零售额的比重由上年的14.2%上升到14.9%，对消费品市场的贡献率19.1%。全市新增国家特级酒家6家、一级和二级酒家8家，居全省第一。恢复开张老字号餐饮企业“燕喜堂”。在第三届山东名小吃复评认定中，130款小吃获“山东名小吃”称号。在“名人名家杯”济南辉煌鲁菜评定大赛中，有202款菜品(面点)获“经典鲁菜”“创新鲁菜”“镇店特色菜”“特色面点”“最受欢迎的外来菜”奖项。在“第二届济南名优(风味)小吃展销活动”中，参展品种近400款，累计零售额110万元，日均客流量4万余人。积极落实六区和章丘市规划建设特色街(美食城)的工作任务，全面推进经十一路美食街、洪楼西路美食街等“特色街”(美食城)规划建设，实施大观园、芙蓉街等传统商贸区改造，并列为济南市的“名城保护工程”。随着晨光茶社、大观扁食楼、赵家干饭铺等老字号企业入驻大观园，大观园成为老字号最集中的特色商业街(区)。6月28日，商务部公布2005年度全国餐饮百强企业名单，山东净雅餐饮集团和山东金德利快餐连锁总公司榜上有名，分别排名第43位和第67位。同时山东净雅餐饮集团位列全国特色酒楼20强的第12位。10月18日～20日，在第二届中国餐饮业博览会上，济南市18家参展参赛企业、30余名参赛选手参加国内外餐饮品牌展、“第七届中国美食节暨2006中国丝绸之路国际旅游美食节”以及“2006中国餐饮业技能大赛”等活动，获得各类奖项55项。12月19日，商务部在北京举行“中华老字号”企业授牌仪式，济南市饮食服务总公司聚丰德饭店、草包包子铺获得“中华老字号”称号，被授予牌匾和证书。

2007年，济南市以鲁菜海鲜菜、济南菜为主营菜系的大店名店不断发展壮大，鲁菜经营占全市餐饮市场份额的70%以上。济南市酒家酒店评委会办公室成为继北京、天津之后全国第三家拥有国家一级酒家自主评审权的地方评定机构，全年新评国家特级和一级酒家5家。振兴“老字号”工程进展顺利，济南燕喜堂饭庄、济南饭店、一大食物有限责任公司、老玉记扒鸡店、济南市市中饮食公司草包包子铺、济南泰康食物公司被认定为首批“山东老字号”。聚丰德、泰丰园、燕喜堂二店等有代表性的“老字号”餐饮企业以崭新的机制和面貌重新回归市场。特色餐饮发展取得实效，310款“济南名优风味小吃”被重新认定，芙蓉街、大观园、中华名优小吃城成为济南市特色街(美食城)建设的亮点。

2008年，餐饮住宿业档次水平大幅提升。全市餐饮住宿企业投资总额16.7亿元，增长34.7%。新评国家级酒家70家，全市国家级酒家95家，超额完成90家餐饮企业的改造提升任务。大力弘扬鲁菜饮食文化，以鱼翅皇宫、净雅、倪氏等为代表的大店名店不断发展壮大。有8家企业获“中国餐饮名店”、1家企业获“中国饭店著名品牌”称号。首届中国八大菜系名厨献艺表演活动在济南举办，提高了鲁菜知名度和影响力。大众化餐饮不断向规模化、连锁化、品牌化发展，济南市被列为全国主食加工配送中心建设试点城市。新认定“济南名优风味小吃”43款，总数353款，成功举办第四届“济南名优风味小吃节”。为迎接第十一届全运会，济南市餐饮企业进行全面改造提升，投资总额3.9亿元，95家企业顺利通过国家级酒家评审认定。其中，国家特级酒家31家，一级酒家45家，二级酒家19家。

2009年，全市餐饮住宿业规模档次不断提升，实现零售额265.3亿元，同比增长18.5%，其中限额以上企业增速21%。新评国家级酒家13家，全市国家级酒家108家。通过组织开展全运菜品制作技能比赛和名优菜品大联展等活动，进一步提高鲁菜品质。成功举办第五届济南名优风味小吃节，新认定“济南名优风味小吃”12款，总数365款。9月25日，市饭店业协会在鱼翅皇宫大酒店举办济南餐饮名店菜品现场展示活动。全市知名餐饮企业、国家级酒家、餐饮业代表500余人参加活动。《大众日报》、《济南日报》、山东电视台、济南电视台等10多家新闻媒体现场报道。

2010年，特色餐饮业发展迅速，齐鲁国际美食广场、净雅八一店等一批餐饮项目建成开业；全面启动中国绿色饭店和国家级酒家创建工作，4家企业被评为国家级白金五钻级酒家，5家企业被评为中国绿色饭店，济南市成为拥有餐饮企业顶级国家品牌最多的城市；成功举办第六届济南名优小吃节。10月，鱼翅皇宫大酒店、天外山庄大酒店在设施设备、管理水平、菜品质量和安全卫生等方面，达到国家《酒家酒店分级定级规定》标准，通过全国酒家酒店评定委员会组织的现场评审，获得首批全国餐饮业国家白金五钻级酒家顶级品牌。全国首批命名的国家白金五钻级酒家共有6家，其中济南有4家。11月19日，济南市最大城市综合体万达广场正式开业。万达广场总投资60亿元，总建筑面积约100万平方米，是一个综合性的现代化商业中心，其中内设五星级酒店。年底，全市有限额以上餐饮业企业265家，从业人员27412人，主营业务收入311191万元，主营业务利润141877万元。全市评出10大餐饮服务企业，分别为山东金德利集团快餐有限责任公司、济南舜耕山庄、山东大厦、济南华滨环联实业有限公司、山东舜和酒店集团有限公司、济南海尔绿地置业有限公司喜来登酒店、济南鱼翅皇宫大酒店、山东胶东人家大酒店有限公司、山东天外山庄餐饮有限公司、济南南郊宾馆。

二、美食评比

(一)首届鲁菜创新大奖赛 1988年10月28日，为促进鲁菜烹饪技艺的发展，济南市第一届商业系统鲁菜创新大奖赛在汇泉饭店举行。共有110种热菜、17种冷拼、59种面点、29种席面摆台参赛，评出63个获奖品种。其中，热菜最佳创新菜10个，为浮油虾片(聚丰德饭店)、芙蓉黄管(燕喜堂饭庄)、金鱼戏莲(大明湖饭店)、蝴蝶鱼卷(聚丰德饭店)、番茄面筋球拼素黄管(会仙楼饭店)、扒翡翠玉米笋(聚丰德饭店)、营养珍珠四宝(聚丰德饭店)、蟠桃鹌鹑脯(汇泉饭店)、炸佛手鱿鱼(燕喜堂饭庄)、万福长寿(向群饭店)；冷拼花盘最佳创新菜3个，为西瓜篮(燕喜堂饭庄)、鸟语花香(聚丰德饭店)、金杯拼盘(汇泉饭店)；创新优秀服务摆台3个，为鸟语花香(聚丰德饭店)、百花宴(燕喜堂饭庄)、梅花席(汇泉饭店)。

(二)济南市第二届风味小吃评审 继1986年首次评出87种风味小吃之后，1988年11月进行全市第二届风味小吃评审。参加评审的有市属商业系统、粮食系统、劳动服务公司系统的国营、集体企业以及工商业的个体经营者。参加此次评审的风味小吃共有63个品种，主要是面食制品和酱制品。初评后进行复查。复查的标准和原则是能否正常坚持生产供应，正常经营的质量、生产加工条件，卫生状况以及群众的反映。经过到生产店家实地调查评审，共评出济南风味小吃20个品种，占参加评审品种的31.7%。20个品种是椒盐酥、素锅贴、麻酱小烧饼、酥卷、香酥饼、油酥小肉烧饼、豆沙面包、济南素包、三仁炸糕、小笼蒸饺、鲁味斋扒蹄、五香酱牛肉、周记扒鸡、蒿家扒鸡、宝记扒羊蹄、素杂拌、清油小盘丝饼、素果仁、烤馍、炸素鸡。

(三)“餐饮名店”评比 2000年，为进一步促进济南市餐饮服务业的发展，市财贸委组织全市饮食服务业开展“餐饮名店”“名宴”“创新菜”“名优小吃”“名优面点”“烹饪名师”评比活动。根据各专业的评定标准和条件，评出济南市餐饮名店8家，为济南玉泉森信大酒店、济南舜耕山庄、贵友大酒店、金三杯酒家、桃源大酒店、济南净雅大酒店、真如意大酒店、济南金德利快餐供应连锁总公司；济南名宴7个，为大舜宴(济南舜耕山庄)、海鲜宴(山东三联金三杯股份有限公司)、东源风味宴(济南东源宾馆东源美食城)、贵宾宴(济南军区五所)、蟹黄鱼翅宴(济南龙泉大酒店)、齐鲁宴(济南聚丰德饭店)、清真宴(济南民族宾馆)；创新菜10款，为烘烤鸡腿(济南舜耕山庄)、油爆肚仁(济南军区五所)、太极鱼骨(济南龙泉大酒店)、奶汤桂鱼(济南东宾馆东源美食城)、五彩驴皮(济南鲁泉大酒店)、香煎银雪鱼(山东化工宾馆)、奶汤全家福(济南聚丰德饭店)、北菇扣鹅掌(山东三联金三杯股份有限公司)、玉泉蒜香鸡(济南玉泉森信大酒店)、酱香鸡翅(济南中华名优小吃城)；名优小吃品种10个，为素菜(济南华素斋)、馓子(济南洞天饭店)、扒猪蹄(济南鲁味斋美食有限公司)、猪肘汤拉面(济南亮亮面馆)、五香牛肉干(济南马家牛羊肉老店)、金德蒸包(济南金德利快餐供应连锁总公司)、烤羊(济南名士多饭店)、三鲜大包(泉城大酒店)、熏驴肉(济南鲁泉大酒店)、梨丸子(平阴县玫瑰大酒店)；名优面点品种10个，为手抓饼(济南六乃喜快餐连锁有限公司)、清油盘丝饼(山东三联金三杯股份有限公司)、麻团(济南金德利快餐供应连锁总公司)、素锅贴(济南龙泉大酒店)、油旋(济南聚丰德饭店)、野风酥煎饼(济南市历城区柳埠野风酥厂)、肉末小烧饼(真如意大酒店)、蜜汁餐包(桃源大酒店)、蛋黄千层酥(济南玉泉森信大酒店)、灯笼包(济南龙泉大酒店)；烹饪名师10名，为王建国(济南聚丰德饭店)、崔伯成(济南龙马酒店)、李建国(济南龙泉大酒店)、张玉河(济南市饮食服务总公司培训中心)、杨春丽(济南大学旅游系)、夏勇(济南园林宾馆)、黄久峰(济南鲁泉大酒店)、王兴兰(济南双喜苑宾馆)、刘锡国(山东三联金三杯股份有限公司)、黑伟钰(济南舜耕山庄)。

(四)首届中国鲁菜饮食文化节　2001年12月4日～6日，首届中国鲁菜饮食文化节在济南举行。文化节期间，举办鲁菜精品展示、鲁菜烹饪大师技艺演示、鲁菜大师(名师)认定、鲁菜理论研讨等活动，6位中国烹饪大师进行精彩演示；60多家餐饮企业和鲁菜技术培训学校的鲁菜精品、名品进行展示。经评审，认定鲁菜名店54家，鲁菜名校3所，鲁菜大师56名，鲁菜名师84名，鲁菜名菜29个。

(五)第二届“济南名优(风味)小吃”品评展销会　2005年5月1日～7日，由济南市贸易服务局、市饭店业协会、市饮食业协会和大观园商场联合举办的第二届“济南名优(风味)小吃”品评展销会在大观园商场隆重举行。5月1日，市贸易服务局在大观园商场，为被评定为“济南名优(风味)小吃”的235款名优(风味)小吃举行授牌仪式。获评小吃中，新评品种115款。济南市各县(市)区农村地区的20余款小吃首次通过严格评定，济阳县的“曲堤刘家羊肉”“垛石五香驴肉”，商河县的“贡品酥烧饼”“玉皇庙豆腐皮”，章丘市的“老济南府熏肉”“大漠风沙鸡”“牙庄湖腿肘”，平阴县的“精制玫瑰酱”“十字坡香脆地瓜片”和长清区的“长清赵家素包”“崮山馍馍”等传统小吃首次入选“济南名优(风味)小吃”。持续7天的品评展销活动中，参展业户60余家，品种近400款，除济南的“名优(风味)小吃”外，大批外埠小吃，如北京的鹿肉烧烤、台湾水果冰山、河间驴肉火烧、四川麻辣兔子头、上海生煎王锅贴等参会，累计零售额突破百万元，客流量日均4万余人。此次品评展销活动采取消费者直接参与的方式，投票评选出10款“最受消费者喜爱的小吃品种”和10家“最佳人气奖”业户。

(六)第八届中国美食节暨第六届国际美食博览会　2007年5月15日～18日，第八届中国美食节暨第六届国际美食博览会召开，济南代表团获得各类奖项20项，参展企业获奖率100%。

济南燕喜堂饭庄、山东翰林大酒店获“中国十佳鲁菜馆”“全国十佳婚宴接待单位”称号，山东金德利集团快餐连锁有限公司获“2007 全国十佳月饼品牌企业”称号。参展名宴名菜名点中有 2 桌获“中国金牌婚宴”称号，7 款名菜(点)获“中国名菜(点)”称号，其中 1 桌名宴、2 款名菜获全国餐饮业最高奖“金鼎奖”。2 名烹饪大师分别获“国际美食评委”和“国际烹饪艺术大师”称号。

(七)第三届济南名优风味小吃节 2007 年“五一”黄金周期间，由市贸易服务局主办，大观园商场承办，市饮食业协会、市饭店业协会协办的第三届“济南名优风味小吃节”在大观园举办。小吃节共设 45 个展位，近 200 款“济南名优风味小吃”和“山东名小吃”进场参展。小吃节 7 天时间客流量超过 40 万人(次)，日均营业额 65 万元左右，均比上年增长三成以上。

(八)第二届全国饭店系统服务技能比赛 2007 年 11 月 23 日～24 日，由中国饭店协会、中国就业培训技术指导中心等部门共同举办的“厨工杯”第二届全国饭店系统服务技能比赛在淄博(华东赛区)举行。济南市参赛选手 21 人，取得 11 金、4 银、3 铜的优异成绩；银座索菲特大酒店的 2 名选手参加在天津赛区进行的西餐技能比赛，分别获西式烹调和西餐宴会服务金奖；金德利集团获得全国饭店系统服务技能大赛团体金奖。

(九)第四届济南名优风味小吃节 2008 年 5 月 1 日，由市贸易服务局主办、大观园承办、市饭店业协会协办的第四届济南名优风味小吃节在大观园开幕。小吃节共设 50 个摊位，精选 220 余款“济南名优风味小吃”和“山东名小吃”进场展销，3 天时间客流量接近 20 万人(次)，总营业收入超过 100 万元，均比上年同期增长两成以上，实现市贸易服务局“突出特色、安全健康、欢乐和谐、交流提高”的办节宗旨。

(十)第五届济南名优风味小吃节 2009 年 5 月 1 日～7 日，由市贸易服务局主办、大观园商场承办、市饭店业协会协办的济南市迎全运“第五届名优风味小吃节”在大观园举办。设小吃展区摊位 56 个，230 余款济南名优风味小吃和山东名小吃进场展销，7 天客流量近 30 万人(次)，总营业收入超过 200 万元，均比上年同期增长两成以上。

2010 年济南市国家级酒家和中国绿色饭店情况表

表6-7-7

国家级酒家(饭店)名称	等级	地址
济南千禧鱼翅皇宫大酒店	白金五钻级国家级酒家	历下区旅游路 6 号
山东天外山庄餐饮有限公司		历下区千佛山西路 19 号
山东开元净雅大酒店有限公司		高新区舜华路 2000 号
济南海逸净雅餐饮有限公司		市中区经十路 21575 号
济南历下鹊华居酒楼	五钻级国家级酒家	历下区明湖路东首
济南金三杯酒家有限责任公司		市中区趵突泉北路 12 号
济南饭店		槐荫区经三路 240 号
济南华滨环联实业有限公司环联商务酒店		历城区工业北路 59 号
山东天外村酒楼		历下区二环东路 7097 号
山东桃花源水上人家餐饮有限公司		槐荫区经十路 23929 号
章丘市民泰生态园林有限公司小江南生态商务会所		章丘市明水吕家村西

续表6-7-7-1

国家级酒家(饭店)名称	等级	地址
山东舜和天禧商务酒店有限公司	五钻级国家级酒家	市中区经十路纬五路133号
济南海参皇餐饮管理有限公司		历城区二环东路2668号
济南黄记天天海鲜大酒店		天桥区无影山北路106号
济南市天桥区金荷花园大酒店		天桥区生产路5号
济南参娃养生园餐饮有限公司		市中区英雄山路54号
山东倪氏餐饮有限公司		市中区英雄山路125号
济南浙江大酒店有限公司		市中区英雄山路15号
济南历下千福鱼翅皇酒家		历下区千佛山路9号
山东潮福城酒楼有限公司		历下区二环东路7233号
山东桃源集团第三餐饮娱乐有限公司		槐荫区经七路843号
济南市天桥区晶晶大酒店		天桥区英贤街19号
济南西北餐饮娱乐有限公司假日大酒店		市中区英雄山路188-1号
济南名优小吃城		市中区经十一路34号
济南西北餐饮娱乐有限公司第四饺子城		历下区历山路2号
山东省桃源第五餐饮有限公司		历城区闵子骞路20号
济南华滨环联实业有限公司大酒店		天桥区北园大街48号
山东鸿腾三馆商务酒店有限公司		历城区山大北路37号
山东净雅养生苑餐饮有限公司		历下区明湖路100号
山东银东集团餐饮有限公司		长清区文昌路168号
济南大宅院食府		历下区工业南路79号
山东顺峰饮食服务有限公司		历下区文化东路22号
山东红日东方投资管理有限公司		槐荫区营市西街45号
济南燕喜堂饭庄		槐荫区段店立交桥东侧
济南雍景园餐饮有限公司		市中区十六里河分水岭
山东蓝海酒店集团钟鼎楼食府		市中区舜玉路38号
济南市老转村集团公司济微路店	四钻级国家级酒家	市中区济微路30号
山东好地方餐饮娱乐有限公司		历下区千佛山东二路7号
济南市老转村集团公司山大路店		历下区山大路166号
济南济大路微山湖鱼馆		市中区济大路18号
济南市历城区昌盛通达商务大酒店		历城区山大路138号
济南历城洪楼鲁西至尊皇牛火锅店		历城区花园路120号
章丘市银都园大酒店		章丘市双山桃花山路
济南大明食府		天桥区铜元局前街6号
山东胶东人家大酒店有限公司向氏山庄		市中区二环东路12836号
济南市中世纪顺风大酒店英雄山路店		市中区英雄山路152号
济南市老号海仙酒家英雄山路店		市中区英雄山路248号

续表6-7-7-2

国家级酒家(饭店)名称	等级	地址
山东胶东人家大酒店有限公司济南二分店	四钻级国家级酒家	历下区历山路80号
济南嘉和世纪酒店管理有限公司		高新区齐鲁软件园E座
山东胶东人家大酒店有限公司山大路店		历城区山大路22号
山东胶东人家大酒店有限公司店工业南路店		济历城区工业南路319号
济南群康食品有限公司天雨大酒店		历城区花园路200号
济南市天桥区韶山冲毛家饭店		天桥区无影山中路100号
济南市中世纪佳酒店		市中区建设路95号
济南历下老乡村帝豪大酒店		历下区燕子山路29号
济南华滨环联实业有限公司环联华城大酒店		历下区化纤厂路15号
济南市老号海仙酒家佛山餐厅		历下区泉城公园东门内
济南舜泉楼餐饮服务有限公司		历下区经十路106号
济南兴泉大饭店		历城区工业北路303号
济南市历城区鲁湘渝大酒店毛家饭店一店		历城区二环东路3899号
济南荣祥阿香婆餐饮有限公司		槐荫区腊山北路6号
山东化工宾馆		槐荫区经十路234号
济南瑞丰餐饮有限公司泰丰园		槐荫区张庄路351号
山东黄金集团仕湾度假村有限公司		长清区五峰山崮五路
济南渔人港餐饮有限公司		市中区经十一路177号
济南市中东方肥牛王酒店经二路店		市中区经二路149号
山东省真如意餐饮娱乐有限公司八里桥店		槐荫区张庄路169号
济南槐荫鲁泉酒店		槐荫区经十西路176号
济南鸿腾三馆商务酒店有限公司会展中心分店		高新区会展中心康虹路
天桥区舜港商务酒店有限公司		天桥区无影山路188号
济南市历城区兴泉饭店花园路分店		济南市历城区花园路9号
济南市中金硕果水饺城		市中区济微路110号
济南胶东幸福渔村大酒店		历城区经十东路港沟镇
山东出版大酒店		市中区经十路20591号
济南济大路微山湖鱼馆		市中区济大路18号
济南市微山湖山大路店		历城区山大路138号
济南高新开发区顺风肥牛大酒店工业南路店		历下区工业南路61号
济南军区第二招待所		历下区解放路30号
济南市市中纺织酒家鲁菜馆		市中区经七路399号
济南市鲁西至尊皇牛火锅店		天桥区北园泺河西路6号
济南历下顺风肥牛大酒店明湖路店		历下区大明湖路98号
济南历下东方肥牛王酒店		历下区经十路16号
济南市历城区华府火锅城		历城区南全福小区

续表6-7-7-3

国家级酒家(饭店)名称	等级	地址
山东省丽景商务餐饮娱乐有限公司	四钻级国家级酒家	历城区工业北路233号
济南市历城区东方肥牛王大酒店		历城区花园路41号
济南市天桥区东方肥牛王酒店济齐路店		天桥区济齐路2号
济南市桃源集团清河北路店		天桥区清河北路
济南市中海润邢氏海参馆		市中区六里山南路20号
济南双冠王京味饭庄		市中区英雄山路188-3号
商河县金国瑞商务酒店		商河县银河路
济南市历城区龙门山庄	三钻级国家级酒家	历城区柳埠镇龙门村
济南九碗伴连锁餐饮有限公司大观园店		市中区小纬二路42号
重庆佳永小天鹅餐饮有限公司英雄山路分公司		市中区英雄山路162号
重庆佳永小天鹅餐饮有限公司工业南路分公司		历城区工业南路319号
济南市天桥区堤口健宾清真饭店		天桥区济齐路16号
济南金象山旅游发展有限公司金象山餐厅		历城区仲宫镇商家村
济南市天桥区幸福渔村酒楼		天桥区师范路29号
济南历下幸福渔村大酒店		历下区花园庄东路21号
济南历下微山湖鱼馆和平店		历下区和平路36-1号
济南历下微山湖鱼馆前程店		历下区大明湖路212号
济南九碗伴连锁餐饮有限公司朝山街店		历下区朝山街30号
济南天润红叶谷有限责任公司		历城区锦绣川乡
济南水帘峡生态旅游有限公司		历城区柳埠镇
济南高新开发区鸿腾三馆商务酒店		高新区工业南路徐家南口
济南金鼎餐饮有限公司		历下区文化西路119号
济南双冠王食品有限公司槐荫分公司		槐荫区张庄路191号
济南高新开发区瀛珍楼海鲜酒家		历下区工业南路61号
济南米云亭饭庄有限公司		历下区经十路15666号
济南双冠王食品有限公司		历下区山大路137号
济南幸福岛大酒店		历下区工业南路87号
济南大观园晨光茶社酒楼		市中区大观园商场内
济南金宝泉大酒店		历城区华能路19号
济南千禧鱼翅皇宫大酒店	五叶级中国绿色饭店	历下区旅游路6号
山东姜仔鸭酒店有限公司		天桥区北园路268号
山东翰林大酒店		历下区经十路63号
济南至尊至上餐饮有限公司	四叶级中国绿色饭店	历下区趵突泉北路21号
济南市中世纪顺风大酒店英雄山路店		市中区英雄山路152号

第三章 物流会展业

第一节 现代物流业

济南物流业起步较晚，20世纪末，现代物流业逐步发展起来。随着国有流通企业改革深化，特别是中国在21世纪初加入世界贸易组织，全市现代物流业持续升温，发展势头迅猛。

1998年后，济南市坚持“抓大放小”和国有经济“有进有退、有所为有所不为”的方针，全面深化国有流通企业改革，实现国有企业改革脱困“三年两个目标”。流通企业改革经历“三让出、三集中”“两个置换”和“四化”(独资企业股份化、中小企业民营化、股份企业个体化、事业单位企业化)等阶段，全面推进商贸企业所有制结构调整步伐。流通业态结构调整全面推进。济南市以结构调整为主线，以现代信息技术为支撑，用现代营销方式和服务技术改造提升流通产业，现代物流等蕴含现代流通业精髓的业态形式、经营方式为济南市流通业发展带来巨大变化。济南市充分发挥区位、交通优势，以物流基础设施为依托，以信息网络为支撑，现有物流资源得以整合提升，加快传统物流业向现代物流业的转变。第三方物流也有一定发展，在公路、邮政、铁路等系统和部分工商企业显现出现代物流的雏形。济南盖家沟国际物流基地发展成为一个集仓储、货运代理、信息、配载、商贸等诸多功能于一体的综合性物流场站，日货运量5000吨以上，成为华东地区最大陆路物流港。

2001年，全市商贸流通业以提高经济效益为中心，重点推动企业经营结构、营销方式和业态结构的调整，促进传统商业升级换代。广友物流配送集团以八里桥仓库为基地拓展第三方物流业务，与中国集装箱总公司等单位建立物流配送关系，年创收近100万元，形成新的效益增长点。2002年，全市流通企业以信息化改造传统模式为主要特征的新一轮结构调整趋势加快。各企业不断加大对电子信息技术的资金投入，引进先进的信息管理设备，强化企业内部自动化管理和信息平台等电子信息系统的建设，积极争取将物流配送中心建设、连锁企业信息化建设等列入上级重点扶持项目，改造流通企业管理系统，全国商业电子信息化办公室等部门为济南市商贸企业先后解决贴息贷款额度近4000万元。至年末，市属90%以上的独立核算流通企业都配备微机，济南华幸化工集团、人民商场、金枫木业公司等5家企业建立5个局域网，济南茶叶市场、华幸化工集团等6家企业设立专业网站，市区各大中型批发零售及物流企业的主要业务流程和管理环节基本实现电子信息化管理。骨干连锁企业、大型超市、仓储式商场和购物中心，普遍采用POS、MIS系统，单品管理水平达60%。依托发达的通讯信息网络平台和高速公路网等现代运输网络，借助信息化建设成果整合供应链，大力发展现代物流，推动物流配送一体化发展。济南盖家沟国际物流基地经过3年多建设，成为全省规模最大、全国知名的区域性物流平台，建设占地面积1000万平方米的综合仓储平台、运输平台、信息平台和管理平台四大功能平台，建成物流园区、流通园区、加工园区三大园区。

2003年，城市现代物流业基础设施、网络信息、商贸物流三大平台建设进一步加快，物流业的社会化、专业化和规模化居省内先进水平，一批依托开发区、大型交易市场和高速公路出入口的第三方物流企业迅速崛起，涌现出盖家沟、槐荫、中邮等一批大型物流园区及强势企业。第三方物流企业发展到10家，并呈积极扩张态势。重汽集团与中国海运集团在济南发展物流业合作项目正式实施。以工业品物流为主的盖家沟国际物流基地，总建筑面积20多万平方米，成为集仓储、货代、信息、配载、商贸等多种功能为一体的大型物流园区。海尔物流、宝供物流等国际国内知名企业入驻该物流园区，300多家运输企业开设运输专线1200多条，日均物流量逾1.2万吨，车流量5000辆(次)，成为省内规模最大、线路最全的公路枢纽货运场站。主要为企业物流和园区物流提供咨询、策划服务的第四方物流企业开始崛起，兰剑物流成为国内知名的物流策划公司。广友集团充分利用省会区位和交通发达等优势，大力整合现有物流资源，在发展物流现代化方面迈出实质性步伐，拓展物流配送单位20多家。10月，济南市电子商务与现代物流应用示范工程通过科技部组织的评审验收，形成以电子商务与现代物流系统为核心的供需链体系，基本实现供应商、零售商、物流商、客户及银行间高度的信息互动，其创造的群体管理模式实现信息流、物流、资金流的高效畅通。该平台与海尔、海信、康佳、东芝等43家上游供应商实现信息互换，达到无缝连接；同时，接入87家下游零售商，所有参与企业均可通过互联网进行采购和数据汇总。

2004年，物流业的社会化、专业化和规模化趋势日益明显。开发区、大桥路等货运站建设加快，现代航仓等一批重点物流项目获准立项，盖家沟、银座圣洋等物流项目获国家支持。全市物流企业100余家，其中山东交运集团、山东佳怡物流、山东中邮物流、鲁能帆茂物流4家物流企业入选中国物流百强行列。济南作为区域性物流中心城市的地位和作用进一步增强。全市29家连锁公司中，有15家建立内部配送中心，在做好内部物流配送的同时，逐步向社会化服务发展。2005年，全市综合性物流企业发展到269家，实现营业收入53.8亿元，增长17.5%。一批骨干物流企业迅速成长。鲁能帆茂、山东中邮、国铁天龙等7家企业进入2005年全国物流百强；三联、佳怡、交运被列为全省重点扶持的物流品牌企业，其中三联集团被商务部确定为重点扶持的20家大型流通企业之一；有2个物流园区、2个物流中心和6个物流企业被列入《山东省十一五物流发展规划》中的发展重点。物流基地加快提升建设。盖家沟物流基地吸纳500多家国内大型企业入驻经营，日均物流量1.2万吨，成为山东省规模最大、辐射最广的物流中心。山东现代物流基地、邢村物流中心、郭店物流园区启动规划和建设。物流信息系统发展迅速。全市17家重点物流企业有12家建立或正在开发现代物流信息管理系统。商业物流配送加快发展。全市限额以上连锁商店商品销售总额672.4亿元，增长30.9%，占全市商品销售总额的45.9%。16家重点连锁经营企业有12家建立配送中心。物流基础设施日趋完善。初步建成3个主物流站和12个市内物流站，货运业户的95%进入物流站经营，基本形成铁路、公路和航空主体交通网络。9月26日，投资110亿元、占地面积769.93万平方米、建筑面积667万平方米的山东现代国际物流基地开工建设。

2006年，全市在工商部门注册的物流企业1786家，物流及相关行业实现营业收入1162亿元，实现增加值167亿元，占第三产业增加值的16.4%。物流信息系统进一步完善，国家“十五”攻关项目“电子商务与现代物流信息平台”建成运营，并取得良好效益。市贸易服务局制定《济南市“十一五”现代物流业发展规划》，确定济南市现代物流业未来五年发展的基本框架和发展重点。积极推行《物流企业分类和评价指标》，引导传统物流向现代物流转型。5家企业被列入全国物流企业百强，山东盖家沟国际物流有限公司和山东佳怡物流分别被认定为国家AAAAA级和AAAA级物流企业，盖家沟物流基地被命名为“2006年中国物流示范基地”。重点调度的10家物流企业实现营业收入16.5亿元、利税5700万元，分别增长17.9%和16.5%。2007年，全市有物流相关产业企业及个体工商户62043家，实现营业收入1042.4亿元，增长16.5%，完成增加值178.9亿元，增长17.5%。盖家沟7万平方米仓储、3万吨冷库项目和泉胜物流7万平方米的二期工程竣工投入运营；现代物流园区一期工程、力诺物流中心等重点项目的建设和郭店物流园区、临港物流中心的规划稳步推进。济南市北部十大物流、仓储中心汇集国内外上千家物流、货载企业，城际物流货运专线1500多条。盖世集团、山东佳怡、鲁能帆茂、山东交运、三联集团、山东中邮等6家企业跨入全国物流百强企业。现代物流带动商业连锁经营等现代流通方式的加快发展，全年新增连锁网点42个，总数1901个，经营面积167.9万平方米。

2008年，全市物流相关产业企业及个体工商户6.1万家，实现营业收入1350亿元，增长20%；完成增加值200亿元，增长10.8%。物流设施建设加快推进，23个重点物流项目完成投资4.95亿元，盖家沟、现代、郭店等物流园区的规划建设及招商工作取得积极进展。重点企业不断向规模化、现代化、专业化发展，盖家沟、佳怡、中邮、博远、交运、济铁等6家企业入选全国物流百强，博远通过国家AAAA级物流企业认定，佳怡进入全国民营物流企业十强并获得最佳创新能力物流企业奖，山东中邮获得最佳服务质量奖。重点调度的10家物流企业营业收入、利润分别增长25.8%和18.5%。物流信息化水平进一步提高，“济南运通网”吸纳全市99%的货代业户网上交易，“齐鲁物流卡”在全市12家物流企业推行。物流资源整合迈出较大步伐，山东物流联盟在济南成立鲁盟物流公司；山东中邮与邮政快递公司合并，营运网点3000多个；鲁能物资集团整合成为年销售收入过百亿元的大型物流企业。

2009年，全市物流相关产业企业及个体工商户6.28万家，实现营业收入1539亿元，增加值231.1亿元，同比分别增长14%和10%。物流企业的经营规模和效益逐步提高，重点调度的10家物流企业实现营业收入13.8亿元、利润8028万元，比2008年分别增长18%和17%。全市53个物流建设项目列入全省现代物流业调整振兴规划，2个项目列入国家物流业调整振兴项目及2009年扩大内需中央预算内投资计划。盖家沟冷链物流、泉胜专线物流、泺口物流中心、银座物流配送中心等项目投入运营，铁路经营集团、九州通医药、力诺物流分别被认定为国家AAAAA、AAAA和AAA级物流企业。

2010年，全市物流货物总额、货运总量、货运周转量分别为10063亿元、27416万吨和1728亿吨千米；“十一五”期间，年均增长分别为12.3%、11.8%和6.5%。2010年，物流及相关产业实现营业收入2370.8亿元，增长24.1%，占全市生产总值和第三产业增加值的比重分别为7.8%和14.8%；物流及相关行业的从业人员31.8万人，占全市从业人员的8.37%，占服务业的20.48%。物流业发展水平显著提高。一批工商企业，开始采用现代物流理念、方法和技术，实施流程再造和服务外包。重汽、济钢、烟草、山水等制造业企业逐步剥离物流环节，成立兼有第三方物流功能的专业物流公司；统一银座、华联、金德利、宏济堂等一批连锁经营企业实施统一采购，建立配送(采购)中心；山东交运、广友物流、济南中邮等一批传统运输、仓储和邮政企业，实行功能整合和服务延伸，加快向现代物流企业转型。佳怡物流、博远物流、元智物流、中诚信物流、零点物流港、力诺物流等一批民营物流企业快速发展；大田—联邦快递、嘉里大通、天地华宇、大润发等一批国内外知名物流企业相继在济南设立区域物流总部。盖世物流、佳怡物流、交运集团、博远物流、中邮物流、济铁集团6家企业入选全国物流百强。盖世物流、铁路经营集团认定为国家AAAAA级物流企业，佳怡物流、博远物流分别被认定为AAAA级物流企业。物流基础设施加快规划建设，产业集聚发展区快速发展。盖家沟物流基地发展成为占地面积200多万平方米，建筑面积100万平方米的全国示范性物流基地和全省最大的陆路物流产业集聚区。现代物流园区一期工程建设取得一定进展。郭店周边形成拥有30余家较大规模钢铁物流企业群。机场物流中心和海关一级监管库建成启用。出口加工区增加保税物流功能。泺口、零点等一批二级物流节点相继建成。济南市北部形成盖家沟、黄台、零点、泉胜、万通、佳园、泺中等10个物流集聚中心，汇集上千家物流、货代企业，通达全国的货运专线1800多条。物流技术和信息化长足发展、物流信息化建设取得较大进展。交通信息、兰剑货运、山东信息等物流信息平台相继建成运营。盖家沟、佳怡、博远、山大俱进、零点物流港等物流企业均建立不同特色的物流信息系统。兰剑科技物流发展成为全国知名的第四方物流企业；零点物流港山东物流信息网建设初见成效。电子数据交换系统（EDI）、事务处理系统（TPS）、管理信息系统（MIS）、销售时点信息系统（POS）、地理信息系统（GIS）、卫星定位系统（GPS）等信息处理和条形码、射频识别技术开始在物流中运用。物流业发展环境明显好转。济南市把物流业列为重点发展的十大服务产业之一，成立现代物流发展工作领导小组，制定“十一五”时期现代物流业发展规划和支持物流业发展的一些政策措施，加大对重点物流项目和重点物流企业的扶持力度。物流统计和标准化工作，以及人才培养等行业基础性工作取得明显成效。市政府《关于推进物流业振兴发展的意见》及24条政策措施颁布，进一步引导物流业科学有序发展。

2010年济南市物流货运场站基本情况表

表6-7-8

序号	名称	位置	经营性质	开业时间（年）	场地面积（平方米）	停车面积（平方米）	设计发运货量（吨/日）	主要线路方向	功能
1	济南零点物流港	大桥路117号	集体	2000	133334	93000	600	国内	仓储零担
2	济南大金物流中心	济兖路549号	集体	2001	58666	41000	700	省内	仓储
3	大桥路货运站	零点立交	集体	2002	2000010	1400007	2000	国内	综合物流服务
4	济南联运总公司物流快运中心	凤凰山路108号	国有	2002	20000	14000	300	省内	仓储零担
5	济南市晨安物流货运配送站	济洛路154号	国有	2003	20000	14000	1100	省内	仓储零担
6	东环仓储货运站	工业南路325号	国有	2003	11333	7900	300	国内	仓储零担
7	济南市洛通物流配送中心	清河北路66号	集体	2004	53333	37000	1000	国内	仓储零担
8	济南市黄台仓储货运站	历山北路中段	集体	2004	186667	130000	800	省内	仓储零担
9	济南万通物流服务有限责任公司	张庄路62号	股份制	2004	26666	18000	1000	国内	仓储零担
10	新国线张庄路货运站	张庄路272–274	集体	2004	25333	17700	600	省内	仓储
11	大运物流张庄路货运站	张庄路195号	集体	2004	12000	8400	300	国内	仓储零担

续表6-7-8

序号	名称	位置	经营性质	开业时间(年)	场地面积(平方米)	停车面积(平方米)	设计发运货量(吨/日)	主要线路方向	功能
12	山东泉胜国际物流大市场	北外环泉胜科技园	集体	2005	333335	233000	1200	国内	仓储零担
13	济南五六七物流市场	军区联勤部基地	集体	2005	20000	14000	600	国内	仓储零担
14	佳园货运服务公司	大桥路货运站对面	集体	2005	20000	14000	500	国内	仓储零担
15	济南柱子物流有限公司	天桥区二环北路	私营	2006	13333	9000	500	国内	仓储零担

第二节 会展业

1998年，济南市会议展览业起步，市政府把会展业作为提高流通经济辐射能力，进而带动第三产业乃至全市经济发展的重要一环，成立招商征展领导小组及办事机构。继1997年成功承办3个大型展会之后，1998年全国(暨国际)农机产品订货交易会、国际建设产品展览会、全国钟表及珠宝首饰博览会、全国家具博览会等12个国际性或全国性大型展会先后在济南顺利召开。这些展会吸引来自国内外的大批客商，参会者60多万人(次)。展会成交踊跃，取得可观的经济效益和社会效益。各展会共实现交易额50多亿元，使济南商贸业对外辐射能力进一步增强。随着招商征展工作的开展，会展业成为济南流通经济新的增长点。

2000年，会展业成为流通领域的新型业态，成为全市经济发展的“驱动器”。市政府颁布《关于进一步加强会展业管理的通知》，成立全市会展工作领导小组，副市长刘善友担任组长，领导小组办公室设在市财贸委，负责济南市会展业日常管理工作；制订行业规章，规范市场秩序，颁布实施《济南市商品展销会管理办法》，从申请、审查、审批各个环节，严格把关，严格管理；简化审批手续，提高工作效率，努力为展商搞好服务；培育品牌，树立形象，努力研究和挖掘新的展会品牌，重点扶持和培育规模大、档次高、有市场发展前景的展会。全年共举办各类展会40个，参展展位1.5万个，总成交额180多亿元，办会数量、规模、成交额、参展人数均居全省第一。其中，规模较大的有教育部主办的首届全国教学仪器博览会、首届山东省产学研联合展洽会、第六届山东医疗器械展览会、全国农机产品订货会、全国(济南)汽车摩托车及零配件展览会、济南国际美容美发化妆品展览会等。全国农机产品订货会，参加会议的展商1800多家，总展览面积近5万平方米，总成交额100亿元。首届山东省医药卫生科技成果展览会，汇集全省医疗科研机构的科技成果和发明专利，吸引国内众多的专家学者和生产厂商到会观摩洽谈，得到卫生部、中国医疗科学院的高度评价。

2001年，会展产业不断做大，全年承办各类国际国内展会50多个，成交总额近50亿元，直接带动产生的三产收入近20亿元。特别是成功举办“旅游交易会”“国际茶博会”等十几个大型展会，济南市会展业的影响不断扩大，作为一个新兴的都市型朝阳产业对全市经济的拉动作用愈来愈大。2002年4月12日～14日，济南(北京)名优产品展览会在北京国际会议中心举行，济南市99家企业的400余个品种系列3000多种名优产品亮相京城。展览会吸引了北京众多工商企业代表和消费者，进行商务洽谈的客户和购物的消费者5万人(次)，共签订贸易合同意向105项，总金额5.73亿元。其中，技术合作项目8个1.92亿元，超市项目18个9000万元，一般贸易项目79个2.91亿元，国际合作项目3个450万美元，现场交易额37.6万元。展会期间共发出招商项目书6800份，发布大型招商项目38个。同时，京济两地的工商企业贸易洽谈相当活跃。开幕当日即签订贸易合同26项，合同金额2.1亿元。

2002年10月，济南舜耕国际会展中心正式运营，首届中国国际信息技术博览会开幕，标志着济南市会展业发展进入快车道。2003年11月，由具备展览资格的济南舜耕国际会展中心等45家展览公司、场馆以及与展览业关系密切的单位和个人自愿组成的济南市展览行业协会成立，为地方性、行业性和非营利性的社会组织。2004年，会展经济发展迅速。全市共举办各类展会70个，比2003年增加10个，实现营业收入6500万元，增长16.1%，按1∶7的产业带动系数计算，直接带来4.6亿元的收入，对拉动经济增长、提高城市形象和知名度、推动会展业做大做强发挥了重要作用。全年展馆国际标准展位5000个、面积30万平方米。同年，由中国国际贸易促进会、山东省会展业协会组织有关专家，对山东省会展业“双十佳会展品牌”进行审查评定，济南市第二届中国(济南)国际信息技术博览会、中国(济南)国际旅游交易会入选2004年度山东会展市场政府系列十佳品牌展会；2004年中国医疗器械(山东)博览会(山东丞华)、第十届齐鲁汽车展示交易会(齐鲁晚报)、第十一届齐鲁房地产展示交易会(齐鲁晚报)、第六届山东国际工业自动化暨模具技术设备机床工具展览会(济南华展)、第五届全国食品博览会(北京瑞联)、第四届济南国际电力电工展览会(上海汇展)入选2004年度山东会展市场非政府系列十佳品牌会展。同时，山东丞华展览有限公司、齐鲁广告调查有限公司、济南华展展览有限公司入选2004年度山东会展市场优秀企业。济南舜耕国际会展中心入选2004年度山东会展市场优秀会展场馆。

2005年，济南会展业异军突起，吸引北京、广州、杭州、西安、青岛等城市的知名会展企业在济南举办各类大型会展20多个。全年共举办展会96场，直接营业收入1.76亿元，是上年的2.7倍。在全国影响比较大的展会有糖酒会，参展客商15万人，参展、参会人数累计117.2万人，直接收入1亿元，拉动全市相关产业增收9.1亿元；医博会，参展、参观客商6.5万人，营业收入320万元；中国制造业博览会，参展、参观客商4万人，营业收入180万元；电力电工展览会，参展、参观客商6万人，营业收入80万元；中国(济南)国际装备制造业博览会，专业参展、参观客商1.2万人，成交、协议成交额1.4亿元；园林绿化展，参展、参观客商1万人，营业收入70万元；安防器材展，参展、参观客商6万人，营业收入70万元；家具展，营业收入75万元。4月25日～29日，第七十届中国劳保用品交易会暨中国(国际)安全健康防护用品博览会在济南舜耕国际会展中心举办，由中国纺织品商业协会主办，济南纺针织品批发总公司及控股公司——济南仁聚劳动防护用品有限责任公司承办。该会议举办已有30多年的历史，每年两届，是全国规模最大、档次最高的劳保与安全健康用品盛会。参展商为国内外知名劳保、安全、健康用品生产厂家。其中，国外参展商占15%，参展商和参展商品创造历史最高水平。

2006年，全市举办各种展会95个，实现营业收入1.87亿元，同比增长14.5%；展会展位3万个，增长40%；参会参展人数350万人(次)；实现成交额550亿元；拉动相关行业增收65亿元。会展规模、档次有较大提高，品牌展会和专业展会成为会展业发展主流，市场化运作更加成熟，促进会展与产业发展的良性互动。济南市区域性会展中心城市的优势明显增强。在由省贸促会和省会展业协会主办的第二届省会展行业年会上，济南市会展业获得多项殊荣。其中，2006山东(国际)文化产业博览会和第三届中国(济南)国际信息技术博览会获得2006年度省会展市场政府系列十大品牌展会；第三届中国国际家具及木工机械(北方)展览会等4个展会获得2006年度省会展市场非政府系列十大品牌展会；在2006年度省会展市场成长最快的6个展会中，济南市入选5个。

2007年，全市举办各类展会120个，展位总数3.7万个，展览面积88万平方米，同比分别增长26.3%、23.3%和10%；参会参展企业人数380多万人(次)，增长8.6%；实现成交额620亿元，拉动相关收入67亿元，分别增长12.7%和3.1%。展会规模档次明显提高，医疗器械展、茶博会、农交会等10多个展会展位都在500个以上。部分有特色的地方展会基本形成固定品牌展，涌现出一批适应现代家庭和产业发展方向的童博会、节能展、齐鲁家具展等新型展会。

2008年，会展业规模效益不断提高。全市共举办各类展会130多场，直接营业收入1.3亿元，拉动相关收入82亿元，分别增长21.6%和22.4%。展会进一步向规模化、品牌化发展，有12个展会的展位数量超过1000个，其中家具展、文博会的展位数量分别为3000个和4000个；8个自主品牌展会展览总面积、展位、参会总人数均占全市总量的1/3以上。首次主办“第63届全国汽车配件交易会”，参展企业超过1500家，展览面积5万平方米，参会专业观众8万余人。会展企业进一步发展壮大，山东丞华、齐鲁天一、青岛海名、济南世博等主要会展企业举办的展会数量占全市总量的40%。会展资源整合取得重大进展，舜耕国际会展中心和济南国际会展中心重组为山东国际会展管理有限公司，市场竞争能力明显增强。

2009年，济南市成立由分管副市长任组长的济南市发展会展业工作领导小组，下设办公室。制定《济南市人民政府关于加快会展发展的意见》，配套制定《会展业评估奖励资金管理办法》，对推动会展业发展和扩大消费发挥重要作用。全年举办各类展会130场，展览总面积132万平方米，折合标准展位5.4万个，同比增长19.7%；参会参展人数513万人(次)，同比增长14%；实现交易额812亿元，同比增长8.6%；拉动相关收入104.2亿元，同比增长27%。同年，为承接第七届中国(济南)国际园林花卉博览会建设的济南园博园会展中心建成投入使用。此外一些场所因其功能和需要举办一些小规模的展览活动，场地展览面积均在2000平方米以下，主要包括山东省美术馆、山东省图书馆、山东省博物馆、山东省科技馆、山东省体育馆，全年共举办展会280多个。

2010年，会展业对经济的拉动作用日益突出。全市共举办展会137场，拉动相关行业收入141亿元。2010年秋季全国糖酒会实现成交额201.43亿元，创糖酒会历史新高，拉动全市相关产业收入38.2亿元，在流动展承办城市中排名全国第7位。

2005～2010年，济南市共举办各类会展活动612场，拉动相关行业收入443.2亿元，年均增长在15%以上。专业会展公司发展到30多家，办展能力和水平不断提高。

济南舜耕国际会展中心。2002年年底，建成并投入使用，建筑面积4.1万平方米，包括展馆和舜耕会堂。其中，室内展览面积1.8万平方米；室外展览面积2.5万平方米。

济南国际会展中心。2004年年底，建成并投入使用，建筑面积15万平方米，其中室内建筑面积5.2万平方米，室外展览面积2万平方米。

2010年10月5日～12日，2010年秋季全国糖酒商品交易会在济南举办

2010年济南市展位面积1万平方米以上展会情况表

表6-7-9

<table>
<tr><th>序 号</th><th>展览会名称</th><th>展位面积(平方米)</th><th>折合标准展位(个)</th><th>交易额(亿元)</th></tr>
<tr><td>1</td><td>第七届山东春节名优产品博览会</td><td>14100</td><td>705</td><td>5</td></tr>
<tr><td>2</td><td>第十二届国际广告印刷技术(济南)展览会</td><td>11400</td><td>570</td><td>3.5</td></tr>
<tr><td>3</td><td>第九届国际公共安全产品暨山东公安科技强警成果(济南)展览会</td><td>14000</td><td>720</td><td>3</td></tr>
<tr><td>4</td><td>2010中国济南国际太阳能利用大会暨展览会</td><td>14000</td><td>658</td><td>5.3</td></tr>
<tr><td>5</td><td>2010齐鲁春季房地产展示交易会
2010年齐鲁家居(春季)博览会</td><td>14000</td><td>732</td><td>25</td></tr>
<tr><td>6</td><td>第七届中国山东加盟连锁、特许经营暨中小创业项目展览洽谈会</td><td>12000</td><td>690</td><td>10</td></tr>
<tr><td>7</td><td>现代生活方式展</td><td>14000</td><td>712</td><td>11</td></tr>
<tr><td>8</td><td>2010山东省产学研展洽会</td><td>14000</td><td>633</td><td>6</td></tr>
<tr><td>9</td><td>全国生物大会</td><td>14000</td><td>709</td><td>20</td></tr>
<tr><td>10</td><td>2010年山东高考招生咨询会</td><td>14000</td><td>520</td><td>0</td></tr>
<tr><td>11</td><td>济南世购汽车用品批发城春季新品订货会</td><td>26000</td><td>1510</td><td>25</td></tr>
<tr><td>12</td><td>2010山东国际自行车、电动车及零部件展览会</td><td>39000</td><td>1320</td><td>3</td></tr>
<tr><td>13</td><td>第十二届中国国际机床模具及自动化仪器仪表(济南)展览会</td><td>14200</td><td>703</td><td>8</td></tr>
<tr><td>14</td><td>2010中国医疗器械(山东)博览会(春季)</td><td>23800</td><td>1190</td><td>11</td></tr>
<tr><td>15</td><td>2010第五届中国山东国际装备制造业博览会</td><td>20800</td><td>1040</td><td>15</td></tr>
<tr><td>16</td><td>第六届全国藏獒巡回展济南展</td><td>16800</td><td>600</td><td>0.55</td></tr>
<tr><td>17</td><td>2010齐鲁春季汽车展示交易会</td><td>34700</td><td>1735</td><td>25</td></tr>
<tr><td>18</td><td>2010年第十届中国济南建筑装饰博览会</td><td>23800</td><td>1190</td><td>2</td></tr>
<tr><td>19</td><td>第二届全国食品及食品包装机械博览会</td><td>14200</td><td>681</td><td>2</td></tr>
<tr><td>20</td><td>2010中国(山东)旅游文化节</td><td rowspan="2">26400</td><td rowspan="2">1220</td><td rowspan="2">2.3</td></tr>
<tr><td>21</td><td>2010中国(山东)国际茶叶博览会</td></tr>
<tr><td>22</td><td>2010年山东日用消费博览会</td><td rowspan="4">14200</td><td rowspan="4">710</td><td rowspan="4">2.9</td></tr>
<tr><td>23</td><td>2010年山东玩具及娱乐休闲博览会</td></tr>
<tr><td>24</td><td>2010年山东古典家具博览会</td></tr>
<tr><td>25</td><td>2010山东春季汽车用品展览会</td></tr>
<tr><td>26</td><td>2010第三届中国宜兴紫砂工艺茶艺(济南)博览会</td><td rowspan="2">14000</td><td rowspan="2">691</td><td rowspan="2">3</td></tr>
<tr><td>27</td><td>2010第二届山东收藏精品博览会</td></tr>
<tr><td>28</td><td>2010第二届中国(山东)体育产业博览会</td><td rowspan="2">14100</td><td rowspan="2">650</td><td rowspan="2">3</td></tr>
<tr><td>29</td><td>2010第二届中国(山东)户外用品展</td></tr>
<tr><td>30</td><td>山东省家居及农村手工业展</td><td>14000</td><td>630</td><td>0.5</td></tr>
<tr><td>31</td><td>2010第十届中国(济南)国际旅游交易会</td><td>14000</td><td>625</td><td>0.77</td></tr>
<tr><td>32</td><td>2010齐鲁秋季汽车展示交易会</td><td>63000</td><td>3800</td><td>6</td></tr>
</table>

续表6-7-9

序号	展览会名称	展位面积(平方米)	折合标准展位(个)	交易额(亿元)
33	2010齐鲁秋季房地产展示交易会	18000	1020	7
34	中国(山东)家具及木工机械博览会	18000	909	5
35	第五届信博会	46900	2360	60
36	2010第二十三届中国国际医疗器械博览会(秋季)	14200	760	3
37	2010年第五届山东国际工业博览会	17000	850	6
38	2010山东文化产业博览会	56900	2846	85
39	非物质文化展	14000	710	3
40	第八届中国山东加盟连锁、特许经营暨中小创业项目展览洽谈会	14000	700	2
41	香港时尚购物展	14000	710	5
42	现代生活方式展	14000	719	10
43	2010山东省畜牧业博览会	14000	650	2
44	归国留学人员项目洽谈会	14000	644	3
45	2010年第十一届山东工艺品、礼品、家居用品博览会	14000	712	2
46	2010年山东古典家具博览会			
47	2010年山东玩具及娱乐休闲博览会			
48	2010年秋季全国糖酒会	138900	5300	200
49	2010中国(济南)国际卡车及零部件展览会	14200	715	2
50	鲁台会及台湾名品展	46000	1050	22
51	2011山东植保信息交流暨农药械交易会	33800	1690	3
52	山东大城建博览会	12200	610	8
53	2010泉城精品车房展	14000	663	11
	合　计	1036600	48562	637.82

第四章　济南中华老字号选介

一、济南大观园股份有限公司（注册商标：大观园）

民国初年，山东都督、军阀靳云鹏出资开发大观园商场及周围的6.67万平方米荒地，在约3万平方米地的范围内仿照上海“大世界”的形式创办一座娱乐场所，以古典小说《红楼梦》中的大观园命名，并请书法家金芬书写“大观园”三个字。“大观园商场”于1931年9月26日正式开业。解放前极盛时期的大观园，剧场、书场以及餐饮服务业在国内小有名气。随后的大观园经历火灾、民国时期的通货膨胀、日伪时期的战乱，到1948年济南解放前夕，大观园商场已成为一个百业萧条的破烂

2006 年经过整修后的大观园　　（2008 年摄）

商场。解放后，大观园面貌大为改观。该商场 1966 ～ 1985 年归济南市第一商业局领导，属中型商业零售企业，下设 21 个独立核算商店，分别经营省内外名优新产品和土特产品。

1986 年是大观园最兴盛的时期，经营日用工业品 1.3 万多种。商场内设有影院、剧场、曲艺厅和旅馆、饭店及蔬菜副食品商店，其中天丰园饭店经营的“狗不理”猪肉灌汤包和回民饭店的麻酱烧饼在济南享有盛誉，该商场发展成为山东省最大的集购物、餐饮、住宿于一体的综合性商场。1990 年和 1997 年，大观园商场先后进行一期、二期改造工程，建成连为一体的两座建筑面积 5.4 万平方米的营业大楼。1997 年，商场进行改制，组建大观集团。1999 年，大观集团与百大集团进行资本结构优化重组，组建百货大观集团，资产总值 12.4 亿元，2000 年获国有资产经营权。2000 年后，随着新兴超市和专业店的纷纷登陆，大观园商场由于观念陈旧、机制不活、资金短缺、冗员众多等弊端，难以与新兴超市和专业店抗衡、竞争，经济效益不断下滑，经营举步维艰，濒临关门倒闭，2004 年曾经一度关门歇业，长达 57 天。2006 年，商场东门、北门牌坊建成，北区广场两侧的旧楼装修改造工程全部竣工，具有上海“城隍庙”和南京“夫子庙”的江南古建筑风格，形成灰瓦、白墙、红柱的外观景象。商场内的一批老字号如“晨光茶社”“狗不理包子铺”“共和厅”等相继恢复开业。2009 年 4 月，大观园商场与东北商业巨头长春欧亚集团合作，成立合资公司。欧亚集团出资 1 亿元，占新公司 81% 的股权，处于控股地位。新公司名称定为济南欧亚大观园有限公司，公司以租赁的方式经营大观园商场，经营业态仍然以零售业为主，管理团队以原大观园商场管理人员为主。商场名称为欧亚大观园商场。商场在重新装修改造后，于 2009 年 9 月开业，占地 3.33 万平方米，职工 2000 余人，集购物、餐饮、娱乐、休闲于一体。商场借助欧亚集团的经济实力，利用大观园的资源优势，开工建设一座高品质的“欧亚大观商都”综合体项目。该项目总投资 16 亿元，建筑总面积 30 万平方米，预计于 2016 年建成投入使用，可安置员工 3000 多人。至 2010 年年底，商场在坚持正常营业的同时，“欧亚大观商都”综合体项目”正在建设中。

二、聚丰德饭店（注册商标：聚丰德）

聚丰德饭店，1947 年 8 月由马义顺、刘兆贤、王丕有等 14 人筹资 5000 元开办，位于经三纬四路路口。1950 年 4 月一度停业。同年 7 月，王丕有等 7 人合资 900 元在旧址重新开业，仍沿用原字号。1956 年公私合营，隶属济南市饮食服务公司管理。1960 年在原址翻建成两层楼，营业面积 500 平方米，从业人员 64 人。饭店技术力量雄厚，多位名厨集于旗下。特级厨师王兴兰，尤胜于刀工，垫布切肉丝、剔鸡是她的绝活；特级厨师程学礼擅长烹制火候菜，在省内外享有很高的声誉；名厨孔宪垣，其烹调技术系世传，技艺高超，并具备一定的理论水平，“鸡里爆”“塌鸡干”“绣球鸡脯”“烩活虾”等是他的拿手名菜；全国烹饪名师王建国研制的筵席“齐鲁宴”突破传统烹饪技术，在省城独占鳌头。柬埔寨亲王西哈努克、法国原总理吉·德斯坦等曾先后品尝过该店饭菜，并给予高度评价。

1986 年，该店经营依然火爆。1988 年，该店与主管单位济南市饮食服务公司签订承包合同，并迁至市中区经五路11号。新店5层楼，建筑面积7000余平方米，一层为中式快餐，二层为宴会厅和零点厅，共有餐位500多个，三至五层为写字间，资产总额100多万元，员工90余人。著名诗人贺敬之为聚丰德题词："唯有丰德能聚人"！聚丰德被誉为鲁菜名师的"黄埔军校"，培养出一大批中青年优秀厨师，是传承鲁菜的佼佼者。先后有10余人被调往北京人民大会堂、中南海及驻外大使馆工作，有数十人获"特级厨师""烹饪大师""高级技师"等称号。饭店曾先后获"中华餐饮名店""齐鲁名店""全国绿色餐饮行业""中华老字号"等称号。1991年，该店推出满汉全席系列，深受消费者欢迎。1995年在继续发展创新的基础上，引进川、粤、扬、淮等菜系，增加适合工薪阶层消费的大众家常菜。1996年，成功开办以面食和烤鸡为主的连锁店。1998年，在一楼大厅办起以经营济南地方小吃为主，经营外地小吃为辅的"小吃园"，深受消费者欢迎。1999年，面对市场的激烈竞争，该店不断调整经营业态，"小吃园"生意兴隆。春节期间推出的面点礼品盒，供不应求。该店投资150万元对营业室进行装修改造，提高服务设施档次。2003年，饭店进行改制，成立聚丰德有限公司，但由于观念陈旧，缺乏创新精神，致使主营业务没有起色。加上人才流失，开始出现经营困难，部分店面开始出租，楼上单间改成写字间。2007年年初，与山东爱信公司牵手合作，利用自身的资源优势和山东爱信公司资金优势给该店注入活力。对店面重新规划、装修，于2007年5月8日重新开业。2010年，聚丰德饭店充分发挥品牌、技术、人才优势，推陈出新，以优雅的就餐环境、名优的菜品和优质的服务，取得良好的社会效益和经济效益。

三、济南德馨斋食品有限公司（注册商标：德馨斋）

1930年，山东桓台人苗星垣出资3000银元兴办德馨斋。前柜从业人员6人，后厂生产工人4人，是一个名副其实的小酱园。资东苗星垣(字世德)，他从名中取一"德"字，命名酱园为"德馨斋"，让自己的岳父周学山担任经理。苗星垣初到济南创业时，与王冠东、张仲磐结为好友，以后长期共事，并组成经济联盟"同志堂"。三人约定，凡是新创办工商业，必须共同投资，三家所得利润，也必须由"同志堂"汇总，统一支配。故此，德馨斋酱园初创时虽然规模不大，但其中也有王、张二人的投资。开业后，因周学山不善经营，致使德馨斋连年亏损。苗星垣则用其他企业的利润予以补贴，维持德馨斋的正常营业。当时，苗氏家族在济南创办的成丰面粉厂和成通纱厂均如日中天，苗星垣并不指望在德馨斋获取利润。日本侵略者侵入济南以后，对成丰面粉厂和成通纱厂相继实行"中日合办"，苗星垣与王冠东、张仲磐早年创办的同聚长粮栈也处于风雨飘摇之中。1942年，苗星垣聘请孙华锋为德馨斋经理。1943年，苗星垣在商埠经五纬十二路盖起30余间门面、作坊和店员宿舍，占地4700平方米，并增添生产工具，为孙华锋提供生产经营平台。在孙华锋领导下，德馨斋经营状况明显好转，创出独具特色的12大类100多个产品，其中酱油、食醋、香油、甜面酱的年产量都在数万千克乃至十几万千克以上。德馨斋酱菜共有6大类30余个品种，驰誉商埠和老城。德馨斋于1956年实行公私合营，后成为国营企业，隶属于济南市蔬菜公司。1966年，更名为济南市红升酱菜厂，至1985年生产经营正常。

1986年，该厂以生产经营酱油、食醋，甜面酱和酱小菜为主，销量逐年上升。1993年，济南市蔬菜公司改制，下属单位济南红升酱菜厂被济南试金集团(原济南试验机厂)兼并，由经五纬十二路迁至济兖路14号，更名为济南试金集团德馨斋酿造分公司，恢复"德馨斋"原名。2000年，公司与原济南第二酿造厂合并，更名为济南试金集团德馨斋酿造有限公司，迁至北园大街36号。2003年，德馨斋的国有股份被北京时代集团买断，更名为济南德馨斋食品有限公司，由国有企业脱胎换骨，成为纯民营企业。在用工制度和分配制度上打破正式工和临时工的界限，充分挖掘员工潜力，调动广大员工的积极性，在经营上不断创新。积极开拓大众市场。德馨斋在改制后十分重视经营观念的转变，坚持以市场为导向，不断开拓大众化市场，发展大众化经营。在对市场进行充分、深入调查研究的基础上，把原来的销售部一分为五，成立辐射周边地区的五个市场销售部，扩大产品销售队伍。推行现代流通组织形式。在创新经营上引入连锁经营方式，创建新型的品牌连锁发展模式，建立起无形资产、连锁开发、质量运营、统一配送、教育培训等一整套管理体系，为发展品牌连锁经营提供支持和保障。发挥品牌优势。德馨斋把甜面酱做到业内一流，质量和销量始终稳居山东省首位。2003年6月，被中国食品工业协会认定为全国食品行业质量效益型先进企业；2003年9月，被山东省食品工业协会命名为山东省食品行业质量管理十大示范企业；2006年，获得“中华老字号”称号。2010年，公司有员工400人，年产酱油3万吨、食醋2万吨、甜面酱1万吨、高档酱菜3000吨。供应市场的产品有四大类、一百多个品种，实现生产规模化、营销网络化和产品的系列化、标准化。

四、济南市市中饮食公司草包包子铺（注册商标：草包包子）

1937年，张文汉在济南创办草包包子铺。张文汉童年在济南泺口的“继镇园”饭庄学艺，拜名厨李安为师。他生性憨厚，终日烧火、择菜、干杂活，无声无息，故师兄弟间皆呼之为“草包”。1937年卢沟桥事变后，张文汉全家从泺口逃进济南内城。为了糊口，打算开设包子铺，但又苦于无本钱，后由名中医张书斋资助面粉五袋，又得到乡亲及友人帮助，在西门里太平寺街南段路西，租得铺面房两间。开业之前，

中华老字号——草包包子铺　（2009年摄）

“草包”要求张书斋给起个响亮字号，张书斋说：“要什么响亮字号，‘草包’就很响亮。”于是“草包”二字便成为包子铺字号。张文汉在包子制作上秉承师传，潜心研究，逐渐创出自己的风味。草包包子不仅外形美观，令人垂涎欲滴，而且吃起来汤汁丰富、口感细腻，再加上张文汉待人实诚，草包包子铺很快就在济南叫响，品尝者络绎不绝、颇受称赞，生意日趋兴隆。为扩大营业，张文汉托友人租到济南大观园北门里西侧铺房两间，迁来开业。然而，在日伪时期大观园被控制在一伙土豪恶霸手中，这些人对草包包子铺百般寻衅刁难，借故敲诈；伪、警、宪、特亦时常“光顾”，吃饭从不掏腰包。如此两三个月，非但无利可得，几乎亏本。张文汉只得停业，再次搬迁至普利街冉家巷口泰康食物店东邻的两间铺面房，草包包子铺重新开业。1948年9月，济南解放后第二天，国民党飞机狂轰滥炸，一颗炸弹投在泰康食物店店房，高大的山墙倾倒后砸向包子铺，张文汉一家五口及其内兄死亡，他身怀六甲的妻子和腹中的胎儿在这次事故中幸免于难。张文汉的妻子和他的生前好友何俊岭收拾整理，照料复业，生意却仅可维持。后因合作伙伴之间意见分歧，经营不利，何俊岭将草包包子铺全盘交给其亲家绳华泰(大华饭庄厨师)代为经营。1956年公私合营后，草包包子铺归入济南市市中饮食公司，店铺装饰一新并增加员工，生意逐渐好起来。1982年该店

实行承包经营，通过竞争上岗，1970年进店的员工董馥生当上草包包子铺第一任承包总经理。

1986年董馥生继续担任该店总经理，在他的带领下，企业经营越来越好。由于营业室陈旧，多年失修，危及顾客安全。为改变经营环境，保障消费者的人身安全，1997年总经理董馥生向主管部门提出对营业室进行维修改造的请求。由于资金短缺一直拖至2000年，由承包总经理董馥生自筹资金100余万元，对营业室进行抢修改造。为不影响销售，他们边营业边维修，经过5个月的穿插施工，草包包子铺的营业面积由原来的300平方米扩展到1000平方米，增设雅间，餐饮用具进行全部更新，员工由30人增至50余人，使该店旧貌换新颜。为适应新的经营环境，该店力求经营创新，组织厨师学习传统烹饪技术，相继推出鲁、川、粤等南北菜系，菜品从十几个增加到上百个。包子也从过去单一的猪肉灌汤包，增加到8个系列，先后推出茶叶包、御膳包、虾仁包、大素包等多个品种。草包包子用刀切肉馅，配以笋丁、蛋糕丁，并以老渍酱油、小磨香油精心调制成具有特色的三鲜馅。以新鲜猪肉为原料，配以特制佐料精制成猪肉灌汤馅。再把发面擀成皮，装馅，捏十八褶成菊花顶状。上笼蒸约十几分钟，出笼时把“脱底”“冒油”的包子剔出，不上盘出售。2002年，中国烹饪协会举办的“中国首届鲁菜文化节”在济南举行，草包包子被评为“济南市名优小吃”。从此以后，草包包子经营越来越好，效益逐年上升。至2010年，草包包子经营稳定，在消费者中的口碑也越来越好，共获得中华老字号、山东老字号、济南老字号、中国鲁菜名店、山东省名优小吃、济南市著名商标、济南市非物质文化遗产等称号。

五、济南燕喜堂饭庄（注册商标：燕喜堂）

燕喜堂创建于1932年3月，时值南燕北归时节，便得这个雅号。旧时燕喜堂由两座四合院组成，有两个高大的门楼。今位于芙蓉街金菊巷内，1号为东院，是主人住宅；3号西院为店铺，共有18间营业室，同时可容纳200人就餐。创办人赵子俊，老家历城，16岁进城打工，20岁时到吉元楼饭庄打工，后在芙蓉街北首开设的魁元楼跑堂。燕喜堂在山东商业银行董事董丹如的资助下开办。因赵子俊科班出身，他对菜品质量和特色的要求很高。炉灶掌门人侯庆甫、梁继祥在烹饪技艺上追求典型的老济南风味，时称“历下风味”，以清汤、奶汤等汤菜见长。燕喜堂菜好，就餐环境颇具家居生活的气氛，给人以宾至如归的感觉，很多人都以在此就餐为荣。经理赵子俊提出，做生意最讲究与人“结缘”，就连拉黄包车的车夫也要请进来，不能怠慢，点菜更是丰俭由人。所以，开业不足两年，便跻身济南府餐馆三甲。1952年，燕喜堂迁至泉城路北。1956年公私合营，经理由创始人赵子俊的儿子赵鑫荣担任。赵鑫荣曾用大半年的时间搜集南北特色菜谱，不断推陈出新。生意也有新的起色。1958年，这家老字号又搬到泉城路南卫巷口，后曾改名红星饭店。1980年后重又改为燕喜堂，至1985年生意兴隆。

2010年11月17日，鲁菜老字号“燕喜堂”正式落户舜和国际酒店

1986年燕喜堂重新进行装修，装修后特意请著名诗人臧克家题写店名，挂在装饰一新的

大门上，经营火爆，门庭若市。1990年后，经营开始逐步萧条，将店面卖给一家银行，仍冠名燕喜堂继续经营餐饮，但力不从心，效益一直不理想。2005年，市政府把振兴老字号和传承鲁菜工作列入“十一五”规划重点招商项目，决定以所有权转移的形式重建燕喜堂。通过招标，北京半江渔火餐饮有限公司董事长徐云龙中标。徐云龙与市贸易服务局进行多次接触和磋商，承接了燕喜堂这一金字招牌。经过移交、选址、装修，于2006年4月18开始营业。同月，燕喜堂摘得“国家特级酒家”的桂冠。同年，在商务部举办的第二届中国餐饮业博览会上获“中国餐饮名店”称号；“燕喜金秋宴”获中国名宴称号；厨师长李宗平获个人技能大赛金奖；董事长徐云龙被商务部评为2006年度中国餐饮业优秀企业家。2007年，燕喜堂芙蓉街店开业；2008年4月，燕喜堂中心店由六里山路迁至刘长山路40号。燕喜堂刘长山店、燕喜堂芙蓉街店先后于2009年2月和7月关门停业，至2010年年底两店仍在停业整顿中。

六、济南奇美美发美容有限公司（注册商标：奇美）

1928年，江苏省江都县高书麟等人投资现洋500元创办济南奇美理发店，开业5年，获利颇丰。1932年，扩大营业室，设备和技术先进、整齐。1940年，奇美理发店购进两部新式电烫机，聘请沪宁一带著名烫发师叶嘉桃等人，该店名声大振。当时社会名流、京剧名伶和军政上层人物韩复榘、何思源等及家眷大都到该店理发，美、英、德、日驻济南领事馆也经常派车接送该店理发师给他们理发、烫发。解放后，奇美理发店在理发技术、服务质量等方面继续领先。从1956年公私合营至1966年，一直是全市先进单位。1985年该店扩建，更新设备和服务设施，一楼以男活儿为主，二楼专做女活儿，以烫发为主。多次聘请上海名师指导，结合本地情况，创制新发型，为多层次的消费者服务。

1986年，该店口碑越来越好，并不断创新，开始向大型化、高档化、现代化方向发展，成为山东省特级理发店。1992年，该店依靠自身雄厚的技术实力，创办济南市美发大赛，推出根据顾客的气质、脸型、体态而精心设计的“秀美式”“飘洒式”“浪漫式”发型，体现出庄重而典雅，时尚而不张扬的特点，深受消费者欢迎。1997年，因城市拆迁改造，该店搬至经八路98号，营业面积440多平方米。装修后的新门店，设计更加合理，设备更加齐全，服务更加完善，企业竞争力与日俱增。1998年被内贸部命名“中华老字号”。同年，经济南市人力资源与社会劳动保障局批准，成立奇美美发美容培训学校，设置系统的理论课程和实际操作课程。学校师资力量雄厚，拥有国家级评委2名，省、市首席技师3名，高级美发技师17名，济南市“突出贡献技师”5名及美发技师和高级工24人，学校具有颁发学员职业资格证书的权限。该店自创办美发美容技术培训学校以来，结合市劳动局下岗再就业培训，对下岗职工培训实行优惠，对特困职工培训给予免费，到2002年累计培训美发美容学员5000多人，为社会培养大批专业技术人才。

2003年，企业进行改制，由市饮食服务总公司理发总店改制为济南奇美美发美容有限公司，位于经四路218号，公司有奇美理发店、中国理发厅、奇美历下店、人民理发店和培训学校等网点、机构。总人数71人，管理人员10人，经营面积1260平方米，企业资产408万元，年营业收入191万元。公司坚持“求奇、求新、求美”的经营宗旨，重信誉、守信用，诚信经营，坚持所使用的原材物料全部从正规厂家直接进货，选用的物料用品全部为德国威娜、法国欧莱雅等优质品牌产品，让顾客放心使用。在理发、烫发、美容技术上采取“走出去、请进来”的方法，将美发师分批派往上海、杭州、港澳、日本、韩国、美国、法国等地交流学习。至

2004年，共组织员工外出学习36批(次)200余人。为国家向大使馆、联合国、港澳等办事机构输送服务人员30多人(次)。同时，组建学雷锋小组，定期到厂矿企业和社区为工人和老弱病残人员提供理发服务。2005年11月，济南市美发美容行业举办“诚信经营活动月”，活动中该店承办“济南美发美容业发展论坛”。论坛于2005年11月7日在济南玉泉森信大酒店四楼会议厅举行，应邀出席论坛的有中国美发美容协会副会长、上海美发美容协会会长黎家信，上海王磊形象公司总经理王磊，威娜化妆品(中国)有限公司大区经理刘世友等。论坛就美发美容行业的现状和前景、美发美容业品牌的建立和连锁经营等问题展开讨论。当晚，由该店承办的“2005～2006济南美发美容流行趋势演示会”在泉城广场举行。演示会上，黎家信携多名“奇美”和上海等地理发师同台献艺，向市民展示全球最新流行发型和美容新概念。2008年，因济南市棚户区改造，奇美位于经八路的门店被拆除。2009年7月，该店迁至经三路83号，新店经营面积370多平方米，店内配备舒适的等待座椅、自动饮水机、电视机。营业场所设置接待区、理发区、洗染区、消毒区、贵宾休息区等。对于顾客使用的毛巾全部严格消毒，实行一客一巾规定，始终秉承“产品放心、技艺精湛、服务周到”的原则为顾客服务，受到消费者赞扬。2010年，公司各店经营红火，共获得全国“放心美容院”、全省“十佳美发厅”“精神文明建设文明窗口单位”“消费者满意单位”“消费者信得过单位”“企业信得过免检单位”“诚信服务先进单位”“诚信经营倡议单位”等称号。

七、济南宝明斋眼镜有限公司（注册商标：宝明斋）

1929年1月，济南大永兴百货公司在芙蓉街开设眼镜店，立号“宝明斋眼镜店”，专营眼镜，当时店铺面积约30平方米。1933年，大永兴百货公司扩大宝明斋眼镜店经营规模，店铺三间面积90平方米，成为济南规模最大的眼镜店。1936年，尉敬忠、周朴、靳曰兴3人共同出资从大永兴百货公司购买宝明斋眼镜铺，被推为店东的尉敬忠成为宝明斋实际创始人。1936年宝明斋从齐鲁医院请来验光师，开创把医院验光引进眼镜店的先河。1946年，是宝明斋眼镜店鼎盛时期，享誉大半个中国。宝明斋掌柜刘明春为该店总结十六个字：“验光准确、做工精细、品质完美、货真价实”。解放后至1985年，宝明斋在济南眼镜业界的影响力仍然存留。

1999年，眼镜行业著名企业家何汝贤看中老字号响当当的声誉，他秉承传统又与时俱进到济南重建宝明斋，成为第二代宝明斋创业者。1月23日，济南宝明斋眼镜有限公司成立，坐落在济南文化东路。公司采用全国连锁和管理输出的国际化经营模式，在短短一年的时间里相继开设文化东路、东关大街、解放路、泉城路、南辛庄、朝山街、大观园、连云港等八大连锁专卖店，并成立千秋总号、概念店、眼镜配置中心、隐形眼镜服务中心、客户服务中心等。11月，宝明斋与中国眼镜协会成功举办专业技术培训班，宝明斋全体员工经过专业技术培训，有28人获得高级、中级验光配镜师称号。2000年1月，宝明斋率先导入ISO 9002国际质量体系认证。同月，济南市眼镜行业单店营业规模最大，且代表宝明斋企业文化的宝明斋“千秋总号”落户大观园。2001年3月，宝明斋成功通过ISO 9002国际质量体系认证。4月，宝明斋与社会工商界人士及专家学者成功举办“看宝明斋现象，论老字号兴衰”座谈会，总结中国老字号发展的成功理论。8月，宝明斋再次导入ISO 9001：2000国际质量体系认证。12月，宝明斋有10家连锁店开张，宝明斋连锁店遍布济南五区。2002年5月，济南金街泉城路改造完毕，宝明斋三大连锁店进驻，社会影响力极大。宝明斋成功通过ISO 9001：2000国际质量体系认证，成为全国眼镜同行业第一家通过 ISO 9001：2000 国际质量体系认证的企业。宝明斋迁回芙蓉街旧址，定名“芙蓉老店”。8 月，宝明斋成功举办“古代眼镜文化展”。2003 年 3 月，宝明斋与泉城路管委会联合举办“2003 太阳镜新博会”。8 月，在共青团省委的指导下，宝明斋开展“青春创业行动”。2005 年 4 月，成功举办主题为“自由新视界，魅力太阳岛”太阳镜展会。2006 年 12 月，与加拿大联邦安奈尔集团成功合作，开设联邦安奈尔宝明斋眼镜公司。2007 年 8 月，宝明斋成立“百老汇眼镜博物馆”。2008 年 1 月，宝明斋成立“渐进多焦点验配专家团队”。2009 年 1 月，成功举办“宝明斋 80 华诞纪念晚会”。

1999 年起，公司连续获得“国家玻璃搪瓷制品质量监督检验中心抽检合格单位”。1999 ～ 2001 年，连续被评为“山东省产品质量监督检验所认可单位”。2003 年，被中国质量检验协会评为“国家质量检测合格单位。2005 年，被全国眼镜协会评为“眼镜行业 50 强企业”。2007 年，被省经贸委定为“山东老字号”，获得“山东省著名商标”称号。2008 年，被评为“明码标价示范单位”。2010 年，被商务部命名为中华老字号。

八、山东福胶集团东阿镇阿胶有限公司（注册商标：福字牌）

1856 年，御笔赐福，成就福胶。咸丰年间，懿贵妃(后来的慈禧太后)患血症(习惯性流产)，久治无效。家居东阿的户部侍郎知皇妃患病不愈，便上书推荐东阿城内“邓氏树德堂”所产阿胶。慈禧太后服用后，病愈并喜得龙子，即后来的同治帝。咸丰皇帝大悦，赐给“邓氏树德堂”堂主三件礼物：四品官服黄马褂；手折子(由福胶集团珍藏)；赐给东阿镇阿胶“福”字，并封树德堂阿胶为“贡胶”。御赐“福”字一直被视为东阿镇制胶人的骄傲，是正宗阿胶的经典标识，是福字牌阿胶历史传承的荣耀徽章。1915 年，福胶获得巴拿马万国博览会金奖。

福牌阿胶有着独特优势。天然水质。采用富含矿物质的浪溪河水熬胶，浪溪河为九泉汇聚而成，九泉是由地下矿泉水喷涌而成，水质硬度低、比重大、微量元素含量高。经权威部门检测，该水含有 20 多种有益人体的金属阳离子和微量元素，矿物质含量极高，是理想的天然熬胶用水。用此水制作的阿胶重金属、灰分等含量极低，夏天不吸潮、不变软，冬天不碎裂，易于长年贮存。在熬胶过程中微量元素与阿胶内蛋白质结合成有机盐，易于人体吸收，形成“福”字牌阿胶的独特疗效。纯正驴皮。按古法，每年春季，选择纯黑无病健康驴，这种驴以狮耳山草饲养，饮用浪溪河的水，冬季宰杀取皮，制作阿胶。古代因交通、信息、消费等原因，阿胶需求量不大，对驴皮的选用非常考究。现在只用狮耳山一带饲养毛驴的驴皮生产阿胶已不能满足需求，福字牌阿胶的原料驴皮除坚持使用狮耳山一带的纯黑无病健康驴皮外，对山东郓城、河北高阳一带的驴皮进行定点采购和检疫，精心挑选张大板厚，光洁健康的上等纯黑驴皮用以生产阿胶，所得阿胶气味纯正。传统工艺。福字牌阿胶的生产，继承和发扬了东阿镇 2500 多年的阿胶制作技艺精华，融入现代科技，创新应用蒸球加压化皮，离心分离杂质，三效减压浓缩，恒温恒湿晾胶，微机自动化控制等几十项现代工艺，形成福字牌阿胶的制胶绝技。独特品质。福字牌阿胶生产提炼纯净，胶原蛋白分解彻底，分子量小，容易被人体吸收。色如琥珀，黑如莹漆，质地硬而脆。断面光亮，对光照视呈棕色半透明，味甘咸，气清香，胶块平整，布纹清晰，保持了阿胶的传统特色。

山东福胶集团东阿镇阿胶有限公司始建于 1950 年，是集东阿镇诸家阿胶生产作坊，由政府指令合并，而组建的第一家国营阿胶专业生产厂。厂址设在狮耳山前，浪溪河畔的平阴县东阿镇，即历史上的老东阿县县城——中国阿胶之乡。

1995年，年销售额6000万元的山东平阴阿胶厂与平阴医药公司改制合并成立山东福胶集团，但是由于双方在企业文化和经营思路上难以融合，1997年医药公司被迫剥离出局。1996年，与济南三株公司的合资，因双方在发展思路上难以融合，上千吨阿胶囤积仓库，1999年的销售额跌至2000万元，双方分手。2002年中央电视台《焦点访谈》节目报道，福胶“马皮代驴皮”的造假事件轰动全国。虽然事后证明报道有误，事实得到澄清，但福胶的年销售额却从2.3亿元降至不到6000万元。

2003年，东阿镇被国家药品监督检验检疫总局划定为“阿胶原产地保护地域”。2004年，福胶集团实现总产值1.23亿元，同比增长4%，销售收入1.25亿元，同比增长13%，股东实现首次分红。2005年6月，福胶集团由济南市下划到平阴县管理，集团形成以生产经营“福”牌阿胶及其系列产品为主业，集科、工、贸于一体，拥有资产2.2亿元，员工1500多人，年产值10亿元的山东省高新技术企业和质量明星企业，济南市30家骨干企业之一，全国中药行业50强。公司属地分别设在济南市区、平阴县城和东阿镇，拥有山东福胶集团有限公司、东阿镇阿胶有限公司、东方保健品公司、机械公司、酒业公司5大生产基地，济南福胶药业公司、国药公司、实业公司、福胶大酒店、商贸公司5个商贸实体。主要生产胶剂、膏剂、冲剂、口服液、片剂、胶囊剂、酒剂7大剂型50多个品种。拥有30多件注册商标。2005年年底，公司国有股退出，“福胶”改制成民营企业。

2006年，被商务部认定为首批中华老字号。2010年，福胶集团拥有20多个药品的产品生产权和5个国家中药保护品种、40余件国内外注册商标，总资产3亿元，员工1500余人，生产能力10亿元，阿胶块产销量、阿胶现代化制胶种类和数量居行业首位，是国家大二型企业，首届中华老字号、山东品牌榜价值第一，全国中药50强企业，山东省高新技术企业，山东质量明星企业，省级中药现代化科技示范企业，省食品卫生A级单位，济南市30家重点发展企业之一，济南市医药支柱产业，济南市“守合同、重信用”企业。

2010年济南市“中华老字号”企业情况表

表6-7-10

序号	企业名称	地址	行业类别	创立时间
1	济南大观园股份有限公司	市中区经四路大纬二路49号	百货	1931
2	山东福胶集团东阿镇阿胶有限公司	平阴县东阿镇	医药	清咸丰年间
3	济南宏济堂制药有限责任公司	高新区华龙路360号	医药	1907
4	聚丰德饭店	市中区经五路11号	餐饮	1947
5	济南德馨斋食品有限公司	天桥区北园大街36号	酿造	1930
6	济南奇美美发美容有限公司	市中区经四路218号	美容美发	1928
7	济南趵突泉酿酒有限责任公司	历城区仲宫镇龙山路53号	酿酒	明崇祯年间
8	济南宝明斋眼镜有限公司	历下区东关大街109号	眼镜	1929
9	济南药业集团有限责任公司	市中区普利街太虎石港3号	医药	1907
10	济南市市中饮食公司草包包子铺	市中区普利街15号	饮食	1930
11	济南泰康食物公司	市中区经二纬四望平街19号	食品	1920
12	济南燕喜堂饭庄	市中区六里山路20号	餐饮	1932

第八篇　对外经贸

1985年，济南市出口商品有12大类，260余个品种，出口商品销往世界120多个国家和地区，出口额1亿美元。1986年，全市外贸商品收购总值4.6亿元。

2008年，全市进出口总值80.27亿美元，其中出口完成45.97亿美元，是1985年的45倍。全市外贸依存度接近20%。2004～2008年，对外经济技术合作主要指标连续5年位居全省第一。至2008年年底，济南市累计批准外商投资项目超过3000个，实际使用外资50亿美元。全市累计对外承包工程和劳务合作营业额33.57亿美元，外派劳务54755人(次)；累计设立境外企业239家。

2010年，全市进出口总值74.10亿美元，增长31%。其中，进口33.55亿美元，增长28.6%；出口40.55亿美元，增长33.1%。在出口产品中，机电产品出口25.27亿美元，增长30%；高新技术产品出口4.74亿美元，增长1.1倍。新签外商投资项目87个，实现合同外资额12.09亿美元，增长10.5%；实际到账外资10.4亿美元，增长6.1%。共签订对外承包和劳务合作合同金额34.53亿美元，增长2.7%；完成营业额15.07亿美元。新设境外企业30家。对外直接投资1.57亿美元，增长37.2%。

第一章　体制改革

第一节 管理体制改革

1987年11月，中国国际贸易促进委员会济南支会(简称市贸促会)成立。1988年11月起，同时使用“中国国际商会济南商会”的名称。

1988年5月31日，济南市重新组建对外经济贸易委员会，综合管理全市外经外贸、外事侨务、旅游等项工作，实行委员制。委员由外经、外贸、外事、侨务、旅游、中国银行、海关、商检等部门主要负责人担任。办事机构设4处2室，编制40人。

1989年1月28日，济南市外商投资服务中心成立，隶属济南市对外经济贸易委员会，实行一个窗口对外、联合办公制度。对国内外投资者提供联络、咨询、协调、服务“一条龙”综合服务。

1991年9月，撤销济南市对外经济贸易委员会和济南市对外贸易局，重新组建济南市对外经济贸易委员会，同时加挂济南市外商投资企业管理办公室牌子。1993年7月，济南市外商投资企业管理办公室撤销，成立济南市外商投资企业管理局，归口济南市对外经济贸易委员会管理，加强全市外商投资企业的管理和协调工作。

2003年7月18日，济南市发展环境投诉中心正式挂牌对外办公。市监察局局长兼任投诉中心主任，从市外经贸局、市委组织部、市人事局等部门抽调精干人员组成专职应诉队伍。投诉中心具有协调处理纠纷，查处责任部门、人员的职能，定期公布重点经济投诉案件，并把外商投诉与部门行政效能考核和公务人员奖惩密切结合起来。通过建立高效的投诉应诉机制，切实解决“中梗阻”、消极应付等问题，提高行政效率，保证政令畅通，真正使外商到济南“进得来、落得下、活得好”，进一步优化投资发展环境。7月起，在市行政审批中心大厅设外商投资审批手续专门代办窗口，实行“一门受理，全程代办”。外商到济南投资，市外经贸局出专人、专车，无偿代办所有12个部门18项审批手续，并承诺在25个工作日内办完。

2006年7月21日，济南港澳投资企业商会成立，是全国15个副省级城市中第一个成立的港澳投资企业商会。

2008年，进一步完善组织领导和政策扶持体系，成立市服务外包工作领导小组，各县(市)区、开发区建立服务外包联系机制。加快人才培养体系和服务外包载体建设，先后认定20余家服务外包培训机构，规划建立一批有一定规模和品牌效应的培训基地，其中齐鲁软件园的济南服务外包人才培训基地项目建成使用，并申报国家级人才培养基地。2009年，济南市被国务院批准为“中国服务外包示范市”，享受国务院授予的为期5年的一系列鼓励和扶持政策。

第二节 外贸企业改革

自1984年起，各外贸专业公司陆续与部分出口生产企业建立一批横向经济联合体。1985年，市外运公司先后开展航空转运、快递和“大陆桥集装箱运输”业务，拓宽与欧亚大陆各国的贸易往来。

1988年2月，济南市召开对外开放工作会议。会议按照市委四届十次全委会和市十届人大一次会议要求，加快改革、开放步伐，推动济南市经济由内向型向外向型转变。会议提出济南市发展外向型经济战略的初步设想和实施中应遵循的原则。同年，全市工贸联营项目发展到28个，总投资1.5亿元，其中外汇1622万美元。联营项目出口收购值8000万元。联营范围从单一的纺织业发展到轻工、机械、服装、食品、医药、畜产等行业；联营方式由松散型变为紧密型；联营的结构由贸工农型扩大到贸工农金融型。济南外贸系统有畜产、粮油、化工机械、抽纱工艺、土产、轻工、纺织、服装等进出口国营专业公司8家，区县综合公司4家，另有包装、外运两家服务性公司及济南外贸中心、山东出口商品基地建设公司济南办事处和济南市对外贸易开发总公司。全系统有正式职工2284人。在全市2000家大中小型生产企业中，有200家企业成为出口骨干企业。外贸经营方式由单一收购型开始向收购经营型转变。全系统有5家公司实行经理负责制，所有外贸企业都实行职工代表大会制，加强广大职工对企业的监督和管理。

1989年2月4日，济南市国际经济技术合作公司成立。该公司由济南市对外经济贸易委员会直接管理，属股份制联营企业。公司主要业务：利用外资在国内外举办合资、合作企业和开办独资企业；根据委托承办对外承包工程和劳务合作项目；承办中国政府委托的援外项目；经办其他形式的对外经济合作和技术交流业务。1990年12月10日，市政府发布施行《济南市外商投资企业管理暂行规定》，同时制定《济南市外商投资企业申请开业的暂行办法》《济南市外商投资企业开业典礼议程的规定》，成立外商投资企业物资公司，并组织培训外商投资企业中方经理及其管理人员100余人(次)。1991年9月18日，经国务院批准，成立济南市进出口公司，是济南市属第一家拥有进出口经营权的全民所有制外贸企业，结束济南市长期以来没有直接进出口经营权的历史。公司人员编制100人，经营粮油、食品、轻工、化工、机械、工艺、服装、土产、畜产等商品的进出口业务，并开展“三来一补”和代理出口业务。

1992年，贯彻省政府《关于深化地县外贸体制改革的意见》，在行政管理体制上，改变市、县(区)外贸企业的隶属关系，变条条管理为条块结合，以块为主。市属外贸企业由市经贸委管理，县(区)外贸企业下放到县(区)管理。在财务管理体制上，实行市县两级外贸企业与省外贸脱钩，与地方财政挂钩，实行零对零承包，一定四年不变，外贸企业开始走上“自主经营、自负盈亏、自我约束、自我发展”的良性发展轨道。国务院《全民所有制工业企业转换经营机制条例》颁发后，企业内部改革步伐加快。市经贸委制定《关于转换外贸企业经营机制的实施意见》，将条例规定给企业的14项权力下放到各外贸企业，扩大企业自主权。各外贸企业以干部人事、劳动用工、工资分配三项制度改革为突破口，进一步完善出口创汇、出口供货、经济效益“三位一体”的企业内部承包责任制，进一步建立和完善竞争、激励机制，调动干部职工的积极性。

1994年年初，市政府制定《关于深化外贸体制改革的实施意见》，企业内部三项制度改革进一步深化。省、市属外经贸企业全部推行全员劳动合同制，部分企业实行美元工资含量承包办法和岗位技能工资制。按现代企业制度要求，开展清产核资，摸清外贸企业家底，对资不抵债的企业如何依法实行破产进行探索。部分企业进行有限责任公司改制试点。外贸企业实业化建设取得新进展。至年底，全市外贸企业共兴办各类自属企业130家，兴办外商投资企业16家。同年，全市用足用好自营进出口权，进一步完善“一顶帽子大家戴”的出口措施，“戴帽”企业出口创汇额2412万美元。全市出口创汇500万美元以上的企业5家，其中过千万美元的企业2家。市属外贸企业结束连年亏损局面，整体上实现扭亏为盈。

“八五”时期，济南市强化境外企业管理，积极开展劳务合作，外经工作走上健康有序轨道。加强对海外企业清理整顿工作，按照外经贸部和省外经贸委的部署，对全市海外企业进行清理整顿，制定《海外企业管理暂行规定》；严格海外企业审批手续，规范海外企业的审批早报程序；开展劳务合作，各部门、各单位都把劳务输出作为对外经济技术合作的重要任务，积极外派劳务人员。

1997年，确立外贸企业工作“在发展中调整、优化、提高、壮大”的主题，制订“两头靠、靠两头、个数变小、个头变大”的综合改革方案，使外贸企业在外靠内聚、优化重组方面迈出实质性的一步。企业改制工作进展顺利，通过剥离增长点，组成一批有限责任公司和股份制公司，呈现良好发展态势；完善竞争机制，优化劳动组合，采取从事三产、内退、再就业培训等方式分流下岗人员，取得显著成效。外贸企业多元化经营迈出较大步伐；兴办实体20多个，涉及内贸、生产加工、种植养殖、仓储等10多个行业，其中市化工进出口公司所属山东赛蒙电器公司，实现销售收入3500多万元，获纯利近500万元。

1998年，对外贸企业实行“个数变少、个头变大、大机体、小细胞”式的组织结构调整，使其在结构合理的前提下实行股份制改造和提高经营管理水平，实现稳中求进。并根据外贸企业改革由治标到治本的八项着力点，通过托管、联合、兼并等方式，组建外贸联合集团。1999年，建立重点内资企业和外贸企业出口退税调度协调制度和出口贴息协调制度。年内，济南市外贸企业按照国家“抓大放小”的工作思路和优化资本结构的政策规定，本着组织结构“大机体，小细胞”的原则，通过联合、兼并、托管、改制等形式，先后组建济南市土畜产总公司、济南市外贸联合实业总公司，扩大企业经营规模。对传统用工制度、人事制度、分配制度进行改革，企业普遍实行全员劳动合同制、总经理聘任制和新的按劳分配制度。

自2000年起，济南市完善外经贸发展政策体系，制定对重点出口企业的扶持政策，2002年基本形成完整的政策促进体系。2002年，对70家重点出口企业实行8项扶持政策，在资金、开拓市场、反倾销、质量认证等方面给予重点倾斜，促使这些企业尽快做大做强，收到较好效果。

2003年，按照“增量、抓大、调整、拓展”的外贸发展思路，帮助符合条件的企业获得进出口经营权，扩大出口企业的群体规模。年内新增获权企业110家，总数650家。有出口实绩企业350家，增加40家。实施“培植骨干出口企业工程”，制定8项扶持政策，对纳入规划的70家出口企业予以重点支持，扶持骨干企业上规模，出口500万美元以上的企业50家，新增10家，成为稳定和扩大外贸出口的骨干企业。2010年，全市新增出口实绩企业40家，出口1000万美元以上企业63家，进口1000万美元以上企业49家。全市10大外贸出口企业为济南钢铁集团股份有限公司、中国重汽集团进出口有限公司、山东省冶金设计院股份有限公司、济南玫德铸造有限公司、中国电子进出口山东公司、济南浪潮网络科技发展有限公司、山东力诺光伏科技有限公司、济南轻骑摩托股份有限公司、山东冠世时装加工有限公司、山东省农业生产资料有限公司。

2010年济南市出口1000万美元以上企业情况表

表6-8-1

序 号	企业名称	出口额(万美元)	主要出口商品
1	中国重汽集团进出口有限公司	29726	重型卡车
2	济南钢铁股份有限公司	27747	钢铁制品
3	山东省冶金设计院股份有限公司	23095	机械设备
4	济南玫德铸造有限公司	20998	玛钢管件
5	中国电子进出口山东公司	19752	船舶
6	山东电力基本建设总公司	19016	机械设备
7	济南浪潮网络科技发展有限公司	11762	计算机
8	济钢集团有限公司	10309	钢铁制品
9	山东力诺光伏高科技有限公司	9917	太阳能电池
10	山东太古飞机工程有限公司	8042	机电产品
11	齐鲁天和惠世制药有限公司	5734	医药产品
12	山东冠世时装加工有限公司	5497	纺织品
13	山东省农业生产资料有限责任公司	4890	化肥
14	济南澳海炭素有限公司	4665	炭素
15	济南轻骑摩托车股份有限公司	4035	摩托车
16	济南圣泉集团股份有限公司	3723	化工产品
17	西门子变压器有限公司	3541	变压器
18	齐鲁安替制药有限公司	3364	医药产品
19	济南轻骑标致摩托车有限公司	3067	摩托车
20	济南台有玻璃制品有限公司	2966	玻璃制品

续表6-8-1-1

序　号	企业名称	出口额(万美元)	主要出口商品
21	山东集鑫汽车销售有限公司	2814	汽车
22	山东齐发药业有限公司	2478	医药产品
23	山东绿霸化工股份有限公司	2338	化工产品
24	济南鲁东耐火材料有限公司	2305	耐火砖
25	济南秦工国际贸易有限公司	2228	综合
26	山东球墨铸铁管有限公司	2225	球墨铸铁
27	章丘海尔电机有限公司	2065	电机
28	山东中氟化工科技有限公司	2000	化工产品
29	浪潮集团有限公司	1966	服务器
31	山东丰汇设备技术有限公司	1685	塔吊
32	中集车辆(山东)有限公司	1683	车辆
33	山东电力设备制造有限公司	1618	电力设备
34	山东威明汽车产品有限公司	1616	汽车产品
35	中铁十局集团有限公司	1521	设备
36	山东冠世针织有限公司	1502	针织品
37	海湾电子(山东)有限公司	1467	电子产品
38	山东德礼贸易发展有限公司	1406	耐火材料
39	NEC 软件(济南)有限公司	1400	软件
40	山东华辰国际集团有限公司	1375	综合
41	山东三维商贸有限公司	1326	重卡
42	济南飞宝精机有限公司	1246	机电
43	济南赛恩经贸有限公司	1231	综合
44	济南实达紧固件有限公司	1207	五金
45	济南元首进出口有限公司	1201	服装
46	济南百事达科技有限公司	1196	机电产品
47	山东源和电站工程技术有限公司	1177	机电设备
48	济南固锝电子器件有限公司	1151	电子产品
49	济南邦和工贸有限公司	1132	综合
50	济南裕鲁科技有限公司	1104	综合
51	山东凯莱(国际)贸易有限公司	1103	综合
52	山东华民钢球股份有限公司	1102	五金产品
53	山东立达进出口公司	1100	综合
54	济南黄河特钢有限责任公司	1076	钢铁制品
55	济南轻骑铃木摩托车有限公司	1056	摩托车
56	山东丰汇物流贸易有限公司	1051	综合
57	山东润源国际贸易有限公司	1045	综合

续表6-8-1-2

序　号	企业名称	出口额(万美元)	主要出口商品
58	山东汇润丝绸有限公司	1034	丝绸制品
59	济南安达刹车片有限公司	1033	刹车片
60	山东胜利股份有限公司	1022	化工产品
61	山东金鲁阳重工有限公司	1018	五金
62	济南博意达商贸有限公司	1008	纺织品
63	济南益惠泽仓储有限公司	1001	综合

2010年济南市进口1000万美元以上企业情况表

表6-8-2

序　号	企业名称	进口额(万美元)	主要进口商品
1	济南钢铁股份有限公司	95982	铁矿砂、机电产品
2	山东航空股份有限公司	39108	机电产品
3	山东蓝天化工贸易有限公司	17792	成品油
4	山东省轻工业供销总公司	11060	食用植物油
5	山东省塑料工业有限公司	8543	初级形状的塑料
6	山东省出版对外贸易公司	8303	机电产品
7	山东太古飞机工程有限公司	8054	机电产品
8	山东松下电子信息有限公司	5838	机电产品
9	采埃孚商用车转向机(山东)有限	5481	机电产品
10	山东东岳国际经贸合作股份有限公司	5277	机电产品
11	山东加林国际贸易发展有限公司	4172	水产品
12	中国电子进出口山东公司	3913	机电产品、钢材
13	山东华鲁集团有限公司	3767	初级形状的塑料、机电产品
14	山东旺旺食品有限公司	3174	机电产品
15	山东远中进出口贸易有限公司	3095	机电产品
16	山东力诺太阳能电力股份有限公司	2966	机电产品
17	山东招标股份有限公司	2865	机电产品
18	山东胜利进出口有限公司	2732	初级形状的塑料
19	济南中外运保税仓储物流有限公司	2639	机电产品
20	济南庚辰钢铁有限公司	2613	铁矿砂
21	光大环保能源(济南)有限公司	2484	机电产品
22	浪潮电子信息产业股份有限公司	2422	机电产品
23	中国重汽集团进出口有限公司	2364	机电产品
24	济南天业工程机械有限公司	2339	机电产品
25	山东济南发电设备厂	2164	各类机械、电器
26	山东华磊工贸有限公司	2039	金属矿砂

续表6-8-2

序号	企业名称	进口额(万美元)	主要进口商品
27	济南联合制罐有限公司	1879	机电产品
28	济南二机床集团有限公司	1837	机电产品
29	浪潮集团有限公司	1655	机电产品
30	山东鲁能物资集团有限公司	1598	钢材、机电产品
31	山东鲁能恩翼帕瓦电机有限公司	1564	机电产品
32	山东枫叶国际贸易发展有限公司	1536	木浆
33	山东新恒基国际贸易有限公司	1509	木浆
34	西门子变压器有限公司	1494	机电产品
35	山东祥旺食品有限公司	1457	机电产品
36	东港安全印刷股份有限公司	1427	机电产品
37	山东力诺光伏高科技有限公司	1369	机电产品
38	济南易安达国际货运代理有限公司	1356	机电产品、钢材
39	山东华鲁科技设备有限公司	1352	机电产品
40	福士汽车零部件(济南)有限公司	1326	机电产品、成品油
41	山东益佳进出口有限公司	1231	机电产品
42	济南青年汽车有限公司	1208	机电产品
43	山东百利通亚陶科技有限公司	1142	机电产品
44	山东省塑料包装材料有限公司	1142	初级形状的塑料
45	山东焦化企业集团实业有限公司	1136	煤
46	山东电力国际经贸公司	1083	钢材、机电产品
47	山东威明汽车产品有限公司	1039	机电产品
48	山东力诺进出口贸易有限公司	1038	机电产品
49	山东金种子农业发展有限公司	1002	粮食

第二章　对外贸易与对外经济技术合作

第一节 对外贸易

中共十一届三中全会后，济南市外贸工作蓬勃发展，全市出口商品收购额大幅度增长。1987年，外贸商品收购总值完成5.67亿元，比上年增长23.9%，超年计划37.5%。

1988年，济南市坚持执行对外开放政策，采取措施贯彻沿海发展战略，大力发展外向型经济，对外经济交流进一步扩大。外贸商品收购总值完成6.68亿元，比上年增长17.8%，加上多口岸出口商品收购，总计8.11亿元，增长42.4%。在外贸商品收购总值中，工业产品出口商品品种有所增加，特别是机电等深加工产品收购有较大提高，工业产品收购总值增长27.7%，所占比重由上年的81%上升到87.8%；农副产品收购总值下降24%，所占比重由上年的19%下降为12.2%。

1990年2月，国务院批准济南划入沿海经济开放区，全市以此为动力，强化开放意识，制定完善各项优惠政策，大大促进对外经贸交流。外贸商品供货总值完成11.3亿元，增长21.6%。“七五”时期外贸商品收购总值33亿元，比“六五”时期增长1.24倍。1990年与1985年相比，外贸商品收购总值增长1.43倍，平均每年增长19.5%，其中工业制成品比重由85.8%上升到88%。

1991年，全市出口商品供货值16.3亿元，比上年增长13.1%。其中，山东口岸供货值11.2亿元，超计划14.7%，增长3.1%；“三资”企业返销，代理出口等供货值5.1亿元，比上年增长44.1%。出口商品结构有所优化，附加值较高的工业制成品所占比重上升。扩大四氟、酒精、电视机、玩具、机床、抽纱制品等适销商品的收购，增加供货值1.7亿元，工业品出口占外贸出口总值的比重由上年的91%上升为92.5%，农副产品所占比重由上年的9%下降为7.5%。同年，经国家批准，济南市成立具有自营进出口权的外贸进出口公司，一批生产企业取得自营进出口权，改变了济南市与国际市场长期不直接见面的状况。

1992年，济南市确定扩大对外开放、发展外向型经济的战略，推出发展外向型经济50条实施意见，促进外向型经济的迅速发展。全市出口商品供货值21.5亿元，比上年增长33.3%。其中，山东口岸(外贸)收购值14.6亿元，增长30.1%；多渠道出口供货值6.9亿元，增长36%。出口商品结构有所调整，工业品出口19.67亿元，占出口供货值的91.5%；农副产品占8.5%。

1993年，济南市坚持“立足现有基础，发挥自身优势，以城带乡，城乡一体，以外促内，内外结合，重点突破，梯次推进”的发展战略，在扩大开放上采取一系列措施，推动对外经贸的发展。全市出口商品供货总值34.2亿元，比上年增长58.8%。其中，山东口岸(外贸)收购值19.1亿元，增长30.4%；多渠道出口供货值15.1亿元，增长119.1%。出口商品结构有所改善，扩大工业品出口。工业品出口31.78亿元，占出口供货总值的93%，比上年提高1.5个百分点。1993年后，全市对外进出口呈现较好发展势头，外贸出口对经济增长贡献愈来愈大。尤其是在国家加大宏观调控力度、控制部分行业投资过热以及消费增长相对较慢的情况下，出口的快速增长对全市经济增长的拉动作用明显增强。济南市出口商品结构不断改善，在全市形成钢铁及制品、纺织服装、农副产品、机械电器、化工原料及产品、车辆及附件、文体用品等骨干出口商品格局，机电产品、高新技术产品和软件产品成为济南市出口的重要支柱商品。出口市场范围不断扩大，逐步实现向多元化发展。

1995年，济南市对外贸易发展迅速，外贸出口大幅度提高，直接出口创汇能力增强。全市出口商品供货总值85.19亿元，比上年增长25.7%；出口创汇4.54亿美元，增长1.2倍，其中自营出口创汇2.7亿美元，增长2.3倍。“八五”期间，济南市对外开放程度进一步加大，逐渐发展“三来一补”业务，引进出口型外资企业，放开外贸经营权、发展工业自营出口。开办境外企业，形成外贸、外资、外经“三外”齐发，外贸公司、自营进出口企业、外资企业、来料加工企业和境外企业“五路大军”协同作战的格局。

1996年，全市进出口总额6.9亿美元，比上年增长21.9%。其中，工业制成品出口额5.1亿美元，增长12%。全市出口创汇5.4亿美元，增长19.4%，其中一般贸易出口创汇3亿美元，增长11.5%；外商投资企业出口创汇2.4亿美元，增长31.2%。全市涌现出一批出口创汇的先进典型。济南钢铁集团总公司克服国际钢铁市场疲软的严重困难，大力发展加工贸易，年进出口总额1.6亿美元，对稳定全市出口大盘发挥中流砥柱作用，获济南市出口创汇明星企业唯一一块五星级标牌。

1997年，全市“大外贸”格局进一步巩固形成，外贸企业、县(市)区和“三资”企业板块都呈强势增长；贸易方式和市场布局优化，加工贸易、对远洋国家出口份额增加；摩托车、洗衣机、特种钢材、化学纤维等高附加值产品出口比重加大。济南市对外贸易度过“调整期”，迎来全国性的恢复增长阶段。发展南美、南非、独联体等新市场，对南美地区出口国家由7个发展到12个，出口额582万美元，增长50%；对独联体、东欧出口国家由9个增加到14个，出口额增长4倍。有贸易往来的国家(地区)105个，其中，中国香港、韩国、日本为最大的贸易伙伴。先后组团参加广交会、华(东)交会等，派出出国推销团组150多个。济南市首次独立组团参加秋季广交会，出口成交9492万美元，为扩大对外贸易提供广阔发展空间。引导企业开拓日、韩等国加工贸易市场。全年审批内资企业加工贸易项目165项，出口额4.48亿美元。通过加工贸易实现出口1.65亿美元，比上年增长77%，出口值占全市内资企业出口总值的45%。对济钢、市进出口公司、元首针织股份公司等18个年出口创汇过500万美元的创汇大户进行重点调度。对钢坯、生铁、摩托车等20多个拳头骨干出口商品进行排查，从生产经营要素多方面进行协调，确保出口创汇稳定发展。全年新批准自营出口企业12家，全市累计90家。市属外贸企业12家获进出口权。提高出口商品质量，优化结构。至年底，全市获得产品国际质量认证的进出口企业有12家。高附加值工业制成品出口比重增大，其中机电产品所占比重上升为19.6%，提高了济南市产品的国际市场竞争力。年内，全市进出口总额9.4亿美元，比上年增长16.8%。其中，进口额2.7亿美元，增长0.8%；出口额6.8亿美元，增长24.6%。

1998年，济南市克服亚洲金融危机的严重冲击，坚持“针锋相对，迎难而进，以变应变”的工作方针，打好外贸出口保平促增、利用外资构建优势、外贸企业改革攻坚“三大战役”，创出在逆境中顽强、健康发展的良好局面。年内，全市进出口总额9.79亿美元，比上年增长4.2%。其中进口额3亿美元，增长11.1%；出口创汇6.79亿美元，增长0.4%。

2000年，全市进出口总额14.4亿美元，比上年增长49.7%。其中，进口额8.7亿美元，增长44.2%；出口额5.7亿美元，增长59%(其中省考核口径出口额5亿美元，增长65.4%)。出口队伍壮大。新增有出口实绩企业45家，总量224家；出口500万美元以上的星级企业由上年的8家增为19家；获准自营进出口经营许可的企业新增100家，总量260家。商品结构调整步伐加快。机电产品出口增长87.9%，比重26.3%，提高4个百分点。构建对外贸出口资金支撑。首次建立外贸出口发展基金，实行信用证担保贷款，支持18家企业增加出口1400多万美元。为济钢争取国家进出口银行出口卖方信贷资金1.3亿元，支撑了全年出口的高速增长。

2004年，济南市对外贸易实现历史性突破。全市对外贸易总值首次突破30亿美元，较上年净增10亿美元，由全省第六位上升到第四位，是2002年对外贸易额的2倍。外贸出口实现13.7亿美元，首次突破10亿美元，增长64%，增幅居全省第3位，在全国15个副省级城市中增幅第一。出口企业由2003年的300家增加到400家，出口过500万美元的骨干企业由2003年的39家增加到55家，出口过1000万美元的企业增加到23家，过5000万美元的企业1家，过亿美元的企业2家。出口结构进一步优化，全市机电产品出口4.74亿美元，增长76.6%；高新技术产品出口8300万美元，增长101%；初级产品出口下降18%。市场结构日趋合理，出口空间不断扩大，对美国出口1.3亿美元，增长 43%；对欧洲出口 1.63 亿美元，增长 26.5%；对大洋洲、南美洲出口增长 1 倍以上。

2006 年，对外贸易增势良好。全市实现进出口总额 43.89 亿美元，比上年增长 16.7%。其中，出口额 24.39 亿美元，增长 37.2%；进口额 19.5 亿美元，减少 1.7%。在出口产品中，机电产品出口 11.4 亿美元，增长 71.8%；高新技术产品出口 2.56 亿美元，增长 2.3 倍。

2009 年，济南市对外贸易下降。全市进出口总值 56.57 亿美元，下降 29.5%。其中进口 26.1 亿美元，下降 23.9%；出口 30.47 亿美元，下降 33.7%。在出口产品中，机电产品出口 19.43 亿美元，下降 17.5%；高新技术产品出口 2.97 亿美元，增长 19.7%。加工贸易出口逆势增长。全市加工贸易出口 5.91 亿美元，增长 7.2%。工程承包带动有关设备出口大幅增长。开拓新兴市场效果明显。对大洋洲出口 2 亿美元，同比增长 108.6%；对南亚出口 5.29 亿美元，增长 15.5%。出口产品结构有所改善，高新技术产品出口增势较好。高新技术产品出口 2.97 亿美元，增长 19.7%。2010 年，对外贸易明显回升。全年进出口总值 74.1 亿美元，增长 31%。其中，进口 33.55 亿美元，增长 28.6%；出口 40.55 亿美元，增长 33.1%。在出口产品中，机电产品出口 25.27 亿美元，增长 30%；高新技术产品出口 4.74 亿美元，增长 1.1 倍。机电和高新技术产品出口占主导。机电产品出口 25.27 亿美元，同比增长 30%，占比重的 62.3%；高新技术产品出口 4.74 亿美元，同比增长 108.2%，占比重的 11.7%。出口市场主要集中在东盟、日韩、欧盟、美国等传统市场，南亚、南美、中近东等新兴市场增长较快。从贸易结构看，一般贸易出口占 72%，增长 52.3%；内资企业出口占 68%，“三资”企业出口占 32%。

至 2010 年，全市对外贸易逐步发展到美国、日本、韩国、伊朗、马来西亚、尼日利亚和德国，年出口额均在亿美元以上，对意大利、印度及中国台湾出口在 9000 万美元以上，向中东、南非、南美、俄罗斯等新兴市场进一步拓宽出口渠道。全年实现进出口总额 74.1 亿美元，居全省第 6 位，同比增长 31%。其中：出口 40.55 亿美元，居全省第 5 位，同比增长 33.1%。

2010 年济南市主要出口商品情况表

表6-8-3

位　次	商品名称	出口额（万美元）	占比重（%）
1	机械及设备	78150	19.3
2	钢　材	71524	17.6
3	电器及电子产品	47877	11.8
4	金属制品	38489	9.5
5	汽车及底盘	20876	5.1
6	船　舶	19752	4.9
7	半挂车用的公路牵引	17035	4.2
8	服　装	16001	3.9
9	医药品	14218	3.5
10	汽车零件	8049	2
11	摩托车	7912	2
12	纺织品	7059	1.7

续表6-8-3

位 次	商品名称	出口额（万美元）	占比重（%）
13	生命科学技术制品	5501	1.4
14	玻璃制品	3505	0.9
15	床上用品	3445	0.8
16	塑料制品	3202	0.8
17	摩托车及自行车零件	2568	0.6
18	蔬 菜	1741	0.4
	合 计	366903	90.5

2010年济南市主要商品进口情况表

表6-8-4

位 次	商品名称	进口额（万美元）	占比重（%）
1	铁矿砂	88090	26.25
2	机械及设备	59135	17.62
3	飞 机	36704	10.94
4	仪器仪表	19661	5.86
5	纸 浆	18207	5.43
6	成品油	17848	5.32
7	塑料原料	17776	5.29
8	电器及电子产品	15756	4.69
9	煤	7587	2.26
10	棕榈油	6958	2.07
	合 计	287722	85.75

2010年济南市进出口贸易结构情况表

表6-8-5

		进出口		出 口		进 口	
		金额（万美元）	同 比（%）	金额（万美元）	同 比（%）	金额（万美元）	同 比（%）
按企业性质分	国有企业	289189	19.6	137055	9.9	152134	29.6
	外商投资企业	230942	34.3	131541	34.3	99401	34.4
	其他企业	220941	45.4	136932	66.9	84009	20.2
按贸易方式分	一般贸易	549443	33.3	292500	52.3	256943	16.8
	加工贸易	73083	-7.2	58798	-0.6	14285	-27.3
	其他贸易	118546	58.4	54230	1.3	64316	201.9

续表6-8-5

		进出口		出　口		进　口	
		金额(万美元)	同　比(%)	金额(万美元)	同　比(%)	金额(万美元)	同　比(%)
按大类商品分	纺织服装	24928	13.2	23060	14.1	1868	2.8
	农副产品	22170	13.5	5027	45.8	17143	6.6
	机电产品	399296	23.8	252722	30	146574	14.3
	高新技术产品	127778	64.9	47425	108.2	80353	46.8

2010年济南市前十位出口国家（地区）情况表

表6-8-6

位　次	国家(地区)	出口额(万美元)	同　比(%)	占比重(%)
1	欧　盟	69719	42	17.19
2	印　度	65010	29.3	16.03
3	东　盟	39130	65	9.65
4	日　本	30600	15.1	7.55
5	美　国	28907	41.6	7.13
6	韩　国	24321	27	6.00
7	委内瑞拉	14816	150.2	3.65
8	伊　朗	12200	156.2	3.01
9	巴　西	11594	1.5	2.86
10	俄罗斯	7118	109.9	1.76

2010年济南市前十位进口国家（地区）情况表

表6-8-7

位　次	国家(地区)	进口额(万美元)	占比重(%)
1	美　国	68582	20.44
2	欧　盟	60322	17.98
3	澳大利亚	38453	11.46
4	东　盟	26728	7.96
5	日　本	22130	6.59
6	智　利	21996	6.55
7	巴　西	17501	5.21
8	印　度	17093	5.09
9	韩　国	16442	4.90
10	南　非	14042	4.18

附：对俄边境贸易

1988年9月20日～24日，济南市组织名优新特产品260多种，参加在黑龙江省绥芬河市举办的边境贸易洽谈会。济南市成交样品占大会成交总数的12.8%，主要是手帕、毛巾被、保温瓶等轻工产品。同时，市经协办与黑龙江省轻工对外贸易总公司、黑龙江省商检局进出口商品经济技术开发总公司等单位，就如何搞好边培贸易的协作与联合进行交流和协商。济南市对苏边境贸易工作初步打开局面。

1993年，济南市不断发展与俄罗斯和独联体的边境贸易。全年市经济技术协作办公室办理和安排赴俄考察洽谈团组6个、30多人(次)，接待俄方来访团组2个，签订双边经济技术协议和经贸合同6个，协议交货值6000多万元。市边境贸易公司在俄罗斯布里亚特共和国首府乌兰乌德市设立合资企业，5月正式挂牌办公，年内签订的经贸协议过货业务基本完成，与俄回货总额800万元，成为济南市对俄边贸的主力军。6月22日至7月13日，由市人大常委会主任李启万为团长的济南市赴俄罗斯、乌克兰经贸考察团，先后考察俄罗斯哈马罗夫斯克、乌兰乌德、莫斯科、圣彼得堡和乌克兰首府基辅等5座城市。签订10项经贸合作协议、意向，涉及租用飞机、钢材、木材、服装、家具、食品加工等项目。考察团每到一处，都利用说明会、拜会拜访等多种形式，大张旗鼓地宣传济南。乌兰乌德市政当局与考察团进行气氛热烈的会谈，拟定两市多领域友好合作的协议草案。通过考察市场，了解到济南市与两国经济有较大的互补性。针织、服装、食品以及其他轻工产品在俄罗斯有广阔的市场，可开展互补性贸易，也可充分利用俄罗斯的电力等基础条件，境外办厂。

1994年，济南市与俄罗斯及独联体的边境贸易和双边合作继续向纵深发展。全年由市经济技术协作办公室派出的贸易洽谈团组3个、30多人(次)，接待俄方来访团组2个。市边境贸易公司派出4名工作人员常驻俄罗斯乌兰乌德市，与俄方巴里捷特公司共同组建合资公司，负责组织双边贸易的各项业务活动。与俄方5家企业建立长期稳定的贸易伙伴关系，签订6项双边贸易合同，合同总金额2000余万元。年内按合同向俄方发去啤酒、保温瓶、门锁等近200万元产品，返回重钢轨1000吨。

1995年，济南市与俄罗斯的边境贸易和文化交流继续稳步发展。4月，在中国与俄罗斯接壤的口岸城市满洲里设立济南市政府办事处。7月，1994年济南市派出的第二批留俄学员顺利完成学业，回国服务。两批留俄毕业学员中有近20人在俄罗斯及独联体国家进行双边贸易工作。济南市边境贸易公司在俄罗斯第三大城市叶卡捷琳娜堡市成立独资公司，年底前注册登记，1996年起开展经贸业务。

1996年，为发展地方经济，更好地为济南市对外开放服务，济南至莫斯科货运包机于7月30日试航，9月20日正式通航。该航线开通，为促进济南乃至山东与俄罗斯贸易提供了方便、快捷、高速的运输通道，架起了一条济南直达莫斯科的空中运输走廊，同时填补山东省无欧洲国际航线的空白。济南—莫斯科空中货运航班自1996年7月开通后共飞行326个航班，产生了良好的经济效益和社会效益。后因种种原因，1998年11月货运包机中断航运。随着济南机场新跑道的建成投入运营，经上级有关部门批准，1999年9月17日恢复该航线。复航后共飞行25架(次)，运送货物600余吨。济南—莫斯科航线是山东省唯一通往欧洲的国际空中桥梁。航线的开通，对促进山东及周边地区与欧洲国家的经济贸易和文化交流发挥重要作用。

2001年，经济南航空口岸出入境飞机552架(次)，其中出境269架(次)，入境283架(次)。出入境人员33771人(次)，其中出境16413人(次)，入境17358人(次)。俄罗斯货运包机飞行200架(次)，运送货物4034吨，货值3912万美元。

2003年10月15日，俄罗斯货运包机航班复航。国际航班增多，促进了济南市的进一步对外开放，提升了济南国际机场的地位。2004年7月1日，济南至俄罗斯货运包机航线改为正式航班，每周两班。年内，承办“济南市与延边州对俄经贸合作说明会”，副市长王天义、延边州副州长栾胜宽出席并致辞，有关部门及企业负责人60余人出席会议，为促进对俄贸易发挥积极作用。

2009年，举办中国东盟自由贸易区零关税政策宣讲会，赴北京、昆明、哈尔滨、成都等地参加高规格经贸活动10余次。加强与境外客商的直接联系，帮助俄罗斯等国外公司在济南寻找合作伙伴。

第二节 对外经济技术合作

改革开放以后，随着社会经济的快速发展和综合经济实力的不断增强，济南对外经济技术合作实现从无到有快速发展。1983年，济南四建承建科威特住宅项目，合同额273万元人民币，是济南市最早的对外承包工程项目。至1987年年底，全市共签订利用外资项目66个，外资额1.5亿美元。1988年，签订利用外资合同26项，合同金额6159万美元，实际利用外资2212万美元；批准外商投资企业13家，开业5家。至1988年年底，全市累计批准外商投资企业23家，开业10家。首次有6项技术和专利产品参加中国对外技术交易会，使济南市在发展技术出口方面迈出第一步。聘请联邦德国“同等待遇专家”11人，申请“欧洲共同体专家”到济南咨询项目13项，分别占全国同期总数的35%和14%。

1988年7月16日～25日，山东省在香港举办首届对外经济技术合作洽谈会和名优产品展销会。香港《文汇报》以“济南具有良好的投资环境”和“济南有着广阔的合作领域”为题刊登文章和照片，对济南进行介绍和宣传。会议期间，济南市共签订利用外资合同14项，合同外资金额1600万美元；签订协议30项，协议外资金额2.78亿美元。

1992年，济南机床一厂投资90万美元在美国设立数控机床装配厂，是济南市最早的对外投资项目。济南国际公司于1996年向德国派出5名厨师，为济南市第一批外派劳务人员。

1993年6月20日～29日，济南市组团参加1993青岛经贸洽谈会。全市有300个品种、600个花色的产品参展；对外发布招商项目600余项。洽谈会期间，同来自中国香港、台湾及美国、澳大利亚、日本的商人洽谈2000多人(次)，取得显著成效。

1994年，济南市采取诸多措施，组织“千人出国门”，进行广泛的国际经济交流与合作。利用国务院批准赋予济南市对外经济技术合作签约权，有权开展劳务输出、海外工程承包等业务的有利条件，鼓励有条件的县(市)区、局和企业成立济南市国际经济技术合作公司支公司。至年底，成立支公司13家，为全市外派工作的顺利开展奠定良好基础。成功举办“1994济南金秋经贸洽谈会暨龙山文化艺术节”，促进了对外贸易的发展。全年新办境外企业10家，累计20家，注册资本总额1099万美元，其中中方投资502万美元。1996年，对外承包工程和劳务合作新签合同金额1674万美元，完成营业额445万美元。全年外派研修、劳务人员528人，实现合同额1674万美元，营业额445万美元；兴办海外企业15家，累计57家。

1997年，济南市对外经济技术合作实现稳定增长。从事对外经济技术合作企业4家，完成对外承包、劳务合作合同额和营业额占总量的85%。劳务人员在外总收入800多万美元，劳务人员在外收入年均8000～10000美元。济南四建公司单独承包阿根廷、巴基斯坦、也门等国家的3个工程，找到自我发展壮大的新出路。至年底，济南市在20多个国家和地区承揽对外承包、劳务合作项目40多个，项目涉及建筑工程、农业种植、机械锻造、饮食服务等十几个行业。年内加强对海外企业的审批和管理，对长期经营不善、经济效益差的企业进行整顿，撤销该类公司6家；对管理较好、经济效益可观的海外企业，力争予以保留。全年新批准生产型海外企业5家，提报储备利用外国政府贷款项目8个。

1998年，济南市组织部分企业到境外承包工程，实现对外经济技术合作重大突破。组织纺织、二轻、一轻、机械等行业分别赴南美、东南亚和非洲踏勘，寻找投资机会，向海外转移剩余生产能力。济南第三棉纺织厂压锭转厂至柬埔寨项目经外经贸部立项；在非洲、缅甸等兴办援外项目取得进展。1999年，全市签订对外承包和劳务合作合同12项；合同金额2900万美元，比上年增长21.3%；完成营业额1800万美元，比上年增长42.9%。全市接待外国人和港澳台同胞8.4万人(次)，比上年增长16.9%。其中外国旅游人数4万人(次)，增长5.7%；港澳台同胞4.3万人(次)，增长28.4%。旅游创汇2855万美元，增长3.2%。年内，济南市把大力兴办境外企业作为对外经济技术合作工作的重点，先后组织21个团组共120人赴柬埔寨、缅甸、纳米比亚、南非等15个国家就农业开发、服装加工、电视机生产等项目进行考察论证；多次与柬埔寨、越南、澳大利亚等16个国家驻华大使馆进行接触，推荐项目，寻找合作伙伴。在北京洽谈会上推荐38个重点项目。济南第三棉纺织厂在柬埔寨兴办棉纺织厂项目，获得国家批准。

2000年，全市签订对外承包和劳务合作合同10项；合同金额3335万美元，比上年增长15%；完成营业额2270万美元，比上年增长26.1%。2001年，全市签订对外承包和劳务合作合同金额3364万美元，比上年增长0.9%；完成营业额2576万美元，比上年增长13.5%。9月，组织有关企业参加在澳门举办的2001年欧盟—中国企业合作会议，小鸭集团、水泵厂、北辰集团等企业与欧盟国家企业建立初步合作关系。10月，组织企业参加2001(天津)纳米技术论坛暨纳米材料应用项目融投资洽谈会，与中国科学院达成合作意向，与国家“973”纳米材料和纳米结构首席科学家张立得建立经常性联系。

2002年，全市签订对外承包和劳务合作合同金额6000万美元，比上年增长78%；完成营业额9000万美元，增长211%。济南市区域性经济技术合作、科工联合和开拓市场共达成项目251项，项目金额14.6亿元。4月，组织68家企业150余人参加在西安举办的第六届中国东西部合作与投资贸易洽谈会，达成商贸和经济技术合作项目52项，项目总金额7.6亿元。其中，力诺集团与陕西神府经济开发区签订的投资5亿元的高科技玻璃制品项目在大会引起轰动，中央电视台、陕西电视台、西安电视台和山东电视台进行专题采访。组织参加山东省—国防科工委科技合作洽谈活动，提报项目56个，与国防科工委的科研、研发机构逐个对接，其中37个项目找到合作单位。10月，组织“院士、专家行”活动，有针对性地组织5位两院院士到开发区、力诺集团、山水集团、小鸭集团进行走访、考察。

2004年，全市完成对外经济技术合作合同金额2.1亿美元，营业额2.6亿美元，外派劳务4200人，分别居全省的第二位、第一位和第三位。新批境外投资项目7个，累计对外投资总额650万美元。山东电力基建公司中标印度巴考、尼日利亚澳基提普帕电厂、香港青山电厂大修等大项目，入选美国《工程新闻记录》2003年度全球最大225家工程承包商名单，带动设备出口1亿美元。济钢、中铁十四局、四建集团等境外建厂和境外工程承包取得很大成绩，国有企业境外上市工作启动，全市贯彻“走出去”战略呈现出良好的发展势头。

2006年，对外经济技术合作步伐加快、领域拓宽。济南市新签对外工程承包、劳务合作合同560份，合同金额8.25亿美元，同比增长252%；营业额4.71亿美元，同比增长45.9%；外派劳务7432人，同比增长15.6%；年末在外人数1.61万人，同比增长5.9%。境外投资企业18家，同比增长38%。协议投资额1.78亿美元，同比增长836%。其中，中方投资额8786万美元，同比增长389%。营业额、外派劳务、期末在外人数、协议投资额均居全省第一位，合同额、中方投资额居全省第二位，境外投资企业数居全省第三位。

2007年，全市签订对外承包和劳务合作合同金额19.53亿美元，增长136.8%；完成营业额8.47亿美元，增长80%。研究制定《促进服务外包产业发展的意见》《服务外包专项资金管理使用暂行办法》《软件外包骨干企业认定暂行办法》等扶持政策。山东电建总公司全年新签合同额12亿美元，其中印度巴考项目新签合同额7亿美元，是济南市最大的外经项目；苏丹阿富拉燃油电站项目合同额5亿美元，是济南市在非洲的最大承包工程项目；莫桑比克水泥厂项目，是济南市在非洲最大的投资项目。2008年，全市签订对外承包和劳务合作合同金额39.2亿美元，增长100.8%；完成营业额8.57亿美元，增长1.1%。合作方式日趋多样化，EPC总承包成为济南市对外承包工程的主要形式。境外投资独资、合资、合作多种形式共同发展。在境外设立研发机构、离岸公司、购买国外公司股权、设立综合工业园区等新的合作方式开始出现。

2009年，济南市对外承包工程营业额首次突破15亿美元，实现跳跃式发展。大项目带动作用突出，电建总公司与印度KSK公司签订的6×60万千瓦电站总承包项目，合同额27.1亿美元，创济南市对外经济合作项目历史最高，是全国海外火电工程最大的单笔合同。该项目预计带动国内机电设备及原材料出口15亿美元。中国电力建设集团有限公司、中铁十四局、外经集团、路桥集团完成营业额均实现过亿美元，其中电建完成营业额超过7亿美元。年内，签订对外承包和劳务合作合同金额33.6亿美元，下降14.2%；完成营业额15.5亿美元，增长80.7%。新设境外企业26家，在海外建立研发中心和营销网络企业6家。对外直接投资1.14亿美元，增长249.6%。

2010年，全市签订对外承包和劳务合作合同金额34.53亿美元，增长2.7%；完成营业额15.07亿美元。新设境外企业30家。对外直接投资1.57亿美元，增长37.2%。全年新签对外承包工程、劳务合作合同额25.7亿美元，完成营业额15亿美元，外派劳务9109人，新批境外投资项目30个。全市10大服务外包企业有浪潮世科(山东)信息技术有限公司、NEC软件(济南)有限公司、山东东方道迩数字数据技术有限公司、山东太古飞机工程有限公司、济南凌佳科技有限公司(日立情报济南开发中心)、戈尔特西斯科技(济南)有限公司、济南华信计算机技术有限公司、山东绿邦数据服务股份有限公司、山东万博科技股份有限公司、中讯信息技术(山东)有限公司。全市10大对外经济技术合作企业有山东电力基本建设总公司、中铁十四局集团有限公司、山东对外经济技术合作集团有限公司、山东电力工程咨询院有限公司、济南四建(集团)有限责任公司、山东中润置业集团有限公司、山东天鹅棉业机械股份有限公司、山东省鲁棉集团天元纺织有限公司、济南域潇集团有限公司、山东国立经济技术合作有限公司。浪潮集团委内瑞拉工业园为全国19家境外合作园区之一。境外企业的建立和发展，为济南引进外资、先进技术和设备，开展海外工程承包、劳务输出，带动成套设备和商品出口，发挥积极作用，成为开展对外经济技术合作的桥梁和纽带。全市外经队伍进一步壮大，结构日益优化。全市从事外经业务的企业近80家，业务主体呈现多元化趋势。业务地域、行业领域实现新突破。全市企业对非洲、拉美、欧洲等市场开拓取得新突破，多元化市场格局日渐形成。同年12月16日，济南市服务外包知识产权维权援助工作站正式揭牌，这在全国尚属首家。该站主要是帮助服务外包企业提供知识产权培训、信息服务、咨询、宣传、专利申请、维权援助等方面的服务。

1996～2010年济南市对外经济技术合作情况表

表6-8-8

指标＼年份	1996	1997	1998	1999	2000	2001	2002	2003	2004	2005	2006	2007	2008	2009	2010
对外承包和劳务合作合同金额（万美元）	1674	1531	2391	2900	3335	3364	6000	7700	21084	23346	82454	195285	392137	336350	345291
对外承包	—	805	1415	2000	2847	2966	3763	5100	10884	7977	68352	178742	378661	324203	329172
劳务合作	—	726	976	900	488	398	2237	2600	10200	15369	14102	14797	13476	12147	16119
设计咨询	—	—	—	—	—	—	—	—	—	—	—	1746	—	—	—
对外承包和劳务合作合同项数（项）	—	17	21	12	10	12	240	258	440	457	560	559	427	245	467
对外承包	—	3	4	4	6	7	18	21	63	59	37	58	30	28	47
劳务合作	—	14	17	8	4	5	222	237	377	398	523	493	397	217	420
设计咨询	—	—	—	—	—	—	—	—	—	—	—	8	—	—	—
对外承包和劳务合作营业额（万美元）	445	1256	1260	1800	2270	2885	9000	11000	26000	32114	47059	84730	85655	154792	150697
对外承包	276	560	563	1300	1491	2438	3953	4400	14640	19344	33726	64374	67614	136805	135079
劳务合作	169	696	697	500	779	447	5026	6600	11360	12770	13333	18886	18041	17987	15618
设计咨询	—	—	—	—	—	—	21	—	—	—	—	1470	—	—	—

2010年济南市十大对外承包工程企业情况表

表6-8-9

序号	企业名称	承包工程所在国别(地区)	对外承包业务	
			合同额(万美元)	营业额(万美元)
1	山东电力基本建设总公司	印度、印尼、巴西	263744	74406
2	山东省冶金设计院股份有限公司	印度	14000	0
3	中铁十四局集团有限公司	印度、阿尔及利亚、安哥拉、缅甸	4343	27026
4	山东省路桥集团有限公司	越南、阿尔及利亚、安哥拉	11306	4516
5	山东对外经济技术合作集团有限公司	中国香港、中国台湾、日本	9746	6914
6	山东普利建筑工程有限公司	缅甸	6680	6680
7	山东电力工程咨询院有限公司	巴西、印度、伊拉克	18105	5579
8	中铁十局集团有限公司	肯尼亚、乌干达、委内瑞拉	700	6463
9	齐鲁建设集团公司	巴哈马、莱索托、苏丹	100	2688
10	济南四建(集团)有限责任公司	东帝汶、佛得角、塞尔维亚	100	807

2010年济南市十大对外劳务合作企业情况表

表6-8-10

序号	企业名称	对外劳务合作业务	
		新签合同额(万美元)	完成营业额(万美元)
1	山东对外经济技术合作集团有限公司	5762	8522
2	山东国立经济技术合作有限公司	3799	163
3	山东国际合作联合有限公司	435	3325
4	山东瀚森国际经贸合作有限公司	788	1389
5	山东斯凯特经贸发展有限公司	2181	228
6	山东世纪纵横国际经济技术合作有限公司	1569	837
7	山东省劳务合作公司	227	818
8	山东嘉泰国际劳务合作有限公司	656	150
9	山东欣荣人才服务有限公司	622	106
10	山东丽达信息交流服务有限公司	80	80

2010年济南市服务外包离岸执行额过百万美元企业情况表

表6-8-11

序号	企业名称	离岸执行额（万美元）	发包国家（地区）	从业人数
1	山东电力基本建设总公司	2570	印度	11566
2	山东万博科技股份有限公司	2425.96	日本、加拿大	6314
3	山东太古飞机工程有限公司	2180.85	日本、中国香港	1320
4	浪潮世科（山东）信息技术有限公司	1584.3	美国、中国香港	1378
5	山东力诺光伏高科技有限公司	1523.55	德国	526
6	NEC软件（济南）有限公司	1426.47	日本	342
7	齐鲁天和惠世制药有限公司	1088	西班牙	683
8	山东东方道迩数字数据技术有限公司	962.92	日本、美国、阿联酋等	935
9	中国山东对外经济技术合作集团有限公司	900.6	东帝汶、苏丹	238
10	济南重工股份有限公司	710.11	日本、美国	3022
11	山东中德设备有限公司	535.36	吉尔吉斯斯坦、阿塞拜疆等	173
12	山东省冶金设计院股份有限公司	476.67	阿联酋、印度	628
13	济南红帆科技有限公司	422.36	美国、印度、英国、加拿大等	55
14	山东电力建设第二工程公司	380.4	印尼、沙特	6052
15	山东中宇动漫影视有限公司	377	新西兰	69
16	济南凌佳科技有限公司	260.6	日本	320
17	山东泰华电讯有限责任公司	245.25	英属维尔京群岛、巴基斯坦	134
18	积成电子股份有限公司	235.79	新加坡	598
19	山东斯凯特经贸发展有限公司	211.35	日本	98
20	戈尔特西斯科技（济南）有限公司	189.41	中国香港、英国	120
21	济南华信计算机技术有限公司	181.31	日本	228
22	中讯信息技术（山东）有限公司	177.88	日本	116
23	济南新起点网络科技有限公司	167.7	中国香港	68
24	浪潮集团有限公司	135	尼日利亚	5037
25	中国重汽集团设计研究院有限公司	119.06	缅甸	80
26	山东绿邦数据服务股份有限公司	117.6	美国	178
27	山东鲁能软件技术有限公司	115.08	印度、印尼等	189
28	创博亚太科技（山东）有限公司	114.69	美国、中国香港	214
29	浪潮通信信息系统有限公司	111	巴基斯坦、印尼、印度	651
30	山东正元地理信息工程有限责任公司	107.11	日本、美国	1256
31	亿帆环球科技（济南）有限公司	106	美国	120
32	济南科誉展业技术设备有限公司	104.69	美国	26
33	山东旅科信息有限公司	100	中国香港	3505

2010年济南市服务外包离岸执行额发包国家（地区）排序情况表

表6-8-12

	发包国家(地区)	离岸执行额(万美元)	同比(%)
1	日 本	7880.36	238.03
2	印 度	3050.45	157.38
3	美 国	2534	59.12
4	德 国	1664.09	—
5	西班牙	1131.59	30.82
6	加拿大	1115.48	—
7	中国香港	903.69	-8.24
8	东帝汶	618	—
9	阿拉伯联合酋长国	425.86	-60.80
10	印度尼西亚	403.12	—
11	新西兰	380.43	22.58
12	苏 丹	282.6	-70.62
13	新加坡	262.62	—
14	英属维尔京群岛	239	—
15	吉尔吉斯斯坦	182.13	—
16	尼日利亚	140	3.70
17	中国台湾	132.81	-17.91
18	英 国	128.5	2.56
19	缅 甸	119.06	—
20	沙特阿拉伯	115.51	-86.87
21	阿塞拜疆	101.23	—
22	巴基斯坦	89.65	122.46
23	亚美尼亚	73.49	—
24	澳大利亚	73.19	—
25	菲律宾	71.83	-45.48
26	以色列	58.46	—
27	瑞 典	47.4	-65.88
28	巴 西	34.98	279.39
29	乌克兰	31.85	—
30	俄罗斯	28.69	46.30
31	玻利维亚	27.93	—
32	韩 国	25.83	—
33	芬 兰	24.34	—
34	法 国	22.49	312.66
35	马来西亚	8.29	82.20

第三章　利用外资

1985年，济南市批准设立外资项目，全市共批准7家外资项目，总投资2746.5万美元，注册资本2234.4美元，外商投资额808.9万美元。1988年，全市签订利用外资合同26项，合同金额6159万美元，实际利用外资2212万美元。批准外商投资企业13家，开业5家。至年底，全市累计批准外商投资企业23家，开业10家。

1990年2月19日，国务院正式批准将济南市划入沿海经济开放区，济南市对外开放进入一个新阶段。全年签订利用外资合同84项，合同外资6020.6万美元；新批“三资”企业50家，总投资7994万美元，“三资”企业投产开业25家。1991年后，全市利用外资步伐不断加快，当年新签利用外资合同115项，合同外资9286万美元。新批准“三资”企业100家，全市“三资”企业累计210家。台商投资企业总计44家，台资额2569万美元。当年新投产开业“三资”企业40家，累计90家。全年签订技术出口合同、协议13项，合同成交额110万美元。

1998年，济南市将招商引资重点转移到城市基础设施、中小企业挖潜增益项目、农业综合开发和高新技术项目，全年新批准合同直接利用外资项目71项，外资额2亿美元。

2006～2010年，吸收外商投资实现快速稳步增长。2008年，新批外资项目69个，合同利用外资14.67亿美元，实际利用外资8.64亿美元，合同利用外资和实际利用外资增幅均创历史新高。城市基础设施、公用事业和服务业吸收外商投资实现新突破，城市基础设施和房地产业合同利用外资4亿美元，实际利用外资1亿美元。济南煤气公司、管道煤气公司实现与外资的全面合作，实际利用外资3904万美元。泰国正大易初莲花、台湾统一超市先后落户济南，国际品牌商业企业6家。澳洲联邦银行与济南市商业银行的合作成为济南市第一家金融业利用外资项目。国有企业利用外资取得新进展，先后有山水集团、汽车配件厂、酒精总厂、集装箱分流中心、煤气公司、管道煤气公司等企业与外商实现合资合作。2010年，新批外资项目87个，合同利用外资12.09亿美元，实际利用外资10.4亿美元。

2003年，设立济南出口加工区　（2010年摄）

1989～2010年济南市利用外资情况表

表6-8-13

指标＼年份	1989	1990	1991	1992	1993	1994	1995	1996	1997	1998	1999
利用外资合同(个)	73	67	109	425	1051	520	269	250	273	71	69
对外借款(个)	3	—	—	—	3	51	32	35	14	—	—
外商直接投资(个)	53	50	100	415	1040	465	237	116	91	65	66
外商其他投资(个)	7	17	9	10	8	4	—	99	168	6	3
协议(合同)外资(万美元)	12547	4586	5669	26237	79710	55033	47449	38951	44178	32870	35813
对外借款(万美元)	4421	—	—	—	841	13680	7065	8860	6376	—	—
外商直接投资(万美元)	4968	2672	5152	25489	78626	40528	40384	23822	12946	19218	26593
外商其他投资(万美元)	1320	1914	517	748	243	825	—	6269	24856	13652	9220
实际利用外资(万美元)	6582	3127	2345	2932	15809	24424	25294	30151	45210	50531	29906
对外借款(万美元)	5533	1000	—	151	5305	9693	8198	9231	10945	8570	1755
外商直接投资(万美元)	469	1066	1835	2534	10261	13736	17026	17630	22015	25009	27671
外商其他投资(万美元)	580	1061	510	247	243	995	70	3290	12250	16952	480

续表6-8-13

年份 指标	2000	2001	2002	2003	2004	2005	2006	2007	2008	2009	2010
利用外资合同(个)	90	81	133	170	152	148	149	129	69	74	87
对外借款(个)	—	—	11	—	—	—	—	—	—	—	—
外商直接投资(个)	90	81	122	170	152	148	149	129	69	74	87
外商其他投资(个)	—	—	—	—	—	—	—	—	—	—	—
协议(合同)外资(万美元)	44074	45203	50577	70909	70085	112072	83293	102667	146672	115165	120903
对外借款(万美元)	—	—	4015	—	—	—	—	—	—	—	—
外商直接投资(万美元)	35711	29203	31562	41719	58426	94602	65823	103667	146672	115165	120903
外商其他投资(万美元)	8363	16000	15000	29190	11660	17470	17470	—	—	—	—
实际利用外资(万美元)	31981	42520	54189	65329	48269	54158	68203	61714	96441	98062	104011
对外借款(万美元)	182	1423	1692	8211	9426	3140	4850	5643	9993	—	—
外商直接投资(万美元)	22445	25097	36010	11847	20087	35128	40353	56071	86448	98062	104011
外商其他投资(万美元)	9354	16000	16487	45271	18756	15890	23000	—	—	—	—

2010 年济南市三次产业外商投资情况表

表6-8-14

产业	项目			合同外资		实际使用外资		
	数量(个)	同比(%)	比重(%)	金额(万美元)	同比(%)	金额(万美元)	同比(%)	比重(%)
总计	87	17.6	100	120903	10.5	104011	6.1	100
第一产业	6	-25.0	6.9	3115	-55.07	698	258	0.7
第二产业	23	-32.4	26.4	37646	-28	41324	-36.3	39.7
第三产业	58	81.3	66.7	80142	59.7	61989	87.7	59.6

第一节 招商引资

1988 年 2 月 27 日至 3 月 7 日，山东省对外经济贸易洽谈会在青岛举行。济南市有 47 个部门 368 个单位(其中区县、乡镇企业 150 个)近 700 人参加会议。洽谈会上济南市签订利用外资合同、协议 14 项，总金额 3858 万美元；签订现汇引进合同、协议 21 项，金额 623.5 万美元；签订技术出口协议 1 项，协议金额 50 万美元；7 月 16 日～25 日，山东省在香港举办首届对外经济技术合作洽谈会和名优产品展销会。济南市签订利用外资合同 14 项，合同外资金额 1600 万美元；签订协议 30 项，协议外资金额 2.78 亿美元。

1991 年 4 月 6 日～11 日，济南市在香港首次举办经贸洽谈会，共派出 59 人，洽谈会接待来自 25 个国家和地区的 1500 多位客商。与中国香港、台湾地区及美国、加拿大、德国、韩国客商签订合同、协议 70 项，总投资 2.11 亿美元，其中利用外资 9003 万美元。合同 25 项，总投资 2233 万美元，其中外资 879 万美元。9 月 28 日～30 日，济南市举办 1991 泉城金秋经贸恳谈会。共签订利用外资合同、协议 36 项，总投资额 1.79 亿美元；其中外资 1.11 亿美元。此次恳谈会有 20 多个国家、地区和联合国工业发展组织的 140 多位客商参加，分别考察章丘、天桥、槐荫、历城等县区和轻纺、电子、机械等系统的企业，洽谈项目 150 多个。外方投资规模较大，外资额在 100 万美元以上的项目 14 个，600 万美元以上的项目 5 个，其中 1 项仅一期工程投资额即 5800 万美元，是当时济南市直接利用外资数额最大的项目。项目投资来源多元化，台商投资占较大比重，签订台商项目 9 个，台资额占全部签约项目外资额的 40%以上。美国、德国、日本、瑞士等国家投资热情有所提高，签约项目中有 11 个项目外资来源于这些国家。

1993 年 8 月 28 日至 9 月 3 日，济南市组团赴烟台参加 1993 中韩国际经济贸易技术洽谈会。对外发布招商项目 600 余项，散发各种招商资料近万份。同韩国、日本、美国等国家及中国香港、台湾的近 200 名外商进行接触。通过洽谈，济南与韩国在第三产业的信息、旅游、夜总会和高科技领域的电子、机械、生物工程等方面均有良好的合作前景。济南市代表团共签订合同、协议和意向 30 项，利用外资总额 1725 万美元。其中合同 3 项，合同利用外资 110 万美元。3 月 27 日至 4 月 1 日，济南市经贸代表团一行 90 人，参加在香港举办的山东省 1993 香港投资招商暨进出口贸易洽谈会。整个活动历时一个月，是济南市规模最大的一次涉外经济活动。达成合同、协议 281 项，总投资 25.5 亿美元，利用外资额 13.5 亿美元。其中合同 117 项，总投资 11.9 亿美元，利用外资 7 亿美元。签约项目中，总投资 1000 万美元以上的 51 项(其中 1 亿美元以上的 8 项)，总投资 20.6 亿美元，利用外资11.6亿美元；工业项目157项，利用外资6.6亿美元；房地产开发和第三产业项目60项，利用外资5.7亿美元；技改项目合同、协议167个，利用外资8.4亿美元。共达成合同、协议、意向47项。其中，新加坡25项，马来西亚15项，泰国7项。

1994年，济南市把招商引资作为对外开放的“重头戏”。全年派出430个经贸团组，计1640人(次)，到20多个国家和地区考察招商。市领导率团赴马来西亚、美国、韩国等地招商，签订利用外资项目326个，外资额43.4亿美元。3月12日～18日，1994中国青岛对外经贸洽谈会在青岛举行，1500多人组成的济南市代表团参加会议。全市共布展16个标准摊位和68平方米露天展位，展品为14个大类360个品种、1000多种规格，并准备大批可供出口的货单；新推出招商项目500多个。全市共签订利用外资合同、协议261个，外资额13.93亿美元。其中，签订合同86个，外资额1.36亿美元；签订协议175个，外资额12.57亿美元。大项目比较多。投资1000万美元以上的25项，外资额11.59亿美元，占外资总额的83.2%。上亿元项目3个，占外资总额的59.8%。签订的能源、交通、基础设施项目明显增多，外资额8.89亿万美元，占外资总额的63.8%。美国远东财务集团与济南市煤炭公司合作开发煤炭和电力项目，外资额5亿美元，创济南市利用外资项目之最。欧美地区投资额8.58亿美元，占外资总额的61.6%，比上届提高36个百分点。8月26日至9月9日，济南市工商产业代表团一行36人，赴美国旧金山、华盛顿、纽约、洛杉矶四市招商引资和贸易展谈。签订合同、协议、意向102项，投资总额30.08亿美元，外资额19.72亿美元。其中，合同6项，投资额2000万美元，外资额1140万美元。此次洽谈签约项目符合济南产业结构调整优化的投资导向，项目投资额较大，平均单项投资额3000万美元。其中过亿美元的项目7个。在美客户网络由以旅美华人圈为主扩展到美国的主流社会。在美国期间，代表团共接触客户800余名。其中4次推介(座谈)会接触客户500名。华盛顿推介会到会的200多名客商中，90%以上是美裔工商企业家，实力较强的IBM、摩托罗拉、休斯、美林证券、美国进出口银行等近20家大公司和美国工商总会、美中贸易全国委员会等均派员与会。华盛顿电视台65频道首次播放中国大陆影视片《走向世界的中国济南》。9月举办济南金秋经贸洽谈会，到会外商1150多人。全市共签订利用外资项目955个，外资额22.97亿美元。日本铃木公司、德国西门子公司和维卡公司及戴克马豪公司等大公司、大商社到济南投资。与法国阿尔斯迈·罗那普朗克和德国艾卡等大公司的一批合作项目正在洽谈。全年新批准500万美元以上项目34个，1000万美元以上项目17个。过千万美元项目外商已投入资金的占70%以上。在新批准外资项目中，鼓励发展的产业占75%以上，资金密集型和技术密集型项目增多。平均每个外资项目合同外资额由上年63.5万美元提高到115.4万美元。

1995年，坚持“积极合理有效”地利用外资方针，全市利用外资质量和效益有新提高。工作重点从单纯追求数量转变到注重提高质量上来，外资结构日趋合理，共举办工业类项目158个，合同外资额3.29亿美元，分别占全市总量的66.87%和81.46%。举办总投资500万美元以上的大项目32个，合同外资额3.07亿美元，分别占全市总量的13.5%和76.1%。部分国际大财团、大商社、大公司到济南投资，日本昭和塑料、意大利艾德勒、法国金太平洋、英国德辉兄弟等公司均在济南市创办总投资1000万美元以上的大项目。改进招商方式，由过去的大、综、外转变为小、专、内。全市共派出出国招商团组244批，计1018人。派出招商团组以机械、轻工、纺织和县(市)区企业为主，占总数的80%以上。全年参加和举办青交会、上海招商会等活动，取得较大成果。9月泉城金秋经贸洽谈会，有40个国家和地区的908名外商到会，签订利用外资项目186个，外资额7.55亿美元。

1996年，市委、市政府提出国外、国内和市内三条路子同步走的战略指导思想。开辟“国外、国内和市内”招商的三条路子，拓宽招商渠道，增强引资力度。市内招商初见成效，全年新签以外引外合同12个，总投资4924万美元，16家“三资”企业增加投资，合同外资额净增2565.99万美元。经贸洽谈会成果斐然，全年参加与举办青交会、广交会、上海洽谈会、北京洽谈会、厦门洽谈会和泉城金秋经贸洽谈会等重大招商活动，共签订利用外资合同协议140项，合同协议外资额4.15亿美元，出口成交额1.2亿美元。全年共派出各类出国团组709批2313人(次)。市主要领导率团赴美国、加拿大、英国等国家，促使一批大项目获得成功，高新技术开发区、市煤气公司、三株药业集团及电子公司、小鸭家电集团、市电信局等与外商的合作项目达成合同和意向，并先后签订《济南市与考文垂市长期经济合作协议书》《1997纪念两市结好十周年庆祝活动备忘录》《济南市—下诺夫哥罗德市友好交流计划书》等文件。通过实施“大外资”战略，突出重点，科学招商，利用外资项目的规模、效益和技术水平有质的提高。以机、车、电、化等主导产业和纺、矿、农等出口战略产业为主线，跟踪工农业生产技术发展主流与走向，科学合理地设计、筛选项目，确保利用外资项目的适用性、可行性。国外招商以跨国集团、西欧诸国尤其德国为重点，采取针对性措施，加大对这些国家项目和客户的开发力度；本着小型化、专业化、多批次的原则，组织互补性较强的县(市)区、局和企业赴德、美、日、韩等重点国家招商引资。在国内招商方面，先后参加和举办青、京、济三大招商活动，共实现合同利用外资3.1亿美元。树立“大外资”观念，重视多种方式利用外资，推行来料加工、来件装配和补偿贸易。

1997年，全市利用外资实现较大增长，在全省十年来首次跻身前三。济南市把利用外资工作作为整个对外经贸工作的“重中之重”。按照“三条路子招商，突出京、厦、港”的招商思路，组织开展赴北京、上海、青岛、烟台、日本、韩国的招商活动；成功举办北京、厦门、香港、泉城金秋等大型涉外经贸活动；加大对港招商力度，与香港新世界发展集团、日本住友等一批大商社建立长期、全面的合作关系。市外经贸部门分赴各县(市)区、局进行调研，搞好项目“包装”，及时调整利用外资组织结构，完善全市工业、县区和非工业板块的利用外资格局，建立利用外资指挥调度体系，实现利用外资向宽领域、高水平、大规模方向发展，形成建设一代、招商一代、开发一代的良性循环。召开全市改善外商投资软环境工作会议，制定《关于改善外商投资软环境的决定》，外商投资环境日臻完善。

1998年，面对亚洲金融危机负面影响，济南市以变应变，及时将招商引资重点转移到城市基础设施、中小企业挖潜增益项目、农业综合开发和高新技术项目上，在工作中及时调整力量配置，设立“四群一组”的招商引资工作体系：四群即香港群(基础设施)、日本台湾群(大型骨干工业项目)、澳洲群(农业开发)、欧盟群(中小企业先进适用技术改造)，一组是跨国公司。精心设计推出50项骨干项目、50项中小企业技改项目和10项基础设施、股权出让项目，先后赴北京、青岛等地面向跨国公司和中小企业招商。组织和批准150个专业团组赴国外招商，参加北京、青岛、厦门招商会，共签订合同协议外资额7亿美元。

1999年，举办北京洽谈会、厦门招商会、济南金秋经贸洽谈会，并在开发新项目的基础上，多次向北京、上海、广州、青岛等地派出专门小组，对跨国公司实行专业招商。全年利用外资继续保持可持续增长，在全省连续两年保持较高位次。2000年，市直下派干部工作按照“工业立县、工业立乡”的指导思想，把招商引资、发展有一定规模、科技含量高、市场竞争力强的工业骨干项目作为主攻方向。以各县(市)区及各级开发区为主要载体，开展环境招商，使之成为吸纳外资的主体，招商引资效果明显。全市新批81个合同利用外资项目中，县(市)区占76.3%。实行项目责任制，对重点项目，从谈判到办理手续进行全方位、全过程的跟踪服务，使一批大项目顺利签约。举办香港招商周、北京招商周，组织县(市)区和企业参加烟台APEC会、青岛电子家电博览会和厦门投资贸易洽谈会等经贸活动，举办第九届济南金秋经贸洽谈会，共签订意向、协议合同外资额7.3亿美元。为鼓励县(市)区招商引资积极性，制定《关于调整外商投资企业税收部分征管办法》，采取老事老办法，新事新办法，对新引进项目，实行谁招商，谁服务，谁受益，推动全市招商工作开展。

2001年6月18日，济南市招商局成立。负责国内外招商引资，组织项目投资，促进项目进展；宣传济南市投资环境及提供有关信息，为内地提供境外投资机构的相关信息；帮助投资者选择最佳投资方式、投资地点，为投资者提供法律咨询服务，对投资者在济南的合作伙伴进行背景调查；市政府确定重点招商项目的招商洽谈和促进；解释国家有关政策、法规；建立对外招商引资工作信息网络，开展网上招商；负责全市招商引资项目的跟踪认证，落实奖励政策；负责招商引资的信息汇总，指导、协调各县(市)区、开发区招商引资工作。

2002年为“招商引资年”。市外经贸局制定“招商引资年”活动的意见，明确招商引资工作的思路、重点工作和措施，改进招商方式，拓宽利用外资的领域，先后组织企业到新加坡、马来西亚、澳大利亚、韩国、日本、中国香港等地举办多种形式的招商活动，对全市招商引资环境、高新区等重点工业园区以及城市基础设施、电子、医药、房地产等项目进行集中推介，接触较大投资商。5月和9月，市外经贸局分别承办“山东·香港周”“中国济南·日本经济文化交流合作活动周”等经贸活动，扩大济南市在中国香港、日本等地的影响，推动济南市与中国香港、日本的经贸交流，促成一批项目的洽谈签约。先后3次组织企业到北京进行登门招商，有针对性地进行洽谈，联络和推进十几个大项目。全年共完成招商引资项目10个，实现合同利用外资1200万美元，实际利用外资500万美元。重点内外资项目有澳门新华贸易公司出资1500万美元建设三孔桥大型室内副食品市场。

2003年，全市招商系统按照“目标明确、重点突出、措施得力”总体要求，发挥济南作为省会城市的优势，承接东部沿海城市民营资本的转移。利用外资创历史最好水平，外商投资合同金额7.1亿美元，实际利用外资4.47亿美元，增长20.6%，其中1000万美元以上的大项目26个，引进世界500强企业6家。招商引资的质量不断提高，大项目比重加大，单个项目资金含量逐步上升，项目辐射带动功能增强。

2004年，全市招商引资工作进一步调整理顺管理机制，加大对项目落地的支持。大项目带动作用突出，成为推动招商引资的骨干力量。项目类型呈现多样性，区域投资特色更加明显。资金来源多样化。市政府下达全年招商引资200万美元的任务。在招商引资方向上，以韩国、日本、欧美和中国台湾作为招商引资的主要目标；在招商引资形式上，利用与国外贸促机构联络渠道的同时，组织市政府经贸代表团赴韩国招商，在青岛、烟台、威海三地举办“第十三届亚州杯足球赛济南赛区推介会”。

2007年6月，济南市组织港、韩、日三地招商活动，在香港举行综合性经贸合作项目推介会，在韩国首尔举行企业节能降耗合作项目说明会，在日本东京举行服务外包产业说明会。共签约项目72个，外资额7.36亿美元。主办中韩城市经济交流会等10余项重大招商活动。接待20多个国家和地区的80多个经贸考察团组，人数约680人。2008年，继续实施“扩大港台、拓展日韩、突破欧美”的招商战略，重点围绕区域、产业和活动开展境外招商工作。明确港台、

2007年，山东电动车、零部件展览会暨招商引资洽谈会开幕仪式

日本、韩国、欧美为对外招商的重点区域，高新技术、先进制造业、现代服务业、节能环保产业为招商的重点产业。

2009年，全市招商引资工作在方式上坚持高层推动与专业跟进相结合，用好现有管道与搭建新的招商载体相结合，把着眼点放在推进重点项目上；在产业上结合全市基础和优势，突出先进制造业、高新技术产业、服务外包、现代服务业、节能环保等产业的招商；在地域上重点围绕港台、日韩、东盟、欧美做文章，实施“巩固港台、深化日韩、拓展东盟、突破欧美”的招商引资工作思路。结合全运会、旧城改造等推出总投资1000万美元以上在谈项目48个，总投资1亿美元以上项目8个。先后到日韩等国家和中国香港地区进行一系列大型招商活动，对利用外资工作起到关键作用。在7月的香港招商活动中，组成由市委主要领导带队的高层次经贸代表团，招商活动累计签约项目26个，总投资90.58亿美元，合同外资额60.75亿美元。新联络储备一批优质客户和新项目，全年共接待来自欧洲、日韩、东盟、北美地区10余个国家(地区)的来访团组45个，外商500多人(次)。2010年，全市引进项目投资和意向2个，在谈项目6个，深入开展调查研究，收集成熟招商引资项目28个，组织开展“外宣年”活动，先后与51家国外、境外商务机构联系接触。全市10大外商投资企业有中国重汽集团济南动力有限公司、山东山水水泥集团有限公司、西门子变压器有限公司、九阳股份有限公司、山东恒隆地产有限公司、济南轻骑铃木摩托车有限公司、齐鲁天和惠世制药有限公司、东港安全印刷股份有限公司、山东旺旺食品有限公司、山东伊莱特重工有限公司。

第二节　实际利用外资

1986～1990年，济南市合同利用外资3亿美元，其中对外借款1.5亿美元，外商直接投资1.5亿美元。发展“三资”企业110家，开业50家。

1988年，全市加快利用外资步伐，在多种形式的对外经贸洽谈中签订合同35项，比上年增加15项。合同利用外资6159万美元，比上年增长65.7%。其中，对外借款2970万美元，增长1.3倍；吸收客商直接投资2666万美元，增长3.2倍。全市实际利用外资2212万美元，增长56.5%。其中，对外借款1616万美元，增长58.4%；吸收客商直接投资360万美元，增长2.5倍。年末，累计批准“三资”企业23家，开业10家，比上年末增长1倍。全市“三资”企业实现销售(营业)收入5489万元，比上年增长1.9倍。其中，出口产品销售收入283万美元，增长13倍。

1989年，济南市在多种形式的对外经贸洽谈中签订合同73项，比上年增加43项。合同利用外资1.25亿美元，比上年增长103%。其中，吸收客商直接投资4968万美元，增长86.3%。全市实际利用外资6582万美元，增长2倍。其中，客商直接投资469万美元，增长30.3%。年末，累计批准“三资”企业60家。其中，已开业25家，比上年末增长1.5倍，全市生产性“三资”企业实现产值1.08亿元，比上年增长1.2倍；出口产值完成5674万元，增长4.95倍；创汇1080

万美元，增长4.1倍。

1993年，利用外资成倍增长。全市“利用外资嫁接改造老企业，建立外商独资区，利用外资开发旅游资源”的战略开始实施，取得明显成效。全年新批利用外资合同1051项，比上年增加626项，增长1.47倍；合同利用外资额7.97亿美元，增长2.04倍；实际利用外资1.58亿美元，增长4.39倍。年末，全市注册“三资”企业1678家，比上年末增加908家。其中，在市工商局注册1358家，增加738家。已开业414家。全市生产性“三资”企业完成产值23.4亿元，比上年增长171.5%；实现利税2.65亿元，增长3.76倍；创汇1.08亿美元，增长127.7%。其中，造纸系统全行业合资，管理加强，效益明显提高，在全省开创全行业“嫁接”改造企业的成功先例。

1998年，济南市利用外资保持较高速度增长，总量升至全省第二位。全年新签利用外资协议合同99个，协议(合同)利用外资5亿美元，比上年增长13.5%；实际利用外资5.05亿美元，增长11.8%。济南市外资工作被称为“利用外资的济南模式”。主要特点：外商直接投资比重加大，全年新批准合同直接利用外资项目71项，外资额2.08亿美元(不含增资)，比上年增长103.1%；外资产业结构投向趋于合理，城市基础设施、畜牧业、制造业、高新技术项目成为拉动合同直接利用外资的主要因素；利用外资方式发生重大变化，外商独资企业和以外资投入为主的中外合作企业合同外资增大，比重占42%；外商其他投资占27%，外国贷款占31%。

2001年，全市新批利用外资项目81个，合同外资额4.52亿美元，实际利用外资2.81亿美元，分别增长2.56%和26.4%。其中，外商直接投资2.92亿美元，外商其他投资1.6亿美元。外商直接投资项目中生产型57个，非生产型31个；第一产业7个项目，第二产业50个项目，第三产业24个项目。外商直接投资来源于中国香港、台湾和日本、马来西亚、马绍尔群岛、韩国。

2002年，全市新签利用外资合同133个，合同利用外资5.06亿美元，增长11.9%；实际利用外资5.42亿美元，增长27.4%。其中，省考核口径实际利用外资3.7亿美元，增长31.8%。利用外资在数量和增幅方面有较大提高，质量和结构发生新变化。工业类、高科技类项目占七成以上；项目成功率87%，新批项目成功率显著提高；外商直接投资比重大幅度提高，3.7亿美元的实际外资中，外商直接投资2亿美元，净增8000万美元，增长65.3%，比2001年提高71个百分点。

2004年，全市新批外商投资项目152个，合同利用外资10亿美元，增长42%，实际利用外资6.65亿美元，增长49%，高于全省14个百分点；合同利用外资7亿美元，增长46.5%，实际利用外资3.17亿美元，增长24%。利用外资的质量和结构发生显著变化。合同外资中，外商直接投资5.84亿美元，增长40%；实际外资中，外商直接投资2亿美元，增长70%。引进跨国公司成效显著，引进过千万美元大项目33个，西门子、家乐福、可口可乐、正大超市、大鲁阁、沃尔沃、中华煤气、百江燃气、南益集团、易初莲花等落户济南。利用外资领域进一步扩大，澳大利亚澳洲联邦银行与市商业银行合资合作，首开济南金融业利用外资的先河。供水、供气与外商合资合作，实现公用事业利用外资的突破。

2005年，全市新批外商投资项目148个，合同利用外资11.21亿美元，增长63.6%；实际利用外资(新口径)5.1亿美元，增长60.7%。其中，外商直接投资3.51亿美元，增长91.9%。济南市吸收外商投资规模创历史最高水平，引进世界500强和跨国公司成效显著。先后有美国摩根士丹利、可口可乐、微软、泰国正大集团、日本NEC、日本三洋6家世界500强企业落户济南，城市基础设施、公用事业和服务业吸收外商投资实现新突破。

2010年，全市新签外商投资项目87个，实现合同外资额12.09亿美元，增长10.5%；实际到账外资10.4亿美元，增长6.1%。按合作方式划分：合同外资中，合资企业新批项目25个，金额1.37亿美元，占11.3%；合作企业新批项目2个，金额3.05亿美元，占25.2%；独资企业新批项目59个，金额7.56亿美元，占62.6%；外商投资股份制企业金额1068万美元，占0.9%。实际外资中，合资企业3.69亿美元，占35.5%；独资企业6.62亿美元，占63.7%；合作企业14万美元，外商投资股份制企业金额876万美元，占0.8%。按产业划分：87个新批项目中，属第一产业6个，合同金额3115万美元，占总额的2.6%；属第二产业23个，合同金额3.76亿美元，占总额的31.1%；属第三产业58个，合同金额80.1亿美元，占总额的66.3%。实际外资中，第一产业698万美元，占总额的0.7%；第二产业4.13亿美元，占总额的39.7%；第三产业6.2亿美元，占总额的59.6%，其中房地产业合同外资1.58亿美元。按外资来源国别地区划分：合同外资中，亚洲11.44亿美元，占94.6%，其中中国香港地区10.32亿美元，中国台湾地区3350万美元；欧洲6217万美元，占5.1%，其中法国1300万美元；拉丁美洲6296万美元，英属维尔京群岛3782万美元；北美洲7197万美元，占6%，其中美国3344万美元。实际外资中，亚洲8.75亿美元，占84.1%，其中中国香港地区8.15亿美元，占78.3%；欧洲1258万美元，占1.2%，其中德国892万美元；拉丁美洲2423万美元，占2.3%，英属维尔京群岛2385万美元，占2.29%；北美洲1.15亿美元，占11%，其中百慕大1000万美元，占1%，按板块划分：县(市)区新批项目57个，合同外资9.07亿美元，占全市的75%；实际外资8.3亿美元，占全市的79.8%。高新区新批项目30个，合同外资3.02亿美元，占全市的25%；实际外资2.1亿美元，占全市的20.2%。

第三节 外商投资企业

1988年年末，济南市累计批准“三资”企业23家。其中已开业10家，比上年末增长1倍。全市“三资”企业实现销售(营业)收入5489万元，比上年增长1.9倍。其中，出口产品销售收入283万美元，增长13倍。

1991年，新批准“三资”企业100家，合同利用外资额5152万美元，分别比上年增长100%和93%，所批企业家数和合同外资额是历年来最多的一年。全市“三资”企业210家，合同外资总额1.18亿美元。注重利用外资与老企业“嫁接”改造，新批“三资”企业中，有80%是老企业“嫁接”外资型。年内台商在济南开办独资企业13家，相当于改革开放后所批独资企业总和。台商投资企业总计44家，台资额2569万美元。“三资”企业步入收获期。新投产开业“三资”企业40家，累计90家，全年完成产值4.54亿元，实现利税3327万元，创汇3022万美元，分别比上年增长114%、300%和59%。全年签订技术出口合同、协议13项，合同成交额110万美元。在市场开拓上以苏联、东欧为重点，选择一批针对性较强的项目进行联络和洽谈，医药、轻工、饮食方面项目获得成交。

1993年，新批“三资”企业870家，合同外资额5.53亿美元，分别比上年增长1.1倍和1.17倍。实际利用外资7880万美元，比上年增长1.7倍。总投资500万美元以上的“三资”企业家数、合同外资额分别是上年的1.35倍和1.31倍；外商投资领域进一步拓宽，第三产业项目占当年新批“三资”企业总数的31.8%，比上年提高12.8个百分点；乡镇企业举办“三资”企业217家，外资额1.01亿美元，分别是上年的3.28倍和1.72倍。至年底，市外经部门累计批准“三资”企业1495家(其中总投资500万～1000万美元的94家，1000万美元以上的35家），合同外资额13.25亿美元，实际利用外资1.43亿美元。其中，投产开业的“三资”企业350家，累计实现产值39.6亿元，利税3亿元，出口创汇2.2亿美元。“三资”企业主要分布在轻工、化工、医药、机械、纺织、建材、食品等15个行业，成为济南市国民经济的重要组成部分。全市涌现出黄海水泥公司、华丰公司、华利针织公司、兴建冷冻食品公司、长白山药化公司、鲁雅制药公司等12家年出口创汇100万美元以上、年利税100万元以上的外商投资“双优”企业。另有年出口创汇80万美元以上的“三资”企业25家；年利税超过300万元的9家；人均利税1万元或人均出口创汇1万美元以上的16家。

1994年年底，全市累计批准“三资”企业1859家，比上年增加364家；累计开业750家，比上年增加400家。全年实际利用外资1.37亿美元，比上年增长73.9%。“三资”企业实现产值46亿元，利税3.3亿元，出口创汇1.2亿美元。年内，共批准“三资”企业364家。到济南市投资的国家和地区已为34个，占前4位的是中国香港澳门、中国台湾和美国、日本。“三资”企业投资规模不断增大，出现总投资300万美元以上的项目166个，其中1000万美元以上的项目52个。全市“三资”企业生产经营形势良好，“四率”水平逐步提高。投产开业率、资金到位率分别比上年提高15个和8个百分点。产值、利税和出口创汇均比上年大幅度增长。济南市“三资”企业嫁接型合资企业占大多数，出口创汇型、技术先进型和高利税企业发展潜力大。全市“三资”企业中，属于嫁接型的企业1243家，总投资24.4亿美元，合同外资金额7.62亿美元，分别占全市“三资”企业总数的66.9%、93%和48%。出口创汇型和技术先进型企业发展到120余家，其中年出口创汇200万美元以上或利税500万元以上的外商投资先进企业有22家。全市年出口创汇100万美元以上的外商投资企业50家。全市外商独资企业发展到493家，占全市“三资”企业总数的26.5%，总投资为2亿美元，注册资金1.6亿美元，到位资金为7988万美元，其中资金全部到位的有88家，另有20多家企业追加投资。已开业的独资企业101家，全年独资企业实现产值6381万元，利税766万元，出口创汇216万美元，分别是上年的3倍、4.5倍和33倍。全市“三资”企业涉及轻工、化工、医药、机械、纺织、电子、建材、餐饮、房地产、信息咨询等15个行业，第一、二、三产业分别占总数的1.4%、77.4%和21.2%。第三产业所占比重上升6个百分点。在1994年10月由外经贸部、国家统计局等单位联合举办的“1993年度中国最大的500家外商投资工业企业”中，济南大易造纸有限公司、济南东港实业有限公司、济南黄海水泥有限公司榜上有名，其中济南大易造纸有限公司居158位。

1995年，全市“三资”企业保持快速健康的发展势头。全市新批“三资”企业237家，投产开业400家。“三资”企业实际利用外资1.7亿美元，实现产值70.06亿元，利税4.34亿元，出口创汇1.8亿美元，产值、利税和出口创汇分别比上年增长50%、28.4%和50%。年内全市“三资”企业发展呈现显著特点：大项目逐渐增多。继日本铃木、德国西门子、泰国正大公司之后，又有日本松下、近藤、住友，韩国现代，美国百事，瑞典沃尔沃等国际著名大公司到济南投资办企业，总投资2000万美元以上的项目有松下大屏幕彩电、轻骑50万台发动机、百事可乐、锦纶长丝、大输液、重型汽车等。“三资”企业在全市国民经济中的比重进一步提高。“三资”企业实现产值、利税和出口创汇分别占全市工业总产值、利税和自营出口创汇的15.68%、16.74%和40%。出口创汇企业越来越多。年内出口创汇“三资”企业160家，其中年出口创汇100万美元以上企业52家。济南华丰纺织有限公司、鲁雅制药有限公司、固锝电子有限公司、玫德铸造有限公司4家企业年出口创汇200万美元、创税前利润200万元，济南康泰思针织服装有限公司、全盛耐火材料有限公司2家企业年人均出口创汇2万元人民币以上，分别被中国外商投资企业协会授予“全国外商投资双优企业”称号。独资企业发展迅速。至年底，独资企业发展到572家。独资企业实现产值2.28亿元，利税1050万元，出口创汇690万美元，分别比上年增长222%、49.6%和219%。

“八五”期间，济南市“三资”企业发展迅速，共批准“三资”企业1900余家，实际利用外资4.67亿美元，分别是1991年前总数的19.5倍和21.2倍。“三资”企业实现由数量型向规模型，由低层次向高层次的发展。主要表现：外商投资更趋多元化。至1995年年底，到济南市投资办企业的国家和地区发展到40多个。兴办“三资”企业家数居前五位的是中国香港、中国台湾和美国、日本、新加坡。外商投资领域逐步扩大。外商投资涉及轻工、化工、医药、机械、纺织、电子等15个行业，引进先进技术200多项，引进设备7200多台(套)，对900余家企业进行嫁接改造。外资到位明显加快。“八五”期间，实际到位外资4.67亿美元，比“七五”期间增长20倍。投产开业率大幅度提高。“八五”期末，全市“三资”企业投产开业率50.1%，比“七五”期末提高25.6个百分点。“三资”企业生产经营情况越来越好。“八五”期间，全市“三资”企业共实现产值152亿元，利税10.4亿元，出口创汇5.81亿美元，分别是1991年前总和的36.7倍、52倍和18倍。至1995年年底，“三资”企业实现产值、利税和出口创汇分别占全市工业总产值、利税和出口创汇的15.68%、16.74%和40%。出口创汇企业越来越多。至1995年年底，出口创汇“三资”企业160家，其中年出口创汇100万美元以上的企业52家。“八五”期间，全市“三资”企业新开发出口产品714个，形成速冻蔬菜、棉纱、服装、皮革、玩具、电子器件、痢特灵等一批年出口创汇300万美元以上的重点出口产品。

1996年，全市累计批准外商投资项目2213个，总投资额38.9亿美元，合同外资额14.99亿美元。外商投资企业投产开业1348家。外商投资企业实际利用外资2.09亿美元，比上年增长22.9%；实现产值100.09亿元，利税5.21亿元，出口创汇2.41亿美元，分别比上年增长38.9%、16.8%和31%。吸引利用外资的规模不断扩大。至年底，全市外商投资企业资金到位率70%，累计外资到位7亿美元。全市外商投资企业全部投产达产后，可实现产值400多亿元，利税40多亿元，出口创汇18亿美元。国外大财团、大公司投资的大项目明显增加。总投资额500万美元以上的外商投资项目170多个，其中1000万美元以上的项目90多个。德国西门子，法国蒂森，日本松下、铃木，意大利安替比奥，美国百事，泰国正大等都有合资合作项目。外商投资企业层次提高。全市外商投资企业中，属技术先进型和出口创汇型的企业58家，其中年出口创汇超过100万美元的企业50多家。全市外商投资企业先后引进8000多台(套)先进设备和200多项先进技术，与世界上50多个国家和地区建立贸易往来，出口产品800多种。涌现出一批骨干企业。评选命名8个外商投资形象企业，在全市外商投资企业队伍中发挥着骨干龙头作用。组织会员企业参加贸展活动，参展企业300多家，参展产品1000多个花色品种，累计签订合同、协议30多项，合同金额3700多万美元。组织29家“三资”企业31名高级管理人员，组团或随团先后到美国、澳大利亚、新西兰、法国、意大利等国家参加展览贸易和市场考察产品推销活动，累计签订合同协议近3000万美元。

1997年，全市外商投资企业外资到位2.2亿美元，实现产值123.5亿元，利税6.04亿元，出口创汇3.12亿美元，分别比上年增长5.2%、21%、15%和28.7%。外资到位持续增长，实际利用外资在全省各地市的位次由第五位上升到第三位。市外企局邀请外商150人，签订“以外引外”合同协议项目14个，合同(协议)金额4996万美元，16家“三资”企业增加投资，合同外资额净增2719万美元。

1998年，全市累计批准外商投资企业2350家，总投资43.1亿美元，注册外资21亿美元，直接利用外资累计近10亿美元。全年实际利用外资2.5亿美元，比上年增长16%。“三资”企业实现产值156.7亿元，利税7.14亿元，出口创汇36518万美元，分别比上年增长26.9%、18.2%和16.8%。投资国别和地区多，行业分布广。投资的国别和地区60多个，涉及1000多个海外公司。企业家数排在前5位的是中国香港(993家)、中国台湾(412家)、美国(352家)、日本(132家)和新加坡(59家)；实际利用外资排前5位的是中国香港(占总数的34%)、维尔京群岛(9%)、日本(6.3%)、中国台湾(5.6%)、美国(4.7%)。全市外商投资企业主要分布在纺织、轻工、化工、机械、房地产、餐饮娱乐等15个行业。其中第一产业占10%，第二产业占50%，第三产业占40%。利用外资的规模不断扩大，大项目明显增加。外商投资项目由过去以中小型项目为主向重点引进大型项目转变，不少世界著名跨国公司落户济南。世界500强中的14个跨国公司在济南设有项目，如日本住友、松下、铃木，德国西门子，意大利安替比奥等。在全市外商投资企业中，总投资500万美元以上的项目199个，占项目总数的9%；1000万美元以上的项目90个，占项目总数的4%。独资企业异军突起，投资效益明显提高。自1989年兴办第一家外商独资企业后，累计批准近700家，约占全市外商投资企业总数的1/3，其注册资金3.5亿美元，占全市外商投资企业注册外资总额的1/5以上。至1998年，形成铭峰纺织、大鲁阁织染、昭和塑料、新纪元电子等一批效益好、创汇额大的重点外商独资企业。出口创汇和技术先进型“两类”外商投资企业发展较快，利用外资的质量和水平不断提高。全市“两类”企业发展到60多家，填补国内和省内72项技术和产品空白。

2005年，市外经贸局在市行政审批中心大厅设专门代办窗口，对外商投资企业实行“一门受理，全程无偿代办”，降低了外资企业开办成本，改善了发展环境，在全省属于首创。2006年，全市有出口业绩的企业中，实现增长的338家，增长面70%。其中，内资企业出口18.69亿美元，增长37.3%；外商投资企业出口5.71亿美元，占全市出口的23.4%，增长36.6%。

2007年，全市有40家外资企业实现增资扩股，增加外资2.59亿美元，外商投资企业增资占全市实际利用外资总额的54%。外商投资企业出口创汇7亿美元，占全市出口创汇总额的22%；上缴利税60亿元，同比增长40%；从业人员超过11万人，占全市企业就业人数的8.5%。在济南工作的外籍人员1050人，比上年增加135人。市外经贸局对全市100家重点外商投资企业进行上门调查服务，摸清企业在生产经营中遇到的困难和问题，逐一进行协调解决。组织召开市长与跨国公司总经理座谈会，听取外商对济南市发展的意见和建议。举办由全市35个职能部门、10家500强外企和20余家重点外企参加的“济南市优化投资环境宣传日”活动，现场接受外企投诉，提供政策咨询。

2010年，全市外商投资企业中独资企业仍是主流，2010年新登记外商独资企业参检51家，占参检新设企业总数的71.83%。参检新设独资企业的投资总额11.25亿美元、注册资金6.71亿美元、外方认缴额6.71亿美元，分别占新增外商投资企业总数的82.1%、77.59%、89.2%。同年，全市参检企业671家，行业分布情况：第一产业12家；第二产业431家；第三产业228家。从行业分布来看，制造业仍占主导地位，共406家，占参检企业的60.51%。济南市制定一系列促进服务业发展举措，尤其是促进服务外包企业的扶持政策已显成效，服务业发展迅速，发展形势明显优于其他行业，为全市吸引外资提供新的增长点，批发和零售业、租赁和商务服务业、信息传输、计算机服务和软件业增长态势较为明显，同比分别增长71.43%、23.81%、22.22%。同年11月14日，济南仲裁委员会商务仲裁中心揭牌成立。该中心的成立进一步完善了外商投资企业经济纠纷解决机制，开辟外商投资企业领域经济纠纷解决的新途径。

2011年10月18日，沃尔沃建筑设备济南研发中心奠基仪式举行

2010年在济南市投资的世界500强企业情况表

表6-8-15

国别(地区)	序号	企业名称	投资项目名称
美国	1	美国GE公司	山东鲁能电子有限公司
	2	美国沃尔玛公司	沃尔玛(山东)百货有限公司
	3	美国微软公司	浪潮(济南)信息技术有限公司
	4	美国摩根士丹利	山东山水水泥集团有限公司
	5	美国可口可乐公司	济南可口可乐饮料有限公司
	6	美国百事可乐公司	济南百事可乐饮料有限公司
	7	美国伟世通公司	汉拿空调(济南)有限公司
	8	威伯科汽车产品有限公司(此为美国美标子公司)	山东威明汽车产品有限公司
	9	麦当劳投资中国有限公司	山东麦当劳(餐厅食品)有限公司
德国	10	德国大陆汽车集团	大陆汽车电子(济南)有限公司
	11	德国ZF集团	采埃孚商用车转向机(山东)有限公司
	12	德国西门子	西门子变压器有限公司
	13	德国曼集团	中国重汽(香港)有限公司
	14	蒂森克虏伯集团	蒂森电梯有限公司济南分公司
日本	15	日本NEC SOFT，LTD	NEC软件(济南)有限公司
	16	日本三洋电机	三洋翼志(济南)科技有限公司

续表6-8-15

国别(地区)	序　号	企业名称	投资项目名称
日本	17	日本三井物产株式会社	山东冠世针织有限公司
			济南冠世时装有限公司
	18	日本铃木株式会社 日商岩井株式会社	济南轻骑铃木摩托车有限公司
	19	日本住友商事株式会社	济南畅源化纤有限公司
	20	日本松下电器产业株式会社	山东松下电子信息有限公司
	21	日本三菱瓦斯化学株式会社	济南华菱药业有限公司
	22	日本伊藤忠商事株式会社 旭化成工业株式会社	昭和塑料(济南)有限公司
	23	日本富士电机株式会社	山东鲁能富士电机有限公司
	24	日本株式会社日立制作所	济南驰波名气通数据服务有限公司
	25	日本卡西欧集团	卡西欧浪潮通信电子有限公司
	26	日本伊势丹株式会社	济南伊势丹
法　国	27	法国标致摩托车股份有限公司	济南轻骑标致摩托车有限公司
	28	法国家乐福控股有限公司	济南家乐福商业有限公司
	29	法国电力集团	华电国际电力股份有限公司
英　国	30	英美烟草控股有限公司	华英烟草有限公司(原乐富门)
	31	英国特易购	特易购商业(山东)有限公司
	32	英国渣打银行	山东桑乐太阳能有限公司
	33	英国汇丰银行	汇丰银行(中国)有限公司济南分行
瑞　典	34	瑞典沃尔沃集团	沃尔沃建筑设备技术(中国)有限公司
			济南华沃卡车有限公司
泰　国	35	泰国正大集团	济南易初莲花连锁超市有限公司
			济南正大有限公司
韩　国	36	韩国锦湖韩亚集团	济南锦湖运输有限公司
	37	韩国 LG 公司	浪潮乐金信息系统有限公司
	38	韩国 MVP5-LG 通信基金	山东欢乐城网络有限公司
	39	韩国 SK 集团	山东爱思开高新石油有限公司
	40	韩国 GS CALTEX CORPORATION	佳施加德士(济南)能源有限公司
意大利	40	安替比奥集团	齐鲁安替比奥制药有限公司
澳大利亚	42	澳洲联邦银行	齐鲁银行
中国台湾	43	台湾华硕公司	山东力硕电子有限公司
	44	台湾鸿海精密有限公司	济南拓展物业发展有限公司
中国香港	45	中国海外集团	济南中海地产有限公司
			山东中海华创地产有限公司
荷　兰	46	荷兰国际集团	普联软件(济南)有限公司

说明：山东鲁能电子有限公司、沃尔玛(山东)百货有限公司、大陆汽车电子(济南)有限公司、沃尔沃建筑设备技术(中国)有限公司为2010年新引进的项目

第九篇　旅　游

1986年，济南市有主要旅游风景名胜点32处，旅行社3家，宾馆、饭店、招待所300家。同年，济南市被国务院命名为“中国历史文化名城”。1992年始，济南市旅游业进入快速发展时期。同年，开通“齐鲁号”旅游专列。1993年，制定《济南市旅游风景资源开发利用规划》，提出“一带五区”(一带：外环公路。五区：古城旅游区、黄河旅游区、龙洞旅游区、山川古迹旅游区、龙山文化旅游区)规划布局。1996年，开通市区至省内旅游景点专线车。1998年，济南国际机场开通国际航线2条，国内航线30余条。同年，济南市获“中国优秀旅游城市”称号。2000年，济南千佛山旅游文化市场建成，成为济南市重要的旅游商品集散中心。随着公路、铁路、航空业快速发展及私家车大量增加，自驾游、休闲游、国外旅游等成为时尚。2001年和2003年，灵岩寺、跑马岭及大明湖、趵突泉、红叶谷被国家旅游局命名为AAAA级景区。2006～2010年，实施大明湖扩建改造工程及护城河通航工程，加强文物古迹修缮，实施“节水保泉”工程，恢复老街古巷泉水特色与历史风貌，新建园博园、济南市植物园、九如山瀑布群风景区。至2010年，先后编制规划5个，整体形成“一核一带四区”(一核：济南旅游核心区中央游憩区。一带：黄河旅游带，含小清河片区。四区：东部历史与名人文化旅游区，南部山水休闲旅游区，西部宗教文化旅游区，北部乡村休闲与温泉度假区)的空间结构；共有旅游景区(点)64处(AAAA级景区9处)，旅行社198家(出境旅行社15家)，星级饭店113家(五星级饭店3家，四星级饭店19家)；2010年，共接待旅游人数3388.41万人(次)，实现旅游总收入313.8亿元。

1986～1999年济南市涉外宾馆接待境外旅游者人数统计表

表6-9-1　　　　单位：人次

年份	国外旅游者	华侨	中国港、澳、台游客	合计
1986	10396	46	3971	14413
1987	12241	149	5977	18367
1988	15394	482	8275	24151
1989	7857	516	5521	13894
1990	12705	253	7625	20583
1991	14729	168	10732	25629
1992	15253	1051	19741	36045
1993	17153	794	21865	39812
1994	20639	537	15690	36866
1995	30011	398	24059	54468
1996	36510	512	28372	65394

续表6-9-1

年 份	国外旅游者	华 侨	中国港、澳、台游客	合 计
1997	37308	259	49921	87488
1998	37776	119	33788	71683
1999	39941	474	43375	83790

2000～2010年济南市旅游业发展情况表

表6-9-2

年 份	国内外旅游人数 (万人次)	旅游业务总收入 (亿元)
2000	742.1	50.2
2001	845.4	61.3
2002	1022.7	78.7
2003	954.7	72.0
2004	1217.9	94.1
2005	1463.3	122.1
2006	1721.2	146.4
2007	2005.9	177.9
2008	2300.3	204.9
2009	2841.7	256.5
2010	3388.3	313.8

第一章 旅游规划

第一节 济南市旅游资源开发利用规划

1988年编制完成。规划期限以2000年为目标，少数项目展望到2020年。规划对济南市旅游资源现状、优势及存在的问题进行分析，对旅游资源的开发利用从总体上进行战略规划。确定济南市旅游资源开发重点建设项目，提出实施规划方案。规划提出做好名泉、灵岩寺、龙洞、章丘白云湖、黄河、千佛山、柳埠、平阴翠屏山八个旅游区的开发建设，开辟鸭旺口新景区，逐步形成各具特色多层次的旅游区。

第二节 济南市旅游风景资源开发利用规划

1993年编制完成。提出“一带五区”规划布局。根据资源分布，全市以外环公路为纽带，规划为五条旅游线路，各旅游线路分别串联独立景区、景点，构成五个旅游区片，即市中心古城旅游区、北部黄河旅游区、东南部龙洞旅游区、南部西南部山川古迹旅游区、东部龙山文化旅游区。在总体规划基础上确定近期开发9个重点项目。先后完成中华周易园、华山公园、白云湖度假区、龙洞公园规划设计。

第三节　济南市旅游业发展总体规划

1998年编制完成。规划期限为1998～2010年，一些重要目标作远景设想，近期规划到2000年。《济南市旅游业发展总体规划》提出以市场为导向，完善旅游产业体系，把旅游业尽快培育成为全市新的经济增长点，作为全市国民经济和社会发展的重要支柱产业之一。要把济南建设成为泉城特色突出，旅游功能齐全的区域性旅游中心城市。构筑城区、城郊、区域三环旅游网络：城区名泉旅游圈、城郊风光旅游圈、区域辐射旅游圈。根据市域旅游分布特征，旅游空间形态布局规划为“五区一带”。“五区”是指市中心古城风貌旅游区、东部文化休闲旅游区、南部名胜观光旅游区、西南部生态旅游度假区和北部农业观光旅游区。“一带”是指黄河风光带。旅游产品开发提出完善和优化观光旅游产品，开发非观光旅游产品，形成以观光产品为基础、非观光产品为重点、结构合理、组合先进的旅游产品体系。非观光产品包括度假旅游产品、会议旅游产品、文化科考旅游产品、节日旅游产品、文体旅游产品、宗教文化旅游产品及其他专题旅游产品。旅游客源市场开发提出树立“中华泉城风光”“齐鲁文化之邦”的旅游形象。加强基础配套设施建设，推进旅游业可持续发展。

第四节　济南市旅游业“十一五”发展规划

2004年编制完成。规划确定“十一五”时期总体目标为发挥济南作为省会中心城市的区位优势和以泉水为核心的资源优势，推进政府主导、社会参与、市场运作发展格局，形成社会化大办旅游新局面。提升旅游产业社会地位，拓展全市旅游产品开发广度和深度，深化泉城旅游主打品牌，建设和完善“全省旅游中心”服务功能，近期将济南建设成“中国特色旅游目的地”，中远期建设成为“区域性国际旅游城市”。旅游产业在数量上和质量上都有较大提高，把旅游业建设成为全市国民经济的重要支柱产业。规划确定“十一五”期间形成“一核四团”旅游空间布局。“一个核心”：位于城市中心的泉城中心旅游区。“四个组团旅游区”：位于市郊东部的章丘旅游区、南部生态旅游区及西南部生态文化旅游区和市郊北部的黄河旅游区。规划确定深化泉水产品开发力度，加强古城区资源保护与环境优化，提高泉水产品深度与广度。开发两大休闲产品，即城市休闲产品与城郊休闲旅游产品(环城游憩带)；开发专项旅游产品，即商务旅游、会展旅游、宗教文化旅游、体育健身旅游、乡村民俗旅游、农业生态旅游、工业旅游、短期度假旅游、高尔夫旅游、文物古迹旅游、节庆旅游等。

第五节　济南市旅游产业“十二五”发展规划

2010年12月编制完成。规划指出“十二五”时期，集中打造“天下泉城”城市旅游品牌体系，努力把济南打造成山水圣人旅游线上的龙头城市，京沪高铁旅游黄金线上的重要节点(其他三个重要节点为京、宁、沪)，国内著名、国际知名旅游目的地。“十二五”期间，充分利用城市发展格局调整的契机，构建济南市旅游发展的圈层结构，整体上形成“一核一带四区”的空间结构。“一核”：即济南旅游的核心区中央游憩区。“一带”：即黄河旅游带(含小清河片区)。“四区”，即：东部历史与名人文化旅游区；南部山水休闲旅游区；西部宗教文化旅游区；北部乡村休闲与温泉度假区。“十二五”时期，济南市旅游业实施五大发展战略：政府主导战略、泉文化战略、北部崛起战略、城市品牌战略和整合提升战略。推进旅游产业转型与提升发展：调整产业结构，提升产业素质；扩大内需与提升外需相结合，有序拓展市场；适应全球化竞争，按照现代企业制度发展大型企业集团；突出地方特色，打造旅游精品，谋划大项目；加强对市场需求的响应，强化人才培养与引进。规划确定“十二五”全市旅游管理工作重点：大项目建设与招商引资、旅游企业集团化、旅游营销、旅游产品质量提升、旅游节会活动策划与组织、旅游商品开发、旅游标准化建设。

第二章　公　园

第一节　市级公园

一、趵突泉公园

趵突泉，位于济南旧城西南隅，居济南七十二名泉之首，号称“天下第一泉”。其周围约17公顷的面积上，散落着37处泉池，构成趵突泉泉群，为济南城区四大泉群之一。昔日，因附近有吕祖庙、药王庙等，成为香火胜地，并有叫卖的、占卦的、演戏杂耍的……，喧闹繁华，为一闹市。1956年，人民政府将趵突泉及附近的金线、皇华、柳絮、漱玉、马跑等20余处名泉及众多的名胜筑墙圈围，疏浚泉池，砌垒池岸，整修建筑，辟为趵突泉公园。1964～1966年，又挖池堆山，修建亭榭，广植花木，公园面积3.4公顷。1985年，又将万竹园划入公园管理，公园面积扩大为6.9公顷。几经建设，园内山峦起伏，清溪潺潺，内有泺源堂、观澜亭、望鹤亭、尚志堂、李清照纪念堂、沧园、白雪楼、万竹园等建筑，亭榭错落，终年青翠，是一所具有中国传统园林风格，以小巧玲珑、清静幽雅、赏泉观澜为特色的山园。1982年被评选为全国十四个解放后新建优秀园林之一。

趵突泉　　（2012年　徐金利摄）

1999年，实施公园北区扩建工程，把趵突泉、万竹园、白龙湾连为一体，新建通泺园、白龙湾、北大门、“齐风”、“泻玉”、东门石牌坊和盆景园等景区、景点10余处，公园面积扩大至10.5公顷。2003年，获国家AAAA级旅游景区称号；2007年，被评为国家重点公园。

泺源堂　在趵突泉北岸。最早为娥英祠，祀舜之二妃娥皇、女英。北魏郦道元《水经注》有过记载：历城有泺水，“俗谓之娥姜水也，以泉源有舜妃娥英庙故也”。历经沧桑，该祠后荒废。到了北宋，著名文学家曾巩于熙宁年间（1072—1073年）知齐州时，在这里建二堂，并作《齐州二堂记》，云：“起初，朝廷和邻近州郡使者、官吏来时，并无寓所，仅构筑临时馆舍，让其住宿，走后拆除，既浪费又简陋，故在泺水处建二堂，供客人居住，南堂临泺之源，称‘泺源堂’，北堂对历山，曰‘历山堂’。”元代改奉吕洞宾，为“吕仙祠”。清顺治十一年(1654年)观察何启图改历山堂为阁，上层祀文昌，下层祀钟离，同时将阁后李公祠改祀斗母，称“斗母宫”。后来三殿统称吕祖庙。今殿堂三座，坐北朝南，建在同一中轴线上，是一组较大的明清建筑，1979年公布为市级文物保护单位。最南第一大殿，面阔三间，进深6米，高架两层，歇山飞檐。红漆木楹柱，黄色琉璃瓦，金碧辉煌，蔚为大观。门上匾额，鎏金隶书：“泺源堂”。抱厦楹柱，悬挂木刻楹联，乃元代书画家赵孟頫咏《趵突泉》诗“云雾润蒸华不注，波涛声震大明湖”一联，由当代济南书法家金棻书丹。殿前为卷棚式厦檐，楣额透雕云纹、彩亭、禽兽、花卉等图案，显得玲珑古典。殿台临水，为赏看趵突泉景最佳处。中间为二大殿，三楹二层，斗拱错落，红柱绿瓦，熠熠生辉。最北为第三大殿，硬山出厦，古朴无华。三座大殿外围青砖白粉筒瓦坡顶墙，形成二进院落，东西各设洞门，分别砖刻门额“枕流”“漱石”。墙壁饰有花格透窗，与窗外景色相衬，呈现出幅幅图画，那亭亭玉立的雪松，苍老古拙的国槐，飘飘悠悠的翠柳，妖妖艳艳的蜡梅，都被摄入窗内。其余空间，镶嵌着王守仁、王钟霖等明清以来名人咏泉碑刻19方，其中一石碑，前刻清康熙皇帝所书“激湍”二字，后刻乾隆皇帝《再题趵突泉作》诗，为这深幽庭院，增添了深厚的文化内涵。

观澜亭　在趵突泉西侧。原为北宋熙宁年间史学家刘诏(官至寺丞)庭园中的建筑物，名“槛泉亭”，后倾圮。明天顺五年(1461年)钦差大臣韦公、吴公到济南，乃于泉旁构亭(另说巡抚胡缵宗建)。起名为“观澜亭”，取《孟子·尽心上》“观水有术，必观其澜”之意。

该亭原为四面长亭，半封闭式，形制考究，为历代文人称颂。宋代大文学家苏辙，于熙宁六年(1073年)任齐州掌书记，对济南名胜古迹吟咏甚多，其中咏《槛泉亭》诗曰：“连山带郭走平川，伏涧潜流发涌泉。汹汹秋声明月夜，蓬蓬晓气欲晴天。谁家鹅鸭横波去，日暮牛羊饮道边。滓秽未能妨洁净，孤亭每到一依然。”现亭改为四方敞亭，飞檐翼角，斗拱承托，上饰吻兽，下设坐栏。亭侧垂柳披拂，假山秀立。亭南水中立碑一通，上刻“趵突泉”三字，为明朝嘉靖年间都察院右副都御史、山东巡抚都御史胡缵宗书。西侧墙壁嵌碑两通，一题“观澜”，明嘉靖年间山东左布政使张钦书；一题“第一泉”，清同治年间历城王钟霖题。

望鹤亭(蓬莱茶社)　望鹤亭，在趵突泉东北隅。据明崇祯《历乘》记载，原称“漱玉亭”，崇祯年间历城知县贵养性改称“溪亭”。相传，因这里风景清幽，常有仙鹤翔来，所以清代乾隆年间将此亭更名为“来鹤亭”，后又更名为“望鹤亭”。1964年，在此设“蓬莱茶社”。旧时常为文人吟诗、对弈、赏景之地，清朝王钟霖曾赋《望鹤亭》诗一首：“高轩临水不常开，偶酌清泉涤茗杯。一局棋完闲问鹤，过桥可见几仙来？”该亭呈丁字形，东侧南北向，西侧东西向，顶为卷棚式，悬山，小青瓦面，亭身玻璃门窗，东西两间中部南侧，辟有圆形洞门，门外隙地植垂柳，依柳叠山石。正门在西侧，门上悬写于清道光十一年(1831年)的“望鹤亭”匾额。门两侧楹联乃宋曾巩《咏泉》诗句“滋荣冬茹温尝早，润泽春茶味更真”，由济南当代书法家金棻书丹。整个亭子半伸水中，如同画舫荡游。内设茶座，为游人品茗赏泉佳处。

来鹤桥　南北纵向，位于趵突泉池东岸，望鹤亭西南侧。此桥由明万历年间历城知县张鹤鸣建，天启年间济南知府樊时英重修。为石质平板桥，两侧置雕花石栏。桥周，景色绮丽。清初诗人施闰章在《重修趵突泉记》中写道：“其桥曰‘来鹤’，跨桥之南，其楼榭亭馆之美，烂若霞起”，“凭栏周瞩，仰而见山之青，俯而见泉之洁”。来鹤桥南端为来鹤坊。为明朝天启年间樊时英建。两柱一楼式，丹柱青瓦，斗拱承托，上饰吻兽，南北各悬“洞天福地”“蓬山旧迹”匾额。整个坊体显得小巧玲珑，古朴典雅。两侧为清澈的泉水，翠柳轻舞，景色清幽。

尚志堂 在趵突泉东北，为原尚志书院的一个院落。尚志书院，清同治九年（1870年）山东巡抚丁宝桢创办，就学者除学习儒学外，还学天文、地舆、算数。该堂曾刊刻《十三经注疏》、《石徂徕先生集》、王渔洋诗文著作等书籍，称尚志堂版，在国内享有盛誉。尚志堂院，南北各有厅房三间，东西曲廊相围，院外三面小溪环抱，泉水淙淙，沿屋穿廊。整个院落显得敞中有蔽，闹中有静。北厅房为主体建筑，背后修竹芭蕉，相映成趣。小溪穿过竹林，与两边泉池相通。西廊，溪水岸边有冬青绿篱，廊上翠柳披拂，形成绿荫柳廊的景观。东廊，北端有一山石小景，配植花木。廊下临一清池，蓄有锦鱼。滨水长廊，使游人小憩，凭栏赏景。院内东西向小溪的北侧有一名石，叫“待月峰”，是宋代遗物。石瘦细长，多有空窍，似月形，夜深月朗，清光可透过洞穴，洒在地上，形象多变。满院浓荫蔽日，高大的国槐笼罩，低矮的灌木点缀，冬夏常青，四季有春。其中玉兰花尤惹人喜爱，每到三四月份，红白花儿开放，大如雪莲，分外妖娆，清香四溢，所以又称此院为“玉兰院”。

李清照纪念堂 在趵突泉公园北部。1959年在原丁宝桢祠处辟建，1980年改建。李清照（1084—约1155年），号易安居士，济南人，宋代杰出女词人，为词坛“婉约派”代表，词作称“易安体”，对后世影响颇大。纪念堂为传统四合院民居形式。正面对称构图，四周曲廊，回环错落，变化有致。整个建筑采用宋代风格，取其意而不仿其形，体现了女词人所处时代气氛。院落大门朝南，前后丹柱，双脊比翼，飞檐翘角。颜额悬木匾，上写“李清照纪念堂”，是当代名作家郭沫若手笔。正厅坐北朝南，歇山飞檐，前为抱厦，侧设耳房，抱柱悬挂郭沫若题写的楹联：“大明湖畔，趵突泉边，故居在垂杨深处；漱玉集中，金石录里，文采有后主遗风。”堂内迎门，为李清照塑像，手持书卷，眉宇深锁，若有所思。堂壁上布展茅盾、叶圣陶、冯沅君、舒同、臧克家、李苦禅等名人书画。橱窗内陈列有各种版本的李清照词作，以及海内外学者的研究专著。东侧曲廊间，建有“叠翠轩”。轩内东壁辟景窗，山水景色，摄入窗内。窗侧壁间嵌当代书法家启功等名人题刻。西廊南端接“溪亭”，取李清照《如梦令》词中“常记溪亭日暮”句意。轩、亭匾额均由当代书法家蒋维崧篆书。院中清泉潺潺，秀石玲珑，并根据李清照词意，配置各种名贵花木。春天，玉兰映雪，迎春洒金；夏天，海棠滴绿，芭蕉泄翠；秋天，菊花傲霜，金桂溢香；冬天，青松挺拔，修竹潇洒，生机盎然。

易安旧居 位于李清照纪念堂西侧，2001年9月建成开放，占地面积3500平方米，建筑面积1500平方米。分为东西跨院：东院庭堂曰“静治堂”，取赵明诚、李清照夫妇居莱州时宅第之名，寓意“静心治家”。庭堂内陈列着四组栩栩如生的蜡像，分别为“书香门第”“词坛绽秀”“志同道合”“流寓江南”，是一代词人李清照一生生活场景片断的生动写照。西院庭堂曰“有竹堂”，取李清照之父李格非开封府第之名。院落由正厅、走廊、方亭、园门、小河、石桥等组成。山石韵致极佳，“淡月亭”瀑布飞流，堂前溪水潺潺，花木丛生，古朴典雅。易安旧居通过碑廊与李清照纪念堂相连接，东西贯通，融为一体。

沧园·王雪涛纪念馆·枫溪 在公园东南隅，为趵突泉园中园，是一古典形式的建筑，1964年改建，占地2500平方米。园西侧，有纪念明朝著名诗人、“后七子”领袖李攀龙的白雪楼。李氏著有《沧溟集》，世称“沧溟先生”，故将该园命名为“勺沧园”，近年人称为“沧园”。园内大厅三座，排列在一条中轴线上。每厅皆有外廊环绕。园周曲廊相围，沿廊修竹婆娑。院内苍松挺拔，蜡梅橙黄，突出了冬季景观。尤其雪落时刻，松竹梅各展风姿，构成一幅“岁寒三友图”。1987年1月，利用原有建筑，在园内建“王雪涛纪念馆”。王雪涛（1903—1982年），河北省成安县人，中国当代著名的花鸟画家。纪念馆分“无陋山庄”“萝月堂”“瓦壶斋”三个展厅，陈列王雪涛遗作和收藏品及生前绘画用具200余件。枫溪，在沧园北侧，东西狭长，沿岸山石，层层叠叠，参差错落。溪水从趵突泉、白云泉、登州泉、望水泉流入，然后穿进假山密林，注入西护城河。溪内西侧，建有“月岛”，东端架曲桥，最东为假山。从枫溪西端向东看去，层次鲜明，景色深远，为公园最长风景透视线。夹岸植垂柳，溪内栽荷莲，水上陈设扁舟，可于内荡游。溪之南岸，波廊尽头，有一水榭探入溪中，名曰“枫榭”。榭以东，由长廊通向平台，台上设石桌石凳，可于此欣赏枫溪景色。秋季，红枫、丹桂、柿树、银杏、山楂与树间、崖壁、山上点缀的秋菊，组成秋色图画。若值明月当空，银波潋滟，水中映出一轮“明镜”，形成“枫溪秋月”的景观，正可在月岛上尽赏。

白雪楼 位于趵突泉东南侧，为纪念李攀龙而建。李攀龙(1514—1570年)，字于鳞，号沧溟居士，历城人，明代文学“后七子”领袖。倡导文学复古运动，并写了不少出色的五、七言律诗和绝句，世人称“为三百年绝调”。嘉靖三十五年(1556年)，辞陕西按察副使职东归，在家乡筑“白雪楼”读书其中。著有《沧溟先生集》。济南白雪楼共有三处。最早一处在历城王舍人庄东北鲍山。李攀龙晚年，在大明湖百花洲又建一座。明万历年间，山东右布政使叶梦熊因敬仰李攀龙，出资在趵突泉畔造了这第三座白雪楼。明万历四十二年(一说万历二十年)，山东巡监察盐御史毕懋康(安徽歙县人，善文辞、绘画，著有《管涔集》等)，于此白雪楼处创建“历山书院”，筑房舍数十楹。以后，白雪楼倾圮。至清顺治十一年(1654年)，山东布政使张缙彦又重建。五楹两层，坐北朝南，前面出厦，落地槅扇。楼四周环小溪，泉水淙淙。大门在前，由小桥相通。岁月迁延，至20世纪50年代，楼已凋敝不堪。1960年趵突泉公园扩建时，白雪楼被拆除。1995年又在原址重建，古戏楼形式，二层，巍峨壮观。下层北侧设戏台，梨园名家常于此表演。楼的南侧叠以假山，山北侧临山为湛露泉、酒泉、石湾泉，泉池内植以荷花。西侧为无忧泉，水面甚大，常年不涸，水草碧绿，锦鱼戏游。楼东为藤架，北为树林，景色甚为清幽。

白雪楼大戏台 西临无忧泉，西北靠趵突泉。1995年，与白雪楼同期建造联体仿古建筑，面积100余平方米。戏台长6米，宽12米，雕梁画栋，富丽堂皇。两边耳房为音响室、化妆室。戏台前沿设有不锈钢护栏，两边楹联“百花齐放，推陈出新”为毛泽东笔迹，额匾“振兴京剧艺术，弘扬民族文化”为江泽民笔迹。书法家欧阳中石撰书题写的“乐奏萧韶”“临泉集盛展我家国粹，漱玉凝馨邀天下名贤”分别悬挂于上匾和抱柱。这里经常演出京剧、吕剧、柳子等多种曲艺剧目，成为戏曲文化的活动场所，全国梨园名家常临台献艺。戏台群泉环绕，正方场地数排木凳、石桌，供游人赏戏、观泉和休憩。节假日，观戏的游客人流如潮。

万竹园 坐落在趵突泉西邻。始建于元代，因园内有竹林而得名。明代隆庆年间，为内阁大学士、历城人殷士儋所有，改称“通乐园”，又名“川上精舍”。清康熙年间，济南诗人王苹典屋居于其间，取名“二十四泉草堂”，赋诗云：“百年竟落书生手，满郡犹呼阁老亭”，“乱泉声里谁通屐？黄叶林间自著书”。民国初期，被北洋军阀、曾任山东督军兼省长的张怀芝占有。张征召能工巧匠，重新修建，遂成现状。在建筑风格上，吸取北京王府、南方庭园、济南四合院的特点。在建筑布局上，采用对比、衬托、借景等手法，利用墙、廊、溪、桥，对空间进行分割，构成层层迭迭的院落。计有13个庭院，186间房舍，分东、西、南三套。东套有四大院三小院，西套有四大院，两套连在一起；南套为两小院。各院曲廊环绕，院院相连，楼堂亭榭，参差错落。迎门假山，玲珑剔透，蔓条披拂，松柏垂荫。院内翠竹碧绿，石榴火红，玉兰雪白，生机盎然，并有“望水”“东高”等名泉。泉涌成池成溪，绕屋穿廊，潺潺湲湲。溪上架桥，池中设亭，人坐亭内可观荷赏鱼。房舍梁柱、额枋、石栏、石磁、门楣、墙面等处，石雕、砖雕、木雕精美逼真。雕刻内容丰富多彩，有珍禽异兽、神话传说、名人典故、文房四宝、刀枪剑戟、松竹梅兰等。院西为花园。花园西南隅有白云泉。泉涌成溪，溪上架桥，桥上设亭。溪岸巧石秀立，步移景迁。泉北有轩，名曰“白云”，面阔三间，坐北朝南，玻璃门窗，宽敞明亮，可于内品茶赏景。轩西连曲廊，廊端建小亭，亭内有池，水清见底。园内修竹千杆，花木扶疏，翠草如茵。花园虽小，但视野开阔，小中见大，给人以疏朗清新之感。占地面积1.4公顷，1986年，被省政府公布为省级文物保护单位，辟为李苦禅纪念馆。1993年，收入《中国传统民居建筑集》。1999年，修建高4米、宽6米的垂花门。2002年，军旅雕塑家仇志海黑陶艺术陈列馆设立于此。

李苦禅纪念馆 设在万竹园内，1986年6月建立开放。李苦禅（1899—1983年），山东省高唐县人，中国当代大画家、书法家。在长达半个多世纪的艺术生涯中，创作出许多艺术珍品，形成自己独特的艺术风格，在中国画坛产生广泛的影响，享有“南潘（天寿）北李（苦禅）”之誉。纪念馆共有14个展室，400余件书画作品。其中《红梅花怒放》《松鹰图》《劲节图》等皆为作者晚年佳品，并有绝笔之作——楹联“至圣无域泽天下，盛德有范垂人间”，系去世前三日，应邀为日本长崎孔子庙所书。此外，还有所藏明清字画及生平照片、书信稿以及按其在北京的故居所布置的书房、会客室等。

东门·趵突胜境坊 东门为公园正门，建于1965年，建筑面积50平方米，3间两耳民族式风格。门宽5米，8梁6柱，白墙灰瓦，出檐卷棚，彩绘精美，古朴典雅。门正中匾额“趵突泉”贴金大字，为郭沫若手书。趵突胜境坊位于东门外约17米处，与东门相对。1999年10月，在原趵突泉坊基础上修建。坊高7.5米，“整石构造，四柱三间，冲天挑担式”造型。柱间总宽9.2米，两侧悬挑各1.5米。磨光花岗石上刻有颜额“趵突胜境”“观澜知源”，分别由武中奇、蒋维崧题书。石坊浮雕“巨龙附柱”“游龙戏水”，灵动浩气，柱下石鼓挟抱。

南大门 位于泺源大街北侧，1994年9月始建，1995年4月落成。由山东省著名园林专家周培正设计，为古典风格、钩连搭卷棚歇山顶式门楼。占地面积1573平方米，东西长47.5米，南北纵深13米，主门高8.4米，前后丹柱，斗拱飞檐，双脊比翼，古意盎然。门内匾额“激湍”，主门匾额“趵突泉”及抱柱楹联“喷珠屑玉水澜翻，孕鲁育齐相鼎峙”，分别为清康熙、乾隆笔迹。大门内侧“泺源门”三个大字集自“书圣”王羲之字。大门外侧，东西各有一个8米见方的大水池，池壁各有一个龙头喷水，池中有喷泉石灯，镶有汉白玉栏杆的石桥直通正门。大门左右配以耳房，曲廊镶装着不锈钢护栏和红色大理石坐凳，大门周围点缀着奇花异木。整座大门空间通透，园景显露，景色交融。

北大门 1999年公园扩建改造时修建。范围由北大门至步青桥区段。北大门为仿古建筑风格，占地面积1500平方米，建筑面积550平方米。门楼卷棚悬山，红柱黑瓦，门宽8米，上方雕梁画栋，油漆彩绘，两边各配耳房，木格窗棂。门楼前后各有一对石鼓，北门前颜匾额“趵突泉”集自元代赵孟頫笔迹。楹联“千秋佳话娥英水，四海闻名趵突泉”由徐北文撰联、魏启后题书。内侧门颜回廊匾额“源清流洁”系清康熙皇帝撰辞，字集宋代米芾墨宝。北大门西侧连接趵突茶楼，茶楼上下二层，仿古建筑，内装木梯上下穿行。大门正前两侧各有一石台阶，正中照壁长10米，宽2米。大门内侧为一平坦小广场，左右两侧缀以乱石，沿东泺河一侧，岸边杨柳成行，绿草茵茵。

通泺园 位于趵突泉与万竹园之间，意为“通往泺水（趵突泉）的园子”。1999年建成开放，面积6600平方米。通泺园南端，有一竹门楼，上刻“通泺园”三个大字，为通泺园进出口。园中北部假山秀石缀坡，茂树密布，丁香、樱花、枫树、玉兰等各色花木错落有致。南侧坡下30余株垂丝桃，树姿秀美，漫步其中，如同画中人，令人愉悦陶醉。通泺园内由北往南，花墙子泉、杜康泉、登州泉一字排开，泉池依照地势，或方形，或不规则形，各具特色。沿万竹园东墙南北贯通的200平方米的回廊雕梁画栋。沿回廊向北有两处仿古建筑，依形而建，门前拾阶而上，碎石铺路。房前屋后种植芭蕉、丹桂，富有浓郁的园林与乡土气息。通泺园步步为景，两处分割独立的山丘，花木成林。园内百花齐放，百鸟争鸣，是一处观景休憩的理想乐园。

天尺亭 位于趵突泉以东，皇华轩南侧。2004年建成，用于观测趵突泉地下水位。天尺亭为内盆外池构造，内盆半径3.8米，采用山东“石岛红”石材，外池半径5.8米，古代园林窜顶式三角亭嵌于内盆中央。亭内三面电子屏清晰地显示时间、趵突泉地下水位和济南泉水成因地质剖面图。亭高6.3米，对角宽3米，青瓦彩栋，为北方园林建筑之罕见。三块“饮水之源”“观澜之本”和“天尺亭”匾额分别悬挂于亭之东北、西北和正南方向。三个抱柱联分别是“水底洞天巧测脉”“历下泉源永相思”“城西泉上最关情”。匾额、抱柱联除“天尺亭”外，均由济南学者徐北文撰题。亭的护栏嵌有“二龙戏珠”透雕图案30方，水下安装30只射灯和人造喷雾装置，护栏内壁探出9个龙头，喷水吐雾。护栏外围地面上镶嵌济南新七十二名泉浮雕板。周围环水傍泉，花木扶疏，环境优雅和谐。天尺亭不仅具有直观地观测趵突泉地下水位和济南泉水成因的功能，还极具文化性和观赏性。

泺 苑 位于趵突泉公园西北区，以观泉、嬉水、品茶为特色。2006年10月建成。泺苑是一条仿古民居式水景街，东西宽20米，南北长约91米，总占地面积2300平方米。此处过去是大板桥街、小板桥街、曹家巷等老街巷所在地，曾经河道交叉，泉源充沛，一年四季流水潺潺，是泉城济南“潇洒似江南”景致最有代表性地区之一。泺苑基本恢复了这一老济南风情，四围曲曲折折，环绕以清澈的泉溪，形成“人家尽枕河”的泉城特色景观。泺苑呈前街后河布局，不对外直接敞开，仅以几座不同风格的小桥对外连接，沿桥往里走，宛若步入与世隔绝的世外桃源，令人心驰神往。泺苑街宽3.5～4.0米，均以青石板铺面，街南首的板桥泉泉水流过街面，最后汇入三曲桥大河面，形成“清泉石上流”“水上汀步”等景观，可供人们亲泉、嬉水。泺苑内建筑沿循明清济南民居风格，以廊、榭、阁等敞开性建筑为主，亭、台、楼、阁、榭等高低错落，交相辉映，既富有变化又和谐统一。在杨柳、国槐、皂角等百年古树的映衬下，连同抱街入户、随处可见的泉水，构成一幅大气秀美、宛若江南的水墨画。泺苑内的楹联和匾额都是国内著名学者和书法家根据泺苑的景观和文化特色撰文和题写的，有欧阳中石的“泺上台”“趵突流长”，陈左黄的“皇华苑”，马季的“泺苑”，荣斌撰、张仲亭书的“泉声入耳鸣环珮，柳色迎眸展画屏”等共计15块匾额、26幅楹联，为泺苑增添了浓郁的文化气息。

“五三园”景区 2006年，为纪念济南“五三惨案”而建；2007年5月建成开放。1928年，日本帝国主义以保护日侨为借口，要求中国军队撤离济南，5月3日，日军突然发起进攻，杀死杀伤中国公民1万余人，泺源门外顺城街一带民房化为焦土，财产损失2.4亿元以上。特别是日军无视国际公法，惨杀与之据理交涉的中国外交特派员蔡公时和17名外交人员，造成历史上惨绝人寰的“五三惨案”。“五三园”景区位于公园北侧、护城河西岸，由入口牌坊、“五三”纪念堂、“五三”纪念亭、“五三”钟台组成，总占地面积约2600平方米。“五三”纪念亭前身系1932年建于经四路小纬六路西侧的“五三亭”。1937年“七七”事变后，“五三亭”拆除，拆下的8根石柱被掩埋，保存完好。1998年按原样在现址修复。亭呈圆形，顶为双层，重檐，由8根石方柱承托，亭额嵌“五月三日”巨字石刻，各柱均刻楹联，四幅柱联分别由时任山东省政府财政厅长王向荣、国民革命军第三方面军参谋长张钺、山东省政府秘书长张绍堂、山东高等法院院长吴贞缵撰书。纪念堂建筑面积约307平方米，建筑主体高10.5米，分上下两层，一层为观展区，内高4.7米，堂内中央安放蔡公时烈士铜像，周围展示与“五三惨案”相关的图片资料等。二层为观景平台。纪念堂外东南方设“五三”钟台，置放“五三惨案”警示钟。园区内还置有“五三惨案纪念碑”和“五三惨案歌”“国耻歌”等碑刻，与河东岸的“五三纪念碑”“五三纪念塔”连为一体，共同组成新的“五三纪念园”，成为集堂、钟、碑于一体，融参观游览、史料收集与研究并举的爱国主义教育基地。

名　石　公园内散置6块名石，为公园平添了几分文化底蕴。龟石位于公园西北侧广场西端，为宋徽宗寿山艮岳遗物，后被元代散曲家张养浩收藏。石高近4米，重约8吨，为《中国赏石大典》收入的名石之一，1977年由济南文庙移入公园。此石一说为龙石。依据有二：(1)龙石的来龙去脉史籍记载比较清楚。清道光《济南府志·杂记》据康熙旧志载：“郡城有四灵石，在泮池上者曰蛟龙，在紫薇堂者曰凤翥，在开府署者曰龟石，在通乐园者曰麟石。今三石岿然故处，独麟石仆于菜畦。”清人王培荀《乡园忆旧录》卷四亦载，龙石在府学文庙泮池前。与今公园龟石来源自府学文庙处相符。(2)史籍记载，龙石的高、形与今称名龟石者“高约4米，重8吨”相符。翁方纲《题趵突泉上石》载：俗名“龟石”者，“旧在殷文庄通乐园”，“石高九尺六寸”，“然予考《二十四泉草堂图》卷内王方若诗，注云‘麟游石也’”。据此所记，此俗称“龟石”而翁氏怀疑为“麟游石”奇石，高不及今漱玉泉畔“龟石”的四分之三。故今趵突泉公园内龟石的高、形，当与龙石相当。“待月峰”位于尚志堂前，1982年从古运河边移入。石高1.9米，宽0.27米，厚0.6米。石上有多个形态各异的透洞，月夜，月光透过孔洞，洒落地上，变化多端，妙趣横生。夔石位于老金线泉西侧。夔为传说中的独足怪兽，此石因形似夔而得名。石高1.5米，宽0.75米，厚0.6米，为太湖石种，宋太宗对此宠爱有加：“待之如室友，视之如贤哲，重之如宝玉，爱之如儿孙”。虬石位于易安旧居门前。虬为传说中的双角小龙，此石因形似虬而得名。石高2.6米，宽1.57米，厚0.6米，1986年从山东青州觅来。寿石位于万竹园西花园内，石形浑圆雄秀，酷似草书“寿“字，故名。石高3米，宽1.2米，厚1米。石因由无数形状、色泽各异的颗粒风化而成，且有别于当地石质，故又名“天降石”“飞来石”。“白云峰”位于万竹园白云泉畔，因泉而名。石高4.2米，宽1.8米，厚1.5米，体态高大浑厚，石身纹理交错，窍孔通透，1987年安落于此。

二、环城公园

环城公园沿济南古护城河两岸布局，全长6.26千米。1984年始建，1986年建成。以绿地、水系和风景游览线把黑虎泉、趵突泉、五龙潭、大明湖、珍珠泉联系起来，构成济南市区的园林绿化中心。地势起伏，假山连绵，虹桥卧波，清泉潺湲，杨柳垂荫，百花争艳，亭台楼阁点布其间，成为颇具泉城特色的游览胜地。主要景观有泉

环城公园　　（2004年 张泉刚摄）

石园、鑑泉园、“五三”纪念园等。

为提升公园景观，完善护城河观光游览等功能，2002～2003年，首次实施规模整治改造。2004年，对黑虎泉至五龙潭公园河段进行疏浚整治，实现西护城河、趵突泉公园和五龙潭公园段水上连线通航。2007～2010年，实施环城公园景观提升改造和护城河全线通航工程，打通东西护城河航道，实现真正意义上的环河通航。河岸绿化面积增加5.4公顷，达17.9公顷，公园总面积31.7公顷。环城公园以绿地、水系把黑虎泉、趵突泉、五龙潭、大明湖、珍珠泉联系起来，成为泉城标志区的风光游览带。

泉石园 位于南护城河东段，济南旧城东南隅。这里清泉众多，除黑虎泉外，还有九女泉、白石泉、琵琶泉、玛瑙泉、五莲泉等10余处，为济南城区四大泉群之一。此地水面宽阔，地形起伏自然。1965年拆除破旧的民居，将清泉、名胜囊括在内，新建亭台桥阁，堆叠假山，石砌河岸，疏浚河道，栽植各种花木，被辟为黑虎泉公园。1986年建环城公园时，改称泉石园。几经建设，形成险峰峭壁，飞瀑涌泉，波光石影，清流映黛，绿柳婆娑的秀美风景区。多组亭榭因地就势，与花丛翠树相掩映，颇具江南风貌。

解放阁 在原济南古城墙东南角，隔护城河与黑虎泉相望。阁址位于当年人民解放军攻城突破口处，为纪念解放济南而建。1965年建成台基，1985年建阁，1986年9月落成。此阁连台基通高34.1米，占地1637.2平方米，建筑面积617.2平方米，采用中国古典建筑形式，金黄琉璃瓦，外用花岗石贴面。阁分两层，四面方形。上层，攒尖宝顶，翘角重檐，斗拱承托，吻兽飞动，风铃扬韵。下层环廊，廊与阁由抱厦连接。廊阁绘有山水、花卉、鱼虫、飞禽、走兽等小品。廊外为平台，台周饰石栏。阁名为原华东野战军司令员陈毅元帅于1965年题写，鎏金的“解放阁”三字石刻分别镶嵌在台基西、南两侧。台基东侧，贴壁立《解放济南战役革命烈士纪念碑》，镌刻着在济南解放战役中壮烈牺牲的3764位烈士的英名，由济南书法家朱学达楷书。台基西侧嵌济南市人民政府1986年9月立、书法家武中奇书的《解放阁修建碑纪》。由阁西台基下拾级而上，登61级台阶，五折后进入阁底层大厅。大厅中央矗立一组高大雕塑——济南战役英雄群像，四周陈列着济南战役革命文物。大厅外壁，镶有八组反映济南战役场景的灰色大理石浮雕，画面生动逼真，笔调雄健遒劲，内容丰富深刻。由阁北侧台基上登44级台阶，六折后便达二层。四周有汉白玉石护栏，可凭栏观览周围景色：阁西，水光潋滟，石林秀出，亭榭隐现；阁北，护城河上的春、夏、秋、冬四季花园，似绿色锦带上镶嵌的颗颗珍珠；向南远眺，千佛、佛慧、会仙等山，青葱遥连，蔚为大观。1988年，被评为泉城十大景观之一；同年，为纪念济南解放50周年，对解放阁进行修缮。工程包括阁基加固、阁面翻修、阁顶及室内油漆彩绘、碑文防水处理、扩充展室展品、增加济南战役沙盘和声光设备、安装外饰灯等；9月上旬，各项修缮工程竣工，解放阁焕然一新。2008年，再次维修，阁上原“济南解放纪念阁”更名“济南解放纪念馆”，匾名由原国防部部长迟浩田题写。历经近半年施工，对纪念馆的地面、墙面、门窗、展橱、展柜、灯光等进行全部更新，新增电子翻书系统、矩阵式投影播放系统和多媒体科技模型系统等硬件设施，充实和完善了纪念馆的图文、实物等展出内容。自2008年起免费开放。

清音阁 在黑虎泉西侧6米高的石台上，1985年建。阁下琵琶泉的串串水泡，珍珠似的泛上水面，噝噝炸开，发出清越的声响，若琴音。阁因水声而得名。此阁为民族形式的仿古建筑，探出基外，翼然而立。绿色琉璃瓦覆盖着飞檐翘起的大屋顶，仙人、吻兽饰于翼角、脊上，跃跃然欲飞。斗拱错落，回廊环绕，雕梁画栋，富丽堂皇。外设坐栏，内置茶座，人们可于此倚栏赏景、品茗休憩。阁南，庭院幽幽。东西古典式厢房，硬山出厦，清砖白墙，古朴无华。院周围矮墙，饰异形窗，幅幅小景，由透窗映入院内，同水墨画小品。院东辟月门，院西建门楼，门楼悬“清音阁”匾额。阁东北侧，琵琶桥南北横架，拱形似虹，桥头垂柳披拂，为阁增色。这阁精美别致，具有江南建筑风格，构成“一曲琵琶江上舟，十二阑干天外楼”的意境。

五莲轩　在五莲泉西，护城河南岸。因泉而得名。此处原为缪家花园。园主缪润绂(原名裕绂)，为清代汉军正白旗人，其母爱新觉罗氏，是清皇族远支宗室之女。光绪十八年(1892年)，缪氏进士及第，任翰林院编修，后历任日照、齐河知县和临清直隶州知州。辛亥革命后，在此地建园筑室居住。园内叠以假山，植以花木，并有泉亭之胜，乃起名曰“亦山林”，当地居民俗称“缪家花园”。后荒废。1965年进行整修，1985年建五莲轩。五莲轩由茶室、六角亭、爬山廊、水榭构成，占地1000余平方米。西端为一独院。院北矮墙，中辟洞门，额嵌砖刻“茗香”。迎门叠以假山。峰间，有石阶可通向院内。院内地形跌宕起伏，卵石铺地，巧石缀饰，修竹婆娑。西为茶室，民族形式。室之西侧为一小园，园北矗立着巍峨的石峰，峰下流淌着淙淙的清泉。园内、山巅，白杨、松柏、梧桐葱郁。由小院向东，登上自然石阶，隔墙又有一小院，长方形式。院北矗立秀峰，峰间石台高耸。台上建亭，亭侧老树笼荫。丽日当空，影洒亭面，相错如绣。这里视野开阔，于此可乘凉小憩，观览四周景色。院东空中高悬四折半壁爬山廊，廊接水榭，于上可远眺解放阁雄姿，俯瞰五莲泉细流，天光水色，气象万千，令人心旷神怡。

鑑泉园　在南门桥以西，护城河南岸。1986年11月建成，因附近鑑泉而得名。该园主体建筑东西长方形式，分为上下两层，东高西低。东半截为重檐阁楼，上覆绿色琉璃瓦，通脊两端、翼角之上，合角吻、套兽之类，形象奇异，似于云中跃动。重檐之间，饰有菱形花窗，彩色玻璃熠熠生辉。阁楼底层，水池别致，池周点缀山石，涓涓细流，由二层跌下，形成水帘，顺山石滑进池中，哗哗作响，富有琴韵。阁体北侧，探入水中，可凭栏观游鱼，赏水景。主体建筑西半截为长方形二层平台，平台底层，一泓碧水如镜，鱼翔浅底，往来翕动。南岸叠以假山，山石怪异，如禽、如兽、如笋。山巅青桐负日，穗穗紫英如烟。石间蔷薇披扶，青条沿秀石垂下，滴绿泄翠。再加那串串如玉珂的箭兰，簇簇如黄金的秋菊，构成一幅天然的水墨画图。池内设莲叶步，大小相同，错落有致，犹如芙蕖浮在水面。池北隔室溪岸，画舫两两三三，静卧绿波，窗明几净。顶层平台设有茶座，同时兼有音乐、曲艺、露天舞厅的功能，人们可于此就座小憩。1998年，修建泉城广场拆除。

“五三”纪念园　位于西护城河南段，1986年为纪念济南“五三惨案”而建。1928年，国民革命军进占济南，日本帝国主义借口保护日侨，出兵干涉。5月3日，凶残杀害国民政府山东特派交涉员蔡公时等17名外交人员，进而强占全城，恣意杀戮中国士兵和市民近万人，制造了震惊中外的济南“五三惨案”。紧靠西城根外的顺城街，房舍悉数被烧，居民无一幸免，事后改称“五三街”。“五三”纪念园即建于此。河东岸，竖一石碑，四棱锥体形，上刻“济南五三惨案纪念碑”九字，系仿照当年(1929年5月)山东省政府建于泰安岱庙的纪念碑原样制作。碑的南、北侧，桧柏簇拥，花廊相映。碑的东侧，为1995年9月纪念世界反法西斯战争胜利50周年之际新落成的“五三惨案”纪念碑。该纪念碑由卧碑和浮雕墙两部分组成，呈南北走向，高4.25米，长17米，黑色花岗石砌就。东侧为卧碑，南北东三面围以铁索护栏。碑体上刻当代书法家武中奇题写的“济南惨案遗址”六个大字。卧碑的正中是凸起的巨型白色大理石台历，右页镌刻“五三惨案”发生的年月日期，左页镌刻《济南惨案纪略》，由武中奇书丹。台历左右两边，饰以汉白玉雕刻的花圈。碑西侧为浮雕墙，面西，上刻《国耻》浮雕。该浮雕采用汉画像石刻艺术技法，运用纪实、象征、寓意相结合的手法，再现济南“五三惨案”的场景。两端雕刻的洪钟，上勒“勿忘国耻，警钟长鸣”八字。

三、五龙潭公园

五龙潭公园位于济南旧城西门外，泺源桥北，因内有五龙潭而得名。占地面积5.44公顷，其中水面0.8公顷，是由潭、池、溪、港等景观构成，以质朴野逸为特点的园林水景园。

这里，北魏时水域颇大，为大明湖之一隅，湖畔有大明寺，此水为“净池”。宋代称“四望湖”。元代时水面缩小，仅剩泉池及纵横溪流。此水域历来景色清幽，杨柳依依，鸣禽啾啾，荇藻飘浮，锦鱼戏游，修竹婀娜，拂云蔽日。北魏著名地理学家郦道元在《水经注》中就有“左右楸桐负日，俯仰目对鱼鸟，极(望)水木明瑟”的赞誉。景色之秀丽，引得历代文人来游。杜甫、苏轼、桂馥等大家便曾咏诗赞美。

五龙潭位于公园中部，此外，附近还有悬清泉、天镜泉、濂泉、月牙泉等20余处清泉，构成五龙潭泉群。潭周，历代多有建筑。北魏有大明寺、客亭。唐时有“水练寨”之称，乡贤就地建秦琼祠堂，遂有秦琼府第的传说。元初，潭侧建凝碧宫，明末建霖雨亭，清初有鲛人馆、我忆阁，乾隆时又建潭西精舍。解放前，建筑大都倾圮。解放后，政府多次整修，1985年重新规划，辟建公园。浚池砌岸，堆山叠石，植花木，建亭阁，设碑廊，面貌焕然一新。1987年9月，正式建成开放。潺潺众泉，蜿蜒曲溪，或流水当门，或廊浮水上，或阶上听泉，或曲池观鱼，或绿屿纳荫，风姿秀雅。

2004年，修建与趵突泉公园水上游览线路，6月1日实现两园游船水路连接。航道位于两个公园之间的护城河内，全长300米。2008～2009年，进行扩建改造，扩大公园面积2公顷，总面积5.44公顷。新建贤清榭、秦琼祠、东门、西大门等景观建筑，重建北门、五龙潭桥，铺装园路4800平方米，增加绿地面积6000平方米，增植乔灌木3万余株。在西护城河景观改造工程中，将周公祠桥至大明湖段东岸景观进行改造，全线长约400米，栽植乔灌木和水生植物6万余株，安装假山石8000余吨。经改造，原公园外的铜元局前街南段变成水域，设置船闸，解决了西护城河南北水面落差大的问题，便于游船通航。2009年7月19日，与大明湖通航。

秦琼故宅遗址　秦琼(585—638年)，字叔宝，唐代历城人。随唐太宗李世民征战，累立战功，官至左武卫大将军，封为胡国公，死后陪葬于昭陵。相传，秦琼显赫后，在五龙潭侧建府第。历经沧桑，后湮没。后人就地建祠，并刻有“唐左武卫大将军胡国公秦叔宝故宅”石碑，为清乾隆年间书法家桂馥在此处建“潭西精舍”时

五龙潭公园　（2009年　董丽娜摄）

所书。

把五龙潭说成秦琼故宅，是在元朝之前。元人张养浩在《复龙祥观施田记》中说：“闻故老言，此唐胡国公秦琼第遗址，一夕雷雨，溃而为渊。”如今，“秦叔宝故宅”石碑尚存，立于五龙潭公园西南隅。1979年将此处公布为济南市重点文物保护单位。

秦琼祠位于公园中部，为纪念唐代开国元勋秦琼而建。地方先贤曾在五龙潭侧建有秦琼祠堂，后废圮。2009年择今址重建，2010年建成开放。重建后的秦琼祠仿唐式建筑，屋面坡度较缓，斗拱尺度硕大，显现出庄重威严的形象，表现了唐代建筑稳健雄丽的风格。祠内塑秦琼像。

中共山东省党史馆 由“中共山东省领导机关旧址”“王尽美、邓恩铭雕像”“党史陈列馆”三部分组成。

中共山东省领导机关旧址，位于五龙潭东南侧，是1977年公布的省级重点文物保护单位。原为四合小院，大门朝东，开于东流水街105号。院东侧临街为青砖灰瓦白粉墙二层小楼，三间铺面，玻璃门窗。1923年至1927年年初，中共山东省领导机关秘密办公于此。中共“一大”代表、山东党组织的创始人王尽美和邓恩铭，当年经常在这里从事革命活动。山东早期共产党员鲁伯峻等人，曾在这里举行入党宣誓。1925年前后，中共中央派任弼时、邓中夏、关向应等到鲁视察工作，也曾在此居住。1985年辟建公园时，拆除周围民居，保留了此二层小楼。现在，室内按当时面貌，摆设着桌、椅、茶具、办公用品等。

机关旧址北侧，隔广场植以松柏，松林南侧，矗立着王尽美、邓恩铭并肩站立的雕像。雕像高4米余，1988年建，红色花岗石质，上刻中共“一大”代表、老一辈无产阶级革命家董必武的七言绝句《忆王尽美同志》：“四十年前会上逢，南湖舟泛语从容。济南名士知多少？君与恩铭不老松。”

机关旧址南侧，为中共山东党史陈列馆。1991年“七一”前夕落成，建筑面积1273平方米。坐北朝南，造型新颖，古朴庄重。大门开于共青团路东首路北，门额馆名，由老一辈无产阶级革命家、全国人大常委会原委员长彭真题写。馆名上方嵌有镰刀锤头标志。门厅内悬挂着党和国家领导人李先念、杨尚昆、万里、薄一波、杨得志等人的题词。按建筑层次设三个展厅，展出照片720余幅、文物300余件，并辅以绘画、雕塑、沙盘、电子显示图表及相应的声像设施，生动地再现了新民主主义革命时期，中共山东党组织的发展状况和率领人民群众进行艰苦卓绝斗争的历程。

尽园·余乐园 系五龙潭公园中一组革命历史纪念性建筑群，地处公园东南隅，总占地面积1800多平方米。由榭、亭、廊等建筑组成，一体双院，隔而不断，一静(尽园)一动(余乐园)，步移景迁。结构以砖木为主，辅以钢筋混凝土，粉墙灰瓦，花棂漏窗，朴实无华。

尽园东房为三间硬山二层小楼，即是解放前中共山东省领导机关旧址，保留了原样；西、南两侧新建两幢风格与小楼协调统一、悬山出厦的民居式小楼，形成向北开放、内外交融的尽园区。尽园北侧，建“美铭亭”。该亭西接长廊，取王尽美、邓恩铭二人名中的“美”“铭”两字命名，运用了拟人建筑法。它亭亭玉立在古温泉澄澈明净的水面上，水中锦鱼戏游，寓意革命先烈并肩创业，党群关系鱼水情深。

余乐园在尽园西侧，环廊迂回错落，以因借地形与环境为造园特色，长廊起伏曲折，给人以鱼动、水动、廊动的动感情景。院内南侧，扇面小厅半敞，北侧曲池蓄锦鲤，名为“鱼乐池”，取《庄子》“鱼乐我乐”之意。池为自然石驳岸，岸上柳暗花明。池中“鱼乐”水榭横架，坐北朝南，前后抱厦，四面出檐。园内花木多为松竹，以寓革命前辈傲霜雪守贞节的高尚情操。

名士阁·武中奇书法展览馆 位于五龙潭西岸原“潭西精舍”旧址。潭西精舍是桂馥等人于乾隆五十六年(1791年)倡议集资修建，为研究学术、筹备借书园之处。此舍临水构筑，设计精巧，布局紧凑，组成一小型别致庭园，为当时济南胜景之一。历经沧桑，旧有建筑大都倾圮。1965年临潭建“潭西阁”，1994年改称“名士阁”。该阁占地面积252.65平方米，歇山二层，环以回廊，丛木簇拥，倒影入潭，曲桥画栏，随波晃动。阁西偏北建东、西、中三厅，由游廊连为一体。三厅形成两院，院内石榴火红。后又于西、南两侧建碑廊，形成完整四合庭院。院内中央，“青泉”漾漪，泉池四隅，翠柳依依。“古历亭旧址”石碑，矗立在院西南隅。据史料记载，此处原为古大明湖一隅，湖中名亭“历下亭”，原址即在于此。盛唐时，诗人杜甫与北海太守李邕等曾在此宴饮，留下了“海古此亭古，济南名士多”的佳句。唐末，随着大明湖水域的退缩，古历下亭始倾圮。今庭院西廊北端建“会友亭”，其典出自《论语》“以文会友”之句。南廊正中为碑厅，厅东临水建小亭，名“得月”，与阁南池北岸石刻“近水楼台”四字相协。

名士阁内，设“龙潭画廊”，经常进行名人书画展，并一年两度举行“龙潭诗会”。西北侧三厅于1985年辟为“武中奇书法篆刻作品展览室”，陈列当代书法家、济南长清人武中奇的历年作品多件。碑廊嵌碑刻35方，内容为李白、杜甫、曾巩、苏轼、李清照、辛弃疾、元好问、李攀龙、孔尚任等历代名家的诗词文章及今人绘画的松梅等，除桂馥的《潭西精舍记》，今人启功、张爱萍的题词外，皆为武中奇手笔。其书法，气势浑厚，苍劲挺拔，卓然自成一家。

景 亭 五龙潭公园内，小亭颇多，装点着美丽的景色。

披云亭，在公园东侧中部，紧靠西护城河。东依山丘，巧石秀立。三面环竹，竹间铺小径。亭为四面，混凝土框架结构，整体仿竹杆形式扣成，玲珑别致，半隐竹林中。题额“披云”，形容秀竹茂盛。其典出自苏东坡《筼筜谷偃竹记》所载宋代画竹名家文同于陕西洋县筼筜谷建“披云亭”一事。今亭即移用此名。亭内柱间设坐栏，可于内乘凉小憩。

潜确亭，在五龙潭西北隅。前临官家池，喷珠泄玉。西依缓土阜，花木扶疏。亭为圆形草亭，柱由混凝土仿原木铸成。额为“潜确”，典出《周易·乾卦》：“潜龙勿用，何谓也？子曰：‘龙德而隐者也……确乎其不可拔，潜龙也’。”此即取“潜龙”之意。

静观亭，在五龙潭东北隅树林内。花木掩映，幽静深秀，可于内观览周围景色，故名。亭为淡咖啡色花岗石扣成，六柱，挑檐，宝顶，下设坐栏，显得浑厚古朴。柱刻楹联“清流激湍映带左右，朝辉夕阳气象万千”，分别集自晋朝王羲之《兰亭序》和宋朝范仲淹《岳阳楼记》。

古历亭旧址 位于青泉西侧。历亭，即历下亭，因南对历山(千佛山古称历山)而得名。北魏时称客亭，著名地理学家郦道元在《水经注》中记述：泺水之源“北为大明湖，西即大明寺。寺东、北两面侧湖，此水便成净池也。池上有客亭，左右楸桐负日，俯仰目对鱼鸟，极水木明瑟，可谓濠梁之性，物我无违矣。”唐代称历下亭，天宝四年(745年)，诗圣杜甫与北海太守李邕宴饮于此亭。席间，杜甫即兴赋诗《陪李北海宴历下亭》，这是“历下亭”之名首次见诸于记载。诗中绝句“海右此亭古，济南名士多”亦广为传颂。随着历史的变迁，北宋时历下亭的位置已移到珍珠泉北。清代康熙三十二年(1693年)，当地乡绅又择址大明湖岛上重建，即今日历下亭。1986年，在五龙潭公园建设过程中，于古历亭旧址处立一石碑，碑上镌刻武中奇书杜甫《陪李北海宴历下亭》诗。

濂 轩 位于濂泉东南隅，由轩、亭、廊、门组成，为民族形式的园林建筑，1986年修建。建在略高于地面的平台上，四面十二柱，出檐挑角，棕柱青瓦。枋上悬匾额，题名“濂轩”。上饰挂落，下设青石座凳，前为月台，后依修竹。西接东西向半壁回廊，廊北植花木。沿泉西岸，为南北向水廊，至尽头为大门。门南立太湖石，植修竹。门东水廊深入水中，栈桥形式，廊端连接六角小亭，宝顶挑檐，棕柱青瓦，上悬匾额，题名“寒玉”，为欧阳中石题写。廊亭内设青石坐凳，可于内观锦鱼、赏清泉。

贤清水榭　位于贤清泉北侧，1986年建，2009年重修。因紧邻贤清泉而得名，是一组民族形式的园林建筑。水榭紧临水际，起脊、悬山、翘角，四面出檐，上饰吻兽，仰合小瓦，玻璃门窗，宽敞明亮，可于内品茗赏景。昔日，在贤清泉边上有一座“贤清园”，为清代乾隆以来济南著名的私家园林。清代乾隆年间任山东按察使的沈廷芳(椒园)在济南任职期间，曾游览贤清园，后“为考济南泉源之盛”，应园主罗渊碧之请，撰写了《贤清园记》，“记其园之概”。文记：“德州罗氏为园其上，董文敏公以泉名之。园可十亩余，缭以周垣，荫以嘉木。其南一池，方可三寻，……南池南阳屋三楹，颜曰‘贤清草堂’，东西俱簃。北池北屋如之，余以‘涵青飞瀑’揭其楣。屋左设石几，可饮可弈。”嘉庆年间，林汲山人周永年之子周震甲购得罗氏贤清园，因其号朗谷，故将园名改为“朗园”。清代王培荀在《乡园忆旧录・朗园》中对朗园当时的情景记述道：“入门巨竹拂云，清泉汹涌过亭下，飒飒如风雨声，汇为方塘，围五六十步，名‘贤清泉’。水最清冽，好事者汲以煮茗，云味冠诸泉。北堂临水，栏外无寸土，前面尽敞。月下听泉，阶上垂钓，如白乐天庐山草堂。洵足涤尘虑，消烦暑也。楹联云‘舍南舍北皆春水，微雨微风隔画帘。’又于堂后凿池，宽大如前，蓄金色红鱼百尾，皆长二三尺。”可见此地古时景色十分幽美，令人赏心悦目，怡然自得。

四、泉城公园

原名济南植物园。位于经十路中段，千佛山脚下。1986年修建，1989年9月建成。1997年9月，免费向社会开放，总面积54.9公顷，绿地率81.7%。1992年，自筹资金建成济南市第一个水上游乐项目——水上世界。1996年，改造观赏温室，辟建蔷薇园。1997年8月，辟建3个总面积约为2.6万平方米的绿化休闲广场，增开东北角和南门东西两侧3处出入口。1998年，对日本园、观赏温室及音乐广场等景观进行提升改造。1999年，完成碧桃园改造。2004年3月～9月，为迎接亚洲杯足球赛，进行建园以来最大规模的综合改造。拆除园内零星杂乱的服务和经营用房8000多平方米，分别在东门、新南门和中心湖面建设一组钢结构用房；重建北、东、东南三大门；增设小型铺装广场20多处，改造映日湖、蔷薇池、荷花池，扩大水面面积4500平方米；新建一座贯穿公园全长820米的生态栈桥；新建生态文化广场。2006年9月26日，位于章丘境内的济南新植物园建成开放，济南植物园即改为现名。2007年，公园玉绣河景区获建设部颁发的“中国人居环境范例奖”。

映日湖　在植物园中部，面积5000多平方米，为不规则自然形式。湖岸曲折，叠以秀石，植以垂杨，绿水碧波，常年不涸。东西辟以小溪，蜿蜿蜒蜒，平桥横卧，青条坠波。北岸建水榭，榭东接双层蘑菇式凉亭，凉亭连游廊。廊下设石栏，沿廊植紫藤。榭南设平台，沿台架石栏，凭栏可观“佛山倒影”。榭北辟隙地，卵石、块石铺就，沿隙地植以花木，立以巧石，设以石凳。整个湖区，亭台廊榭，高低相间；奇花异卉，绚丽多姿。初春，榭北樱花园火红，湖南柳树林嫩黄，中间映日湖碧绿，和谐自然，清雅别致。

观赏温室・盆景园　观赏温室，在植物园西部，建筑面积2851平方米。分为三个展馆，皆呈三角体形。最高点27.6米。室内种植面呈缓坡状，以自然石叠砌。石潭清澈，曲径蜿蜒。东展览馆称温州，植有枇杷、山茶花、茶梅、桂花、变叶木、香樟、鹤望兰等温带植物。中展馆称热州，植有芒果、香蕉、印度菩提树、娃娃兰、酒瓶棕、木棉树、大叶南洋杉等热带植物，馆内北侧建旋转形观赏台，可于上俯瞰。西展馆称沙州，植有仙人掌科柱类、球类、团扇类200多个变种及龙舌兰、光棍树等沙漠植物。

盆景园，在观赏温室的南侧，分三个展室，室室相连，浑然一体。室内由博古架分割空间，同时还建有花坛水池，池岸点秀石，依壁贴假山，平台、花架、壁间，山石、树桩盆景排列有序，有的硕大，有的微型，有的粗犷，有的玲珑，千姿百态，各具风格。

垂杨沟·翠屏湾 垂杨沟，位于植物园东北部的松柏园中，面积近4000平方米，东西狭长，沿岸垂杨(垂柳)笼荫。春季，青丝飘絮，轻点绿波。水内散置盆莲，片片葱绿，点点嫣红。沟为自然石驳岸，为园内最长水景线。沟上设石步汀桥三座，游人可信步横渡。岸两侧为土丘，丘上花木扶疏。沿岸点以秀石，设以石凳。沟之东端北侧，为堆土而成的小山，山上松柏苍翠，清风徐吹，松涛扬韵，松柏丛中一座别致的建筑，名之为“松风阁”。翠屏湾，在垂杨沟南面竹园中，近2000平方米，呈不规则椭圆形。池岸曲折，山石叠砌。四周皆竹，青翠如屏。湾内有岛，岛上，青松茁壮，翠竹修长，红梅妖娆，构成岁寒三友图画。花木丛中，为卵石装饰之曲径，并置石桌石凳。东西设小桥，可由此步入岛内。岸北建餐厅，下层月台宽阔旷达，上层阳台凌空浴风，游人可于此用膳、品茗，远眺群山风景。

防长亭 位于植物园映日湖的东侧，为日本国传统样式，是1992年日本友人为庆祝山东省与日本山口县建立友好省县十周年，作为永久性纪念品赠送的。另有石户门、锦带桥、枯山水等，构成一半闭半敞的小庭园。园门在南，立柱横枋，暗黄色金属构成。门悬金属横匾，上书“防长亭”。山口县昔为“周防”“长门”两国所属，后人称其为“防长”，亭名即取此意。亭在园内西部，为四面方形钢结构，亭面为紫色铜板瓦，飞檐翘角，锥形尖顶。顶棚正中，镶有一幅山东省与山口县遥相对应的地图，以及反映山口县著名风景的八幅图画：锦带桥、天满宫防府、琉璃光寺五重塔、山口县厅、秋芳洞、关门桥、青海岛、荻家老屋敷。亭下四面，皆设钢制长凳，游人可于内小憩赏景。

亭西南隅有一石臼，莲花苞蕾形式，白色花岗石雕成。臼北竖木架，架上横竹筒，筒中若水流。臼南有石塔，方形，修长，素雅。对臼面镌以仕女，长裙短衫，潇洒俊秀，双手合掌，虔诚揖拜。亭东南隅，山石矗立，嶙峋峭拔，似有流水飞瀑跌进石潭，蜿蜒北去。近潭设汀步石桥。溪之北端，钢制“锦带桥”横架。凸起的桥板，弧形的栏杆，银光闪闪，犹如飞虹。桥之两侧，若碧水一泓，岸边秀石交错，卵石由大到小，从池岸铺到池底，颜色由淡到浓，如碧波深潭。

园中绿草铺地，配植青松、修竹、垂柳、丁香、楝树。迎门、桥端，各有石雕灯塔一座，六角宝顶，分别为莲花座、罗汉眼，上镌浮云、梅花鹿、吉祥兽之类。塔身镂空，内装乳白色灯柱，与亭内四盏壁灯遥相生辉。光源采自太阳能，柔光晶莹如纱，每当夜晚黄昏，那典雅的古亭，青葱的花木，美丽的山水，依稀可见，呈现出朦胧的美。

生态栈桥 西起公园西南角玉绣河广场，东至东南角生态广场，总长840米，桥均宽2.7米，设有7个上下站台，主体为钢结构，2004年10月建成开放。桥呈“S”形布局，蜿蜒穿过公园南半部，将园内景点串成一线。人行桥上，可移步畅览园中景色。

生态广场 位于公园东南，2004年建成，占地面积2.4公顷，是一处以绿色植物为主体的大型室外演艺广场。广场设计新颖，造型优美，6株大型塑胶树与外围厚重的绿色植物连成一体，达到人与自然的和谐统一。配套设施完备，包括1800平方米的主体营业厅、化妆间、卫生间以及1200平方米的商业铺面，能同时容纳5000余名观众，满足各种文艺演出的需求。

名泉文化园 在荷花池的南侧和西侧，2009年5月1日建成开放。总长100米，建筑面积300余平方米。建筑风格与公园的各大门建筑风格相近，地面是长条花岗石铺装，透水性强，体现生态园林的理念。文化园展出内容有五部分：泉水成因，采取平面图标示法，把济南十大泉群位置在市区图上标示出来，把泉水成因制作成剖面图，清晰地展现给游客；心系名泉，向人们介绍毛泽东、周恩来、江泽民、胡锦涛等党和国家领导人对济南泉水的关心和赞许；文脉传承、名泉名士，介绍历代文人墨客对济南泉水所寄予的情怀和赞美以及对泉水历史的记载；济南泉水历史八景，采取图片、文字相结合的方式，介绍趵突泉、五龙潭、百脉泉、洪范池等名泉所在地及历史传说等；七十二名泉及济南市名泉保护有关法规、规章。

泉城公园 （2008年 王平摄）

荷花池·蔷薇池 荷花池，位于植物园北门南侧，东西长方形式，周饰自然石。盛夏池内，红台莲、午莲、粉莲等争相艳开，芦苇储润，水鸟翔舞。池东南隅接小溪，溪架平桥，蜿蜒南去，水经小溪流入池中，长年不涸。池北为缓坡，坡南隙地平阔，卵石饰面，缀以卧石，可于此晨练小憩。坡北为假山，层层叠叠，山脚设水池，池水清澈，喷泉涌雪，山上松柏吐翠，蔷薇铺锦，可于此欣赏西侧木兰园景色。初春，木兰花先叶开放，芳香四溢。

蔷薇池，在荷花池南，近3000平方米。沿岸植蔷薇，绿条垂波，花灿似锦。池为不规则形式，自然石驳岸，内备小舟，西建花廊，曲折蜿蜒，下设石栏。周有小丘，花木扶疏，倒影入池，朦胧多趣。西北和西南隅各有小溪，分别与荷花池、映日湖相连，青纱夹岸，细流潺。2004年，进行改造，扩大水面面积4500平方米。

水上世界 位于公园西南角，1992年6月建成。占地面积2公顷，其中水面面积0.8公顷，是济南市首家室外水上游乐场所。内设成人滑梯、惊险吊索、人造海浪、神奇涌泉、人造沙滩等水景设施。

玉绣河景区 位于公园西南部，2004年玉绣河综合整治工程建成。河道采用自然弯曲形式，两岸绿树重重，点缀各种花灌木，形成亲水坡岸。水体主要以中水为主，水中种植水生植物。河上架拱桥与公园相通。整个景区水清树绿，景色优美。2007年，获建设部颁发的“中国人居环境范例奖”。

五、百花公园

西临闵子骞路，东靠外环路。续前志。2010年，实施公园环境改造提升工程。改造西大门和儿童乐园，新建音乐喷泉、片林及湿地等景观，整修园路与广场，改造和提升服务设施及绿地维护系统，公园总面积增至18.38公顷。

喷 泉 建园时设计建造三组喷泉，形成喷泉广场景区。第一组喷泉位于公园西门内，池呈半圆荷花瓣形；2010年，改建成不锈钢荷花雕塑喷泉。第二组喷泉位于第一组喷泉东北侧百米处的二号广场内，池呈不规则矩形，建有九组直流旋转、三组蒲公英形喷泉；2010年，拆除喷泉，池内改种睡莲、养殖观赏鱼。第三组喷泉位于公园中部、三号广场内。喷泉由三部分组成，主池在东，呈不规则菱形，池西有一长方形水池与主池相连，长方池西与广场下的半圆荷花瓣形水池相接。主池内建有两组蒲公英形

百花公园　　（2015年　山东省摄影家协会摄）

喷泉，水通过长方形水池，流入下端水池，形成瀑布景观；2010年，将该喷泉改建成音乐喷泉，可随编排的音乐曲目，组合成“芙蓉出水”“山花烂漫”“万马奔腾”“水松迎客”“霓裳羽衣”“古琴奏乐”等12组形态各异的水形，形成百花齐放的动感效果。

水上乐园　1992年秋兴建，1993年夏建成。占地面积2.3公顷，分为成人区、儿童区、深水区和人造海浪区。每年夏天，游人如织，成为炎炎夏日里一处难得的避暑场所。为迎接第十一届全运会，2008年8月27日，在水上乐园处开工改建“百花全民体育健身中心”。

2009年9月底，“健身中心”竣工投入使用。中心建筑面积0.44公顷，是济南市唯一坐落在公园里的大型专业健身中心。主要分为力量训练区、有氧训练区、私人教练专用训练区、乒乓球区、羽毛球场、练习室、体能检测室、团体操房、动感单车房、瑜伽房等健身区域，并设有淋浴区、更衣区、时尚咖啡厅、大型停车场等配套设施。

芦花湖　位于公园西北部，1989年建，水面面积0.11公顷。因西临闵子骞墓，故以“鞭打芦花”典故命名为芦花湖。以芦湾水面为主景，岸边植芦、竹，池内栽荷花，有唐朝杜牧“多少绿荷相倚恨，一时回首皆西风”的诗境。深秋季节，芦花飞雪，漂浮湖面，极富野趣。

六、济南国际园博园

位于济南市长清区大学科技园内，距济南城区25千米。由举办第七届中国(济南)国际花卉博览会建园得名。园区占地总面积345.06公顷，其中水面面积96公顷，陆地面积249.06公顷。2008年10月19日开工建设，2009年9月22日建成开园。园内分为公共区、中央湖区、国内园展区、国际未来人居园展区、齐鲁园展区、趣味园展区、休闲娱乐区和苗木储备区八个功能区，是集园林景区、生态旅游、植物科普、文化博览、休闲度假、水上游览为一体的大型综合性国际园林花卉博览园。第七届园博会于2009年9月22日至2010年5月在该园举办，共有国内外106个城市、单位参展。

(一)景观建筑

水之门　园博园主入口，呈弧形，面宽128.2米，高14米，进深10米。大门外部利用水循环系统形成主体水幕，四周环以清清流水，体现“水与环境”的主题。弧形大门水幕上“有朋自远方来不亦乐乎”一行投影大字，体现齐鲁人民的儒雅与好客。大门上方题写“第七届中国(济南)国际园林花卉博览会”。

花博大道　位于水之门内，长1000余米，宽260米，是园博园中轴线上的景观大道。由交叉的花海、树阵和溪流组成错落有致的园林景观空间，不同城市和地区的各种花卉沿道路集中展示，姹紫嫣红，美不胜收。大道东侧是园林科普知识展示区，西侧是与园林绿化和生态环境有关的新科技、新产品、新能源企业展示区。

主展馆　位于长清湖北侧，总面积4万平方米，是园博园室内展所。展馆外形呈“之”字形，外部空间形成三个不同性质的广场：“之”字的右向开口形成入口广场，将游人引入建筑；

“之”字的左向开口面向景观湖，为主展馆提供了一个良好的室外展览广场和亲水场合；展览广场北面面向滨湖大道一侧为后勤辅助广场。主展馆内部分为三部分：北部为展览区，南部为会议区，中部为公共活动区。第七届园博会的插花、盆景、奇石、书画、摄影展览于此馆内举办。

科学技术展馆　位于长清湖西北侧山坡上，为错层式山地建筑，是第七届园博会期间新科技、新技术的展示场所。展馆建设结合破损山体改造，因地制宜，随坡势修建，形成错层建筑，与山体融合统一。展馆的主要能源均来自太阳能，体现了环保生态的原则。

长清湖　位于园博园中心地带，水面面积约96公顷。此湖原为1958年修建的水库，由于缺乏科学论证，水库蓄水后，渗漏严重，遂于1962年将尚未完工的水库大坝爆破拆除。1998～2006年，市政府投资对水库重新进行改造，对库底进行防渗漏处理。改造后，水库蓄水量8000万立方米，取名“景观湖”。2009年3月，更名为“长清湖”，取“湖水长清”之意。长清湖，湖域宽广，似镶嵌于园内的一颗璀璨明珠，为整个园博园增添无穷魅力。湖岸设有码头，备有画舫，游人可临湖赏湖光水色之美，可搭乘画舫享湖中亲水之乐。

(二)广　场

泉韵广场　位于水之门前，是园博园的迎宾广场，占地面积7万平方米。广场宽广大气，色彩鲜明，各色鲜花组成的花坛似河水流淌，彩色地面铺装犹如水波荡漾，拱形的花架、旗杆好像水中映像，棵棵绿树恰似济南遍布的清泉。

天圆广场　占地面积1.1万平方米，呈圆形，表现古时人们对天的认识以及“天一生水，水生万物”的思想。广场中心矗立高20米的园博园主体雕塑，外形采用中国古代祭祀天地的重要礼器——玉琮的形状。雕塑呈高耸的柱状，分为9层，在中国古代，九为阳数，代表天。柱身上用浮雕的形式分别展示原始天体图、古代彗星图、星座图、浑天仪、天文望远镜、卫星、太空舱、航天飞船、太阳系等图案，反映人类探索天体科学的追求永不停息。在主雕塑“玉琮”周围，环绕着10座不锈钢景观雕塑，代表与太阳、历法有关的中国古代“十天干”。“十天干”雕塑借鉴中国古代文字篆书的造型元素，雕刻着有关“十天干”的知识及太阳传说。整个雕塑群犹如一本充满奥秘的教科书，让人百读不厌；又似一幅“天人合一”的壮丽画卷，令人大开眼界，浮想联翩。

地方广场　占地面积4198平方米，呈方形，体现古时人类对地的认识。广场中心设有大型地刻，其造型借鉴中国古代铜镜的纹饰。地刻布局源于太极图形的无极状态，无论从哪个方向都可加入，也可从任何位置转出，方便游客的观赏及流动。这面巨大的“铜镜”平放在地面上，四组雕刻纹饰借用原始岩画的形象特征和审美情趣，以史诗的手法描绘人类开拓洪荒的历史，图文并茂地展示着人类社会的形成和发展历程。地刻中心位置浮雕采用“桥”的造型纹样，喻示人类的发展需要沟通与交流。广场四周设有反映“十二地支”内容的浮雕。广场地面依据“五行”方位所对应的颜色进行铺装，体现“五色土”立意。

和谐广场　园博园中心广场，占地面积18.3万平方米。它延续“天圆、地方”的发展理念，构成“人和”的意境，以“八音”“九鼎”营造寓意深刻的和谐氛围(八音，原为中国历史上最早的乐器分类法；九鼎，象征九州，据《左传》记载：夏朝初年，大禹划天下为九州，州设州牧。后夏启令九州牧贡献青铜，铸造九鼎。鼎身刻有全国各州的名山大川、形胜之地、奇异之物，以一鼎象征一州。九州遂成为中国的代名词。)，一方面体现“天、地、人”的和谐统一，另一方面体现国内外参展城市欢聚一堂的融洽氛围，形成入园后景观序列的高潮。和谐广场为下沉式广场，四周是阶梯式观演台，中间是圆形广场，可作为演出舞台，是园博会期间举办活动、进行演出的主要场所。观演台外侧设有纪念品销售、餐饮等综合服务设施，是园内主要购物、休憩场所之一。

(三)展 园

传统园林展园 位于长清湖东岸、滨湖大道西侧，占地面积约20公顷。展园内有天津园、武汉园(楚风园)、北京园(玉泉跨突)、西安园、郑州园(万龙、归宗、炎黄祈福)、成都园(蜀园唐韵)、厦门园(静园闲庭)、贵州园、南京园(六朝风月)、南昌园(军旗遥想)、杭州园(西湖天下景)、南宁园(壮楼叠翠)、长沙园(湘楚夕拾)、苏州园(匠心独具)、广州园(盈芳园)、宁波园(天一生水)、石家庄(封胧苑)、扬州园(祥园)、贵阳园(侗寨古风)、太原园等，集中展现20个城市的园林风格和文化内涵。

都市现代园林展园 位于滨湖大道以东、A8路以西，占地面积约34.5公顷。规划形成缓坡、凹地等自然地形，局部形成水面、水溪等景观，设置有景观小品及服务设施。该展园以“花”“水”“环境”为主题，分为三个区域，分别体现都市花卉植物系统概念，建设节约型、生态型社会功能和环境保护概念。通过强调绿色、生态及植物造景，突出新材料、新技术、新理念的应用，展现出参展城市的园林发展和城市特色。该展园共有26个城市(地区)园，分别是哈尔滨园(欧陆风情)、安阳园、海口园、重庆园(写意重庆)、上海园、东莞园、呼和浩特园(殷殷祝酒歌)、常州园(淹城印象)、福州园(苍园写意)、深圳园、平顶山园、长春园、昆明园(国歌奏响)、沈阳园(浑河晚渡)、大连园(根)、北川园(大爱无疆)、合肥园(科技园)、西宁园(清凉夏都、魅力西宁)、鄂州园、银川园(岩画园)、拉萨园(世界屋脊)、桂林园、新疆园、香港园(活力动感)、澳门园(白莲怒放)、台湾园(富饶宝岛)。

齐鲁展园 位于长清湖西侧，处在园博园中央轴线末端，与园博园中心广场遥相呼应，总占地面积23公顷，园内矗立着一座孔子衣冠佩剑青铜塑像，是山东省城市园的集中展区。它通过建于孔子塑像旁、代表孔子思想的“仁、义、礼、智、信”五个文化广场和山东17个地市不同风格的城市园，展示山东各地城市人文风貌和博大而悠久的齐鲁文化，营造“泰山在这里崛起，黄河在这里入海，孔子在这里诞生”的历史文化氛围。济南园以“古城泉韵”为主题，以泉文化为表现内容，渗透出古城济南的文化气息及韵味；淄博园以“齐地、齐人、齐文化”为主题，再现齐国风貌；泰安园以“泰山在这里崛起”为主题，凸现泰山丰富的自然和人文景观；济宁园以“杏坛讲学”为主题，强调“天、地、人”和谐的思想；莱芜园以“长勺古韵、绿色钢城”为主题，通过齐长城、锦阳关造型等反映莱芜的历史与发展；枣庄园以“江北水乡、运河古城”为主题，再现“万亩榴园”；临沂园以“蒙山沂水”为主题，体现沂蒙山的自然美景和沂蒙精神；青岛园以“帆船之都”为主题，展示青岛的海滨风貌；烟台园以“五彩烟台”为主题，诠释烟台的多彩印象；潍坊园以“风筝”为主题，展示潍坊作为世界风筝之都的特色；威海园以“幸福人居”为主题，展示威海的自然风貌、民俗风情和独特的海滨城市魅力；日照园以“日出印象”为主题，营造丰富的光感变化，体现日照印象；聊城园以“光岳楼”为主题，展示聊城江北水城、名城风韵；东营园以“黄河在这里入海”为主题，展现民俗文化和湿地园林景观；德州园以“太阳之城”为主题，表现德州新时期的社会经济文化发展面貌；菏泽园以“牡丹”为主题，突出菏泽“一城三乡”的特色，展现牡丹之乡的独特魅力。全省17个城市在齐鲁园总投资近6000万元。

国际展园 位于园博园西北部，滨湖大道以北，面积约14公顷，规划形成谷地缓坡地形。展园内共有21个国外城市园，每个展园都由所在城市园林专家设计，体现异域文化特色，并与第七届园博会“文化传承、科学发展”主题有机结合，是了解国外参展城市风情、文化、园林设计理念、园艺技术的好去处。

中山公园、青年公园 见本志“城市绿化”篇

第二节 县（市）区公园

一、历下区公园

（一）浆水泉公园 位于历下区姚家街道回龙山下，因园内有济南七十二名泉之一的浆水泉而得名。总面积33.3公顷。浆水泉水库建于园中，水库面积10公顷，容水量130万立方米，产银鱼、鲤鱼、虾、蟹等水产品。园外青山环抱，园内山泉喷涌，溪流纵横，库水清清，林木繁茂。除名泉浆水泉外，还有回龙塔、吕祖洞、弥勒佛洞、聚仙亭等景点，是度假、郊游的好去处。

（二）洪山公园 位于旅游路以北，经十东路以南，浆水泉路以东，转山西路以西，原为垃圾山，石质坚硬，垃圾满地。2008年，历下区政府决定将其建成公园，9月28日开工建设，2010年年底完成，共投入资金2500万元，完成爆破土石方1.9万立方米，清理渣土7.5万立方米，回填种植土9万余立方米，开挖鱼鳞坑11.5万余个，栽植各类苗木22.3万余株。公园入口两侧及广场北侧用假山石进行砌垒，栽植油松、樱花、连翘等植物。设置上山游步道，山上建观景阁、洪山亭、休憩健身广场和停车场，植有火炬树、白蜡、银杏、桃树、杏树、柿树、松树等，部分精品节点栽植五针松、山茶等。山顶观景阁配园林水景，栽植市树——柳树。

二、市中区公园

（一）舜玉公园 始建于1991年，因地处舜玉路而得名，占地面积2.2公顷，是济南市唯一一所开放式社区公园。公园建有山、石、亭、桥、廊、雕塑、水池、舞台等设施，是舜玉路周边居民主要的休闲、健身及娱乐场所。2001年，舜玉公园“大家乐”舞台被共青团中央、文化部、国家体育总局、中央电视台授予“青年文明社区大家乐舞台”称号。2006年3月，投资200余万元，对舜玉公园进行改建。拆除10余处临街房，清除垃圾3000立方米；补植草坪1.1万平方米，栽植各类观赏花木7000余株；对原有公益设施、健身器材进行规划调整，安装石桌石凳60套，新式垃圾收集设施16套，新款美观照明路灯43套，重新设置健身器材40余套；修建健身广场、休闲娱乐广场和儿童娱乐广场等新的文化活动场地，铺设花砖3000平方米。

（二）郎茂山公园 位于市中区南部，南临二环南路，由大小七个山头组成，海拔在111.2～232.6米之间，总面积约82.5公顷。1997年，定为市中区区属公园。园内主山脉为西北、东南走向，山势高差大，除东面、南面小部分和山脊线地势较缓外，其余地方均较陡，且缓坡少，基本无水源。景区规划由济南市园林规划设计研究院编制完成，总投资1830万元，分三期实施建设。因山体土质贫瘠，裸露岩石较多，又缺水源，在园内设计多个蓄水池，接收蓄存雨水用以浇灌树木和防止山火。1997年始，组织辖区部分单位和专业队伍，开挖鱼鳞坑，回填种植土等，栽植侧柏、火炬、黄栌、贴梗海棠、平枝栒子、蔷薇、紫叶李、迎春、大叶黄杨等观赏性高、易成活的苗木。至2011年年底，几个主要山头初现片林景观。公园基础设施基本完善，山体入口处增加山门等标志性建筑，山体通道沿线增设艺术坐凳、景观小品、休憩场地、观景平台，陡峭、危险处架设护栏等。

三、天桥区公园

（一）张养浩公园 位于天桥区柳云社区内，西泺河路以西地区，占地面积1.3公顷，20世纪90年代为纪念元代著名散曲家张养浩而辟建。

园内有张养浩墓，俗称“张公坟”，济南市重点文物保护单位。张养浩（1269—1329年），字希孟，号云庄，元代著名散曲家，兼长诗文。原籍山东章丘县相公庄，祖父时迁历城今张公坟村。初为山东东平学正，后任堂邑县尹、监察御史、礼部侍郎、礼部尚书、中书省参政等职。直言敢谏，曾因上书议论时政遭贬黜。至治元年（1321年）弃官还乡，以词曲诗文自适，朝廷数召而不就。天历二年（1329年），关中大旱，饥民相食，应召任陕西行台中丞，致力救灾，劳瘁而死。追封滨国公，赐谥“文忠”。一生为官清廉，著述颇富。散曲、小令风格豪放清逸。有《云庄类稿》《三事忠告》《云庄乐府》等传世。墓区占地面积0.2公顷。封土现高1.9米，墓前有石供桌、石香炉，立明碑3通、清碑1通、石狮1对等。此外，尚有张氏亲属墓4座。墓地三面荷池环绕，东濒小清河，白杨参天，浓荫蔽日。

墓地西侧，为张养浩云庄别墅遗址，始建于元至治元年（1321年）。清乾隆《历城县志》有载：“张养浩为政时所居，中有云锦池、雪香林、挂月峰、待凤石、遂闲堂、处士庵，绰然、拙逸、乐全、九皋、半仙五亭……又有翠阴亭。”张养浩对云庄别墅颇为钟爱，曾作《我爱云庄好》诗九首，其一写道：“我爱云庄好，衡门昼寂然。苔香花覆砌，石润竹通泉。独处蓬为室，闲游杖挂钱。白头乡社里，未觉愧前贤。”他在吟咏绰然亭的小令中写道：“绰然一亭尘世表，不许俗人到。四面桑麻深，一带云山妙。”可见，云庄当时是一派泉水流碧、稻荷飘香的田园风光。

张养浩一生酷爱奇石，在云庄耸置十方太湖石，自称“十友”。志书记载：“公置奇石十，每饮，呼为十友。”其中，最为细致精巧、玲珑剔透的四方，被称为麟、凤、龟、龙“四灵石”。后别墅渐衰，十名石亦多散失。明代殷士儋曾将“四灵石”移至万竹园，至清道光时四石散落（清道光《济南府志》：“云庄十石，其一在布政司署，一在云庄，一在新城，余不可考。”）。现仅存龙石矗立于趵突泉公园内漱玉泉畔。此石系20世纪70年代，趵突泉公园工作人员从府学文庙杂物堆里发现，被认作“四灵石”之一的“龟石”而移至园内。

辟建公园后，社区先后两次进行园内绿化。2001年，将顺河高架桥以东区域划入绿化范围，植有杨树100株、柏树150株、雪松13株、法桐15株，另有垂柳、紫薇、红槐、紫荆等树种。公园前铺设青石，设立风景石、龟碑等。2006年，社区投资200万元对墓地进行绿化改造，扩种柳树200株，对两处藕池进行砌垒保护。另在其北面新建3000平方米绿地。公园内绿树成荫，成为人们茶余饭后的休憩和进行文化活动的场所。

（二）凤凰山社区公园 位于济南城区北部。凤凰山为济南“齐烟九点”之一，山体绿化植被较好，共植有各类乔木371株、花灌木9786株、草坪3万平方米。因有抽水喷洒浇灌，长势良好。山上建有凤凰阁、上山台阶、健身广场、观赏水池、凉亭等，并设有草坪灯87盏、叠水彩色射灯7盏。2006年，社区居委会对3万平方米的绿地草坪进行更换改造，补栽乔木17株、花灌木124株。2010年，提升改造山体东侧植被，修缮景观建筑和上山台阶、健身广场等，总体景观更加完善。

（三）药山公园 依“齐烟九点”之一的药山而建，北靠二环北路，规划面积3公顷。公园由天桥区园林绿化管理局设计并组织施工，2001年7月动工兴建，2002年1月建成，总投资150万元。园区由绿地、硬化道路和铺装广场、人工湖及建筑组成，其中绿化面积1.7公顷，道路铺装9341平方米，人工湖3700平方米。建设中动用土石方1.5万立方米，砌筑蘑菇石400立方米，铺装台阶石2000米。种植各类花灌木1万余株，大型乔木240株。园内设有园林小品1处，凉亭2个，健身器材1套，草坪灯60个，广场灯20个。公园自建成后，天桥区园林局每年植树节都组织驻区单位及团体在此进行植树活动。

（四）西苑小区水景公园 位于天桥区无影山中路西北部。园内有济南新七十二名泉之一的无影潭，依此形成一处0.6公顷的水潭绿地，2002年扩建为2公顷的水景公园。水景由3个水潭组成，水面面积0.8公顷，潭潭相连，隔而不断，小巧玲珑的石拱桥和精致的曲桥跨潭而建。位于南端的泉眼四季有水，为3潭水源。潭周边小路用鹅卵石铺就，东北侧建有一组梅花鹿雕塑。潭北为健身广场，广场中心一座奔马雕塑驰骋而立。广场东侧的山顶是水景公园的制高点，离水面有几十米高，在山顶建有小亭。公园草地、灌木、绿树层次分明，种植雪松、龙柏、大叶黄杨球、五角枫、白蜡、垂柳、国槐、红叶李、碧桃、丁香、榆叶梅、百日红、连翘、迎春、藤蔓月季等花卉苗木1.5万株，竹子750墩，草坪1500平方米。潭周边砌垒内外两层护岸。四周绿树夹岸，潭边芦苇丛生。水面北岸还设有船坞，供游人进行水上活动，成为当地居民一处游憩胜地。

四、槐荫区公园

(一)匡山公园 2001年，依“齐烟九点”之一的匡山而建，占地面积5.67公顷，通过栽植大量绿叶乔木，山体植被覆盖率80%以上。主要景点有“太白读书处”刻石、雨亭、湖区亭台、大门牌坊等。

(二)腊山公园 始建于2008年，至2011年，公园主体框架基本形成。园区面积约160公顷，苗木保有量70余万株。植物配置以松柏常绿树为基础，以黄金槐、黄栌等色叶树为烘托，20余个树种形成季相明显、色彩斑斓的绿化效果。主要景点有山门牌坊、齐烟阁、山顶观景平台及依山小游园等。

(三)腊山湖公园 2010年初步建成。占地面积18公顷，植物配置以银杏、柳树、淡竹等观赏苗木为支撑，以香蒲、千屈菜、荷花等水生植物为重点，以地被花卉、优良草坪为铺垫，体现出人、水、绿和谐共存、山水相依的湿地绿化主题。公园水体、游园互为映衬。景点由观湖栈道、凉亭、湖前广场等构成。

五、历城区公园

(一)鲍山公园 位于济南城东约15千米处，王舍人庄东南。相传，昔日附近有一座石城，称名“鲍城”，是春秋时代齐国大夫鲍叔牙的食邑，山因城得名。鲍叔牙坟即在山的东北隅，为一土丘，丘上杂草丛生，1995年，由市政府公布为市级文物保护单位。据传，管仲与鲍叔牙分金处即在鲍城附近。昔日，这里山清水秀，万木参天，浮岚滴翠，山花烂漫，果树满坡。山之南，为莲花峪，石岩苔碧，涧幽水清，日夜潺流。鲍山秀美，引得历代文人赞咏。清人李斋《鲍家山》诗云：“村舍落霞处，遥遥似倒悬。深林藏白日，群嶂缩青天。夺路泉争捷，行空鸟让先。忽惊彩岫里，出入尽云烟。”明代文学“后七子”领袖李攀龙，于嘉靖三十五年(1556年)辞官归里，在山前村中建“白雪楼”，取宋玉《对楚王问》中“阳春白雪，曲高和寡”之意，以寓自身清高，不同俗流。此楼隐于万木之中，其景幽深佳丽，时称“鲍山白雪”，为历下十六景之一。

1992年，济南钢铁厂以鲍山为主体投资建设鲍山公园。至1995年，共栽植各类树木35万株，铺设引水上山管道，按照唐、宋、元、明、清五个朝代的不同建筑风格，修建五组亭廊，建成内外环山路4000米，修建登山台阶7条总长3700米，建成人工湖2400平方米。2003年，投资300多万元，建成鲍山瀑布。瀑布落差38米，流量每小时400～700立方米，人工湖面积扩至5000平方米，湖体旁边修建八角亭及石桥3座，鲍山公园更加美丽壮观。

(二)华山公园 位于济南市郊东北部，北邻黄河，南靠小清河，1996年，依“齐烟九点”之一的华山而建。经过建设，完成上山游路和上山引水管道等基础设施以及吕祖庙、华泉、华山瀑布等景点的修建，山体得到绿化。至2001年5月，公园初步建成，总面积50.69公顷。

华山古时称“华不注”，为历史名山，春秋时期齐晋“鞍之战”即发生于此。《左传》记载，鲁成公二年(前589年)，齐顷公亲率大军在今济南北马鞍山下摆上阵势，与晋军进行决战。齐顷公骄傲轻敌，言称“灭此而朝食”，不给战马披上铠甲而参战，结果，“齐师败绩”。齐顷公被晋军追逼，“三周华不注”，幸得大臣逢丑父与之更衣换位，并佯命到山脚“华泉”取水，始得趁机逃脱。华山平地突起，景色壮美，北魏郦道元在《水经注》中描述：“单椒秀泽，不连丘陵以自高；虎牙桀立，孤峰特拔以刺天。青崖翠发，望同点黛。”唐代时四周水域亦称“莲子湖”，浅水稻溪，沼泽芦荡，水村渔舍，胜似江南。北宋以前，华不注山周围全为水域，称“鹊山湖”，远远望去，此山像在水中含苞欲放的一支荷花。唐代大诗人李白在《古风五十首》的第二十首中形容道：“昔我游齐都，登华不注峰。兹山何峻秀，绿翠如芙蓉。”芙蓉，即荷花。山上藤攀蔓连，盘根错节。草中乱石横亘，蹊径芜塞，山体陡峭，紫烟缭绕，白云卷纾。极目远眺，泰岱连绵，云气苍茫；黄河逶迤，大桥飞架；“齐烟九点”，远近点缀。每当秋日，天高云淡，大雁南飞，层林尽染，景色更加奇绝。元代书画大家赵孟頫曾绘《鹊华秋色》图，流传至今。后人又将此景命名为“鹊华烟雨”，列为旧时济南八景之一。华山也是济南著名景观“齐烟九点”之一。

山上古建筑群华阳宫修建于金兴定四年（1220年），距今已有近800年历史，被誉为“济南巨观”。

(三)凤凰山公园 位于历城区港沟街道境内，东临唐冶新区和济南市出口加工区，周边有山东建筑大学、山东体育学院，占地面积25公顷。凤凰山海拔218米。2007年，依山开工建设公园，修复破损山体并进行绿化，修建凤凰亭、上山步游路、休息平台、娱乐设施、提水设施等。至2011年，投资460万元，修筑上山步游路2800米，砌垒假山石1500余吨，栽植侧柏等苗木24万余株。

(四)九顶塔民族风情园 位于历城区柳埠镇，距济南城区26千米。1998年，由山东华洋置业集团投资近亿元，按国家AAAA级景区标准开发建设，2003年“五一”节前夕建成开放。园区占地面积66.7公顷，汇集布依、朝鲜、傣、哈尼、纳西(摩梭人)、蒙古、苗、侗、佤、维吾尔、壮、藏等16个少数民族村寨，荟萃了各少数民族的建筑文化、民俗文化、歌舞文化、服饰文化、餐饮文化和民间手工艺文化等，是一处集民族风情、风景名胜、游乐探险和休闲度假于一体的大型原生态民族文化景区。

六、长清区公园

(一)清怡园 位于长清区政府大院东，灵岩路西侧，始建于1992年，占地面积1.33公顷。公园设东、南两大出入口，采用堆山、理水、叠石的传统建园手法，混合式布局。湖心岛巧夺天工，松竹滴翠；仿古式南门牌坊，与跃跃欲飞的自然石相映成辉。2000年，公园改建，增设音乐喷泉，铺装圆形广场等。园内有绿化苗木40余种，主要树种为白皮松、雪松、龙柏、玉兰等。

(二)长清乐园 位于长清城区清河街南侧，长清宾馆以西。1993年春开工建设，12月竣工，是全区最早建设的城市公园之一。初建面积2.67公顷，设南、北两门，为封闭式公园。北门为主门，仿古式牌坊设计，门口有两座石狮，门内设两个龙凤石雕花瓶和影壁墙(镶贴壁画)。采用堆山理水造园手法，堆砌人工假山，建六角攒尖“清风亭”、人工跌水和人工湖等，形成山、亭、水、湖浓缩一园的园林景观。娱乐区位于公园南部。西侧设有花卉温室，每年举办长清区花卉盆景展览。园内主要树种有黑松、油松、华山松、雪松、水衫、广玉兰、白玉兰、杨树、柳树、楝树、竹子、木槿、丁香、紫薇、芍药、牡丹、海棠、月季等，特色植被有爬行卫矛。2003年，拆除围墙，与长清宾馆、清悦园连成一片，增加绿地面积1.2公顷，成为一处集游乐、休息、观赏为一体的敞开式综合性公园。

(三)清心园 位于长清城区马山路南首路西。始建于1994年，占地面积0.42公顷，绿化面积2880平方米，因经常有大量老年人在此聚集、聊天，故又称老年公园。2000年，进行部分修缮。2010年年底，实施景观改造提升，对原有植物进行调整，增加植物种类及数量，丰富植物群落，提升植物景观效果；修建道路，形成主辅结合道路系统；根据游人以老年人居多特点，在入口及台阶处增设无障碍设施；安装多种体育健身器材，满足游人健身需求；增加庭院灯、草坪灯等亮化设施，使游人夜间休闲娱乐更加方便。

(四)清悦园 位于长清城区清河街南侧，与清怡园隔街南北相对，属文化集散广场。建于2002年，占地面积1.33公顷。广场以铺装为主，绿化面积4990平方米，绿化树种20余种。广场南侧采用仿古亭廊作为背景，8根代表长清区内8处文化风景名胜的花岗石雕柱设立于亭廊之前，与清怡园南门牌坊遥相呼应。广场南部为娱乐健身区，中间有音乐喷泉，由南向北形成喷泉跌水。东北角建有长清志铭、与时俱进钟，突出了长清悠久文明的历史和浓厚的文化气息。整个公园视野开阔，夜间霓虹闪烁，流光溢彩。

七、章丘市公园

(一)百脉泉公园 位于章丘市城区明水，因有颇负盛誉的百脉泉而得名。始建于1986年，由著名园林专家孙筱祥总体设计。2004年，为与新建成的百脉泉广场景观融合，对公园进行提升改造，修建风雨长廊、北门新景观区，增加公园面积3.3公顷，成为中国北方独具特色的泉景公园。2005年9月，与四川峨眉山、浙江普陀山同获“全球优秀生态旅游景区”称号。2006年，获国家AAAA级旅游景区。2010年，公园占地面积25公顷，其中水面面积10余公顷。

公园从南而北，再而西北，沿水之滨依序布置景点，展开园林画面。植物配置上以亲水植物垂柳为主调，间植春花秋色树种和常绿松柏。造景上，采取对比和对景、借景的艺术手法，使整个公园形成自然风光区、龙泉寺、清照园三大各具特色的游览区。

自然风光区 公园主入口大门坐北面南。进入大门便是自然风光区，内有儿童乐园区、幽静学习区、密林散步区、花园景树区、名泉水景区。徜徉其中，层次变化丰富，意韵含蓄深远，可谓步移景异，引人入胜。名泉水景区是整个园区的主景区，其中的百脉泉为济南七十二名泉之一，居明水诸泉之首，历史上与济南趵突泉齐名。元代于钦《齐乘》载：“岱阴诸泉，皆伏地而发，西则趵突为魁，东则百脉为冠。”百脉诸泉之水，汇而成“明水湖”。湖面烟波荡漾，清澈如镜，重青浅碧，拖练柔蓝；湖中水草袅袅，鱼翔浅底，绿叶红鳞，相映成趣。以明水湖为中心，夹岸、水中，掇山叠石，峭拔岩峻，玲珑空透。假山之上陡起一阁，名“汇泉阁”，取百泉汇波之义。登阁俯瞰，可观整个园林布局；极目远眺，章丘城区的现代神韵一览无余。阁下湖边，建有二亭：“濯缨亭”和“漪漪亭”。飞架水上的“龙门”“合璧”两座大理石拱桥，将湖区划分为三面。南湖小巧空溟，北湖波平浪细，西湖水深流急。荡舟湖心，举头仰望，水色天光，相映生辉，令人心旷神怡。西湖北有“绣江亭”，湖水从亭下北流为绣江河。

龙泉寺 雄踞在百脉泉北岸，为济南地区著名佛寺。该寺始建于明景泰元年(1450年)，原名“隆泉寺”，嘉靖年间重修后，易名“龙泉寺”。由于风剥雨蚀，配殿早已废圮，现仅存大殿梵王宫。经1997～1999年重修改造，梵王宫面貌焕然一新。殿内，佛像金碧辉煌，壁画形象生动，是善男信女礼佛参禅之所在。伫立梵王宫前，云蒸霞蔚的湖光山色尽收眼底。殿前之百脉泉，由品形并列的三大方池组成，中架石桥相通。池内，百脉沸腾，涌珠浮翠，堪称天下奇观。历代名人多在此流连忘返，酣畅吟咏，留下许多佳词丽句、精美石刻，游客在观泉的同时得到一种文化享受。

清照园 位于公园西北角，为纪念宋代杰出词人李清照而兴建，是一座集中国南北园林风格于一体的园中之园。园内设有李清照纪念馆，1997年5月建成开放。园门外，东侧竖有复原的宋代李格非《廉先生序》碑，西侧耸立着

百脉泉公园的清照词园 （2007年摄）

由当代书法家舒同题写的“一代词宗”石碑。园门正中悬挂着当代书法家康殷题写的匾额“清照园”。二门匾额“龙泉漱玉”，寓意明水的灵山胜水孕育了李清照和漱玉词。门内厅榭下立李清照塑像，由当代雕塑家钱绍武雕制，形象逼真，栩栩如生。清照园以泉水为主题，水面面积1500平方米，由漱玉泉、梅花泉汇合而成，尤以梅花泉蔚为壮观：五股泉水喷涌鼓动，状如梅花开绽。环水而建的楼台亭榭，多以李清照诗文中的词义命名。“吟风榭”“感月亭”隔水而立。吟风榭长廊蜿蜒，直达李清照纪念馆序厅，转南向东为溪亭，亭西为碑廊，陈列着舒同、沈鹏、刘炳森、欧阳中石、康殷、康雍、尹瘦石等50多位书法家的书法碑刻。园中匾额、楹联内容丰富，风格迥异，流派众多，具有极高的学术价值。碑廊以北为纪念馆前院，西配房名文叔斋，内展李清照之父李格非的生平、著作和《廉先生序》原碑残石拓片，昭示着李清照的家学渊源。正殿为“漱玉堂”，是李清照纪念馆的主展室，里面陈列着李清照年谱和历代各种版本的李清照著作以及国内外李清照研究的专著、文章。由山东省画家孙墨龙、吴泽浩、于文江、韦辛夷创作的18幅行迹图，展现了李清照壮怀激烈的人生历程。穿堂而过到达后院，西配房为“金石苑”，内展李清照之夫赵明诚的《金石录》及李清照的《金石录后序》等金石资料。正殿名“燕寝凝香”，模拟李清照夫妇寝室设计。临水而建的海棠轩，供游人品茗赏泉。轩内悬有章丘古代十大文化名人画像。园中还建有易安楼，为二层外环廊式建筑，一楼布置文房四宝，为文人墨客乘兴挥毫、尽抒雅情之精舍，二楼供游客登高望远，俯瞰清照故居全景。

清照词园 位于章丘城区百脉泉畔，总面积17.33公顷，2007年7月建成，是章丘市“两泉三河五湖”水系框架中百脉泉景区的核心工程，是百脉泉公园的清照园在自然和文化上的延续，也是章丘东、西麻湾泉群沟通的重要区域和明水“小泉城”游览区的重要组成部分。该工程以“现代骨、民族魂、自然衣”为设计理念，以百脉泉公园和现有的清照园为生态文化主线，以李清照诗词意境及其生活年代的风土人情为依据，结合原生态的手法，通过木铺装、木栈道、假山、叠瀑、画舫等景点建设，构建“园在水中，水在园中，景在词中，词在景中”的园林意境，展现自然景观和文化内涵。园区分为“清音风”“木簟花”“庭院雪”“故乡月”四大泉水园林景观，简称“风花雪月”。“风”区位于词园东北部，以景致自然、轻松休闲为主题，巨石高台上的清照雕塑和“甘泉露”为主要景点。“花”区位于词园南部，以伸入水中的木栈道群、画舫和卵石滩与泽地为主要景点，结合水生、沼生、湿生植物，构成一派野趣横生的原生态景观。“雪”区是词园的中心区，建有一组仿宋园林和陪衬的假山，瀑布、叠泉分布其间。“月”区位于词园西部，设计为一组水院，是一处集餐饮娱乐、休闲购物功能于一体的场所。

(二)眼明泉公园 位于章丘城区世纪西路以东，胶济铁路以北，明塘街以西，龙泉路以南，是章丘市继百脉泉公园之后，建设的又一处以泉水景观为特点的公园。公园建设分二期完成。一期工程于2004年4月15日动工，10月完工。二期工程于2005年2月5日动工，6月30日完工。规划占地面积39.33公顷，绿地面积占总面积的79.43%。公园建成后，与荷花广场、荷花公园、清照词园等已经建成的城市开放空间相连通，共同构成明水城区的泉水系统、绿地系统、生态基础设施系统和旅游休闲系统。

公园分为三部分：西麻湾源头区、荷花泉片区和眼明泉片区。西麻湾源头区位于眼明泉桥南，以泉水观赏为主题，以大面积林地和疏林草地为依托，扩大泉水水面，整理溪流，形成溪谷泉林景观。泉边设广场、配套服务建筑和亲水栈桥，为人们提供形式多样的观泉和亲水选择。荷花泉片区位于眼明泉桥北，与桥南大水面相对应，以小岛收束空间，扩大溪流宽度。溪流西侧，布置舒缓的草地，草坡入水，水边设置连续的亲水栈桥，形成以泉水和泉生植物观赏为特色的城市广场型开放空间。眼明泉片区既保留原有溪流，又在其西部开挖一条新的溪流，其间以小岛加以分隔和联系，改善周边环境。整个公园突出泉水、溪流和水生植物观赏等特色。11万株乔、灌木植物整齐地蔓立于河道两侧，7万平方米的水生植物把公园装点得绿意盎然、生机勃勃。

(三)荷花公园 位于章丘城区北部，北靠龙泉路。占地面积8.7公顷，绿地面积7.53公顷，绿地率86.5%。公园以荷花胜景为主题，以取原低洼地势引绣江河水形成的大水面为中心，环绕水面建设游步道，同时借助通往湖心小岛的景观桥和九曲连环的栈道，向开阔的水面内纵横延伸，最大限度地营造亲水空间和观赏荷花的界面。湖心岛上建有“观澜亭”，临亭可观荷花飘香，鱼翔浅底。岛上垂柳绿树成荫，枝条婀娜，轻拂水面，激起层层涟漪，与迎风飘摆的荷花相映衬，共同构成一幅精美的水墨丹青画卷。水面外围配置大色块绿化，主栽树种为垂柳，合理搭配迎春、连翘等花灌木，与园外遮荫蔽日的行道树相融合，形成一个安静、清爽的休闲娱乐场所。2010年实施改造工程后，该公园整体纳入百脉泉景区。

(四)桃花山公园 坐落于章丘市老城区中部，北起汇泉路，南抵山泉路，东临桃花山街，西至人民医院，占地面积15.12公顷，绿地率82.3%。公园内最高点海拔80.5米，最低点高程约65米，地势中间高，四周低，坡降舒缓。公园以桃文化为代表的地域文化作为景观题材，以山水为景观载体，以“桃文化、山水园”为主题，形成“一轴(山水为主的景观主轴)、一环(环山主游路)、一带(带状水系)”的总体布局，创造出爽目、清音、沁馨、触乐、快味的景观特色，成为集休闲娱乐和人文理念于一体、富有地方性特色的公园。

公园由北入口及管理服务区、东入口及儿童游戏区、水系景观区、文化休闲区、安静休息区和运动休闲区六大区域构成，有山堤云水、独木成林、泉声驿站、诗径书趣、雀影林幽、桃园小筑、八重叠溪、七彩飞瀑、碧潭森森、蒲泽荷香、芳林叠水、花溪樱落等景区。中国园林的山、水、植物、建筑四大造园要素在园内均有体现。建筑与山水植物相互映衬，可赏可游可憩。

(五)洼山公园 位于章丘城区以南，北临唐王山路，西靠世纪西路，占地面积55.79公顷，绿地面积51.05公顷，绿地率91.5%，是章丘市第一座开放式生态型森林公园。洼山为海拔134米的低缓小丘。公园规划建设结合原有地貌进行，经过几年绿化美化改造，园内喷泉、景石、假山等园林景观设施，以及水、电、道路交通基础设施基本完善。绿化植物配置以林果、色叶植物、花灌木为主，景观效果初步显现。

(六)东山公园 位于章丘市双山大街以东，经十东路以北，由老东山、小东山两个山体组成，海拔高度分别为176米、161.4米。公园面积66.67公顷，绿地率94.05%，为城市森林公园。园内栽植黄栌、苦楝、黄金槐、紫叶李、紫薇、红瑞木等各类苗木50余个品种近30万株。

园区道路5000多米，水、电、管护房等配套设施齐全，并建有亭、水池、喷泉、花架等园林景观设施。东山公园对补源保泉、净化空气发挥了重要作用，成为城市的“绿肺”和天然氧吧。

八、平阴县公园

(一)玫城公园 又名“水上公园”，位于平阴县城西北角。1994年春开工建设，规划面积86.71公顷，初建面积13.34公顷，1995年5月1日建成开放。分为文化娱乐区、儿童活动区、老人活动区、休息区、水上活动区、动物园区六大区域。2001年取消门票，年客流量5万人(次)。

公园定位于水上乐园，在原有两处水面的基础上，砌垒湖岸，修建湖心亭、凉亭、竹节亭及人工假山等，建造石板拱桥、曲径桥连接两岸。园内设有电动碰碰车、滑冰场、电动游船、双人飞天、淘气堡、仿古火车等游乐设施和一座2000平方米的游泳池。有松枫岭、石榴园、玫瑰园、牡丹园、动物园等景点。其中松枫岭上的八棱石经幢，高约3米，周围2.5米，通身刻满经文，具有较高的历史文物价值。园区绿化面积3.6公顷，草皮0.2公顷。绿化树种以雪松、云杉等常绿树种为主，辅以五角枫、银杏等具有季节色相变换的落叶树种。灌木主要以莫海姆玫瑰、月季为主，配以红叶小檗、瓜子黄杨等色块带。石榴园、玫瑰园、牡丹园等特色绿化具有浓郁的乡土风味。

(二)锦水河公园 位于平阴县锦东新区西侧，是锦东新区的一个重要组成部分。规划建设融合21世纪景观园林设计学理念，在保护历史遗存、发挥防汛功能的基础上进行二度创作，将此段河流由原来的一条自然冲沟变成充满时尚元素的山水园林、生态景观走廊，再现了平阴八景之一“锦水秋潆”景观。公园总面积约8公顷，中间由北向南依次分布有下沉式垂钓广场、木栈道、人行桥广场、下沉式树阵广场。穿行其间，使人享受到一种观赏河流与漫步休闲相融合的情调。

(三)玫瑰园 位于平阴县城西南11千米处，玫瑰镇陶庄村南，又名平阴县玫瑰花研究所实验园，占地面积4.67公顷。平阴玫瑰是中国传统玫瑰的代表，以花大色艳，香味浓郁著称于世。栽培历史悠久，早在唐朝就有翠屏山僧人慈净种植玫瑰的传说。到明朝已有利用玫瑰酿酒的佳话，民间传有“隙地生来千万枝，恰如红豆寄相思。玫瑰花放香如海，正是家家酒熟时”的诗句。20世纪初，平阴县年收购玫瑰花30万千克，享有“玫瑰之乡”的盛誉。每年5月中旬为玫瑰盛花期，花期3～10天。花开时节，红、白、紫、黄等各色玫瑰竞相开放，争奇斗妍，芳香醉人，形成玫瑰花的“王国”，吸引着国内外游客前来观赏。

九、济阳县公园

(一)济北公园 位于济阳县城开元大街以南，正安路以西，广场西路以东，富阳路以北，占地面积9公顷。由山东城乡规划设计院规划设计，青岛艺林园林绿化公司承建，2005年10月建成开放，总投资3000万元。公园建设挖湖叠山，贯通水系，建成“一池三山”的布局。植物群落丰富，疏密有致，绿化覆盖率70%。植物配置注重遵循“以生态效益为主，提高单位面积绿化量”的原则，配植黄山栾、白蜡、垂柳等大型乔木，既提高公园的绿化覆盖率，也提高单位面积绿量；适地适树科学布局，大量选用适应性强，抗性好、特色明显的乡土树种，使乡土树种占植物品种的85%，同时引进优良树种丰富植物群落；注重生物多样性，合理配植，使植物种类的高低、色彩、层次的搭配，植物群落层次分明、主体突出，形成丰富的季节变化，突出植物造景。主要景点有中心湖、塑山、知鱼榭、玉带桥、一览亭等。

(二)澄波湖公园 位于济阳县开元大街与国道220线交汇处。2008年开工建设，至2011年年底，园内绿化、道路、驳岸、码头、小品、广场、浴场、景观桥梁、电力管网等基础设施基本完成，景观效果初现。公园规划占地面积238.4公顷，其中水面面积133.4公顷，绿化面积66.7公顷，分九大功能区：山林游憩区、北湖区、南湖区、休闲度假区、湖滨休闲区、观光农业区、乡土花园区、运动花园区、儿童乐园区。植物配置注重形态和色彩，常绿与落叶，乔木、灌木、草本、地被植物合理搭配。栽植苗木80多种，120余万株。澄波湖平地开源，引黄河水经沉沙后汇聚于湖内，湖水澄净扬波，湖畔垂柳依依。澄波湖公园的建成，再现了济阳古八景之一“济水澄波”的景观。2010年，被命名为省级湿地公园和省级水利风景区。

十、商河县公园

（一）人民公园 位于商河县城中部，西邻商中路，北至明辉路，南靠长青路，东临振业街。规划用地面积17.98公顷，分二期建设。一期自2000年至2005年10月，建成面积4.33公顷，主要有鼓子秧歌广场、许商雕塑和健身休闲区；二期自2007年9月至2008年8月，规划面积全部建成。其中绿化用地10公顷，水面4.47公顷，绿地率80%。总体布局为“一核、多区、多节点”。“一核”即核心区，位于公园北入口处，主要包括北入口下沉广场、木栈道等；“多区”即园内形成北入口、自然游览、十二园生态种植等多个景观区；“多节点”即连接各景点的节点景观。园内并配有古亭、蘑菇亭和休闲长廊等。

（二）滨河公园 位于商河县城南部滨河路、彩虹路、商中河、文昌河合围区域，占地面积15.2公顷，其中水面面积4公顷。公园自2009年2月开始建设，总投资1800余万元，2011年年底基本完成。共挖掘、回填土石方13万立方米，铺装园路7300平方米、广场6100平方米，砌筑毛石驳岸5000立方米，种植各类乔木1.5万株，铺设绿地灌溉管线4000余米，安装景石2200吨，建设景观桥4座，修筑4米宽环绕园区园路1条、1.5米宽园路8条，安装草坪灯42盏、庭院灯102盏，形成主入口广场、和平鸽广场、柳林广场、湖心岛、三趣园、垂钓平台、太极广场、观景平台及“商河八景”文化墙等景观。

第三节 专类公园

一、济南动物园

位于济南市天桥区济泺路，续前志。1995年，济南动物园被建设部和中国动物园协会评为全国十佳动物园。至2010年，公园占地面积78.6公顷，园内存养哺乳类、鸟类、两栖类、爬行类动物四大类共计151种1360只(头)。其中大熊猫、金丝猴、亚洲象、东北虎、金钱豹等国家重点保护动物有17种82只(头)。

金牛山·金牛阁 金牛山，位于动物园中央，海拔46.7米。其名来源于一则神话传说：旧传一小儿，从兄嫂居千佛山麓。兄嫂性贪，待之过甚。一日，此儿道逢一叟，须发皓然，引其入一洞中，见有金牛正在拉磨，偶有一二金豆落地，叟告以可拾取。良久，得三粒而返。兄嫂异之，翌日趋洞中，曰：“何必拾豆？盗牛益富。”欲往执牛，牛跃出，洞门遽闭，夫妇不得归。牛奔西北，卧太平河畔，化为金牛山。如今，山南有石雕金牛头，似从山岩钻出。头侧有一人工泉，如泄珠玉，汇流成溪，穿过桃花溪，流进桃花坞。山北有金牛洞、金牛槽、金牛滩。洞内有石雕牛臀牛尾，好像狂牛入洞。山岩溪水，涓涓注入金牛滩。

山巅平阔，矗立高阁，因山取名“金牛阁”。阁分两层，高12米，黄瓦飞檐，石柱回廊，雄伟巍峨。阁内悬挂着当代著名书法家舒同题写的木刻楹联“青松绕画阁，白水望金牛”，高度概括了此处的景色。山上山下，多为松柏，四季翠绿，晶莹如碧；四周皆为水，闪闪发光，洁白如玉。沿阶梯登阁，举目四望，山峦起伏，黄河东流，绿波沃野，楼宇林立，济南风光尽收眼底。金牛阁于2002年修缮。2007年8月遭雷击，之后进行翻建。

“天下第一牛”雕塑　位于金牛山东侧，正对动物园大门。由当代著名艺术家韩美林设计，用紫铜锻制，于1992年6月落成。黑色花岗石砌以基座，长18米，宽8米，高1.8米。基座正面，著名书法家启功题书五个鎏金大字“天下第一牛”。铜牛长15米，高15米，重约30吨，是迄今已知世界上最大者。该牛根据动物园内金牛山的传说雕塑而成，四蹄着地，身驮金宝，昂首翘尾，双眼圆睁，形象生动，线条流畅，古朴高雅，具有浓郁的民族风格，堪称艺术佳品。

“天下第一牛”雕塑　（2010年摄）

嘤鸣馆　亦名百鸟乐园，位于金牛山东北侧，为封闭式综合鸟禽馆。其名出自《诗经》：“嘤其鸣矣，求其友声。”1989年10月建成，占地3公顷。分四个展馆三个展区。热带植物温室鸟馆尤为壮观。该馆跨径40米，高18米，钢架玻璃墙壁。馆内北侧为假山，重峦叠嶂，悬崖峭壁。山中出泉，形成小瀑，流经小溪，注入沙湾，曲桥高架，修竹婀娜，芭蕉玉立，花卉丛生，虽为人造，却宛自天成。另有雉鸡馆、涉禽馆、水禽湖，也各具特色，有的掘小潭，有的植佳木，有的缀秀石，自然野趣颇浓。各馆之间由平桥亭廊曲径相连，往来自如。东临之金牛湖，面积约2公顷，湖岸垂柳笼荫，内有鱼乐亭、枕波亭、霞亭、石拱桥等建筑，并陈小舟供游人观景。

馆内放养140余种、2000多只鸟禽。其中，有一级保护动物丹顶鹤、黑顶鹤、白鹳、黑鹳、黄腹角雉，二级保护动物大天鹅、小天鹅、斑嘴鹈鹕、灰鹤、白枕鹤、兀鹫、秃鹫、海南鹦鹉、鸳鸯、白鹇、白冠长尾雉、原鸡、红嘴角雉、红腹锦鸡；还有产于外国的30多种珍贵鸟禽，诸如灰冠鹤、黑天鹅、冠鸠、红鹳、玄凤鹦鹉、大眼斑雉、五彩文鸟等。漫步于花木掩映的曲径、亭廊、桥台、水畔，可见到各种鸟禽在山间树丛、湖中溪岸戏耍。

科普馆　位于金牛广场西北，建于1990年，2010年改造。通过主题性构思和开放性设计，融声、光、电为一体，在一定空间内创建一个生态环境，让游客如置身于大自然中。展馆内容包括：生命起源、恐龙演变、微缩生态景观、神秘的海洋、鸟类展区、哺乳动物展区、自然生态环境演变区、微观世界、灭绝动物展区、放映区等12个展示区域。通过丰富的动物展示、珍稀濒危物种的保护宣传、精彩的互动环节和科普活动，向游客介绍生物知识，讲述生态故事，倡导环保意识，让游客在观赏中既得到陶冶，又受到教益，提高“关爱动物，保护地球家园”的自觉意识。

狮虎山(馆)　位于金牛山西腰，1960年建成，1985年改建。2008年6月，投资160万元进行扩建。建筑面积1500平方米，笼舍7间，每间面积60平方米，笼舍内摆置山石、塑树，周围种植小乔木、灌木、花草等。游客参观区采用钢化玻璃，外侧是仿木构架式廊道，外围是游人活动广场。

小熊猫馆　始建于1960年，1989年迁建至猿猴馆西南面。建筑外观呈皇冠型，建筑面积102平方米，分为操作间、饲养室和5间动物内舍。动物内舍地面用木板铺装，外面为玻璃门窗。环动物内舍是扇形外活动场，总面积210平方米。外活动场安装通顶铁网罩，内设假山盆景、置石，栽植竹子、柏树、香椿、无花果等植物。活动场1米开外设1米高铁栏阻游人靠近，栏外是3.75米宽环形花砖参观道。周围配置大叶女贞、石榴、山桃、侧柏等植物。

猴山(馆) 1960年建成，1988年改建。馆舍建筑面积439.4平方米，建有展室10间，朝参观廊一面装铁栏，附玻璃罩窗；距展室0.9米处装低栏，阻止游人靠近。栏外是长44米的参观廊。

大熊猫馆 位于金牛山东南侧，1973年建成，建筑面积293平方米。2012年9月改建，2013年1月10日建成。新馆占地面积2000平方米，建筑面积840平方米。新馆充分考虑大熊猫的生活习性，采用山石、原木等材料，确保环保生态。新馆设置了大熊猫生活区、游人观瞻区、管理人员工作区三大功能区域。大熊猫生活区有内展室、隔离室和外展区；游人观瞻区包括科普展示区、科普互动区和熊猫工艺品展售区；管理人员工作区配有管理室、监控室、配料间。新馆内暖气、空调、假山、瀑布等温度调节设施一应俱全。经专家组验收，属国内标准最高的熊猫馆舍之一。

大象馆 建于1987年，2002年依原大象馆建筑风格，连接展馆东侧开山扩建，增加了室外活动场地460.94平方米，室外活动场地1111平方米。沿室外活动场地铺设2米宽花砖参观道。馆东侧建毛石挡土墙，墙上植连翘。在展室东侧新修水泥园路与环山路相连，沿水泥路两侧堆砌自然石，植迎春花等花木造景。

河马馆 建于1988年，2008年8月投资80万元改造，总改造面积600平方米。东池外围进行绿化种植，抬高观赏基点，西池外新建下沉小广场，安装景观玻璃，展现河马水下活动情况。室内展厅采用玻璃幕墙，增设了供暖设备。

长颈鹿馆 1988年10月兴建，1989年5月竣工，建筑面积572平方米。室内设展厅和参观厅，面积192平方米，高9.6米。展厅南侧有1736平方米的室外活动场，周围装有2米高钢管围栏，距围栏2米处安装铁护栏。2007年2月改造，规划面积1.6万平方米，新建动物笼舍79平方米。将长颈鹿馆北侧原麋鹿馆、羚牛馆、角马馆拆除，扩建为室外活动场，并有占地面积311平方米的投食台和长颈鹿活动场，以深沟和护栏加以隔离。长颈鹿活动场北侧是原垂钓园池塘，后改建为水禽放养区，水体面积872平方米。北侧是羚羊、角马、斑马活动场。三个活动区东侧是水泥钢管护栏，护栏内是隔离沟，背景为茂密的植物种植区与隐约在树丛中的栏杆。

小动物乐园 位于金牛山东北坡。1993年5月，此处建宠物乐园，主要展出犬类和鱼类。1998年改建为科普园，2001年改建为小小动物园。园内建有小兔之家、小马之家、小猪之家、夜行馆、小羊放养区、孔雀东南飞表演场地等，展出美国矮马、小兔、小猪、孔雀等中小型哺乳动物、禽类33种。园内利用自然地形，以自然石砌驳岸建造叠水，模仿石林塑假山，设置雕塑、儿童游戏石、涂鸦墙、感应喷泉等；种植柳树、白蜡、紫叶李、丁香、女贞、黄刺玫、蔷薇、爬山虎、爬行卫矛等植物，营造良好的绿化环境。2006年7月将此处改建为小动物乐园。内有动物笼舍4座，分别是品种猴馆、袋鼠馆、小熊猫馆、美国矮马舍，另有多功能演艺台1处，观景木栈道1座。

企鹅海狮表演馆 建于2002年10月，占地面积600平方米。主要展出北极企鹅、海狮表演等。企鹅馆的建成，弥补了动物园北极动物的空白，同时也是山东省第一家北极动物展馆。

金牛湖 又名水禽湖。在金牛山东北侧，东临工商河，北濒小清河。湖区原是一片苇草丛生的沼泽地，兴建动物园时挖土造池，形成开阔的水面，面积1.5公顷。1983年，绕池砌石岸，湖中置船，游人可于湖中荡舟戏水。沿湖岸植花草树木，东北部建有方形“渔乐亭”，西部拱形桥上建有“霞亭”，湖西南岸建有六角形“枕波亭”，湖西部与内水禽湖相连，有小巧玲珑的石拱桥。1997年，对金牛湖进行清淤扩建，面积扩展至2.2公顷，拆除西南部拱形桥及枕波亭。2001年，再次清淤，重新堆砌湖心岛，新砌驳岸300余米，岛上种植垂柳、旱柳、芦苇等，水中种荷花，放养各类水禽。岸边栽植垂柳、蔷薇、小叶女贞等植物，周围毛白杨、法桐等大树参天，营造了适合禽类生长的自然环境。

二、济南野生动物世界

位于济南市南部山区的跑马岭，南依泰山，距济南市城区40千米。1998年筹建，1999年9月26日建成开放。总面积667公顷，游览线路总长12千米，2001年获国家AAAA级旅游景区，2003年建游览索道。

跑马岭是以唐代武德年间李世民率军东征，在此操练兵马而闻名于世。这里平均海拔700多米，林木茂盛，风景秀丽，占地2000多公顷，历史上曾有“小云南”之美誉。它南依泰山，北跨黄河，与中国最古老的隋代石塔——四门塔、卧虎山水库风景区、锦锈川风景区，形成一个人文景观丰富的环形旅游带。清代《历城县志》赞曰：“两岸之上峭壁云峰，俨若画屏，松柏掩映，生于石隙；禽岛飞鸣，如在镜中；春涧野花，秋林红叶，望之如锦。”

野生动物世界融动物科普、园林艺术、娱乐休闲于一体，分为步行游览观光区、森林休闲区、食草动物区、猛兽区、综合服务区和动物饲养繁育中心等六大区域，放养各类动物100余种10000余头(只)。

步行游览观赏区环山抱水，松枫错杂，融生态奇观、猴谷、孔雀园、澳洲鸵鸟园、鳄鱼湾、游禽湖、奇石林等景观于一体。

由步行游览观赏区出发，沿园内公路直达望岳亭，是国内同类园区当中规模最大的林间游览区。非洲走廊、织布桥、良心桥、携手亭、图腾园、表演馆、齐长城、御马亭、望岳亭等景点呈纵向分布，高低错落，形成了与山岳、森林环境的完美融合。其中，表演馆轮番上演动物演员们的精彩节目。望岳亭处于园区的最高点，距泰山日观峰的直线距离12千米，天气晴朗时，泰山雄姿清晰可见。

食草动物区是济南野生动物世界最大的放养园区，区内林木茂密、绿草丛生，地形高低起伏，陡坡、缓坡与山间盆地相连。羚羊、骆驼、牦牛、羚牛、犀牛、野驴、长颈鹿、斑马、鸵鸟、梅花鹿、麋鹿、白臀鹿等产于五大洲十三个国家和地区的数十种珍稀野生食草动物栖息在总面积256万平方米的园区内，构成了独特的生态景观。

猛兽区内集中了凶猛的掠食者，仅兽中之王——老虎，就有东北虎等多个品种，其中尤其以金虎最为珍稀。来自非洲的雄狮，貌似憨厚、蛮力惊人的黑熊和棕熊，短跑冠军猎豹以及狼、狐狸等，已经形成自己的家族和群落。

动物饲养繁育中心聘请具有丰富野生动物饲养繁育经验的国家级专家，购置大量先进的科研设备，成立动物医院、饲养室、繁殖研究所、育幼园等机构，并通过周密、细致、严谨、科学的工作，为众多野生动物提供全面的健康保障。

三、济南植物园

位于章丘市埠村街道，距济南市区35千米，东邻省道244线，北距经十东路4千米，南与济青高速公路南线毗邻，规划建设总面积400公顷。2006年9月26日建成。2009年，评为国家AAAA级旅游景区。

(一)水体景观 依据园区西南高、东北低洼的地形地势，引章丘垛庄水库水为水源，修建望云、云影、春华、夏香、秋实、冬韵“六湖”。湖与湖之间以溪相连，观赏、灌溉、游乐功能兼具，形成独特的水体景观。

望云湖 2004年建成，占地面积2公顷，其中水面面积约为1.6公顷(南侧水源面积360平方米)。水源引自垛庄水库水和泵房井水，水深平均3.5米，蓄水量4.5万立方米，中心岛700平方米，景石607立方米。周边铺设冰纹石园路。

云影湖 2005年竣工，占地面积1.67公顷，

其中水面面积0.89公顷。水源引自垛庄水库水。水深2.3米，蓄水量1.687万立方米。湖体分为东、西、南三块水域，呈“品”字形排列，东、西水域间建有宽2.5米、跨度10米的木制桥一座，南北水域落差约3.5米，西、南水域间有一小溪相连。周围栽植乔灌木21种2348株，种植水生植物5种2967株，播种狗牙根草坪7018平方米。

春华湖 2005年竣工，占地面积0.6公顷。湖体南侧修建人工泉水，曰“墨泉”，水源为望云湖水，利用南北高差自流，经墨泉涌出，流入湖内。湖体中间有跌水墙体，将湖面分割成南北两区，水深0.8～1.7米不等。湖体中心岛450平方米。湖体采用软驳岸，湖内种植167平方米水生植物。

夏香湖 2005年12月开工建设，2006年5月竣工。占地面积1.8公顷，水深1.5～1.8米，蓄水量2.7万立方米。湖内建有中心小岛，面积1000平方米，植水杉、毛白杨等。湖西岸建有高地花架长廊，南北长180米，青白粒花岗石柱，钢筋砼梁，格片结构，外刷白色乳胶漆，错落有致，别具神韵。长廊南端建有双层仿古四角亭，名曰“浮云亭”；北端有单层小亭，曰“留香亭”。两亭均为木结构，四坡顶面，红瓦装饰。廊两侧植雪松、青桐、紫薇、木槿、竹等。湖东岸建有930平方米的“葫芦广场”。

秋实湖 2006年建成，水面面积5400平方米，周边铺设冰纹石环路。水系长560米，宽5米，落水高差3米，四级跌水。自西向东建有汉白玉“易安桥”、青白粒花岗石平桥、花岗石“鹊桥”、花岗石“幼安桥”、木质红色桥、机耕板“梨园桥”。沿水系建有“童乐园”和戏水区。湖内种植水生植物12科18属23种8500余株，周边植草坪3.68万平方米，乔灌木31种4762株。

冬韵湖 2006年建成，面积8400平方米。浅水区水深1.2米，深水区水深1.5米，蓄水量11340立方米。湖中有岛，面积300平方米。湖内种植水生植物7545株，周边植乔灌木9种552株，植草花3种1.8万盆，播种冷季型草坪5200平方米。湖南、北各有1处广场，湖北广场面积600平方米，湖南广场面积800平方米。广场处建有面积80平方米的草屋，供游客休息。两广场中间，建景观彩虹桥，将两广场连通。

(二)景观建筑 园内景观建筑主要有“一堂”，即半山堂；“三馆”即科普馆、岭南会馆、韩国馆；“一轩”，即撷香轩。

半山堂 位于望云湖南岸，2005年建成。建筑面积1593.97平方米，总占地面积0.2公顷。采用古典四合院布局，融合亭、廊、榭、阁等，砖混结构，局部二层。周边环境绿化，栽植乔、灌、花等植物39种3.05万株，种植水生植物16种6297株，播种草坪3.1万平方米。

科普馆 位于园区大门内，隐藏于假山瀑布中。占地350平方米，展览面积1000平方米。一楼为植物科普知识展区，二楼为植物和动物标本展区。

岭南会馆 位于园区西南方最高点，2005年9月建成。建筑面积530平方米，砖混结构，局部二层，红色瓷砖瓦屋面。一层为会客大厅，二层为VIP会员场所。

韩国馆 2005年9月20日建成。建筑面积1000平方米，局部二层，框架结构，门窗使用双色塑钢窗，门前建绿地广场，面积1100平方米。

撷香轩 位于夏香湖北岸，临水而建，2006年8月建成。面积450平方米，钢筋砼框架结构，局部二层，两坡屋面，周围建有200平方米广场，南有60平方米木质临水平台。湖内种植水生植物11种5075株，周边栽植乔灌木32种1.067万株，播种马尼拉草坪1.1万平方米。

四、森林公园

(一)济南森林公园 位于济南市槐荫区张庄路西首路北，东邻兴济河，西至二环西路，北抵济西路，由济南市园林苗圃改建而成，占地面积69.5公顷。20世纪50年代末60年代初，此地为济南市蔬菜园艺场，1964年改名为西郊苗圃，1987年更名为济南市园林苗圃。1996年，利用园林苗圃南部13.6公顷的圃地改建公园，1999年年底完成改建，2000年1月1日对外开放，定名济南西郊森林公园，成为济南市区西部唯一的一处市级专类公园。2010年，公园进行扩建改造，园林苗圃全部改建成公园，并更名为济南森林公园，同年12月26日免费向社会开放。公园由大型雕塑群、大型花坛、月季园景区、水景观赏区、花卉观赏区、植物雕塑区、疏林区、密林区、游乐区等景区组成。

水体景观 园区有花雨湾、揽翠湖、涌翠湖、映翠湖、积翠湖等五处水体，水体之间通过溪流连通，形成完整水系，总面积4.8公顷。湖、溪全部采用软驳岸，沿岸和湖内种植再力花、香蒲、芦苇、水芹菜、千屈菜、水葱、花叶芦苇、荷花、睡莲、黄花鸢尾、水生美人蕉等水生植物，形成人造湿地景观。

景观建筑 园林科普馆位于公园中央主轴线上，南临揽翠湖，北依翠溪地形。2010年7月26日开工建设，2011年12月16日建成开放。该馆是公园主体景观建筑之一，地下1层，地上2层，建筑面积5282.5平方米，钢筋混凝土结构，利用所处的地形和环境，采用自然园林式布局。馆内设有1个植物中厅、5个主题展厅、1个动态展厅和1个3D影院、1个为游客服务的生态餐厅。馆外设景观开敞科普空间。按照展馆的功能属性，采用线性参观路线。设1个主参观入口，3个辅助入口，三部主要楼梯，一部无障碍观光电梯。展馆电源使用光伏太阳能，保温采用地源热泵等新技术。整个展馆建筑既与周围环境和谐融合，又生态、节能、低碳，是济南市首座也是山东省首个集观赏、科普、展览、生态于一体的动、植物主题科普馆。2012年，被确定为山东省科普教育基地。

杉木屋 位于公园东侧映翠湖北岸。建筑面积513.08平方米，分上下两层，建筑结构采用轻钢框架，外立面采用防腐木装饰，古朴、自然、生态。南侧有临水平台，满足游人亲水的需求。站在平台上，映翠湖湿地景观尽收眼中。

雕 塑 公园内布设《玫瑰花语》《无题》《森林的乐章》《普罗米修斯》《90，90后，耶！》《生命》《嫁接NO.1》《生命从这里开始》《润》《编花篮》《绿荫》《故乡的雨》《圆·融》《林中胴体》等17组雕塑，全部是由济南市城市雕塑办公室从市政府主办的“人与自然·绿色泉城——森林里的和谐乐章”雕塑征集方案中精选出来的，其中包括国内外知名雕塑大师作品。

(二)柳埠国家森林公园 位于历城南部山区柳埠一带，是以柳埠林场为基础，1992年11月由林业部批准的国家级森林公园。公园地跨柳埠、西营、锦绣川三乡镇，总面积2465.5公顷，北距济南城区20余千米。地处泰岱之阴，是锦阳川、锦绣川的发源地。这一带，峰峦叠嶂，谷壑深秀，泉溪瀑布，云林如画，风光殊佳。区内树木茂密，林海莽莽。林木种类繁多，计80余种，主要树种以松类和侧柏为主，约占总林地的70%，使整个公园四季常青。此外，还有成片的刺槐、栎树、枫杨、黄栌、楞树、果木林和灌木丛等。春季，山花烂漫，万木吐翠；夏季，葱茏苍郁，清凉无暑；秋季，层林尽染，果香四溢；冬季，松柏傲雪，气候温润。密林之中，鸟啭莺啼，生机盎然。此处山势峻峭，海拔多在500米以上。梯子山、天麻岭、油芦寨、香炉寨、蝎子寨诸峰，峭拔嵯峨，山石嶙峋；跑马岭，连绵逶迤，遥望如屏；灵鹫山、金舆谷、袁洪峪，群山环峙，谷壑清幽。峰峦之间，多泉潭瀑溪，著名的天然泉池有涌泉、水帘洞、枪杆泉、仙龙潭、苦苣泉、试茶泉、避暑泉、琴泉、寒泉、洪泉等。山高林密处掩隐着众多的文物古迹，主要有神通寺遗址、四门塔、龙虎塔、千佛崖、九塔寺、涌泉庵、九顶松等。公园集森林动物、山峦峰谷、泉溪瀑布、古迹名胜为一体，是避暑休闲、旅游观光的佳处。

神通寺遗址 在柳埠镇东北2千米琨瑞山金舆谷。琨瑞山，一名金舆山(亦作金榆山)，又名崑嵛山，地处锦阳川畔。今人把东侧的山叫青龙山，西侧的山叫白虎山，南侧的山叫金驴山。青龙山与白虎山之间的山峪，即为金舆谷。前秦皇始元年(351年)，竺僧朗公云游至此，见四周环山，谷幽泉清，遂创筑房屋兴建寺庙，人称“朗公寺”。朗公，李姓，冀人，西晋高僧佛图澄的弟子，与僧人湛、意同来此建寺。寺庙规模宏大，北魏郦道元《水经注》载：“大起殿舍，连楼垒阁。”南朝萧梁释慧皎《高僧传》亦载“别立精舍，创筑房室，制穷山美，内外屋宇数十余区”，成为山东佛教的发祥地。当时，寺院影响颇大，前秦苻坚、东晋皇帝曾给予赏赐，南燕王慕容德还特赐三县与朗公，并封他为东齐王。甚至高丽、西域诸国也送来金铜佛像。寺院规模逐渐扩大，以致“上下诸院，十有余所，长廊延袤，千有余间”。(唐朝释道宣《续高僧传》)隋开皇三年(583年)，文帝杨坚派使者来朗公寺拜谒。使者进寺内，万物呈现吉祥之兆，杨坚因“通征屡感”，遂赐名“神通寺”。(《续高僧传》)唐宋两代，香火旺盛，誉为“三齐名刹”。元遭兵火，“几为榛莽”。明代重修，其庙貌依然可观，当时著名诗人许邦才《神通寺》诗描述道：“百里泰山阴，千年号宝林。诸天闻说法，初地问安心。古殿松声合，长廊月色深。梦醒禅榻寂，清磬下云岑。”到了清朝，寺院逐渐衰败，以至殿堂倒塌，僧众散尽，成为废墟。如今，佛塔、墓塔林、摩崖造像和讲经堂的部分石柱、柱础犹存，是山东佛教的重要历史遗存，具有很高的历史研究和旅游观赏价值。

四门塔　位于青龙山南麓。为神通寺的重要遗存之一，中国现存最古老的石塔。1961年被国务院公布为全国第一批重点文物保护单位。此塔的建造年代，原先根据塔内杨显叔造像题记，认为系东魏武定二年(544年)创建。1972年对该塔进行维修时，发现塔心柱内存有隋代五铢钱，拱板石上刻有“隋大业七年造”字样，此后便认定为隋大业七年(611年)所建。

塔为方形，四面辟拱门，故名“四门塔”。单层，高15.04米，每边宽7.4米，全体由青石筑成，檐部叠涩五层挑出，攒尖顶上塔刹由须弥座、露盘、山华、焦叶、相轮构成。其风格简洁雄浑、朴实无华，受到中外学者钟爱。20世纪20年代被收入日本出版的《世界美术全集》。

塔内，顶端有16根三角石梁承托塔顶。中央为方形石砌塔心柱，四面各有佛像，由青石雕成，皆为螺髻，花纹平直褶皱，刻工精细。东西南三面趺跏而坐，作禅定状，独有北侧一尊两手扶膝作“说法状”。据清道光《济南金石志》载，塔内昔有造像题记两则，一为东魏武定二年(544年)杨显叔造像四躯，另为唐景龙三年(709年)尼姑无畏、妙法等造弥陀佛、观世音、大势至、二圣僧五像，后俱丢失。其中杨显叔题记于清末被直隶总督端方窃走流入日本，今塔内佛座上杨显叔题记是根据拓片复制而成。

四门塔的北侧，有一棵古老的柏树，胸围5.4米，传为汉植。因长有九股粗大的枝干，故名“九顶松”，亦称“千岁松”。树高15米，冠幅博大，挺拔苍劲，虽过千年，仍枝繁叶茂，葱茏叠翠。

龙虎塔·祖师林　龙虎塔，在白虎山东麓，与四门塔隔谷相对。因塔身上雕刻有龙虎而得名。1988年被国务院公布为第三批全国重点文物保护单位。建造年代无考，但专家根据建筑风格断定，塔基、塔身建于盛唐，塔刹补建于宋。该塔是一方形单层砖石混合建筑，通高12.2米。基座三层，每层平石大檐突出，束腰部分镌以佛龛及凹凸纹饰、伎乐、狮子、覆莲等浮雕。塔身由四块长方形青石板扣成，四面辟火焰形券门，周身布刻佛陀、菩萨、力士、伎乐、飞天、龙虎等高浮雕。南北门两侧雕以四大天王，东门两侧浮雕则为释迦牟尼的两位高足弟子迦叶、阿难。塔檐为双重，华栱承托，顶端塔刹由露盘、仰莲、相轮构成。塔内砌方形塔身柱，四面各有石雕佛龛，龛内雕刻佛像，外饰唐草、飞天。整个塔体造型精巧，装饰华丽，雕刻技艺精湛，可谓盛唐石刻艺术的佳作。在龙虎

龙虎塔 （2011年 袁寒松摄）

塔东南，四门塔的北侧，有一小形石塔，1972年从柳埠突泉村皇姑庵遗址迁来，故称“皇姑塔”。又因雕有龙虎，风格与龙虎塔类同，亦称“小龙虎塔”。原为七级，现存六级，高3米余。东侧刻有唐开元五年（717年）造像题记。塔身也镌佛陀、伎乐、覆莲等精美图像。南辟拱门，门侧镌金刚，室内雕佛像，造型精致，不失为珍品。

祖师林，在龙虎塔北侧，为寺内高僧安葬处。现存元明墓塔43座。石质居多，少有砖筑。形制有幢形、钟形、阙楼形、鼓形、六角形、八角形等。下有须弥座，上覆宝盖、塔刹。其中金代“清公山主之塔”为祖师林所存年代较早的墓塔，砖砌，六角形，五级。塔身雕有半掩殿门。另有两座金代石塔，1972年由济南东北郊卧牛山迁来。

此外，在祖师林北侧，1963年清理淤土时还发现了一座唐代建筑台基，东西长12.5米，南北宽10.5米。台基束腰处，镌以浮雕，内容有飞天、伎乐，有箜篌、琵琶、阮咸、排箫、笙、角、拍板等，雕刻精致，形象生动，具有较高的艺术价值。

千佛崖　在龙虎塔西北，白虎山东侧崖壁。因摩刻佛像甚众，故名。1988年被国务院公布为全国重点文物保护单位。此崖南北长65米，高约50米，凿大小石窟100余个，造像原有220尊，现存210尊，题记43则。始凿于唐武德年间（618—626年），历经宋、元、明各代，逐年增扩。其中以唐武德、贞观、显庆、永淳、文明年间造像最盛，前后持续60多年，可谓唐初佛教造像艺术的编年史。

造像主各阶层皆有，上至王公显贵，下至黎民百姓，并有知名僧侣，但以达官贵人为最。造像石窟最大的有五个。南端第一窟是唐显庆二年（657年）南平长公主为其亡父太宗文皇帝敬造的祈福像。南平长公主是唐太宗李世民的三女，唐高宗李治的姐姐，其丈夫刘玄意当时在济南任齐州刺史。此窟造得讲究，窟顶为木建筑的梁椽屋檐，窟内正中镌以佛像，结跏趺坐，前胸扁平，面颊丰满，头作螺髻，眉目清秀，和颜悦色，身着袈裟，腰束博带，雕工精湛，堪称珍品。此窟北，位于石崖中部的一大石窟内，有唐显庆三年（658年）太宗驸马刘玄意敬造像。佛像垂腿而坐，侧有题记，窟龛刻有门楣，饰以竹节，并雕有力士、狮子护守。

崖北端又有两大石窟。其中一窟，迎门镌大佛两尊，分别高2.65米和2.8米，凿于显庆三年，系唐太宗第十三子、时任青州刺史的赵王李福为其父敬造，侧有造像题记。窟壁还凿有佛陀、菩萨19尊，有王玄亮、刘操等人题记。菩萨雕刻精美，给人一种娴雅、秀美、慈祥的感觉。窟门中间石柱上又有唐永淳二年（683年）当地百余民众所造小像。

涌泉庵遗址　位于神通寺遗址西，白虎山南麓。景色秀丽，环境清幽。涌泉庵，兴建于六朝齐梁间，隋开皇年间重修。因庵侧有“涌泉”而得名。20世纪90年代初，尚遗存占地面积6380平方米的庭院一座，有南北殿堂和西厢房。现仅存北殿堂三间及附近古碑七通。原庭院门外东侧，紧临山坡，现有一状如四门塔的单层方形石塔，塔高3.35米，边宽2.2米，坐北朝南，内有一石雕佛像。相传，明代有位名叫明喜的女子，其父因冷淡仕途，便辞官来神通寺作了和尚，法号“兴公”。明喜担心父亲生活不能自理，便随父而来。按寺内教规，男女不能同居，明喜便入涌泉庵削发为尼，并建该塔，把为父亲洗好的衣服按约定时间送往塔内，随后父亲再将衣服拿走。于是，人们便将这石塔称“送衣塔”。明喜当了尼姑后，于此大建殿宇，使庵院金碧辉煌。送衣塔的西南侧，即为涌泉，泉周苍松挺拔，翠竹千杆，浓荫蔽日，柳林如云，山渠潺湲，颇有江南情趣。

九顶塔　在柳埠东南2.5千米灵鹫山九塔观音寺遗址。九塔观音寺位于灵鹫山西南麓，此处峰峦环抱，林木苍郁。因寺内有九顶塔而得名。此寺始建年代无考。据立于寺内的明嘉靖四十一年许邦才撰文、李攀龙手书的《重修九塔观音寺记》碑载：“寺建于此，莫知其始。历考寺碑，惟得唐天宝、大历之文为古，然曰重修，则犹非其始也，意必建于隋梁之间。”亦传说系唐初名将尉迟敬德所建。代久年湮，历经兴废，至20世纪40年代末已荒芜。寺院建筑虽多倾圮，但其概貌仍然可见。庭院幽幽，环以石墙，院内尚存九顶塔、观音堂及明清石碑七通。

九顶塔为唐代遗物，1988年被国务院公布为全国重点文物保护单位。塔高13.3米，单层八角砖结构，檐部叠涩挑出，塔顶中央及每角之上各筑方形三层叠涩挑檐小塔，共九座，故名。中央小塔高5.33米，各角小塔高2.84米，形成塔林之势，构思奇妙。小塔各层皆有小门，重檐覆脊，露盘相轮，精巧别致。

九顶塔　　（2013年 谈道玉摄）

塔身南面距地3米余处，辟以佛龛，龛内雕一佛二僧。佛高1.2米，面颊丰满，螺形发髻，披以袈裟，结跏趺坐，刻工精细。四壁绘以明清壁画，室顶饰以天花藻井。塔身东壁存宋人题名四则。该塔造型奇特，构造诡巧，精美绝伦。20世纪20年代日本出版的《世界美术全集》评述说：“匠意纵横，构筑奇异，其他无能及。”

九顶塔北侧，为观音殿，面阔三间，坐北朝南。殿内壁间残存清末壁画。殿前两侧矗立古柏二株，胸围4米余，虬枝铁干，古拙苍劲，虽历经千年风霜，却仍枝繁叶茂。殿门东侧北壁嵌一方明万历二十七年(1599年)石碣，称：“九塔寺，唐尉迟敬德所造，殿前柏树亦公手所植。”当地百姓传说：昔日，本地有一豪绅，想用这树做寿器，便派人来伐。锯时，树缝流血，锯者惊恐欲罢，豪绅执意不肯。正在这时，忽然风雨大作，一声霹雳，将豪绅击毙。古柏遂免遭劫难，从此人称其为“灵柏”。故事虽属离奇，但却寄寓了人们保护古树的心愿。

九塔寺北侧山崖上，尚有摩崖造像三区，计17窟58尊。旁有残缺题记5则，其中可辨者，有唐天宝年号。可见，此处造像也已历经千余年。

九如山景区　位于泰山北麓，历城区西营镇，东临章丘，南接莱芜和泰安，距离济南城区48千米。公园面积36平方千米，游览面积12平方千米。园区内群山连绵，峰峦叠嶂，峡谷纵横，森林茂密，山泉遍布，溪流交错，瀑布成群，形成了以八潭、九瀑、二十四泉、三十六峰为核心景观，以山峰、栈道、山泉、溪流、瀑布、深潭为特色的大型生态自然景区，国家级森林公园。2006年，辟为九如山瀑布群风景区，2009年，评定为国家AAAA级景区。2010年，被评为2010中国品牌(县域旅游)百强品牌景区。

整个景区分为九如峡谷游览区、天篷瀑布游览区、深潭飞瀑游览区、长城古道游览区和生态休闲避暑区五大景观功能区。

九如峡谷游览区，数千亩原始森林，各种

古藤在空中交错缠绕又悠然垂下，纠结成一个个绿色的藤网，多处泉水从山涧喷涌而出，悬挂在绝崖峭壁间，形成北方罕见的丛林峡谷奇观，呈现出恍如隔世的原始胜境；天篷瀑布游览区，繁花似锦，山峦险峰，栈道险峻，溪流潺潺，丛林蔽日，山径通幽，宛如远离尘世的世外桃源；深潭飞瀑游览区，群山环绕，峰峦连绵，深潭含翠，碧水荡波，恰似一副山水交融的美丽画卷；长城古道游览区，有明末清初时期的石板古道和距今2500年的齐长城遗址，身临其境，可领略长城残垣，古道沧桑，松随风啸的历史变迁。

（三）山东药乡国家森林公园 1992年，经林业部批准成立山东药乡国家森林公园，公园位于济南市南郊，距市区33千米，距泰山主峰8千米。公园东西长12千米、南北5千米、总面积1233公顷，植被覆盖率93%，处在植被完好的群山环抱之中，是山东内陆集游览、观光、避暑、度假、科研、教学于一体的旅游胜地。公园最高峰黄尖山海拔956米，由于海拔高度和浩瀚林海的共同作用，园内夏季最高气温比济南市区低8℃～10℃，负氧离子含量是市区的380倍，形成了济南近郊的一座天然氧吧。除有被誉为泰山四大名药的何首乌、紫草、四叶参、黄精外，还有泰山赤灵芝、穿山龙、冬虫夏草等名贵药材180余种，是一处得天独厚的健身祛病疗养的天然圣地。园内还有南台、幽静谷、天池、齐长城、龙门大峡谷等景区。其中天池景区位于海拔720米以上，是山东内陆最高的一座天然蓄水池。

（四）卧龙峪省级森林公园 又称济南长清卧龙峪生态旅游区。地处济南市长清区境内，南临泰山桃花峪，北临海内四大古刹之一的灵岩寺，西临104国道、京福高速公路，北距济南城区49千米，南距泰安城区16千米，处在“山水圣人”黄金旅游线上。公园四周青山环绕，自然风光优美。沟长谷狭，松怪石奇，游人可享受到与世隔绝的世外桃源的意境。公园分为引导区、先导区、主导区、主体景区和长城岭景区等5大景区，以及古远石林、聚龙、潜龙、麒麟谷、森林浴场等13个分区。峪内泉水长年不断，山谷通道，曲径通幽，花木繁茂。步入山林，仿佛进入了原始森林。森林深处生长着名贵中草药，有人参、何首乌、黄芩、灵芝等。

（五）胡山省级森林公园 位于经十东路东首，距章丘城区6千米，距济南城区46千米。1917年在此处辟建私营林场，1949年改为国营胡山林场，1995年山东省林业厅公布为省级森林公园。公园总面积140公顷，林木覆盖率95.6%。

公园由一条大谷内含的五条峪沟组成，植被以侧柏为主。五条峪沟内的植物景观各不相同：其中二峪沟多杏树，名谓“杏峪”；三峪沟松柏常青，春季金钟花盛开，万绿丛中一片黄；四峪沟柿树较多，秋季红叶满谷；五峪沟深长，树种混杂，色调四季多变。公园主要景观有百丈石崖、观涛亭、齐长城遗址、五峪泉等。百丈石崖位于公园最高点，陡直岩壁，怪石磷峋。观涛亭位处公园中心，亭中小憩，听柏涛阵阵，犹如海浪拍岸。五峪泉位于憩园内，泉边有株古松，高约12米，树径约0.6米，树龄约200年。

公园毗邻众多自然景观和人文景观，与号称“江北第一古村”的朱家峪村相邻，南面与海拔693.8米的胡山主峰相峙而立。胡山有著名的“胡山三麓”：南有高30余米的峭石，陡拔挺立，俗称“落鹰石”；北有“古月洞”；中有“朝阳洞”。山顶有“老君祠”、“六合塔”、山门、山街等遗迹。

（六）大寨山省级森林公园 大寨山位于平阴县洪范池镇东南部大寨村西，海拔494.8米，又称监山，为平阴境内最高峰。2000年1月，在原国有大寨山林场的基础上建成省级森林公园，面积939公顷。

此山山势陡峭，怪石嶙峋，巨岩嵯峨。山顶两峰南北对峙，壁立如削，中有石梁相连，人称“天门观”。山峰景观众多，主要有透风崖、锦屏崖、天乳泉、劈雷洞、宝泉、大黄牛、透米缝、扪心桥等。明代于慎行游大寨山留诗赞曰：

“美尽东南第一峰，神工削出玉芙蓉。天门阁道金银晃，王母瑶台紫翠封。雷雨千岩声自起，龙蛇万壑势相从。探奇忽动凭虚相，安得仙人碧玉笻。”

北峰一侧的透风崖，两壁矗立，高约20米，中间缝隙1米余，从一侧看去，仅见一线蓝天。山风吹来，呜呜作响。若遇阴雨天，云雾从缝隙穿过，如海浪，似奔马，气势磅礴，惊心动魄，此景观，名“监山出云”，为古东阿八景之一。距透风崖不远处为锦屏崖，高、宽均约10余米，石壁光滑，又叫“滴水崖”。水从石缝中渗出，顺壁而下，远看似镜，近听滴水有声，阳光朗照，五彩缤纷。崖下凹进数米，突出如巨乳，水从巨乳滴下，称为“天乳泉”。

大寨山陡峭的石壁上随处可见千奇百怪的钟乳石，有的如云朵，有的似奔马，有的如群龙出海，有的似猛虎下山，象形石比比皆是，栩栩如生。最奇的是在峭壁近北端的石壁下，有一凸出的钟乳石，似一头雄健的大牛拉着一车彩云从石壁中出来，便是当地群众说的“大黄牛”，是大寨山一景。过“大黄牛”，绕峭壁东行，在向南转弯处，只见峭壁裂开一条缝，石缝狭窄，仅能容身，人称“透米缝”。

大寨山东侧是自然景观和人文景观集中的地方。峭壁陡立，直插云天，林海茫茫，景象万千。在雄奇险峻、清静幽深的山崖下，散落着劈雷洞(又叫鹁鸽洞)、奶奶庙、睡奶奶洞、刘公墓等景点。劈雷洞位于大寨山扪心桥东侧的山崖下，洞口环形东向，在高出崖下小路3米的石崖下，洞不深，但奇高，站在洞内仰望，可见一线蓝天，洞上口可与天齐。洞内石壁上有不少溶洞，夜晚常有鹁鸽等山鸟栖息，所以又叫鹁鸽洞。奶奶庙坐西向东，西依山崖，传说是供奉泰山奶奶三妹妹的地方。从碑文上看，奶奶庙又称升月庵。庵院内有石碑6通，从康熙到光绪年间，记载历次对庵堂的重建与维修经过。庵西北山崖下就是睡奶奶洞，洞为斜扇形山洞，洞内原有一尊卧姿菩萨，人称睡奶奶。睡奶奶洞北为刘公墓，“刘公墓”三个大字刻在十几米高的石碑上，故又称天下第一碑。

南峰一侧，峭壁奇险，气势宏伟，到处有奇峰怪石，其中有一段通向峰顶的石崖，蜿蜒曲折，犬牙交错，长约50余米，顶宽约2米，其最窄处不足1米，两侧皆为十几米深的悬崖，俯视不见崖底。人行其上，心惊胆颤，相传心地不善者难以通过，古人称此处为“扪心桥”。明万历年间，于慎行在此通过时，写下“阿弥陀佛”四个字，刻于岩顶。历经400余年风雨剥蚀，字迹至今显明可见。扪心桥景色怪异，如遇阴雨天气，一侧云雾迷蒙，将一切景物隐去。另一侧则一草一木，清晰可见。放眼四野，气象万千。

(七)蟠龙山省级森林公园 位于历城区中南部山区，地跨彩石、港沟两镇街道，距济南城区23千米。所处地形为低山丘陵区，主峰蟠龙山海拔497.4米。1999年10月15日，经山东省林业厅批准开发建设，2002年7月由山东鲁建世纪集团承建开发，是一处集游览观光、探险考察、健身疗养等功能为一体的省级森林公园。公园总规划面积3166公顷，集中开发建设面积537公顷，分为黑峪景区、蟠龙洞景区、彩石景区、寻古怀旧观光区、寻找龙脉登山区等8大功能景区及天然森林浴场、红叶观光谷、蟠龙山庄、森林迷宫、铁索桥、石雕园等31处景点。园内泉水涓涓，森林茂密，植被丰富，森林覆盖率98.5%。有34科62属88种木本植物，有20科40种鸟类和9种兽类。峰顶览胜，北望黄河滚滚东去；东望狼猫山水库，碧水荡漾；西看蟠龙水库如绿荫丛中一明镜，田园风光尽收眼底。

(八)济南北郊温泉省级森林公园 位于黄河北岸，黄河公路大桥西14千米处，面积866公顷。始建于1993年。包括森林浴场、温泉疗养、鱼池垂钓、动植物观赏四大景区。公园景观秀美，四季花香，百鸟啼鸣，鱼跃蓝池，是观花、赏果、垂钓、野炊、游乐佳处。

1998年9月，该园开发地热资源的第一眼温泉井正式打通，井深905米，井口水温43.2

度，出水量为每小时97.68立方米。水中含有硅、锶等多种对人体有益的微量元素，是理想的温泉疗养用水。

(九)济南唐王市级森林公园　位于历城区唐王镇，距济南城区30千米。2001年建设，属市级森林公园。该园东接白云湖风景区，西邻济南国际机场，交通便利。公园总占地260公顷，内有100公顷养鱼水面，106公顷林木花卉，绿化覆盖率70%，素有“天然氧吧”之称。公园分东西两片。东片为垂钓区，有大小渔塘173个，塘内波光鳞鳞，蛙鸣鱼跃。渔塘之间为方正的林地，参天绿树倒影水中，婆娑摇曳，野趣盎然。部分渔塘周围建有凉亭、平台、栈桥，以供游人在此垂钓。西片为赏花区，内有花木80公顷，各种鸟类60余种，密植着100余种珍稀苗木和常规绿化树，有花卉温室800平方米。区内阡陌交错，树木依类划区，竹林丛生，花团锦簇，美不胜收。

(十)济南黄河森林公园　位于济南市黄河泺口浮桥北岸，占地100公顷。公园内有济南市唯一的森林环圈跑马场，全长1.5千米。设有森林乐园、森林跑车、旱冰场、台球、乒乓球、射箭、射击以及高科技气垫船等娱乐项目。

公园内各种树木30万株，花草绿树郁郁葱葱，森林气息自然清新，设有浪漫林荫道，名贵美国茶花基地，并建有草原风情蒙古包及乡村风味小屋。公园北1千米处是秀丽多姿的鹊山，著名的古代神医扁鹊之墓静卧在风景如画的山弯之下。

济南黄河森林公园　　（2010年摄）

五、湿地公园

见本志“城市绿化”篇

六、烈士陵园

(一)英雄山革命烈士陵园　1949年，在英雄山间兴建革命烈士陵园。至1968年竣工，占地约42公顷，是山东省规模最大的烈士陵园，1977年被公布为山东省第一批重点文物保护单位。

陵园分三部分。北部为革命烈士纪念塔，位于四里山山巅，坐落于花岗石塔基上，通高34.64米，四棱锥体，乳白色花岗石砌成，高耸入云。由山下到塔基，有三条石级登道，南侧登道202级，道直宽绰，直抵纪念塔基，蔚为壮观；北侧两条，左右分列，林荫夹道，蜿蜒深幽。塔座镌刻以红旗、花环、冬梅、秋菊、荷花，万年青等浮雕图案，塔身南北两侧，分别刻着“革命烈士纪念塔”七个遒劲刚健的鎏金大字，为1949年6月毛泽东主席亲笔题写。塔顶嵌硕大的红五星，由红色花岗石凿就，直径两米，分外醒目。

中部五里山西建有烈士灵堂和革命烈士陈列馆。南部六里山西北，为烈士墓区，安葬着为中国人民解放事业而英勇献身的中共第一次全国代表大会代表、山东第一个共产党员王尽美，山东早期党的负责人刘谦初等革命先烈1502名。

王尽美墓，在烈士墓群最上一排，长方形墓穴，青石砌垒，前立汉白玉碑，墓周苍松翠柏拱卫，山花芳草陪伴。王尽美(1899—1925年)，原名王瑞俊，又名王烬美，字灼斋，山东诸城人。1918年考入济南省立第一师范学校，受俄国“十月革命”影响，逐步接受马克思主义。后在济南组织励新学会、共产主义小组、马克思主义研究会等。1921年7月，与邓恩铭一同作为山东代表，出席在上海举行的中国共产党第

建成于1998年的济南战役纪念馆

一次全国代表大会，成为中国共产党创始人之一。会后组建济南和山东的党组织，并担任主要负责人。1922年1月，赴莫斯科出席远东各国共产党及民族革命团体第一次代表大会，受到革命导师列宁接见。同年参加中国劳动组合书记部工作，参与领导北方的工人运动。1923年，调回山东，组织领导济南、青岛等地的工人学生运动。1924年1月，出席在广州举行的中国国民党第一次全国代表大会。嗣后，参加直隶、山东等北方各省改组国民党的领导工作，并组织了山东反帝国主义大同盟、非基督教大同盟，发动国民会议促成运动。因劳累过度，于1925年8月19日在青岛病逝。1959年7月，由家乡迁葬于此。

刘谦初墓，与王尽美墓并列，形式规模相同。刘谦初(1897—1931年)，原名刘德元，字乾初，代名黄伯襄，山东平度人。学生时期先后参加“讨袁斗争”、五四运动等，是学生运动的领导骨干。1926年参加北伐军，任国民革命军第十一军政治部宣传科社会股长。1927年1月加入中国共产党。同右倾机会主义进行了坚决斗争，任中共福建省委书记等职。1929年4月受中共中央派遣，任中共山东省委书记，恢复和发展遭到破坏的党组织，于青岛、博山、潍县等地组织大规模的同盟罢工，同年7月被捕。在狱中倍受酷刑，坚贞不屈，继续斗争。1931年4月5日，同邓恩铭等一批党的重要干部被杀害于济南纬八路刑场。1960年6月，由原籍迁此重葬。

1998年，对烈士事迹陈列室进行扩建，更名为济南战役纪念馆，包括革命烈士骨灰堂和济南战役纪念馆两部分。革命烈士骨灰堂内安放372名烈士骨灰盒。济南战役纪念馆由陈列展厅和全景画馆两大部分组成。陈列展厅以大量文字资料、图片和实物向人们展示了济南战役的全过程。全景画馆则以高度写实的艺术手法，利用声、光、电、音响和录音解说等高科技手段，再现1948年人民解放军攻克济南时的真实场景。

2011年，济南英雄山烈士墓区共安葬革命烈士1611名，其中著名烈士有王尽美、邓恩铭、刘谦初等23名

(二)辛亥革命烈士陵园 位于千佛山东麓。1934年建。1979年被公布为市级重点文物保护单位。1981年纪念辛亥革命七十周年之际，山东省和济南市人民政府拨资重修。1983年9月修竣。陵园为南北纵向，顺山势建成。北端，立有新建的黑色花岗石影壁，上刻“辛亥革命山东烈士墓”九个大字，背面刻有《辛亥革命山东烈士墓重修记略》。最南端，是陵园的主体建筑纪念塔，1934年“双十节”建。塔为四棱锥体，高6米余，淡红色大理石砌成。碑的北面，刻“山东革命先烈公葬纪念塔”十一个大字，系山东国

民党元老陈名豫书丹。塔北为墓区，安葬着辛亥革命中为推翻清王朝及讨伐袁世凯复辟、反抗军阀暴政而牺牲的23位烈士，其中无名烈士2人。主墓3座，成品字形布局。正中是同盟会山东分会主盟人、山东辛亥革命领袖徐镜心之墓，两侧是老同盟会员薄子明、刘溥林之墓，皆为1934年“双十节”建。主墓北侧，为同盟会员王永福、张同普、秦明堂、何风翱、赵金漳和第一次国共合作时期的共产党员史得金、朱锡庚等人的墓室。陵园内外，松柏葱郁，山花烂漫，环境幽静。

1998年，对烈士事迹陈列室进行扩建，称名济南战役纪念馆，包括革命烈士骨灰堂和济南战役纪念馆两部分。革命烈士骨灰堂内安放372名烈士的骨灰盒。济南战役纪念馆由陈列展厅和全景画馆两大部分组成。陈列展厅以大量文字资料、图片和实物向人们展示了济南战役的全过程。全景画馆则以高度写实的艺术手法，利用声、光、电、音响和录音解说等高科技手段，再现了1948年人民解放军攻克济南时的真实场景。

(三)大王山革命烈士陵园 位于历城区鲍山街道赵家庄东南，是为解放济南牺牲的烈士修建的纪念园。1950年筹建，1954年破土动工，1955年正式落成。2003年投资1500万元进行改造建设，拓宽大王山东路、北路，新建3300平方米的悼念广场和壮观的汉白玉大门牌坊，增加无名烈士碑、无名烈士墓以及“前仆后继”主题雕塑和“无坚不催”“鱼水情深”巨型花岗石浮雕。陵园占地面积30公顷。

整座陵园坐南朝北，大门宽4米，门外东侧20米处有一宽约10米、高约2米的影壁，上写“死难烈士万岁”。影壁前有长方形高台和广场，为摆放花圈和举行悼念仪式的场所。大门至山顶有条宽约4.65米，长262米的大青石台阶通道。山顶矗立着一座高约12米的纪念塔，上书“革命烈士纪念塔”7个大字。塔的东侧面书“为国牺牲，永垂不朽”，西侧面书“为民而死，虽死犹荣”。

陵园东侧设有烈士纪念堂、干部骨灰堂、接待室等。整组建筑占地约1000平方米。从大门至山顶通道两侧是青石砌成的统一规格的烈士墓群，共计4区、32排、1140座陵墓，大都是解放济南时牺牲的官兵。每个墓前都立着长方形的石碑，上面镌刻着烈士的姓名、籍贯、职务、所在部队番号和牺牲的时间与地点，有的还记载着烈士的生平事迹。其中无名烈士墓和无名烈士骨灰盒共计522个。陵园成为济南市东部新区“红色公园”和重要的爱国主义教育基地。

(四)盛习友烈士陵园 坐落在章丘市官庄镇闫家峪村东边青山脚下。盛习友(1944—1969年)，安徽省肥西县人，1964年3月入伍，1965年加入中国共产党，1969年7月17日为抢救落水的青年妇女壮烈牺牲，年仅25岁。生前任中国人民解放军陆军第二十六军某部排长。1971年5月24日，经毛泽东主席批准，中央军委授予盛习友“爱民模范”光荣称号，号召全军向其学习。同年，章丘人民大干50天，在烈士牺牲地建成盛习友烈士陵园。

走进陵园，迎面是大影壁，上书毛主席语录：“成千成万的先烈，为着人民的利益，在我们的前头英勇地牺牲了，让我们高举起他们的旗帜，踏着他们的血迹前进吧！”绕过影壁，左侧平房为“盛习友事迹陈列室”，正面是盛习友半身石膏塑像，西边墙上画的是烈士生平事迹。展室往东是三叠石阶，迎面就是烈士纪念塔。塔身高约12米，宽3米，厚3米；塔座宽约4米，厚3.5米。正面书写着“盛习友烈士永垂不朽”九个大字，背面刻有碑文。塔后是烈士墓，墓石上绘有烈士的遗像，遗像两边分别是“全心全意想着毛主席，全心全意紧跟毛主席，全心全意为着毛主席，全心全意保卫毛主席”，“为人民操心最情愿，为人民吃苦最愉快，为人民斗争最幸福，为人民献身最光荣”。陵园气势宏伟，松柏郁郁葱葱，庄严肃穆。

第三章 风景名胜区

第一节 大明湖风景名胜区

大明湖位于济南市市中心，是繁华都市中的一处天然湖泊，被誉为“泉城明珠”，同趵突泉、千佛山并称济南三大名胜，是闻名遐迩的游览胜地。2003年，获国家AAAA级旅游景区。2007～2009年，实施大规模改造扩建工程，占地面积由74公顷扩大至103.4公顷，其中水面由46公顷扩大至57.7公顷，陆地由28公顷扩大至45.7公顷。

大明湖水源充足，湖水来源于珍珠泉、趵突泉、五龙潭等诸泉，有“众泉汇流，平吞济泺”之说。因湖底为不透水火成岩，且排水便利，故有“霪雨不涨，久旱不涸”之特点。大明湖自然景观秀丽，水质清冽，湖光山色，岸边杨柳披拂，湖中荷莲飘香，“四面荷花三面柳，一城山色半城湖”是其风景的最好写照。古时济南八景中的鹊华烟雨、汇波晚照、明湖秋月、历下秋风以及著名的佛山倒影景观都能在景区内观赏到。

大明湖名胜古迹众多，历下亭、北极阁、汇波楼、南丰祠、辛稼轩纪念祠、遐园、铁公祠等30多处名胜景点掩映绿荫之间，步移景异，游趣无穷。大明湖水陆美景连绵不断，自古就是名人雅士聚集揽胜之地。景区传统游园活动丰富多彩，有春节庙会、荷花艺术节、龙舟赛、荷灯会等。

一、历下亭

历下亭，在大明湖中小岛上，因南临历山(千佛山)而得名。此亭历史悠久，历经沧桑，位置多有变迁。北魏时在五龙潭处，郦道元《水经注》称“客亭”，是官家为迎宾接使所建。唐初始称“历下亭”。唐天宝四年(745年)，诗人杜甫到临邑看望其弟杜颖，路经济南，适逢北海太守李邕至济，在此亭宴请杜甫及济南名士，杜甫当即赋《陪李北海宴历下亭》诗一首：“东藩驻皂

大明湖 (2010年 王平摄)

盖，北渚凌清河。海右此亭古，济南名士多。云山已发兴，玉佩仍当歌。修竹不受暑，交流空涌波。蕴真惬所遇，落日将如何。贵贱俱物役，从公难重过。”

据《旧唐书》记载，天宝元年，齐州曾改为临淄郡，故此亭当时也称“临淄亭”。杜甫《八哀诗》有“伊昔临淄亭”的诗句。唐末，历下亭渐废。北宋曾巩在齐州任职时，将亭重建于州宅后。之后，屡有兴废。至清初，山东盐运使李兴祖于康熙三十二年（1693年）在大明湖今址，购买乡绅艾氏地产重新建之。其规模比以前宏大，坐北朝南，颜额为“古历亭”。竣工后，又在亭西偏南，筑土垒石，建轩宇三间，轩西为宽阔的水域，晴空下，天光水色，一派蔚蓝，故题额“蔚蓝轩”。此后，历下亭的规模、型制又有变异。如今，亭矗立在岛的中央，八角重檐，攒尖宝顶，红柱青瓦，斗拱承托，饰以吻兽，蔚为大观。亭身空透，檐悬清乾隆皇帝书写的“历下亭”匾额，内设石雕莲花桌凳。亭北为“名士轩”，是历代文人雅士宴集之地。该轩坐北朝南，面阔五间，匾额“名士轩”，为1911年春朱庆元书丹。楹柱上悬挂著名作家郭沫若题写的对联：“杨柳春风万方极乐，芙蕖秋月一片大明。”轩内西壁，嵌唐天宝年间北海太守、大书法家李邕和大诗人杜甫的线描石刻画像。东壁嵌有清代诗人、书法家何绍基题写的《历下亭》诗碑。历下亭西侧的蔚蓝轩，面阔三间，飞檐翘角，绕以回廊。亭南偏西，与长廊相连处，为御碑亭，内立清乾隆十三年（1748年）乾隆皇帝《大明湖题》诗碑。亭东大门楹联集杜甫诗句“海右此亭古，济南名士多”，为何绍基手书。

整个岛上，亭台轩廊，高低错落，花木扶疏。春天，修竹婆娑，翠柳笼烟；秋日，湖水荡漾，荷花溢香，凉风徐徐，令人心爽，被称作“历下秋风”，为古时济南八景之一。

2001年，在名士轩内增加15位济南古代名人石刻画像。2005年，进行整修，重新铺装地面，修葺回廊，增设楹联。2007年，在茶厅（原名士阁）西外墙上镌刻蒲松龄《古历亭赋》，书法家王仲武书。

二、北水门·汇波楼

北水门在大明湖公园东北隅，宋熙宁五年（1072年）曾巩在齐州任知州时创建。门设闸板，以调节水量。因众泉汇流，从北水门泄出，故亦名汇波门。门上可行人行车，所以也叫汇波桥。元初在水门上建“汇波楼”，面阔七间二层，翼角悬山，吻兽栩栩如生，风铃铿锵扬韵。四周白杨簇拥，如众星捧月。楼建成后，元代散曲大家张养浩为之作记曰，“盖济南形胜，惟登兹楼，可得其全焉”，并咏《登汇波楼》诗，赞美这里的景色：“何处登临思不穷，城楼高倚半天风。鸟飞云锦千层外，人在丹青万幅中。景物相夸春亘野，古人皆梦水连空。浓妆淡抹坡仙句，独许西湖恐未公！”清朝乾隆皇帝也亲临并留下《登汇波楼》诗篇。

解放前夕，楼毁。1981年又按原样建起。其上悬“汇波楼”匾额，为当代书画家、广东省美协副主席李雄才题写。汇波楼巍峨高耸，于上南可瞻历山、玉函等山，北可观华山、鹊山诸峰，湖内波浪碧绿，画舫争渡，涵光倒影，清澈映物，故昔有颜额“河山一览”。若傍晚登至楼上，可看到另一派奇丽景色：向南俯瞰，南丰祠内，晏公台上，钟亭飞架，古柏杈桠，满院杨柳垂荫，修竹郁森；院南一片荷红，远处波光粼粼，斜阳返照，晚霞尽染，万丈光辉，世称“汇波晚照”，为古时济南八景之一。当代书画大师刘海粟今题“汇波晚照”匾额于楼上。

2004年，汇波楼二层被辟为汇波棋苑，并新增两副对联，“静里动态不妨那黄河为界，闹中忙事任凭他楚汉相争”由王仲武撰联并书；“忙里偷闲下盘棋去，闹中取静泡壶茶来”为原曲水亭联，当代书法家邢增庆书。

三、北极阁

又名北极庙、真武庙，坐落在大明湖东北

岸，为道教庙宇。真武，是道教奉祀的代表北天之神，是北天七宿的化身。原名玄武大帝，后避帝讳，改为真武。

该庙建于元代至元十七年(1280年)，筑在7米高的石镶土台上，占地1078平方米。正殿在中央，坐北朝南，后有启圣殿，南面为门厅，面阔各三间，东西配庑殿，门厅左右是钟鼓二楼，庙貌巍峨。院内银杏葱绿，翠柏碧透，古意颇浓。正殿佛龛内，塑有真武坐像，手持宝剑。两侧侍金童玉女。神龛前下方分别站有火、水、龟、蛇四将。神龛左侧，塑青龙、赵天君、关天君、仙真、风伯、雷公；右边塑白虎、马天君、瘟天君、仙曹、雨师、电母。殿内东西山墙上，绘《真武大帝武当山传奇》壁画，其故事曲折，引人入胜。启圣殿为明成化初年德王朱见潾建，塑有圣父母的坐像。左右两侧侍有玉女，各持石榴仙桃。墙上壁画，皆为演奏、舞蹈、献果等祝寿场面。置身于庙台之上，视野开阔。远可眺望重峦叠嶂的群山，近可一览秀丽多姿的明湖景观，湖光山色，尽收眼底，是观景的理想去处。

四、南丰祠

位于大明湖东北隅，由南丰祠堂、南丰戏楼、孙墨佛·孙天牧父子书画馆、明昌钟亭、雨荷厅等建筑组成，是一处清静幽雅的古典式庭院，占地面积2690平方米。南丰祠堂位于院内北大殿西端。1994年翻建，北厅三楹，仿古建筑，南出厦，半壁花棂，抱柱楹联“北宋一灯传作者，南丰两字属先生”，作者及书写年代不详。堂内立曾巩木刻像，由江西南丰产整株樟木雕刻而成，高2米，文官形象，峨冠博带，手持书卷，栩栩如生。四周墙壁悬挂当今书画家咏赞曾巩的书画作品，展橱内展有各种版本的曾巩著作、历代评介文章及曾巩墓出土的部分文物复制品。

五、南丰戏楼

位于南丰祠堂对面，始建于清末，是迄今为止济南市保存完好的古戏楼之一。2006年4月，对古戏楼进行整修，成为济南著名的曲艺演出场所，演出山东地方戏曲。戏楼面积近300平方米，雕梁画栋，彩绘精巧，具有深厚的历史文化内涵和浓郁的民俗民风气息。戏楼内收藏有山东梨花大鼓传人谢大玉、左玉华、陆巧云和众多老艺术家们的经典老照片。

六、孙墨佛·孙天牧父子书画馆

位于南丰祠堂东邻，大厅五楹，1987年10月辟建，陈列孙墨佛遗作及其长子孙天牧国画作品。孙墨佛，号“眉园”，又称“剑门老人”，原籍山东莱阳，早期同盟会会员，曾跟随孙中山革命多年，心胸豁达，修身清节，淡泊名利，书法风格质朴洗练，具有极高的艺术造诣。孙天牧，又名家骧，山东莱阳人，孙墨佛长子，精于北派山水，曾任中央文史馆馆员、吉林艺术学院教授、中国美术家协会会员、政协天津市书画研究会理事会顾问、济南“孙墨佛·孙天牧父子书画馆”名誉馆长等职。

七、明昌钟亭

位于孙墨佛·孙天牧父子书画馆东侧的晏公台上。明末在台上建有晏公庙，也称“晏公祠”，纪念水神晏戌子。1993年，在晏公台上建亭，亭中悬挂铁质古钟一座。因钟铸于金代明昌年间(1190—1196年)，故名“明昌钟”，亭亦据此得名“明昌钟亭”。据学者考证，金代明昌年间，为纪念大明湖畔开元寺内刘姓僧人，济南百姓集资铸铁钟安置于开元寺内。明代占寺院以扩充官衙，遂将此钟移于湖滨康和尚院，筑楼悬之，并改称“镇安院”，成化年间(1465—1487年)更名为“钟楼寺”。近代以来，由于内忧外患，钟楼废圮，千年古钟荒置于市井宅舍之中。钟亭建成后，古钟得以安置。亭为四角重檐十字脊式方亭，混木结构，红柱青瓦，点金彩绘，端庄典雅。亭高10.6米，阔8米，上有宝顶，沿脊饰脊兽32件，四角悬黄铜风铃8枚，轻风吹动，叮铃作响。铁钟重8吨，高2.4米，外径1.8米，上铸八卦图案，亭内地面亦饰有八卦图案，并安置3米余长枣木钟杠，游客登亭可乘兴撞钟，金声玉振，方圆十里可闻。亭上对联“金钟鸣处蛙声静，碧月升时客梦清”，由已故学者徐北文撰写。亭旁立《明昌钟亭记》石碑。碑文亦由徐北文撰写，书法家雷衣谷书丹。

八、雨荷厅

位于晏公台南临湖处，水榭三间，四周出厦，红柱青瓦，玻璃槅扇，内置茶几坐凳，可于内下棋赏景。厅东西北三面水池环绕，青石砌岸，内植荷莲，岸上垂柳披拂。盛夏时节，红荷碧柳交相辉映，景色迷人。传说乾隆皇帝就是在此与夏雨荷相识相知，演绎出一场轰轰烈烈的爱情故事。台湾言情小说家琼瑶在电视剧《还珠格格》中有这一故事的精彩片段。

九、藕神祠

位于南丰祠院东，西为晏公台，东临水溪，为一独立院落，1998年辟建，院南辟小门与南丰祠院相通。历史上大明湖曾建有水仙祠，在湖北岸铁公祠以西。《老残游记》中曾有简单记述：“圆门东边有三间旧房，有个破匾，上题‘古水仙祠’四个字。祠前一副破旧对联：‘一盏寒泉荐秋菊，三更画船穿藕花’。”该祠始建年代不详，藕神是谁也无记载。至清代同治年间，济南一些文人经过商议，决定推戴济南杰出的宋代女词人李清照代替藕神，并将水仙祠加以修葺，为李清照安位设祭。推举符兆纶撰写《明湖藕神祠移祀李易安居士记》，刻碑立石，说明原委。后水仙祠废圮。1998年，公园据此典籍重建藕神祠。祠堂三楹，坐北朝南，前出厦，花槅扇，青砖青瓦，古朴端庄。匾额“藕神祠”三字，为当代台湾书法家王凤峤手书。内楹柱有徐北文撰联“是耶非耶，水中仙子荷花影；归去来兮，宋代词宗才女魂。”外楹柱则悬挂古水仙祠旧联，由山东当代书画家刘如璞手书。祠堂正中，彩塑宋代仕女像，身高2.8米，座高1.5米。相貌清丽，身材窈窕，玉指纤纤，卷轴在握，温文尔雅，楚楚动人。两侧塑侍女像，高2.7米，一位手持红荷，一位手持绿莲，彩服贴金，珠翠明珰，亭亭玉立，神彩飞扬。三面墙壁上是彩色壁画，内容为藕神传说和明湖风光。院内卵石铺地，松柏蓊郁，石榴飞红，竹摇绿影，十分清雅。

十、汇泉堂

汇泉堂，坐落在大明湖东南隅水中小岛上。该岛景色极为幽雅，为夏日避暑胜地，人称“清凉岛。”过去，城内众泉多从这岛附近汇入大明湖。所以这小岛上的一眼清泉，便被命名为“汇波泉”，建于这里的一座寺院也就叫作“汇泉寺”。该寺始建年代不详，但据清朝钱塘人吴华《重修汇泉寺碑记》载，曾于清嘉庆五年（1800年)由当地盐商茅、张二氏重修，是年孟夏落成，随后又召集同仁，每月捐资，聘请“信一”和尚为本寺主持，伺奉佛主。此寺原为两重院落，东侧依次为佛殿、关庙、公输子祠、文昌阁等建筑。佛殿为正殿，内供佛像。偏西为精舍四楹，名曰“薜荔馆”，颇为雅致。四周的水，远处的山，荷深处的轻舟，小陌之行人，皆能入画。

至解放初期，寺院建筑大都倾圮，仅剩大殿三楹、耳房三间。1958年辟建公园时改建，命名为“汇泉堂”，置为棋社，为济南棋坛高手聚会之地，游人也可来此享受垂钓之乐。

1999年，对汇泉寺岛进行改建，作为兰花展览和养植基地，更名“兰岛”。岛上有汇泉堂、文兰轩等建筑。汇泉堂为古建筑翻建而成，青瓦红柱，前厦中脊，古朴壮观。“文兰轩”为中西合璧式风格，面积400平方米，既具观赏价值，又可作温室使用。轩前院内有山阜、水池及各式石制花架。在文兰轩和院内花架上，展有数千盆兰花。2008年，兰岛被改建为景区餐饮接待服务中心。

十一、月下亭•济南战役国民党守军临时指挥部旧址

月下亭，在大明湖北岸，北极阁西侧。亭子立在水池中央，建于1937年，形为六角尖顶，白柱青瓦，饰以彩绘，小巧玲珑，典雅别致。池中蓄锦鱼，植王莲，池周自然石驳岸，顽石卧波。东侧紧靠北极阁处为假山，巨石陡立峭拔，嶙峋峥嵘。近植翠竹，飒飒有韵。

月下亭南北，各有白石小桥，南通湖岸，北通大厅。大厅与月下亭同时建成，面阔三间，处于数级台阶之上，坐北朝南，有白色楹柱贯顶，南面出厦，东西各有耳房一间，厅下有地下室。堂周幽篁，郁森蔽日，整个建筑显得清幽。大厅东侧有一小院，院中有二层小楼，楼上南侧设有阳台，可于上观览明湖景色。大厅西侧，建有花室花圃，围竹篱，植松柏，自成体系。室内四季有春，即使隆冬季节，依然万紫千红，百花争艳。

月下亭是赏月的理想去处。亭南视野开阔，“明湖水月”胜景，于此正可赏看。当夜幕降临，明月当空，清光惠洒，柔波粼粼，湖天一色，垂杨如纱笼岸，亭榭隐现其间。溶溶月色，妙不可言。

1998年，为纪念济南解放50周年，大明湖公园将月下亭北大厅下地下室辟为“济南战役国民党守军临时指挥部旧址”对外开放。

十二、明湖宝鼎

位于大明湖北门内的“北渚台”上，1999年建成开放。台为二层石砌方形，底层雕为须弥座，一二层均围以雕花石栏。宝鼎为双足圆形铁鼎，立于台正中，高2.3米，直径1.5米，重3.5吨，通体金黄，造型古雅。鼎身饰以凤纹，铸有北宋晁补之《北渚亭赋并序》一文。晁补之字无咎，齐州巨野（今属山东）人，北宋著名文学家，苏门四学士之一，宋神宗元丰进士，于宋哲宗元祐八年（1093年）出任齐州知州。《北渚亭赋》追忆曾巩守齐州的功绩，咏赞大明湖的秀丽风光。清代文坛盟主王士祯极为赞赏，盛赞“吾郡遗文惟晁无咎《北渚亭赋》最为瑰丽”。

十三、济南北城墙旧址

位于北门内，明湖宝鼎之北。济南古城墙在明代之前一直是板筑土城。明洪武四年（1371年），才将土城内外瓮以砖石加高加宽，形成“周围共十二里四十八丈，高三丈二尺，阔五丈”的巍峨府城墙。换算成现代计量单位，济南府城墙全长6.4千米，地面上高9～10米，基宽12米，顶宽约10米；下部青方条石垒砌约2.5米，上部青砖砌筑，城墙中间黄土夯实，间打灰土。其大致走向是今护城河内侧，由黑虎泉西路、黑虎泉北路、明湖北路和趵突泉北路围起的方形线路。解放后，济南城墙被拆除。1999年，大明湖公园在原北城墙遗址处仿照旧制复建一段古城墙，长约六七十米，中间凿圆形门洞，城墙西侧有石砌台阶，游人可登墙观赏。

十四、曾公画壁

位于宝鼎之南，1999年建成，长25.8米，高6.2米，壁顶斜覆绿色琉璃筒瓦，下有石雕须弥座，壁上嵌白色花岗石浮雕，面积71平方米，内容为颂扬曾巩知齐州时兴修水利、整顿治安、改革教育、奖励农耕等政绩，以及曾巩离任时齐州人民绝桥闭门挽留他的感人场面。画壁两侧有徐北文教授撰书的对联“北渚云飞，泺水历山迎帝子；明湖波净，莲歌渔唱念曾公”。

十五、铁公祠

位于大明湖西北岸，为民族形式的庭园。占地6386平方米，包括铁公祠、八角亭、湖山一览楼、小沧浪等建筑。是大明湖中的园中园，1979年定为市级文物保护单位。铁公，即铁铉，字鼎石，河南邓州人，明朝兵部尚书、山东布政

使。建文二年(1400年),明燕王朱棣与其侄朱允炆争帝,从北京发兵南下,兵至济南,铁铉固守,燕王屡攻不下,只得绕道进取南京。夺取帝位后,复取济南,铁铉被执,不为屈服,受磔刑而死。后人为表彰他的"忠烈",故建祠祀之。该祠始建年代无考。清乾隆五十七年(1792年),山东盐运使阿林保捐钱复建。同治三年(1864年)济南知府萧培元重修,并塑铁铉像,供在祠内。1929年,山东省政府主席陈调元主持山东事务时,又把张宗昌拟建安澜阁的材料增建"湖山一览楼"及"八角亭",遂成现在规模。整个院落由曲廊相围。东大门为朱红锁壳式门楼,迎门叠山石小品,青松垂荫,凌霄花攀缘,作为障景。东廊壁辟有异形窗,框成幅幅小景。西廊壁上,嵌清代铁保、阮元等书法家的题刻,其形体潇洒俊逸,其韵致深厚隽永,堪称书苑上品。东廊帧帧小品与西廊幅幅墨迹,遥相辉映。祠堂居庭院东北隅,坐北朝南,面阔三间,前檐出厦,歇山起脊。穿过祠堂西侧曲廊,为湖山一览楼。该楼坐北朝南,上下两层,各五间。登楼可凭栏远眺青葱的群山,近览秀丽的明湖。院中偏南为八角亭,宝顶重檐,斗拱错落,雕梁画栋,富丽堂皇。亭基为高台,台周雕石栏,内设石几石凳,可博弈赏景。

1996年翻建。堂内居中置铁铉铜铸坐像,像高2.3米,重1.8吨,着明代文官服饰,冠带袍笏,双眉微蹙,面带愁戚,人物传神,栩栩如生。铁公像由铁铉第二十二代孙铁明正率族人捐资、济南当代雕塑家薄自洋设计、山东枣庄金属工艺铸造厂铸成。堂内墙上嵌有古今书法家手书石刻八方,真、行、草、篆、魏碑各体具备,功力深厚,各有千秋。内容多为颂扬铁铉之忠烈精神。大门悬清人严正俍联:"湖尚称明,问燕子龙孙可堪回首;公真是铁,惟景忠方烈差许同心"。

十六、小沧浪

位于庭院内西南隅。清乾隆五十七年阿林保重修铁公祠时参照苏州沧浪亭建成。其名之典取自于《楚辞·渔父》:"沧浪之水清兮,可以濯吾缨;沧浪之水浊兮,可以濯吾足。"其亭坐北朝南,半浸水中,长方形式,歇山飞檐,外设围廊坐栏。檐下悬山东巡抚觉罗崇恩题书的"小沧浪亭"匾额。亭周,三面荷塘,四面柳浪,小桥流水,莲花溢香。亭南连东西向长廊,西段廊上辟古典式小门,面湖,门额悬"小沧浪"匾额。整个建筑,采用借景手法,把湖光山色借入园内,于内正可欣赏。清朝著名小说家刘鹗曾在《老残游记》中描绘在这里所看到的景色:"到了铁公祠前,朝南一望,只见对面千佛山上,梵宇僧楼,与那苍松翠柏,高下相间,红的火红,白的雪白,青的靛青,绿的碧绿,更有那一株半株的丹枫夹在里面,仿佛宋人赵千里的一幅大画,做了一架数十里长的屏风。……低头看去,谁知那明湖业已澄净得同镜子一般。那千佛山的倒景映在湖里,显得明明白白。那楼台树木,格外光彩,觉得比上头的一个千山还要好看,还要清楚。"后人将此景称为"佛山倒映",为明湖一大景观。这里风景秀美,是人们品茗吟咏的胜地。清嘉庆九年(1804年)夏,山东提督学政、历史学家刘凤诰与山东巡抚、书法大家铁保,曾在这里宴饮,兴致勃然,刘氏即席赋得联语:"四面荷花三面柳,一城山色半城湖。"铁保即席书丹。此联石刻至今嵌在庭园西廊壁洞门两侧,已成为形容济南古城风貌的名联佳句。庭园内巧石秀立,曲径蜿蜒,杨柳垂荫,紫藤攀缘,翠柏储润,海棠流丹,修竹婆娑,杂花斗艳,蜂飞蝶舞,景色秀丽清幽。

十七、明湖楼

在铁公祠东,建成于1983年,是一座二层仿古建筑。歇山式房顶覆以黑色筒瓦,飞檐出厦。二层檐下,悬挂"明湖楼"金字黑底匾额,为艺术大师刘海粟88岁时题写。明湖楼建在约1米高的石砌平台上,平台围以石栏。整个建筑古朴端庄,大气威严。楼之四周,植松柏榆槐以掩映楼阁，叠嵯岈自然石以求山林野趣，砌花坛以为点缀，环境十分优雅。明湖楼的兴建，使北岸铁公祠、天香园、月下亭、北极阁一线景点，分布得疏密有致，浑然天成。2000年后，明湖楼为景区饭店，游客在尽览明湖风光后，可来此品尝全鱼宴、水晶藕、炸荷花瓣、锅塌蒲菜等明湖风味小吃和历下风味名吃。

十八、西南门·水榭

西南门位于大明湖景区西南隅，是景区客流量最大的一个门。此门初建于1963年，2000年重建，是一组功能齐全、气势宏伟、古朴典雅的园林仿古建筑。大门坐北朝南，由入口、票房、连廊、花架、曲桥、水榭、服务厅七部分组成。另有开敞式外广场和半围合式内庭院。整组建筑占地面积6000平方米，建筑面积1600平方米。大门东西长60米，南北进深40米，混木结构，红柱绿瓦，门上彩绘西蕃莲、二龙戏珠等图案。门楼为二层单檐，高12米，建筑形式为卷棚歇山顶，前有花岗石抱柱，四周以木花窗围合。二层檐下悬一横匾，上书“大明湖”贴金大字，由郭沫若书丹。门楼内侧匾额“湖光山色”，由当代书法家武中奇题书。二层楼西面，内侧悬“迎旭”匾额，东面则蜿蜒入湖，由花架廊将舫式水榭引入水面。花架廊上悬“涵清”匾额。

水榭为新建西南门的配套建筑，仿古风格，舫式结构，半浸水中，四周湖水环绕，由一栈道连通湖岸。水榭大门朝西，上悬“藕香榭”匾额。两边对联“晨风莲花香远，朝日古木影长”。匾、联均由舒安书丹。室内墙壁挂有当代书画家之书画作品。水榭南面水域种植一片荷花，每逢盛夏，碧叶接天，红荷映日，清香四溢。

十九、稼轩祠

位于大明湖南岸遐园西侧。占地1400平方米，为纪念南宋爱国英雄、豪放派词人辛弃疾而建。辛弃疾(1140—1207年)，字幼安，号稼轩，济南历城人。青年时代，在家乡参加以耿京为首的农民抗金起义军，后历任南宋地方行政长官。为主张抗金，多次上书朝廷，后被贬谪，抑郁而死。其词作与苏轼齐名，并称“苏辛”。著有《美芹十论》《九议》《南渡录》《稼轩祠》《稼轩长短句》等。

稼轩祠于1961年由李公(鸿章)祠改建而成，为古代官署型建筑。祠院坐北朝南，南北向三进院落，建在一条中轴线上。大门悬匾额“辛弃疾纪念祠”，为当代陈毅元帅题书。门两侧雌雄石狮各一只。门南为照壁，门内太湖石矗立作障景。左右厢房各三间，北侧为过厅，面阔三间，分别陈列当代名人叶圣陶、臧克家、吴伯箫、唐圭璋等人赞颂辛弃疾的诗词、字画。院内国槐垂荫。

穿过过厅为第二院落，两侧是抄手半壁游廊。北为正厅三间，卷棚顶式，门楣额枋皆饰彩绘，上悬匾额“辛弃疾纪念祠”。楹柱挂对联：“铁板铜琶继东坡高唱大江东去，美芹悲黍冀南宋莫随鸿雁南飞。”匾额与楹联皆为当代著名作家郭沫若1959年撰书。厅内迎门处为辛弃疾塑像，四壁挂其生平事迹和名人字画，橱中陈列有关辛弃疾的各种版本的书籍。院内植有青松、银杏及石榴、百日红、月季等花卉。

厅后第三院落，北临湖滨，是游览休息的风景建筑。西廊壁饰有扇面、海棠叶等各种异形窗。北端游廊二层，与“临湖阁”相通。东廊向北依次叠升，直达阁上。每叠平台由假山石堆砌。中段台上建小亭，供登楼中途稍憩。阁为两层，上建凉台，下设茶座，可于内观赏明湖景物。院内秀石玲珑，槐荫铺地，竹影移墙，榴花溢丹。阁北水中七曲石桥，上饰石栏杆，下可通小舟。桥北接“藕亭”，六角攒尖，单檐宝顶，亭桥相衬，亭影浮动，也为明湖一景。

2008年扩建，增加庭院曲廊，扩大建筑面积，充实多媒体文化展示厅、稼轩词社、历代名人题赋书画展室、辛弃疾军旅生涯文化展、辛弃疾石刻故事墙等内容，并将原名临湖楼更名集山楼。

二十、遐 园

位于大明湖南岸，占地9600平方米，历有“历下风物，以此为盛”的赞语，被誉为济南第一标准庭院。清宣统元年（1909年），山东提学使罗正钧倡议兴建，并在园内创办山东省图书馆。园址建在昔日科举考场——贡院附近，希望能在这里大兴学风，造就人才。

该园是一所馆（图书馆）园结合的民族形式的古典庭园，素有南阁（天一阁）、北园（遐园）的盛名。大门朝东，门外北侧，横一石碣，上刻篆书“遐园”二字，由罗正钧题写。门原有楹联“湖山如画，齐鲁好文”，后缺失。门两侧，长廊南北方向伸展。进门假山，作为障景，顺势延至院南侧，占地颇广，山势陡峭，巨石嶙峋，有石径可登。上面有台，曰“朝爽台”。台上有亭，四面单檐，曰“苍碧亭”（一说“风亭”）。北侧山脚下，池塘之水，从湖中引来，蓄锦鱼，植荷莲。山西池内建亭，船形，曰“明漪舫”，为儿童阅览室。因明湖船舟不能驶进遐园，故造船形亭，以象征。“明漪舫”四周绕以小溪，北流折东淌入湖中。沿溪西岸，半壁长廊，廊北端折西南墙壁上，嵌相传岳飞墨迹石刻《前后出师表》。廊北东侧跨溪建桥，拱形若虹，名“玉佩”。桥北方塘，内生垂柳，植以荷莲。园北侧建“读书堂”。堂东有山，山南有池，池岸有亭，为游人休息场所。山上立“浩然亭”，六角单檐，于内可观“鹊华烟雨”及明湖景色。

园内杨柳垂荫，修竹郁森，黄鹂鸣唱，韵味无穷。昔日，院内竹篱门上悬挂的一幅国民党元老、书法家于右任撰写的木刻行书楹联“和风飞清响，时鸟多好音”，就是此景的生动写照。素日，于此读书、作画者甚多，这正是“湖山如画，齐鲁好文”的最好印证。

2008年扩建，山东省图书馆迁往新馆，只保留遐园北门处藏书楼。此楼建于1935年前后，楼名“奎虚书藏”，其意为“奎星主齐，虚星主鲁，以二星之分野，括齐鲁之疆域”。

二十一、南门牌坊

大明湖南门，为一民族形式的牌坊。1952年由济南府学文庙迁此。原为木结构，1984年改为混凝土木结构，样式依旧。五间七彩重昂单檐，饰有吻兽。坊顶黄色琉璃瓦覆盖，檐下云头斗拱承托，额枋彩绘“旭日云鹤”“金龙戏珠”“西番莲”等图案。匾额上书“大明湖”三个鎏金大字。12根斜柱支撑着三阶式错落的坊顶，柱础由石鼓夹抱。整个建筑金碧辉煌，宏伟壮观，被视作大明湖的标志。

牌坊西侧，立有清嘉庆十六年（1811年）《大明湖》石碑，为登州（今蓬莱）于书佃手笔。牌坊匾额“大明湖”三字，即依该碑字迹刻成。牌坊两侧，门房对称，歇山卷棚，上覆绿色琉璃筒瓦，显得玲珑典雅。房前架雕栏小石桥，桥下各有石砌小溪。珍珠、濯缨等清泉经此溪注入大明湖。坊内设码头，柳浪垂荫，画舫停泊，往来渡客。2009年建，南门属于免费开放区域。

二十二、曲水亭

百花洲，又名百花汀、小南湖，位于大明湖正门牌坊以南。古时水域很大，是大明湖畔的重要风景区。水由珍珠泉、芙蓉泉、王府池汇集而成，然后注入大明湖。昔日，百花洲附近的居民多在水中植白莲，岸旁栽杨柳；四周房舍，参

曲水亭街　　（2014年摄）

差错落，似水乡民居。《老残游记》中所载“家家泉水，户户垂杨”，主要指的就是这一带。宋时，百花洲内建有百花台，因“百花堤”得名，又因百花堤为曾巩(南丰先生)所建，所以亦名“南丰台”。百花台周围，鲜花烂漫，景色秀丽，曾巩曾写《百花台》诗赞美：“烟波与客同樽酒，风月全家上采舟。莫问台前花远近，试看何似武陵游。”到了明代，诗坛领袖李攀龙在百花洲建“白雪楼”，四面环水，设小舟往来渡客。后来明末诗人王象春又居于白雪楼，并著有《齐音》《问山亭集》等。

百花洲的南侧，昔日有“曲水亭”，系济南棋社，棋林高手多于此品茗博弈。该亭原是一座坐东朝西的三间小房，房前房后，小溪弯弯，流水潺潺，垂杨依依，有木桥渡客，亭门悬挂着清代文学家郑板桥为亭撰写的一副对联：“三椽茅屋，两道小桥。几株垂杨，一湾流水。”后来小房倾圮，亭主将其改在水中，形为木制敞厅，四面回廊环绕，花格透窗，由远处望去，翠绿丛中，犹如盛开的一朵芙蓉。仍为茶室棋社，亭门楹联曰：“历下亭中坐怀古，鹊华桥畔静观棋。”

历经沧桑，如今，百花洲一带的亭台楼舍已废，然而景色依然秀丽。北侧近临大明湖，水光潋滟，芙蕖映绿；西岸建有花园，四季有春，蜂飞蝶舞；南岸小桥卧波，清溪潺潺，柳浪闻莺；东边矮屋短墙，鳞次栉比，错落有致，依然为江南水乡风貌。

2003年，选址曲水亭街北端、百花洲西岸，恢复重建。2011年，百花洲片区改造工程再次重建。

二十三、老舍纪念馆

2008年，由原学院街12号辟建而成。建筑面积136平方米，二进院落，馆内以展板、视频影像等形式，图文并茂地展示老舍在济南的生活和文学成就。其中，老舍笔下的大明湖是陈列展中的亮点。老舍在济南住所，一共有四处，其中居住时间最长、保存最为完好的是南新街54号(今南新街58号)，2006年被列入第三批山东省省级文物保护单位。

二十四、明湖居

原址位于鹊华桥南，百花洲西侧，是清末以来济南著名的曲艺演出场所，与鹊华居一同开设于清光绪十六年(1890年)。刘鹗《老残游记》第二回“历山山下古帝遗踪明湖湖边美人绝调”，对明湖居内王小玉演唱梨花大鼓的情形作了极其生动而精彩的描述，明湖居从此名闻遐迩。

最初的明湖居是个大戏园子，前有戏台，台下能容纳一百多张桌子。民国初年已倒塌。解放后，1964年，为恢复济南的名胜景点，将大明湖南门以西、遐园以东、小溪南岸的旧有民居改建为明湖居，独立院落，北厅五间，古式青砖瓦房，前后出厦，门前台阶为条石砌就，东西厢房及南厅各三间，皆青砖砌垒。20世纪90年代末，进行改造，拆除建筑，成为绿地。2008年择址重建。位于大明湖南岸，牌坊以东，占地面积1800平方米，为二层仿古建筑，坐北朝南，四周以曲廊环绕，一楼北面为戏台，东西两层为包厢雅座，可同时容纳200余人听曲品茗、观看演出。

二十五、七桥风月·鹊华桥

古时大明湖周围环绕着鹊华、百花、芙蓉、水西、湖西、北池、泺源等七座桥梁。七桥周围呈现小桥流水人家，青瓦绿树红花的景致，历史上称此景为“七桥风月”。后来，随着城市的拓展，七桥大多消失。2008年大明湖扩建，重建七桥，使这一历史景观得以再现。重建后的七桥中，因泺源桥在西门处，故以秋柳园附近的“秋柳桥”代之，其他六桥均为原名。七桥之外，还重建新建了北渚、南丰、梅溪、芦花、藕香、凝雪、竹韵、齐音等20余座景观桥。长虹短虹，拱桥平桥，各具形态，既融汇了江南风格，又保持了江北特色。

七桥中最著名的是鹊华桥。此桥原址在大明湖南门牌坊以南，横架在大明湖和百花洲之间，始建于北宋，是济南著名的古桥。桥为单孔拱形，石质，因百花洲而得名“百花桥”。元代改称“鹊华桥”。清乾隆《历城县志》记载：“元易今名，遂以百花名其南桥。”原桥与道路同宽，高数丈，桥下可乘画舫由百花洲驶进大明湖。桥周景色秀丽，清代诗人董芸曾写《鹊华桥》诗赞美：“晓风残月垂杨岸，无数白莲花乱开。”正因如此，人们都愿在这里乘凉消夏。登桥远眺，但见北面的鹊华二山如一对绿裳仙女遥遥对舞，田野阡陌交错，村郭炊烟缭绕，古人称此景观为“鹊华烟雨”。这也是此桥改名鹊华桥的缘由。元时，曾任济南路总管府事的赵孟頫应好友周密(济南人)之约，绘制了绝世佳作《鹊华秋色》图，成为中国传统画作的精品。清乾隆十三年(1748年)春，高宗弘历东巡途经济南，他登上鹊华桥，远眺“鹊华烟雨”有感，即兴题《鹊华桥》诗三首，其二是“大明岂是银河畔，何事居然架鹊桥？秋月春风初较量，白榆应让柳千条。”诗成几日，皇后即病逝。乾隆便认为是这诗招来的不祥，从此济南成了他的伤心地。他曾悲情低吟：“大明湖已是银河，鹊架桥成不再过。伏尔东风两行泪，为添北渚几分波。”嘉庆二年(1797年)，盐商捐资重修鹊华桥。解放前，因人力车通行不便，将其拆除，改为木质平桥。解放后，修建大明湖路时，改木质平桥为钢筋混凝土结构的平板桥，长3米，宽6米。2008年，重建后的鹊华桥，位于大明湖新区东部，西临烟雨堂，东临鹊华居，桥体宏大，气势壮观，如长虹卧波。桥南立石质牌坊，坊上镌刻匾额，南向为“众泉汇流”，北向为“鹊华烟雨”。

二十六、秋柳园

位于大明湖东南岸，传说清初王士祯读书的地方。因王氏的佳作《秋柳》诗而得名。王士祯(1634—1711年)，清济南府新城(今桓台)人。字贻上，号阮亭，别号渔洋山人。累官至刑部尚书，为清初文坛盟主，是极负盛名的诗人。著述甚丰，有《带经堂集》等传世。顺治十四年(1657年)八月游历下，与诸名士会饮大明湖“天心水面亭”上。时值初秋，叶始微黄，若有摇落之感，渔洋身置其中，浮想联翩，乃赋《秋柳》诗四章。此四首诗风格独特，震惊当时文坛，一时和者甚众。当时，文人雅士在此处成立“秋柳诗社”，后又建馆舍多间，观柳赏荷，即兴赋诗，挥笔联句，步韵倡和。

如今，秋柳园馆舍及水面亭早已毁圮，然而景色依旧。明湖波光潋滟，园内小溪潺潺，溪上虹桥卧波，湖中荷香四溢，溪岸垂杨披拂，人们常在柳荫下草坪上怀古凭吊，吟诗作文。

2008年，于原址之上对其恢复重建，并辟建“秋柳含烟”景区。景区面积1.75公顷，由天心水面亭、秋柳诗社、谭艺轩、信古斋、镜亭、瑶榭、秋柳人家等景点组成，是一组纪念性仿古园林建筑。景区内杨柳依依，山石叠落，小桥流水，亭台点缀，极富情趣。

重建后的秋柳园为一独立院落，大门上方悬“秋柳园”匾额，两边楹联“尚书天北斗，司寇鲁东家”，由清代文人钱名世撰，当代国学大师季羡林书丹。

进入大门，两侧是碑廊，镶嵌王士祯诗十首和山东大学教授袁士硕撰写的《秋柳园记》。园内主体建筑坐北朝南，二层仿古。一层大门上方悬匾额“清远堂”，两侧对联“天下文章莫大乎是，一时贤士皆从其游”由王士祯的弟子殷彦来撰，当代书法家魏启后书丹。二层檐下悬匾额“秋柳诗社”，两侧对联“切磋推敲历山下；交流唱和秋柳园”，皆由当代书法家欧阳中石书写。进入一楼大门，迎面立有王士祯像，两侧悬其联：“名须后世称方好；书至今生读已迟。”室内陈列仿古家具，东墙为木刻《秋柳四章》，由欧阳中石书。一、二楼夹层是王士祯的《手镜录》，二楼辟有秋柳诗社，为文人活动场所。诗社内西墙是王士祯的《泛明湖记》，东墙悬《王渔洋会友》图。

园内西侧有两组建筑，连接碑廊。一组名曰“潭艺轩”，一组名曰“信古斋”。园东侧建有“镜亭”和“瑶榭”。再往东是假山，山上有“空翠亭”，假山东侧是秋柳人家和柳茗居。秋柳人家按旧式药铺设计布展，柳茗居内展示茶文化。

秋柳园后面是临水建筑天心水面亭。该亭始建于元代，由大学士李泂所建。亭名取自宋·邵雍诗句“月到天心处，风来水面时”。李泂(1274—1332年)，字溉之，山东滕州人，生而颖悟，文思俊逸，授翰林国史院编修官。清乾隆《历城县志》载：臣泂之居，在大明湖上。壅土水中而为亭。可以周揽其胜，名之曰“天心水面亭”。后亭废圮。2008年大明湖扩建工程予以重建。

二十七、超然楼

位于大明湖新区，鹊华桥北。2009年，遵其旧制重建。历史上大明湖畔曾建有超然楼，位置在水面亭后，为元代李泂所建。明代诗人杨衍嗣赋《超然楼》诗赞曰：“近水亭台草木欣，朱楼百尺汇波濆；窗含东海蓬瀛雨，槛俯南山岱岳云。柳色荷香尊外度，菱歌渔唱座中闻；七桥烟月谁收却，散入明湖已十分。”楼毁于明崇祯十二年(1639年)清军攻打济南之难。清乾隆年间，诗人任弘远在游览大明湖时，曾寻访超然楼。此时这里已成瓦砾，故而作诗感叹道：“超然楼记在明湖，学士风流近有无。还是窗前红菡萏，依然槛外绿菰蒲。空闻鱼鸟归诗卷，不见龙蛇舞醉图。此日重寻成瓦砾，岧峣北望一峰孤。”重建后的超然楼为一钢筋混凝土仿木结构楼阁式建筑，坐落在宽大的花岗岩台基上，建筑面积5673平方米，楼高51.7米，上下共七层，有电梯直达楼顶，为明湖第一楼。济南泉水名胜、城市园林文化博展汇集于楼内。登楼远眺，大明湖及泉城景色尽收眼底。

超然楼夜景 (2013年摄)

二十八、灰山亭

位于大明湖南岸，水街南侧，2008年建成，因灰山而名。灰山是济南历史上有名的“三山不见”山之一。“三山不见”山之另两山是历山、铁牛山。“三山”从远处是看不见的，只有到了近前，才能看到平地突起一块大石头，古名“三山不见”。传说，济南的中心曾是渤海的海眼，几千年前常有海水喷涌而出，霎时就能将济南淹成一片汪洋，人们深受其害。后来，大舜看出济南地势南高北低，反了风水，遂派人推演，并以三山镇之，方才化祸水为甘泉。这三座小“山”分别位于老城区的原历山顶街、门里街和汇泉寺街。其中，历山早已被压埋在房屋下面；铁牛山被挪移到府学文庙中；灰山于2008年从深藏于原汇泉寺街46号院内东屋西南墙角下移至灰山亭侧，靠岸边的浅水中，隐约露出水面，供游人观赏。灰山亭为六角重檐石亭，石质为山东莱州灰麻岩。亭高8.9米，由6根石方柱支撑，两层檐之间，南、北向各悬匾额一方，一为楷书，一为隶书。亭侧石岩上镌荣斌撰文的《灰山亭记》石刻。

第二节 千佛山风景名胜区

位于济南市市区东南部。从济青、京福、京沪高速公路济南下，至经十路千佛山路路口南行即是。随着城市的日益发展，千佛山已经进入市区中心区域，是一座典型的城市山岳风景区。千佛山海拔285米，属泰山山脉余脉，占地面积166.1公顷。1959年，辟建公园；2003年，改称风景名胜区；2005年，被评为国家AAAA级旅游景区。

千佛山，历史悠久，名胜众多。千年古刹兴国禅寺、隋唐摩崖造像千佛崖、佛道合一的历山院、弘扬舜文化的舜祠以及被誉为“泉城观景台”的齐烟九点古坊等，它们以其不同的风采和内涵，吸引着四面八方游客纷至沓来。近年来，景区以佛文化和舜文化为发展主线，先后建成汇集四大石窟精华的万佛洞、十八罗汉和卧佛、“江北第一大佛”弥勒胜苑、大舜石图园等。开通环山公路，兴建客运索道、舜能滑道以及佛山书苑等交通游乐设施和餐住场所，建成桃花园、瀛芳园、梨园、丁香路、紫薇路、连翘路、菩提路、竹径等特色园区道路，推出一系列体现千佛山特色的旅游纪念品，景区综合服务功能日臻完善，自然人文环境不断优化，真正成为集食、住、行、游、购、娱于一体的颇具规模的旅游胜地。每年“三月三”“九月九”千佛山都要举办庙会和山会，其声势之浩大，氛围之热烈、商品之丰富、文化活动之多彩，令人叹为观止，已成为千佛山一道必不可少的风景线。

一、大门牌坊

位于公园的北侧。前临经十一路，正对千佛山路，于1987年12月建成。为四柱三楼式，高14.45米，宽15.5米，石结构。颜额刻“千佛山”三字，贴金，由原1922年6月兴国禅寺和尚行洹募立的“千佛山”颜额碑刻摩拓放大而成。石坊次间刻荷花，明间刻西番莲浮雕，雀替为卷草图案。柱下石鼓挟抱，鼓下须弥座承托，鼓上蹲雄狮，坊脊檐端饰正吻。气势博大，宏伟壮观。

二、兴国禅寺

位于千佛山阴山半腰，南依峭壁，北面泉城，是千佛山的主体建筑。创建于隋开皇年间，时称“千佛寺”。唐贞观年间，经扩建，改称为

千佛山兴国禅寺 （2010年摄）

“兴国禅寺”。寺院山门朝西，上额嵌当代中国佛教协会主席、书法家赵朴初题写的“兴国禅寺”石刻，门两侧石刻对联“暮鼓晨钟惊醒世间名利客，经声佛号唤回苦海梦迷人”，为清末秀才杨兆庆书丹。大雄宝殿在寺内东侧，坐东朝西，雄伟壮观。殿内正中莲花宝座上，供奉着佛祖释迦牟尼塑像，两侧菩萨、罗汉侍立，南北侧分别塑：普贤、文殊菩萨和阿难、迦叶等十大弟子。释迦牟尼塑像背后，南无观世音菩萨塑像面东站立，左右侍童子。玉佛殿在大雄宝殿北侧，坐北朝南，殿中央佛龛内供释迦如来坐像，白玉石质，由泰国请来。玉佛西侧佛龛内供奉地藏王菩萨。菩萨殿在大雄宝殿南侧，坐南朝北，中央佛龛内供观世音菩萨，东西两侧分别为地藏菩萨、千手观音菩萨。寺院中央有一座大殿，殿内，弥勒佛塑像迎山门趺坐，其背后，韦驮菩萨面东站立。

院西进门两侧钟鼓二楼矗立。北侧架长廊，壁嵌国家副主席董必武、诗人郭沫若、书法家赵朴初游千佛山诗刻题记。其中1959年春郭沫若《登历山》诗曰：“俯瞰齐州烟九点，踏寻崖窟佛多尊。半轮新月天心吐，一片东风扫雪痕。”与长廊相对，南侧千佛崖危立，崖上镌刻隋代佛像多尊。山崖由西向东，依次有龙泉洞、极乐洞、黔娄洞、洞天福地坊、对华亭等古迹。整个寺院，殿宇亭廊错落有致，苍松翠柏，储绿泄润，钟声盈耳，香烟缭绕，颇有深山古刹妙趣。

千佛崖·极乐洞 千佛崖，在兴国禅寺院内南侧。崖上有隋开皇七年至开皇十五年（587—595年）所镌刻的佛像，共9窟130余尊，是济南地区历史较早的石窟造像群。极乐洞是其中的主窟，有大小佛像87尊。中间一尊为阿弥陀佛，盘膝禅坐，高3米，身后饰佛光，法相端庄。左右为大势至与观世音菩萨，侍立，高也近3米。其他各窟，皆散落在洞外石壁上。有的高居壁顶，有的举手可及，有的一二尊成窟，有的三五尊成区，参差错落。这些佛像，雕刻精致，刀法纯熟，线条流畅，体态丰腴，栩栩如生。有的身着锦衣，有的手拈莲花，有的凝神蹙眉，有的结跏趺坐，有的合掌禅定，神态各异，惟妙惟肖。洞内曾嵌清代著名诗人施闰章的碑记。

千佛崖 （2010年摄）

“文化大革命”中，佛像遭到人为破坏。1979年3月，市政府拨专款，本着“修旧如旧”的原则，组织专业人员按原样进行修复，再度生辉。

龙泉洞 位于兴国禅寺西门内南侧，在高耸的石壁下。壁上翠柏挺拔如盖，老榆枝柯交葛，山风吹来，呼啸作响，如龙吼，故名。洞口上方石壁篆书“龙泉洞”三字，为济南当代已故书法家任晓麓题书，笔势遒劲，潇洒俊秀。洞内东侧与极乐洞相通。南侧石壁凿有多尊佛像，其中一尊弥勒像，为刘景茂于隋开皇七年（587年）正月造，是千佛山年代最早的造像。佛像下面有一小门，门内是一深潭，称“龙泉”，水清见底。洞内穹窿石壁早先悬有钟乳，后经开掘，形成现在这种半人工半天然的长方形式。

黔娄洞 在兴国禅寺极乐洞的东侧岩壁上。相传周代黔娄子曾居住于此，故名。岩壁上端，松柏垂荫，山花烂漫。雨后，洞周壁上，苔衣墨绿，蜗牛布阵，蝉蜕点点，犹如一幅淡雅的水墨画。洞深10余米，三折之后呈长方形，为人工开凿，类似居室，高2米，面积20平方米。洞内温湿，水珠下滴，击石有声，使洞穴越发显得清幽。清嘉庆年间，洞内尚有黔娄子的坐像，白须方巾，文士打扮，后毁。洞口上端，有石刻一方，大字为“黔娄洞”，小字记载了黔娄子的身世。黔娄子，为周代齐国人，修身清节，不事王侯，隐居在这里，凿石为洞，终身不下山，著书四篇，名《黔娄子》（已失传）。鲁恭公听说他是位有才能的人，便派使节聘请其出仕，却被他拒绝了。

1980年对洞穴进行整修，在洞内迎门石壁上镶嵌石碑一块，记载了黔娄子的一段故事：黔娄先生死时，给他盖了一方白布，白布甚小，盖上头则露出了脚，盖上脚则又露出了头。孔子的弟子曾参之孙曾西说：“把白布斜着盖不就盖严了吗？”黔娄的妻子韦丛说：“斜着盖有余，不如正着盖不足。先生在世的时候非常正直，死后却让他歪斜，这哪能是先生的本意呢？”

“洞天福地”石坊 在黔娄洞的东侧，横跨于对华亭西门石级上。坊上匾额书写“洞天福地”四字。该坊建于清乾隆五十七年（1792年），字为护理山东巡抚江兰所书。石坊虽不算大，但雕刻却很有特点，具有较高的艺术价值。石坊通体用青石仿木结构雕砌而成，形成二柱一楼式，飞檐起脊。石脊两侧，饰有花纹，刀法纯熟，线条流畅，颇有韵致。两端雕有正吻。檐的四角下，原有风铃各一枚，清风稍吹，铃声远扬。檐上雕有瓦垅，檐下云头斗拱承托，拱下额枋分别刻有流云饰纹和二龙戏珠、狮子滚绣球等浮雕。两柱下石鼓浑厚。整体结构匀称协调，构思奇巧，古朴典雅。坊的南侧，为悬崖峭壁，葱郁的树丛中，隐有石佛一窟。坊北侧有古椿树垂荫，将石坊衬托得更富情趣。

对华亭 在兴国禅寺东南隅小独院内。该院坐落于峭壁之下10余米高的平台上，院门悬木刻匾额，上书“对华亭”三字，集于赵孟頫书帖。亭始建于明代，位于院落北侧，因遥对“华不注”山而得名。昔日为僧人面壁诵经、修心养性之处。几经兴废，1995年被改建为藏经楼，二层，朱红柱，橙黄瓦，双檐起脊，雕梁画栋，蔚为大观。

该亭位置奇绝，视野开阔，凭栏远眺，一览无余，可将泉城画图尽收眼底。每当阴雨季节，浮云穿堂而过，飘飘渺渺，朦朦胧胧，堪称仙境。

院内南侧悬崖下卧一石洞，洞上嵌“吕祖洞”石刻匾额。洞内原有吕洞宾石像。洞外石壁间，有记载吕祖的道教传说、重修千佛山庙记等清朝石刻四方。洞穴上端，柏树榆树长势奇特，其根暴露在外面如龙爪，匍匐于地上似蛇形，其干挺拔多姿。这里景色尤以秋日最美丽，山菊开着黄花，藤蔓丹叶如霞。因境界清幽，被明朝人称作“石洞绝尘”，为古时历下十六景之一。整个院落，被绿荫覆盖，显得郁森清凉，历为避暑胜地。因院落幽静，再加素日常闭，很少有人来此游览，故亭曾悬匾额“飞尘不到”。

门坊左右两侧，在相等距离处，建有售票房，形式相同，对称布置，白粉墙，小青瓦，古典样式。东西票房和牌坊，三者组成一体，犹如一方巨大取景框架，把千佛山的全貌框在里面。

三、历山院

历山院，在兴国禅寺东，是一座长方形的院落，占地面积3000平方米，与兴国禅寺相距仅20余米，相互对峙，具有同等的韵致，可谓珠联璧合珠联璧合。为纪念远古时代虞舜在历山之下开荒种田，颂扬古代明君，发扬大舜文化，故将这一院落命名为“历山院”。据史料记载，儒、道、佛三家曾先后涉足这里。明成化四年（1468年），济南德王府内官苏贤，欲成“善果”，捐资修建了三清殿和真武楼，祀元始天尊、武德天尊、太上老君和玉皇大帝、紫微大帝等道教信奉的祖师。就连舜也被道教尊奉为天、地、水三神中的地神（天神为尧，水神为禹），立祠祀奠。清康熙年间，文人们又把儒家的创始者孔子供奉在文昌阁内。清代还曾建有观音堂，奉祀观音菩萨。儒、道、佛三家，同居一处。

今院门面西，坐落于石砌台阶之上，三开间，门额题“历山”二字，集自清代书法家曾熙书帖。门内南山墙上，嵌清乾隆六十年（1795年）《历山铭》石刻，由著名学者、时任山东学政的阮元撰文，书法家桂馥隶书。院内南侧，由东向西，依次建有舜祠、鲁班祠、文昌阁等祠堂，北侧又有远眺观景的一览亭。整个院落，殿宇错落，红墙青瓦，显得古色古香。院内，青藤摇曳，松柏储润，银杏舒秀，绿荫垂地。

1999年改造，2000年10月竣工。2009年又再次改造。改造的历山院以舜文化为主题，由鲁班祠、舜祠、圣裔祠、三圣殿、一览亭、东门、西门组成完整院落。院门门额题“历山”二字，集自清代书法家曾熙书帖。门内南山墙上，嵌清乾隆六十年《历山铭》石刻，由著名学者、时任山东学政的阮元撰文，书法家桂馥隶书。整个院落，殿宇错落，红墙青瓦，显得古色古香。院内，青藤摇曳，松柏储润，银杏舒秀，绿荫垂地。东西壁分别为“命禹治水”“五世其昌”“躬耕历山”等画面。

舜　祠 又名“重华殿”“重华协帝殿”，在历山院的东南隅。坐南朝北，五楹出厦，飞檐起脊，危然耸立，大有庙堂之气氛。殿堂后依山崖，前临平台，松柏相映，古朴肃穆。该祠历史悠久。北魏郦道元《水经注》已记载：历城“城南对山，山上有舜祠”。

据史书记载，舜目重瞳子，名叫“重华”。帝尧选贤与能，举他管理政事，后来禅让帝位于他。舜殚精竭虑，治理天下，国泰民安。人们感念其德，故立此祠祭奠。历经沧桑，1981年再次对祠堂进行维修。祠堂内，设以神龛，供奉着舜的塑像。塑像头戴冕旒，手执镇圭，端庄肃穆。左右配享娥皇、女英二妃，温文尔雅，神和气清。

鲁班祠 在历山院内。坐南朝北，三楹出厦，红柱青瓦，古朴典雅。相传建于宋元，清咸丰年间重新修葺，内塑鲁班像。新中国成立后又多次维修，于1981年重新塑像。像为坐姿，身穿布衣，头绾抓髻，须髯垂胸。两侧，侍立着两个童子，一个手捧墨斗，一个手托书卷。

鲁班，姓公输，名班，又名般，春秋时鲁国的著名工匠，所以人们称他为鲁班。其人多才多艺，曾创造攻城的云梯，磨粉的硙，并发明木作工具斧、锛、锯、刨、钻、墨斗、规、矩，被历代木瓦工尊奉为祖师。

文昌阁 鲁班祠的西南侧，翠柏映衬着一座石砌的平台。平台危然耸立，台壁老槐悬生，藤蔓附披。台上柏荫笼罩。浓荫之下，设以石几石凳，供游人小憩赏景。台上南侧又起高台，台壁卧以券洞，洞上嵌有“文昌阁”石刻颜额。文昌阁即矗立于高台之上，三楹出厦，粉墙青瓦，红棕柱，花槅扇，显得古朴。东西各有配房一间，两侧砌以石阶，拾级可上。春夏，院内葱木滴翠；秋日，阁后黄花撒金。整个院落显得古雅而幽静。

此阁始建于清康熙三十三年(1694年)，咸丰三年(1853年)、光绪七年(1881年)和十六年先后由府城同人捐款，集腋成裘，纠工修葺，遂成现状。阁内供奉着文昌帝君。两侧配殿分别享祀朱衣、魁星。三殿皆有塑像：文昌文静恬适，朱衣点头微笑，魁星持斗执笔。昔日，每逢仲春、重阳，多有文士来祭，赏景吟诗，别具风骚。

2002年7月至2004年8月，文昌阁迁至万佛洞东南方梨园西侧，扩之为前后两院，是一组较大的仿古建筑群，建筑面积4000平方米，坐南向北。后院建主殿，左右为配殿，皆庑殿式。主殿内供文昌，左右为魁星、朱衣。东配殿供寿星，西配殿供福星。配殿北端，分别建以钟鼓二亭，攒尖式，内置钟鼓。暮鼓晨钟，声韵远扬。钟鼓亭之间，凿以墨池，供文人洗砚涮笔之用。池南壁嵌三个龙头，水从其口出。前院主殿亦庑殿式，殿内塑关帝神像，左右为廊，连接山门。门与廊皆歇山坡顶，古朴大方。院前北向，随山就势，叠台阶数十米有牌坊树立，四柱饰以浮雕，龙形图案，其顶部是吉祥兽辟邪。整个建筑严整错落，气势宏伟。

一览亭 文昌阁的北侧，悬崖之上，原有古典式的高大殿宇，供游人览景小憩。由于这里地势颇高，北面又极其开阔，正是凭栏远眺的最佳去处。历代文人雅士多有来此观景者，并留下诗篇。清朝人毛在撰诗记述所看到的景色：“层台矗突倚云孤，把酒凭栏望眼殊。山色独怜华不注，水光遥见大明湖。郊原绿遍皆生意，城市苍茫入画图。最胜遗风犹未改，年来憔悴得公苏。”清乾隆十三年(1748年)春，高宗弘历也曾来历山观景远眺，并咏《千佛山极目有作》诗：“开窗纳烟霞，俯栏睇锦绣。泰麓巢云处，延赏既已富。探奇复得此，坐久消清昼。因悟境无穷，骋怀难尽副。”

历经沧桑，殿宇倾圮，1979年在这里建起了“一览亭”。该亭为四面长亭，飞檐起脊，玻璃门窗，宽敞明亮。北面基部探出崖外，两侧各有曲廊延伸，西接历山门，东连四面亭。亭廊皆悬空中，犹如栈桥飞架，气势壮观。亭南，有六朝古柏，苍劲挺拔，老态龙钟，桠杈歧出，并有五叶地锦攀缘其上，绿意甚浓。树间，多有长尾鹊清叫，逗得游客兴致勃然。亭内设有茶座，人们坐在几旁，品茶远眺，泉城风光一览无余。

四、万佛洞

万佛洞，利用人防工事，辟建于千佛山北麓，1992年9月30日正式开放。展线长600米，面积5000平方米。集敦煌、龙门、麦积山、云冈四大石窟之精华，经过艺术家浓缩、重构，用仿造的方法，塑造佛祖、菩萨、弟子、天王、力士等20000余尊，依次分为“莫高集锦”“龙门精华”“麦积奇观”“云冈荟萃”四部分。洞内佛像，严格按照原样塑成。有写实的圆雕，有肉感强的浮雕，有抒情洒脱的线雕；有的头断，有的臂残，有的风化；有的肢体健美，有的雍容浑厚，有的高鼻深目，有的曲眉丰颊，有的发络垂肩。人们在这里，可欣赏到敦煌莫高窟、洛阳龙门石窟、天水麦积山石窟和大同云冈石窟的各种雕像风格。

五、弥勒胜苑

位于文昌阁东侧，为千佛山风景名胜区管理处与日本妙香园株式会社合作建设，2000年9月建成开放。占地面积3万平方米，建筑面积846平方米，由弥勒塑像、石壁浮雕、樱花园与附属建筑构成。

胜苑正门居北，建以石坊。坊为四柱三间式，高9.9米，宽12.5米，前后颜额为“弥勒胜苑”“皆大欢喜”，坊前辟广场，左右卧石象。广场东南隅和西南隅建亭，东北隅和西北隅建轩。东西两侧建门、廊。广场北侧入口台阶两侧辟水池。院内外植松、桐、枫、樱等花木，绿荫葱茏。

弥勒塑像居广场南侧，坐南北向，背依青山，占地面积1500平方米，高21米，锻铜质地，于莲形须弥圆座之上。座高9米，座周用咖啡色花岗石镶饰。座之东、西、北三面，围以汉白玉石栏。石栏两端，卧青色花岗石雕雄狮。像为中国弥勒佛，也称笑口弥勒佛、布袋和尚，面相和悦慈善，袒胸露腹，笑口常开。弥勒像座之后，镌黑色大理石隶书之偈语(佛经中的唱词)，摘自《佛说弥勒下生成佛经》，述其母怀胎及弥勒下生之况。与偈语石刻相对，南侧石壁上，镌以佛传故事浮雕，长36米，高3.5米，分中、西、东三个区。中区是六道轮回图，取自宋代重庆大足石窟造像；西区浮雕是西方佛界，镌印度正宗弥勒生平，像为菩萨状之弥勒，取之于山西云冈石窟，为北魏时交脚佛之形状。东区雕刻中国民间所传颂的布袋和尚，取之于杭州灵隐寺飞来峰。2008年，市园林局筹资169万元，对弥勒塑像重新贴金。

六、历山铁索

位于赏菊阁西侧。昔日，千佛山山顶，有一古铁锁，而且还有锁链，作锁山之状。据明末金石学家顾炎武考证，为汉代遗物。唐段成式《酉阳杂俎》载：“谓山本在海中，好动，海神锁之，山将索链挣断，飞来于此矣。”为恢复这一景观，2002年，在山顶赏菊阁西侧峭壁间，嵌以粗大的锁链，并以巨锁锁之，又将《酉阳杂俎》原文镌于石壁，虽简朴，但富有古意。

七、瀛芳园

位于千佛山上主盘路中段路东，占地面积2600多平方米，1995年5月建成。此园采取日本造园风格建造。大门设在北侧，坡顶灰板瓦覆盖，犹如中国民居。两边配以短墙，植以松竹，立以秀石。门内巧石横卧，以作屏障，石上镌以“樱”字。园内缀以日本传统的造园标志物洗钵、石灯笼。园东南侧，依山势建有“双亭”，石柱石栏，灰瓦宝顶，典雅玲珑。亭南叠以山崖，亭下砌以方池，池岸缀以秀石，岸内散置卵石，为典型的日本“枯山水”式造园手法。双亭周围空间甚为宽敞，铺以卵石，被以绿茵，视野开阔，适于游人坐在亭内眺望四周风光。园西侧，为茶道馆，1996年建，平面布局，立体造型，高低错落，亦具有日本传统的建筑特色。

八、灵官殿

位于景区北门内上山路西侧，1998年5月建成。仿古风格，殿为两层楼阁。其南侧，与灵祐殿(售工艺品)、品茶厅组为一体，占地378平方米。阁楼下层，供以神像。门外两侧，左为千里眼石雕像，右为顺风耳石雕像。门内正中，塑王灵官坐像。像呈威武状，红脸虬须，三目怒张，手执钢鞭，大有镇妖降魔之气魄。其侧侍立护卫神将：左加恶，右加善。灵官坐像之后，北、西、南三面，供奉二十五尊保卫神将。塑像神态各异，栩栩如生。

九、大舜石图园

位于卧佛东百余米之林中，1998年6月竣工，面积2100多平方米。石图园环境清幽，周遭花木丛生，四季有景：春季桃花争艳，盛夏槐柳舒秀，金秋红叶流丹，隆冬松柏泄润。中有圆形石砌地面，面积600多平方米。圆地面之内，立有九根石柱，通高约8米，花岗石质，不加雕琢。九柱分为三组，中组顶端，擎60吨重长方形石块，上刻篆书“大舜石图园”。九柱之上的石刻人物造型，皆据秦汉壁画、画像石、画像砖及马王堆汉墓帛画镌成，其型古朴典雅，令人遐思。

十、南 门

也称佛慧门，位于千佛山南侧，佛慧泉处，1999年修建，占地面积3900平方米，建筑面积3100平方米。大门内，东西票房相同且对称，清代建筑形式，歇山坡顶，抱厦石柱，额枋、斗拱、椽头皆饰以彩绘。西票房北侧牌坊，长15米，高12.2米，四根冲天柱，二高二低，柱头刻以云纹，柱底铺装地袱石，石上安以抱鼓，鼓上蹲石狮，明间颜额“千佛山”三个鎏金大字，由武中奇书。次间颜额刻以道家八宝，自右至左为轮、螺、伞、盖、鱼、罐、花、长。2007年，新南大门建成后，该门停用。2006年10月开工建设，2007年7月建成，由建筑、绿地、水体景观、休闲广场、停车场组成，占地1.5公顷，大门高12米，形为仿唐式，中间五楹，重檐庑殿顶。重檐间，悬有两块匾额：一为“千佛山”，一为“冈峦雄秀”，金字黑底，其字集自乾隆御碑。两侧偏房也为庑殿式，红棕柱，白粉墙，压光小黑瓦，由短廊相连。门内北面，建有三道拱形石桥，桥体颇大，可行人，也可行车。桥两侧，皆设花岗岩质护栏，栏板镌以浮雕，皆为佛家所钟爱的吉祥图案，诸如八宝之类。桥下为溪，溪中植荷花、水葱、千屈菜等水生植物。门外南侧，辟以休闲广场和停车场，面积7000余平方米。休闲广场内，有树池、花坛、山茱萸、红瑞木、石楠、蒲葵、银杏、松柏等。

十一、佛山书院

位于千佛山西北，千佛山村旧址处。2001年9月建成。占地面积3公顷，建筑面积3000余平方米，是一栋集餐饮、会议、住宿于一体的园林建筑。坐南北向，仿唐形式，坡顶直檐，错落有致，以廊组之。内设三个小院，呈“品”字形。西院小，植以花木。南院大，凿水池，修假山，山植松柏，临池辟小径，径侧建花坛，坛内植石榴、木兰、木瓜，并有孔雀游戏其间。东院又称“四季厅”，全封闭式，内设喷泉，浚以小溪。溪上架拱桥，拱桥饰以护栏，汉白玉质，雕刻云龙图。桥西，临水墙基，刻“齐烟九点”景观。院内植精品花卉，有芭蕉、槟榔、海芋、棕榈、珍珠铁、袖珍椰子等。南侧廊内，嵌汉白玉弥勒石像，并刻《佛说弥勒下生成佛经》偈语。2006年对佛山书院进行扩建，增加面积700余平方米，2007年改称“绿景缘”，服务功能得到进一步提升。

十二、三清观

位于灵官殿南侧，2002年建成开放，占地面积1000平方米，建筑面积350平方米，仿古形式，独立成院。山门傍上山路，西为正殿，南北配殿，以廊贯之。正殿谓三清殿，祀玉清元始天尊、上清灵宝天尊、太清道德天尊。北殿谓王母殿，祀王母、碧霞元君、送子娘娘。南殿谓三官殿，祀上元一品赐福天官紫微大帝、中元二品赦罪天官清虚大帝、下元三品解厄水官洞阴大帝。山门与正殿之间，以小庙障之，庙内祀护卫神王灵官。南北廊之内，祀十二生肖神将。

十三、友情之门

位于大舜石图园西北侧。是韩国水原市为纪念该市与济南市缔结友好城市十周年和进一步增进两市未来友好交流与合作而建，2003年11月建成，门长3.4米，宽2米，高3.6米。上额镌以韩文："友情之门"，字为韩国著名人士书丹。门的两侧各辟三个透窗，寓意两市各界朋友亲密合作，携手展望未来。

十四、千佛图

位于景区南大门内50米处，北依千佛山，南对南大门，长30米，高7米，花岗岩质，2007年建成。千佛图由圆雕三世佛——释迦牟尼、药师、弥陀及浮雕997尊小佛像构成。三尊大佛，端坐在须弥座上，仪态慈祥。正中释迦牟尼，结跏趺坐，左手下垂，施"与愿"手印，表示能满足众生一切愿望；右臂上伸，施"无畏"手印，表示给众生以大无畏精神。左侧药师佛，为东方净琉璃世界教主，左手托钵，内盛甘露，右手持药丸。他曾发十二大誓愿，除众生病魔苦难，令众生安乐、长寿、幸福。右侧阿弥陀佛，为西方极乐世界教主，双手结"弥陀定"手印于脐下，掌中为金莲台，以示接引众生至西方极乐世界。三尊大佛背后，饰以火焰纹、忍冬缠枝纹图案的头光和大背光，以示佛光普照。其后墙壁上，嵌997尊小型佛象，寓意芸芸众生，只要觉悟，均可成佛。

十五、辛亥革命烈士陵园

(见"烈士陵园"节)

十六、佛慧山·开元寺

佛慧山，在千佛山东南。因山上雕有巨佛，古时又称大佛山。明万历年间，济南知府平康裕在山上建巨大石柱，像橛子，俗称为"橛山"。又因像支笔，又雅称"文笔峰"或"文壁峰"。古人迷信风水，认为济南城地势低洼，地下多水，像一条船，如果不把它牢牢系住，将来便会被水漂走，所以在此山上立了巨柱，作为系"船"的石桩，把济南城这条"船"系牢。济南解放前，国民党军队修筑防御工事将石柱拆除。

该山海拔460米，山势峭拔，巨石危立，涧谷萦回。秋日，满山丹树黄花，重阳节期间，历代文人常于此登高赏菊吟眺，被称作"佛山赏菊"，为旧时济南八景之一。

山峰北侧壁上，有一巨大佛龛，1924年落成，高约9米，中间券拱门，额书"大雄宝殿"四字，为清末御史、济南书法家张英麟手笔。龛内正面，有北宋景祐二年(1035年)依山始镌，翌年凿竣的佛像一尊。此佛像高7.8米，宽4米，雄伟壮观，法相庄严。因仅刻胸肩以上，俗称"大佛头"。佛像西侧石壁，刻有明万历三十五年(1607年)三月重修题记。东壁勒"大慈大悲"四个大字，亦为明人题书。佛龛外东侧石壁上，有北宋景祐三年镌刻的方形密檐浮雕塔两座，体态玲珑，风格典雅。

佛龛向上，可达山巅，于上观景极佳。鳞次栉比的城市楼宇，透澈如镜的明湖，九曲蜿蜒的黄河，"齐烟九点"的秀姿，尽收眼底。

佛慧山峰下深涧内，为开元寺遗址。该寺历史悠久。据《续修历城县志·金石三》载，寺址石壁上遗有"大隋皇帝"字样的残字。可知，隋朝时期佛家便涉足于此。

唐代开元年间(713—741年)，又建"佛慧寺"。北宋景祐年间重修。明初，济南城内开元寺被官府占用，僧众徙并于此寺，遂改称"开元寺"。寺三面环山，松柏笼罩，藤萝垂蔓，异常清幽。原有正殿五间，东西配殿各三间，宋代丁香数株。殿后北壁上，凿有上下石室多间。昔日，儒生多于此读书。石壁西首有镇武洞，凿于清乾隆五十八年(1793年)，邻洞下方依山雕龟像，蛇绕其颈，设计奇特，造型古朴。院周岩崖，雕凿唐代造像多尊。崖壁石隙中，山泉渗滴，名曰"长生泉""甘露泉"。夏日，这里绿荫覆盖，气温清凉，历代游客多来此消暑，试茶品茗。

历经沧桑，寺宇已倾圮，石雕佛像亦多残损不堪，唯唐宋以来各代题刻尚较完整地留存于崖壁间。清泉漱玉，万木葱茏，景色依然清幽。

开元寺西，密林深处石壁下，隐藏着一个天然石洞，名“卧云洞”。传为开元寺卧云和尚修炼之处。洞形上窄下宽，高约7米，深30米左右。内有题记，钟乳石奇异。岩隙滴水叮咚，积为小潭，又沿洞底小溪潺流。洞口上端，缀以山花，垂以柔枝。

洞穴四周，巉岩峭壁，林木交葛，深奥清幽。

十七、黄石崖造像

黄石崖，在千佛山的南面，海拔350米。相传，秦时黄石公曾隐居在这里，又因石呈黄色，故名。崖上旧有“乐缘寺”，亦俗称“乐寺顶”。此山峭壁陡立，幽深清秀，漫山松柏苍翠，芳草萋萋，山花烂漫。

临近山顶，有天然石台，长50米，宽4米，高3米，难以攀登，称“天台”。天台上面悬崖探出，犹如厦檐。台上壁间，依山就势，镌有北魏东魏时期的佛陀、菩萨像等92尊，共七区，大者1.6米高，小者仅20余厘米。中间自然洞穴，是造像群中的主窟，洞内顶部有一缝隙，雨季清流渗出，称“潋泉”。东壁为坐像，西壁为立像。佛像背后，雕有圆形头光、舟形身光、火焰大背光，外饰卷草图案、梅花如意、二龙戏珠等。出主窟东侧南石壁上有一小石窟，雕佛像一尊、侍者二尊。主窟外西侧南石壁上，由西向东，依次有五区摩崖造像：第一区一排；第二区五排，镌刻于北魏正光四年，是此处最早的造像，保存也最完好；第三区，坐式佛像一尊，左右为侍者，上面有五个飞天；第四区，佛像上下三排，上面也镌有飞天；第五区，佛像一尊，侍者两尊。此外，再向西也存有佛像及飞天的残迹。这些浮雕，刻工精细，层次分明。尤其是雕配的半圆形高浮雕飞天，更为潇洒俊秀。有的着裙裾，披飘带，乘风起舞；有的裸体或半裸体，极富体质感。风度娴雅，形态窈窕，手持乐器，作飞舞盘旋状，楚楚动人，其雕刻艺术，可与大同云冈石窟媲美。全部佛像，皆作禅定说法姿态。刀法简朴，服饰多着敷搭双肩袈裟式外衣，平直阶梯式衣纹。两肩较窄，面庞清瘦，露脚赤足，具有明显的北魏艺术风格。

此处，尚有题记11种，是北魏孝明帝正光四年(523年)至北宋宣和三年(1121年)的作品。造像题记者，有皇室贵族、地方长官、僧尼、善男信女等，都是为了给帝王、法界众生、师僧、父母、居家眷属祈福。从书法艺术角度来看，充分体现了北朝时期的特点。其中北魏正光四年(523年)、孝昌三年(527年)、建义元年(528年)和东魏元象二年(538年)、兴和二年(540年)等八种造像题记尤为出色，魄力雄强，笔法跳越，精神飞动。

黄石崖石窟造像，历史悠久，是山东佛教重要史迹，为济南地区现存最早的石窟造像群，1979年被公布为市级重点文物保护单位。因天长日久，风雨剥蚀，部分镌有造像的山崖于1995年1月13日夜间自行崩塌。

十八、散落的胜迹

唐槐亭 位于山腰盘路旁。亭西侧有一古槐，虽老态龙钟，但却茂盛。传说，唐朝开国元勋、胡国公秦琼，当年到山上寺院给母亲许愿烧香，曾拴马于此树，故世称“秦琼拴马槐”。现在，树干半枯，有一幼树从空腔中勃然而生，犹如母亲怀抱婴儿，人们又称其为“母抱子槐”。亭因树而得名。

据志书记载，这里原为纪念曾巩的曾公祠，祠前，明朝正统年间曾立碑，对该祠作了详细记载。历经沧桑，此碑不知去向，久之，人们便将曾公祠误认为秦琼庙。解放前，该建筑已经倾圮。1957年，在此废墟上建起了唐槐亭。此亭，四面八柱，宝顶飞檐，造型精美，玲珑剔透，人在其中甚感清凉，是休息观景的理想去处。亭南侧悬匾额，上题“唐槐亭”三个鎏金大字，为当代著名书法家舒同于1981年夏手书。亭周花木丛生。春天，各色丁香花、紫木槿争相艳开；夏天，青纱叠碧，浓荫蔽日；秋天，黄菊红枫，交相辉映；冬天，松柏飞翠，银装素裹。

“齐烟九点”坊·“云径禅关”坊 “齐烟九点”坊，位于千佛山西盘道中段。是清道光二十五年（1845年）历城知县叶圭书建，形为二柱一楼式。坊前匾额，刻有“齐烟九点”四字，其字秀润，为叶圭书所题，是借用唐代诗人李贺《梦天》诗中“遥看齐州九点烟”的佳句，来描写这里的景观。济南，古为齐州，城北有九座秀山，由东向西，依次为卧牛山、华山、凤凰山、标山、鹊山、匡山、北马鞍山、药山、粟山。

九山山势各异，云雾润蒸，岚烟缭绕，形成烟景，故称“齐烟九点”。坊后匾额书“仰观俯察”，集自晋代大书法家王羲之《兰亭序》：“仰观宇宙之大，俯察品类之盛。”其字，即是集自王氏《兰亭序》书帖。此处位于千佛山的半山腰，故仰可观苍穹之宏伟，俯可察万物之欣荣。如今，牌坊周围树木茂盛，遮天蔽日，“齐烟九点”之景，在此已不复见。要想体品其情趣，尚须更上一层。

“云径禅关”坊，位于兴国禅寺西门外。木质，清乾隆年间建造，形为四柱三楼式。坊之正背两面匾额，红底金字，北侧书“云径禅关”，南侧曰“峰回路转”。据传，其字原为清道光年间王观成题书。1972年维修时，分别改为当代济南已故书法家黄立孙、姜守迁手笔。“云径禅关”含义是寺院高耸，云雾弥漫，游人至此进入佛门净地。“峰回路转”则出自宋代大文学家欧阳修《醉翁亭记》“峰回路转，有亭翼然”的佳句，借以形容此处的地势险峻。在此一语双关，是佛教劝诫人们要超脱“红尘”，走出“苦海”，回头是岸之意。

赏菊阁·望岱亭·乐云亭 赏菊阁，在千佛山巅东端，1984年新建。二层，歇山飞檐，外带挑台。阴雨日，云雾缭绕。北侧山崖，生有丹枫，秋天，叶子变红，与阁相映成趣。山南侧有赏菊崖，山上山下，红白黄紫各色山菊，无处不有，其中尤以黄色为最，盛开季节，如撒黄金，清风吹来，馨香扑鼻。济南人自古即有“九九”重阳节到千佛山赏菊的习俗。每逢重阳佳节，登临阁内，观赏山菊的游人络绎不绝。

望岱亭，在山巅西端，1984年建。六角，重檐宝顶。千佛山为泰岱余脉，泰山为“岱宗”，名“望岱”，寓意于此可南望泰山。置身亭内极目远眺，重峦叠嶂，山岚萦绕，蔚为大观。

乐云亭，位于兴国禅寺和历山院上端东西盘路相交处，1984年建。此处位置较高，若逢阴雨天气，云缭绕，雾朦胧，千姿百态，变化无穷，与亭相依为戏，故名“乐云亭”。此亭四面单檐，歇山坡顶，不加雕镂，自然天成。亭周万木争荣，将亭半隐，从远处望去，万绿丛中，掩映可见，对景区起到画龙点睛的作用。此亭为典型路亭，上下左右皆有盘路在此通过。向上折西可至望岱亭，向东再上可到赏菊阁，向西可见济南市区最大石刻“第一弭化”。亭身空透，视野开阔。西北侧可俯瞰兴国禅寺全貌，东北向可一览历山院秀姿。

桃花园 在千佛山万佛洞北侧翠柏环抱的山坡上，占地近百亩，栽植各种桃树2400余株，兼有红杏、榆叶梅等。该园融自然、人工于一体，是专供游人踏青、游春而建的。林间铺有冰纹石样的小径，蜿蜒曲徊；路边树下点缀些些秀石，千姿百态。每逢阳春三月，桃花争相开放，如红雨，似彩云，为千佛山平添几分春色，令人兴奋愉悦。

桃花园东南侧高坡上，1991年建“红雨亭”，匾额篆体，为济南当代著名书法家蒋维崧题书。亭为石质，圆形宝顶，玲珑剔透，下设坐栏，供游人小憩。红雨亭石柱上，雕有当代济南学者徐北文撰写、雷衣谷书丹的楹联：“蟠桃献寿，花雨缤纷映九点。翠柏逢春，薰风淡荡暖三齐。”

第三节 龙洞风景名胜区

龙洞，在济南近郊东南15千米处的龙洞山上。相传，唐尧时有孽龙于此兴风作浪，造成水患，大禹治水，前来捉拿，孽龙钻山逃遁，至今留下深洞。故此山又称禹登山。这里有丰富的自然景观与人文景观。至宋代就成为游览胜地。

1995年，被山东省人民政府公布为省级风景名胜区。景区包括龙洞峪、佛峪、马蹄峪、浆水泉区、泓峪五个景区，规划面积约1381公顷。至2010年，洞峪、佛峪、马蹄峪三个景区基本建成。

龙洞风景区　　（2015年　邢可峰摄）

第四节 红叶谷生态文化旅游区

红叶谷生态文化旅游区位于历城区锦绣川水库南3千米，距济南市区33千米。景区占地面积266.8公顷，由济南园林开发建设集团与济南新盛事置业有限公司共同投资，于2000年10月兴建，2001年9月建成开放。2003年获国家AAAA级旅游风景区。

景区内景点众多，“红叶”是其独特景观，有圣水泉、龙泉等名泉。马头山是红叶谷主峰，也是最高峰，海拔675米。山背部生长着许多松柏，远远望去就像马鬃一样。山名由来源自于一个传说。相传在明朝以前，山内藏有母子两匹马，它们夜出昼归。一天，小马偷偷跑出来，它浑身上下金光闪闪，绒毛好似金丝线刺绣一般，跑起来神速无比。一位起早上山干活的老人看见后将此事跟家人说了。后传到盗宝人耳朵里。有一天，两个盗宝人上山探道，刚走到半山腰，忽然刮起一阵大风，刮得是天昏地暗，飞沙走石，狂风过后，早已不见盗宝人的踪影。从此，再也没有人敢来此盗宝了。而山神触怒于小马让凡人看到山中秘密，就把小马点化成山。后来人们就称此山为马子山。久而久之，说顺了口，马子山就称作马头山了。

一、大门景区

由大门、观景台、对景阁、连廊、“春风得意”雕塑等五部分组成，总面积1500平方米。整组建筑采用唐式风格，造型典雅，优美流畅。大门为双层四坡顶门楼，门楼两侧设观景台，雄伟对称，庄重古朴。大门内的“对景阁”，顶廊四坡式平檐，登阁远眺，景区景观尽收眼底。“春风得意”人物雕塑矗立在大门内广场上，高6米，重10吨，人物造型为传说中的打鬼英雄钟馗，面带微笑，手舞足蹈，一副春风得意、悠然自乐的形象。

二、兴教寺

相传始建于西汉末年，兴于隋唐，原有殿宇数十间，僧众近百名。后来一位名叫朱阁老的人在京都做官，为官清廉，刚直不阿，遭奸臣暗算，来此隐居。官兵得悉追杀至此，当地百姓为搭救隐藏在该寺中的朱阁老，谎称兴教寺为“朱老庵”。因为“庵”是尼姑修行的地方，这一“庵”字使朱阁老免遭杀身之祸，后来人们习称兴教寺为“朱老庵”。现在整座寺院是在原来的古地基上翻建而成，以唐代建筑风格为主。“大雄宝殿”是其主殿，面阔三间，殿内供奉佛祖释迦牟尼像，结跏趺坐。佛祖身后还塑有十八罗汉像。殿旁有明、清、民国石碑三通。在明万历二十九年(1601年)的石碑上记载“殿之楹，后枕龙山；前圣水，左建伽蓝，右配

红叶谷风景区　　（2010年　王平摄）

僧室，不知创建何年”。殿后有高僧墓塔三座，其一为明朝天顺年间(1457—1464年)建造，形状修长典雅，上镌浮雕观音。殿前有清泉一眼，久旱不涸，清凉甘美，名“圣水泉”。殿堂东侧半山腰处，有南北方向裸石一块，光洁橙黄，若锦带，当地百姓称之为朱阁老的扎腰带。据说周围漫山的红叶树便是朱阁老为报答百姓的救命之恩而栽种的。寺院内还设有观音菩萨殿、地藏菩萨殿和义净禅堂等。义净，俗名张文明，山东济南人，是唐朝继唐玄奘之后又一位去西天取经的僧人。

三、天趣苑

取天然成趣之意，是景区最具特色的专类园之一。园区在建设上充分利用山势与峡谷的结合，在山谷上覆盖鸟网，采取鸟类自然放养的形式，给人以接近和观赏鸟类的充分空间。建筑手法上，依据园中起伏的地势，筑石为山，引水为瀑，在有限的空间上筑造一个流水飞瀑、燕飞鸟鸣的天堂圣地。园区分为笼养区和散养区。笼养区饲养着红、绿金刚鹦鹉、鹩哥、八哥、噪犀鸟、黑腰朱鹭、灰鹤等。散养区设在植被丰富的两条山谷中，上覆鸟网，谷中绿荫浓郁，瀑布飞泻，鸳鸯戏水，白鹭高飞，天鹅漫舞，孔雀开屏，人入其中，宛若进入鸟的王国。

四、万叶塔

位于兴教寺西南，塔高29.5米，基色以北方常见的青灰色为主，上下七层，取佛教“救人一命胜造七级浮屠”之意。每到秋天，万山红遍，登上此塔，谷中红叶尽收眼底，塔由此得名。其建筑风格采用中国传统的飞檐尖顶石塔的风格，同苏州虎丘塔和杭州六和塔为同一形式。

五、绚秋湖

在建设景区过程中拦水筑坝围合而成，水面面积约1公顷。湖面碧水涟漪，岸上垂柳轻荡，青山绿树，亭台塔榭，倒映水中，如诗如画。尤其到秋季，各种植物色彩斑澜，层林尽染，满山的红叶如火如荼，倒映水中，映衬出一片绚丽多彩的秋天，“绚秋湖”因此而名。湖周建筑，均仿明清风格，彩绘花鸟鱼虫，与周围景色融为一体。其中一亭称名“陶亭”。亭名含有三层意思：第一，取“陶醉”之意；第二，它的瓦片是陶瓷做的；第三，源自孟浩然的诗句“待到菊黄佳酿时，共尽一醉一陶然”。湖中小岛经曲桥与湖岸的水榭相连。站在亭上可远览山色，近观水光，尽享山水之美。

六、水趣苑

2004年“五一”前新开发的精品园区，占地面积2000余平方米，以突出山清水秀、观景娱乐为主要特点。可以欣赏名泉瀑布，感受鸟语花香；喜动者可攀缘跳跃，观鱼戏水，喜静者可煮茶品茗，摆棋对弈；天热可乘凉避暑，天凉可避风纳阳。置身其中，令人愉悦惬意，流连忘返。

第五节 英雄山风景名胜区

位于市中区，东起玉函路，西至英雄山路，南含七里山，北至马鞍山路。景区内有马鞍山(会仙山)、英雄山(四里山)、五里山、六里山、七里山，总面积约100公顷。整个山体像一张穹弓，弓背是马鞍山，弓右梢是四里山，弓左梢是五里山，穹弓峙立，态势威威。五山之中，东北侧的马鞍山海拔167米，视野最为开阔。远可北眺“齐烟九点”、九曲黄河，山河苍茫，岚烟迷离；近可俯瞰泉城全貌，丛林似波，房宇若浪。明代诗人有“山头对酌夕阳斜，下见湖城十万家”的诗句描写此处情景。

英雄山风景名胜区由济南园林开发建设集团开发建设，1998年3月开工，同年8月底完成一期建设任务并对外开放。2000年3月～8月进行二期工程建设。至2009年，相继建成赤霞花卉展销中心、七里山景区，景区建设总体规划基本实现，成为济南市著名风景区之一。

一、革命烈士纪念塔

位于四里山上，始建于1949年11月，由同年成立的“济南市烈士塔建塔委员会”负责筹建。后因财政困难等原因，建塔工作暂停。1957年4月建塔工作再次启动，并邀集大学教授、工程师、雕塑家、历史文物学家及各界人士到四里山勘查现场，研究建筑方案。1961年3月，在国家遭受严重自然灾害的情况下，中央要求停止基本建设，建塔工作遂又停止。1964年10月，建塔工程重新开工，1968年4月5日，纪念塔建成开放。纪念塔身由乳白色花岗石砌成，高34.64米，塔顶上的五角星直径2米，由红色花岗石镌刻。塔身南北两侧镌刻毛泽东主席在1949年6月亲笔题写的“革命烈士纪念塔”阴文贴金巨字，下部镌有旗帜和花圈图案的浮雕。塔身南面到山下有白色花岗石铺筑的202级石阶，象一挂巨型瀑布，由天倾注，象征着革命烈士的冲天浩气。北侧有东西两条林荫石阶梯路，东路296级，西路311级，象苏州驰名的“狮子林”弯曲而幽秀。游人可通过南北3条石阶梯路，攀到纪念塔广场，瞻仰纪念塔雄姿。

二、毛泽东主席塑像

位于赤霞广场中东部。塑像原位于趵突泉北路的山东省工业展览馆院内，建成于1968年7月，由王兆善、李振才、张玉林设计创作。塑像高12.26米(取毛泽东生日)，其中底座高5.16米，像身高7.1米，是济南市最大的一尊毛泽东塑像，在全国也较为知名。1999年8月，因趵突泉北路拓宽，工展馆拆除，塑像迁落至此。2004年4月对塑像及周边环境进行清洗、整修，新建汉白玉栏杆。每年12月26日，均有群众自发来到塑像前，缅怀这位带领中国人民脱离苦难的伟大领袖。

三、赤霞阁

位于五里山山顶。原名会仙阁，系济南市学者徐北文根据五里山及周边山峦的传说典故命名，2001年建成。阁高两层，建筑面积472平方米，占地面积1200平方米，其正门处有徐北文题写的楹联“赤霞灿烂瑶圃桃花映日千年祝曼寿，青鸟殷勤玉函锦字凌云万里报平安”，点明“会仙阁”之名的由来。“会仙阁”建成后，五里山顶成为人们登顶健身和俯瞰泉城全貌的场所。2009年，面向社会征名后改为现名。

四、迎旭亭·瞻英阁

2001年建成，统称山顶阁，与赤霞阁相邻不远。迎旭亭位于马鞍山顶东部，亭为二层。瞻英阁位于马鞍山顶西部，上下二层。亭、阁由长200米的廊连接。2009年，面向社会征名为“迎旭亭”“瞻英阁”。

五、担山桥

位于七里山南、北两山之间，2008年建成。桥宽3米，跨度30.2米，钢筋混凝土结构，桥柱和桥面为花岗岩材质。2009年，向社会征得此名。该桥建成，将南北两山联系起来，方便市民游山健身。

六、七里亭

2008年建成。为一仿木亭，建筑面积15.21平方米，钢筋混凝土结构，地面为花岗岩板材质。2009年，向社会征得此名。亭西侧为百丈悬崖，与郎茂山遥遥相望。

七、赤霞广场

位于英雄山风景区西部，东倚五里山，西临英雄山路，广场占地面积1.63公顷。广场内植雪松、银杏、五角枫、龙爪槐、水杉等花木70多种，地势平坦，视野宽阔，绿草茵茵，花木众多，是休闲锻炼的理想之地，观赏花木的好去处。

八、留春园

位于赤霞广场北邻，占地面积1.1公顷，内建荷花池2000平方米，并立有“岳母刺字”塑像。园内花木丰富，三季有花，四季常青，伴以弯弯石路，曲径通幽，给人以春色长驻之感，故谓之留春园。

第六节　灵岩寺风景名胜区

灵岩寺，在长清县城东南31.5千米，灵岩山之阳。灵岩山，其主峰青壁四削，呈方形，故原名“方山”。又因似“印符”，又称“玉符山”。相传东晋时高僧郎公来此说法，听者千人，山石为之点头，听众将此事告诉朗公，朗公说：此山灵也，不足怪。山遂名“灵岩”。灵岩山居中，群山环抱，重峦叠嶂。北有宝山、黄尖山，东为灵辟峰、朗公山、棋子岭，南是黄岘山、明孔山、如来顶，西乃鸡鸣山等。寺因山得名。北魏孝明帝正光元年(520年)，法定禅师先建寺于方山之阴，曰“神宝寺”，后建寺于方山之阳，曰“灵岩寺”。当时，寺院建在山腰甘露泉侧，规模不大。至唐代贞观年间(627—649年)，高僧慧崇将寺迁建于今址。以后历代均有增修。唐宋时为极盛期，有殿阁40余座，禅房500余间，僧侣500余人。唐元和年间李吉甫在《十道图》中将灵岩寺与今浙江天台国清寺、湖北江陵玉泉寺、江苏南京栖霞寺合称为“舆内四绝”。宋代，真宗赐名为“景德灵岩寺”，神宗熙宁三年(1070年)正名为“十方灵岩禅寺”。明宪宗成化四年(1468年)，又赐名“崇善禅寺”。现存主要建筑有天王殿、鼓楼、钟楼、东厢房、西厢房、韦陀院、观音堂、大雄宝殿、千佛殿、御书阁、方丈院、辟支塔、塔西院、十王殿、墓塔林等。寺院不仅规模宏大，还有令人神往的鸡鸣山、明孔山、朗公石、一线天、十里松、摩顶松、“五步三泉”等自然景观，自古即为旅游胜地。历代题咏灵岩寺的碑刻有423块，多出于名人手笔，著名的有唐李邕《灵岩寺颂碑》、宋代的《圆通经碑》、金代党怀英书碑等。明代文学“后七子”领袖王世贞称赞道：“灵岩是泰山背最幽绝处，游泰山而不灵岩，不成游也”。1982年被国务院列为全国重点文物保护单位。2001年获评国家AAAA级旅游区。

一、灵岩路景

从灵岩景区坊，到灵岩寺山门止，有一段清幽漫长的路，沿途景美若画，胜迹多甚。一进

灵岩寺　　（2011 年摄）

入灵岩景区，迎面可见一山，山巅形似鸡冠。相传，昔有盗贼，夜过其下行窃，忽闻巨鸡鸣晓，震慑山岗，贼怖而从善，故称鸡鸣山。该山景色秀丽，为旧时灵岩十二景之一。与鸡鸣山相对，有石坊屹立。此坊建于清乾隆二十六年（1761年），四柱高耸，柱础石鼓夹抱，柱端“朝天吼”昂天，额枋横贯，上镌清乾隆皇帝御笔“灵岩胜境”。由此向里，大沟横卧，架以石桥，名叫“崇兴桥”，又名“崇福桥”“通灵桥”，或俗称“大石桥”。北宋大观二年（1108 年）由灵岩寺方丈仁钦重建，明嘉靖十七年（1538 年）重修，今建桥、修桥碑尚在。建桥碑，为北宋末年著名学者画家郭恩撰文，其子郭升卿书写，字体颇佳，效法“兰亭”。碑阴有飞白体“灵岩道场”四字，为北宋元丰年间尚书兵部郎中王临书写，系主碑补刻。临桥古柏葱郁，溪涧深邃险峻。放眼南望，峰峦叠翠，巨石嶙峋，谓之“群仙朝笏”。其中一峰，有孔穴穿透，犹若翠屏之上悬挂着一轮圆月。此山，名“明孔山”，亦为“灵岩十二景”之一。相传，法定禅师到此创寺之时，路途艰险，阴森可怖，他面山诵经 49 天，感动了神灵，阳光将山穿透，使他得以进山找到建寺之地。

沿路前行，又有山沟横卧，上架一桥，称“明空桥”，俗谓“小石桥”，明代重建。两侧古柏耸空，枝桠搭连，远看似门。桥北有山，松柏郁森，曰“对松山”。桥南有崖，泉流淋漓，叫“滴水崖”。崖石嵯峨，状如抱厦，泉洒如雨。乾隆皇帝来游时，赐名“雨花岩”，后将其名镌刻于碑，碑侧建亭，并定为“灵岩八景”之一。

过明空桥为“黄茅冈”，路旁有众多巨石，似龟背，从远处看去又像群羊。石上建黄茅冈亭。昔日，僧人在此迎客，故又名“接官亭”。过冈为灵岩之北溪，寺内诸泉皆汇于此，相传宋真宗曾在这里饮马，故称“饮马沟”。沟上架桥，名“新石桥”，系明代天启年间创建。桥两侧饰石栏，上雕蹲狮。沟北石壁嵌明万历年间书画家、历城人刘亮采所书“十里松”大字石刻。“十里松”是指从“灵岩胜境”坊到寺门沿途之古柏，昔人讳“悲”之音，所以称“松”。过桥之后，山路渐陡，古柏夹道，苍翠笼荫。路北侧，溪水激湍，水涛、松涛，轰鸣震耳。上陡坡，即为山门广场。迎面古柏葱茏滴翠，旁侧立一石碑，上刻“大灵岩寺”四字，系元代至正三年（1343 年）西夏人、山东肃政廉访副使文书讷书丹。碑阴镌蒙古僧家奴跋语。广场东侧山岩石壁上，有清乾隆皇帝手书诗刻多方。至此，便到达佛门圣地灵岩寺。

二、金刚殿 · 大雄宝殿 · 摩顶松

灵岩寺山门称“金刚殿”，约为元代创建。门前两侧置清初石狮一对，昔日还立有“千崖”“万壑”石碑，由明嘉靖十一年（1532 年）山东左布政使张钦书丹，门后也立二碑，镌“绝俗”“持戒”四字，为明隆庆年间李复初手笔。殿内供护法天神二尊，右为“那罗延金刚”，左为“密执金刚”，手持宝杵，威武刚猛。门内清溪东西涓流，上架三桥，东曰“虎溪”，中曰“聚善”，西曰“接引”，皆为建寺时建造。寺内僧人送客至此溪则止。

溪北，有一四合院落，大门名“天王殿”，单檐硬山，基址、柱础等物乃为宋代遗存。殿内左右山墙，嵌唐、宋、元、明、清碑碣 17 方。殿之中央，立北宋皇祐年间经幢一座。天王殿北的东西两侧，钟鼓二楼矗立，为北宋末寺内住持妙空创建，钟楼内现置明正德六年（1511 年）十一

月住持正昂铸造的铜钟一枚。钟、鼓楼东西两侧为廊庑，北侧正中高台之上便是大雄宝殿。该殿原为宋代“献殿”，是已倾圮的“礼拜五花殿”的前堂，由本寺住持仁钦于北宋崇宁、大观年间（1102—1110年）创建。昔日，僧人于此诵经朝拜。明正统年间，就国于济南的德王捐塑佛像于内，遂称“大雄宝殿”。今殿建于清代中叶，面阔五间，进深六间，硬山顶，卷棚式抱厦，红柱青瓦，半壁槅扇。左右葱茏参天的古银杏树相衬，愈显得殿堂分外壮观。清乾隆二十二年（1757年）弘历皇帝为殿题写“卓锡名蓝”匾额及“奇松尔日犹回向，诡石何心忽点头”楹联。诡石即“朗公石”，奇松即“摩顶松”。

摩顶松，在大雄宝殿西北隅。四周砌以石栏，旁嵌明代嘉靖年间山东巡按监察御史张鹏所题“珠树莲台”“名山胜水”大字石刻，以及乾隆皇帝御书“摩顶松”字碑和御制图诗碑。清康熙《灵岩志》对此松即已记载：“大可数围，内空外窍，老杆尽枯，孙枝独茂，翠色欲滴，苍古可爱，真不老物也。”僧人将玄奘的传说附会到本寺，称当年大唐玄奘去西天取经，临行时，手摩此松顶曰：吾西去求佛，汝枝西长；归时，东向，使吾门弟子知之。玄奘走后，树枝年年西指，一年忽东指，弟子西迎，玄奘果然归来，得佛经六百部。“摩顶松”由此得名。谓之青松，实为翠柏，因“柏”“悲”同音，其意不祥，故改之。后来寺内僧人为图吉利，便在柏侧栽柿树一株，取“百事如意”之意。这柿树长得秀丽，与苍劲古柏相映成趣，被列为“灵岩八景”之一。

三、千佛殿

在摩顶松的北面，为寺内保存最完好、规模最宏大的建筑。唐贞观年间本寺住持慧崇创建，宋嘉祐六年（1061年）寺内住持琼环重修，明嘉靖年间重建。其后，历经多次修葺，其形制被保存下来，基本因袭了宋时的风貌。

大殿建在2米高的台基上，面阔七间，进深四间，单檐庑殿顶，丹柱碧瓦，斗拱错落，檐角翘起，跃跃欲飞，整个殿宇金碧辉煌，异常气派。殿周，围以矮墙，形成院落。院内院外，古木参天。近院有一翠柏，虬盘鳞结，苍劲挺拔，传为汉柏。旁有明万历三十六年（1608年）四月立的《汉柏记》石碑一通，碑文曰：“此柏方萌芽，汉文帝梦灵岩庙左右有千柏，命通往观之。至，惟见一萌芽，回以实报。文帝祭而祝之，曰：当与此山并传不朽。”

千佛殿　　（2013年　王平摄）

殿内中央台座上，供奉着三尊大佛，中为毗卢遮那佛，端坐于莲花高台上，藤胎髹漆，宋治平年间由僧惠在钱塘制作；东为药师佛，明成化十三年（1477年）以铜铸造；西为阿弥陀佛，明嘉靖二十二年（1543年）铜铸。四周壁上，曾排列着数以千计的30厘米高的坐佛，约为明代所置，多数木质，少数铜质，故称“千佛殿”。现存已不及半数。

殿中周围墙壁前的台座上，排列着101～120厘米高的40尊泥塑罗汉，其中29尊为梵僧罗汉，11尊为中国高僧。这批罗汉像多数塑于北宋嘉祐六年（1061年），少数塑于元、明两代。塑造技艺精湛，写实性强，形体、比例与真人相像。其情态各异，有的禅坐，有的执杖，有的屈膝，有的光足，有的怒目，有的沉思，有的争辩，有的说法，无一雷同，生动传神。其衣饰彩绘也处理得干净利落，线条有的柔美流畅，有的刚健有力，有曲有直，有深有浮，富于节奏。色彩丰富，点染涂描，技法纯熟，堪称我国古代泥塑遗存中的艺术瑰宝。1922年7月，著名学者梁启超挥毫题字，誉之为“海内第一名塑”。

四、御书阁·鲁班洞

御书阁，在千佛殿的东北侧。唐代本寺住持慧崇创建，曾供有唐太宗、宋太宗、宋真宗、宋仁宗等御书，故名。北宋大观年间，住持仁钦重建，并篆书颜额。金代贞祐年间，寺遭战火，御书尽焚。明代重修，并先后于内塑菩萨、玉皇像。阁为两层，下为石砌台基，券以拱门；上为阁体，飞檐起脊。阁前拱门之上石隙间生出古青檀，盘根错节，枝柯纵横，状若游龙、云朵，名曰“云檀”，为寺内一大奇观。阁基内外，嵌石刻颇多，其中以宋代写的《圆通经》最为著称。《圆通经》写于元符二年(1099年)十二月，共四叶，草书1400余字，字体潇洒俊逸。刻石也妙，仍能保持该书法之韵味。明代嘉靖间，学士方豪跋语曰：“灵岩名笔固多，惜多为石工所败，惟此字独佳。”该《圆通经》石刻与天王殿内元代汉藏文对照碑、鲁班洞中李邕《灵岩寺颂并序》碑，均为寺内珍品。

鲁班洞，在大雄宝殿的西侧。过去传为东晋十六国时前秦隐士张忠穴居之处，又传为朗公藏骨处，今经文物工作者考察，是早期进入寺院的山门。山门南北方向，南侧辟券拱门，门洞深数米，两侧石壁上嵌有唐代景云、开元和北宋淳化、元祐、大观年间的题名石刻。其中西壁所嵌唐代北海太守李邕于天宝元年(742年)撰书的《灵岩寺颂并序》碑最为著名。李氏富有文名，书法尤佳。其字笔力遒劲，笔势开放，如龙腾虎跃，剑拔弩张。性喜创新，厌因袭，曾曰“似我者俗，学我者死”，故其书法具有独特的风格。该碑，字体为行书，是他65岁所书，可谓得意之作。李氏之碑刻，在本寺曾有多块，如今仅存此碑，亦是山东省仅存的一块李邕书碑。

五、辟支塔

以辟支佛(全称“辟支迦佛陀”)命名，位于千佛殿的西侧。其创建年代，古人文章及志书中有记载，唐天宝元年(742年)李邕撰书的《灵岩寺颂并序》碑曰：“辟支佛牙，灰骨起塔。”清康熙《灵岩志》中也曰：“唐天宝中建。”今塔建于北宋淳化五年(994年)，嘉祐二年(1057年)竣工，元、明屡修之。

塔高54米余，八角九级十二檐，青砖砌垒。塔基石筑，上刻阴曹地府浮雕。塔身，每级四门六窗，一至三层双檐，其余单檐。塔刹由覆钵、相轮、圆光、仰月、宝珠、刹竿组成。最上一层，八角各置金刚一尊，拽拉铁链，使刹加固。塔内设中心柱，东、西、南三面辟龛，内置石刻辟支佛像。该塔背依山峦，岿然耸立，和周围景色组成一幅美丽的立体图画。塔有砖砌台阶，盘旋登至塔顶，可观赏灵岩胜景全貌。

六、般舟殿基址

位于千佛殿北，为唐至清建筑遗址。1995年发掘出土。昔日，般舟殿面阔五间，进深三间。今台基上尚保留般舟殿四周残墙及硕大的柱础。其中明间两座柱础雕刻龙凤花纹，甚为精美。残墙东、西、北三面竖有八棱石柱，南面殿墙前有唐代密檐式石塔一座和八棱石经幢两根，上皆雕刻精美的纹饰，为佛教艺术精品。

七、墓塔林·慧崇塔

墓塔林，位于寺西0.5千米处。坐北朝南，为历代高僧安息之地。有唐、宋、金、元、明、清墓塔167座，碑刻81通。以元、明时期的墓塔居多，最早的唐塔仅1座，即慧崇塔。

慧崇塔在墓塔林北侧的最高处，是唐代高僧慧崇的葬塔。慧崇是贞观年间灵岩寺住持，他将灵岩寺从甘露泉迁至今址，创建了千佛殿、御书阁等，功绩赫然，圆寂建墓塔以藏舍利。该塔建于天宝年间，高5.3米，石砌方形，单层。

南面辟门，门上券拱处镌以火焰状半圆形浮雕。东西两面饰门，仕女凭门半掩，门上雕刻狮头、武士、飞天、乐伎等图案。塔顶重檐，以石板叠涩外挑，塔刹由露盘、仰莲、宝珠组成。整座塔体显得古朴浑厚。塔壁刻有明代万历十六年(1588年)释真可的《礼慧崇塔》诗。

其余墓塔，皆在慧崇塔之南，簇聚成林，蔚为壮观，可与河南嵩山少林寺墓塔林媲美，对于研究我国佛教史、艺术史，具有重要价值。墓塔由塔座、塔身、塔刹组成，形制多样，造形古朴，雕刻精细。塔座多呈方形和圆形，雕成莲瓣，由金刚、力士顶托，有的则做成须弥座式。塔身有圆形、长方形、钟形、八角形等，上刻祖师僧名及年号。塔刹为雕刻着莲花瓣的复钵和圆形相轮，上置宝瓶和相轮式宝尖。诸塔之中，悦公息庵和尚墓塔尤惹人注目。息庵为灵岩寺第三十九代住持，圆寂于元代至正元年(1341年)。其墓旁《让公息庵禅师道行碑》，由日本和尚邵元撰书。邵元因“慕中华释教之盛”，于元泰定四年(1327年)来华，在中国居留长达21年，其间，遍游各大名寺，曾任少林寺首座僧职，还被选为百僧之一进宫诵《大藏经》。他不仅通晓禅宗教义，而且对汉文化也造诣颇深。他所撰写的此碑，书、文并茂，堪称上品，且为中日两国人民友好往来的珍贵实物资料，传为中日文化交流史上的一段佳话。当代历史学家郭沫若曾题诗赞曰：“息庵碑是邵元文，求法来唐不让仁。愿作典型千万代，相师相学倍相亲。”

八、白云洞·积翠证明龛·朗公石

由寺东侧沿盘路向灵岩山攀登，处处有景。行约里许，为甘露泉，清乾隆皇帝曾在此建行宫。昔日，殿宇众多，现仅存遗址。甘露泉向上不远，右侧有一古柏，三杈，杈间有一大石被包在里面，人称“树抱石”，大约形成于四百年前，乾隆皇帝曾咏《登玉符最高峰得四百字》一诗描述道：“树抱石为胎，前飞峡成调。”此诗刻在不远的石广(yǎn眼)上。石广有两处，一曰“大石广”，一曰“小石广”。和石广相距不远，有一大石平卧。相传，明代灵岩寺住持真可常于此石上竖卧休息，故名“可公床”。

由小石广向上，便是白云洞。阴雨天，于山下依稀可见洞内溢出白色云气，故名。白云洞所在之山岩，平平展展，上有翠柏荆棵，山花芳草。洞穴岩壁之下，有一平坦隙地，人们立于此，可俯瞰灵岩胜景。

从白云洞向西，略走一段路程，可遥见陡壁之上有大字石刻“灵岩观音道场”，系北宋政和年间张劢题书。循径折东，便到“悬星岩”，俗谓“功德顶”，上镌明隆庆年间吏部尚书杨博题写的大字石刻“象岭”“狮峰”。岩间有一巨大佛龛，名曰“积翠证明龛”，亦名“证明功德龛”“方山证明殿”。其名来源于“幼童舍身成佛”的传说。龛内唐大中八年(854年)乡贡进士牟珰撰写的《修方山证明功德记》石刻载：“按寺记云：唐初有一童儿舍身，坠到半虚，五云封之，接往西天而去。……证明佛法功德之真理。”龛为唐贞观年间开凿，内平面呈椭圆形，正中雕有释迦牟尼石像，高约5米，体态丰腴，身着袈裟，趺跏而坐。旁有菩萨、弟子、卫侍、神兽造像等。洞内题记甚丰，尤以唐宋两代最多。明嘉靖三十八年(1559年)于龛外增建方形石室，坡顶，叠涩出檐，外壁涂朱色，俗称“红门”。门前为平台，台周设护栏，人们可凭栏观赏四周景色。龛上，巨岩削壁如屏，青葱翠绿，景色壮丽，称“方山积翠”，为灵岩十二景之一。

积翠岩西南为“巢鹤岩”，又名“蹲狮峰”“晾经台”，台上有亭，亭下设石栏，可倚栏小憩览胜。这里 岩陡立，云烟萦绕，飞鸟盘空。积翠岩之东南为狮尾峰、灵辟峰。“两峰矗立，狭通一线”，好似神灵用巨斧劈开一般，仅可容一人侧身通过。于此峡中仰望，只见蓝天一线，故名“一线天”。因处于东侧山巅，又称“东天门”“小天门”。穿过一线天，便为灵岩山北麓，北魏法定禅师曾于山阴渍米峪建神宝寺。如今寺已湮没，仅为遗址。一线天南约1千米处的山峰下，有孤石耸立，相传为朗公之化身，故称“朗公石”。远远望去，酷像一光头和尚，身披袈裟，背着行囊，拄着锡杖，沿着山路踽踽前行，实乃惟妙惟肖。

第七节 五峰山风景名胜区

五峰山，位于长清县城东南20千米。因有5个并列的山峰而得名，属泰山山脉，主峰海拔395米。山峦连绵，苍翠玲珑，文物荟萃，世人曾把泰山、灵岩、五峰山并称“鲁中三山”。自东向西依次是群仙峰、志仙峰、会仙峰、望仙峰、聚仙峰(又称迎仙峰)。五峰环联错列，云绕岩巅，苍茫蓊郁，绿树荫中，宫、观、亭、台交相辉映，风景绝佳。金代创建五峰山道观，明代达到极盛，分为南北二观。北观称洞真观；南观称玄都观，有明德王府的6座王墓。清顺治年间道观遭兵火破坏而衰败。现仍有洞真观建筑群遗址和玄都观的八字墙以及金元至明清碑碣数十通。山上古木参天，尤以柏树为奇。

一、洞真观

进入五峰山西南侧的登山盘路，就见两岩对峙，崖上用巨石筑门，称“一天门”。昔日，门上架阁，名“迎恩阁”，清顺治十三年(1656年)建造，后毁。今门内左侧仍有《五峰山敕建一天门迎恩阁碑记》石碑。过一天门，渡过“迎仙桥”，便到洞真观。

洞真观，金代泰和年间(1201—1208年)由全真教道士邱志园、范志明创建。邱、范殁后，同业王志深、李志清增筑之，凿池引泉，初具规模，官名为“洞真观”。元代宫廷封道观为“护国神虚宫”。明万历皇帝赐名“隆寿宫”，敕建“保国隆寿宫石坊”，并颁发《道藏》经一部480函。至此，洞真观进入鼎盛时期，“楼殿岿崇，金碧辉荧”。清代以来，渐趋衰败。

该观坐北朝南，各殿依次建在同一中轴线上。大门在南，为木质牌坊，四柱三楼式。门内架石桥，名曰“更鸡桥”。桥北是玉皇殿。殿内塑玉皇大帝像，头戴九旒冕冠，两侧侍者各四，手持枪、刀、火、旗。殿前右侧为龙王殿，明正统十三年(1518年)重修；殿内有泉，门外两侧刻楹联：“一派水声流不尽，四围山势欲飞来。”左侧为“虎神殿”，明万历三十七年(1609年)修建。玉皇殿院内古柏众多，浓荫蔽日，其中13株尤胜，俗称“十三太保”。殿东院外，有建观之初所植银杏一株，树干挺拔，高30米，胸围6.5米，冠幅近40米，枝叶繁茂，禽鸟啁啾。树东有泉，名“清泠泉”，泉上有听泉台，台上筑“清泠亭”，因在志仙峰前，又称“志仙亭”，上刻对联两副，其一联曰：“到此息尘虑，对之清客心。”

北出玉皇殿，拾级而上便是“娘娘庙”，祀碧霞元君。娘娘庙后为“真武庙”，庙内原祀北方玄武七宿，其对联曰：“一柄皂旗遮日月，七星宝剑照乾坤。”出真武庙，最北端宽广的石级上昔日有三元殿，亦名三元宫，内祀天、地、水三神。清嘉庆十八年(1813年)山东布政使朱锡爵题写门额“灵照三界”。殿左侧有观音堂、吕祖庙、青帝宫，今仅存青帝宫。

洞真观中古碑林立，金、元、明、清各代皆有，其中尤以元初定宗二年(1247年)《真静崔先生画像赞》碑最为著名。崔先生，名道演，字玄甫，号真静，金代人，是位亦儒亦道弃仕途厌名利的隐士，原在蒙古哲里木东境“金山昊天观”，金贞祐年间，南下寓居五峰山，与当时文人相交密切，颇有名气，金兴定五年(1221年)卒。此碑为后人纪念他而立，正面碑颜镌“真静崔先生画像赞”八字，篆书。碑身是沈士元单线条刻画的崔道演盘膝坐像，画像上端勒有金元诗人元好问、刘祁、杜仁杰的像赞诗各一首，字体分别为籀、篆、隶。碑阴镌刻杜仁杰撰文、高翱书写的《真静崔先生小传》。此碑作品出自各名家之手，诗、书、画、刻俱佳，为历代金石家所著录。此外，杜仁杰的诗碑也保存于观内。

二、莲花洞

又名“千佛洞”，在聚仙峰的西侧峭壁上，是一处珍贵的东魏石窟造像，1992年公布为省级重点文物保护单位。洞深丈余，高3米，洞口由块石券成，上嵌明天启六年(1626年)三月镌刻的“圣佛莲花洞”颜额。洞中四壁全由佛像占据。最深处正中，凿佛像一尊，结跏趺坐，高2米余，属洞中最大者；左右侍者各二，高1.6米。周围洞壁及拱门两侧雕242尊小佛，形态各异。洞顶藻井全为莲花雕饰，40余朵，色彩素净淡雅。该洞有东魏至北宋造像题记多处。据清嘉庆《山左金石志》载：“(隋)莲花洞造像题字三十种，在洞外东壁者五种，在洞内北壁者二十三种，在洞内南壁者二种，每种五六字至二十余字不等，向未著录，此段赤亭亲至五峰搜得之。”又据清孙星衍《寰宇访碑录》云：“五峰山莲花洞大像主钟崔等五十四人题名，盖又有出三十种之外者矣。”如今，不少题记尚存，但大半已漫漶不可识，尚可辨认的有东魏武定五年(547年)、北齐乾明元年(560年)造像题记等。

三、仙人台·青崖寨·玄都观

仙人台，位于群仙峰顶，五峰最东。群仙峰隆然突起，峰顶孤悬天半，四面悬崖壁立而成台形，只有一条小路可至。据传五峰山道人常来此坐化升天，故名仙人台。山势险峻，古柏苍郁，景色殊绝。

青崖寨，在五峰山东侧，主峰海拔565.4米。原名青崖山。此山北连黄山，中隔一涧，唯西北一条小路可通山顶，山势陡峭险峻，古为兵家屯兵之地。金元时，东平路行军万户、长清人严实，曾在此建寨屯兵镇守，始称青崖寨山。明崇祯十三年(1640年)，以孙华亭为首的万名起义军驻扎于此，至清顺治年间义军山寨被清兵攻破。山上尚存的遗迹，有半穴居式建筑260余间，1～3米高的寨墙300余米，寨门、马道、点将台、旗杆穴、校场、盔子石和舂米蓄水用的石臼、石瓮等。

玄都观，亦称南观、元都观，在洞真观南侧的青崖山西南麓，为明代德王的香火院，明成化至崇祯年间驻藩济南的六代德王陵墓均建于此。这里泉水潺流，树木葱郁。玄都观内的一株海棠尤为茂盛，枝干挺拔，冠幅博大，芳香四溢。清末民初，玄都观倾圮，陵园也遭破坏，现仅存八字墙、德王墓和一座享堂。1993年年初，文物部门对德庄王朱见潾墓进行抢救性发掘。该墓是墓主与其妃刘氏、其子济宁安僖王朱祐椁的合葬墓，距地面12米。墓穴中后部为地宫，砖石结构，有相互贯通的东、西、前三殿，总面积105.5平方米。两扇石门均宽11.07米，高2.51米，厚0.19米，上雕铺首及乳头形门钉，殿内各置一石棺床。

第八节 四门塔风景名胜区

四门塔位于青龙山南麓。为神通寺的重要遗存之一，中国现存最古老的石塔。1961年，被国务院公布为全国第一批重点文物保护单位。此塔的建造年代，原先根据塔内杨显叔造像题记，认为系东魏武定二年(544年)创建。1972年对该塔进行维修时，发现塔心柱内存有隋代五铢钱，拱板石上刻有“隋大业七年造”字样，此后便认定为隋大业七年(611年)所建。

塔为方形，四面辟拱门，故名“四门塔”。单层，高15.04米，每边宽7.4米，全体由青石筑成，檐部叠涩五层挑出，攒尖顶上塔刹由须弥座、露盘、山华、焦叶、相轮构成。其风格简洁雄浑、朴实无华，受到中外学者钟爱。20世纪20年代，被收入日本出版的《世界美术全集》。

塔内，顶端有16根三角石梁承托塔顶。中央为方形石砌塔心柱，四面各有佛像，由青石雕成，皆为螺髻，花纹平直褶皱，刻工精细。东西南三面趺跏而坐，作禅定状，独有北侧一尊两

四门塔　　（2009年摄）

手扶膝作“说法状”。据清道光《济南金石志》载，塔内昔有造像题记两则，一为东魏武定二年（544年）杨显叔造像四躯，另为唐景龙三年（709年）尼姑无畏、妙法等造弥陀佛、观世音、大势至、二圣僧五像，后俱丢失。其中杨显叔题记于清末被直隶总督端方窃走流入日本，今塔内佛座上杨显叔题记是根据拓片复制而成。

四门塔的北侧，有一棵古老的柏树，胸围5.4米，传为汉植。因长有九股粗大的枝干，故名“九顶松”，亦称“千岁松”。树高15米，冠幅博大，挺拔苍劲，虽过千年，仍枝繁叶茂，葱茏叠翠。

1997年3月，塔内东向阿閦佛佛首被盗。阿閦佛在四尊佛像中最为传神，保存得也最为完好。佛首被盗后，流落海外。2002年3月，台北法鼓山文教基金会圣严法师的弟子从国际拍卖市场购得丢失的佛首，并由圣严法师亲自护送回四门塔。经文物专家精心修复，佛身首合一，完好如初。

第九节　黄河风景区

黄河景区在市区北部，范围很大，西起洋涓湖，东到华山，南临泺口，北依鹊山，东西呈带状。黄河横贯其间，河水奔腾，大桥飞架，百舸争流。两岸植被甚丰，绿柳披拂，白杨参天，沃野平畴，青山点点，荷塘片片，并有周恩来总理视察黄河铁桥及王士栋革命烈士纪念地，形成颇具特色的旅游景区。

一、黄　河

今济南北部之黄河，本为济水，古为四渎之一。（四渎：济水、黄河、淮河、长江）古老的济南，即因处于济水之南而得名。后来，济水上游发生变化，秦汉时，其下游干涸。几经变迁，历下诸泉及汶水注入河道，水清如镜，故称大清河。河水自西东来，银光闪闪，宛若玉龙，此景古人称为“清流注海”，列为历下十六景之一。

清咸丰五年（1855年）六月，黄河于河南铜瓦厢决口，循济水故道，夺大清河入海。往日的大清河失去独立存在的地位，随之易称为黄河。其貌亦一反常态，变得气势磅礴，声如滚雷，粗犷豪迈。如今黄河依然壮观，狂滔怒击，大桥飞架，车水马龙，一派繁荣景象。河之两岸，杨柳依依，青翠弯弯如带；片片荷塘，菡萏吐艳。北岸的鹊山，嶂峦如屏，蓊茏葱郁；南岸的华山，虎牙桀立，挺拔清秀。

黄河，不仅景色壮丽，而且还授益于人民。河水未被污染，属于水淡，无味无臭，沉淀后

母亲河——黄河　　（2012年 张崇元摄）

可供饮用，是济南市主要日用水源之一。济南辖区内，流长30余千米，设虹吸管、提水站等引水工程多处，灌溉两岸稻田、蔬圃，所盛产的“黄河大米”，粒大色白，晶莹如珠，营养丰富，馨香扑鼻。河内鱼类甚丰，诸如鲫鱼、鳜鱼、刀鱼、鲤鱼等。用黄河鲤鱼烹制的佳肴“糖醋鲤鱼”，为济南名菜。黄河历有航运之利，为山东省主要的水运航线之一。新中国成立后，于1952年在济南市成立山东省黄河航运局，继而又建起造船厂，促进了黄河航运事业的发展。

二、黄河飞虹

解放前，黄河被视为难以逾越的天堑，世代人民望河兴叹。昔日过河渡船，皆靠人力，或拉纤，或摇橹，或撑篙。若遇风浪，常是船翻人亡，怨声载道。解放后一改前观，特别是在1978年12月至1982年6月，于华山西北4.5千米处建成的“黄河公路斜拉桥”，堪称奇观。

该桥为预应力混凝土连续梁斜拉结构，全长2023米。主桥5孔，长488米，其中主孔跨径220米，是当时亚洲同类型桥梁中跨径最大者。引桥51孔，长1535米，为先张法预应力组合箱梁。桥幅宽19.5米，其中车行道15米，可并行4辆汽车，桥下可满足四级航道要求。牵拉主桥混凝土梁的两座索塔，矗立于河中，分别高68米，每塔两侧11对斜拉索缆，呈扇形布置，造形优美，雄伟壮观，好像一架摩天竖琴。大桥建筑技术水平颇高，分别获“七十年代国家优秀设计奖”和国家科技进步一等奖。周围景色如画。河水自西奔流而来，汹涌澎湃，两岸杨柳垂荫，青山雄峙。巨桥横架，若苍穹飞虹。

三、黄河古渡

位于泺口，是山东境内黄河历史上最大的水陆码头。它把省城济南和鲁北平原紧紧系在一起。黄河两侧堤岸高耸，河床高出地面，世称悬河，往来车辆渡河困难。解放后，修建1000米长、8米宽的码头坡道，从而运行方便，同时还建起六个不同水位的码头，任凭水位变化，仍能畅行无阻，既迅速，又安全，昼夜不停，“黄河自古不夜渡”的古训成为历史陈规。

古渡两岸风景秀丽，胜迹甚多。北岸是鹊山，山麓林木葱龙，荷塘稻田无际。现已于此建成一个开放性的公园，形成一处山清水秀的旅游点。南岸，有一古镇，原称雒口，济南城内泺河之水从这里注入大清河(即后之黄河)，故又称泺口。该镇历史悠久，占有鱼盐航运之利，在明清和民国初年，经济繁荣，商贾云集，为远近闻名的货物集散地。明末《历乘》记载：“雒镇，城西北二十里，商人贸易之处，胶莱分司(盐务机构)驻焉。䧿山(即鹊山)高峙，大清东流，楼船往来，亭阁飞甍，诚一巨镇。”如今泺口旧貌换新颜，仍为工商兴旺之地。镇西是毛泽东主席1959年9月视察黄河莅临处，群众植有雪松一株，亭亭玉立，挺拔俊秀。镇东，1911年建成的津浦铁路黄河铁桥，犹如苍龙卧涛，飞架于黄河南北。铁桥的南端，是周恩来总理视察该桥纪念地，为1977年公布的省级重点文物保护单位。1958年8月，黄河出现有史以来的特大洪峰，直接威胁大桥安全，危及津浦铁路的畅通。8月6日，周恩来总理由郑州乘飞机到此视察，并做出重要指示。为表示纪念，今立碑以志。黄河铁桥的北端，鹊山东侧山脚下，是王士栋烈士纪念地。王士栋，山东泰安人，中国人民解放军山东省军区某部战士，担负守卫泺口黄河铁路大桥任务。于1967年5月31日晚，为确保铁路大桥及列车安全，冒着暴风骤雨，排除了铁道上的障碍，不幸壮烈牺牲。为表彰烈士英雄事迹，济南市革命委员会于1967年11月11日在此建立烈士英勇抢险塑像一尊。1979年9月，被公布为济南市重点文物保护单位。

四、东西嵌碧

泺口镇东西侧，黄河南岸，水面特多，片片稻田，方方荷塘，如同在黄河这一锦带上镶嵌的块块碧玉。

泺口迤东，盖家沟庄北，有较大的水面，植被甚佳，造园条件优越。荷花与柳树，是济南的市花市树。这里荷塘壮阔，荷叶青碧，莲花鲜艳。有荷亦有柳，一丛丛、一行行的垂柳，将荷塘呵护，蓊蓊葱葱，浓荫蔽日。水村渔舍，组成一幅北国江南风景长卷。

泺口迤西，黄河南岸一带，风光也很优美，小鲁庄、大魏家庄一带村内村外皆为荷塘，阡陌纵横，小洲片片，芦苇摇曳，杨柳依依。与大魏家庄比邻，是洋涓庄，野趣尤浓，水域更加开阔，人称洋涓湖。荷塘近邻药山，九峰倚连，远山近景，浑然一体。

五、小清河

位于郊区北部，黄河南侧。源于济南西郊睦里闸，纳玉符河下游分流之水，东西向流至济南北园，又汇市内诸泉，流经历城、章丘，邹平

清河烟岚　　（2011年 李亮摄）

等地，由羊角沟入海。该河唐以前为济水残渠，金时刘豫疏导入海。元于钦《齐乘》曰："古泺水自华不注山东北入大清河，伪齐刘豫乃导之东行，为小清河。"明刘敕《历乘》载："小清河，水出大明湖，环城而东，合黑虎泉诸泉之水，东北绕华不注山，经章丘、邹平、新城诸县入海。此刘豫之运河，今迷其故道。"明朝时，河道淤塞，其源退至章丘，以獭河为源。1891年，清朝山东巡抚张曜指令当时任登莱青道的盛宣怀治理小清河，历经三年竣工，其源仍为济南诸泉。

小清河风景秀丽。流水潺潺，夹岸绿荫笼波，河内鹅鸭戏游。河上多有水闸点缀风景，最著名者为五柳闸，古时因闸旁有五棵柳树而得名。该闸始建于唐武德年间（618—626年），延续至现代，于1934年改闸为两扇，混凝土结构，并取名为五柳闸桥。小清河历有鱼米舟楫之利，至20世纪50年代，小清河济南段仍有鱼40余种，产量较大，此外尚有河蚌、溪蟹、田螺、大虾等。沿河设抽水站13处之多，灌溉菜圃、稻田。两岸藕池甚多，盛产莲藕、菱芡。昔日，小清河航运繁忙，金元之后，多以其运盐，故又称"小盐河"。济南东郊黄台板桥小清河码头，船桅林立，首尾相接，为货物的重要集散地。20世纪50年代，仍可行舟至济南城区，在西门桥、成丰桥设有客货码头。如今，小清河航运虽已无往日的繁华，但仍为山东省重要的内河航运水道。近二三十年来由于工业和生活废水的大

量排入，小清河的生态环境遭到严重破坏。但经过不懈治理，一渠清水，万千鱼虾的胜景，当可恢复。

六、张养浩墓

俗称“张公坟”，在天桥区北园镇张公坟村东南。济南市重点文物保护单位。张养浩（1269—1329年），字希孟，号云庄，元代著名散曲家，兼长诗文。原籍山东章丘县相公庄，祖父时迁历城今张公坟村。初为山东东平学正，后任堂邑县尹、监察御史、礼部侍郎、礼部尚书、中书省参政等职。直言敢谏，曾因上书议论时政遭贬黜。至治元年（1321年）弃官还乡，以词曲诗文自适，朝廷数召而不就。天历二年（1329年），关中大旱，饥民相食，应召任陕西行台中丞，致力救灾，劳瘁而死。追封滨国公，赐谥“文忠”。一生为官清廉，著述颇富。散曲、小令风格豪放清逸。有《云庄类稿》《三事忠告》《云庄乐府》等传世。墓区占地0.2公顷。封土现高1.9米，墓前有石供桌、石香炉，立明碑3通、清碑1通、石狮1对等。此外，尚有张氏亲属墓4座。墓地三面荷池环绕，东濒小清河，白杨参天，浓荫蔽日。

2003年，黄河风景区被水利部命名为“国家水利风景区”，并正式对外开放。2009年被评为国家AAA级旅游景区。

景区内小清河经过20世纪90年代中期和2007～2010年两次综合整治，昔日“一渠清水，万千鱼虾，绿荫夹岸，船桅林立”胜景得以再现。

第四章 风景名胜点

第一节 市区风景名胜点

一、齐烟九点

唐朝诗人李贺《梦天》诗曰：“遥望齐州九点烟，一泓海水杯中泻。”“齐烟九点”即由此诗句演化而来。诗中“齐州”本指中国，清代人因济南古称齐州，便借用该诗句描绘济南的山景。“九点”所指，古今不同。清朝郝植恭在《游匡山记》中曰：“自鹊华而外，如历山、鲍山、崛山、粟山、药山、标山、匡山之属，蜿蜒起伏，如儿孙环列，所谓‘齐州九点烟’也。”“九”并非确数，泛指山多。今一般是指自千佛山“齐烟九点”坊处北望所见到的卧牛山、华山、鹊山、标山、凤凰山、北马鞍山、粟山、匡山、药山九座孤立的山头。

华 山 在济南市郊东北部，位于黄河以南，小清河以北。古时称“华不（fū 夫）注”，为历史名山。盖其名取自于《诗经·小雅·常棣》，其诗曰：“常(棠)棣之华，鄂不韡韡”。“华”即“花”，“鄂不”即“萼跗”，谓之花蒂。山名“华不注”，意为此山如花跗注于水中。

华山之所以著名，还因为它是春秋时代的古战场，齐晋“鞍之战”即发生于此。《左传》记载，鲁成公二年(前589年)，齐顷公亲率大军在今济南北马鞍山下摆上阵势，与郤克率领的晋军进行决战。齐顷公骄傲轻敌，言称“灭此而朝食”，不给战马披上铠甲而参战，结果，“齐师败绩”。齐顷公被晋军追逼，“三周华不注”，幸得大臣逢丑父与之更衣换位，并佯命其到山脚“华泉”取水，始得趁机逃脱。

此山，平地突起，景色壮美。北魏郦道元在《水经注》中描述说：“单椒秀泽，不连丘陵以自

华山　　（2014年　王平摄）

高；虎牙桀立，孤峰特拔以刺天。青崖翠发，望同点黛。”唐代时四周水域亦称“莲子湖”，浅水稻溪，沼泽芦荡，水村渔舍，胜似江南。北宋以前，华不注山周围全为水域，称“鹊山湖”，远远望去，此山像在水中含苞欲放的一支荷花骨朵。唐代大诗人李白在《古风五十首》的第二十首中形容道：“昔我游齐都，登华不注峰。兹山何峻拔，绿翠如芙蓉。”芙蓉，即荷花。

山上古迹甚多。金兴定四年（1220年），道教全真教宗师丘处机的弟子陈志渊在山南建华阳宫，内祀五帝：东方青帝，南方赤帝，中央黄帝，西方白帝，北方黑帝。明嘉靖十一年（1532年），山东巡抚袁宗儒改名为崇正祠，正殿祀逢丑父、闵子骞，两庑分别祀铁铉等二十二人和黄福等十九人。明万历时复称华阳宫，祀四季神。明清两代，还建有泰山行宫、三元宫，分别供奉碧霞元君和天、地、水三神。山半腰为吕公祠，祀道教纯阳帝君吕洞宾。祠旁旧有清泉，澄澈甘美。整座庙宇，有殿有庑，有亭有台，脊连檐牵。如今，华阳宫尚存，四周由墙垣相围，院内古柏参天，虬盘鳞结，郁郁森森，四季鸟鸣。宇侧、岩壁、林间，碑碣林立。

山上藤攀蔓连，盘根错节。草中乱石横亘，蹊径芜塞。山体陡峭，由鸟道而上，多憩方能登其巅。顶峰倚天卓立，长风啸啸作声，紫烟缭绕，白云卷纾。极目远眺，泰岱连绵，云气苍茫；黄河逶迤，大桥飞架；“齐烟九点”，远近点缀。每当秋日，天高云淡，大雁南飞，层林尽染，景色更加奇绝。元代书画大家赵孟頫曾绘《鹊华秋色图》，流传至今。后人又将此景命名为“鹊华烟雨”，列为旧时济南八景之一。

鹊　山　在黄河北岸，与泺口码头斜相对。相传昔日每年七八月间，乌鹊飞翔，布满山巅；又相传先秦名医扁鹊曾在这里炼丹，死后葬此，故名“鹊山”。

此山无主峰，远望如翠屏。山上怪石嶙峋，有的突兀矗立，有的壁立千仞，有的悬空欲飞。山下原有“钟”“鼓”二石，以石击之，如钟鼓之声远扬数里。过去，树木颇多，松柏苍翠，满山葱郁。山坡上，枣、杏、桃、李杂生，春日花开，漫山灿然。其中以桂树最佳，每至秋日，清香盈野。唐宋时，山下一片汪洋，称“鹊山湖”。山凹中，古有砖砌矮墙，墙上挂有蒿帘，内有炉灶，相传为卢医扁鹊炼丹药处，时有缕缕青烟，袅袅上升，隐现于绿荫之中，景色奇特，人称“翠屏丹灶”，被列为旧时历下十六景之一。明朝人刘敕咏《鹊山》诗赞曰:“西北开青嶂,无峰山自奇。丹炉还历历,明月故迟迟。桃李春开日,楼船水涨时。许多寻胜者,到此好衔卮。”明朝人王象春也有诗曰:“万岫千岩济水蟠,如屏孤逗出河干。秋高乌鹊翔何事,霄汉空疑斗女寒。”

鹊山古迹很多。山西旧有“鹊山寺”,为宋时创建,坐北朝南,分为南北两院,内有佛爷、菩萨、罗汉等神像。另外,还有“万善寺”“扁鹊祠”“鹊山亭”“黄桑院”“二郎炕”等。历经沧桑,现在寺院已毁,仅传说的扁鹊坟尚存于山的西侧。坟为一土丘,前立康熙三年(1664年)石碑,上刻“春秋卢医扁鹊之墓”八字。丘上植有芙蓉树,枝叶茂盛,繁花胭红,将坟遮盖,颇有气势。据当地人讲,丘下有穴,掘土听之,嗡嗡作响。

匡　山　在济南城区西北隅。因山形似筐,故名。后因“筐”字不雅,遂改为“匡”。昔日,满山皆松柏,于山下望去,蔚然深秀,苍翠可爱。山上有寺院,为佛道二教所居,沿盘山小径可入寺内。山门楼上,刻“匡山禅林”颜额。进门为前殿,名曰“三元阁”,祀道教三官之神。前殿后为正殿,内供“碧霞元君”。殿东闲堂三间。殿西院内有佛堂,祀释迦牟尼。再西又一院,院内有大石如蹲如伏,似扭颈回首,名为“白虎石”。寺院后面为“李白读书堂”,相传李白曾于此读书,内供李白牌位。山之东麓立有清康熙五十三年(1714年)石碑,上有“唐谪仙青莲先生越千里到兹肄业”之句。

如今,寺院已毁,仅存近人朱庆澜1924年题写的“李白读书处”大字石刻矗立于山之西麓。其山势平缓,顽石横卧,曲径蜿蜒。登山而眺,景色也佳。东南为千佛山诸峰,层峦叠嶂,缥缈如在云霄间;东、北方向,“齐烟九点”明灭可见;山下四周,杨柳青翠,田圃似绣;稍远,幢幢高楼,片片绿荫,远近伸展,气势恢宏。

药　山　在城区北部,东南距动物园约2千米。又名卢山、齐山、云山、阳起山。昔日,山下洞中产“阳起石”,可入药,故名“药山”。此石矿脉甚微,开采困难,宋朝时列为贡品,明朝时,贵族官僚生活靡乱,上级官府大量索取,成为当地人民的苦役。山上又有荩草,如小竹,也可入药。

此山,山势险峻,怪石森耸,九峰并列,俗称“小九峰”。峰下有洞,上有蜘蛛石,下有蛤蟆石。昔日,山上处处松柏,苍翠欲滴,景色奇秀。山顶原有庙,名曰“万寿堂”,其右为“娘娘庙”,庙宇宏伟壮观,古朴典雅。万寿堂内,祀雷公、伊尹、扁鹊、淳于意、张仲景、华佗、王叔和、皇甫谧、葛洪、孙思邈等十大名医,塑像精致,栩栩如生。附近村民,每遇病灾,都来焚香祀拜,以求康复。盛夏时节,湖水清清,芦苇丛丛,荷花吐艳,稻禾浪涌,如锦似绣。

卧牛山　又名九里山,在城郊东北部,形似卧牛。清道光《济南府志》载,嘉庆二十一年(1816年)夏,村民于卧牛山下发现一石,为唐代武后时期马举墓志,志文多为武后创造的文字,内有“与其夫人合葬流山”之语。“牛”“流”音近,据此,现之“牛”山可能是“流”山的讹传。其势虽不如鹊山、华山之雄伟,千佛山之高峻,却也回环有势,别有韵致。山之阳,小清河蜿蜒东去,平桥横架,杨柳垂青,红杏艳艳,麦田如茵。

相传卧牛山为明王敕读书处。王敕,字嘉谕,号云芝,历城人。明成化二十年(1484年)探花,赐进士及第。他自幼聪颖过人,敏学好道,因此传出一些神异故事。

卧牛山曾是古战场。道光《济南府志》云:“韩信破历下,尝驻于此”。济南古称历下邑,秦统一中国后,将历下邑改为历下县。秦亡后,楚汉相争,刘邦得胜,进一步统一中国。此时齐王田广割据一方,派重兵守历下,以御汉兵。汉高祖三年(前204年),刘邦一面派郦食其赴齐劝诱,表示修好,一面派大将韩信从平原渡黄河屯据九里山(即卧牛山)。齐王田广受骗,撤去了防御历下的兵备,韩信乘虚而入,齐王大败,历下遂归于汉。

由于卧牛山自古有名，加之形势险要，景色秀丽，故道、佛二教先后来山上建寺观。道教首先在山上建玉皇庙、文昌阁、娘娘庙。唐代，佛教于山南麓建永平寺，并有明成化、嘉靖和清道光重修碑数幢。昔日，山上有庙会，庙会期间，附近村民前来进行土特产交易，扎戏台唱戏，热闹非常。此庙会习俗一直延续到解放初期。“文化大革命”中，庙宇遭劫。山下金代大定十三年(1173年)祖师墓塔也由文物部门移至柳埠神通寺遗址。现卧牛山村东西街中段，尚存古槐一株，为寺中遗物。树干半枯而歪斜，由石柱支撑，其形奇古，老态龙钟，却仍冠盖茂盛。

标 山 在济南城区北部。元代散曲家张养浩在《标山记》中曰：“盖土人以旁无他山，惟此若标可望，故以名之。”历代多有名人于此建别墅。张养浩的“云庄”，即在标山附近，内有遂闲堂、处士庵、绰然亭(翠阴亭)等建筑。山上之石，层叠如铺，路径平整易登。山巅平阔，明万历年间曾建关帝庙。清乾隆五十五年(1790年)建钟鼓二楼。楼为石质，四面单檐，柱刻楹联。如今，山下“云庄”早已湮没，山上关帝庙也已坍塌，仅存钟鼓二楼。

凤凰山 与标山相临，东为“凤凰”，西为“标”。昔日，两山同称标山。张养浩在《标山记》中即有记载：“绰然亭西三里有双山，曰‘标’。”清乾隆年间，举人钟廷瑛咏标山诗中也称两山为标山。该山，昔日树少，山石叠矗，势虽陂陀，但易登攀。山上有洞，如屋，可避风雨，元泰定元年(1324年)三月，张养浩即偕同宾客，于洞中出觞更酌，咏古人闲适之诗。如今山上已经绿化，周围景色也佳。

马鞍山 位于城区北部，在药山之南，形似马鞍，故名。因城南亦有马鞍山，故又名北马鞍山。因山巅两个山头呈圆形，连在一起，一大一小，又名“日月轮”山。这里亦曾为古战场。齐晋“鞍之战”就发生在这里。《左传·成公二年》载：“六月……师陈于鞍，齐师败绩，逐之，三周华不注。”清人任宏远《鞍山》诗曰：“齐晋相将战鼓惊，只疑一笑一倾城。不堪极望华不注，唯有回车涧草生。”如今，山上土层很厚，树木茂密，浓荫蔽日。

粟 山 在城郊西北，较小，喻为“粟”。土层甚厚，花木丰茂，青青葱葱。上有真武庙，大殿坐北朝南，端庄古朴，并有偏殿相配。外围院墙，山门面南，内有松柏、石碣，古意甚浓。可由曲径登至山顶，远眺四周景色。

二、舜 园

位于舜井街南段路西，原舜庙旧址处。舜庙，又称“舜祠”，历史悠久，唐朝段成式《酉阳杂俎》有载。历经各代增修，至明朝规模已相当宏大。殿堂宏伟，廊庑环列，寝宫旁峙，绕以垣墙，深邃清幽。西邻为娥英祠，供有娥皇、女英神像。院内松柏郁森，明朝人刘敕曾描述道：“风拂其枝，如龙飞凤舞，蜿蜒胶葛，声如吹埙，忽大忽小，忽远忽近，如薰风入丝弦。”斯时被称作“松韵南薰”，为历下十六景之一。

“文化大革命”中舜庙遭破坏。1985年开发舜井街时，于其旧址建起舜园。该园占地0.2公顷，园门朝东，重檐庑殿式牌楼。门外北侧有舜井(即舜泉)，井旁建舜池，层层叠水，清流淙淙。迎门为喷泉假山，山上置“舜井锁蛟”雕塑。山北立元代至治三年(1323年)《迎祥宫碑》，由元代散曲家张养浩篆额，史学家、书法家张起岩撰文，记载了当时在舜庙迤东营造道教庙宇“迎祥宫”以及修葺舜庙、舜井的情况。舜园西侧，南北各有一亭。南亭名“湘妃”，八角单檐；北亭曰“沁醉”，四角方形。两亭之间，游廊相连，廊内西壁嵌《舜耕历山》釉瓷壁画，将舜帝降生、象耕鸟耘、渔雷泽、陶河滨、巡九州，以及湘妃泪滴斑竹等故事生动地展现出来。园内竹影移墙，绿草如茵，艳花溢香，藤蔓附壁，小溪潺湲，秀石卧波。四周仰舜斋、九洲书屋、天然居茶室等建筑，与园内景致浑然一体，构成一所典雅美丽的袖珍游园。

三、珍珠泉大院

位于泉城路路北，山东省人大常委会大院内。区内有珍珠泉、溪亭泉、散水泉、腾蛟泉、濋泉、云楼泉、灰泉、朱砂泉等，是济南珍珠泉群的主要分布区。北魏时，这里溪流纵横，称流杯池。宋朝曾巩知齐州时于此建别墅“名士轩”。金末元初，山东行尚书省兼兵马都元帅张荣于此建府第，之后，其孙，元大都督张宏建“白云楼”。明天顺元年(1457年)英宗朱祁镇次子朱见潾被封为德王，乃于成化二年(1466年)在这里建德王府，将珍珠泉、濯缨湖等划归府内。府第规模宏大，楼台亭阁，富丽堂皇，至明末，历代德王皆居于此，凡五代，被后来世人称之为“德藩故宫”。清康熙五年(1666年)，山东巡抚衙门迁此。民国后，又为省督军、督办公署和省政府驻所。1937年12月，日军逼近济南，山东省政府主席韩复榘率部弃城而逃，建筑多被焚毁，仅存清朝的巡抚院署大堂。1951年起，人民政府进行整修，先后在这里建起隶属于省级机关的人民会堂和珍珠泉招待所，成为山东各界代表经常聚会、进行政治活动的场所。1979年年底，山东省人大常委会设立于此。

历经多次整修，景区面貌焕然一新。珍珠泉北岸，假山危立，绿柳成荫。山脚，池塘环抱，小溪潺流，荷花艳开，小桥横卧。泉水由玉带河注入景区北部濯缨湖。湖南岸为海棠园。园东侧一泓碧水，自然石驳岸，槐柳杂生，百花争辉。水中有岛，岛上有亭，亭由曲桥相连。南侧隔溪与亭相对，为清巡抚院署大堂。整个亭园，浓荫蔽日，溪水长流，鸟语花香，清幽宜人。

银装素裹珍珠泉　　（2004年　王平摄）

清巡抚院署大堂 在珍珠泉东侧。原为明德藩故宫承运殿，清代进行修葺，改为巡抚院署大堂，为山东巡抚及民国山东军政长官施政、断狱的场所。面阔五间，进深16米，歇山九脊，翘角飞檐。前为卷棚式，六根大红柱支撑着错落的云头斗拱。红柱之间，为落地槅扇。檐角脊端，皆饰吻兽。堂前月台广阔，松柏郁森。整个建筑金碧交辉，宏伟壮观。1979年，被列为济南市重点文物保护单位。

海棠园·桂香柳 海棠园在清巡抚院署大堂西北隅，珍珠泉的北侧。此处原为宋代曾巩所建“名士轩”址，现仅存一株海棠，相传是宋代大文学家曾巩所植。这株海棠，1954年西移50米，主干枯残，又从树墩处萌生幼芽数丛。如今，新生的树干已长至直径35厘米，老树新干，枝繁叶茂，冠径8米。民国时期，此处称“珍珠精舍”，为省政府西花厅，是贵宾莅临宴聚之处。后以宋海棠命名为“海棠园”。该园是一古典形式的二进院落。北院靠濯缨湖，南北各为厅房，棕红柱，青砖瓦，白粉墙，前出厦，脊饰吻兽，古朴典雅。南院以花木配植为主，中有树池，池中即为宋海棠，葱葱茏茏，盛花时节，芳香四溢。周有翠竹，郁森成林；近有桐树，浓荫蔽日，使庭院显得越发清幽。

海棠园南侧，隔溪在假山的两端各有两株奇异的树，相互顾盼，躯干茁壮，鳞盘虬结，枝条桠杈。此树，学名沙枣，又名银柳、香柳，扁叶对生，叶形似柳，花香如桂。每届初夏，枝条上密生白色小花，香飘醉人。1960年5月，中共中央主席毛泽东视察济南，一日，于珍珠泉礼堂开会，休息时，缓步走到珍珠泉边，凭栏赏景，忽有微风吹来，杂有馨香，便向溢香处走去。不远，见有幼树，开有小花，乃以手拈枝嗅香，继而向他人询问：“树叫何名？”随者请老花工向主席作答：“这树名叫桂香柳，是济南地区稀有品种，于1954年栽植。”毛泽东主席听后，面带笑容，亲切叮嘱：“要好好保护。”此后，人们精心护理，遂成今天合抱大树。

四、济南府学文庙

坐落于济南老城区内的芙蓉街北首，东与百花洲、曲水亭街相邻，北临大明湖，是全国现存的一座重要的府级文庙。

济南府学文庙创建于北宋熙宁年间（1068—1077年）。清乾隆《历城县志·建置考·三》记载“宋熙宁间，郡守李恭始建府学于大明湖南”，元代学者张起岩在《济南路庙学新垣记略》中云：此文庙“规制如鲁泮宫”，即仿造曲阜孔庙的规格制度。文庙在金代贞祐年间（1213—1217年）毁于动乱。明洪武二年（1369年）重建，成化十九年（1483年）拓建。后经数次重修或扩建，到明朝末年，建筑布局臻于完善。清代又多次对府学文庙进行修葺，基本保持明代以来的建筑布局和规模。

济南府学文庙是历代济南文化、教育中心，民国废除科举后，府学文庙逐渐败落。由于连年战争，解放前济南府学文庙遭到破坏。新中国成立后，大成殿曾被辟为礼堂，成为大明湖路小学校舍。

2005年9月10日，济南府学文庙千年大修工程启动，历经5年，于2010年9月29日竣工，国庆节正式对外开放。

修竣后的济南府学文庙，占地面积约1.65公顷，南北总长247米，最宽处66米，规模宏大，颇为壮观。其格局从南到北，依次为南门、中规中矩亭、棂星门、泮池、屏门、戟门(俗称大成门)、大成殿、东西廊庑、明伦堂、尊经阁等，构成一组由亭、台、楼、阁、殿、祠、池、廊庑组成的宏大建筑群，被誉为“儒林巨观”。其中，大成殿为九开间单檐庑殿顶建筑，黄琉璃瓦，是山东省最大的单檐庑殿顶建筑；南门内侧分列东西的“中规”“中矩”亭，造型一圆一方，寓意“没有规矩不成方圆”，告诫儒家学子做学问要有一种严谨的态度；泮池位于大成殿前，其上的泮桥为五孔石拱桥，长约20余米，宽约4米，桥身、栏杆均为石砌，桥中间为大孔，两侧为小孔，比例匀称，雕刻精美。文庙内曾藏有龙石(云庄四灵石之一)、屏门、铁牛山三件宝物。现龙石移至趵突泉公园；屏门1952年移至大明湖南门即牌坊，2005年大修中在原址重建；铁牛山在大修中被挖掘出土，现“俯卧”在院内偏东南位置，供游人欣赏。文庙内的“太和元气”“龙门”“龙头碑首”等石碑颇具文化艺术价值。

文庙　（2010年 孙广摄）

五、济南南郊宾馆

位于马鞍山路东段，东邻千佛山，西毗英雄山风景区，北靠泉城公园。始建于1959年4月，1961年基本建成。占地面积88.8公顷，建筑面积9.4公顷，是山东省接待国宾的重要场所。宾馆建筑仿照北斗七星布局，分南北两院。北院建有蓝色大厅、垂钓园、俱乐部礼堂、游泳馆等，20世纪90年代中期对社会开放。俱乐部礼堂以南为贵宾区，面积约40公顷，区内建有7栋别墅式小楼和1处水面面积为3.3公顷的人工湖“七星湖”。7栋小楼由南至北依次为一、二、三号楼，西侧由南至北依次为四、五、六号楼，七号楼居中。七号楼始建面积4000平方米。1993年第一次扩建装修，建筑面积5800平方米。2005年第二次扩建装修，建筑面积增至1.1万平方米。内设总统房、贵宾房、套房、标准房、单人房、多功能厅、会见厅、游泳馆、健身厅、休闲厅、美容美发厅、四季园等。七号楼自建成使用后，曾经接待过上百位中外领导人。七星湖建于1989年，位于七号楼北，俱乐部礼堂南，湖水引自卧虎山水库，南面水深2.1米，北面水深2.3米，容水量6.6万立方米。北岸以泰山石规则铺设，南面以太湖石自然围砌。湖中有九曲桥、云步桥、湖心岛、园中园等景点以及近百种名贵花木。九曲桥采用花岗岩铺设；湖心岛上建有八角亭，内设茶座供宾客品茗；园中园是宾馆最传统的一处中国古典园林建筑群。2013年4月，南院贵宾区正式对外开放。

六、馒头山

位于长清区张夏镇境内，海拔408米，山的外形特别像馒头，当地老百姓习惯称此山为“馍馍山”“满寿山”“曼寿山”。整个山体为石质山，丰富的皱纹和陈年脉络，记录了5亿多年的地质变化，2003年被世界教科文组织命名为世界第三地质名山，当年又被公布为省级地质自然遗迹保护区。山腰处有一处岩层，近两米高，层次非常明显。最底部是花岗岩石呈淡粉红色，紧挨着的是青灰色古代花岗岩，两者之间的形成时间相隔2.5亿年，而上层花岗岩距今约2.8亿年。综合起来有5.3亿年的历史。山上小土丘布满寒武系碎石片，是有名的三叶虫化石的聚集地。从20世纪初，中国一代又一代的地质科研人员不断探索研究，在馒头山地区发现了17个三叶虫生物带，并确定馒头山为一处最完整的寒武纪地层层型剖面，成为中国寒武纪地质结构划分的标准山。

馒头山周边还盛产木鱼石。1991年，首次在张夏镇中部馒头山被发现。据考证，木鱼石形成于距今约5.5亿～5.8亿年之间，是一种珍贵的石材，含26种有益人体健康的微量元素和矿物质，用木鱼石制作的器皿通透防腐。此外，它还能制成各类艺术品。当地有关部门经多方论证、研究，规划以馒头山为核心，在其周围兴建集科普、教育、研究、旅游于一体的地质公园。

七、房彦谦墓

俗称“西王坟”，在历城彩石乡西彩石村东北，为1977年公布的山东省重点文物保护单位。房彦谦（547—615年），字孝冲，山东临淄人。通涉五经，工草隶。历任北齐齐州主簿，隋监察御史、长葛令、都州司马、司隶刺史、泾阳令等职。为官勤勉廉正，隋文帝时考察地方官吏，推其为“天下第一能吏”。其子房玄龄，为唐太宗贤相。父以子贵，死后追赠徐州都督、临淄公，谥曰“定”。封土现高5米，直径17米，遍植松柏。墓前立唐贞观五年（631年）史学家李百药撰文、书法家欧阳询书写的石碑。碑首和碑身为一整块巨石，高约4米，宽约1.4米，厚0.4米。碑首凸雕螭龙。碑额篆书“唐故徐州都督房公碑”9字，碑文阴刻楷书2500余字。书法浑古苍劲，是山东省内仅存的初唐书法石刻珍品。墓两侧还立有唐代雕刻的石虎、石羊等。

八、玉函山

又名“兴隆山”“小泰山”，位于济南城区南约5千米。海拔523米，是近郊最高的山。相传，汉武帝赴泰山封禅，回驾时登此山顶，忽有鸟惊飞，鸟飞处留一玉函，内装玉钗一对，武帝得之。从此这座山便被称为玉函山。唐代段成式《酉阳杂俎》对这一神奇的故事作了记载。

山阴有峪，名“西佛峪”，因在龙洞佛峪之西，故称。峪中苍松翠柏，丹柿红叶，斑斓似锦。峪尽头，东、西、南三面绝壁峭立，北临深谷陡坡。坡顶有庙，庙前立清康熙年间石碑，从碑文记载可知此庙为“三仙宫”，宫内供奉守山门的卫士王灵官，所以亦称“灵官庙”。灵官庙东南不远处，有一10余米宽的新月形天然石台，隋代“佛峪寺”即曾建立于此。石台北侧为深谷，谷内古木森森。高处，巨岩外伸，状如檐厦，其下崖壁间，随山就势，镌佛像100多尊，其中82尊为隋代开皇四年至二十年(584—600年)雕凿，余者皆属唐代。此外，尚有隋唐题刻15则。如今，庙宇早已倾圮，佛像也惨遭“文化大革命”浩劫，损坏严重。唯石台西端崖壁上，水珠依然渗出，聚为一泓清潭，称“蕊珠泉”。

由佛峪寺遗址东行，沿石级盘桓而上可登至山顶。山顶平阔，东侧原为兴隆寺，亦名卧佛寺，建于唐代，现仅存遗址。西侧为泰山行宫，祀泰山娘娘碧霞元君，故也称“碧霞元君祠”，建于宋代。昔日规模颇大，有殿堂三座，坐北朝南，石砌无梁，状貌巍峨。明清两代，香火旺盛。每逢夏历四月前后，香客云集此山，朝拜泰山“碧霞元君”。当时山上驻有官府人员，监收香火税，成了明清国库的一大收入。碧霞祠的后面，有一水池，名“瑶池”，传为泰山女神沐浴的地方，亦即汉武帝得玉函之处。如今，祠宇已废，仅剩南天门和一殿残迹。然而，极目远眺，山河锦绣，景色仍然殊佳。

九、子房洞

历城高而乡东沟村北，有一深幽的山峪，峪北，铜壁山巍然峻拔。山腰有洞，面南，洞门由青石券成，显得规整，额嵌“汉留侯子房隐仙洞”八字，镌刻于清光绪二十三年(1906年)正月。洞东西两侧，各有碑碣，分别为明隆庆、崇祯和清康熙年间重修子房洞、创建五帝阁记碑。洞之周围，翠柏葱郁，蔚然深秀。

进得洞门，空间宽绰，迎面建一石庙，颜额刻“汉留侯祠”，两侧镌楹联：“宝鼎呈祥香结彩，银台报喜烛生花。”庙内原有木龛，内置石像三尊，中为黄石公，左为张良，右为尹宗。张良，字子房，始受书于黄石公，后辅佐刘邦平天下，与萧何、曹参共称汉初三杰。大功告成，封职留侯，视富贵如浮云，弃轩冕从仙人赤松子游，相传曾居于此洞。黄石公，即张良的老师。尹宗，相传为当地尹家店农民，后成张良道友。沿石庙西侧，秉烛向前，逾石阶三级，转向右侧，洞穴忽然增大，宽约7米，高5米余，犹如穹窿，四壁平展。左右壁为小洞，传昔为仙人卧室。洞室内怪石甚多，似锣鼓，似蛤蟆，似蝙蝠。以石撞击，若锣鼓之声，铿锵有韵；若蛙虫之鸣，咕咕嘤嘤。继而向前，洞穴各异，深邃幽远，逐渐潮湿，细听之，像有滴水叮咚、细流淙淙，阴森可怖，不可穷尽。

子房洞外山下，约400米处，有“子房庙”，为县级文物保护单位，尚存正殿三楹，西房一间。殿之东侧，有碑两通，清嘉庆、光绪年间立，皆为修庙记碑。其一载：“子房洞者，不知创自何年，经前明嘉靖、隆庆、崇贞[祯]以后，国朝康熙、乾隆、嘉庆等年相继重修。”庙院颇大，内外生有柏、杏、柿、核桃诸树。庙南山涧中，植古黄连木一株，有数百年高龄，树干茁壮，虬盘鳞结，冠幅博大，枝叶繁茂，为济南地区同树种最大者。树侧有泉，称“双虎泉”。游人可于浓荫下小憩，乘凉品泉。

庙东，翻山入另一峪，峪中黄石公、张良、尹宗墓，三角鼎立，青石甃成，其排序，与子房洞内石像同。西有石碑及八仙庙、子房庵遗址。址西，“熨斗”“风斗”二泉清冽甘美。泉侧，古柏舒秀。泉南有脱壳河，河上架仙人桥，桥旁设石棋盘，传为黄石公、张子房博弈处。墓前东侧，碧水一湾，澄澈如镜，水岸、谷底、山坡，遍地果香，花开似锦，野趣甚浓。

十、卧虎山水库

历城南部山区，山环水绕，名川有三，曰锦绣川、锦阳川、锦云川。三川风景秀丽，为历代所称赞。三条大川经仲宫镇并渡口村汇入卧虎山、黄花山狭长地带，称为玉符河，北注黄河。1958年于卧虎山、黄花山之间，筑起一条长985米、高37米的大坝，拦截玉符河水，落成卧虎山水库。因湖水清亮如镜，人称“镜儿湖”。水面面积270公顷，蓄水量1.1亿立方米。湖中盛产鱼虾，珍贵飞禽天鹅也落户于此。站在坝上，举目远眺，波光浩淼，清澈蔚蓝。这里，景色绮丽。山坡除天然山花丛林之外，还植有苹果、柿子、梨树等，秋季一片金黄。周围群山连绵，葱茏叠翠，山村炊烟，若隐若现，构成一幅美妙的山水村野画图。水库北为卧虎山，形似猛虎雄踞，翘首东望。清人钟廷瑛在《咏卧虎山》诗中描写道："山上白鸟盘空烟，山下阴穴流春泉。何年老虎屹不去，蹲成万古蛟龙渊。"

水库大坝南首西侧，为黄花山。因山上多产野黄菊，故名。山姿奇伟，松柏青翠。山腰有一溶洞，曰"黄花洞"，坐东朝西，深约7米，宽3米余，高4米。洞壁上，镌刻佛像、罗汉等造像25尊，题记19则，其中一则年代为金承安二年(1197年)。洞前，有明弘治元年(1488年)、清乾隆五十六年(1791年)重修碑记各一通。石窟造像神采各异，雕刻精细，被列为市级重点文物保护单位。石窟东北侧，有清代观音堂一座，以石筑成，券门四角攒尖，内有壁画，保存尚好。观音堂北又有方形钟楼一座。

黄花山南侧相邻一山，名"瓢儿峰"，俗称"瓢葫芦峰"。相传，唐尧时期隐士许由曾于此避水，将瓢忘在这里，故名。石岩上留有金明昌年间镌刻的释迦、罗汉像。卧虎山西北，为石固寨山。此山形势险峻，古为兵家必争之地。东晋末，刘裕率师北伐，与在这里屯有重兵的南燕慕容德相战，至今山上废垒犹存。

十一、康王顶

仲宫镇南，锦阳川的东岸，一山绝壁陡崖，巍峨高峻，名"康王顶"，又名"太甲陵"，相传成汤的长孙、商王太甲葬于此，故名。山上松柏郁森，峰顶有康王坟、石阁佬等古迹。山阳半腰为醴泉寺遗址。该寺始创年代无考，元至正四年(1344年)曾重修，因寺内的济南七十二名泉"醴泉"而得名。山阴谷壑深幽，林木丰茂，藏有南泉古寺，亦以清澈山泉"南泉"而得名。相传该寺建于唐代，后因年久失修而倾圮，现尚存石钟亭、清道光《重修南泉寺碑记》等遗物。寺南山崖上，有摩崖造像三尊，高约2米，面容丰满，神采各异，具有唐代造像风格，至今还十分完好。

十二、蟠龙洞

位于历城港沟镇蟠龙山。因位于禹登山龙洞之东方，又俗称"东龙洞"。蟠龙山山势突兀，翠柏蓊葱。山南崖下为深涧，名"黑峪"。峪中植被丰富，花果满山。山西南侧山腰，为一方小平地，金代曾在此建"佛隐寺"。因时代久远，该寺庙宇已荡然无存。平地北侧为峭壁，隐然有一天然洞穴，即蟠龙洞。洞口以规整的青石券成，匾额镌"龙洞薰风"四字，篆体，笔韵刚劲浑厚，刻于清康熙年间。洞曲折幽奥，深达千米。里面有高30米的螺顶，有深不见底的石罅，宽阔处可容数百人，窄狭处不能二人并行。步入洞穴，洞室空旷，原有10余尊精雕佛像，惜大都惨遭破坏，惟金大定十六年(1176年)《尚书礼部碑》及清康熙五十八年(1719年)碑记等石刻尚保存完好。向洞内行至30米处，开始向右下方拐弯，回头外望，只见洞口犹如月牙出山，人称"回首望月"。继续前行，步步景奇。大自然形成的钟乳石千姿百态，景色迷幻，有"火烧葡萄架""水帘瀑布""江猪探海""童子拜观音""仙人坑""仙人桥""空心楼""天梯""姜池""藕池"等。其中"玉龙腾空"尤令人称叹：在高20米的洞壁上，一直径约1米左右的钟乳石，纹理深凹，通体银光闪烁，宛若玉龙自洞顶倒悬，仰视角度不同，其形态也各异，妙不可言；"龙头"垂下，滴滴水珠经此落于"莲花盆"内，似玉龙含珠吐玉，人称"龙滴水"。由此向里，不远又有一处40余米高的穹窿石室，一洞穴自室顶通向洞外，像一轮圆月，须仰视方可得见。再向里，忽狭窄拥塞，且向下延伸，只可容一人翻身攀石通过，故称"鹞子翻身"。走过一段险境，又是一段空阔平坦的地带，这儿空气清爽，游人可稍事休憩。再向里前进，洞穴低矮窄小，行人不能站立，又因斜坡向下，只能匍匐倒行，人称"倒爬四十步"，虽然路程艰难，但却另有一番情趣。再向前行200米左右，有巨石堵挡，不能前往。

十三、青铜山

青铜山大佛寺石刻造像由仲宫镇沿锦绣川东行，两岸皆山，松柏葱郁，花果满坡，景色秀丽。川北诸山最高的为锦绣川乡老庄村北1.5千米处的青铜山，山阳半腰悬崖处即为“大佛寺石刻造像”，是省级重点文物保护单位。如今，古寺已荡然无存，大佛却安然无恙。

大佛端坐在巨大石窟内，高9米余，为山东省最大的古石刻佛像。造像约为隋末唐初作品，身着披肩长衣，博带左右下垂，两目略微下视，双手平叠在趺坐的双腿上，躯体雄伟，法相端庄，显得潇洒和悦。大佛四周石壁上，尚有元明时期造像8尊。其中，窟东壁有一菩萨高2米余，身着璎珞单衣，腰系宝带，左手提净瓶，右手举柳枝，面颊丰满，情态慈祥。旁有一罗汉，高1.8米，着袈裟，雕刻得也栩栩如生。窟西壁凿佛像7尊，造型古朴粗放，神态生动逼真。窟内还有题记二则，其中一则为明嘉靖年间镌刻。大佛座下西南隅，有一洞穴，深30米左右，曲折蜿蜒，止于大佛身下。相传，昔日藏有镇山之宝，故人们称之为“宝贝洞”。石窟前为宽绰的平台，台上有6株古柏，枝叶繁茂，遮天蔽日，使得佛窟愈加显得深幽典雅。临近佛窟的东南、西南崖壁间，分别有“甘露”“百花”两眼清泉，喷珠漱玉，哗哗有声。山上山下，林木丰茂，花果溢香。

十四、仲宫梨花峪

济南城南约20千米的仲宫镇，地处历城南部山区三川四峪的交汇处，相传是为国请缨、不辱使命的汉代外交家终军的故里，为一历史古镇。以该镇为中点，在西起卧虎山水库南岸的黄花山，东至锦绣川水库迤西的商家庄，长约15千米的沿途山峪内，植有梨树百余万株，为著名的“泰山小白梨”盛产地。阳春三月，春风送暖，山间、峪沟、地头，万千梨花竞相盛开，一团团，一簇簇，洁白如雪、如云。间有那粉红色的杏花、桃花，含苞怒放，争奇斗艳。漫山遍野，花潮涌动，犹如一片花的海洋。置身于此，春风拂面，花香袭人，令人陶醉。一夜春雨，落英缤纷，宛若天女散花。20世纪90年代以后，每年花开时节举办赏花会，游人如织，热闹异常。

十五、黄崖寨

位于大峰山东北侧，海拔426米。因山崖呈黄色而得名黄崖山。山的东西南三面自山腰以上，异峰突起，绝壁如削，唯西北向有一崎岖小径，蜿蜒通向山顶。清咸丰年间，江苏人张积中在山上筑寨避兵讲学，改名黄崖寨山。原有全石结构叠涩式房屋1200余间，总建筑面积6公顷。清同治五年（1866年），官府以张积中“传播邪教，聚众谋乱”为由，调兵清洗山寨，残杀无辜寨民2000余人，张积中及其亲眷弟子200余人在“祭祀堂”自焚，世称“黄崖惨案”。山寨和房屋建筑遗址至今脉络清晰。现存的“一寨门”，寨墙厚1.6米，高4米，长500余米，全部用青石砌成，建有排枪、箭孔；“二寨门”两侧建有哨楼，寨墙厚1米，高2.5米，长600米。山寨主建筑“祭祀堂”，为凹字形锁皮厅，东西长21.1米，南北宽13.2米，现仅存3.5米高残墙。堂西南800米有一处院落，称“吴家宅子”，曾是济南知府吴载勋避兵休养之处，现存完整石室4间。

十六、大峰山

位于长清县孝里镇南黄崖村之南，海拔367米。其名见载于明天启四年（1624年）碑刻。山势险峻，峰峦突兀，洞壑深幽，松柏叠翠，清泉涓流。山上曾建有道教峰云观，现存道观遗址及天麻峪、璇玑洞、簸其掌、三教堂等景观。1937年抗日战争爆发后，长清县人民在中国共产党的领导下，在此开辟抗日革命根据地，建立人民政权，进行艰苦的民族、民主革命斗争，直至长清全境解放。新中国成立后，封山造林，植被甚佳，并辟建了革命烈士陵园。1979年，被列为市级重点文物保护单位。

第二节 章丘市风景名胜点

一、赵八洞

在章丘阎家峪乡天苍岭北麓之四鸡山半腰。清道光《济南府志》云“相传古有樵夫赵八居此”，故名。洞北方有赵八洞村。该洞又名“龙藏洞”，深50米，最高和最宽处约20米，十分宽阔，可容千余人。洞壁上镌有元、明两代菩萨、罗汉、力士等造像80余尊，为1979年公布的市级重点文物保护单位。洞中卧青石一具，长6米，高3米，宽2米，上附钟乳纹理，称“龙床”。相传有八条小龙，兴风作浪，危及民间，触犯天律，玉皇大帝便将其囚禁于此洞中。这龙不服约束，后来施展神法，炸开天窗，潜入东海。故事所云“天窗”，即今洞顶朝天通透之圆孔，天然造就，直径约两米。白昼艳阳朗照，穹隆通明；夜间皎月穿窗，满洞清辉，景观奇特。明代书法怪杰苏州(号雪蓑道人)所题“通天透地”四个大字，镌刻于洞口石壁上。洞内四季恒温。夏天，凉风习习，清爽宜人；冬天，薰风微吹，和煦暖人。古人称其为“龙洞薰风”，列为章丘八景之一。

二、东岭山

位于明水镇东15千米长白山南麓。古称“杈枒山”，今又称“茶叶山”。海拔612米，山势峻拔，巨石嶙峋，诸如“鸳鸯戏水”“金龟探海”“大夫石”等奇峰异石，极富韵味。山上壑深洞幽，孔窍连通，相传一窍生火，遍山生烟，神奇莫测。清代著名小说家蒲松龄曾游此山，并在其《聊斋志异》中记有关于“查牙山洞”的鬼妖传说。山巅巨岩矗立，犹如南天一柱，蔚为壮观。诸峰之间，巨岩相倚，其中一岩壁通透巨孔，农历每月下旬的黎明时刻，晓月晨星正从孔中峰间显露，相传在旧章丘县衙堂上，便可看到“东岭晓月”奇观，故古人有“卧看东岭晓月明”的诗句，旧时将此景列为章丘八景之一。山东侧半山腰，山岩宽阔，纹理纵横，犹若衣纹。深秋拂晓，洒满露珠，旭日普照，五光十彩，酷似一件缀满宝石的“神袍”于此晾晒，景致奇妙，人称“神仙晒袍”。由于此山景色佳丽，历代文士多游历、隐居于此。元初著名词人刘敏中曾在山麓建“中庵别墅”，筑“含辉亭”“赋诗台”，晚年归隐于此，著《平宋录》《中庵集》传世。山之北方，长白山峰峦叠嶂。隋大业七年(611年)，“知世郎”王薄等人在此起义，掀起隋末农民大起义的风暴。

三、女郎山

位于章丘旧城北里许。相传，大禹的治水功臣大章、竖亥的三个女儿被洪水淹没，葬于此，故名。该山，峰峦叠嶂，东西横亘，似一巨大屏风。山上有“三阳洞”，冬暖夏凉，为避暑胜地。原先，洞前为贴壁抱厦，抱厦左右，连接长廊，依廊矗以高阁，阁下设门与洞相通。洞上建三清殿，洞东筑“碧霞元君”洞，另外还有八蜡庙、三皇庙等。古楼危阁，烟树参差，为章丘一大胜景，称“郎山大观”。如今建筑多已倾圮，然而自然风光依旧。1990年，在山的东、西、南麓发现120余座战国至明清古墓。其中西山坡一座传为齐将匡章之墓，随葬品甚丰，计有各种器物300余件，兵器220件，饰品6000余枚。其中，青铜器物有鼎、豆、壶、盘、勺、舟等。其品类之丰富，数量之多，在迄今发现的战国墓穴中实属罕见。这批古墓，其建筑、绘画、器物，颇富时代特点，对研究我国古代政治、经济、生活习俗和文化艺术都具有很高的价值。

四、锦屏山

又名平顶山，在文祖镇三德范村南，海拔563.5米。翠柏满山，繁花争艳，从山阴遥观，形似锦屏，故名。在30千米远的旧章丘县城(今绣惠)，此山仍依稀可见，因此旧时被称为县城的天然照壁。清雍正、乾隆年间，全真道人韩阳成及弟子至此创建道教庙宇，历经修葺，建筑规模颇大，现仍保存完好。

沿山东侧林荫小路，向上攀登，迎面有一山门，上刻“文昌阁”三字。穿过山门，为一平地，广约30平方米。对面峭壁上，长满古拙的山榆翠柏。靠山壁立同治九年（1870年）石碑一方，两边镌对联“四周苍翠成文锦，万壑青葱如画屏”。由此向北，为一较大的院落，院内建有老君堂，东北两侧为殿宇，各三间。院内西北隅有洞，曰“朝阳洞”，又称“老君洞”，洞高约3米，宽1.5米，深30米左右。洞内阴湿，滴水常年沿洞壁下流，形成乳花。洞外有银杏树一株，树干挺拔，遮天蔽日，环境清幽。盘道尽头山顶处为“碧霞元君祠”，院落规整，殿宇森然。南侧大殿称“灵应宫”。昔日，如遇干旱，人们便来祈雨，相传每祷必应，故名。大殿门额嵌石刻“霖雨苍生”，两边勒对联：“脉衍泰宗，何处非洞天福地；神来华岳，环山被甘雨和风。”北侧为“泰山行宫”，是祠宇的主体建筑，建于石台之上，三间出厦，浑厚雄壮，廊檐额枋上刻有人物、花卉、梅花鹿、二龙戏珠等浮雕。殿内东、西山墙，彩绘山水人物。行宫北面，27株百年以上古柏东西向一字排开，树干虬曲，根暴露于外，枝叶繁茂，苍翠郁森。

五、朱家峪

位于章丘市明水城区东南5千米，北临齐鲁世博精品园，南接胡山，西连胡山森林公园，距济南城区40千米。

朱家峪原名城角峪，后改为富山峪。朱氏于明洪武四年（1371年）入村，因朱系国姓，故将富山峪改名朱家峪。据省内外专家对古村土台子出土的陶器残片和斑鹿角化石考证，夏商时期有庐于此，距今3800年以上。自明代至今，虽经六百余年沧桑之变，但仍较完整地保留着原来的古门、古哨、古桥、古道、古祠、古庙、古宅、古校，被誉为“齐鲁第一古村，江北聚落标本”。2005年9月，被建设部、国家文物局公布为“历史文化名村”。

古庙——关帝庙。建于明代，复修于清嘉庆戊辰十三年（1808年）。庙虽小而建筑独特，三面尽用大青方石扣砌而成。楣石横贯，精雕双龙戏珠；左右石柱，细刻飞龙攀援。

古祠——朱氏家祠。建于清光绪八年（1882年），1937年复修。共分里外两院。祠堂系细凿大青方石、青砖、木椽、小瓦、翘檐、出厦之结构。堂前院中原有名木4株，现仅存高大百年桧柏1株，依然生机勃发。

古桥——康熙双桥。分东西两座，相距约10米。东桥建于康熙九年（1670年），西桥建于康熙二十七年（1688年），距今300余年。上下行人通车，十分方便。桥身全用青石砌成，虽不用灰泥，历经风雨雪霜，依旧坚固，被专家誉为“现代立交桥的雏形”。

古道——双轨古道。建于明代，复修于清代，长约300米。双轨，即指上行与下行。旧时，不论出村或入村，人与车马均靠右边走，秩序井然，与当今交通规则不谋而合。村民倡议复修此路，故又名“义路”。

古门、古墙——礼门、圩墙。修建于清道光二十年至二十二年（1840—1842年）。为防匪患之苦，确保村民平安而修。礼门整体用青石筑成，可登高远眺。经礼门用石墙连接东西两山，石墙高3～5米不等，长约1千米左右。虽历经百余年风雨，仍较为完整。

古校——文峰小学、女子学校和山阴小学。朱家峪自明末始，先后有文峰小学、女子学校和山阴小学，皆为当时当地有名的学校。其中山阴小学由重视教育的朱氏后人于1941年兴工修建。学校系四进院于一体，布局和谐对称，构成长方形整体，占地4400平方米。校门仿黄埔军校校门而建。校舍建筑结构皆青石根基，砖镶玻璃门窗，小瓦屋面，白灰墙，系20世纪40年代初章丘地区一流学校。

古阁——文昌阁。建于清道光十八年（1838年）。主体用大青方石筑成，上建阁楼，下筑阁洞，浑然一体。屋脊上的“二龙戏珠”由10余块大型方砖透雕而成，被专家誉为“清代砖雕精美之作”。建阁至今，未修复一次，依然坚固如初。文昌阁坐北面南，与文峰山顶魁星楼遥遥相对，魁星点状元，文昌主仕途，其内涵融为一体，这种互应式道教建筑，在全国实属罕见。

古宅——进士故居等。建于清嘉庆年间(1796—1820年)，距今200年左右，因当时屋主被皇帝钦命为“明经进士”而得名。集宅门院、主房院、私塾院、藏书楼于一体。古宅除部分木檐腐朽外，其他部分基本保存完整。

古泉——长流泉、坛桥七折等。依泉建有南北两池，南池建于清光绪二十四年(1898年)仲春，北池建于1921年3月。在南池南北两面石墙上，各有一石雕龙头，相对而视。每当开泉季节，清凉的泉水便从龙头喷涌而出，注入池内，池满水溢于北池。泉水清澈甘美，为村民饮用水源。坛桥七折即“坛井七桥”。坛井，口小，内阔，状若坛，井水系文峰山下潜流涌出，甘甜适口，从未干涸。在坛井北、东、南三面，建有七座石砌小桥，纵横交错，曲折相连。坛井与七桥，相依为伴。柳荫下，石桥边，洗衣村姑，四时不断。

六、七星台

位于章丘市垛庄镇，西连济南，东接章丘，省道327线横贯其中，总面积20平方千米，处于章丘、历城、泰安、莱芜四县市交界处。平均海拔680米，森林覆盖率高85%，空气中每立方厘米负氧离子含量高达2000个，有“天然氧吧”之称。附近的齐长城、武圣门、四界首、瑶池、鹊桥、七星长廊、七星阁等名胜古迹，彰显悠久的历史和灿烂的文化。20世纪90年代末，七星台被辟为旅游度假区。

四界首 秦始皇统一中国后，在全国推行郡县制。各郡县之间立碑为界，因七星台地处章丘、历城、莱芜、泰安四县市交界处，故而得名“四界首”。为纪念这一独特的地理位置，特设立四界台，对齐鲁两国和四个地域进行划分。立足此处，可谓“一脚踏四地，一步跨两国”。现存国务院立碑一通。

齐长城(章丘段) 相传齐长城是春秋时期齐国公为抵御鲁、楚等国的侵略而修建，距今已有2500年历史。长城西起长清，经此处，东到青岛黄岛入海，蜿蜒纵横618千米，是中国历史上最早的长城。其中章丘段齐长城全长42千米。相传，“孟姜女哭长城”的故事就发生在齐长城。开发建设七星台旅游度假区时仿照北京八达岭长城样式新建一段长城，全长2000米，其中单面长城800米，双面长城1200米，绵延起伏，雄伟壮观。

武圣门 为纪念武圣人孙武而建。山东历史上有一文一武两圣人，文圣人是孔子，武圣人是孙武。相传孙武曾在七星台聚兵操练，演绎兵法。武圣门长99.9米，高27米，飞檐斗拱，造型独特。

瑶池·青龙寺 瑶池蓄水量3万立方米，传说是西王母沐浴净身之处，池边排列十二生肖，寓王母普度众生之意。相传，瑶池里有条小青龙经常在这里为非作歹，危害百姓。有一次，它兴风作浪时被赴瑶池参加蟠桃盛会的托塔李天王看到，李天王一气之下就把小青龙压在这里。从此以后，这条小青龙开始皈依佛门，改邪归正，用龙泉灌溉方圆几十里的田地。人们为纪念它，就修建这座寺庙，名曰青龙寺。

人间仙境 又称“西岭氧吧”，与东岭山上的东岭氧吧遥相呼应。沿途通天谷、接仙台、蟠桃峰、天街、天门等景点星罗棋布。这里树木茂盛，空气清新，植被覆盖良好，空气中负氧离子含量高，环境幽雅。

鹊 桥 仿照四川都江堰样式而建，宏伟而壮观。整座桥全长280米，桥面到桥底最深处高50米，中间为软桥，行走其上，惊险刺激。

七、危　山

位于章丘市圣井街道中部，309国道南侧。危山是一座孤耸于山区与平原之间的丘陵，面积约9338平方米，海拔205米。古代危山古木参天，庙宇成群，碑碣林立，有“小泰山”之誉，是章丘地区颇有影响的风景名胜地。当时有宏伟的古建筑群，始建于汉代，盛于明清。碑载：宋神宗、明弘治、清光绪年间多次重修危山寺庙。抗日战争爆发后，几经战乱，危山古建筑群破坏殆尽，残垣断壁，碑碣遗失，盛况不再。

20世纪90年代末，对危山进行开发建设，引水上山，植树造林，逐步恢复部分古迹景点。分别辟建圣井广场、元音寺、玉皇阁、汉济南王陵、圣井亭、四贤泉、圣泉池、圣贤桥、碧霞祠小区等名胜景观，开设文化长廊和音乐茶座，形成了山城相连，集休闲、观光于一体的风景游览区。

八、三王峪

位于章丘市曹范镇境内，距309国道20千米。峪内群山连绵，巍峨参差，宛如城垣，且峰峦俊秀，植被茂密，谷地深邃，泉溪间布，水清甘洌。四季景色各异，春季万点飞红，夏季满山滴翠，秋季红叶遍岭，冬季松柏郁蔽。登临山之巅，近望、远眺、仰观、俯察，山川相缪，村烟旷野，浮云流水，自然情趣各有千秋，自古就有“幽而不僻远闹市，山水清风真自然”的赞誉。

三王峪名称历史悠久。传因西汉末期赤眉军首领樊崇派樊柯、魏方、于平三员大将来此驻扎而得名。自明朝后叶至清朝乾隆时期，随着纺织业的兴盛，三王峪内开始植桑养蚕。据乾隆十年、十四年的碑文记载，当时蚕场已由原来的三座发展到八座，规模已相当可观。主要景点有西汉时期三王古墓遗址、会仙桥、乾坤眼、无极洞、太极塔、月亮湖、老泉、响泉、飞龙泉、淋泉、大泉、梯田迭水等。2008年，三王峪被评为AAA级旅游景区。

九、白云湖

位于章丘市城区西北20余千米，与历城区交界处。“溪水缕注，众水潴而为湖。白云英英出其中，湖因以名”（清道光《章丘县志》），俗称“刘郎中泊”。总面积1740公顷，其中水面面积750公顷。湖内有10多种鱼类、60多种鸟类，其中不乏国家级重点保护品种。湖里种植红莲，面积200余公顷，是山东省内比较集中的红莲观赏区。湖岸杨柳垂堤，湖中芙蕖溢香，波光浩淼，气象恢宏。明代剧作家李开先《白云湖夜泛》诗赞曰：“夹岸人烟水四周，苏堤景物亦依稀。中流击楫鼋鼍出，树底鸣榔鸟雀飞。渔火错疑明月上，风帆相伴白云归。芳湖历尽欢无尽，况可乘虚望翠微。”古人称此景观为“白云晚棹”，旧时被列为章丘八景之一。

1988年，引黄（河）白（云湖）工程竣工，并建万亩鱼场、湖心桥、楼门牌坊等；1992年4月建成“齐鲁名士宫”，设79个场景，塑273位历代名士像，并采用现代声光设备，使其造型栩栩如生。宫的外形，为古城样式，登临可尽览远近风景。2004年，被评为AA级旅游景区；2013年，成为国家级湿地公园。

第三节　平阴县风景名胜点

一、翠屏山

位于平阴县城西南13千米。因青葱翠绿，嶂列如屏，故名。此山是旧时城中目测洪水深浅的标志物，故原名“水山”。山间古迹甚多。山顶主峰称宝峰，上建“玉皇庙”，庙门在南，石砌拱形。庙为二层，于门内沿石级可登。门外有石桥，桥侧植翠柏各一株，俗称“二柏夹一桥”。门内为小院，正中建玉皇阁，阁下层辟石砌券门，上层顶之四隅建筑为三角形雉堞式，似鸟展翅。中砌垛孔短墙，若西欧古堡，风格奇异。玉皇阁院内西侧，存有“多佛塔”，因塔身嵌石佛多尊而得名。该塔建造于唐贞观四年（630年），明嘉靖元年（1522年）重修。由青石构筑，八面，密檐十三层，通高19.7米，塔形雄伟，简洁古朴。每层东南西北四面，皆辟佛龛，内嵌雕石佛像，原有104尊，现存88尊。佛像结跏趺坐，背后饰佛光唐草，具有显明的唐代风格。塔顶置铁制宝瓶冠刹，高1.9米，于明嘉靖六年铸造。1977年被公布为山东省重点文物保护单位。

山西侧半腰处，为宝峰寺遗址。此寺始建于唐天宝十一年（752年），由慈净和尚创建，初名“保宁院”。金大定三年（1163年）重修，改称“宝峰寺”。历经明清扩建，规模递增。主要建筑有大雄宝殿、玉皇阁、白衣阁、天王殿、八仙阁、碧霞元君殿、关帝庙、灵官庙、倒影庵、戏楼等。现大多倾圮，但遗迹尚存，并遗有明、清石碑甚多。北侧峭壁之上，镌有佛像二窟，内雕菩萨、佛像12尊。据造像题记载，为唐天宝十一年鹿崇贞敬造。此处山势奇绝，峭壁之上，生有多种树木，以桧柏为佳。墨绿丛中有一巨石，耸立突兀，上下两叠，侧刻“叠翠石”三字。石下天生一穴，称“银宝洞”，山风徐吹，如哨音悠扬。该石缝隙中，生古柏一株，巍巍然悬于高空，树干拧生，根似鹰爪，冠盖阔大，枝叶繁茂，人称“水山叠翠”，为旧时平阴八景之一。此外，在山西南侧尚有“石门槛”“试剑石”等景观。

二、云翠山

位于洪范池乡书院村南。山顶立一陡岩，长宽各里许，高数丈，方形似印，取名“印峰”。峰北面壁上，有明朝东阁大学士于慎行所书“天柱峰”三个大字。巨岩东壁，又有于慎行题书八字：“削成四方，壁立千仞。”峰北一片青绿，蓊蓊葱葱。林间，隐有庙观，清静幽雅。山巅，古木参天，影接荫连。浓荫笼罩处为全真教庙宇“南天观”。此观创建于元代至大四年（1311年），明隆庆年间重修，由玉皇阁、蓬莱仙院、凭虚阁、长春阁、真武观、三真观等建筑构成，规模甚大。观内石碑林立，洞穴幽深。东为道士坟，葬历代真人。道观往时香火旺盛，现已荒芜。

三、洪范池

又名龙池，位于平阴县城西南30千米洪范池乡政府驻地洪范村南端。池前清道光十八年（1838年）碑文载：“四周皆巨甃，池水去地积数尺，澄澈清莹，冬夏无消长。”池北建有“龙祠”，亦称“龙王庙”。关于祠堂的建造年代及原因，池前碑文记载甚明：“金完颜时，村人因祷雨辄应，建龙祠于池北。”龙祠坐北朝南，面阔三间，硬山起脊，卷棚抱厦。祠内原有神像，山墙绘有壁画。祠堂南面两侧各有金代所植古柏一株，虬盘鳞结，老态龙钟，茂枝舒展，滴绿泄翠。

四、于　林

位于洪范池北1000米处，为明代东阁大学士、文学家于慎行的墓地。于慎行（1545—1607年），字无垢，平阴县东阿镇人。隆庆二年（1568年）进士，授翰林院编修，后官至太子少保兼东阁大学士，卒赠太子太保，谥“文定”。有《读史漫录》《笔麈》《兖州府志》等著述，神宗时“文学为一时之冠”。于林占地4公顷，坐北向南。昔日，门外有石狮1对；进门有牌坊2座，名“帝赐玄庐”“责难陈善”，皆系万历皇帝御书；甬道两侧有华表、石虎、石羊、石马、翁仲相对，并植万历皇帝所赐白皮松59株；还有落棺亭1座、石碑10余通等。“文化大革命”期间，墓地毁坏严重，碑碣残损散落。现尚存白皮松44株，一般胸围2米，高16米左右，棵棵树干挺直，通体银白，针叶青翠，亭亭玉立，历400余年仍生机盎然，规模为国内所罕见。

五、九汇湖

位于平阴县东阿镇，20世纪50年代中期，拦蓄狼溪河水而成。其水以洪范池、东流泉、扈泉、白雁泉、拔箭泉、丁泉、墨池泉、天池泉、长沟泉等九泉为源，故名九汇湖。其湖，群山环抱，风景美丽。内有湖心印月、夕阳斜辉、寺山雁鸣等景致。湖北，有明朝东阁大学士于慎行的遗迹；湖南，有状若钓叟的寺山。湖上美景，岸边古迹，形成九汇风光，前来观光者甚多。

六、平阴县文庙

位于旧县城东南隅，东距新县城1千米。北宋元符年间（1098—1100年）始建，历经元、明、清各代修葺扩建。如今，庙宇虽有倾圮，但保留下来的甚多，为一碧瓦红墙，飞檐斗拱的宋代建筑群。坐北向南，南北长198米，东西宽80米，占地1.3公顷。分三进院落。中轴线上自南向北有棂星门、大成门、大成殿、明伦堂等。东侧建有忠义祠、名宦祠、文昌庙、三代宫、东斋，西侧有节孝祠、乡贤祠、西斋。四周砖花墙，前有柏林照壁，后有林园花圃，碑石林立，庭院井然。建于中心的大成殿，面阔5间长22米，进深3间宽11米，高11.8米，斗拱式建筑，重梁起架，歇山式九脊顶，上覆琉璃瓦。大殿正面有6根八棱高浮雕盘龙石柱，配以云朵，十分精美。殿内金柱（明柱）8根，泥柱（半在墙内）10根，结构紧严。整个建筑群布局合理，宏伟壮观。东南有锦水环绕，绿树掩映，十分幽静。1995年，被定为市级文物保护单位。

七、圣母山生态农业观光园

位于平阴县城西南3千米处，国家AA级旅游区。圣母山生态农业观光园，因位于平阴县胡庄圣母堂而得名，是集农业结构调整、生态景观、旅游观光为一体的现代农业园区。已初步形成“三区六园”的格局：“三区”即生态农业观光区、宗教文化游览区、伊甸园休闲度假区；“六园”即千亩酿酒葡萄示范园、精品海棠园、玫瑰种植园、红柿子庄园、花卉苗木园、果品自采园。

观光园中有闻名遐迩的全国三大天主教胜地之一的胡庄天主教堂。天主教自明万历三十二年（1604年）传入胡庄村以来至1966年共建成村内和山上大小教堂7处。“圣母无染原罪堂”位于村内，始建于清光绪三十二年（1906年），占地面积3.3公顷，主要建筑由天主堂、神甫办公楼、神甫客房楼、花园等组成。主体建筑天主堂南北长52.25米，东西宽28.37米，后穹顶加十字架高50米，建筑面积1000平方米。整个建筑用大块料石靠缝砌垒，柱石上饰以高浮雕花卉，精美绝伦。办公楼和客房楼位于教堂的东北侧。办公楼坐北向南，客房楼坐东向西。“文化大革命”期间毁于火灾。至1990年，该教堂仅存有教堂院落的南大门、神甫办公楼、神甫客房楼等。1998年在原址上重建。重建后的天主教堂建筑规模如初，用料改为红砖水泥钢筋，外装饰为花岗岩及仿石喷漆。主塔楼由南端改到北端，为框架式罗马式建筑。南墙改为透明式铁棂，大门改为铁棂式。整修院内原来的水池，新植花木、草坪，堂前成一个美丽的花园。

“露德圣母堂”位于村西的尖山顶端，始建于清光绪二十一年（1895年），1927年夏被雷击焚毁，1928年重建，1966年毁于火灾。1989年6月，国内天主教友自愿献仪并出工修复，1990年5月，该教堂落成。修复后的露德圣母堂坐西向东，建筑面积270平方米。整个建筑保持原来建筑的风格特色。堂外东侧增建长200余米的石阶直路，路南侧竖有耶稣苦像和站在十字架下的白色圣母像、圣若望宗徒像。沿石阶上行路两侧的石柱上竖立两尊守卫天神像，给前往朝圣者已进入圣地的启示。

第四节 济阳县风景名胜点

一、周氏庄园

位于济阳县垛石镇后楼村，由当地进士周

耀德于明万历、天启年间(1626—1457年)在古宅院基础上建造，后历代延续建设，直至清道光、咸丰年间，周氏第十五世祖湖北道台周成民时已成规模。整个庄园坐北朝南，建有宅院6处，18进，楼房18座，统称六厅十八进，占地面积1.6公顷，花园楼阁亭台瓦舍等建筑400余间。今仅剩房舍10余间，庄园大门门楼尚保存完好。门楼为硬山顶，高大宽敞，宏伟气派。檐上铺小灰瓦，檐脊及两山墙盘头均雕有花卉、花纹图案，木制门棂上饰有镂空雕花，工艺细腻精致。进得大门，迎面是一面砖雕影壁，四周边框雕有竹节纹、缠枝牡丹仙童子、梅花鹿、寿字等吉祥图案，表达主人对多福多寿、官运亨通的期盼。1992年、2007年被列为济阳县文物保护单位和济南市文物保护单位。

二、刘台遗址

又称逄氏墓地，面积2公顷。其中间为冢子状，1957年文物普查时发现。1979年、1982年、1985年，考古工作者发掘墓地中的六座墓葬，出土大量的陶瓷器、青铜器、玉器、骨器等。刘台西周墓地出土的文物，对于研究周初齐国的社会经济、军事、文化等，具有重要的参考价值。1992年6月，被省政府列为省级第二批重点文物保护单位。

三、卢永祥故居

位于济阳县回河镇境内，紧邻220国道。卢永祥(1867—1933年)原名卢振河，字子嘉，今济阳县回河镇举人王村人，北洋皖系军阀。曾出资在县内修建水坝、学校、民刑看守所及印刷《济阳县志(民国)》等。村里留有古宅院一套，古风古韵。故居北1千米处是澄波湖水上游乐园，以西1千米处，是回河镇集采摘观光、休闲旅游于一体的国家级农业蔬菜精品园。

四、胜源千亩梨园

位于济阳县垛石镇北部，是黄河以北第一家集种植养殖、观光休闲、体验参与、旅游度假于一体的大型农业示范基地。示范基地占地面积500公顷，园内建有日韩梨园66.7公顷，金太阳、金寿杏大棚10个，鱼池4公顷，多功能餐厅一座以及其他休闲娱乐设施等。2009年4月，被济南市农业局命名为“济南胜源观光休闲农苑”。

2005年后，胜源千亩梨园相继举办九届胜源梨花节，成为济南市首推的“十大梨花节”和“十大采摘节”之一。

第五节　商河县风景名胜点

一、大沙河旅游风景带

位于商河县城北10千米处，由东向西呈带状，东西横贯县境北部，全长32.88千米，省道248线和316线跨河而过，龙怀公路贯穿东西。

河宽近百米，平均水深3米左右，水质清澈，品种众多的水生动物和鸟禽类在河内栖息繁衍。两岸纵深100米全部进行高标准绿化，森林覆盖率65%。

两岸沙丘高低起伏，生长着成片的杏、梨、桃、杨、柳、槐等树种，其中有些古树树龄已达200年以上，因沙质土壤无污染，果实味道甜美，色泽诱人。大沙河沿岸还分布有古城遗址、东信遗址、小官庄汉墓群等古遗址，更添几多文化底蕴。大沙河沿岸修建金牛亭、瓜王亭等休闲观赏亭以及码头、钓鱼台、停车场，购置游船、游艇等。2010年，被命名为省级湿地公园。

二、梁王冢遗址

梁王冢遗址(战国梁惠王长子墓冢)位于商河县郑路镇梁王冢村西北500米处，距县城20千米。遗址高出地面4米，南北长50米，东西宽40米。遗址顶部和边沿断面处，均有古建筑遗址、遗物暴露，多为鬲足、鬲沿、瓦片等。

三、芦潭晓月

商河县春秋时，属齐称麦丘邑，今县城中央遗有古城墙一段，近砌青砖城垛于其上，下傍清潭，中有荒岛，芦苇茂盛，百鸟飞鸣，故称芦潭。拂晓星残，晨月映水，人行岸上，月随人行。旭日破晓，飞霞逐月，是为胜观。

四、古二十四孝石刻园

位于商河县韩庙乡政府院南，周围松青竹翠，南矗大理石碑坊一座，牌坊上镌“古二十四孝石刻园”，向北建有天地人三座汉白玉石亭，喻“天圆地方人和”之意，再往北立大型孝经碑石，古二十四孝石刻分立东西南北，掩映在红花绿叶之中。入园赏孝图石刻，领悟儒家孝道，激发人们孝老爱亲感恩报国之情。

第五章 景 胜

第一节 济南老八景

济南八景也称历城八景，起于何时无从考证(有一说始于元代)。有关八景最早的文字记载见于明崇祯六年(1633年)的《历乘》(刘敕撰，为济南现存最早的地方志)：“昔人标为八景，而沧桑代变，湮没者多。”由此可知，八景之说在明朝时就已存在多年，但有些景观已随着时代的变迁难以寻迹，所以当时刘敕列出了自己心目中的“历下十六景”。清康熙六十年重修的《历城县志》，在卷首刊出《八景图》，这八景是“锦屏春晓”“趵突腾空”“佛山赏菊”“鹊华烟雨”“汇波晚照”“明湖泛舟”“白云雪霁”“历下秋风”。这一说法被普遍认同，一直沿用到2012年泉城新八景评出。

一、锦屏春晓

位列济南八景之首，位于济南城区东南龙洞山“独秀峰”处。这里四周群山环抱，层峦迭障，危峰壁立。独秀峰上，“锦屏岩”高达80余米，“壁立千仞”似屏风。岩周松柏苍翠，杨柳垂青。岩壁，繁花艳艳，芳草离离。明代文人刘敕曾作过这样的描述：“丹壁点缀，晓霞掩映，绚若锦屏。”西峰悬崖上是西龙洞，洞壁镌有佛像，洞顶钟乳石花丛生。东龙洞在东悬崖上，相传有“金瓶”“春晓”两洞。每逢春晓这天，有阳气冲出，干叶枯草随着飞扬。

龙洞下深谷中，原建有“寿圣院”，纵横数百步。院遗址银杏蓊葱，松柏苍翠，古碑数方。遗址北向西，双壁若劈，谷深蜿蜒，似龙盘曲。涧内有泉，流水潺潺。悬崖上，古木成荫，山花烂漫，形成山清水秀的景观。二三月间，景色尤奇：桃花迷径，旭日东升，蜂蝶起舞，鸟儿欢歌，一派生机。

二、趵突腾空

泺水之源趵突泉，春秋已显，盖岱阴之水发为此泉，“泉源上奋，水涌若轮”“平地泉源觱涌，三窟突起，雪涛数尺，声如隐雷，冬夏如一，故寰中之绝胜也”。这一奇观被称为“趵突腾空”。

水盛之时，泉水喷涌，上冲亭阁，雄豪绮丽，气象万千。元代赵孟頫赋诗赞曰：“云雾润蒸华不注，波涛声震大明湖。”清代文人蒲松龄在《趵突泉赋》中写道：“吞高阁之晨霞，吐秋湖之冷焰”“漱玉喷花，回风舞霰”，都是对

“趵突腾空”景观精彩绝妙的描述。主泉四周多小泉，或如鲤鱼吐泡，或如绿色丝线穿起串串珍珠，或如绽开的珠花，把三窟的瀑流衬托得更加气势壮观。

三、佛山赏菊

千佛山东南不远就是佛慧山，峰峦突兀，涧谷潆回。山腰原建有古刹开元寺，寺周悬崖凿有石室，昔日儒生多在这里读书。殿前崖下有甘露泉，水声叮咚富有琴韵。峭壁之上，松萝蒙荫，鸟语啾啾，每到秋天，红叶满山，黄花遍地，红似火，黄如金，风景优美，被称为“佛山赏菊”。

《山东通志》把千佛山与佛慧山混称，所以，一讲“佛山赏菊”，也指千佛山。千佛山的野菊更好。明朝诗人边贡在《九日登佛山》诗中曾有“背岭丹枫直，垂岩紫菊肥”的赞语。山的北侧，就有丹枫，秋日叶子变红，在万绿丛中颜色更加嫣红。菊花，寺内寺外，山上山下，无处不有，红、白、黄、紫各色俱全，尤以黄色为主。盛开时节，如撒黄金，清风吹来，馨香扑鼻。

据志书记载，千佛山南侧原有“赏菊崖”，是古人赏菊处。1984年，在山顶巨石上修建了“赏菊阁”，丛木簇拥，云雾缭绕，如仙山琼阁，游人可在亭上饮酒赏菊。

四、鹊华烟雨

鹊、华两山，在济南市城北，山势俊秀，景色迷人。鹊山无主峰，林木青翠，横列如屏，山上旧有鹊山院、鹊山亭、扁鹊墓等古迹。相传，山下有钟鼓二石，以石相击，声扬数里。每年七、八月间，乌雀云集。明朝人王象春曾写《鹊山》诗记述：“万岫千岩济水蟠，如屏孤逗出河干。秋高乌鹊集何事，霄汉空疑斗女寒。”

与鹊山隔黄河相望的是华山。北魏地理学家郦道元在《水经注》中最早描绘道：“单椒秀泽，不连丘陵以自高，虎牙桀立，孤障特拔以刺天，青崖翠发，望同点黛。”唐朝诗人李白也有“兹山何峻秀，绿翠如芙蓉”的赞语。山下建有华阳宫、三元宫、泰山行宫等庙观，院内古柏苍翠，蔚为壮观。

鹊山华山之间，原为鹊山湖，湖光浩渺，碧波万顷，“飞鸿翔鹤，远势盘空”。水村渔舍，柳绿花红，渚生蒲苇，水浮荷菱，微风轻浪，舟载歌声。阴云之际，两山连亘，若离若合，时隐时现，云雾缭绕，如二点青烟，诚为一幅绝妙的水乡图画，故昔人称此景为“鹊华烟雨”。元代大画家赵孟頫以此为背景绘就画中杰作《鹊华秋色》图，千古传诵。

五、汇波晚照

济南城内，珍珠、濯缨、芙蓉等泉汇波于大明湖，然后由湖东北隅的晏公庙下经北水门泄出，最后注入小清河。

晏公庙侧建有晏公台，由台上可清楚地看到北面的景色。台下不远为一拱桥，名为“汇波”。桥北是北水门，由砖石券成，券门四周皆为垂柳，细长的柳丝点入水中，清风徐吹，荡起微波。周围水域皆为荷花。若到傍晚，夕阳正由券门斜射倒入水中，发出柔和的光，把周围染上了一层桔红的颜色，人们将这一景观命名为“汇波晚照”。

元初于水门上建楼，斜阳不能射入，这景遂没。然而在楼上，人们又可看到另一种绮丽的景色。向南看去，晏公庙巍峨壮观，晏公台上，

汇波晚照 （2011年 王海虹摄）

古柏老态龙钟，满院杨柳笼罩，修竹郁森，院南一片荷红，远处碧波粼粼，夕阳西下，晚霞尽染，万丈光辉，宛若一幅迷人大画。后人又把这一景观视为“汇波晚照”。

六、明湖泛舟

大明湖昔日湖面很大，碧波万顷，遥接群山，气势壮阔。在这宽阔的水域中，四季都呈现出不同的景色。春日，柳丝轻荡，湖岸、沙洲、岛上，无处不是，有的弯着，有的卧着，有的立着，清风一吹，柳丝轻荡，最为风姿；夏日荷浪迷人，片片葱绿，点点嫣红；深秋，芦花雪白，谢落如柳絮，随风飘扬；冬日，银装素裹，分外妖娆。明湖不仅四季景色奇异，而且常年充满生机。黄鹂鸣于翠柳，鸥鹭点于清波，笙歌扬其远韵。人们荡舟其中，“如游香国”，古人将这一景观称为“明湖泛舟”。

明湖泛舟　　（20世纪30年代的大明湖）

七、白云雪霁

珍珠泉大院原是历代王府官邸，内有濯缨湖，由珍珠、濯缨、朱砂等泉汇集而成。昔日湖面宽阔，景色秀丽，清代王闿运《珍珠泉铭序》中曾描述：“滢泓冲融，清澜百步，旁流带垣，通舟二里；鱼鸟荇藻，怡怡悦性。”岸边建有白云楼，站在楼上，北可观明湖碧波，黄河帆影，南可望梵宇簇立，群山青葱。“且当雪霁白云缭绕，下接水光，上浮天际，宫殿隐隐在烟雾中，宛然如画”。雪后凭栏远望，清光四野，景色绮丽，悦人心目，故被称为“白云雪霁”。

八、历下秋风

距大明湖南岸不远，有一湖中最大的岛，上有历下亭、名士轩、蔚兰轩、御碑亭等建筑，红柱绿瓦，雕梁画栋，古朴典雅，蔚为壮观。这里风景秀丽。如若秋日，微风吹来，岸上的垂杨，水下的树影，皆舞动着青纱，婀娜多姿，好像神女在清波深院中起舞。湖里的荷花，在轻风中颤动，犹如江妃在水面上凌波微步，湖水晃漾，清波拍岸，发出清越的声响，如奏乐章。此番胜景被人们称为“历下秋风”。

济南八景之说，由元经明至清，载入叶承宗撰《历城县志》、清康熙《重修历城县志》和道光《济南府志》，且一脉相承，记载分明，无失考，亦无演化变动。

清代中期以后，有的文人认为八景不能完全概括济南景物，又创出内八景、外八景的十六景之说。内八景增添佛山倒影(大明湖小沧浪亭西畔)、鼓楼钟声(县学街西南隅钟楼)；外八景增加黄河远帆(泺口)、九华拥翠(药山有九峰，号小九华)等，均为口传，未载入志书。

第二节 泉城新八景

2011年8月至2012年9月，中共济南市委宣传部、市文明办、市委外宣办、济南日报社等部门组织开展泉城新八景评选活动。历时一年，市民通过网络投票、短信投票、信函投票、现场投票、“12345”电话投票等方式推荐出1200余处景观，市民评审团和专家评审团经过三次评审，从中评出32景，又从32景中评出16景，最后从16景中评选产生“泉城新八景”。

一、趵突腾空

见前“济南八景”

二、明湖汇波

大明湖由济南众泉汇聚而成，其历史悠久，自唐宋时期就名扬四海，并有“天下第一湖”的美誉。大明湖景区内有历下亭、铁公祠、北极庙、汇波楼等20多处名胜景点，可谓步移景换，游趣无穷。黄鹂鸣于翠柳，鸥鹭点于清波，笙歌扬其远韵。人们荡舟其中，“如游香国”。

三、历山览胜

此景包括千佛山景区、齐鲁大学原址及泉城公园的历山秋眺，真可谓气象万千。千佛山古称“历山”，是济南三大名胜之一，站在山顶可尽览泉城全景。千佛山峰峦起伏，林木森森，恰似济南的天然屏障。泉城公园园区广为植被覆盖。齐鲁大学原址现为齐鲁医院和山东大学趵突泉校区，古建筑遍布，人文气息浓厚。

四、泺水棹歌

济南护城河形成于元代，全长6.9千米，是国内唯一由泉水汇流而成的护城河。其水，古称“泺水”，护城河景观带，以优美典雅的园林建筑，把趵突泉群、珍珠泉群、黑虎泉群、五龙潭泉群及大明湖连接在一起。2009～2010年，经过近两年的整治，实现全河通航。泉游凌波，美景似江南，成为泉城的一大新景观。乘坐画舫沿河游览，有“人在画中游”之感。

五、清河烟岚

包括小清河风景带(含五柳岛)、鹊山、华山及黄河在内，涉及槐荫区、天桥区、历城区和章丘市。2007～2011年，经过小清河综合治理一、二期工程实施，碧波重现小清河畔，板桥广场、五柳岛等景观都成为周边居民休闲、观景的新去处。

六、灵岩探幽

位于长清区的灵岩寺景区是泰山风景带的重要组成部分，是全国重点文物保护单位，国家级风景名胜区，全国首批AAAA级旅游区。驻足灵岩寺，群山环抱、岩幽壁峭；柏檀叠秀，泉甘茶香；古迹荟萃，佛音缭绕。明代文学家王世贞有“灵岩是泰山背最幽绝处，游泰山不至灵岩不成游也”之说。

七、百脉寒泉

章丘明水(城)泉水众多，素有“小泉城”美誉。以百脉泉为首，墨泉、梅花泉、东麻湾等构成百脉泉群。由于百脉群泉的水温常年保持在18℃，故被称为“寒泉”。自古“百脉寒泉”即为章丘八景之一。由于泉群诸泉大都位于百脉泉公园内，在观赏“百脉寒泉”的同时，还可以感受到清照文化的魅力。

八、九如听瀑

九如山地处历城区西营镇与章丘垛庄镇、泰安市岱岳区交界处，为泰岱余脉，群山连绵，

九如听瀑　（2010年摄）

峰峦层叠，灵秀之气，贯穿上下，森林氧吧，弥漫四周。纯净的原始生态孕育了峡谷、奇峰、丛林，喷发出山泉、溪流、瀑布、深潭，云蒸霞蔚，交织出绚丽的自然景观。九如山的瀑布似银珠飞落，知名者号称“九瀑”，构成沁人肺腑的群瀑风光。

第三节 其他景胜

一、历下十六景

明末刘敕在《历乘》中言及历下景物时称：“昔人标为八景，而沧桑代变，湮没者多。余广为十六景，以供达人之游览云。”十六景：锦屏耀日(龙洞锦屏岩)、玉鼎翻云(趵突泉)、幽涧黄花(佛慧山开元寺)、白云霁雪(珍珠泉白云楼)、石洞绝尘(千佛山吕祖洞)、明湖泛月(大明湖)、孤嶂凌霄(华不注山)、清流注海(济南城北大清河)、松韵南薰(南门内舜庙)、荷香北渚(大明湖水面亭)、苍生霖雨(五龙潭五龙庙)、翠屏丹灶(鹊山，传说扁鹊曾在此炼丹)、岩畔飞泉(黑虎泉)、汇波返照(大明湖会波桥)、竹港清风(大明湖小淇园)、鲍山白雪(鲍山白雪楼)。

二、山东提督学政署内八景

清朝时，山东提督学政署内也有八景，据民国《续修历城县志》记载，署中旧有八景：四照晴岚、钟楼霁雪、海棠春雨、瑶除石芝、虚坊谈经、湛然秋声、平桥待月、红栏活水。

三、黑虎泉品泉山房八景

黑虎泉西侧、琵琶桥南河岸，过去有一私人庭院，内设品泉山房，旧为陈氏所建，后由唐尧卿借寓，将黑虎泉周围景色拟为八景，入内正可观赏。八景是柳暗花明、窗外奇岸、榴林锦簇、石栈骑驴、春波浴鸭、晚凉洗马、洞前飞瀑、夜雨闻钟。

四、峨眉山十二景

槐荫区段店镇西部的峨眉山内有大悲寺、文昌阁等建筑。民国《长清县志》载，山上有内四景外八景。内四景是仙阁远眺、跂泉清歌、幽洞消夏、古柏参天；外八景是笔架烟雨、墨池云树、柳堤春色、松林霁雪、古塚苍葭、孝里黄麦、济水晴帆、埠灯晚照。

五、长清八景

民国《长清县志》所载八景：长堤绕郭、古塔擎空、金牛牧笛、石麟笔峰、藤缠古槐、风鸣异松、通衢名泉、雷山孤亭。

六、五峰山内·外八景

清道光《长清县志》所载内八景：仙人台、无影庙、青龙峪、白虎峪、清泠泉、七星泉、迎仙桥、更鸡桥。外八景：青崖积翠、明泉早照、凤山烟雨、滚粟朝霞、鱼台钓月、杏堤春晓、薛岭牧樵、润玉奇峰。

七、灵岩八景

巢鹤岩、甘露亭、卓锡泉、摩顶松、铁袈裟、白云洞、雨花岩、爱山楼(清乾隆御题灵岩八景)。

方山积翠、甘露澄泉、镜池春晓、明孔晴雨、书楼远眺、默然幽吟、松斋皎月、竹径晚风。

八、灵岩十二景

民国《长清县志》载：置寺殿、般舟殿、铁袈裟、朗公山、明孔山、绝景亭、甘露泉、石龟泉、锡杖泉、白鹤泉、鸡鸣山、证明殿。

九、章丘八景

清乾隆《章丘县志》所载八景：绣江春涨、锦川烟雨、龙洞熏风、黉堂夜雪、危山圣井、东岭晓月、百脉寒泉、白云晚棹。

道光县志载八景，与乾隆时相同，又续增四景：郎山大观、摩柯秋翠、胡山三麓、峨嵋灵蹙。

十、平阴八景

清嘉庆《平阴县志》所载八景：杏坛遗响、锦水秋潆、碧峰仙迹、水山叠翠、石门晚照、吴溪沉月、天井飞泉、峻玉含辉。

十一、东阿八景

旧《东阿县志》所载东阿八景，后随行政区划调整，今已大多地属平阴县。其八景为归台遗井、黄石仙踪、鱼山闻梵、大监出云、狼溪春水、虎窟秋风、扈泉涌雪、洪范浮金。

十二、济阳八景

明万历《济阳县志》所载八景：济水澄波、韶台远眺、古柏苍烟、奎楼夕照、苏桥曙色、祠堂夜月、禅塔晚灯、灵泉黑雾。清乾隆《历城县志》将“奎楼夕照”改作“奎楼晓日”。民国《济阳县志》载八景，与清乾隆《济阳县志》记载的八景有两处不同，济水已变为黄河，“济水澄波”景观不存；祠堂久已荒废，因而“祠堂夜月”景观亦不存。故增加了“柳岸行吟”“孤亭耸秀”两处景观，也为八景。

十三、商河八景

明万历《商河县志》所载八景：马颊晴沙、龙潭黑水、黉池月夜、古堞秋风、梵宇春晖、谯楼夕照、长堤凝翠、双塚埋云。清道光《商河县志》所载八景：笃马晴沙、龙潭黑水、黉池月夜、古堞秋风、梵宇春晖、凤台灵迹、双塚埋云、长堤凝翠。民国《商河县志》又续增八景：铁索联钟、宝刹盘桑、于山隧洞、漯河潭深、钓台环翠、饮马泉清、森林烟雨、墩台远眺。

2010 年济南市主要景区景点表

表6-9-3

序号	名称	地址
1	趵突泉公园(AAAA)	趵突泉前街 91 号
2	大明湖公园(AAAA)	明湖路 271 号
3	千佛山公园(AAAA)	千佛山路 8 号
4	灵岩寺(AAAA)	长清区万德镇
5	百脉泉公园(AAAA)	章丘市明水办事处
6	红叶谷生态文化旅游区(AAAA)	历城区仲宫镇锦绣川办事处
7	跑马岭野生动物世界(AAAA)	历城区柳埠镇
8	济南市植物园(AAAA)	章丘市埠村街道
9	九如山瀑布群风景区(AAAA)	历城区西营镇
10	五峰山(AAA)	长清区五峰山镇
11	水帘峡风景区(AAA)	历城区柳埠镇
12	三王峪山水风景园(AAA)	章丘市曹范镇
13	锦屏山旅游区(AAA)	章丘市文祖镇
14	百里黄河风景区(AAA)	泺口环城路 166 号
15	九顶塔民族风情园(AAA)	历城区柳埠镇
16	金象山乐园 (AAA)	历城区仲宫镇锦绣川办事处
17	七星台旅游区(AA)	章丘市垛庄镇

续表6-9-3-1

序号	名称	地址
18	莲花山风景区（AA）	章丘市垛庄镇
19	卧龙峪风景区（AA）	长清区万德镇
20	平阴圣母山景区（国家级农业旅游示范点、AA）	平阴县平阴镇
21	白云湖旅游区（国家级农业旅游示范点、AA）	章丘市白云湖镇
22	齐长城风景区（省级农业旅游示范点、AA）	长清区孝里镇
23	艾家村(国家级农业旅游示范点)	历城区仲宫镇
24	拔山村(省级农业旅游示范点)	长清万德镇
25	八里峪生态农业观光合作社（省级农业旅游示范点)	历城区仲宫镇刘家
26	绣惠镇大葱产销专业合作社（省级农业旅游示范点)	章丘市绣惠镇
27	青岛啤酒济南梦工厂（省级工业旅游示范点)	高新区大正路
28	济南可口可乐饮料有限公司（省级工业旅游示范点)	章丘市
29	安莉芳(山东)服装有限公司（省级工业旅游示范点)	章丘市
30	山东福胶集团(省级工业旅游示范点)	平阴县东阿镇
31	普利思矿泉水有限公司(济南市工业旅游示范点)	历山路111号
32	济南国际园博园	长清区大学科技园
33	济南世际园	历城区仲宫镇卧虎山水库西
34	山青世界(山东省青少年培训基地)	历城区柳埠镇
35	朱家峪旅游区	章丘市官庄镇
36	蟠龙山森林公园	历城区彩石镇
37	四门塔旅游区	历城区柳埠镇
38	锦云川	历城区仲宫镇高而办事处
39	华山风景区	历城区华山镇
40	波罗峪旅游度假区	历城区仲宫镇
41	华阳宫	历城区华山镇
42	莲台山风景区	长清区万德镇
43	卧虎山滑雪场	历城区仲宫镇
44	辛弃疾纪念馆	历城区遥墙镇
45	朱凤山风景区	历城区港沟镇
46	东龙洞	历城区港沟镇
47	圣井危山旅游区	章丘市圣井街道
48	凤凰岭	长清区武庄乡
49	山东省科技馆	济南市南门大街1号
50	黄河森林公园	泺口黄河浮桥北
51	浆水泉公园	历下区浆水泉村
52	云翠山景区	平阴县洪范池镇
53	洪范池	平阴县洪范池镇

续表6-9-3-2

序号	名称	地址
54	平阴圣母山观光园	平阴县平阴镇
55	山东省博物馆	济南市经十一路14号
56	济南市博物馆	济南市经十一路30号
57	城子崖博物馆	章丘市龙山街道
58	济南英大高尔夫俱乐部	槐荫区美里湖路158号
59	泉城广场	市中心
60	济南市动物园	济南市天桥区济泺路87号
61	山东黄金崮云湖国际高尔夫俱乐部	长清崮云湖街道办事处
62	济南战役纪念馆	市中区英雄山
63	尤寨山风景区	平阴县孝直镇
64	美里湖公园	槐荫区邱庄村

第六章 旅游服务

第一节 旅行社

1986年，济南市有济南市国际旅行社、济南市中国旅行社、济南旅游服务社，从事到济南的外宾、华侨、台港澳同胞、外籍华人及国内各类游客的接待、汽车服务等任务。1988年，成立济南旅行社、济南青年旅行社(均为三类社)，主要经营国内旅游业务。

1992年，国家旅游局批复成立济南海外旅游公司，经营一类旅行社业务，济南市首次拥有外联自主权。三类旅行社发展迅速，“天马”“山水”“济阳”“长清”“假日”“黄河”“白鸽”“东方”“职工”等9家三类旅行社先后成立，全市三类旅行社12家。1993年，全市旅行社22家，其中一类族行社1家、二类旅行社2家、三类社旅行19家。1994年，开辟国内旅游线路80余条。先后在加拿大渥太华、马来西亚吉隆坡设立旅游办事处，与国外40余家旅行社建立业务关系。

1997年，济南市完成原有一、二、三类旅行社向国际旅行社和国内旅行社的转变。济南市国际旅行社15家，国内旅行33家。2005年，全市旅行社186家，其中国际社22家，国内社164家。

2009年，国务院印发新修订的《旅行社条例》，取消国际旅行社和国内旅行社区别，不再区分国内旅游业务和入境旅游业务的准入条件。山东嘉华文化国际旅行社获得“全国百强国际旅行社”称号，山东交通旅行社获得“全国百强国内旅行社”称号。山东旅游有限公司等5家旅行社进入全省国际、国内十强行列。山东旅游有限公司、山东嘉华文化国际旅行社被指定为第二批经营大陆居民赴台旅游业务旅行社。全市旅行社在全省设立46家分支机构。全国百强社——中国国旅(青岛)国际旅行社等6家外地旅行社到济南设立分社。

2010年，全市旅行社198家。其中出境旅行社15家、非出境旅行社183家。全市旅行社在外地开设分社超过60家。山东高速国际旅游有限公司、山东旅游有限公司、山东嘉华国际旅行社有限公司3家旅行社进入全国"百强"出境旅行社。

附：主要旅行社选介

一、山东嘉华文化国际旅行社有限公司

山东嘉华文化国际旅行社有限公司成立于1997年，在烟台、青岛、潍坊设立分公司，在济南市区设有市中、天桥、燕山、洪楼等40多家旅游销售点。业务范围涉及出境旅游、国内旅游、台湾旅游、入境接待、商务考察、会议会展、文化交流、旅游运输、航空票务、包机、专列旅游及组织主题冬、夏令营活动等。2004年，组织济南至沈阳、大连、哈尔滨、贵阳、海口、桂林、南宁、呼和浩特、香港、曼谷等地包机400余架(次)，组织山东开往井冈山、庐山、港澳、海南、桂林、北戴河、张家界、天门山等地专列，输送游客近2万人(次)。2010年，组织台湾专列3列，组织赴港澳、日本游客均近1万人(次)，组织赴台湾游客超过1.9万人(次)。自2010年12月18日始，和台湾长荣航空联手推出台湾包机，每周一架。2010年，获"山东省劳动关系和谐企业"和"山东省富民兴鲁劳动奖状"，成为全省唯一获此两项称号的旅行社。

二、山东旅游有限公司

山东旅游有限公司成立于1981年，是经国家旅游局批准的山东省首批AAAAA级国际旅行社、山东省第一家获准经营国际旅游业务的旅行社。2008年，成立山东银座旅游集团。公司由最初从事日本、美国、加拿大、德国、奥地利、法国、韩国、新加坡以及中国港澳台地区单一的入境旅游业务，发展成为集入境旅游、出境旅游、国内旅游、商务旅游、会展旅游、国际国内机票代理等综合性大型旅游服务公司。2010年，公司被评为全国百强旅行社。

三、山东高速国际旅游有限公司

山东高速国际旅游有限公司隶属于山东高速集团，是一家综合性国际旅游公司。由山东高速旅行社有限公司(国内旅行社，2002年7月成立)和山东高速集团青岛国际旅行社有限公司(国际旅行社，2007年8月成立)于2008年12月合并成立。客户及业务网络遍及国内各省、市及日韩、东南亚、欧洲、北美及其他地区市场。2010年，被评为全国百强旅行社。

四、山东省中国旅行社

山东省中国旅行社成立于1957年，原名为山东省华侨旅行服务社，隶属山东省人民政府侨务办公室，是中国中旅集团公司成员和中国国家旅游协会会员，为首批经国家批准经营中国公民出境旅游业务的组团社。1984年，山东省中旅成为山东省独家开办省内公民赴港澳旅游探亲业务的旅行社，1994年，在全国独家开办中国公民赴韩国旅游业务。1998年，组织省内第一架赴港澳旅游包机、全国第一个赴港澳专列，与省老年体协、省直老年体协共同组织省内老年人赴港澳旅游专列。

五、山东省中国青年旅行社

山东省中国青年旅行社隶属于共青团山东省委，成立于1985年，前身为中国青年旅行社山东分社。是经国家旅游局批准的经营入境旅游、出境旅游和国内旅游业务的国家一类旅行社。至2010年，发展成为一家集旅游、会议服务、拓展培训、广告传媒等为一体的大型国有旅游企业。

六、山东航空彩虹国际旅行社有限公司

山东航空彩虹国际旅行社有限公司前身是山东航空公司旅行社，成立于1995年，由山东航空公司创办。2001年，经国家旅游局批准授权，特许经办中国公民出境旅游、入境旅游、国内旅游及相关业务，更名为山东航空彩虹国际旅行社有限公司。2002年，经中国民航总局批准，获一类航空客运代理资格，是国际航空协会许可的国内、国际机票一级代理，销售国际、国

内机票。公司先后在青岛、烟台、淄博、临沂设立分公司。2008年，公司承办济南—日本新潟、济南—日本仙台、济南—日本大阪直航旅游包机，累计承办国际国内旅游包机500多班，2009年8月，开通每周二、六济南—日本大阪定期直航旅游包机。

七、康辉旅游集团济南国际旅行社有限公司

康辉旅游集团济南国际旅行社有限公司是中国康辉旅行社集团在山东设立的法人直属分社，成立于2007年8月7日。经营出、入境和国内旅游业务AAAAA级旅行社。辖3个分公司12个营业部。

八、山东中铁国际旅行社有限公司

山东中铁国际旅行社有限公司是济南铁路局主办的省级旅游企业，成立于1993年，2000年重组。公司依托铁路优势，逐步发展成为集国际、国内团体和散客旅游服务、商旅服务、专列旅游服务、铁路客票销售、航空机票销售、商旅会展服务等业务于一体的综合性旅游企业。

九、山东旅行社国际旅游有限公司

山东旅行社国际旅游有限公司成立于1985年，前身为山东省旅游局直属国际旅行社山东旅行社。2006年7月，改制为有限责任公司。公司在济南及省内多个地市设有营业部、分公司，在北京设有代表处，在欧洲、北美州设有营销中心。经营范围涵盖入境旅游、国内旅游、出境旅游、旅游策划等相关领域。公司创新旅游产品，成功运作哈雷摩托车山东自驾游、中国冬泳民间洲际交流考察等全国首创性特色项目。

十、山东华纳国际旅行社有限公司

山东华纳国际旅行社有限公司成立于2001年，是一家专门从事会议策划、礼仪服务、旅游团队、拓展训练、酒店预定、特色餐饮、用车服务、票务服务等综合旅游服务企业。从事国内外休闲度假游、代订国内国际折扣机票、代订全球折扣酒店等多项服务。

十一、山东远航国际旅行社有限公司

山东远航国际旅行社有限公司成立于2006年，是拥有出境、入境和国内旅游及相关业务经营权和资质的综合性国际旅行社。

十二、山东省观光国际旅行社

山东省观光国际旅行社成立于2001年，为民营股份公司，在青岛设有分社。拥有员工50余人。

十三、山东神州旅行社有限公司

山东神州旅行社为1997年成立的民营旅游企业。设有连锁发展部、广告策划部、行政部、财务部、辅助平台部、大客户部等。

十四、济南国信国际旅行社有限公司

济南国信国际旅行社有限公司成立于2000年3月。至2010年，多次接待数千人的超大型系列团队，单团人数最多时为3600多人。

2010年济南市旅行社表

表6-9-4

名称	地址	备注
济南海外旅游有限公司	历下区朝山街34号	非出境
济南市中国旅行社有限责任公司	市中区民生大街22号	
山东孔子国际旅行社有限公司	历下区经十路15663号	
山东航空国际旅行社	市中区经六路50号	
山东省环宇国际旅行社	市中区顺河东街66号	
山东友好国际旅行社有限公司	历下区榜棚街1号华鲁大厦3层	
山东全世通国际旅行社有限公司	历下区花园庄东路39号	
山东济钢国际旅行社有限公司	历城区工业北路21号	

续表6-9-4-1

名　称	地　址	备　注
济南东方国际旅行社有限公司	章丘市明水山泉路中段	非出境
山东省观光国际旅行社有限公司	槐荫区经四路268号	
山东银通旅行社	历下区青年东路6号	
山东职工旅行社有限公司	市中区经二路158号	
山东立达旅行社有限公司	历城区花园路170号	
山东联航旅行社	历下区泺文路3号	
山东神州旅行社有限公司	历城区洪楼南路1号	
山东省交通旅行社	天桥区济洛路131号	
山东山水旅行社	历下区历山东路78号	
山东翔宇商务旅行社有限责任公司	历下区黑虎泉西路121号	
山东泰山旅行社	历下区文化东路39-1号	
山东国商旅行社有限公司	历城区济南花园路220号	
山东省新华旅行社有限责任公司	槐荫区经七路588号	
山东阳光假期旅行社有限公司	历下区朝山街18号	
山东金都旅行社	市中区英雄山路155-1号	
山东虹桥旅行社有限公司	历下区山东路230号236室	
山东胜利旅行社	市中区经七路556号	
山东新闻旅行社有限公司	历下区泺源大街6号	
山东森林旅行社有限责任公司	历城区花园路302号	
山东明奇宏旅行社有限公司	历下区经十路12号	
山东银桥旅行社有限公司	历下区经十路16199号	
山东通达旅行社有限公司	槐荫区营市西街8号	
山东吉达旅行社	市中区济微路106号	
山东环球假日旅行社有限公司	历下区环山路2号	
山东恒通旅行社有限公司	天桥区无影山中路50号	
山东新时空旅行社有限公司	市中区民生大街22号	
山东河海旅行社有限公司	历下区趵北路26号418室	
山东假日之旅旅行社有限公司	历城区工业南路103号	
山东国内旅行社有限公司	历下区花园庄东路16号	
山东金河旅行社有限公司	历下区黑虎泉北路159号	
山东日新旅行社有限公司	历下区羊头峪路2号	
山东金旅假日旅行社有限公司	历城区花园路101号	
山东红叶旅行社有限公司	市中区马鞍山路11号	
山东金诺旅行社有限公司	市中区阳光新路19号	
山东海外风情旅行社	历下区泉城路319号	
山东鲁之旅旅行社有限公司	历下区青年东路1号	

续表6-9-4-2

名 称	地 址	备 注
济南旅行社有限公司	历下区文化东路 59 号	非出境
济南齐鲁旅游有限公司	市中区经一路 96 号	
济南市天马旅行社	槐荫区经四路 571 号	
济南舜耕旅行社	市中区舜耕路 28 号	
济南福满齐鲁旅行社有限公司	市中区经十路 132 号	
济南联运旅行社	天桥区凤凰山路 108 号	
济南旗帜旅行社有限责任公司	历下区历山路 142 号	
济南西域旅行社有限公司	历下区环山路 2 号	
济南园丁旅行社	历城区山大北路 42 号	
济南清照旅行社有限公司	章丘市明水经济开发区绣水大街南段路东	
济南现代旅游有限公司	历下区燕子山小区东路 2-1 号	
济南友朋旅行社	历下区益寿路 1 号	
济南世纪行旅行社有限公司	市中区经五路 171 号	
济南新世纪旅行社有限公司	历下区历山路 95 号	
济南阳光旅行社有限责任公司	市中区经八路 122 号	
济南华航旅行社有限公司	历下区东关大街 9 号	
济南齐鲁风情旅行社有限公司	历城区花园路 168 号	
济南风光旅行社有限公司	槐荫区经四路 539 号	
济南江山旅行社	历下区历山路 137 号	
济南国信国际旅行社有限公司	历下区东关大街 5 号	
济南华夏之旅旅行社有限公司	市中区舜耕路 57 号	
济南纵横旅行社有限公司	槐荫区经二路 412 号	
济南友情旅行社有限公司	历城区花园路 107 号	
济南人仁旅行社有限公司	历城区花园路 200 号	
济南天地旅行社有限公司	槐荫区经二路 523 号	
济南嘉业银河旅行社有限公司	历城区辛甸花园 37 号楼	
济南东方文化旅行社有限公司	市中区建国小经三路 47 号	
济南大舜旅行社有限责任公司	历下区东青龙街 15 号	
济南邮之旅旅行社有限责任公司	市中区经一路 66 号	
济南春秋假日旅行社有限公司	历下区山大路 242-2 号	
济南新干线旅行社有限公司	章丘市汇泉路西首路北	
济南文华旅行社有限公司	历下区朝山街 59 号	
章丘市康辉旅行社有限公司	章丘市桃花山路	
山东华纳国际旅行社有限公司	历下区历山路 173 号	
济南优胜美地旅行社有限公司	市中区经一路 88 号	

续表6-9-4-3

名 称	地 址	备 注
济南龙之旅旅行社有限责任公司	历下区环山路 2 号	非出境
济南中鲁旅行社	市中区经三路 132 号	
济南通用旅行社有限公司	历下区经十路 74 号 2 号楼	
济南万里行旅行社有限公司	历下区山大路 201 号	
济南龙行天下旅行社有限公司	历下区佛山街 51 号	
济南华泰旅行社	历下区历山路 18 号	
济南山河国际旅行社有限公司	历下区文化东路 51 号	
济南欢乐旅行社有限公司	天桥区堤口路 22 号	
济南报业旅行社有限责任公司	市中区复兴大街 2 号	
济南跑马岭旅行社	历城区万寿路 12 号	
济南原野旅行社	历下区解放东路 109 号	
济南朋友旅行社有限公司	历下花园路 189–1 号	
济南博达旅行社有限公司	市中区经八路 3 号	
济南东航假日旅行社有限公司	历城区遥强机场东航山东分公司办公楼内	
济南金宇旅行社有限公司	历城区仲宫镇龙山路北段路西	
济南风光假日旅行社是有限公司	槐荫区经三路 240 号	
济南欣欣旅行社有限公司	历下区青年东路 12 号	
济南九州游旅行社有限公司	历下区历山东路 23 号	
济南腾龙假期旅行社有限公司	历下区如意街 16 号	
济南飞扬旅行社有限责任公司	历下区燕子山西路 2 号	
济南远东旅行社有限公司	历城区花园路 168 号	
济南海通旅行社有限公司	槐荫区经一路 273 号	
济南新东方会务旅行社有限公司	槐荫区阳光新路 21 号	
济南东方凯达旅行社	市中区经七路 263 号	
山东金桥旅行社有限公司	天桥区天成路 6 号	
济南风采旅行社有限公司	历下区山大路 252 号	
济南嘉天下旅行社有限公司	历下区解放路 37 号	
济南金色假期国际商务旅游有限公司	商河县明辉路 119 号	
济南温馨旅行社有限公司	历城区花园路 142 号	
济南嘉禾旅行社有限公司	市中区岔路街 2 号	
济南欢乐假期旅行社服务有限公司	市中区永庆街 6 号	
济南金之旅旅行社有限公司	历下区趵北路 26 号	
济南诚信之旅旅行社有限公司	天桥区北园大街 655 号	
济南大众假期旅行社有限公司	槐荫区经七纬八路 588 号 107	
济南海天假日旅行社	历城区华龙路 1561 号	

续表6-9-4-4

名称	地址	备注
济南信天翁旅行社有限公司	历下区和平路16号	非出境
济南长清旅行社有限公司	长清区宾谷街南	
济南七彩假期旅行社有限责任公司	历下区窑头路7号	
济南世纪运通旅行社有限公司	历下区花园庄东路16号	
济南大自然旅行社有限公司	历城区花园路146号	
济南友邦旅行社有限公司	高新区正丰路中段环保科技园国际商务中心	
济南泰山旅行社有限责任公司	长清区清河街2278号	
济南天泰旅行社有限公司	历下区工业南路100号	
济南鲁水旅行社有限公司	历下区闵子骞路110号	
济南汇通假日旅行社有限公司	历下区窑头路窑头小区26号楼	
济南亚太旅行社有限公司	市中区经七路274号	
济南景华旅行社有限公司	历城区华龙路1号	
济南正隆旅行社有限责任公司	历下区解放路30号	
济南英华美商务旅行社有限责任公司	市中区水厂路1号	
济南绿源假期旅行社有限公司	历下区花园路北历园新村12号楼	
济南中侨旅行社有限公司	槐荫区阳光新路100号	
济南运通旅行社有限公司	市中区经十一路18号	
济南长运国际旅行社有限公司	市中区二七新村南路1号	
济南美华旅行社有限公司	市中区顺河街3号楼	
济南东方红旅行社有限责任公司	历城区花园路168号	
济南华夏假期旅行社有限公司	历下区东青龙街15号	
济南民间假日旅行社有限公司	历下区工业南路100号	
章丘市青年旅行社有限公司	章丘市明水环湖路	
济南齐鲁春秋国际旅行社有限公司	天桥区西工商河路13号	
济南康福旅行社有限公司	历下区文化西路13号	
济南济泰风景名胜旅行社有限公司	平阴县五岭路中段	
济南齐鲁假日旅行社有限公司	历下区解放路30号	
济南航旅五洲旅行社有限公司	历下区和平路35号	
济南海天假期旅行社有限公司	历下区环山路51号	
济南泉城假期旅行社有限公司	历下区和平路50号	
济南慧通旅行社有限公司	历下区山大路北段7-9号	
济南大圆满旅行社有限公司	历下区泺源大街150号	
济南泺源之旅旅行社有限公司	历下区佛山街28号	
济南天缘旅行社有限公司	平阴县翠屏街72号	
济南大华国际旅行社有限公司	天桥区堤口路75号	

续表6-9-4-5

名称	地址	备注
济南新大陆旅行社有限公司	章丘市唐王山路8号	非出境
济南天上人间假期旅行社有限公司	市中区舜耕路56号	
济南南北假日旅行社有限公司	槐荫区经七路843号	
济南贵达旅行社有限公司	市中区建设路86号	
济南建发旅行社有限公司	历下区佛山街51号	
济南长青青年旅行社有限公司	长清区灵岩路2359号	
济南旅游集散中心有限公司	历下区二环东路5929号	
济南济南国邮国际旅行社有限公司	市中区经一路66号	
济南天天旅行社有限公司	历下区解放东路56号	
章丘市江山旅行社有限公司	章丘市明水铁道北路东首	
济南众信旅行社有限公司	历城区花园路101号	
章丘市九州之旅旅行社有限公司	章丘市白云路94号	
济南公交旅行社	槐荫区纬十二路10号	
济南春光旅行社有限责任公司	历城区二环东路4000号院内	
山东格瑞旅行社有限公司	历下区文化东路51号	
山东龙视旅行社有限公司	历下区济南青年东路18号	
山东福客国际旅行社有限公司	市中区馆驿街318号27-5室	
济南幸福之旅旅行社有限公司	历下区泺源大街5号	
山东大厦旅行社有限公司	历下区马鞍山路2-1号	
济南信泰旅行社有限公司	市中区纬五路75号211室	
山东易程天下旅行社有限公司	市中区阳光新路阳光100A8-2-904	
山东省妇女旅行社有限公司	市中区建国小经三路21号	
济南晶都国际旅行社有限公司	市中区顺和东街66号1-801室	
济南新思路国际旅行社有限公司	历城区七里河路2号	
山东嘉年华国际旅行社有限公司	天桥区北园大街548号	
济南新白云国际旅行社有限公司	历城区二环东路东环国际广场	
济南伟业国际旅行社有限公司	槐荫区岔路街505号	
济南翔云国际旅行社有限公司	历下区泉城路180号	
济南畅游旅行社有限公司	历城区王舍人镇坝王路临街房	
济南真如意旅行社有限公司	历下区和平路36号	
济南恒安达旅行社有限公司	历下区经十路1号	
济南丽景国际旅行社有限公司	天桥区北园大街548号	
济南智诚旅行有限公司	天桥区小清河北路177号	
济南康泰旅行有限公司	天桥区车站街115号	
山东旅游有限公司	历下区经十路17513号	出 境
山东嘉华文化国际旅行社有限公司	历下区环山路2号	

续表6-9-4-6

名称	地址	备注
山东省中国旅行社	历下区解放路 30-1 号	出境
山东省中国国际旅行社	历下区解放路 30-1 号	
山东航空彩虹国际旅行社有限公司	历下区泺源大街 63 号	
山东长城国际旅行社有限公司	历下区文化东路 24 号	
康辉旅游集团济南国际旅行社有限公司	泺源大街 229 号金龙大厦	
济南明择国际旅行社有限公司	历下区文化东路 24 号	
齐鲁孔子文化国际旅行社有限公司	历下区文化东路 29 号	
山东交运旅游集团有限公司	天桥区济洛路 131 号	
山东旅行社国际旅游有限公司	历下区山大路 201 号	
山东远航国际旅行社有限公司	历下区千佛山路 6 号	
山东中铁国际旅行社有限公司	市中区共青团路 10 号	
山东省中国青年旅行社	市中区英雄山路 2-1 号	
山东高速国际旅游有限公司	历下区东关大街 121 号	
港中旅(山东)旅游有限公司济南分公司	历下区解放路 19 号	分社
山东招商国际旅行社有限公司济南分公司	历下区千佛山东二路 7 号	
中国国旅(青岛)国际旅行社有限公司济南分公司	市中区玉函路 10 号	
中国旅行社总社(青岛)有限公司济南分公司	历下区泉城路 268 号	
海洋国际旅行社有限责任公司济南分公司	天桥区北园路 548 号	
南京大华国际旅行社有限公司济南分公司	天桥区堤口路 75 号	
威海中国旅行社有限公司济南分公司	市中区泺源大街 229 号	
中国金桥旅游总公司济南分公司	天桥区天成路 6 号	
桂林华夏国际旅行有限公司济南分公司	历下区燕翔路 15 号	
青岛幸运假期旅行社有限公司济南分公司	历下区山大路 47 号	

第二节 旅游宾馆饭店

1986 年，济南市共有宾馆、饭店、旅社、招待所近 300 家，其中涉外宾馆饭店 4 家。

1989 年，济南市对旅游(涉外)饭店进行星级初评和申报。舜耕山庄申报三星级，南苑宾馆、园林宾馆、槐荫宾馆申报一星级。1990 年，确定 12 家旅游涉外宾馆等级及收费标准。审定玉泉酒家(南店)为济南市首家接待入境旅游者的定点餐馆。

1995 年，全市旅游定点餐馆 29 家，旅游涉外宾馆 31 家，其中具有星级标准的 7 家。全市共有涉外接待客房 3179 间，总床位 7206 张。全市旅游直接从业人数为 11230 人。1997 年，旅游涉外定点馆饭店 42 家(含四星级 1 家，三星级 10 家、二星级 4 家)，涉外定点餐馆 28 家。客房数 6253 间，床位 12981 张，餐位数 19544 个，客房出租率 55%。

2000 年，共发展星级饭店 13 家(四星 2 家，三星 2 家，二星 8 家，一星 1 家)、旅游定点饭店 4 家、旅游定点餐馆 4 家。全市旅游定点饭店 63 家。2005 年，全市共有星级饭店 74 家，其中五星级饭店 3 家，四星级饭店 16 家。

2007年，新批星级饭店11家。全市星级饭店数量86家，其中五星级3家、四星级17家、三星级34家。开展旅游星级餐馆试点工作，全年共发展13家，其中五星级餐馆1家，四星级餐馆3家。全年共批准绿色饭店28家，绿色服务成为旅游饭店的新亮点。

2008年，开展“节能减排、绿色环保”行动，新评定绿色饭店15家，其中金叶级2家，银叶级13家，全市绿色饭店数量43家，占星级饭店数量的40%。2009年，培育形成银座佳悦、银座佳驿、舜和商务等酒店连锁品牌。喜来登国际品牌集团在济南开展饭店经营管理。

2010年，全市共有星级饭店113家，其中五星级饭店3家，四星级饭店19家，三星级饭店43家。旅游星级餐馆21家，其他星级饭店27家。

一、济南索菲特银座大饭店

济南索菲特银座大饭店1999年开业，是济南市第一家五星级饭店。位于济南市市中心泺源大街。拥有客房416间，中西特色美食为主的风格餐厅4间，宴会厅1950平方米。酒店一层的大堂吧既是酒吧，又可提供上百种中国茶。

二、山东大厦

山东大厦位于济南市区南部，大厦占地面积10公顷，建筑面积13万平方米，由客房楼、会展中心和山东会堂三部分构成，是一座集会议、展览、商务、住宿、休闲、娱乐、宴会于一体的综合性多功能建筑群体。大厦拥有客房571间/套，1000余个床位。标准间面积36平方米。拥有各式中西餐厅11处，不同风格的单间包房35个，营业面积5000平方米，能够容纳1500余人同时就餐。

位于马鞍山路2-1号的山东大厦

三、舜耕山庄

济南舜耕山庄建于1985年，是一座集民族风格、园林特色、时代气息、历史文脉于一体的四星级宾馆。宾馆经营面积5万余平方米，拥有总统套房、高级商务间等各种客房293间(套)，大小餐厅、宴会厅60余间，可同时容纳千余人就餐；容纳10～700人功能齐全的大小会议室25个；拥有近1万平方米的高档写字楼。

2002年12月，济南舜耕山庄组建成舜耕山庄集团，拥有舜耕山庄宾馆(四星级)、济南舜耕国际会展中心(含济南国际会展中心)、舜耕商务会所、舜耕实业公司等实体，职工总数1300余人。

2005年，舜耕山庄集团营业收入13909万元，比2004年增加1000余万元，名列全市同行业榜首。集团先后获得“中国商业名牌企业”“山东省服务业先进单位”“山东省旅游细微服务年活动示范企业”等称号。同年，天禧舜和商务酒店和山东舜和商务酒店加入舜耕山庄集团，二者均按三星级酒店标准建设，建筑面积共11500平方米，年经营收入3900万元。

2007年1月，全国旅游工作会议在舜耕山庄召开，舜耕品牌的知名度、美誉度进一步提升。顺利通过ISO 9000质量管理体系监督审核和ISO 14000环境管理体系三年复评，被评为“金叶级”绿色饭店。舜耕山庄集团全年实现营业收入16006万元，同比增收578万元，增长3.75%，再创历史新高，名列全市第一，上缴税金1467万元，创舜耕山庄历史之最。同年，获“全国旅游系统先进集体”，此奖是旅游业内最具权威、规格最高的奖项。

2009年，舜耕山庄承担第十一届全运会媒体村3000余位媒体记者的餐饮服务及近2000位媒体记者的住宿服务工作，同时承担22个体育代表团近500位官员的接待任务。舜耕山庄被国标委确定为国家级服务标准化试点单位；《会议展览服务标准》和葱烧海参等《鲁菜标准》由山东省质量技术监督局发布，成为山东省地方标准，填补了山东省乃至全国会展业服务和鲁菜经典代表菜品缺乏标准的空白。2010年，济南舜耕山庄集团实现营业收入23103万元，同比增收2764.3万元，同比增长13.59%。同年获首届“中国饭店金星奖”。

四、山东东方大厦

山东东方大厦坐落于济南经七路和纬二路交汇处，1992年开业。大厦建筑面积3.2万平方米，共25层，高89米。大厦拥有200余套客房、写字间。大厦顶层设旋转餐厅，在里面就餐可以俯瞰济南市全貌。一、二层餐厅提供品牌风味餐饮美食。大厦设有酒吧、咖啡厅、美容美发厅、健身房、大小会议室、购物中心、医务室及地下停车场，商务中心可提供文印、车、船、机票的预订等服务。

五、山东新闻大厦

山东新闻大厦是大众报业集团投资兴建的四星级酒店。大厦建筑面积5万平方米，主楼地上32层，地下2层，高100米，建筑造型新颖、独特，是济南市十大城建景观之一。大厦拥有162套客房。大小会议室11间，设施齐全、设备先进，拥有会议扩声系统、与多媒体网络相连的超大投影仪、高尖端四语种同声传译系统、现场视音频转播系统及交互式电视会议系统。设有由运动广场、网球场、歌舞厅、综合健身房、美容美发等组成的阳光康乐中心。

位于历下区泺源大街6号的山东新闻大厦

六、天发舜和商务酒店

天发舜和商务酒店是舜和酒店集团于2006年7月投资兴建的四星级商务酒店。营业面积1.8万余平方米，2007年5月28日开业，酒店设有豪华套、办公套、商务套、标准间，客房218间(套)。另设大堂吧、商务中心、数字化会议室、高档商场和康乐中心。餐饮设中、西餐厅、零点餐厅、宴会厅及多功能厅，可同时容纳600人用餐；会议设施功能完备，可承接10～200人不等规模的商务会议。酒店开业后，成功接待新加坡联合总商会、香港旅游发展局山东旅游考察团、台湾旅游观光协会访问团、吃遍中国万里行、探秘舜和考察团等团队。

七、山东银座泉城大酒店

山东银座泉城大酒店是山东省商业集团总公司出资兴建的四星级旅游饭店。酒店有各类客房及商务办公用房489间。有会议中心、商务中心、多功能厅、健身房、桑拿浴、棋牌室、美容美发等综合配套设施。酒店餐饮继承中华传统饮食文化，以烹制新派鲁菜见长，有齐鲁风情宴、山东特色美食集锦以及泉城十大名菜、泉城十大招牌菜、泉城十大家常菜等。二楼“上善坊美食百汇”自助餐厅，共有餐位约180个，汇集200余款国际营养美食，集中餐区、西餐区、烧烤区、日本料理区、韩式料理区、甜品区、饮料吧为一体，就餐期间有乐队现场演奏。三楼“泉文化主题餐厅”是以泉水文化为背景的高档中餐。

八、山东中豪大酒店

山东中豪大酒店是山东省烟草专卖局(公司)全资兴建的国际旅游酒店，1998年5月8日开业。是一家集餐饮、住宿、会议、娱乐于一体的国际四星级旅游酒店。酒店面积4.5万平方米，主楼地上29层，地下3层，高104米。酒店有各式套房、单人间和标准间317间(套)。房间配有中央空调、闭路卫星电视、国际直播电话、电子保险箱、电脑网络网插孔和无线网络等现代化设施。酒店特色餐饮包厢16个，自助餐散座近800个。四楼设有会议室6个。餐饮区域设有自助餐厅、零点餐厅、宴会包间、酒店拥有KTV、桑拿浴、保龄球馆、游泳池、健身房、台球室、棋牌室等娱乐设施，另设有商务中心、精品商场，并提供美容美发、票务预订等服务项目。

2010年济南市星级饭店表

表6-9-5

名 称	地 址	备 注
索菲特银座大饭店	泺源大街66号	☆☆☆☆☆
山东大厦	马鞍山路2-1号	☆☆☆☆☆
济南贵和皇冠假日酒店	天地坛街3号	☆☆☆☆☆
玉泉森信大酒店	泺源大街68号	☆☆☆☆
山东中豪大酒店	解放路165号	☆☆☆☆
丽天大酒店	经一路66号	☆☆☆☆
贵都大酒店	升平街1号	☆☆☆☆
贵友大酒店	英雄山路101号	☆☆☆☆
山东新闻大厦	泺源大街6号	☆☆☆☆
舜耕山庄	舜耕路28号	☆☆☆☆
华能大厦	泉城路17号	☆☆☆☆
金都大酒店	英雄山路159号	☆☆☆☆
良友富临大酒店	泺源大街5号	☆☆☆☆
黄台大酒店	将军路122号	☆☆☆☆
济南吉华大厦	英贤街19号	☆☆☆☆
山东翰林大酒店	经十路16787号	☆☆☆☆
济南汇宝大酒店	经五纬二路28号	☆☆☆☆
山东银座泉城大酒店	南门大街2号	☆☆☆☆
山东东方大厦	经七路223号	☆☆☆☆
章丘市宏昌千禧龙大酒店	章丘明水经济开发区	☆☆☆☆
山东天发舜和商务酒店	堤口路11号	☆☆☆☆

续表6-9-5-1

名 称	地 址	备注
山东百川花园酒店	经十路3556号	☆☆☆☆
济南明湖大酒店	北园路398号	☆☆☆
珍珠大酒店	经三路164号	☆☆☆
济南铁道大酒店	火车站广场北侧	☆☆☆
金马大厦	山大路262-1号	☆☆☆
富华饭店	轻骑路108号	☆☆☆
润华世纪酒店	纬二路138号	☆☆☆
丹顶鹤大酒店	国际机场	☆☆☆
舜德大厦	千佛山南路7号	☆☆☆
天泉大厦	燕子山小区东路2-1号	☆☆☆
山东民政大厦	南新街66号	☆☆☆
大西洋俱乐部	张庄路391号	☆☆☆
山东学人大厦	山大南路27号	☆☆☆
山东嘉和明珠大酒店	解放路12号	☆☆☆
山东政协大厦	泉城路71号	☆☆☆
山东林业大厦	花园路302号	☆☆☆
山东舜和商务酒店	泺源大街53-2号	☆☆☆
山东鲁能大厦	经四路185号	☆☆☆
济南名优小吃城	经十一路34号	☆☆☆
英大国际高尔夫俱乐部	槐荫区美里路158号	☆☆☆
舜凯大酒店	北园大街228号	☆☆☆
山东电视大厦	经十路83号	☆☆☆
山东国际饭店	解放路134号	☆☆☆
山东学府大酒店	千佛山路6号	☆☆☆
山东学景大酒店	二环东路7366号	☆☆☆
济南明丰大酒店	章丘市双山大街	☆☆☆
山东化工宾馆	经十路234号	☆☆☆
济南军悦大酒店	山大路254号	☆☆☆
山东舜和天禧商务酒店	经十纬五133号	☆☆☆
济钢宾馆	工业北路21号	☆☆☆
济南华联大酒店	经二路571号	☆☆☆
章丘市百脉泉大酒店	章丘市百脉泉街	☆☆☆
冶金宾馆	燕山小区东路11号	☆☆☆
济南群康天雨大酒店	花园路200号	☆☆☆
济南泉西商务酒店有限公司	经十西路44号	☆☆
济南宾馆	经四路368号	☆☆☆

续表6-9-5-2

名 称	地 址	备 注
山东黄金集团仕湾度假村有限公司	长清区五峰山景区	☆☆☆
济南华滨环联实业有限公司大酒店	历城区北园大街48号	☆☆☆
微山湖大饭店	历城区山大路138号	☆☆☆
济南五岳餐饮娱乐有限公司	二环东路6060号	☆☆☆
山东省教育学术交流中心	历下区历山路49号	☆☆☆
山东鸿腾三馆商务酒店有限公司会展中心分公司	高新区康虹路与颖秀北路交叉口	☆☆☆
吉尔宾馆	辛西路15号	☆☆☆
山东鸿腾三馆商务酒店有限公司	山大北路37号	☆☆☆
龙泉大酒店	黑虎泉西路183号	☆☆
济南市历城宾馆	花园路142号	☆☆
山东学林酒店	文化东路80号	☆☆
济南天龙大酒店	火车站广场西侧	☆☆
济南东方大酒店	张庄路263号	☆☆
济南炼油厂宾馆	济南炼油厂内	☆☆
东方航空大酒店	经十路408号	☆☆
鲁能贵友专家公寓	长清鲁能工业园路1号	☆☆
园林宾馆	经三纬五路132号	☆☆
灵岩宾馆	灵岩寺风景区	☆☆
商河县银兴大酒店	商河县明辉路151号	☆☆
山东宝华企业集团培训中心	燕山小区西路1号	☆☆
济南市人大机关招待所	经五纬二路66号	☆☆
济南铁路局会议中心	济南市经一路94号	☆☆
济南国际机场宾馆	遥墙国际机场	☆☆
济南科园大酒店	西外环济齐路275号	☆☆
莱钢济南大酒店	经六纬十二路330号	☆☆
济南石榴红大酒店	槐荫区北小辛庄53号	☆☆
金宝座商务酒店(长清宾馆)	长清清河街2428号	☆☆
章丘市文化中心宾馆	章丘市汇泉路55号	☆☆
济南贵煌维也纳大酒店	市中区济微路109号	☆☆
济南铁路经营集团有限公司袁洪峪度假村	历城区柳埠镇亓城39号	☆☆
山东省鲁粮商务酒店	山大路168号	☆☆
山东省建设厅习习居接待处	纬三路24号	☆☆
山东泉西集团有限公司济南餐饮娱乐分公司	经十西路121号	☆☆
舜祥商务酒店	北园大街655号	☆☆
济南米香居餐饮有限公司	历下区文化东路95号	☆☆
济南天外桃源商务餐饮娱乐有限公司	济南美里湖开发区美里南路1号	☆☆

续表6-9-5-3

名　称	地　　址	备注
济南龙腾酒店管理有限公司	经三纬十路 30-1 号	☆☆
山东省青少年培训基地	历城区柳埠镇大会村	☆☆
济南市历城区七里河生态旅游度假村	历城区西营镇秦口峪村	☆☆
章丘市汇泉宾馆	章丘明水山泉路 23 号	☆☆
章丘市卫校宾馆	章丘明水唐王山路 23 号	☆☆
济南市历城区兴泉饭店花园路店	历城区花园路 9 号	☆☆
金象山会议接待中心	历城区仲宫镇商家	☆☆
济南华滨环联实业有限公司华府大饭店	花园路 40 号	☆☆
济南市历城区鸿腾福乐聚大酒店	历城区华龙路 1110 号	☆☆
济南市历城区兴泉饭店农干院分店	历城区农干院院路 866 号	☆☆
济南康巴丝宾馆	山大路 234 号	☆☆
山东好地方餐饮娱乐有限公司	历下区历山路 148 号	☆☆
济南高新开发区鸿腾三馆商务酒店	高新区工业南路徐家居委会南口	☆☆
山东储备物资管理局鲁储宾馆	经五路 338 号	☆☆
济南市中彩虹宾馆	经二路 236 号	☆☆
章丘市双山润泽大酒店	章丘市双山城东工业园东昌大道西首	☆☆
济南市中兴龙宾馆	经二路 260 号	☆☆
济南贵豪商务酒店	工业南路 309 号	☆☆
济南庚辰宏升商务酒店	历城区郭店镇西首	☆☆
商河宾馆	商河商中路 333 号	☆

2010 年济南市星级餐馆名录

表6-9-6

单　　位	地　　址	备注
鱼翅皇宫大酒店	旅游路 6 号	☆☆☆☆☆
济南蓝海大饭店	二环东路 3496 号	☆☆☆☆
济南市清水日本海餐饮有限公司	省体育中心东区东侧	☆☆☆
山东华鲁国际商务中心	历下区榜棚街 1 号	☆☆☆
济南西北餐饮娱乐有限公司(现代家电城店)	槐荫区交校西路 8 号	☆☆☆
山东顺峰饮食服务有限公司	文化东路 22 号	☆☆☆
济南民泰泓园生态园林有限公司小江南商务会所	章丘明水街道办事处吕家村委西 200 米	☆☆☆
桃花源水上人家	经十路 429 号	☆☆☆
海安特恒德大酒店	长清区长清大道 468 号	☆☆☆
济南东成西就餐饮娱乐有限公司	千佛山东路 2 号	☆☆☆
济南历下微山湖鱼馆前程店	历下区大明湖路 212 号	☆☆☆
济南济大路微山湖鱼馆	济大路 18 号	☆☆☆

续表6-9-6

单　　位	地　址	备注
泉都饺子楼	经七路585号	☆☆
冶金融海大酒店	历下区历山路132-1号	☆☆
济南市中小海仙酒家	中区经七路427号	☆☆
济南槐荫杨麻子大饼酒店	槐荫区南辛庄70号	☆☆
济南历下鑫艺趵突泉食府	趵突泉南路1号	☆☆
济南市中金汤开运楼饭馆	建设路70号	☆☆
济南槐荫摸错门牛肚王土门加盟酒店	经十西路66号	☆☆
济南历下微山湖鱼馆和平店	历下区和平路36-1号	☆☆
济南槐荫千迎微山湖鱼馆	槐荫区经五小纬六路32-2号	☆☆

第七章　旅游管理

第一节　管理机构

1986年1月，撤销济南市旅游总公司，成立济南市旅游局，为市政府直属局级事业单位，内设办公室、政工科、业务科。1989年9月19日，增设计划财务处、宣传教育处。1990年3月31日，旅游局工会成立。1993年5月12日增设审计处。1995年7月6日，成立济南市旅游行业培训中心，为自收自支副县级事业单位。

1996年5月31日，市旅游局列入政府序列，内设办公室、组织人事处、行业管理处、资源开发处、经营管理处、审计处6个职能处室。1998年7月2日，成立济南市旅游质量监督管理所，为局属自收自支县级事业单位。

2001年8月9日，内设办公室、行业管理处、市场开发处、规划发展处、组织人事处；济南市旅游行业培训中心建制级别调整为县级，经费列差额预算管理。2003年5月12日成立旅游局机关总支委员会。

2004年9月1日，市旅游局内设办公室(挂政策法规处牌子)、行业管理处、市场开发处、规划发展处、组织人事处5个职能处室。2004年12月20日，济南市旅游质量监督所更名为济南市旅游监察大队，保留济南市旅游投诉中心牌子，为全额预算管理处级事业单位，内设综合科、投诉科、监督检查科。2007年4月18日，济南市旅游行业培训中心加挂济南市旅游信息中心牌子，内设综合科、培训科、信息科。

2010年4月12日，市旅游局内设办公室(挂政策法规处牌子)、组织人事处、规划发展处、市场开发处、监督管理处。

第二节　旅游法规

1986年，市政府制定下发《关于维护旅游者利益的试行规定》。对全市旅游经营企业、相关单位及导游员做出规定，包括严格执行旅游政策、物价政策、食品卫生法等法律法规，提高服务质量，不准强行高价兜售旅游商品，加强治安管理等内容。

1997年12月26日，市政府印发《济南市旅游投诉规定》。规定共20条，适用于旅游者对本市行政区域内损害其合法权益的旅游经营者或者旅游定点单位，向旅游行政管理部门提出投诉，请求处理的行为。内容主要包括受理投诉区域界定及主管部门、旅游投诉范围及条件、旅游投诉过程及方法、旅游投诉处理程序及有关罚则等。

1998年9月25日，市政府印发《济南市一日游管理暂行规定》。规定所称一日游，是指旅游经营者组织旅游者以团队或集中散客的形式，以汽车为旅游客运工具，在本市行政区域内或周边地区的旅游景区(点)进行观光游览，并于当日返回住地的旅游经营活动。规定对一日游经营申请、遵守规定、政策优惠及违规处罚做出了规定。

1999年12月，济南市人大常委会颁布《济南市旅游业管理条例》。条例对旅游资源的开发保护、旅游经营管理、旅游监督检查等进行了明确规定。为加强新条例的可操作性，市政府制定《济南市旅游定点单位标准》《济南市旅游定点单位质量理赔制度暂行办法》《济南市旅游定点管理办法》等配套法规。

第三节 行业管理

一、旅行社、饭店管理

1991年，市政府印发《关于加强旅游行业管理的意见》，提出加强风景旅游区规划建设，抓好各类旅行社整顿，实行旅游行业定点管理，建立对旅游服务质量的检查和监督制度，加强旅游队伍建设，广泛开展对外宣传促销活动，强化旅游价格外汇管理，抓好旅游安全工作。1992年，制定《关于济南地区一、二类旅行社不得安排境外旅游团(者)到非星级饭店和非定点饭店、非定点餐馆、非定点商店食宿、购物的规定》。1994年5月20日起，对国内外旅游者在旅游期间统一开展国内游客人身平安综合保险业务。市属一、二类旅行社(国内部)，济南市旅游行业管理范围内的各三类旅行社均须参加该项保险。

1995年，市政府先后下发《关于加快做好旅行社质量保证金收缴工作的通知》《关于质量保证金收缴工作的通报》。至年底，全市有6家旅行社足额缴纳质量保证金，9家半额缴纳，6家尚未缴纳。通过推行旅行社质量保证金制度，促进旅行社经营市场向规范化、法制化、服务质量标准化发展。1997年11月，济南市旅游协会制定《济南市旅游协会饭店会员公约》，12月底前与全市35家旅游涉外饭店全部签约。公约包括销售价格、人才流动、商业公德、监督检查等方面内容，其核心问题是制定了饭店最低保护价格及监督检查手段，为加强饭店业行业管理进行有益尝试。

1998年，济南市实施旅游行业标准化，重新公布《济南市旅游涉外定点单位标准》《济南市旅游定点饭店、餐馆标准》。1999年，推行旅行社标准化合同，制定《旅行社质量保证金利息返还暂行规定》。2000年，在全市旅游行业开展“优质服务年竞赛活动”。与市消费者协会联合开展“消费者信得过旅游单位”评选活动，评选出首批消费者信得过旅游单位46家。2002年4月1日，济南市将“旅游定点单位”审批、管理等工作权限下放至区(县)。

2006年，改革星级饭店管理方式，建立星级饭店高层管理人员参与的星级评定机制。开展旅游星级餐馆评定试点工作，全市有17家餐馆参加，7家通过初评。加快绿色饭店建设，全市90%以上星级饭店参与活动，其中28家饭店达到国家金叶级和银叶级绿色饭店标准。2009年，山东银座旅游集团、山东交运旅游集团在全省率先成立，填补济南缺乏大型旅游企业的空白。

2010年，扶持发展品牌旅游企业，推动旅游集团建设和旅游企业网络化发展。减免山东银座旅游集团、山东交运旅游集团所辖旅行社在省内开设分社的注册资本金和质量保证金，支持山东旅游有限公司在鲁商所辖商场、超市开展“旅行社进超市”活动。

二、旅游市场管理

1998年，济南市旅游质量监督管理所成立，加挂济南市旅游投诉中心牌子，负责旅行社服务监督、受理投诉和理赔等工作。开展旅行社质量保证金收缴工作，促进旅行社经营市场向规范化、法制化、服务质量标准化发展。1999年，取缔非法旅行社8家，受理旅游投诉51起。2002年，发挥社会监督作用，建立完善旅游市场秩序监督管理体系，市旅游局聘请旅游义务监督员70名。下发《关于加强旅游用车市场管理的通知》《关于加强广告和旅游宣传品管理的通知》，旅游投诉率同比下降。2004年，采取定期与不定期、明查与暗访相结合方式，整顿旅游市场秩序。全年共查处非法经营出境旅游业务旅行社3家、超范围印制宣传资料旅行社3家、外地驻济南非法办事处19家、非法经营旅游业务办事处13家、违反规定发布旅游广告旅行社25家、未经批准私设营业部旅行社2家；针对部分导游员IC卡未年审、未经旅行社委派私自带团、使用资格证带团，甚至个别导游借用他人导游证带团等现象。全年共受理电话投诉30余起，立案24起，处结23起。

2005年，共查处不规范经营旅行社36家，其中违反旅游广告发布规定的旅行社13家，超出核定经营范围进行虚假宣传的旅行社15家，超出核定经营范围经营旅游业务的旅行社6家，经营中国未开放出境旅游目的地业务、进行虚假宣传的旅行社2家。查处外地驻济南非法办事处22家；查处黑旅行社2家。受理投诉案件21起，为旅游者理赔金额共计2.61万元。

2006年，贯彻山东省《外省旅行社驻鲁外联营销人员暂行管理办法》，注册登记外地旅行社外联营销部26家、营销人员71名。共检查旅行社300余家(次)、旅游景点60余家(次)、导游员600余人(次)。取缔外地旅行社驻济南办事处17家。受理投诉26起，结案25起。

2010年，联合工商、公安、质检等部门，重点检查旅行社超范围经营、无证无照经营、承包挂靠、非法转让经营权等，全年共检查旅游企业174家(次)，导游员600余人(次)，查处违规案件56起，罚没金额22万元。共接听旅游咨询和投诉电话800余个，有效投诉80起，立案31起，结案31起，协调理赔金额5.4万元。

三、导游员管理

1992年，济南市制定《关于加强济南地区导游员管理的规定》，规范导游员的聘用、证书、档案、带团管理等事项。

1996年，根据国家旅游局《关于全国导游员等级评定工作的实施细则》和《山东省旅游局关于对导游员实行等级评定工作的实施意见》，济南市被列入全国导游员等级评定工作首批试点城市(山东省唯一试点城市)。全市共有17家单位、64名导游员参加评审考试，合格率92%，其中初级45人，中级12人，高级2人。

1999年，对导游证进行改版和换发。组织导游员参加全省导游员大赛，2名导游员分获省十佳导游员和优秀导游员称号。2002年，导游服务公司成立，实施导游IC卡管理。2006年，全市有3名导游员被评为全国优秀导游员。2007年，制定《济南市旅游局关于进一步加强全市导游队伍建设的意见》，改革导游年审办法，对导游员开展上岗前培训、“济南一日游”和济南市情培训。2009年，加强导游服务管理，组织开展导游选拔大赛和“形象导游员”评选活动，建立齐鲁导游服务中心人才网站，将导游分为金牌、银牌和铜牌三大类。

2010年，开展旅游特别讲解员试点活动。聘请离退休老专家、老教师在“777”观光车和芙蓉街片区为游客提供讲解服务，受到游客欢迎。